WANDER **GARCIA** E ANA PAULA **DOMPIERI**
COORDENADORES

2023
QUINTA
EDIÇÃO

COMO PASSAR

CONCURSOS
INSS
800
QUESTÕES COMENTADAS

DISCIPLINAS
Língua **Portuguesa**
Ética no **Serviço Público**
Direito **Constitucional**
Direito **Administrativo**
Informática
Matemática **Básica e Financeira**
Raciocínio **Lógico**
Direito **Previdenciário**

EDITORA
FOCO

2023 © Editora Foco

Coordenadores: Wander Garcia e Ana Paula Dompieri

Autores: Adolfo Mamoru Nishiyama, André Barbieri, André Fioravanti, André Justo , André Nascimento, Bruna Vieira, Enildo Garcia, Fernanda Franco, Flavia Moraes Barros, Helder Satin, Henrique Subi, Magally Dato , Paula Morishita, Renan Flumian, Ricardo Quartim de Moraes, Robinson Barreirinhas, Rodrigo Bordalo, Rodrigo Ferreira de Lima, Teresa Melo, Tony Chalita e Wander Garcia

Diretor Acadêmico: Leonardo Pereira

Editor: Roberta Densa

Assistente Editorial: Paula Morishita

Revisora Sênior: Georgia Renata Dias

Capa Criação: Leonardo Hermano

Diagramação: Ladislau Lima

Impressão miolo e capa: Gráfica FORMA CERTA

Dados Internacionais de Catalogação na Publicação (CIP) de acordo com ISBD

C735

Como passar em concursos do INSS / Adolfo Mamoru Nishiyama ... [et al.] ; coordenado por Wander Garcia, Ana Paula Dompieri. - 5. ed. - Indaiatuba, SP : Editora Foco, 2023.

224 p. 17cm x 24cm.

Inclui bibliografia e índice.

ISBN: 978-65-5515-842-7

1. Metodologia de estudo. 2. Concursos Públicos. 3. Instituto Nacional do Seguro Social - INSS. I. Nishiyama, Adolfo Mamoru. II. Barbieri, André. III. Fioravanti, André. IV. Justo, André. V. Nascimento, André. VI. Vieira, Bruna. VII. Garcia, Enildo. VIII. Franco, Fernanda. IX. Barros, Flavia Moraes. X. Satin, Helder. XI. Subi, Henrique. XII. Dato, Magally. XIII. Morishita, Paula. XIV. Flumian, Renan. XV. Moraes, Ricardo Quartim de. XVI. Barreirinhas, Robinson. XVII. Bordalo, Rodrigo. XVIII. LimaRodrigo Ferreira de. XIX. Melo, Teresa. XX. Chalita, Tony. XXI. Garcia, Wander. XXII. Dompieri, Ana Paula. XXIII. Título.

2023-1806   CDD 001.4   CDU 001.8

Elaborado por Vagner Rodolfo da Silva - CRB-8/9410

Índices para Catálogo Sistemático:

1. Metodologia de estudo 001.   2. Metodologia de estudo 001.8

DIREITOS AUTORAIS: É proibida a reprodução parcial ou total desta publicação, por qualquer forma ou meio, sem a prévia autorização da Editora FOCO, com exceção do teor das questões de concursos públicos que, por serem atos oficiais, não são protegidas como Direitos Autorais, na forma do Artigo 8º, IV, da Lei 9.610/1998. Referida vedação se estende às características gráficas da obra e sua editoração. A punição para a violação dos Direitos Autorais é crime previsto no Artigo 184 do Código Penal e as sanções civis às violações dos Direitos Autorais estão previstas nos Artigos 101 a 110 da Lei 9.610/1998. Os comentários das questões são de responsabilidade dos autores.

NOTAS DA EDITORA:

Atualizações e erratas: A presente obra é vendida como está, atualizada até a data do seu fechamento, informação que consta na página II do livro. Havendo a publicação de legislação de suma relevância, a editora, de forma discricionária, se empenhará em disponibilizar atualização futura.

Bônus ou Capítulo On-line: Excepcionalmente, algumas obras da editora trazem conteúdo no *on-line*, que é parte integrante do livro, cujo acesso será disponibilizado durante a vigência da edição da obra.

Erratas: A Editora se compromete a disponibilizar no site www.editorafoco.com.br, na seção Atualizações, eventuais erratas por razões de erros técnicos ou de conteúdo. Solicitamos, outrossim, que o leitor faça a gentileza de colaborar com a perfeição da obra, comunicando eventual erro encontrado por meio de mensagem para contato@editorafoco.com.br. O acesso será disponibilizado durante a vigência da edição da obra.

Impresso no Brasil (07.2023) – Data de Fechamento (07.2023)

2023

Todos os direitos reservados à

Editora Foco Jurídico Ltda.

Rua Antonio Brunetti, 593 – Jd. Morada do Sol

CEP 13348-533 – Indaiatuba – SP

E-mail: contato@editorafoco.com.br

www.editorafoco.com.br

Autores e Coordenadores

SOBRE OS COORDENADORES

Wander Garcia – @wander_garcia

Doutor e Mestre em Direito pela PUC/SP. Professor e coordenador do IEDI. Procurador do Município de São Paulo

Ana Paula Dompieri

Pós-graduada em Direito. Procuradora do Estado de São Paulo.

SOBRE OS AUTORES

Adolfo Mamoru Nishiyama

Advogado. Possui graduaçãoem Ciências Jurídicas pela Universidade Presbiteriana Mackenzie (1991) e mestrado em Direito do Estado pela Pontifícia Universidade Católica de São Paulo (1997). Doutorado em Direito do Estado pela Pontifícia Universidade Católica de São Paulo (2016). Atualmente é professor titular da Universidade Paulista

André Barbieri

Mestre em Direito. Professor de Direito Público com mais de dez anos de experiência. Professor em diversos cursos pelo País. Advogado.

André Fioravanti

Bacharel em Engenharia Elétrica pela Universidade Estadual de Campinas. Mestre em Controle e Automação pela Universidade Estadual de Campinas. Doutor em Física pela Université Paris Sud XI. Atualmente Professor Associado à Faculdade de Engenharia Mecânica da UNICAMP. Autor de vários artigos em revistas internacionais. Coautor de diversos livros publicados pela Editora Foco.

André Justo

Economista formado pela UNICAMP.

André Nascimento

Advogado e Especialista em Regulação na Agência Nacional do Petróleo, Gás Natural e Biocombustíveis.Coautor de diversas obras voltadas à preparação para Exames Oficiais e Concursos Públicos. Coautor de livros e artigos acadêmicos. Instrutor de cursos, tendo recebido menção elogiosa pela destacada participação e dedicação na ANP. Graduado em Direito pela Universidade Presbiteriana Mackenzie/SP. Graduando em Geografia pela Universidade de São Paulo. Frequentou diversos cursos de extensão nas áreas de Direito, Regulação, Petróleo e Gás Natural e Administração Pública.

Bruna Vieira

Pós-graduada em Direito. Professora do IEDI, PROORDEM, LEGALE, ROBORTELLA e ÊXITO. Professora de Pós-graduação em Instituições de Ensino Superior. Palestrante. Autora de diversas obras de preparação para Concursos Públicos e Exame de Ordem, por diversas editoras. Advogada.

Enildo Garcia

Especialista em Matemática pura e aplicada (UFSJ). Professor tutor de Pós-graduação em Matemática (UFJS – UAB). Analista de sistemas (PUCRJ).

Fernanda Franco

Professora de Língua Portuguesa no Colégio São Luís em São Paulo. Formada em Letras pela Universidade de São Paulo (FFLCH-USP) com habilitação em Português e Linguística e é graduanda em Filosofia também pela USP.

Flavia Moraes Barros

Procuradora do Município de São Paulo. Doutora em Direito do Estado pela Universidade de São Paulo. Mestre em Direito Administrativo pela PUC-SP. Especialista em Direito Administrativo pela PUC-SP/COGEAE. Especialista em Direitos Difusos e Coletivos pela ESMPSP. Coach de Alta Performance pela FEBRACIS. Practioneer e Master em Programação Neurolinguística - PNL. Analista de Perfil Comportamental - DISC Assessment. Professora de Direito Administrativo

Helder Satin

Graduado em Ciências da Computação, com MBA em Gestão de TI. Professor do IEDI. Professor de Cursos de Pós-graduação. Desenvolvedor de sistemas Web e gerente de projetos.

Henrique Subi (@7henriquesubi)

Agente da Fiscalização Financeira do Tribunal de Contas do Estado de São Paulo. Mestrando em Direito Político e Econômico pela Universidade Presbiteriana Mackenzie. Especialista em Direito Empresarial pela Fundação Getúlio Vargas e em Direito Tributário pela UNISUL. Professor de cursos preparatórios para concursos desde 2006. Coautor de mais de 20 obras voltadas para concursos, todas pela Editora Foco.

Magally Dato

Professora de Língua Portuguesa. Agente de Fiscalização do Tribunal de Contas do Município de São Paulo.

Paula Morishita

Editorial jurídico, autora e organizadora de diversas obras na Editora Foco. Bacharel em Direito pela Pontifícia Universidade Católica de Campinas. Especialista em Direito Previdenciário. Advogada.

Renan Flumian – @renanflumian

Professor e Coordenador Acadêmico do IEDI. Mestre em Filosofia do Direito pela *Universidad de Alicante*, cursou a *Session Annuelle D'enseignement do Institut International des Droits de*

L'Homme, a Escola de Governo da USP e a Escola de Formação da Sociedade Brasileira de Direito Público. Autor e coordenador de diversas obras de preparação para Concursos Públicos e o Exame de Ordem. Advogado. (Twitter: @RenanFlumian)

Ricardo Quartim de Moraes

Graduado em direito pela Universidade de São Paulo (USP). Procurador Federal em São Paulo/SP e autor de artigos jurídicos.

Robinson Barreirinhas

Secretário Municipal dos Negócios Jurídicos da Prefeitura de São Paulo. Professor do IEDI. Procurador do Município de São Paulo. Autor e coautor de mais de 20 obras de preparação para concursos e OAB. Ex-Assessor de Ministro do STJ.

Rodrigo Bordalo

Doutor e Mestre em Direito do Estado pela Pontifícia Universidade Católica de São Paulo (PUC-SP). Professor de Direito Público da Uni-versidade Presbiteriana Mackenzie (pós-graduação). Professor de Direito Administrativo e Ambiental do Centro Preparatório Jurídico (CPJUR) e da Escola Brasileira de Direito (EBRADI), entre outros. Procurador do Município de São Paulo, atualmente lotado na Coordenado-ria Geral do Consultivo da Procuradoria Geral do Município. Advogado. Palestrante.

Rodrigo Ferreira de Lima

Mestre em Literatura e Cultura Russa pela Universidade de São Paulo e bacharel em Letras com habilitação em Russo e Português também pela USP. Sua formação conta ainda com diversas participações em congressos e simpósios de estudos em Língua Portuguesa.

Teresa Melo

Procuradora Federal. Assessora de Ministro do STJ. Professora do IEDI.

Tony Chalita

Advogado. Mestrando em Direito. Professor Assistente PUC/SP. Autor da Editora Foco.

SUMÁRIO

AUTORES E COORDENADORES V

COMO USAR O LIVRO? IX

1. LÍNGUA PORTUGUESA 1

2. ÉTICA NO SERVIÇO PÚBLICO 19

1. CÓDIGO DE ÉTICA PROFISSIONAL DO SERVIDOR PÚBLICO CIVIL DO PODER EXECUTIVO FEDERAL - DECRETO N.º 1.171/1994...19
2. SISTEMA DE GESTÃO DA ÉTICA DO PODER EXECUTIVO FEDERAL - DECRETO Nº 6.029/2007...................20
3. TEMAS COMBINADOS...22

3. DIREITO CONSTITUCIONAL 27

1. TEORIA DA CONSTITUIÇÃO, PODER CONSTITUINTE E PRINCÍPIOS FUNDAMENTAIS 27
2. DIREITOS E DEVERES INDIVIDUAIS E COLETIVOS 29
3. DIREITOS SOCIAIS..32
4. NACIONALIDADE..32
5. DIREITOS POLÍTICOS E PARTIDOS POLÍTICOS..32
6. ORGANIZAÇÃO DO ESTADO E ADMINISTRAÇÃO PÚBLICA 33
7. ORGANIZAÇÃO DOS PODERES LEGISLATIVO E EXECUTIVO..35
8. JUDICIÁRIO E FUNÇÕES ESSENCIAIS À JUSTIÇA 37
9. ORDEM SOCIAL 38
10. TEMAS COMBINADOS...39

4. DIREITO ADMINISTRATIVO 41

1. REGIME JURÍDICO ADMINISTRATIVO E PRINCÍPIOS DO DIREITO ADMINISTRATIVO...........................41
2. PODERES DA ADMINISTRAÇÃO PÚBLICA 43
3. ATOS ADMINISTRATIVOS 45
4. ORGANIZAÇÃO DA ADMINISTRAÇÃO PÚBLICA...51
5. AGENTES PÚBLICOS..55
6. BENS PÚBLICOS..60
7. RESPONSABILIDADE DO ESTADO...60
8. SERVIÇOS PÚBLICOS 62
9. CONTROLE DA ADMINISTRAÇÃO 63

| 10. | PROCESSO ADMINISTRATIVO | 66 |

10. PROCESSO ADMINISTRATIVO 66

11. IMPROBIDADE ADMINISTRATIVA (LEI 8.429/1992) 68

12. TEMAS COMBINADOS DE DIREITO ADMINISTRATIVO 74

5. INFORMÁTICA — 77

1. CONCEITOS GERAIS 77

2. HARDWARE 77

3. APRESENTAÇÕES 79

4. EDITORES DE TEXTO 80

5. PLANILHAS 89

6. REDE E INTERNET 95

7. SEGURANÇA DA INFORMAÇÃO 108

8. SISTEMAS OPERACIONAIS 113

6. MATEMÁTICA BÁSICA E FINANCEIRA, RACIOCÍNIO LÓGICO E ESTATÍSTICA — 125

1. MATEMÁTICA BÁSICA 125

2. MATEMÁTICA FINANCEIRA 134

3. RACIOCÍNIO LÓGICO 136

4. ESTATÍSTICA 145

7. DIREITO PREVIDENCIÁRIO — 147

1. PRINCÍPIOS CONSTITUCIONAIS E SEGURIDADE SOCIAL 147

2. LEGISLAÇÃO PREVIDENCIÁRIA 153

3. SEGURADOS 154

4. DEPENDENTES 163

5. CUSTEIO DA SEGURIDADE SOCIAL 164

6. BENEFÍCIOS DA PREVIDÊNCIA SOCIAL 174

7. SERVIDORES PÚBLICOS 191

8. AÇÕES PREVIDENCIÁRIAS 193

9. SAÚDE E ASSISTÊNCIA SOCIAL 196

10. ESTRUTURA DA SEGURIDADE SOCIAL 198

11. REVIDÊNCIA PRIVADA COMPLEMENTAR 199

12. ACIDENTES E DOENÇAS DO TRABALHO 201

13. ASSISTÊNCIA SOCIAL E SAÚDE 201

14. QUESTÕES COMBINADAS E OUTROS TEMAS 202

COMO USAR O LIVRO?

Para que você consiga um ótimo aproveitamento deste livro, atente para as seguintes orientações:

1º Tenha em mãos um *vademecum* ou **um computador** no qual você possa acessar os textos de lei citados.

2º Se você estiver estudando a teoria (fazendo um curso preparatório ou lendo resumos, livros ou apostilas), faça as questões correspondentes deste livro na medida em que for avançando no estudo da parte teórica.

3º Se você já avançou bem no estudo da teoria, leia cada capítulo deste livro até o final, e só passe para o novo capítulo quando acabar o anterior; vai mais uma dica: alterne capítulos de acordo com suas preferências; leia um capítulo de uma disciplina que você gosta e, depois, de uma que você não gosta ou não sabe muito, e assim sucessivamente.

4º Iniciada a resolução das questões, tome o cuidado de ler cada uma delas **sem olhar para o gabarito e para os comentários**; se a curiosidade for muito grande e você não conseguir controlar os olhos, tampe os comentários e os gabaritos com uma régua ou um papel; na primeira tentativa, é fundamental que resolva a questão sozinho; só assim você vai identificar suas deficiências e "pegar o jeito" de resolver as questões; marque com um lápis a resposta que entender correta, e só depois olhe o gabarito e os comentários.

5º **Leia com muita atenção o enunciado das questões**. Ele deve ser lido, no mínimo, duas vezes. Da segunda leitura em diante, começam a aparecer os detalhes, os pontos que não percebemos na primeira leitura.

6º **<u>Grife</u> as palavras-chave, as afirmações e a pergunta formulada.** Ao grifar as palavras importantes e as afirmações você fixará mais os pontos-chave e não se perderá no enunciado como um todo. Tenha atenção especial com as palavras "correto", "incorreto", "certo", "errado", "prescindível" e "imprescindível".

7º Leia os comentários e também **leia também cada dispositivo legal** neles mencionados; não tenha preguiça; abra o *vademecum* e leia os textos de leis citados, tanto os que explicam as alternativas corretas, como os que explicam o porquê de ser incorreta dada alternativa; você tem que conhecer bem a letra da lei, já que mais de 90% das respostas estão nela; mesmo que você já tenha entendido determinada questão, reforce sua memória e leia o texto legal indicado nos comentários.

8º Leia também os **textos legais que estão em volta** do dispositivo; por exemplo, se aparecer, em Direito Penal, uma questão cujo comentário remete ao dispositivo que trata da falsidade ideológica, aproveite para ler também os dispositivos que tratam dos outros crimes de falsidade; outro exemplo: se aparecer uma questão, em Direito Constitucional, que trate da composição do Conselho Nacional de Justiça, leia também as outras regras que regulamentam esse conselho.

9º Depois de resolver sozinho a questão e de ler cada comentário, você deve fazer uma **anotação ao lado da questão**, deixando claro o motivo de eventual erro que você tenha cometido; conheça os motivos mais comuns de erros na resolução das questões:

DL – "desconhecimento da lei"; quando a questão puder ser resolvida apenas com o conhecimento do texto de lei;

DD – "desconhecimento da doutrina"; quando a questão só puder ser resolvida com o conhecimento da doutrina;

DJ – "desconhecimento da jurisprudência"; quando a questão só puder ser resolvida com o conhecimento da jurisprudência;

FA – "falta de atenção"; quando você tiver errado a questão por não ter lido com cuidado o enunciado e as alternativas;

NUT - "não uso das técnicas"; quando você tiver se esquecido de usar as técnicas de resolução de questões objetivas, tais como as da **repetição de elementos** ("quanto mais elementos repetidos existirem, maior a chance de a alternativa ser correta"), das **afirmações generalizantes** ("afirmações generalizantes tendem a ser incorretas" - reconhece-se afirmações generalizantes pelas palavras *sempre, nunca, qualquer, absolutamente, apenas, só, somente exclusivamente* etc.), dos **conceitos compridos** ("os conceitos de maior extensão tendem a ser corretos"), entre outras.

10º Confie no **bom-senso**. Normalmente, a resposta correta é a que tem mais a ver com o bom-senso e com a ética. Não ache que todas as perguntas contêm uma pegadinha. Se aparecer um instituto que você não conhece, repare bem no seu nome e tente imaginar o seu significado.

11º Faça um levantamento do **percentual de acertos de cada disciplina** e dos **principais motivos que levaram aos erros cometidos**; de posse da primeira informação, verifique quais disciplinas merecem um reforço no estudo; e de posse da segunda informação, fique atento aos erros que você mais comete, para que eles não se repitam.

12º Uma semana antes da prova, faça uma **leitura dinâmica** de todas as anotações que você fez e leia de novo os dispositivos legais (e seu entorno) das questões em que você marcar "DL", ou seja, desconhecimento da lei.

13º Para que você consiga ler o livro inteiro, faça um bom **planejamento**. Por exemplo, se você tiver 90 dias para ler a obra, divida o número de páginas do livro pelo número de dias que você tem, e cumpra, diariamente, o número de páginas necessárias para chegar até o fim. Se tiver sono ou preguiça, levante um pouco, beba água, masque chiclete ou leia em voz alta por algum tempo.

14º Desejo a você, também, muita **energia, disposição, foco, organização, disciplina, perseverança, amor** e **ética**!

Wander Garcia e Ana Paula Dompieri
Coordenador

1. Língua Portuguesa

Fernanda Franco, Henrique Subi, Magally Dato e Rodrigo Ferreira de Lima*

Texto CB1A1-I

As pessoas que driblaram o desemprego trabalhando por conta própria desde o início da pandemia estão ganhando 31% menos em comparação com as que optaram por esse tipo de trabalho dois anos antes da covid-19. Entre estas, o rendimento médio mensal era de R$ 2.074, enquanto, entre aquelas, o rendimento é de R$ 1.434. Os dados, publicados no Boletim Emprego em Pauta, são do Departamento Intersindical de Estatística e Estudos Socioeconômicos (DIEESE) e foram obtidos a partir de uma análise comparativa que levou em conta os resultados referentes ao quarto trimestre de 2021 da Pesquisa Nacional por Amostra de Domicílio, realizada pelo Instituto Brasileiro de Geografia e Estatística. Ao final de 2021, o número de trabalhadores por conta própria havia crescido 6,6%. A maioria não tem nenhuma proteção social, o que confirma a precarização do trabalho até mesmo para quem conseguiu se manter no mercado por conta própria. Três em cada quatro pessoas que trabalham por conta própria deixam de contribuir para a previdência social, ou seja, apenas 12,7% desses trabalhadores conseguem pagar a contribuição previdenciária para o Instituto Nacional do Seguro Social (INSS), para terem alguma segurança no futuro com a aposentadoria e outros benefícios. Entre os mais antigos, o percentual era de 58,3%. Os técnicos do DIEESE sugerem as seguintes hipóteses para explicar esse percentual menor de inscrição no cadastro nacional da pessoa jurídica (CNPJ) entre aqueles que começaram a trabalhar mais recentemente por conta própria: a baixa remuneração e a incerteza do negócio, assim como a preocupação com o endividamento que a regularização do trabalho pode gerar.

Internet: <www.cut.org.br> (com adaptações).

(Técnico – INSS/Guarulhos – 2022 – CEBRASPE) Em relação às ideias do texto CB1A1-I, julgue os seguintes itens.

(1) Conclui-se da leitura do texto que os benefícios da previdência social no Brasil são pouco vantajosos para os trabalhadores autônomos, em razão do possível endividamento decorrente da regularização do trabalho e da baixa remuneração prevista para a aposentadoria.

(2) De acordo com as informações do texto, o rendimento médio mensal das pessoas que passaram a trabalhar por conta própria desde o início da pandemia de covid-19 é menor que o rendimento que tinham as pessoas que optaram por esse tipo de trabalho dois anos antes dessa pandemia.

(3) No texto, os dados indicativos de que a maioria das pessoas que trabalha por conta própria não contribui para a previdência social são utilizados como argumento para comprovar a precarização do trabalho, no Brasil, desde o início da pandemia de covid-19 até o final de 2021.

1: errada. O texto deixa claro que o trabalho irregular é precarizado e, pós-pandemia, gera faturamento menor. As indicações ao final do texto são apenas suposições dos pesquisadores sobre a causa do problema. **2:** correta. A informação está estampada em números no primeiro parágrafo do texto; **3:** correta, conforme comentário à primeira afirmação. HS

Gabarito: 1E, 2C, 3C

(Técnico – INSS/Guarulhos – 2022 – CEBRASPE) Julgue os itens que se seguem, relativos a aspectos linguísticos do texto CB1A1-I.

(1) Estariam mantidos os sentidos e a correção gramatical do texto caso se substituísse, no primeiro período do texto, o segmento "em comparação com as" por **quando comparadas as**.

(2) O vocábulo "obtidos" (terceiro período do primeiro parágrafo) e o vocábulo "crescido" (primeiro período do segundo parágrafo) constituem adjetivos nos contextos sintáticos em que se inserem, haja vista a concordância dos referidos termos, respectivamente, com "dados" (terceiro período do primeiro parágrafo) e com "número" (primeiro período do segundo parágrafo).

(3) Seria mantida a correção gramatical do último período do segundo parágrafo caso a forma verbal "era" fosse flexionada no plural — **eram** —, dada a possibilidade de concordância verbal com a expressão de porcentagem que aparece logo em seguida.

(4) Estaria preservada a coerência das ideias do último parágrafo do texto caso o segmento "mais recentemente" fosse deslocado para imediatamente depois do termo "própria".

1: errada. A correção gramatical seria mantida se houvesse o acento grave em "quando comparadas **às**"; **2:** errada. Ambos são verbos na voz passiva que concordam com os respectivos sujeitos pacientes; 3: errada. Não há possibilidade de dupla concordância nesse caso – o verbo obrigatoriamente concorda em número com o sujeito; **4:** correta. Não haveria prejuízo à coerência, por se tratar de adjunto adverbial, que pode ser deslocado na oração. HS

Gabarito: 1E, 2E, 3E, 4C

Ora, graças a Deus, lá se foi mais um. Um ano, quero dizer. Menos um na conta, mais uma prestação paga. E tem quem fique melancólico. Tem quem deteste ver à porta a cara do mascate em cada primeiro do mês, cobrando o vencido. Quando compram fiado, têm a sensação de que o homem deu de presente, e se esquecem das prestações, que serão, cara e facada. Nem se lembram dessa outra prestação que se paga a toda hora, tabela Price insaciável comendo juros de vida, todo dia um pouquinho mais; um cabelo que fica branco, mais um milímetro de pele que enruga, uma camada infinitesimal acrescentada à artéria que endurece, um pouco mais de fadiga no coração, que também é carne e se cansa com aquele bater sem folga. E o olho que enxerga

---

* HS questões comentadas por: **Henrique Subi.**

MD questões comentadas por: **Magally Dato**

FF/RFL questões comentadas por: **Fernanda Franco** e **Rodrigo Ferreira Lima**

menos, e o dente que caria e trata de abrir lugar primeiro para o pivô, depois para a dentadura completa.

O engraçado é que muito poucos reconhecem isso. Convencem-se de que a morte chega de repente, que não houve desgaste preparatório, e nos apanha em plena flor da juventude, ou em plena frutificação da maturidade; se imaginam uma rosa que foi colhida em plena beleza desabrochada. Mas a rosa, se a não apanha o jardineiro, que será ela no dia seguinte, após o mormaço do sol e a friagem do sereno? A hora da colheita não interessa – de qualquer modo, o destino dela era murchar, perder as pétalas, secar, sumir-se.

A gente, porém, não pode pensar muito nessas coisas. Tem que pensar em alegrias, sugestionar-se, sugestionar os outros. Vamos dar festas, vamos aguardar o ano novo com esperanças e risadas e beijos congratulatórios. Desejar uns aos outros saúde, riqueza e venturas. Fazer de conta que não se sabe; sim, como se a gente nem desconfiasse. Tudo que nos espera: dentro do corpo o que vai sangrar, doer, inflamar, envelhecer. As cólicas de fígado, as dores de cabeça, as azias, os reumatismos, as gripes com febre, quem sabe o tifo, o atropelamento. Tudo escondido, esperando. Sem falar nos que vão ficar tuberculosos, nas mulheres que vão fazer cesariana. Os que vão perder o emprego, os que se verão doidos com as dívidas, os que hão de esperar nas filas – que seremos quase todos. E os que, não morrendo, hão de ver a morte lhes entrando de casa adentro, carregando o filho, pai, amor, amizade. As missas de sétimo dia, as cartas de rompimento, os bilhetes de despedida. E até guerra, quem sabe? Desgostos, desgostos de toda espécie. Qual de nós passa um dia, dois dias, sem um desgosto? Quanto mais um ano!

Rachel de Queiroz. Um ano de menos.

In: O Cruzeiro, Rio de Janeiro, dez./1951 (com adaptações).

(Técnico – INSS/Guarulhos – 2022 – CEBRASPE) Acerca das ideias e de aspectos linguísticos do texto precedente, julgue os itens que se seguem.

(1) No texto, a autora incentiva uma postura otimista durante a passagem de ano, apesar de manifestar uma visão pessimista quanto ao porvir.

(2) No quinto período do primeiro parágrafo, o emprego do sinal indicativo de crase no vocábulo "à", em "à porta", justifica-se pela combinação de dois fatores: a regência do verbo "ver" e o gênero feminino da palavra "porta".

(3) No trecho "murchar, perder as pétalas, secar, sumir-se" (último período do segundo parágrafo), os verbos, dispostos em enumeração, expressam uma sequência lógica de acontecimentos.

(4) Em ambas as orações presentes no trecho "Nem se lembram dessa outra prestação que se paga a toda hora" (sétimo período do primeiro parágrafo), a intenção de indefinir quem realiza as ações de lembrar e pagar é materializada por meio da estratégia de indeterminação do sujeito sintático pelo emprego do pronome "se".

(5) Da leitura do segundo parágrafo, entende-se que o pronome "ela", em "dela" (último período), refere-se a "rosa" (penúltimo período).

(6) O segmento "que será ela no dia seguinte" (penúltimo período do segundo parágrafo) consiste em uma oração adjetiva com sentido explicativo, o que justifica seu isolamento entre vírgulas no texto.

(7) No trecho "os que hão de esperar nas filas" (último parágrafo), o termo "hão" corresponde a uma forma abreviada de **haverão** e, como tal, diz respeito ao tempo futuro.

1: correta. Essa contraposição é um aspecto linguístico muito interessante do texto: apesar do futuro levar, necessariamente, à morte, a autora propõe encarar o passar dos anos com otimismo; **2:** errada. A crase ocorreu por ser expressão adverbial formada por substantivo feminino, como em "às pressas" ou "à mão"; **3:** correta. Trata-se da figura de linguagem conhecida como gradação; **4:** errada. No primeiro caso, "se" é pronome reflexivo; **5:** correta. O pronome foi usado como elemento de coesão para evitar a repetição do substantivo; **6:** errada. A oração não explica o conceito anterior, mas inaugura uma indagação sobre o futuro da rosa; **7:** errada. "Hão" é a conjugação da terceira pessoa do plural do presente do indicativo do verbo "haver". **HS**

Gabarito 1C, 2E, 3C, 4E, 5C, 6E, 7E

Texto CB1A1

Cresce, no mundo todo, o número de pessoas que demandam serviços de cuidado. De acordo com o último relatório da Organização Internacional do Trabalho (OIT), esse universo deverá ser de 2,3 bilhões de pessoas em 2030 — há cinco anos, eram 2,1 bilhões. O envelhecimento da população e as novas configurações familiares, com mulheres mais presentes no mercado de trabalho e menos disponíveis para assumir encargos com parentes sem autonomia, têm levado os países a repensar seus sistemas de atenção a populações vulneráveis. Partindo desse panorama, as sociólogas Nadya Guimarães, da Universidade de São Paulo (USP), e Helena Hirata, do Centro de Pesquisas Sociológicas e Políticas de Paris, na França, identificaram, em estudo, o surgimento, nos últimos vinte anos, de arranjos que visam amparar indivíduos com distintos níveis de dependência, como crianças, idosos e pessoas com deficiência. Enquanto, em algumas nações, o papel do Estado é preponderante, em outras, a atuação de instituições privadas se sobressai. Na América Latina, o protagonismo das famílias representa o aspecto mais marcante. Conforme definição da OIT, o trabalho de cuidado, que pode ou não ser remunerado, envolve dois tipos de atividades: as diretas, como alimentar um bebê ou cuidar de um doente, e as indiretas, como cozinhar ou limpar. "É um trabalho que tem uma forte dimensão emocional, se desenvolve na intimidade e, com frequência, envolve a manipulação do corpo do outro", diz Guimarães. Ela relata que o conceito de cuidado surgiu como categoria relevante para as ciências sociais há cerca de trinta anos e, desde então, tem sido crescente a sua presença em linhas de investigação em áreas como economia, antropologia, psicologia e filosofia política. "Com isso, a discussão sobre essa concepção ganhou corpo. Os estudos iniciais do cuidado limitavam-se à ideia de que ele era uma necessidade nas situações de dependência, mas tal entendimento se ampliou. Hoje, ele é visto como um trabalho fundamental para assegurar o bem-estar de todos, na medida em que qualquer pessoa pode se fragilizar e se tornar dependente em algum momento da vida", explica a socióloga. Os avanços da pesquisa levaram à constatação de que a oferta de cuidados é distribuída de forma desigual na sociedade, recaindo, de forma mais intensa, sobre as mulheres.

Ao refletir sobre esse desequilíbrio, a socióloga Heidi Gottfried, da Universidade Estadual Wayne, nos Estados Unidos da América, explica que persiste, nas sociedades, a noção arraigada de que o trabalho de cuidado seria uma manifestação de amor e, por essa razão, deveria ser prestado gratuitamente. Conforme Gottfried, a ideia decorre, entre outros aspectos, de construção cultural a respeito da maternidade e de que cuidar seria um talento feminino. Por outro lado, Guimarães lembra que, a partir de 1970, as mulheres aumentaram sua participação no mercado de trabalho brasileiro. Em cinco décadas, a presença feminina saltou de 18%

1. LÍNGUA PORTUGUESA

3

para 50%, segundo dados do Instituto Brasileiro de Geografia e Estatística. "Consideradas provedoras naturais dos serviços de cuidado, as mulheres passaram a trabalhar mais intensamente fora de casa. Esse fato, aliado ao envelhecimento da população, gerou o que tem sido analisado como uma crise no provimento de cuidados que, em países do hemisfério norte, tem se resolvido com uma mercantilização desses serviços, além de uma maior atuação do Estado, por meio da criação de instituições públicas de acolhimento, expansão de políticas de financiamento, formação e regulação do trabalho de cuidadores", conta a socióloga. Na América Latina, entretanto, o fornecimento de cuidados é tradicionalmente feito pelas famílias, nas quais mulheres desempenham gratuitamente papel central como cuidadoras de crianças, idosos e pessoas com deficiência. Para a minoria que pode pagar, o mercado oferece serviços de cuidado que compensam a escassa presença do Estado.

Christina Queiroz. Revista Pesquisa FAPESP. Ed. 299, jan./ 2021. Internet: <https://revistapesquisa.fapesp.br/economia-do-
-cuidado> (com adaptações).

(**Técnico – INSS – 2022 – CEBRASPE**) Em relação a aspectos estruturais do texto CB1A1 e às informações por ele veiculadas, julgue os itens subsequentes.

(**1**) O envelhecimento da população mundial é um dos fatores que explicam a ampliação da presença de mulheres no mercado de trabalho.

(**2**) Os serviços de cuidados fornecidos na América Latina diferenciam-se dos providos em países do hemisfério norte.

(**3**) Por mencionar dados, articular depoimentos e expor argumentos, o texto configura-se como predominantemente descritivo.

(**4**) A profissionalização do trabalho de cuidados nos últimos anos remodelou a essência do conceito de cuidado.

(**5**) Ao confirmarem a forte dimensão emocional do trabalho de cuidados, os estudos relatados no texto recomendam que esse setor da economia não seja assumido pelo Estado nem seja objeto de mercantilização.

1: errada. A presença das mulheres no mercado de trabalho é uma das causas para a ampliação da necessidade de serviços profissionais de cuidado; **2:** correta. No final do primeiro parágrafo, o texto expõe as diferentes configurações dos serviços, destacando que, enquanto nos outros países há prevalência do Estado ou de instituições privadas, na América Latina o protagonismo é das famílias; **3:** errada. Tais características são próprias do texto jornalístico; **4:** errada. Isso não pode ser inferido em nenhuma passagem do texto. Ao contrário, ele destaca a necessidade de se alterar a cultura geral de que o trabalho de cuidado deve ser prestado gratuitamente; **5:** errada. Ao contrário, destaca o texto a necessidade de profissionalização ou apoio estatal diante do aumento da participação das mulheres no mercado de trabalho, o que afasta a possibilidade delas prosseguirem atuando como cuidadoras gratuitamente dentro das próprias famílias. **HS**

Gabarito 1E, 2C, 3E, 4E, 5E

(**Técnico – INSS – 2022 – CEBRASPE**) Acerca de aspectos semânticos e sintáticos do texto CB1A1, julgue os itens que se seguem.

(**1**) No último parágrafo, a expressão "nas quais" poderia, sem prejuízo sintático para o texto, ser substituída por **cujas**.

(**2**) No terceiro parágrafo, o segmento "a ideia" (segundo período) retoma, por coesão, a "noção" descrita no primeiro período.

(**3**) Seria preservada a coerência das ideias do texto se, no segundo parágrafo, a expressão "na medida em que" fosse substituída pelo vocábulo **pois**.

1: correta. As expressões são equivalentes e estão flexionadas no mesmo gênero e número; **2:** correta. A utilização de substantivos sinônimos é um recurso de coesão bastante útil para evitar a repetição de termos no texto; **3:** correta. Ambas são conjunções conclusivas, de maneira que a substituição não traria qualquer prejuízo ou alteração ao texto. **HS**

Gabarito 1C, 2C, 3C

(**Técnico – INSS – 2022 – CEBRASPE**) Julgue os itens a seguir, relativos a aspectos estruturais e gramaticais do texto CB1A1.

(**1**) O emprego das vírgulas após os trechos "De acordo com o último relatório da Organização Internacional do Trabalho (OIT)" (no segundo período do primeiro parágrafo) e "Conforme definição da OIT" (no início do segundo parágrafo) justifica-se pelo mesmo motivo.

(**2**) No início do último parágrafo, o emprego da conjunção "entretanto" objetiva evidenciar uma contraposição com o que se afirma no parágrafo anterior; por isso, essa conjunção poderia ser substituída, sem prejuízo dos sentidos e da coerência do texto, por **conquanto**.

(**3**) Por constituir um substantivo, o termo 'bem-estar', empregado no segundo parágrafo, poderia ser grafado, em conformidade com a ortografia oficial, sem o hífen: **bem estar**.

(**4**) No terceiro período do segundo parágrafo, o termo "sua" refere-se à expressão "conceito de cuidado".

(**5**) No início do quarto parágrafo, a expressão "Por outro lado" desempenha papel de reforço da coesão textual e poderia ser substituída, sem prejuízo semântico ao texto original, por **Inversamente**.

(**6**) Seria mantida a correção gramatical do texto caso o termo 'analisado' (quarto parágrafo) fosse flexionado no feminino — **analisada** —, dada a possibilidade de sua concordância com o termo subsequente 'crise', com o qual estabelece relação sintático-semântica.

1: correta. Ambas separam o adjunto adverbial que está deslocado da ordem direta do período; **2:** errada. "Conquanto" é conjunção concessiva, sinônimo de "embora". Dessa maneira, a substituição alteraria o sentido e a coerência do texto; **3:** errada. Conforme o Acordo Ortográfico vigente, usamos hífen em substantivos compostos formados pelo adjetivo "bem" quando a palavra seguinte começar com as vogais "a", "e", "i" ou "o"; **4:** correta. O pronome foi usado como elemento de coesão para evitar a repetição dos termos; **5:** errada. "Por outro lado" não é sinônimo de "inversamente", pois não inaugura um raciocínio oposto: somente indica que o mesmo assunto pode ser analisado por prismas diferentes (mas não necessariamente contraditórios); **6:** errada. Não há relação sintático-semântica a autorizar a concordância proposta. **HS**

Gabarito 1C, 2E, 3E, 4C, 5E, 6E

1 Sozinha no mundo, sem pai nem mãe, ela corria,
arfava, muda, concentrada. Às vezes, na fuga, pairava
ofegante num beiral de telhado e enquanto o rapaz galgava
4 outros com dificuldade tinha tempo de se refazer por um
momento. E então parecia tão livre.
Estúpida, tímida e livre. Não vitoriosa como
7 seria um galo em fuga. Que é que havia nas suas vísceras
que fazia dela um ser? A galinha é um ser. É verdade que
não se poderia contar com ela para nada. Nem ela própria
10 contava consigo, como o galo crê na sua crista. Sua única
vantagem é que havia tantas galinhas que morrendo
uma surgiria no mesmo instante outra tão igual como se fora
13 a mesma.

Clarice Lispector. Uma galinha. *In*: Laços de família: contos.
Rio de Janeiro: Rocco, 1998.

(Técnico – MPE/CE – CESPE – 2020) Considerando as ideias, os sentidos e os aspectos linguísticos do texto precedente, julgue os itens que se seguem.

(1) No trecho "pairava ofegante num beiral de telhado" (l. 2 e 3), o verbo **pairar** está empregado com o mesmo sentido de **ameaçar**.

(2) As palavras que formam a frase "Estúpida, tímida e livre" (l.6) qualificam o ser que é o tema do texto: a galinha.

(3) No trecho "É verdade que não se poderia contar com ela para nada" (l. 8 e 9), o uso da próclise justifica-se pela presença da palavra negativa "não".

(4) O trecho "enquanto o rapaz galgava outros com dificuldade" (l. 3 e 4) mostra que havia uma perseguição à galinha pelos telhados da casa.

(5) No trecho "Nem ela própria contava consigo, como o galo crê na sua crista" (l. 9 e 10), existe uma relação de oposição entre as orações que compõem o período.

1: incorreta. "Pairar" é sinônimo de "planar" nessa passagem; 2: correta. Os adjetivos qualificam a galinha que é descrita no texto; 3: correta. Trata-se de próclise obrigatória pela presença do advérbio de negação; 4: correta. Isso também se justifica no fato da galinha estar ofegante; 5: incorreta. A relação entre as orações é de comparação. HS
Gabarito 1E, 2C, 3C, 4C, 5E

(Técnico – MPE/CE – CESPE – 2020) Julgue os próximos itens, com base no Manual de Redação da Presidência da República (MRPR).

(1) O MRPR prevê somente dois fechos diferentes para as modalidades de comunicação oficial entre autoridades da administração pública: Respeitosamente, caso o destinatário seja autoridade de hierarquia superior à do remetente; e Atenciosamente, caso o destinatário seja autoridade de mesma hierarquia ou de hierarquia inferior à do remetente. Ficam excluídas dessa norma as comunicações dirigidas a autoridades estrangeiras, que atendem a rito e tradição próprios.

(2) Os assuntos objetos dos expedientes oficiais devem ser tratados de forma estritamente impessoal, uma vez que a redação oficial é elaborada sempre em nome do serviço público e sempre em atendimento ao interesse geral dos cidadãos.

1: correta, nos termos do item 5.1.7 do MRPR; 2: correta, nos termos do item 3.5 do MRPR. HS
Gabarito 1C, 2C

(Técnico – MPE/CE – CESPE – 2020) Com base no **Manual de Redação da Presidência da República**, julgue os próximos itens.

(1) A formalidade e a precisão da redação oficial dependem do uso correto da norma padrão da língua portuguesa, ainda que isso implique falta de clareza.

(2) O texto de um documento oficial deve seguir a estrutura padronizada de introdução, desenvolvimento e conclusão, exceto em casos de encaminhamento de documentos.

(3) Entre os documentos oficiais, o *email* é o que apresenta maior flexibilidade formal, uma vez que, nesse tipo de comunicação, se admite o uso de abreviações como vc e pq.

1: incorreta. Conforme consta do item 3.1 do MRPR, a clareza é qualidade básica de todo texto oficial, não se admitindo que sua redação se torne incompreensível ainda que pelo uso extremamente formal do idioma; 2: correta, nos termos do item 5.1.6 do MRPR; 3: incorreta. Mesmo em mensagens eletrônicas deve-se evitar a informalidade, mormente pelo uso de abreviaturas não reconhecidas pelo padrão culto da língua (item 3.6 do MRPR). HS
Gabarito 1E, 2C, 3E

1 Entre todos os fatores técnicos da mobilidade,
um papel particularmente importante foi desempenhado
pelo transporte da informação – o tipo de comunicação
4 que não envolve o movimento de corpos físicos ou só
o faz secundária e marginalmente. Desenvolveram-se,
de forma consistente, meios técnicos que também
7 permitiram à informação viajar independentemente dos seus
portadores físicos – e independentemente também dos
objetos sobre os quais informava: meios que libertaram
10 os "significantes" do controle dos "significados". A separação
dos movimentos da informação em relação aos movimentos
dos seus portadores e objetos permitiu, por sua vez,
13 a diferenciação de suas velocidades; o movimento da
informação ganhava velocidade num ritmo muito mais
rápido que a viagem dos corpos ou a mudança da situação
16 sobre a qual se informava. Afinal, o aparecimento da rede
mundial de computadores pôs fim – no que diz respeito
à informação – à própria noção de "viagem" (e de
19 "distância" a ser percorrida), o que tornou a informação
instantaneamente disponível em todo o planeta, tanto na
teoria como na prática.

Zygmunt Bauman. Globalização: as consequências humanas. Trad. Marcus Penchel. Rio de Janeiro: Zahar, 1999 (com adaptações).

(Técnico – MPE/CE – CESPE – 2020) Com relação aos aspectos linguísticos e aos sentidos do texto precedente, julgue os itens a seguir.

(1) O termo "Desenvolveram-se" (l.5) poderia ser substituído pela locução **Foram desenvolvidos**, sem prejuízo do sentido e da correção gramatical do texto.

(2) A "rede mundial de computadores" a que o autor se refere nas linhas 16 e 17 do texto corresponde à Internet.

(3) As formas pronominais "os quais" (l.9) e "a qual" (l.16) referem-se, respectivamente, a "portadores físicos" (l.8) e "situação" (l.15).

(4) A supressão do acento indicativo de crase em "à própria noção de 'viagem'" (l.18) manteria os sentidos e a correção gramatical do texto.

(5) A substituição do conectivo "Afinal" (l.16) por **Contudo** manteria os sentidos originais do texto.

1: correta. Haveria apenas a transposição da voz passiva sintética para a voz passiva analítica; **2:** correta. Convencionou-se traduzir o termo de origem inglesa "Internet" como rede mundial de computadores; **3:** incorreta. "Os quais" refere-se a "objetos"; **4:** incorreta. Trata-se de crase obrigatória, ante a regência da locução "dizer respeito" – portanto, sua supressão acarretaria erro gramatical; **5:** incorreta. "Afinal" é conjunção conclusiva, ou seja, introduz uma oração que irá apresentar uma conclusão em relação ao que foi dito anteriormente. Já "contudo" é conjunção adversativa, sinônimo de "mas", "porém", de maneira que o sentido e a coerência do texto seriam afetados. HS

Gabarito: 1C, 2C, 3E, 4E, 5E

---

1   Em qualquer tempo ou lugar, a vida social é sempre
    marcada por rituais. Essa afirmação pode ser inesperada
    para muitos, porque tendemos a negar tanto a existência
4   quanto a importância dos rituais na nossa vida cotidiana.
    Em geral, consideramos que rituais seriam eventos de
    sociedades históricas, da vida na corte europeia, por exemplo,
7   ou, em outro extremo, de sociedades indígenas. Entre nós,
    a inclinação inicial é diminuir sua relevância. Muitas vezes
    comentamos "Ah, foi apenas um ritual", querendo enfatizar
10 exatamente que o evento em questão não teve maior
    significado e conteúdo. Por exemplo, um discurso pode receber
    esse comentário se for considerado superficial em relação
13 à expectativa de um importante comunicado. Ritual, nesse
    caso, é a dimensão menos importante de um evento, sinal
    de uma forma vazia, algo pouco sério — e, portanto,
19 "apenas um ritual". Agimos como se desconhecêssemos que
    forma e conteúdo estão sempre combinados e associamos
    o ritual apenas à forma, isto é, à convencionalidade, à rigidez,
19 ao tradicionalismo. Tudo se passa como se nós, modernos,
    guiados pela livre vontade, estivéssemos liberados desse
    fenômeno do passado. Em suma, usamos o termo ritual no
22 dia a dia com uma conotação de fenômeno formal e arcaico.

Mariza Peirano. Rituais ontem e hoje. Rio de Janeiro: Jorge Zahar Editor, 2003, p. 7-8 (com adaptações).

(Técnico – MPE/CE – CESPE – 2020) Com relação às ideias, aos sentidos e aos aspectos linguísticos do texto anterior, julgue os itens a seguir.

(1) O texto apresentado é predominantemente descritivo, já que exemplifica uma das acepções do termo **ritual**.

(2) A substituição do trecho "se for considerado" (l.12) por **quando considerado** preservaria a coerência e a correção gramatical do texto.

(3) A acepção de **ritual** empregada nos dois primeiros períodos do texto afasta-se, segundo a autora, do sentido corrente dessa palavra, explorado no restante do texto.

(4) A substituição da conjunção "porque" (l.3) pela locução **de modo que** preservaria os sentidos originais do texto.

(5) No trecho "em relação à expectativa de um importante comunicado" (l. 12 e 13), a retirada do sinal indicativo de crase no vocábulo "à" prejudicaria a correção gramatical do texto.

(6) A expressão "sua relevância" (R.8) refere-se a "rituais" (l.5).

(7) Depreende-se do trecho "Tudo se passa como se nós, modernos, guiados pela livre vontade, estivéssemos liberados desse fenômeno do passado" (l. 19 a 21) que a autora, ao se declarar moderna, repudia o que pertence ao passado.

(8) O texto defende que, em uma manifestação social, o ritual é a dimensão que mais contribui para a transmissão dos valores e conteúdos implicados nessa manifestação.

(9) A expressão "do passado" (l.21) foi empregada no texto com o mesmo sentido de **obsoleto**.

1: incorreta. Trata-se de texto dissertativo, no qual a autora defende um determinado ponto de vista; **2:** correta. "Quando" pode também ser utilizado com valor condicional, como na alteração proposta, o que manteria a coerência e a correção do texto; **3:** correta. É exatamente essa oposição de sentidos que compõe a ideia central do texto; **4:** incorreta. "Porque" tem valor explicativo, ao passo que "de modo que" tem valor conclusivo – haveria, portanto, alteração de sentido no período; **5:** correta. Trata-se de crase obrigatória diante da regência da expressão "em relação a"; **6:** correta. O pronome "sua" retoma o substantivo "rituais" como elemento de coesão textual; **7:** incorreta. Ao contrário, a autora critica a noção geral de modernidade. Não obstante ser, obviamente, uma pessoa que vive em nossos tempos, ela destoa desta maioria ao expor que, na verdade, não estamos liberados dos fenômenos do passado; **8:** incorreta. O texto defende que a sociedade moderna perdeu a noção do significado do termo "ritual" e torno-o limitado a formalidades, quando seu alcance é mais amplo do que isso; **9:** correta. Os termos são realmente sinônimos e podem ser empregados um pelo outro sem alteração de sentido. HS

Gabarito: 1E, 2C, 3C, 4E, 5C, 6C, 7E, 8E, 9C

Texto CG1A1-II

1   Segundo a Lei Geral de Proteção de Dados (Lei n.º 13.709/2018), dados pessoais são informações que podem identificar alguém. Dentro desse conceito, foi criada
4   uma categoria chamada de "dado sensível", que diz respeito a informações sobre origem racial ou étnica, convicções religiosas, opiniões políticas, saúde ou vida sexual. Registros
7   como esses, a partir da vigência da lei, passam a ter nível maior de proteção, para evitar formas de discriminação. Todas as atividades realizadas no país e todas as pessoas que estão no
10 Brasil estão sujeitas à lei. A norma vale para coletas operadas em outro país, desde que estejam relacionadas a bens ou serviços ofertados a brasileiros. Mas há exceções, como a
13 obtenção de informações pelo Estado para a segurança pública. Ao coletar um dado, as empresas deverão informar a finalidade da coleta. Se o usuário aceitar repassar suas
16 informações, o que pode acontecer, por exemplo, quando ele concorda com termos e condições de um aplicativo, as companhias passam a ter o direito de tratar os dados
19 (respeitada a finalidade específica), desde que em conformidade com a legislação. A lei prevê uma série de obrigações, como a garantia da segurança das informações e a
22 notificação do titular em caso de um incidente de segurança. A norma permite a reutilização dos dados por empresas ou órgãos públicos, em caso de "legítimo interesse".
25 Por outro lado, o titular ganhou uma série de direitos. Ele pode, por exemplo, solicitar à empresa os dados que ela tem sobre ele, a quem foram repassados (em situações como a
28 de reutilização por "legítimo interesse") e para qual finalidade. Caso os registros estejam incorretos, ele poderá cobrar a correção. Em determinados casos, o titular terá o direito de se
31 opor a um tratamento. A lei também prevê a revisão de decisões automatizadas tomadas com base no tratamento de dados, como as notas de crédito ou os perfis de consumo.

Internet: <www.agenciabrasil.ebc.com.br> (com adaptações).

(Analista Judiciário – TJ/PA – 2020 – CESPE) Segundo as ideias veiculadas no texto CG1A1-II,

(A) questões relativas a origem racial ou étnica, convicções religiosas, opiniões políticas, saúde ou vida sexual são as que mais motivam atos de discriminação, e, por isso, os dados sensíveis devem ter maior nível de proteção.

(B) a Lei Geral de Proteção de Dados prevê obrigações tanto para as empresas que coletam os dados quanto para o titular desses dados, de forma proporcional.

(C) a norma legal é válida em caso de bens e serviços ofertados a brasileiros, independentemente do país onde a coleta dos dados pessoais for feita.

(D) o Estado é autorizado a coletar e a tratar dados pessoais de brasileiros da forma que julgar mais adequada.

(E) o Brasil é pioneiro na edição de uma lei acerca da coleta e do uso de dados sensíveis.

A: incorreta. O texto não afirma que tais questões são as que mais motivam discriminação, mas sim que esses dados são sensíveis e merecem maior proteção porque podem gerar discriminação; **B:** incorreta. As obrigações recaem somente sobre as empresas; **C:** correta, conforme se lê no primeiro parágrafo; **D** e **E:** incorretas. Não se pode deduzir tais informações de qualquer passagem do texto.
Gabarito "C".

(Analista Judiciário – TJ/PA – 2020 – CESPE) Sem prejuízo da correção gramatical e do sentido original do texto CG1A1-II, a forma verbal "há" (l.12) poderia ser substituída por

(A) existem.

(B) existe.

(C) ocorre.

(D) têm.

(E) tem.

O verbo "haver", na passagem indicada, foi usado como sinônimo de "existir". Atente-se apenas para o fato de que, no sentido original, o verbo "existir" deve ser flexionado em número, diferente do "haver", que é impessoal.
Gabarito "A".

(Analista Judiciário – TJ/PA – 2020 – CESPE) Mantendo-se a coerência e a correção gramatical do texto CG1A1-II, o verbo "aceitar" (l.15) poderia ser substituído por

(A) consentir.

(B) prescindir.

(C) assistir.

(D) obstar.

(E) enjeitar.

"Aceitar" é sinônimo de "consentir", "concordar", "referendar".
Gabarito "A".

(Analista Judiciário – TJ/PA – 2020 – CESPE) No período em que se insere no texto CG1A1-II, a oração "Ao coletar um dado" (l.14) exprime uma circunstância de

(A) causa.

1. LÍNGUA PORTUGUESA

(B) modo.
(C) finalidade.
(D) explicação.
(E) tempo.

A oração indicada classifica-se como oração subordinada adverbial temporal, ou seja, expressa uma noção de tempo.
Gabarito "E".

Texto CG4A1-II

1   Na década de cinquenta, cresceu a participação feminina no mercado de trabalho, especialmente no setor de serviços de consumo coletivo, em escritórios, no comércio ou
4   em serviços públicos. Surgiram então mais oportunidades de emprego em profissões como as de enfermeira, professora, funcionária burocrática, médica, assistente social, vendedora,
7   as quais exigiam das mulheres certa qualificação e, em contrapartida, tornavam-nas profissionais remuneradas. Essa tendência demandou maior escolaridade feminina e provocou,
10 sem dúvida, mudanças no *status* social das mulheres.
    Entretanto, eram nítidos os preconceitos que cercavam o trabalho feminino nessa época. Como as mulheres ainda eram
13 vistas prioritariamente como donas de casa e mães, a ideia da incompatibilidade entre casamento e vida profissional tinha grande força no imaginário social. Um dos principais
16 argumentos dos que viam com ressalvas o trabalho feminino era o de que, trabalhando, a mulher deixaria de lado seus afazeres domésticos e suas atenções e cuidados para com o
19 marido: ameaças não só à organização doméstica como também à estabilidade do matrimônio.

Carla Bassanezi. Mulheres dos anos dourados. *In*: História das mulheres no Brasil. 8.ª ed. São Paulo: Contexto, 2004 (com adaptações).

(Auxiliar Judiciário – TJ/PA – 2020 – CESPE) Na linha 19 do texto CG4A1-II, os dois-pontos foram utilizados para introduzir uma

(A) ressalva.
(B) enumeração.
(C) enunciação.
(D) hipótese.
(E) explicação.

Os dois-pontos sinalizam o início do aposto, estrutura sintática que enuncia uma explicação sobre um termo ou fato abordado anteriormente no texto.
Gabarito "E".

(Auxiliar Judiciário – TJ/PA – 2020 – CESPE) Infere-se do texto CG4A1-II que, na década de cinquenta, as mulheres

(A) começaram a ingressar no mercado de trabalho remunerado.
(B) começaram a ser bem remuneradas no mercado de trabalho.
(C) conquistaram o direito de exercer determinadas profissões.
(D) começaram a seguir determinado caminho que influenciou a sua relação com a vida doméstica.
(E) superaram os preconceitos que as impediam de ingressar no mercado de trabalho remunerado.

O primeiro parágrafo do texto destaca que, nesta época, as mulheres ampliaram sua participação no mercado de trabalho, o que levou a uma nova forma de relação com o trabalho doméstico e a própria relação matrimonial
Gabarito "D".

Texto CG1A1-I

1   "Família, família/ vive junto todo dia/ nunca perde essa mania" — os versos da canção Família, composta por Arnaldo Antunes e Tony Belotto na década de 80 do século
4   passado, no Brasil, parece que já não traduzem mais a realidade dos arranjos familiares. Observa-se que a solidez dos lugares ocupados por cada uma das pessoas, nos moldes da
7   família nuclear, não se adéqua à realidade social do momento, em que as relações são caracterizadas por sua dinamicidade e pluralidade. De acordo com o médico e psicanalista Jurandir
10 Freire Costa, "família nem é mais um modo de transmissão do patrimônio material; nem de perpetuação de nomes de linhagens; nem da tradição moral ou religiosa; tampouco é a
13 instituição que garante a estabilidade do lugar em que são educadas as crianças".
    Então, o que é a família? Como defini-la,
16 considerando-se que uma de suas marcas na pós-moder-nidade
    é justamente a falta de definição? Para a cientista social e política Elizabete Dória Bilac, a variabilidade histórica da
19 instituição família desafia qualquer conceito geral de família.
    A centralidade assumida pelos interesses individuais no mundo contemporâneo é um dos aspectos que influenciam
22 a singularidade de cada família e distinguem os propósitos que justificam a escolha de duas pessoas ou mais viverem juntas, compartilhando regras, necessidades e obrigações. Se não é
25 fácil definir a família, é legítimo o esforço de tentar decifrar quem é o homem pós-moderno e quais as necessidades emergentes que o impulsionam ao encontro com o outro, seja
28 no espaço social, seja no interior da família, produzindo significados e razões que o lançam na busca de realização.
    Segundo o filósofo francês Dany-Robert Dufour, a
31 pós-modernidade produz um sujeito não engendrado, o que significa um sujeito que se vê na posição de não dever mais nada à geração precedente. Trata-se de uma condição que
34 comporta riscos, pois, segundo Dufour, desaparece o motivo geracional. No que tange à família, a consequência é o surgimento de relações pautadas em trocas reais e carentes de
37 valores simbólicos que se contraponham à lógica do consumo. Assim, assiste-se a uma ruptura na ordem da transmissão, o que gera indivíduos desprovidos de identidade sólida, condição esta
40 que acarreta a redução de sua capacidade crítica e dificulta o estabelecimento de compromisso com a causa que lhe precede.

Fernanda Simplício Cardoso e Leila Maria Torraca de Brito. Reflexões sobre a paternidade na pós-modernidade. Internet:<www.newpsi.bvs-psi.org.br> (com adaptações).

(Analista Judiciário – TJ/PA – 2020 – CESPE) As autoras do texto CG1A1-I consideram que

(A) o fato de duas ou mais pessoas viverem juntas é bastante para que sejam consideradas uma família.
(B) a família, na atualidade, define-se como instituição cujos membros não se comprometem uns com os outros.
(C) a família concebida nos moldes tradicionais não existe no século XXI.
(D) o conceito geral de família sempre esteve em constante mudança.

(E) a definição de família constitui um grande desafio.

Conforme se depreende dos dois primeiros parágrafos do texto, ele explora justamente o grande desafio que se tornou a definição de família na pós-modernidade, pelas variadas formas que ela passou a assumir.
Gabarito "E".

(Analista Judiciário – TJ/PA – 2020 – CESPE) Seria mantida a correção gramatical do texto CG1A1-I se o segmento "em que", nas linhas 8 e 13, fosse substituído, respectivamente, por

(A) onde e onde.

(B) onde e que.

(C) a qual e o qual.

(D) no qual e onde.

(E) que e no qual.

Na primeira passagem, "em que" exerce função de pronome relativo, sendo equivalente a "no qual". Na segunda passagem, transmite a noção de lugar, então pode ser substituída pelo advérbio "onde".
Gabarito "D".

(Analista Judiciário – TJ/PA – 2020 – CESPE) De acordo com o último parágrafo do texto CG1A1-I, um sujeito não engendrado

(A) inverte a ordem de transmissão familiar existente.

(B) sente-se isento de dívidas para com a geração precedente.

(C) relaciona-se com os demais a partir da construção de vínculos sólidos.

(D) é mais envolvido com a geração vindoura do que com a geração precedente.

(E) tem capacidade crítica reduzida e não demonstra compromisso com os laços familiares.

Segundo as autoras, um sujeito não engendrado é aquele que acredita que não tem nenhuma relação de obrigação ou dívida com as gerações que o antecederam, que também será um sujeito sem senso crítico e sem compromissos com as causas sociais a que está vinculado.
Gabarito "B".

(Analista Judiciário – TJ/PA – 2020 – CESPE) No terceiro parágrafo do texto CG1A1-I, a forma pronominal "o", em "o lançam" (l.29), faz referência a

(A) "esforço" (l.25).

(B) "homem" (l.26).

(C) "outro" (l.27).

(D) "espaço" (l.28).

(E) "interior" (l.28).

O pronome foi usado como elemento de coesão para se evitar a repetição do termo "homem".
Gabarito "B".

Texto CG4A1-I

1   O peso de Eurídice se estabilizou, assim como a rotina
da família Gusmão Campelo. Antenor saía para o trabalho, os
filhos saíam para a escola e Eurídice ficava em casa, moendo
4   carne e remoendo os pensamentos estéreis que faziam da sua
vida infeliz. Ela não tinha emprego, ela já tinha ido para a
escola, e como preencher as horas do dia depois de arrumar as
7   camas, regar as plantas, varrer a sala, lavar a roupa, temperar
o feijão, refogar o arroz, preparar o suflê e fritar os bifes?
Porque Eurídice, vejam vocês, era uma mulher brilhante. Se lhe
10   dessem cálculos elaborados, ela projetaria pontes. Se lhe
dessem um laboratório, ela inventaria vacinas. Se lhe dessem
páginas brancas, ela escreveria clássicos. No entanto, o que lhe
13   deram foram cuecas sujas, que Eurídice lavou muito rápido e
muito bem, sentando-se em seguida no sofá, olhando as unhas
e pensando no que deveria pensar. E foi assim que concluiu
16   que não deveria pensar, e que, para não pensar, deveria se
manter ocupada todas as horas do dia, e que a única atividade
caseira que oferecia tal benefício era aquela que apresentava o
19   dom de ser quase infinita em suas demandas diárias: a
culinária. Eurídice jamais seria uma engenheira, nunca poria os
pés em um laboratório e não ousaria escrever versos, mas essa
22   mulher se dedicou à única atividade permitida que tinha um
certo quê de engenharia, ciência e poesia. Todas as manhãs,
depois de despertar, preparar, alimentar e se livrar do marido
25   e dos filhos, Eurídice abria o livro de receitas da Tia Palmira.

]Martha Batalha. A vida invisível de Eurídice Gusmão. 1.ª ed. São Paulo: Companhia das Letras, 2016 (com adaptações).

(Auxiliar Judiciário – TJ/PA – 2020 – CESPE) No trecho "e que a única atividade caseira que oferecia tal benefício era aquela que apresentava o dom de ser quase infinita em suas demandas diárias: a culinária" (l. 17 a 20), do texto CG4A1-I, o vocábulo "demandas" foi empregado no sentido de

(A) diligência.

(B) exigência.

(C) determinação.

(D) desígnio.

(E) busca.

Demanda" é sinônimo de "exigência", "pedido", "necessidade".
Gabarito "B".

(Auxiliar Judiciário – TJ/PA – 2020 – CESPE) Infere-se do texto CG4A1-I que a personagem Eurídice dedicava-se à culinária porque

(A) essa atividade era um meio de expressar suas potencialidades.

(B) ela alimentava aversão aos estudos acadêmicos.

(C) essa atividade consistia em uma das suas habilidades natas.

(D) ela tinha receio de fazer um curso superior.

(E) essa atividade permitia expandir suas relações interpessoais.

O texto enaltece a complexidade da culinária, demonstrando que, por exigir muito tempo e dedicação para ser dominada, era a única atividade doméstica que poderia auxiliar Eurídice a expressar todo o seu potencial.
Gabarito "A".

(Auxiliar Judiciário – TJ/PA – 2020 – CESPE) A personagem Eurídice é expressamente caracterizada no texto CG4A1-I como uma mulher

(A) introspectiva.

(B) ousada.

(C) infeliz.

(D) proativa.

(E) brilhante.

O enunciado pede a característica de **Eurídice** que está **expressa** no texto, por isso a resposta correta é "brilhante". Há de se ter cuidado com a letra "B" – "infeliz" – porque o adjetivo é usado na linha 5 para caracterizar a vida de Eurídice, e não a própria Eurídice.
Gabarito "E".

(Auxiliar Judiciário – TJ/PA – 2020 – CESPE) A correção gramatical e o sentido original do texto CG4A1-I seriam preservados caso

I. os dois-pontos imediatamente após "diárias" (l.19) fossem substituídos por uma **vírgula**.

II. o vocábulo "estéreis" (l.4) fosse substituído por **desnecessários**.

III. se inserisse, no trecho "nunca poria os pés em um laboratório e não ousaria escrever versos" (l. 20 e 21), uma vírgula logo após "laboratório" e o vocábulo "não" fosse substituído por **nem**.

Assinale a opção correta.

(A) Nenhum item está certo.

(B) Apenas o item I está certo.

(C) Apenas o item II está certo.

(D) Apenas o item III está certo.

(E) Todos os itens estão certos.

I: correto. Apesar de pouco usual, é possível lançar mão da vírgula para anunciar o aposto; II: incorreto. "Estéreis" é sinônimo de "sem resultado", "sem objetivo"; III: incorreta. Para que a proposta ficasse correta, seria necessário também suprimir a conjunção aditiva "e".
Gabarito "B".

(Auxiliar Judiciário – TJ/PA – 2020 – CESPE) A correção gramatical e o sentido do texto CG4A1-I seriam mantidos caso se suprimisse do texto

(A) a partícula "se" (l.24).

(B) a vírgula imediatamente após "para não pensar" (l.16).

(C) o vocábulo "já" (l.5).

(D) o vocábulo "ela", em "ela já tinha ido para a escola" (l. 5 e 6).

(E) o acento do vocábulo "quê" (l.23).

A única possibilidade de ser suprimida sem alteração de sentido ou correção gramatical é a palavra "ela" na linha oração "ela já tinha ido para a escola". isso porque, logo antes, na oração "ela não tinha emprego", o pronome já aparece, de maneira que pode ficar elíptico na oração coordenada seguinte sem prejuízo ao sentido da mensagem.
Gabarito "D".

Texto CG1A1-I

1   Grandes companhias globais falam muito em sustentabilidade ambiental e descarbonização de sua produção,
    mas o que fazem na prática é insuficiente. A implementação de
4   programas de sustentabilidade corporativa tem sido lenta, conforme estudo de dois professores do International Institute for Management Development (IMD), instituto de
7   administração sediado na cidade suíça de Lausanne.
    Dos executivos consultados em outra pesquisa realizada pelo IMD, 62% consideram estratégias de
10 sustentabilidade necessárias para serem competitivos atualmente, e outros 22% dizem que isso será importante no futuro. Sustentabilidade é vista como uma abordagem de
13 negócios para criar valor a longo prazo, levando-se em conta como uma companhia opera nos ambientes ecológico, social e econômico.
16 Em pesquisa com dez setores industriais ao longo de três anos, os dois professores do IMD concluíram que, ao contrário do otimismo gerado pelo Acordo de Paris para
19 combater a mudança climática e pelos Objetivos de Desenvolvimento Sustentável das Nações Unidas, as iniciativas nas empresas deixam a desejar. Na pesquisa, eles constataram
22 que menos de um terço das companhias desenvolveram casos de negócios claros ou proposições de valor apoiadas em sustentabilidade. Além disso, apenas 10% das empresas estão
25 conseguindo captar o valor total da sustentabilidade, enquanto muitas companhias restam presas na "divulgação". Alguns setores têm melhores resultados na implementação de
28 programas de sustentabilidade, como o setor de material de construção, em comparação ao de telecomunicações.
    Os professores alertam que o tempo está esgotando.
31 Estudos mostram que a poluição de carbono precisa ser cortada quase pela metade até 2030 para evitar 1,5 grau de aquecimento do planeta. Isso requer revisões ainda mais
34 drásticas das indústrias globais e dos governos.
    Os dois professores destacam que os investidores reconhecem cada vez mais o impacto, para a sociedade, das
37 empresas nas quais investem. Eles notam que a necessidade de desenvolver modelos de negócios mais sustentáveis está aumentando tão rapidamente quanto os níveis de dióxido de

40   carbono na atmosfera. E sugerem um forte senso de foco que
    chamam de "vetorização", que inclui programas de
    sustentabilidade corporativa mais acelerados.
43   Os pesquisadores alertam que companhias que
    trabalham em boas causas sem relação com seus negócios
    centrais tendem a ser menos efetivas.

Assis Moreira. Valor econômico, 18/3/2019. Internet: <valor.
globo.com> (com adaptações).

(Auditor Fiscal – SEFAZ/DF – 2020 – CESPE/CEBRASPE) Considerando as informações veiculadas no texto CG1A1-I, julgue os itens seguintes.

(1) Os resultados da pesquisa realizada pelos dois professores do IMD refletem a atitude dos executivos quanto à sustentabilidade, conforme comprovam as informações do segundo parágrafo do texto.

(2) De acordo com as informações do texto, setores econômicos distintos apresentam resultados diferentes em termos de ações voltadas para a sustentabilidade.

(3) O texto informa que os investidores levam em consideração o impacto social das empresas nas quais investem, o que é comprovado pelo estudo mencionado no segundo parágrafo.

(4) Conclui-se da noção de sustentabilidade presente no texto que ser sustentável é incompatível com criar valor.

1: incorreta. O texto sugere que os estudos atestam exatamente o contrário: existe divergência entre o que os executivos afirmam e o que as empresas realizam em termos de sustentabilidade. **2:** correta. O que está afirmado no item pode ser comprovado neste trecho do texto: "Alguns setores têm melhores resultados na implementação de programas de sustentabilidade, como o setor de material de construção, em comparação ao de telecomunicações". **3:** incorreta. Essa informação encontra-se no penúltimo parágrafo do texto, associada ao estudo dos dois professores. O segundo parágrafo trata dos resultados de outra pesquisa. **4:** incorreta. O texto afirma que "Sustentabilidade é vista como uma abordagem de negócios para criar valor a longo prazo" (l. 12 e 13). Gabarito 1E, 2C, 3E, 4E

(Auditor Fiscal – SEFAZ/DF – 2020 – CESPE/CEBRASPE) Considerando os aspectos linguísticos do texto CG1A1-I, julgue os itens a seguir.

(1) O texto é um artigo de opinião, em que predomina o tipo argumentativo, haja vista a presença de diversos argumentos para sustentar a ideia defendida por seu autor.

(2) Sem prejuízo da correção gramatical e do sentido original do texto, a forma verbal "restam" (l.26) poderia ser substituída por **mantêm-se**.

(3) A substituição da forma verbal "desenvolveram" (l.22) por **desenvolveu** manteria a correção gramatical do texto.

(4) Dada a regência do verbo **tender**, é facultativo o emprego do sinal indicativo de crase no vocábulo "a" em "tendem a ser menos efetivas" (l.45).

(5) Sem prejuízo da correção gramatical e da coerência do texto, o período "Sustentabilidade é vista como uma abordagem de negócios para criar valor a longo prazo, levando-se em conta como uma companhia opera nos ambientes ecológico, social e econômico." (l. 12 a 15) poderia ser reescrito da seguinte forma: Vê-se sustentabilidade como uma abordagem de negócios para criar valor a longo prazo, considerando-

-se como uma companhia opera no ambiente ecológico, no social e no econômico.

(6) No trecho "os investidores reconhecem cada vez mais o impacto, para a sociedade, das empresas nas quais investem" (l. 35 a 37), a substituição de "nas quais" por **aonde** prejudicaria a correção gramatical do texto.

1: incorreta. O texto é predominantemente dissertativo, uma vez que se estrutura em termos de apresentação de resultados e conclusões de estudos realizados sobre o tema da sustentabilidade; **2:** incorreta. A forma verbal sugerida apresenta flexão de singular (mantém-se) em vez de plural (mantêm-se), o que implica erro de concordância verbal no período; logo, a correção gramatical ficaria prejudicada com a substituição; **3:** correta. O sujeito da oração em apreço é o coletivo partitivo "menos de um terço das companhias" (R.22). Nesse caso, o verbo pode ir tanto para o plural, como consta no texto, quanto para o singular, como consta na substituição proposta na assertiva; **4:** incorreta. Considerando o termo a que se liga a expressão "tendem a", o emprego do acento grave indicativo da crase seria inadequado em termos de correção gramatical; **5:** correta. A reescrita em questão apresenta três alterações que preservam a correção gramatical e a coerência do texto. Na primeira alteração, nota-se a substituição de uma construção na voz passiva analítica ("Sustentabilidade é vista") pela forma sintética ("Vê-se sustentabilidade"). Em seguida, o trecho "levando-se em conta" foi substituído por "considerando-se". Uma das acepções do verbo considerar é justamente "ter ou levar em conta; tomar em consideração; atentar para". Por fim, houve a substituição do trecho "nos ambientes ecológico, social e econômico" por "no ambiente ecológico, no social e no econômico". Neste caso, passou-se o substantivo "ambientes" para o singular, e tal termo está elidido nos demais membros da coordenação (no ambiente ecológico, no [ambiente] social e no [ambiente] econômico). **6:** correta. Com a substituição, haveria erro de regência verbal em razão do uso da preposição "a" no termo regido pela forma verbal "investem", que exige a preposição "em". Gabarito 1E, 2E, 3C, 4E, 5C, 6C

Texto I

1   Naquele novo apartamento da rua Visconde de Pirajá
    pela primeira vez teria um escritório para trabalhar. Não era um
    cômodo muito grande, mas dava para armar ali a minha tenda
4   de reflexões e leitura: uma escrivaninha, um sofá e os livros.
    Na parede da esquerda ficaria a grande e sonhada estante
    onde caberiam todos os meus livros. Tratei de encomendá-la a
7   seu Joaquim, um marceneiro que tinha oficina na rua Garcia
    D'Ávila com Barão da Torre.
    O apartamento não ficava tão perto da oficina. Era
10 quase em frente ao prédio onde morava Mário Pedrosa, entre
    a Farme de Amoedo e a antiga Montenegro, hoje Vinicius de
    Moraes. Estava ali havia uma semana e nem decorara ainda o
13 número do prédio. Tanto que, quando seu Joaquim, ao
    preencher a nota de encomenda, perguntou-me onde seria
    entregue a estante, tive um momento de hesitação. Mas foi só
16 um momento. Pensei rápido: "Se o prédio do Mário é 228,
    o meu, que fica quase em frente, deve ser 227". Mas
    lembrei-me de que, ao ir ali pela primeira vez, observara que,
19 apesar de ficar em frente ao do Mário, havia uma diferença na
    numeração.
    – Visconde de Pirajá, 127 – respondi, e seu
22 Joaquim desenhou o endereço na nota.
    – Tudo bem, seu Ferreira. Dentro de um mês estará
    lá sua estante
25 – Um mês, seu Joaquim! Tudo isso? Veja se reduz
    esse prazo.
    – A estante é grande, dá muito trabalho... Digamos,
28 três semanas.

Ferreira Gullar. A estante. In: A estranha vida banal. Rio de
Janeiro: José Olympio, 1989 (com adaptações).

1. LÍNGUA PORTUGUESA

(Técnico – INSS – 2016 – CESPE) No que se refere aos sentidos do texto I, julgue os próximos itens.

(1) O trecho "dá muito trabalho" (R.27) constitui uma referência de seu Joaquim à confecção da estante, tarefa que, segundo ele, seria trabalhosa.

(2) De acordo com as informações do texto, é correto inferir que seu Joaquim era analfabeto, uma vez que ele "desenhou o endereço na nota" (R.22).

(3) A expressão "armar ali a minha tenda" (R.3) foi empregada no texto em sentido figurado.

(4) De acordo com as informações do texto, Vinicius de Moraes passou a morar no apartamento onde antes residia Mário Pedrosa.

(5) O "momento de hesitação" (R.15) vivido pelo narrador deveu-se ao medo de informar o endereço a um desconhecido.

(6) O verbo dever foi empregado na linha 17 no sentido de ser provável.

(combinadas) 1: correta. A expressão idiomática "dar trabalho" significa que algo é trabalhoso, demorado para fazer; **2:** incorreta. Não se pode inferir isso do texto. O trecho destacado indica que o personagem escrevia com dificuldade, mas não que era analfabeto; **3:** correta. É metáfora, figura de linguagem na qual se usa uma palavra ou expressão em outro sentido, como em uma comparação subentendida. No caso, "armar a tenda" significa preparar o local; **4:** incorreta. "Vinicius de Moraes" é o nome da rua, informação que foi suprimida pela figura de linguagem chamada "elipse"; **5:** incorreta. A hesitação se deveu ao fato do narrador não ter memorizado ainda o número do prédio e temer informar o número errado; **6:** correta. Podemos substituir uma expressão pela outra sem qualquer alteração de sentido. HS

Gabarito: 1C, 2E, 3C, 4E, 5E, 6C

(Técnico – INSS – 2016 – CESPE) Julgue os seguintes itens, a respeito de aspectos linguísticos do texto I.

(1) A correção gramatical e o sentido do texto seriam preservados, caso se substituísse o trecho "lembrei-me de que" (R.18) por lembrei que.

(2) A forma verbal "teria" (R.2) está flexionada na terceira pessoa do singular, para concordar com "apartamento" (R.1), núcleo do sujeito da oração em que ocorre.

(3) Seria mantida a correção do texto caso o trecho "onde caberiam" (R.6) fosse substituído por que caberia

(4) No período "Tanto que, quando (...) momento de hesitação" (R. 13 a R. 15), o emprego de todas as vírgulas deve-se à mesma regra de pontuação.

(verbo) 1: correta. Em sua forma pronominal, o verbo "lembrar-se" rege a preposição "de", mas desacompanhado do pronome é verbo transitivo direto: "eu lembrei que preciso pagar a conta", mas "lembrei-me de que preciso pagar a conta"; **2:** incorreta. O verbo está conjugado na primeira pessoa do singular para concordar com o sujeito oculto "eu"; **3:** incorreta. Haveria erro de concordância e prejuízo à clareza. Uma substituição possível seria "na qual caberia"; **4:** correta. Todas elas isolam os elementos sintáticos deslocados da ordem direta do período. Note que, se o reescrevermos na ordem direta, as vírgulas desaparecem: "Tanto que tive um momento de hesitação quando Seu Joaquim perguntou-me onde seria entregue a estante ao preencher a nota de encomenda". HS

Gabarito: 1C, 2E, 3E, 4C

---

1 Bibliotecas sempre deram muito o que falar. Grandes monarquias jamais deixaram de possuir as suas, e cuidavam delas estrategicamente. Afinal, dotes de princesas foram
4 negociados tendo livros como objetos de barganha; tratados diplomáticos versaram sobre essas coleções. Os monarcas portugueses, após o terremoto que dizimou Lisboa, se
7 orgulhavam de, a despeito dos destroços, terem erguido uma grande biblioteca: a Real Livraria. D. José chamava-a de joia maior do tesouro real. D. João VI, mesmo na correria da
10 partida para o Brasil, não se esqueceu dos livros. Em três diferentes levas, a Real Biblioteca aportou nos trópicos, e foi até mesmo tema de disputa.

Internet: <http://observatoriodaimprensa.com.br>
(com adaptações).

(Técnico – INSS – 2016 – CESPE) Acerca de aspectos linguísticos e dos sentidos do texto acima, julgue os itens que se seguem.

(1) Princesas e diplomatas eram valorados conforme a qualidade das bibliotecas que seus países possuíam e a parcela dos livros que estavam dispostos a ceder em negociações diversas.

(2) A Real Livraria foi erguida com os destroços resultantes do terremoto que atingiu Lisboa, como símbolo da força de Portugal na superação da tragédia que acabava de assolar o país.

(3) A expressão "essas coleções" (R.5) retoma, por coesão, o termo "Bibliotecas" (R.1).

(4) O sinal de dois-pontos empregado imediatamente após "biblioteca" (R.8) introduz um termo de natureza explicativa.

(interpretação de texto) 1: incorreta. Não é isso que o texto diz. Ele afirma que as famílias reais sempre tiveram apreço por grandes e valiosas bibliotecas. O fato de terem sido usadas para negociações e dotes são circunstâncias que servem de exemplo ao valor econômico que as coleções poderiam alcançar; **2:** incorreta. A alternativa exagera o fato narrado no texto. Não consta em nenhuma passagem o sentimento de superação proposto na alternativa; **3:** correta. O sinônimo foi utilizado como elemento de coesão para evitar a repetição do termo; **4:** correta. Os dois-pontos anunciam o aposto, elemento sintático de cunho explicativo. HS

Gabarito: 1E, 2E, 3C, 4C

(Técnico – INSS – 2016 – CESPE) Com base no disposto no Manual de Redação da Presidência da República, julgue o próximo item.

(1) O trecho seguinte é adequado para compor a parte inicial de um memorando.

Brasília, 2 de fevereiro de 2016. À Senhora

Ana Silva INSS

CEP 70070-946 – Brasília/DF

Assunto: Curso de aperfeiçoamento em atendimento ao público

(redação) 1: incorreta. A data deve estar alinhada à direita e no memorando não se lança o endereço do destinatário na abertura do documento (tal informação constará somente no ofício, conforme o item 3.1 do Manual de Redação da Presidência da República). HS

Gabarito: 1E

Texto para os itens de 1 a 5

1 Levantou-se da cama o pobre namorado sem ter
   conseguido dormir. Vinha nascendo o Sol.
   Quis ler os jornais e pediu-os.
4 Já os ia pondo de lado, por haver acabado de ler,
   quando repentinamente viu seu nome impresso no **Jornal do
   Comércio**.
7 Era um artigo a *pedido* com o título de **Uma
   Obra-Prima.**
   Dizia o artigo:
10 Temos o prazer de anunciar ao país o próximo
   aparecimento de uma excelente comédia, estreia de
   um jovem literato fluminense, de nome Antônio Carlos
13 de Oliveira.
   Este robusto talento, por muito tempo incógnito,
   vai enfim entrar nos mares da publicidade, e para isso
16 procurou logo ensaiar-se em uma obra de certo vulto.
   Consta-nos que o autor, solicitado por seus
   numerosos amigos, leu há dias a comédia em casa do Sr.
19 Dr. Estêvão Soares, diante de um luzido auditório, que
   aplaudiu muito e profetizou no Sr. Oliveira um futuro
   Shakespeare.
22 O Sr. Dr. Estêvão Soares levou a sua amabilidade
   ao ponto de pedir a comédia para ler segunda vez, e ontem
   ao encontrar-se na rua com o Sr. Oliveira, de tal
25 entusiasmo vinha possuído que o abraçou estreitamente,
   com grande pasmo dos numerosos transeuntes.
   Da parte de um juiz tão competente em matérias
28 literárias este ato é honroso para o Sr. Oliveira.
   Estamos ansiosos por ler a peça do Sr. Oliveira, e
   ficamos certos de que ela fará a fortuna de qualquer teatro.
31 O amigo das letras.

> Machado de Assis. A mulher de preto. In: Contos
> Fluminenses. São Paulo: Globo, 1997 (com adaptações).

(Analista – INSS – 2016 – CESPE) No que se refere aos sentidos
e às características tipológicas do texto, julgue os itens
que se seguem.

(1) No texto, a palavra "fortuna" (R.30) pode ser interpretada tanto como sucesso quanto como riqueza.

(2) Do texto não é possível concluir se "o pobre namorado" (R.1) é Antônio Carlos de Oliveira ou o Sr. Dr.
Estêvão Soares.

(3) Dada a assinatura "O amigo das letras" (R.31), é
correto concluir que o trecho publicado no Jornal do
Comércio é uma carta.

(4) Depreende-se do texto que Antônio Carlos de Oliveira
vai iniciar uma atividade profissional ligada à propaganda, para a qual tem muito talento.

(5) Na linha 29, a oração introduzida pela preposição
"por" remete a uma ação anterior ao estado descrito
na oração "Estamos ansiosos".

(interpretação de texto) 1: correta. Ambos os sentidos traduzem bem
a mensagem ao final do texto; **2:** correta. O texto realmente tem esse
desvio na clareza: como apenas se informa no início de que o "namorado" ao acordar "viu seu nome no jornal", não é possível ter absoluta
certeza de quem se trata; **3:** incorreta. A uma, porque do fecho não se
pode concluir nada, exceto que se trata de uma mensagem anônima; a
duas, porque o texto é eminentemente informativo, assemelhando-se
a uma notícia de jornal; **4:** incorreta. O texto deixa bastante claro que
Antonio Carlos de Oliveira deve se dedicar à literatura e enredos teatrais;

5: incorreta. A preposição denota a ansiedade por algo futuro, ou seja,
novos textos de Antonio Carlos de Oliveira, que ele ainda irá escrever. [HS]
Gabarito: 1C, 2C, 3E, 4E, 5E

(Analista - INSS - 2016 - CESPE) Acerca de aspectos linguísticos
do texto, julgue os itens a seguir.

(1) A correção gramatical e o sentido do texto seriam
mantidos caso o termo "em casa" (R.18) fosse isolado
por vírgulas.

(2) Na linha 23, o termo introduzido pela preposição "para"
exerce a função de complemento do verbo "pedir".

(3) Seria alterado o sentido original do texto, embora
sua correção gramatical fosse mantida, caso o trecho
"Temos o prazer (...) Antônio Carlos de Oliveira" (R. 10
a R. 13) fosse reescrito da seguinte forma: É um prazer
informar o país do lançamento da primeira comédia
de qualidade do jovem Antônio Carlos de Oliveira,
estreante na literatura fluminense.

(4) Na linha 17, o vocábulo "que" classifica-se como conjunção e introduz o sujeito da oração "Consta-nos".

(combinadas) 1: incorreta. Haveria alteração de sentido, porque no
texto está claro que se trata da casa de Estêvão Soares, mas com as
vírgulas poderíamos entender que a cena se deu na casa do narrador;
2: incorreta. A preposição anuncia a oração subordinada adverbial final
(que expressa finalidade); **3:** correta. O sentido seria alterado. No trecho
original, depreende-se que o texto ainda não foi lançado, ao passo que na
proposta de redação temos já a disponibilidade da obra para o público;
4: correta. A oração "o autor, solicitado (...)" é subordinada substantiva
subjetiva – exerce função de sujeito da oração "Consta-nos". [HS]
Gabarito: 1E, 2E, 3C, 4C

1 Designado para fazer a crítica dos espetáculos líricos
   de setembro de 1846 a outubro do ano seguinte no **Jornal do
   Comércio**, Martins Pena se revelou um profundo conhecedor
4 da arte cênica, tanto no que se refere à prática teatral (cenário,
   representação, maquinarias) quanto a sua história, sendo
   não raro seus incisivos argumentos a causa de grandes
7 polêmicas no teatro representado na corte brasileira.
   Pena ganhou evidência como comediógrafo a partir de
   1838, ano em que foi encenada sua peça **O Juiz de Paz na
10 Roça**. Embora tenha produzido alguns dramas (que lhe
   renderam duras críticas), destacou-se de fato pelas suas
   comédias e farsas, nas quais retratou a cultura e os costumes da
13 sociedade do seu tempo.
   Nas suas obras, Pena buscou uma tomada de
   consciência de um momento da história de nosso país, que
16 recém adquiria uma limitada independência, e tentou pensar
   criticamente nossa cultura, com as restrições que o contexto
   impunha ao trabalho intelectual, desvencilhando-se da tradição
19 clássica, das comédias francesas, do teatro lírico e do
   melodrama, para criar uma nova comédia com traços muito
   pessoais, o que lhe garantiu sucesso imediato em seu tempo e
22 um significado ímpar na história do teatro brasileiro.

> Internet: <www.questaodecritica.com.br> (com adaptações).

(Analista – INSS – 2016 – CESPE) Julgue os itens subsequentes,
que versam sobre os sentidos e os aspectos linguísticos
do texto acima.

(1) Verifica-se uma contradição na argumentação do
autor, uma vez que o sentido do trecho "criar uma
nova comédia com traços muito pessoais" (R. 20 e R.
21) é incompatível com o sentido do trecho "retratou

1. LÍNGUA PORTUGUESA

a cultura e os costumes da sociedade do seu tempo" (R. 12 e R. 13).

(2) Depreende-se do texto que Martins Pena começou a fazer sucesso imediatamente após começar a escrever para o Jornal do Comércio.

(3) A substituição de "destacou-se" (R.11) por foi destacado prejudicaria o sentido original do período.

(intepretação de texto) 1: incorreta. Não há qualquer contraditoriedade nos trechos indicados. É totalmente possível retratar a sociedade de seu tempo a partir de traços pessoais; **2:** incorreta. Seu reconhecimento é anterior ao Jornal do Comércio, vez que nele publicou em 1846, mas, segundo o texto, Martins Pena já era famoso desde 1838; **3:** correta. Haveria grandes prejuízos à clareza. Melhor seria substituir por "ficou destacado" ou "ganhou destaque". HS

Gabarito: 1E, 2E, 3C

(Analista – INSS – 2016 – CESPE) Com base no disposto no Manual de Redação da Presidência da República, julgue os itens seguintes.

(1) O trecho a seguir apresenta as seguintes características: concisão, clareza, objetividade e formalidade, sendo adequado para constituir parte de um memorando a ser enviado a autoridade com hierarquia igual ou inferior à do signatário.

Em resposta ao Mem. 001, informamos que a última reunião de alinhamento do Plano de Ação ocorreu no auditório da sede da DATAPREV, no dia 10 de março de 2016, com a presença do diretor de Gestão de Pessoas, do diretor de Saúde do Trabalhador e do auditor-geral.

Atenciosamente,

(2) Os trechos a seguir apresentados estão adequados para compor um ofício a ser enviado pelo INSS a um particular.

Brasília, 2 de fevereiro de 2016. Ao Digníssimo Senhor

Pedro Albuquerque

SQS 1016, bloco Z, ap. 001 70.000-900 – Brasília – DF

Assunto: Concessão de aposentadoria

(...)

Respeitosamente,

Maria da Silva

(redação) 1: correta. Realmente o texto é conciso (diz apenas o necessário), claro (compreende-se facilmente a mensagem), objetivo (centra-se nos fatos) e formal (respeito à norma culta da linguagem e ao tratamento protocolar dispensado ao interlocutor); **2:** incorreta. Não se usa o termo "digníssimo" na redação oficial e, no fecho, por se tratar de documento enviado a particular, deveria constar "atenciosamente". "Respeitosamente" é reservado aos casos nos quais o remetente é servidor público de hierarquia inferior à do destinatário. HS

Gabarito: 1C, 2E

Texto CG3A1BBB

1   Competência é uma palavra polissêmica. Uma das
     razões da variabilidade de seu significado é a diversidade dos
     contextos e dos campos de conhecimento em que ela é usada.
4   Em 1986, o **Novo Dicionário Aurélio da Língua Portuguesa**
     apresentou o seguinte verbete para os usos correntes à época:
     Competência (do latim *competentia*) s. f. 1. Faculdade

7   concedida por lei para um funcionário, juiz ou tribunal
     para apreciar e julgar certos pleitos ou questões. 2.
     Qualidade de quem é capaz de apreciar e resolver certo
10 assunto, fazer determinada coisa; capacidade,
     habilidade, aptidão, idoneidade. 3. Oposição, conflito,
     luta.
13 Os dois primeiros sentidos, transpostos para o mundo
     do trabalho, indicam que a palavra competência refere-se ou
     às atribuições do cargo ou à capacidade do trabalhador
16 de apreciar, resolver ou fazer alguma coisa.
     Posteriormente, o **Dicionário Houaiss** atribuiu dez
     significados ao termo. Os sete primeiros são especificações ou
19 derivações dos três sentidos já registrados no **Novo Dicionário Aurélio da Língua Portuguesa**. Os outros três sentidos são
     relacionados à gramática, à hidrografia, à linguística, à
22 medicina e à psicologia.
     Acompanhando essa tendência, a área educacional, em
     especial a da educação profissional, tem multiplicado os
25 sentidos e usos da palavra competência. Por exemplo, ao se
     discutir uma proposta educacional baseada em competências,
     é importante especificar o conceito de competência adotado e
28 a forma como ele é utilizado para se discutir o modelo
     pedagógico decorrente.

J. A. Külller e N. de F. Rodrigo. **Metodologia de desenvolvimento de competências**. Rio de Janeiro: SENAC Nacional, 2014, p. 39 (com adaptações).

(Técnico Judiciário – TRE/PE – CESPE – 2017) Segundo o texto CG3A1BBB,

(A) o **Novo Dicionário Aurélio da Língua Portuguesa** e o **Dicionário Houaiss** exaurem os sentidos atualmente em uso atribuídos à palavra competência.

(B) apenas quatro registros dos usos e das variações da palavra competência não constam do **Dicionário Houaiss**.

(C) novos sentidos foram-se incorporando à palavra competência em função de seu uso em diversas áreas do conhecimento.

(D) as acepções da palavra competência na esfera trabalhista resumem-se ao potencial de um operário realizar certa atividade para a qual seja designado.

(E) a polissemia da palavra competência decorre da sua etimologia latina.

A: incorreta. O autor discute exatamente outros sentidos ao termo "competência" adotados atualmente que não foram incorporados aos dicionários; **B:** incorreta. O texto estabelece uma crescente gama de significados para a palavra, mas não indica quantos com precisão; **C:** correta. Esta é a ideia central do texto, exposta já no primeiro parágrafo; **D:** incorreta. Também se relaciona com o trabalho o sentido que indica as atribuições do cargo exercido pelo trabalhador; **E:** incorreta. Segundo o primeiro parágrafo do texto, decorre de seu uso em áreas diferentes do conhecimento. HS

Gabarito: "C".

Texto CG3A1AAA

1 A moralidade, que deve ser uma característica do
conjunto de indivíduos da sociedade, deve caracterizar de
modo mais intenso ainda aqueles que exercem funções
4 administrativas e de gestão pública ou privada. Com relação a
essa ideia, vale destacar que o alcance da moralidade
vincula-se a princípios ou normas de conduta, aos padrões de
7 comportamento geralmente reconhecidos, pelos quais são
julgados os atos dos membros de determinada coletividade.
Disso é possível deduzir que os membros de uma corporação
10 profissional — no caso, funcionários e servidores da
administração pública — também devem ser submetidos ao
julgamento ético-moral. A administração pública deve
13 pautar-se nos princípios constitucionais que a regem. É
necessário, ainda, que tais princípios estejam pública e
legalmente disponíveis ao conhecimento de todos os cidadãos,
16 para que estes possam respeitá-los e vivenciá-los. Nesse
contexto, destacam-se os princípios constitucionais tidos como
base da função pública e que, sem dúvida, constituem pilares
19 de sustentabilidade da função gestora.
O Estado constitui uma esfera ético-política
caracterizada pela união de partes que lhe conferem a
22 característica de um organismo vivo, composto pela
participação dos cidadãos e de todos aqueles que se abrigam
em sua circunscrição constitucional e legal, ou seja, se abrigam
25 sob a égide de uma Constituição.
A ética e a cidadania não se desvinculam da questão
dos princípios da ação do Estado e da moralidade
28 administrativa, uma vez que, por mais alargados que pareçam
os direitos e as esferas individuais — as quais parecem ser
extremamente flexíveis nos atuais contextos —, urge que sejam
31 regulamentadas as vinculações estreitas que existem entre
esferas individuais e esferas coletivas, pressupondo-se, assim,
níveis de avanço no campo do progresso moral da sociedade.

Z. A. L. Rodriguez. **Ética na gestão pública**.
Curitiba: InterSaberes, 2016, p. 130-1 (com adaptações).

(Técnico Judiciário – TRE/PE – CESPE – 2017) A correção gramatical do texto CG3A1AAA seria mantida caso

(A) fosse suprimida a vírgula empregada imediatamente após o travessão na linha 30.

(B) fosse inserida uma vírgula imediatamente após "gestão" (l. 4).

(C) fosse suprimida a vírgula empregada logo após "dúvida" (l. 18).

(D) fossem suprimidas as vírgulas que isolam o conectivo "ou seja" (l. 24).

(E) fosse empregada vírgula imediatamente após o travessão na linha 11.

A: incorreta. A questão é levemente polêmica, porque há gramáticos que não veem erro na ausência de vírgula após o travessão que isola o aposto da oração, mesmo se antes dele outro elemento deve estar separado com vírgula. Para eles, o travessão faz a dupla função de separar ambos os elementos. Para a maioria, é bem verdade, se foi utilizada a vírgula e o travessão, ambos devem ser usados para retomar o período; **B:** correta. Os adjetivos poderiam constituir um aposto sem qualquer

perda de sentido; **C:** incorreta. O adjunto adverbial deslocado da ordem direta da oração deve ficar obrigatoriamente separado por vírgulas; **D:** incorreta. O conectivo explicativo, nesse caso, fica obrigatoriamente separado por vírgulas; **E:** incorreta. Apesar da polêmica comentada no comentário à alternativa "A", é fato que, se não há vírgula antes, não deve haver vírgula depois do travessão. HS

Gabarito "B".

Texto CG3A1AAA

1 A moralidade, que deve ser uma característica do
conjunto de indivíduos da sociedade, deve caracterizar de
modo mais intenso ainda aqueles que exercem funções
4 administrativas e de gestão pública ou privada. Com relação a
essa ideia, vale destacar que o alcance da moralidade
vincula-se a princípios ou normas de conduta, aos padrões de
7 comportamento geralmente reconhecidos, pelos quais são
julgados os atos dos membros de determinada coletividade.
Disso é possível deduzir que os membros de uma corporação
10 profissional — no caso, funcionários e servidores da
administração pública — também devem ser submetidos ao
julgamento ético-moral. A administração pública deve
13 pautar-se nos princípios constitucionais que a regem. É
necessário, ainda, que tais princípios estejam pública e
legalmente disponíveis ao conhecimento de todos os cidadãos,
16 para que estes possam respeitá-los e vivenciá-los. Nesse
contexto, destacam-se os princípios constitucionais tidos como
base da função pública e que, sem dúvida, constituem pilares
19 de sustentabilidade da função gestora.
O Estado constitui uma esfera ético-política
caracterizada pela união de partes que lhe conferem a
22 característica de um organismo vivo, composto pela
participação dos cidadãos e de todos aqueles que se abrigam
em sua circunscrição constitucional e legal, ou seja, se abrigam
25 sob a égide de uma Constituição.
A ética e a cidadania não se desvinculam da questão
dos princípios da ação do Estado e da moralidade
28 administrativa, uma vez que, por mais alargados que pareçam
os direitos e as esferas individuais — as quais parecem ser
extremamente flexíveis nos atuais contextos —, urge que sejam
31 regulamentadas as vinculações estreitas que existem entre
esferas individuais e esferas coletivas, pressupondo-se, assim,
níveis de avanço no campo do progresso moral da sociedade.

Z. A. L. Rodriguez. **Ética na gestão pública**.
Curitiba: InterSaberes, 2016, p. 130-1 (com adaptações).

(Técnico Judiciário – TRE/PE – CESPE – 2017) No texto CG3A1AAA, a locução "uma vez que" (l. 28) introduz no período em que ocorre uma ideia de

(A) causa.

(B) consequência.

(C) conclusão.

(D) finalidade.

(E) condição.

"Uma vez que" é locução conjuntiva causal, sinônima de "já que", "tendo em vista que". HS

Gabarito "A".

1. LÍNGUA PORTUGUESA · 15

Texto CG3A1AAA

1 A moralidade, que deve ser uma característica do
conjunto de indivíduos da sociedade, deve caracterizar de
modo mais intenso ainda aqueles que exercem funções
4 administrativas e de gestão pública ou privada. Com relação a
essa ideia, vale destacar que o alcance da moralidade
vincula-se a princípios ou normas de conduta, aos padrões de
7 comportamento geralmente reconhecidos, pelos quais são
julgados os atos dos membros de determinada coletividade.
Disso é possível deduzir que os membros de uma corporação
10 profissional — no caso, funcionários e servidores da
administração pública — também devem ser submetidos ao
julgamento ético-moral. A administração pública deve
13 pautar-se nos princípios constitucionais que a regem. É
necessário, ainda, que tais princípios estejam pública e
legalmente disponíveis ao conhecimento de todos os cidadãos,
16 para que estes possam respeitá-los e vivenciá-los. Nesse
contexto, destacam-se os princípios constitucionais tidos como
base da função pública e que, sem dúvida, constituem pilares
19 de sustentabilidade da função gestora.
O Estado constitui uma esfera ético-política
caracterizada pela união de partes que lhe conferem a
22 característica de um organismo vivo, composto pela
participação dos cidadãos e de todos aqueles que se abrigam
em sua circunscrição constitucional e legal, ou seja, se abrigam
25 sob a égide de uma Constituição.
A ética e a cidadania não se desvinculam da questão
dos princípios da ação do Estado e da moralidade
28 administrativa, uma vez que, por mais alargados que pareçam
os direitos e as esferas individuais — as quais parecem ser
extremamente flexíveis nos atuais contextos —, urge que sejam
31 regulamentadas as vinculações estreitas que existem entre
esferas individuais e esferas coletivas, pressupondo-se, assim,
níveis de avanço no campo do progresso moral da sociedade.

Z. A. L. Rodriguez. Ética na gestão pública.
Curitiba: InterSaberes, 2016, p. 130-1 (com adaptações).

(Técnico Judiciário – TRE/PE – CESPE – 2017) No texto CG3A1AAA, a forma verbal "devem", no trecho "os membros de uma corporação profissional (...) também devem ser submetidos ao julgamento ético-moral" (l. 9 a 12), foi empregada no sentido de

(A) probabilidade.

(B) capacidade.

(C) permissão.

(D) obrigação.

(E) necessidade.

No trecho assinalado, o verbo "dever" foi usado em sentido próprio, denotativo – exprime sentido de obrigação, dever de agir. HS

Gabarito "D".

Como nasce uma história (fragmento)

1 Quando cheguei ao edifício, tomei o elevador que serve do primeiro ao décimo quarto andar.
Era pelo menos o que dizia a tabuleta no alto da porta.
— Sétimo — pedi.
4 A porta se fechou e começamos a subir. Minha atenção se fixou num aviso que dizia:
É expressamente proibido os funcionários, no ato da subida, utilizarem os elevadores para descerem.
7 Desde o meu tempo de ginásio sei que se trata de problema complicado, este do infinito
pessoal. Prevaleciam então duas regras mestras que deveriam ser rigorosamente obedecidas. Uma
afirmava que o sujeito, sendo o mesmo, impedia que o verbo se flexionasse. Da outra infelizmente já
10 não me lembrava.
Mas não foi o emprego pouco castiço do infinito pessoal que me intrigou no tal aviso: foi estar
ele concebido de maneira chocante aos delicados ouvidos de um escritor que se preza.

FERNANDA FRANCO, HENRIQUE SUBI, MAGALLY DATO E RODRIGO FERREIRA DE LIMA

13 Qualquer um, não sendo irremediavelmente burro, entenderia o que se pretende dizer neste
aviso. Pois um tijolo de burrice me baixou na compreensão, fazendo com que eu ficasse revirando a
frase na cabeça: descerem, no ato da subida? Que quer dizer isto? E buscava uma forma simples e
16 correta de formular a proibição:
É proibido subir para depois descer.
É proibido subir no elevador com intenção de descer.
19 *É proibido ficar no elevador com intenção de descer, quando ele estiver subindo.*
Se quiser descer, não tome o elevador que esteja subindo.
Mais simples ainda:
22 *Se quiser descer, só tome o elevador que estiver descendo.*
De tanta simplicidade, atingi a síntese perfeita do que Nelson Rodrigues chamava de óbvio
ululante, ou seja, a enunciação de algo que não quer dizer absolutamente nada:
25 *Se quiser descer, não suba.*

Fernando Sabino. **A volta por cima**. Rio de Janeiro: Record, 1995, p. 137-140 (com adaptações).

(Técnico – INSS – 2008 – CESPE) Acerca do gênero textual e das estruturas linguísticas do texto acima, julgue os itens a seguir.

(1) O trecho das linhas 5 e 6 pode ser reescrito, com correção gramatical, da seguinte maneira: É expressamente proibido a utilização dos elevadores que estiverem subindo pelos funcionários que desejarem descer.

(2) A regra gramatical enunciada pelo autor em "Uma afirmava que o sujeito, sendo o mesmo, impedia que o verbo se flexionasse" (l. 8-9) aplica-se aos verbos subir e descer no seguinte exemplo: Se os funcionários querem subir, não devem descer.

(3) O gênero textual apresentado permite o emprego da linguagem coloquial, como ocorre, por exemplo, em "Qualquer um, não sendo irremediavelmente burro" (l. 13) e "um tijolo de burrice" (l. 14).

(4) O sentido do período seria mantido, mas a correção gramatical seria prejudicada, caso se substituísse "atingi a síntese perfeita" (l. 23) por **cheguei à síntese perfeita**.

(concordância)1: Errado. A expressão "é proibido", quando estiver relacionada a um substantivo acompanhado de determinante, deve flexionar segundo o substantivo ao qual se refere, no caso, "utilização". A reescrita estaria correta se fosse respeitada tal regra: "É expressamente proibida a utilização dos elevadores que estiverem subindo pelos funcionários que desejarem descer".
2: Certo. Na oração "se os funcionários querem subir, não devem descer", os verbos "querer e "dever" foram flexionados na terceira pessoa do plural, pois o sujeito "os funcionários" está no plural; por sua vez, os verbos "subir" e "descer", por servirem de verbos principais nas locuções que formaram com anteriores, não variaram.
3: Certo. É comum na crônica – gênero do texto de Fernando Sabino – o uso da linguagem coloquial, ou seja, daquela que se aproxima da fala informal.
4: Errado. Tanto a correção quanto o sentido seriam mantidos sem prejuízo para a oração. FF/RFL

Gabarito 1E, 2C, 3C, 4E

Texto I

Envelhecimento, pobreza e proteção social na América Latina

1 O processo de envelhecimento populacional, no seu
primeiro estágio, resulta em um aumento, pelo menos
relativo, da oferta da força de trabalho. Nas etapas
4 posteriores, a proporção desse grupo no total da população
diminui e, eventualmente, diminuirá em termos absolutos,
como é a situação atual do Japão e de vários países europeus.
7 Por outro lado, o segmento com idade avançada passa a ser
o que mais cresce. Esse crescimento acentuado do segmento
que demanda maiores recursos monetários e cuidados
10 humanos, afetivos e psicológicos, em face da redução do
contingente populacional em idade ativa, fez com que o
envelhecimento populacional entrasse na agenda das
13 políticas públicas pelo lado negativo, ou seja, ele é visto
como "um problema".

A. A. Camarano e M.T. Pasinato. **Texto para discussão**.
Brasília: IPEA, 2007.

1. LÍNGUA PORTUGUESA

Texto II

Os impactos sociais da velhice

1 **IdadeAtiva** — No caso da previdência, os idosos são o grande problema?
Ana Amélia Camarano — Eu acho que esse é outro
4 engano. Claro que você tem mais gente idosa e gente vivendo mais. Agora, o que acontece é que o nosso modelo de previdência é o mesmo da Europa Ocidental, dos EUA,
7 modelos desenhados no pós-guerra, quando havia emprego, as pessoas se aposentavam e ficavam pouco tempo aposentadas porque morriam logo. Então, esse modelo está
10 falido. Esse cenário mudou. Nós não estamos mais no mundo do trabalho estável, não temos mais o pleno emprego e as relações de trabalho hoje passam pela flexibilização. E a tão
13 falada flexibilização significa informalização. A nossa política social é toda ligada ao trabalho. A Constituição de 1988 mudou um pouco, mas até então só tinha direito ao
16 benefício da previdência quem trabalhava. Era uma cidadania ligada ao trabalho e, não ao benefício do trabalhador. E isso não é mais possível. Nós estamos
19 caminhando para um mundo sem trabalho.

Internet: <www.techway.com.br> (com adaptações).

(Técnico – INSS – 2008 – CESPE) Com relação aos textos I e II, julgue os itens que se seguem.

(1) Se o trecho "mudou um pouco" (texto II, l.15) for substituído por **modificou-se pouco**, preservam-se as relações textuais e o sentido original do texto.

(2) Como os textos tratam da mesma temática, a resposta de Ana Amélia Camarano, no texto II, poderia dar continuidade ao texto I, sem prejuízo da estrutura textual e respeitando-se a linguagem utilizada, desde que a oração "Eu acho que esse é outro engano" (l. 3-4) fosse substituída por **Essa percepção, entretanto, revela-se equivocada**.

(3) De acordo com o desenvolvimento e a organização das ideias do texto I, depreende-se que "segmento que demanda maiores recursos monetários e cuidados humanos, afetivos e psicológicos" (l. 8-10) e "segmento com idade avançada" (l. 7) referem-se ao mesmo conjunto de indivíduos.

(4) De acordo com o texto I, é correto afirmar que há países europeus em que a força de trabalho, em relação ao total da população, já se reduziu.

(questões combinadas) 1: Errado. Por "A Constituição de 1988 mudou um pouco (...)", deve-se compreender que ela passou por algumas alterações; já por "A Constituição de 1988 modificou-se pouco", deve-se considerar que ela passou por poucas alterações – menos do que poderia ter sofrido.
2: Errado. O texto I apresenta uma visão negativa acerca do envelhecimento da população, ao passo que o texto II demonstra que o problema não é o envelhecimento da população, mas sim o sistema previdenciário que está ultrapassado – nas palavras da autora, "falido". Ao conectarmos os textos I e II usando a oração Essa percepção, entretanto, revela-se equivocada, seria estabelecida uma incoerência entre os eles.
3: Certo. Ambas as construções se referem aos idosos.
4: Certo. Tal afirmativa pode ser observada na passagem "nas etapas posteriores, a proporção desse grupo no total da população diminui e, eventualmente, diminuirá em termos absolutos, como é a situação atual do Japão e de vários países europeus." FF/RFL
Gabarito 1E, 2E, 3C, 4C

(Técnico – INSS – 2008 – CESPE) Proposições são sentenças que podem ser julgadas como verdadeiras ou falsas, mas não admitem ambos os julgamentos. A esse respeito, considere que **A** represente a proposição simples "É dever do servidor apresentar-se ao trabalho com vestimentas adequadas ao exercício da função" e que **B** represente a proposição simples "É permitido ao servidor que presta atendimento ao público solicitar dos que o procuram ajuda financeira para realizar o cumprimento de sua missão".

Considerando as proposições A e B acima, julgue os itens subsequentes, com respeito ao Código de Ética Profissional do Servidor Público Civil do Poder Executivo Federal e às regras inerentes ao raciocínio lógico.

(1) A proposição composta "Se **A** então **B**" é necessariamente verdadeira.

(2) Represente-se por ¬A a proposição composta que é a negação da proposição **A**, isto é, ¬A é falso quando **A** é verdadeiro e ¬A é verdadeiro quando **A** é falso. Desse modo, as proposições "Se ¬**A** então ¬**B**" e "Se **A** então **B**" têm valores lógicos iguais.

(3) Sabe-se que uma proposição na forma "Ou **A** ou **B**" tem valor lógico falso quando **A** e **B** são ambos falsos; nos demais casos, a proposição é verdadeira. Portanto, a proposição composta "Ou **A** ou **B**", em que **A** e **B** são as proposições referidas acima, é verdadeira.

(interpretação de texto) 1: Errado, pois Se A é verdadeiro, então B é falso, de modo que A>B= falso.
2: Errado. Observe a tabela de proposições abaixo:

A	B	_A	_B	_A>_B	A>B
V	F	F	V	V	F

3: Certo. Observe a tabela de proposições abaixo:

A	B	AvB
V	F	F

FF/RFL
Gabarito 1E, 2E, 3C

Considere a seguinte situação hipotética.

Natália e sua equipe de servidores do setor de comunicação de um ministério foram encarregadas de preparar folheto destinado a divulgar as atividades da Comissão de Ética Pública (CEP) e de explicar, em particular, as relações entre o presidente da República, os ministros de Estado e a referida Comissão.

(Técnico – INSS – 2008 – CESPE) A partir dessa situação, julgue os próximos itens, de acordo com o disposto nos decretos n°s 6.029/2007 e 1.171/1994.

(1) Suponha-se ter havido um episódio, largamente noticiado pela imprensa, em que a votação de matéria polêmica houvesse terminado empatada e o presidente da CEP houvesse desempatado em favor de uma das partes. Nessa situação, seria correto a equipe de Natália explicar que o presidente da CEP tem voto de qualidade nas deliberações do colegiado.

(2) Considere-se que, durante os trabalhos, Natália tenha orientado sua equipe para traçar um perfil do público que iria receber o folheto e, depois, selecionar diagramas e fotografias adequados para esse público. Considere-se, ainda, que um colega da equipe tenha argumentado, em conversa com Natália, que a equipe não deveria gastar tempo e recursos nessa tarefa, a seu ver desnecessária. Nesse caso, a decisão de Natália é a mais adequada, pois é dever do servidor público ter cuidado ao tratar os usuários do serviço, aperfeiçoando os processos de comunicação e contato com o público.

(3) Considere-se que a versão inicial do folheto preparado pela equipe de Natália contivesse diagrama no qual a CEP e sua Secretaria-Executiva estivessem diretamente ligadas ao ministro da Justiça, por ser esse ministério o mais antigo. Nesse caso, o folheto deveria ser corrigido, pois a CEP e sua Secretaria-Executiva são vinculadas diretamente ao presidente da República.

(4) Suponha-se que o folheto preparado pela equipe de Natália explicasse que as decisões tomadas pela CEP não precisariam ser, necessariamente, seguidas pelo presidente da República, visto que a Comissão se caracteriza apenas como um órgão de aconselhamento. Nesse caso, a informação do folheto estaria correta, pois, em matéria de ética pública, a CEP é, de fato, instância consultiva do presidente da República e dos ministros de Estado.

(redação) 1: Certo. Art. 3°, § 2° do Decreto 6.029/07.
2: Certo. Decreto 1.171/94, XIV, E.
3: Errado. Art. 7°, I, do Decreto 6.029/07.
4: Certo. Art. 4°, inc. I do Decreto 6.029/07. FF/RFL
Gabarito 1C, 2C, 3E, 4C

(Técnico – INSS – 2008 – CESPE) Com relação às imagens acima, julgue o item que se segue.

(1) A frase **A saúde do povo é objeto de inequívoca responsabilidade social** constitui título adequado para a mudança que, nessas imagens, se expressa.

(interpretação de texto) 1: Certa. Tal frase refere-se ao respeito à universalização dos direitos sociais e da cidadania. FF/RFL
Gabarito 1C

2. ÉTICA NO SERVIÇO PÚBLICO

Paula Morishita, Renan Flumian e Robinson Barreirinhas*

1. CÓDIGO DE ÉTICA PROFISSIONAL DO SERVIDOR PÚBLICO CIVIL DO PODER EXECUTIVO FEDERAL - DECRETO N.º 1.171/1994

(Técnico – INSS/Guarulhos – 2022 – CEBRASPE) Com base no disposto no Decreto n.º 1.171/1994, que aprova o Código de Ética Profissional do Servidor Público Civil do Poder Executivo Federal, julgue os itens a seguir.

(1) Considere que Jonas, servidor público federal lotado no atendimento ao público de uma repartição federal de recolhimento de tributos, tenha tratado mal, no exercício de suas atribuições de atendimento, uma contribuinte que buscava informações a respeito de suposto débito tributário. Nessa situação hipotética, a atitude de Jonas causou dano moral à contribuinte.

(2) É vedado ao servidor público federal ligar seu nome a empreendimentos de cunho duvidoso, mesmo que o servidor respeite, no ambiente de trabalho, todos os deveres fundamentais a ele aplicáveis.

(3) O servidor público pode, até mesmo injustificadamente, deixar de participar de estudos que se relacionem com a melhoria do exercício de suas funções e que visem à realização do bem comum, pois, apesar de importante, essa ação não constitui dever fundamental dos servidores públicos.

1: correta, está de acordo com o Decreto 1.171/94, que prevê: *XIV – São deveres fundamentais do servidor público: e) tratar cuidadosamente os usuários dos serviços aperfeiçoando o processo de comunicação e contato com o público; f) ter consciência de que seu trabalho é regido por princípios éticos que se materializam na adequada prestação dos serviços públicos; g) ser cortês, ter urbanidade, disponibilidade e atenção, respeitando a capacidade e as limitações individuais de todos os usuários do serviço público, sem qualquer espécie de preconceito ou distinção de raça, sexo, nacionalidade, cor, idade, religião, cunho político e posição social, abstendo-se, dessa forma, de causar-lhes dano moral;* **2:** correta, conforme o disposto no Decreto 1.171/94: *XV – E vedado ao servidor público; p) exercer atividade profissional aética ou ligar o seu nome a empreendimentos de cunho duvidoso.* **3:** incorreta, pois é dever fundamental do servidor público participar dos movimentos e estudos que se relacionem com a melhoria do exercício de suas funções, tendo por escopo a realização do bem comum. **PM**
Gabarito 1C, 2C, 3E

(Técnico – INSS – 2022 – CEBRASPE) Com base no Código de Ética Profissional do Servidor Público Civil do Poder Executivo Federal (CEPSPC), julgue os itens que se seguem.

(1) Situação hipotética: Carlos, servidor público federal, com o objetivo de realizar uma doação a uma ins-

tituição de caridade que se encontrava em péssima situação financeira, pleiteou auxílio financeiro do representante de uma empresa multinacional como condição para cumprir sua missão. Ao ser atendido em seu pleito pela empresa, Carlos prontamente concretizou a doação no valor integral que havia recebido. Assertiva: Nessa situação, tendo em vista que Carlos não reteve para si qualquer quantia da doação recebida, sua atitude encontra respaldo no CEPSPC.

(2) O servidor público não poderá, em hipótese alguma, desprezar o elemento ético da sua conduta. Assim, ele não terá apenas que decidir entre o legal e o ilegal, o conveniente e o inconveniente, mas principalmente entre o honesto e o desonesto, à luz das regras constitucionais.

(3) Situação hipotética: Bruno, servidor público federal, todos os dias, após o término do seu expediente, dirige-se a um bar muito frequentado da cidade em que reside para ingerir bebida alcóolica. Nessas ocasiões, habitualmente, Bruno é visto embriagado pelos demais frequentadores do bar. Por volta das 22 h, ele costuma ir para sua casa, de forma que esse comportamento não afeta o seu desempenho profissional. Assertiva: Nessa situação, a embriaguez habitual de Bruno fora do ambiente de trabalho não fere o CEPSPC, uma vez que se trata de conduta do dia a dia de sua vida privada, que não pode afetar o seu bom conceito na vida profissional.

1: incorreta, é vedado ao servidor público: pleitear, solicitar, provocar, sugerir ou receber qualquer tipo de ajuda financeira, gratificação, prêmio, comissão, doação ou vantagem de qualquer espécie, para si, familiares ou qualquer pessoa, para o cumprimento da sua missão ou para influenciar outro servidor para o mesmo fim. **2:** correta, está de acordo com o Decreto 1.171/94, *II – O servidor público não poderá jamais desprezar o elemento ético de sua conduta. Assim, não terá que decidir somente entre o legal e o ilegal, o justo e o injusto, o conveniente e o inconveniente, o oportuno e o inoportuno, mas principalmente entre o honesto e o desonesto, consoante as regras contidas no art. 37, caput, e § 4º, da Constituição Federal.* **3:** incorreta, pois o Decreto 1.171/94 prevê: *VI – A função pública deve ser tida como exercício profissional e, portanto, se integra na vida particular de cada servidor público. Assim, os fatos e atos verificados na conduta do dia a dia em sua vida privada poderão acrescer ou diminuir o seu bom conceito na vida funcional.* **PM**
Gabarito 1E, 2C, 3E

(Analista – INSS – 2014 – FUNRIO) Segundo o Código de Ética Profissional do Servidor Público Civil do Poder Executivo Federal, constitui vedação ao servidor público

(A) manter-se atualizado com as instruções, as normas de serviço e a legislação pertinentes ao órgão onde exerce suas funções.

(B) ter consciência de que seu trabalho é regido por princípios éticos que se materializam na adequada prestação dos serviços públicos.

---

* **PM** questões comentadas por: **Paula Morishita**
  RF questões comentadas por: **Renan Flumian.**
  RB questões comentadas por: **Robinson Barreirinhas.**

(C) ser, em função de seu espírito de solidariedade, conivente com erro ou infração ao Código de Ética de sua profissão.

(D) conservar limpo e em perfeita ordem o local de trabalho, seguindo os métodos mais adequados à sua organização e distribuição.

(E) zelar, no exercício do direito de greve, pelas exigências específicas da defesa da vida e da segurança coletiva.

A, B, D e E: incorretas, pois esses são deveres fundamentais do servidor público – item XIV, q f, n e j, respectivamente, do Código de Ética Profissional do Servidor Público Civil do Poder Executivo Federal – Código de Ética – anexo do Decreto 1.171/1994; C: correta, pois é vedado ao servidor público tal conduta – item XV do Código de Ética. **RF**

Gabarito "C".

(Auditor Fiscal da Receita Federal – ESAF) De acordo com o Código de Ética Profissional do Servidor Público Civil do Poder Executivo Federal, "a moralidade da Administração Pública não se limita à distinção entre o bem e o mal, devendo ser acrescida da ideia de que o fim é sempre o bem comum. O equilíbrio entre a legalidade e a finalidade, na conduta do servidor, é que poderá consolidar a moralidade do ato administrativo". Esse enunciado expressa:

(A) o sentido do princípio da legalidade na Administração Pública.

(B) que o estrito cumprimento da lei conduz à moralidade na Administração Pública.

(C) que o ato administrativo praticado de acordo com a lei não pode ser impugnado sob o aspecto da moralidade.

(D) que todo ato legal é também moral.

(E) um valor ético que deve nortear a prática dos atos administrativos.

Esse enunciado está no item III do Código de Ética Profissional do Servidor Público Civil do Poder Executivo Federal, instituído pelo Decreto 1.171/1994. De fato, o item trata do princípio da moralidade, como se pode reparar do seu início ("a moralidade da Administração Pública não se limita...") e do seu fim ("...é que poderá consolidar a moralidade do ato administrativo"). E o princípio da moralidade impõe obediência aos **valores éticos,** conforme a alternativa "e". **RF**

Gabarito "E".

2. SISTEMA DE GESTÃO DA ÉTICA DO PODER EXECUTIVO FEDERAL - DECRETO Nº 6.029/2007

(Técnico – INSS/Guarulhos – 2022 – CEBRASPE) Julgue os itens seguintes de acordo com as disposições do Decreto n.º 6.029/2007, que institui o Sistema de Gestão da Ética do Poder Executivo Federal.

(1) Caso determinado ministro de Estado pretenda realizar consulta a respeito de matéria de ética pública, a referida consulta deverá ser dirigida à Comissão de Ética Pública (CEP), que integra o Sistema de Gestão da Ética do Poder Executivo Federal.

(2) Dado o teor sensível das informações que transitam na maior parte das entidades do Poder Executivo Federal, as autoridades competentes dessas entidades poderão alegar sigilo para deixar de prestar informação solicitada pelas comissões de ética.

(3) As instâncias superiores dos órgãos e das entidades do Poder Executivo Federal estão dispensadas de garantir os recursos humanos, materiais e financeiros para que a Comissão de Ética cumpra com suas atribuições, uma vez que essas comissões devem ser mantidas por meio de recursos próprios, obtidos mediante cobrança para emissão de pareceres a respeito de questões que envolvam temas relacionados à ética no serviço público.

1: correta, está de acordo com o Decreto 6.029/07: *Art. 4º À CEP compete: I – atuar como instância consultiva do Presidente da República e Ministros de Estado em matéria de ética pública.* **2:** incorreta, as autoridades competentes não poderão alegar sigilo, conforme prevê o Decreto 6.029/07, art. 20, § 2º. As autoridades competentes não poderão alegar sigilo para deixar de prestar informação solicitada pelas Comissões de Ética. **3:** incorreta, pois não corresponde ao previsto no Decreto 6.029/07, art. 8º. Compete às instâncias superiores dos órgãos e entidades do Poder Executivo Federal, abrangendo a administração direta e indireta: III – garantir os recursos humanos, materiais e financeiros para que a Comissão cumpra com suas atribuições. **PM**

Gabarito 1C, 2E, 3E

(Técnico – INSS – 2022 – CEBRASPE) Julgue os itens subsequentes, a respeito do Sistema de Gestão da Ética do Poder Executivo Federal.

(1) A Comissão de Ética Pública é integrada por brasileiros que preencham os requisitos de idoneidade moral, reputação ilibada e notória experiência em administração pública, designados para mandatos de dois anos, sendo vedada a recondução.

(2) No âmbito das comissões de ética, caso se conclua pela existência de falta ética após a instrução processual, poderá ser adotada, entre outras, a providência de recomendação de abertura de procedimento administrativo, se a gravidade da conduta assim o exigir.

(3) A atuação da Comissão de Ética Pública poderá ser provocada por qualquer cidadão, agente público, pessoa jurídica de direito privado, associação ou entidade de classe, visando a apuração de infração ética imputada a agente público, órgão ou setor específico de ente estatal.

1: incorreta, está em desacordo com o Decreto 6.029/07 em seu art. 3º que prevê: *A CEP será integrada por sete brasileiros que preencham os requisitos de idoneidade moral, reputação ilibada e notória experiência em administração pública, designados pelo Presidente da República, para mandatos de* **três anos,** *não coincidentes,* **permitida uma única recondução.** **2:** correta, é o que dispõe o Decreto 6.029/07 em seu art. 12, § 5º: *Se a conclusão for pela existência de falta ética, além das providências previstas no Código de Conduta da Alta Administração Federal e no Código de Ética Profissional do Servidor Público Civil do Poder Executivo Federal, as Comissões de Ética tomarão as seguintes providências, no que couber: III – recomendação de abertura de procedimento administrativo, se a gravidade da conduta assim o exigir.* **3:** correta, conforme prescreve o Decreto 6.029/07 no art. 11: *Qualquer cidadão, agente público, pessoa jurídica de direito privado, associação ou entidade de classe poderá provocar a atuação da CEP ou de Comissão de Ética, visando à apuração de infração ética imputada a agente público, órgão ou setor específico de ente estatal.* **PM**

Gabarito 1E, 2C, 3C

(Analista – INSS – 2014 – FUNRIO) Quanto à Comissão de Ética Pública, nos termos do Decreto nº 6.029, de 1º de fevereiro de 2007, é correto afirmar que

(A) É composta 9 por (nove) brasileiros que preencham os requisitos de idoneidade moral, reputação ilibada e notória experiência em administração pública.

(B) É assegurada remuneração a todos os membros, a qual será variável em razão do número de reuniões de que participarem.

(C) Seu Presidente não terá direito de manifestar-se nas deliberações da Comissão, nem mesmo com voto de qualidade.

(D) Seus membros possuem mandatos de 5 (cinco) anos, permitidas até duas reconduções.

(E) A atuação no âmbito da Comissão de Ética Pública não enseja qualquer remuneração para seus membros.

A: incorreta quanto ao número, pois a CEP é integrada por sete membros – art. 3º, *caput*, do Decreto 6.029/2007; **B:** incorreta, pois a atuação no âmbito da CEP não é remunerada – art. 3º, § 1º, do Decreto 6.029/2007; **C:** incorreta, pois o presidente tem o voto de qualidade (desempate) nas deliberações da CEP; **D:** incorreta, pois os mandatos são de três anos, não coincidentes – art. 3º, *caput* e § 3º, do Decreto 6.029/2007; **E:** correta, pois não há remuneração, embora os trabalhos sejam considerados prestação de relevante serviço público. – art. 3º, § 1º, do Decreto 6.029/2007. **RF**
Gabarito "E".

(Analista – INSS – 2014 – FUNRIO) De acordo com o Decreto nº 6.029, de 1º de fevereiro de 2007, os trabalhos das comissões de ética devem ser desenvolvidos com celeridade e com observância, dentre outros, do princípio da

(A) independência e parcialidade de seus membros na apuração dos fatos.

(B) exposição indiscriminada da pessoa investigada.

(C) conclusão abreviada da investigação, independentemente do contraditório e da ampla defesa.

(D) divulgação imediata da identidade do denunciante.

(E) proteção à honra e à imagem da pessoa investigada.

A: incorreta, pois os membros devem ser imparciais, o que decorre não apenas do princípio constitucional da impessoalidade, aplicável a todo serviço público (art. 37, *caput*, da CF), mas também por expressa disposição do art. 10, III, do Decreto 6.029/2007; **B:** incorreta, pois isso é evidentemente vedado, sendo dever das comissões de ética proteger a imagem e a honra da pessoa investigada – art. 10, I, do Decreto 6.029/2007; **C:** incorreta, pois o contraditório e a ampla defesa são garantias constitucionais aplicáveis a qualquer processo administrativo que possa implicar sanção ao servidor (art. 5º, LV, da CF), havendo previsão expressa e específica no art. 12 do Decreto 6.029/2007; **D:** incorreta, pois é dever das comissões de ética proteger a identidade do denunciante, a ser mantida sob reserva, se assim desejar – art. 10, II, do Decreto 6.029/2007; **E:** correta, conforme o art. 10, I, do Decreto 6.029/2007. **RF**
Gabarito "E".

(Analista – INSS – 2014 – FUNRIO) Atuar como instância consultiva do Presidente da República e Ministros de Estado em matéria de ética pública constitui competência da

(A) Secretaria Executiva de Ética Pública.

(B) Comissão de Avaliação Institucional.

(C) Coordenadoria de Ética Profissional.

(D) Comissão Permanente de Avaliação Ética.

(E) Comissão de Ética Pública.

A assertiva se refere à Comissão de Ética Pública – CEP, que, nos termos do art. 4º, I, do Decreto 6.029/2007, tem competência para atuar como instância consultiva do Presidente da República e Ministros de Estado em matéria de ética pública. **RF**
Gabarito "E".

(Analista – INSS – 2014 – FUNRIO) O Sistema de Gestão da Ética do Poder Executivo Federal foi instituído com a finalidade de promover atividades que dispõem sobre a conduta ética no âmbito do Executivo Federal, possuindo, dentre outras, a competência de

(A) implementar políticas públicas onde a transparência e o acesso à informação são instrumentos dispensáveis ao exercício de gestão da ética pública.

(B) articular ações com vistas a estabelecer e efetivar procedimentos de incentivo e incremento ao desempenho institucional na gestão da ética pública do Estado brasileiro.

(C) permitir a utilização de artifícios destinados a procrastinar o exercício de direito por qualquer cidadão.

(D) utilizar meios que impeçam a compatibilização e a interação de normas e procedimentos relativos à ética pública.

(E) discriminar e segregar os órgãos, programas e ações relacionados com a ética pública.

O art. 1º do Decreto 6.029/2007 lista as competências do Sistema de Gestão da Ética do Poder Executivo Federal, em sua finalidade de promover atividades que dispõem sobre a conduta ética no âmbito do Executivo Federal, quais sejam: (i) integrar os órgãos, programas e ações relacionados com a ética pública; (ii) contribuir para a implementação de políticas públicas tendo a transparência e o acesso à informação como instrumentos fundamentais para o exercício de gestão da ética pública; (iii) promover, com apoio dos segmentos pertinentes, a compatibilização e interação de normas, procedimentos técnicos e de gestão relativos à ética pública; (iv) articular ações com vistas a estabelecer e efetivar procedimentos de incentivo e incremento ao desempenho institucional na gestão da ética pública do Estado brasileiro. Por essa razão, a alternativa "B" é a única correta. Importante destacar que a alternativa "A" indica atuação compatível com o Sistema, embora não seja competência expressamente prevista no Decreto. Por outro lado, as alternativas "C", "D" e "E" indicam condutas claramente contrárias aos ditames da Ética no serviço público. **RF**
Gabarito "B".

(Auditor Fiscal da Receita Federal – ESAF) Das condutas relacionadas a seguir, indique todas as que constituem deveres éticos do servidor público:

I. ser probo, leal e justo no exercício das suas funções;

II. desempenhar, a tempo, as atribuições do cargo, função ou emprego público de que seja titular;

III. exercer com estrita moderação as prerrogativas funcionais que lhe sejam atribuídas;

IV. agir de forma a beneficiar aqueles que colaboram com o governo.

(A) I, II e IV

(B) II, III e IV

(C) I, III e IV

(D) I, II e III

(E) I, II, III e IV

I: item XIV, "c", "a" e "t", do Código de Ética Profissional do Servidor Público Civil do Poder Executivo Federal, instituído pelo Decreto 1.171/1994. **RB**

Gabarito "D".

3. TEMAS COMBINADOS

Bruno, servidor contratado temporariamente para prestar serviços a determinado órgão público federal, praticou conduta vedada aos servidores públicos pelo Código de Ética Profissional do Servidor Público Civil do Poder Executivo Federal.

(Técnico – INSS – 2016 – CESPE) A partir dessa situação hipotética, julgue os itens a seguir à luz do disposto nos Decretos n. 1.171/1994 e n. 6.029/2007.

(1) Se, para a infração praticada por Bruno, estiverem previstas as penalidades de advertência ou suspensão, a comissão de ética será competente para, após o regular procedimento, aplicar diretamente a penalidade.

(2) Mesmo prestando serviço de natureza temporária, Bruno está sujeito às disposições contidas no Decreto n. 1.171/1994.

(3) Durante o procedimento de apuração da conduta de Bruno, a comissão de ética deverá garantir-lhe proteção à sua honra e à sua imagem.

1: incorreta. A pena aplicável ao servidor público pela Comissão de Ética é a de censura e sua fundamentação constará do respectivo parecer, assinado por todos os seus integrantes, com ciência do faltoso (item XXII do Código de Ética Profissional do Servidor Público Civil do Poder Executivo Federal – Código de Ética – anexo do Decreto 1.171/1994). Em casos mais graves, a Comissão de Ética deverá encaminhar sugestão de exoneração à autoridade superior ou, conforme o caso, para a Controladoria-Geral da União ou unidade específica de correição, ou ainda recomendar a abertura de procedimento administrativo próprio, tudo conforme o art. 12, § 5º, do Decreto 6.029/2007; **2:** correta. Para fins de apuração do comprometimento ético, entende-se por servidor público todo aquele que, por força de lei, contrato ou de qualquer ato jurídico, preste serviços de natureza permanente, temporária ou excepcional, ainda que sem retribuição financeira, desde que ligado direta ou indiretamente a qualquer órgão do poder estatal, como as autarquias, as fundações públicas, as entidades paraestatais, as empresas públicas e as sociedades de economia mista, ou em qualquer setor onde prevaleça o interesse do Estado (item XXIV do Código de Ética); **3:** correta – art. 10, I, do Decreto 6.029/2007 que prevê: *Art. 10. Os trabalhos da CEP e das demais Comissões de Ética devem ser desenvolvidos com celeridade e observância dos seguintes princípios: I – proteção à honra e à imagem da pessoa investigada. II – proteção à identidade do denunciante, que deverá ser mantida sob reserva, se este assim o desejar; e III – independência e imparcialidade dos seus membros na apuração dos fatos, com as garantias asseguradas neste Decreto.* **PM**

Gabarito 1E, 2C, 3C

(Técnico – INSS – 2016 – CESPE) Acerca do disposto nos Decretos n. 1.171/1994 e n. 6.029/2007, julgue os itens subsequentes.

(1) Embora deva respeitar a hierarquia, o servidor público está obrigado a representar contra ações manifestamente ilegais de seus superiores hierárquicos.

(2) O rol de legitimados a provocar a atuação da Comissão de Ética Pública, prevista no Decreto n. 6.029/2007, é restrito a agentes públicos, sendo, entretanto, permi-

tido a qualquer cidadão provocar a atuação das comissões de ética de que trata o Decreto n. 1.171/1994.

(3) Em razão da relevância do serviço público prestado, é vitalício o mandato de membro integrante da Comissão de Ética Pública, o que evita interferências externas na atuação da comissão.

1: incorreta – item. XIV, *h*, do Decreto 1.171/1994 que dispõe: XIV – São deveres fundamentais do servidor público: h) ter respeito à hierarquia, porém sem nenhum temor de representar contra qualquer comprometimento indevido da estrutura em que se funda o Poder Estatal; **2:** incorreta, pois qualquer cidadão, agente público, pessoa jurídica de direito privado, associação ou entidade de classe poderá provocar a atuação da CEP ou de Comissão de Ética, visando à apuração de infração ética imputada a agente público, órgão ou setor específico de ente estatal (art. 11 do Decreto 6.029/2007); **3:** incorreta, pois CEP será integrada por sete brasileiros que preencham os requisitos de idoneidade moral, reputação ilibada e notória experiência em administração pública, designados pelo Presidente da República, para mandatos de três anos, não coincidentes, permitida uma única recondução (art. 3º do Decreto 6.029/2007). **PM**

Gabarito 1E, 2E, 3E

(Analista – INSS – 2016 – CESPE) Com base no disposto no Decreto n. 6.029/2007 e na Lei n. 8.112/1990, julgue os itens subsequentes, que versam sobre direitos e deveres de servidores públicos.

(1) É proibido ao servidor público atuar como intermediário junto a repartições públicas, salvo quando se tratar de benefícios previdenciários ou assistenciais de parentes até o segundo grau e de cônjuge ou companheiro.

(2) Caso um procedimento instaurado por comissão de ética receba a chancela de reservado, o investigado só terá direito de saber o que lhe está sendo imputado, de conhecer o teor da acusação e de ter vista dos autos após a regular notificação para prestar esclarecimentos.

1: correta – art. 117, XI, da Lei 8.112/1990; **2:** incorreta. A qualquer pessoa que esteja sendo investigada é assegurado o direito de saber o que lhe está sendo imputado, de conhecer o teor da acusação e de ter vista dos autos, no recinto das Comissões de Ética, mesmo que ainda não tenha sido notificada da existência do procedimento investigatório (art. 14 do Decreto 6.029/2007). **RF**

Gabarito 1C, 2E

(Agente Fiscal/Teresina-PI – CESPE) Acerca da ética na administração pública, julgue os itens que se seguem.

(1) O debate sobre a conveniência da codificação de normas éticas no serviço público terminou com a vitória daqueles que julgavam essa via como inadequada.

(2) Apesar das diferenças culturais, existe concordância universal no sentido de que o agente público evite assumir comportamentos dúbios ou conflituosos com o interesse público que representa.

(3) A corrupção é um problema central, que deve ser tratado com urgência pela administração pública, pois ela abala a autoridade moral, afeta a eficiência dos governos, reforça o crime organizado e corrói a legalidade e a moralidade do Estado de Direito.

(4) A prevenção e a repressão da improbidade administrativa pressupõem não só uma legislação estruturada, mas também uma conduta ética socialmente valori-

2. ÉTICA NO SERVIÇO PÚBLICO

zada, de modo que, nesse contexto, qualquer desvio seja considerado um desvalor passível de sanção legal e moral.

(5) Os valores éticos aplicáveis à administração pública são imutáveis e absolutos.

(6) Princípios norteadores da conduta de agentes públicos, como a legalidade, a moralidade, a impessoalidade e a publicidade, ainda não possuem *status* constitucional no ordenamento jurídico brasileiro.

(7) O desfazimento de um ato administrativo em decorrência de sua imoralidade, mesmo que ele seja legal, não está previsto no sistema jurídico brasileiro, já que a moralidade administrativa é um conceito meramente subjetivo.

1: venceu os que defendiam a codificação; exemplo disso é o Código de Ética Profissional do Servidor Público Civil do Poder Executivo Federal, instituído pelo Decreto 1.171/1994; **2:** o agente público deve ser impessoal (art. 37, *caput*, da CF); um dos aspectos da impessoalidade é o que determina respeito ao princípio da finalidade, pelo qual o agente deve buscar atender ao interesse público, e não conflitar com este; **3:** está correta, pois, de fato, a corrupção leva a todas as consequências narradas; **4:** de fato, não basta uma lei boa; é importante a consciência de todos, a cidadania e a efetiva aplicação da lei; **5:** é claro que há valores universais (como a boa-fé, a lealdade e a probidade); no entanto, outros valores vão surgindo, de acordo com as necessidades sociais, daí o caráter mutável e relativo dos valores éticos; **6:** art. 37, *caput*, da CF; **7:** a moralidade administrativa é um princípio jurídico (art. 37, *caput*, da CF e art. 2º da Lei 9.784/99); portanto, descumprido tal dever jurídico, a consequência é a invalidação (o desfazimento) do ato, por parte da Administração e até por parte do Judiciário, quando alguém impugnar em juízo referido ato, o que é possível, por exemplo, por meio de ação popular (art. 5º, LXXIII, da CF). RB

Gabarito 1E, 2C, 3C, 4C, 5E,6E,7E

(Analista – INSS – 2008 – CESPE) Acerca do Código de Ética Profissional do Servidor Público Civil do Poder Executivo Federal, julgue os próximos itens.

(1) O código de ética se caracteriza como decreto autônomo no que concerne à lealdade à instituição a que o indivíduo serve.

(2) Órgãos que exercem atribuições delegadas do poder público devem criar comissões de ética.

(3) Age de modo equivocado o servidor público que, ao reunir documentos para fundamentar seu pedido de promoção, solicita a seu chefe uma declaração que ateste a lisura de sua conduta profissional. O equívoco refere-se ao fato de que, nessa situação, o pedido deveria ser feito não ao chefe, mas à comissão de ética, que tem a incumbência de fornecer registros acerca da conduta ética de servidor para instruir sua promoção.

(4) Na estrutura da administração, os integrantes de comissão de ética pública têm cargo equivalente ao de ministro de Estado no que se refere a hierarquia e remuneração.

(5) Caso um servidor público tenha cometido pequenos deslizes de conduta comprovados por comissão de sindicância que recomende a pena de censura, o relatório da comissão de sindicância deve ser encaminhado para a comissão de ética, pois é esta que tem competência para aplicar tal pena ao servidor.

1: incorreta, pois a lealdade à instituição decorre dos princípios constitucionais que regem a administração pública (art. 37, *caput*, da CF) e especificamente de disposição legal – art. 116, II, da Lei 8.112/1990, sendo incorreto referir-se a decreto autônomo em relação ao tema (não se trata de tema regulado exclusivamente ou autonomamente pelo decreto); **2:** correta – item XVI do Código de Ética Profissional do Servidor Público Civil do Poder Executivo Federal – Código de Ética – anexo do Decreto 1.171/1994); **3:** correta – item XVIII do Código de Ética); **4:** incorreta, pois não possuem cargo equivalente ao de Ministro de Estado – os membros das comissões são servidores públicos efetivos designados para mandatos nessas comissões – art. 5º do Decreto 6.029/2007; **5:** correta – item XXII do Código de Ética). RF

Gabarito 1E, 2C, 3C, 4E, 5C

(Analista – PREVIC – 2011 – CESPE) Com base no disposto no Código de Ética Profissional do Serviço Público, julgue os itens subsecutivos.

(1) Compete ao órgão em que o servidor exerce suas funções mantê-lo informado e atualizado em relação às instruções, às normas de serviço e à legislação pertinentes ao exercício dessas funções.

(2) Os atos praticados por servidores públicos no âmbito de sua vida privada influenciam no conceito atribuído a sua vida funcional.

(3) A comissão de ética de uma fundação pública, além de ser a encarregada de orientar e aconselhar o servidor sobre o exercício de uma conduta ética no ambiente profissional, é autorizada a aplicar-lhe pena de suspensão, em caso de comprovada falha do servidor em sua conduta pública.

(4) O acúmulo de cargo de professor e cargo técnico, ainda que juridicamente legal, contraria o princípio do decoro.

(5) É vedado o uso de artifícios para procrastinar o exercício regular de direito por qualquer pessoa.

1: errado, pois compete ao próprio servidor manter-se atualizado com as instruções, as normas de serviço e a legislação pertinentes ao órgão onde exerce suas funções (art. XIV, *q*, do Anexo do Código de Conduta do Servidor Público Civil do Poder Executivo Federal); **2:** certo, pois está em consonância com a redação do art. VI do Anexo do Código de Conduta do Servidor Público Civil do Poder Executivo Federal: "A função pública deve ser tida como exercício profissional e, portanto, se integra na vida particular de cada servidor público. Assim, os fatos e atos verificados na conduta do dia a dia em sua vida privada poderão acrescer ou diminuir o seu bom conceito na vida funcional"; **3:** errado. A Comissão de Ética está encarregada de aplicar a pena de censura e não a de suspensão (art. XXII do Anexo do Código de Conduta do Servidor Público Civil do Poder Executivo Federal: "A pena aplicável ao servidor público pela Comissão de Ética é a de censura e sua fundamentação constará do respectivo parecer, assinado por todos os seus integrantes, com ciência do faltoso"); **4:** errado, pois o citado acúmulo não viola por si só o princípio do decoro (art. I do Anexo do Código de Conduta do Servidor Público Civil do Poder Executivo Federal: "A dignidade, o decoro, o zelo, a eficácia e a consciência dos princípios morais são primados maiores que devem nortear o servidor público, seja no exercício do cargo ou função, ou fora dele, já que refletirá o exercício da vocação do próprio poder estatal. Seus atos, comportamentos e atitudes serão direcionados para a preservação da honra e da tradição dos serviços públicos"); **5:** certo, pois reflete a redação do art. XV, *d*, do Anexo do Código de Conduta do Servidor Público Civil do Poder Executivo Federal. PM

Gabarito 1E, 2C, 3E, 4E, 5C

(Técnico Judiciário – STM – 2011 – CESPE) Julgue os itens a seguir, relativos à ética no serviço público.

(1) O servidor que trabalha em harmonia com a estrutura organizacional, respeitando seus colegas e cada concidadão, colabora para o bem-estar de todos e de todos recebe colaboração.

(2) Para desempenhar suas atribuições com rapidez, perfeição e rendimento, o servidor público deve, de imediato, comunicar a seus superiores todo e qualquer ato ou fato de interesse público.

(3) É legalmente permitido que um servidor público atrase o seu trabalho quando estiver participando de movimentos e estudos que se relacionem com a melhoria do exercício de suas funções, com o objetivo de realizar o bem comum.

(4) Um servidor público que atrase prestação de serviço por não possuir informações e capacitação adequadas para isso poderá ser responsabilizado por atitude antiética ou por causar danos morais aos usuários dos serviços públicos.

(5) A globalização e a intensificação do comércio internacional reforçam a necessidade da adoção de condutas éticas no serviço público.

(6) O servidor público deve apresentar comportamentos e atitudes direcionadas para a preservação da honra e da tradição dos serviços públicos, tanto no exercício de seu cargo ou função quanto fora dele.

(7) O trabalho desenvolvido pelo servidor público perante a comunidade deve ser entendido como acréscimo ao bem-estar do próximo e ao seu próprio bem-estar.

(8) A função pública caracteriza-se como um exercício profissional que deve ser incorporado à vida particular do servidor público.

(9) Quando um servidor falta ao trabalho, em qualquer circunstância, contribui para a desmoralização do serviço público e para a desordem nas relações humanas.

1: correta, pois o respeito, a cortesia e a urbanidade são deveres fundamentais dos servidores públicos e essenciais para o bem-estar de todos – item XIII do Código de Ética Profissional do Servidor Público Civil do Poder Executivo Federal, entre outros; **2**: incorreta, pois o dever de comunicar imediatamente os superiores refere-se a atos contrários ao interesse público (não a quaisquer atos ou fatos de interesse público) – item XIV, *b* e *m*, do Código de Ética Profissional do Servidor Público Civil do Poder Executivo Federal; **3**: incorreta, pois, embora seja dever fundamental do servidor participar dos movimentos e estudos que se relacionem com a melhoria do exercício de suas funções, isso não justifica prejudicar o trabalho. De fato, tal dever deve ser cumprido em harmonia com o de desempenhar, com zelo e eficácia, as atribuições do cargo ou função – item XIV, *a* e *o*, do Código de Ética Profissional do Servidor Público Civil do Poder Executivo Federal **4**: incorreta, pois o atraso pode eventualmente ser justificado por ausência de culpa do servidor em questão (pode ser que ele não possua a informação ou a capacitação necessária por falha na organização do serviço) – ver o art. 7º, X, do CE-JM. É preciso lembrar, entretanto, que o servidor deve, na medida do possível, buscar as informações necessárias para bem cumprir suas funções, além da capacitação profissional para essa mesma finalidade – art. 6º, XII, do CE-JM; v. tb., itens X e XIV, *q*, do Código de Ética Profissional do Servidor Público Civil do Poder Executivo Federal; **5**: a assertiva é altamente subjetiva e genérica, mas pode ser considerada adequada, pois a necessidade da adoção de condutas éticas no serviço público tende a ser reforçada continuamente – ver item II do Código de Ética Profissional do Servidor Público Civil do Poder Executivo Federal

(CE-Executivo – Dec. 1.171/1994); **6**: correta, considerando que, nos termos do art. 2º do CE-JM (v. tb., item I do Código de Ética Profissional do Servidor Público Civil do Poder Executivo Federal), a dignidade, o decoro, o zelo, a eficácia, a preservação do patrimônio, da honra e da tradição dos serviços públicos e a conduta ética devem ser observados pelos servidores da Justiça Militar da União com vistas ao atendimento do princípio da moralidade da Administração Pública; **7**: correta, pois o bem-estar da população em geral e, por consequência, do próprio servidor, é objetivo do serviço público – ver item V do CE-Executivo; **8**: correta, pois os fatos e atos verificados na conduta do dia a dia em sua vida particular poderão acrescer ou diminuir o seu bom conceito na vida funcional – ver item VI do CE-Executivo; **9**: incorreta, pois, embora a assiduidade e a frequência ao serviço sejam deveres fundamentais do servidor público, há faltas justificadas que não agridem a ética (por exemplo, ausência em caso de doença ou força maior), sendo as ausências injustificadas que contribuem para a desmoralização e que pode conduzir à desordem nas relações humanas – ver item VI do CE-Executivo.

Gabarito 1C, 2E, 3E, 4E, 5C, 6C, 7C, 8C, 9E

(Técnico Judiciário – STM – 2011 – CESPE) Julgue os itens abaixo, relativos à qualidade no atendimento ao público.

(1) Um bom atendimento ao público é resultado da coerência entre as palavras e os atos do servidor.

(2) Quando a mensagem transmitida por uma pessoa que busque atendimento em um órgão público for carregada de emoções, o servidor que atender essa pessoa deverá utilizar um meio de registro escrito das informações e emoções para não haver dificuldades de interpretação.

(3) Ao atender um cidadão, o servidor público precisa escolher o canal de comunicação que melhor traduza a mensagem a ser transmitida.

(4) O servidor público deve ser sensível às necessidades, percepções, atitudes e emoções do cidadão no momento do atendimento. Por isso, deve demonstrar empatia tanto na comunicação verbal quanto na comunicação não verbal.

(5) Ao esclarecer uma dúvida com um colega de trabalho, o servidor que atende ao público utiliza o que se denomina comunicação lateral.

(6) No momento de realizar um atendimento, a linguagem corporal do servidor público pode revelar até que ponto ele se interessa em solucionar os problemas trazidos pelo cidadão e pode até mesmo indicar seu *status* de nível superior ou inferior.

(7) Quando uma pessoa reclamar do atendimento que recebeu, o servidor público deverá ouvir atentamente a insatisfação e perguntar se a pessoa pode oferecer opções para ajudar a melhorar o atendimento.

1: correta. Palavras adequadas, mas acompanhadas de atos inadequados frustram o destinatário do serviço, inexistindo efetivo atendimento às suas necessidades. Por outro lado, palavras inadequadas geram insegurança, ainda que os atos correspondentes sejam corretos; **2**: incorreta, pois, se o atendimento ao público é verbal e imediato, conforme as normas que regem a atividade, não há como exigir registro escrito das informações prestadas pelo usuário. Ademais, tais normas podem prever outras formas de registro por parte do atendente, que não a escrita (por exemplo, gravação de ligação telefônica); **3**: incorreta, pois o servidor não tem total discricionariedade na escolha dos canais de comunicação. Por exemplo, se a norma exige publicação de informação no diário oficial, isso não pode ser substituído livremente por uma ligação telefônica, ainda que seja mais efetiva; **4**: correta, pois o atendimento adequado se dá por meio da comunicação verbal

2. ÉTICA NO SERVIÇO PÚBLICO

(palavras, frases utilizadas) e da não verbal (postura, apresentação do servidor); **5**: correta, pois a comunicação entre os pares (de mesmo nível hierárquico) é lateral ou horizontal (não é vertical, entre pessoas de níveis hierárquicos distintos); **6**: correta. Basta imaginar servidor que atenda usuário com o cotovelo na mesa, apoiando a lateral do rosto na mão, bocejando e com os olhos entreabertos – é claro que a linguagem corporal, no caso, demonstra descaso, desinteresse e desrespeito. O *status* superior ou inferior não deve alterar a linguagem corporal do atendente, que deve ser sempre adequada, respeitosa e cortês, qualquer que seja o servidor ou o cidadão atendido; **7**: correta, pois a crítica representa oportunidade para melhoria do atendimento e, como tal, deve ser captada, analisada e, sendo o caso, acolhida para alteração de posturas e procedimentos. A atitude de pedir ao crítico sugestões para a melhoria do atendimento demonstra, ademais, atenção e respeito ao cidadão. RB

Gabarito 1C, 2E, 3E, 4C, 5C, 6C, 7C

3. DIREITO CONSTITUCIONAL

Adolfo Mamoru Nishiyama, André Barbieri, André Nascimento, Bruna Vieira, Teresa Melo e Tony Chalita*

1. TEORIA DA CONSTITUIÇÃO, PODER CONSTITUINTE E PRINCÍPIOS FUNDAMENTAIS

(Auxiliar Judiciário – TJ/PA – 2020 – CESPE) Assinale a opção que apresenta um princípio que rege as relações internacionais do Brasil.

(A) prevalência dos direitos humanos

(B) garantia do desenvolvimento nacional

(C) valores sociais do trabalho e da livre-iniciativa

(D) pluralismo político

(E) construção de sociedade livre, justa e solidária

Correta é a letra **A**, nos termos do artigo 4º, inciso II, da CF. As demais alternativas estão erradas, pois apontam para os fundamentos e os objetivos da República Federativa do Brasil, conforme artigos 1º e 3º, da CF. **AB**

Gabarito "A".

(Técnico Judiciário – TRE/PE – CESPE – 2017) Além de ser uma Constituição escrita, a CF é classificada como

(A) promulgada, flexível, dirigente e histórica.

(B) outorgada, rígida, garantia e dogmática.

(C) promulgada, flexível, dirigente e histórica.

(D) promulgada, rígida, dirigente e dogmática.

(E) outorgada, rígida, dirigente e histórica.

Comentário Geral: As Constituições são classificadas na teoria clássica de José Afonso da Silva, da seguinte forma:

i) Quanto ao conteúdo: materiais e formais.

– material: normas materialmente constitucionais são aquelas que identificam a forma e a estrutura do Estado, o Sistema de Governo, a divisão e o funcionamento dos Poderes. Ex. art. 1º, art. 2º e art. 18, todos da CF.

– formal: as normas que não fazem parte da estrutura mínima e essencial do estado. Junto com as normas materiais, formam um grupo hierarquicamente superior às demais normas. Encontramos nela normas que poderiam ser dispensadas do conceito de estrutura mínima, como o art. 231 da CF que trata dos índios.

ii) Quanto à forma: escrita e não escrita.

– escrita (dogmática): é representada por um texto completo e organizado, como a da maioria dos países. Constituição de 1988.

– não escrita (Costumeira ou histórica): é formada a partir de textos esparsos, sendo sedimentada em costumes derivados das decisões, tendo como fundamento os documentos históricos que serviram de base.

iii) Quanto ao modo de elaboração: dogmática e histórica

– dogmática (escrita): é representada por um texto completo e organizado, como a da maioria dos países. Constituição de 1988.

– histórica (costumeira): é formada a partir de textos esparsos, sendo sedimentada em costumes derivados das decisões, tendo como fundamento os documentos históricos que serviram de base.

iv) Quanto à origem: populares (promulgada) ou outorgadas

– promulgada: é fruto de um processo democrático e elaborada por um Poder Constituinte exercido por uma Assembleia Constituinte. Como exemplo, no Brasil Constituição de 1891, 1934, 1946 e 1988.

– outorgada: é fruto do autoritarismo, imposta por um grupo ou pelo governante. São exemplos, no Brasil, 1824, 1937 e 1967.

v) Quanto à estabilidade: rígidas, flexíveis ou semirrígidas

– flexível: A Constituição que não exige, para sua alteração, qualquer processo mais solene, tendo em vista o critério da lei ordinária.

– rígida: exige para alteração um critério mais solene e difícil do que o processo de elaboração da lei ordinária. Exemplo é a brasileira. Podemos fazer essa averiguação ao comparar o processo de elaboração da lei ordinária, em comparação à emenda Constitucional. Enquanto a lei ordinária se submete às regras da iniciativa geral e à aprovação por maioria simples, a emenda é de iniciativa restrita e aprovação por maioria qualificada de três quintos em dois turnos nas duas casas (Câmara dos Deputados e Senado Federal).

– semirrígida: apresenta uma parte que exige mutação por processo mais difícil e solene do que o da lei ordinária e outra parte sem tal exigência, podendo ser alterada pelo sistema previsto para a lei ordinária. Constituição do Império de 1824, por força do artigo 178.

vi) Quanto à Finalidade: Dirigente ou garantia

O enunciado traz uma sexta categoria de classificação, quanto à finalidade: dirigente ou garantia.

– dirigente: estabelece um plano de direção objetivando uma evolução política. Traça diretrizes para a utilização do poder e progresso social, econômico e política a serem seguidas pelos órgãos estatais.

– garantia: visa assegurar as liberdades individuais e coletivas, limitando o poder do Estado. É um tipo clássico de constituição, pois protege aqueles direitos surgidos na primeira geração ou dimensão de direitos fundamentais. **TC**

Gabarito "D".

(Técnico Judiciário – TRE/PI – CESPE – 2016) As constituições classificam-se, quanto

(A) à estabilidade, em imutáveis, rígidas, flexíveis ou semirrígidas.

(B) à origem, em escritas ou não escritas.

(C) à forma, em materiais ou formais.

(D) ao conteúdo, em dogmáticas ou históricas.

(E) ao modo de elaboração, em analíticas ou sintéticas.

A: Correta. **B:** Errada. Quanto à origem as Constituições são classificadas como populares (promulgada) ou outorgadas. **C:** Errada. Quanto à forma as Constituições são classificadas como escritas ou não escritas. **D:** Errada. Quanto ao conteúdo as Constituições são classificadas como materiais ou formais. **E:** Errada. Quanto ao modo de elaboração as Constituições são classificadas como dogmáticas ou históricas. **TC**

Gabarito "A".

---

* **AMN** questões comentadas por: **Adolfo Mamoru Nishiyama**

AB questões comentadas por: **André Barbieri**

AN questões comentadas por: **André Nascimento**

BV questões comentadas por: **Bruna Vieira**

TC questões comentadas por: **Tony Chalita**

TM questões comentadas por: **Teresa Melo**

(Técnico Judiciário – TRE/PE – CESPE – 2017) A respeito dos direitos e deveres individuais e coletivos, assinale a opção correta.

(A) É livre a manifestação do pensamento, seja ela exercida por pessoa conhecida ou por pessoa anônima.

(B) Ninguém pode fazer ou deixar de fazer alguma coisa senão em virtude de lei.

(C) Todos poderão reunir-se pacificamente, em locais abertos ao público, desde que haja prévia autorização do poder público.

(D) É plena a liberdade de associação para fins lícitos, inclusa a de caráter paramilitar.

(E) A expressão de atividade artística é livre, não estando sujeita a censura ou licença.

A: incorreta. De acordo com o art. 5º, IV, da CF, a manifestação do pensamento, de fato, é livre, mas o anonimato é proibido; **B:** incorreta. Determina o art. 5º, II, da CF justamente o contrário, segundo o dispositivo mencionado, ninguém será obrigado a fazer ou deixar de fazer alguma coisa senão em virtude de lei. Quem só pode fazer o que a lei determina ou autoriza é a Administração Pública; **C:** incorreta. Não é necessária essa autorização, basta a prévia comunicação. Determina o art. 5º, XVI, da CF que todos podem reunir-se pacificamente, sem armas, em locais abertos ao público, independentemente de autorização, desde que não frustrem outra reunião anteriormente convocada para o mesmo local, sendo apenas exigido prévio aviso à autoridade competente; **D:** incorreta. A associação de caráter paramilitar é proibida. De acordo com o art. 5º, XVII, da CF, é plena a liberdade de associação para fins lícitos, vedada a de caráter paramilitar; **E:** correta. É exatamente o que determina o inciso IX do art. 5º da CF. Sendo assim, é livre a expressão da atividade intelectual, artística, científica e de comunicação, independentemente de censura ou licença. **TC**

Gabarito "E".

(Técnico Judiciário – TRE/PI – CESPE – 2016) A respeito dos princípios fundamentais da Constituição Federal de 1988 (CF), assinale a opção correta.

(A) A soberania nacional pressupõe a soberania das normas internas fixadas pela CF sobre os atos normativos das organizações internacionais nas situações em que houver conflito entre ambos.

(B) A dignidade da pessoa humana não representa, formalmente, um fundamento da República Federativa do Brasil.

(C) Os valores sociais do trabalho e da livre-iniciativa visam proteger o trabalho exercido por qualquer pessoa, desde que com finalidade lucrativa.

(D) Em decorrência do pluralismo político, é dever de todo cidadão tolerar as diferentes ideologias político-partidárias, ainda que, na manifestação dessas ideologias, haja conteúdo de discriminação racial.

(E) A forma federativa do Estado pressupõe a repartição de competências entre os entes federados, que são dotados de capacidade de auto-organização e de autolegislação.

A: Apesar da banca examinadora ter considerado a alternativa como incorreta, entendemos que o enunciado condiz de maneira adequada ao conceito de soberania nacional. **B:** Errada. A dignidade da pessoa humana é um fundamento expresso previsto na CF, nos termos do art. 1º, inc. III da CF. **C:** Errada. O texto constitucional não faz restrição quanto à finalidade lucrativa, nos termos do art. 1º, inc. IV da CF. **D:** Errada, ainda que haja expressa previsão de que o pluralismo político seja um dos fundamentos da República (art. 1º, inc. V da CF), o Texto Constitucional, em complemento, prevê como objetivo fundamental da República o combate à qualquer forma de discriminação (art. 3º, inc. IV da CF). **E:** Correta. A forma federativa do Estado pressupõe a repartição de competências, garantindo autonomia de gestão, governo, legislação e organização. **TC**

Gabarito "E".

(Técnico Judiciário – TRE/PI – CESPE – 2016) A respeito dos direitos e das garantias fundamentais, assinale a opção correta.

(A) Os direitos sociais, econômicos e culturais são, atualmente, classificados como direitos fundamentais de terceira geração.

(B) O direito ao meio ambiente equilibrado e o direito à autodeterminação dos povos são exemplos de direitos classificados como de segunda geração.

(C) A comissão parlamentar de inquérito tem autonomia para determinar a busca e a apreensão em domicílio alheio, com o objetivo de coletar provas que interessem ao poder público.

(D) A entrada em domicílio, sem o consentimento do morador, é permitida durante o dia e a noite, desde que haja autorização judicial.

(E) A doutrina moderna classifica os direitos civis e políticos como direitos fundamentais de primeira geração.

A: Errada. Os direitos sociais, econômicos e culturais são direitos de segunda geração. **B:** Errada. O direito ao meio ambiente equilibrado e o direito à autodeterminação dos povos são exemplos de direitos de terceira geração. **C:** Errada. A busca e apreensão só pode ser realizada mediante autorização judicial. **D:** Errada. A casa é asilo inviolável. A entrada sem consentimento do morador só será permitido nas hipóteses de flagrante delito ou desastre, ou para prestar socorro. Caso haja decisão judicial que permita, só poderá ser feito durante o dia (art. 5º, inc. XI da CF). **E:** Correta. **TC**

Gabarito "E".

(Técnico Judiciário – TRT8 – CESPE – 2016) Assinale a opção correta com relação aos direitos e deveres individuais e coletivos assegurados e garantidos pela CF.

(A) É absolutamente proibida a aplicação de pena de morte ou de prisão perpétua em todo o território nacional e a qualquer tempo.

(B) Diferentemente do direito de propriedade, o direito de herança não é garantido pelas normas constitucionais.

(C) É dever do Estado promover a defesa dos direitos do consumidor na forma da lei.

(D) O *habeas data* é o instituto adequado para a garantia da liberdade de acusados de prática criminal se não configurado flagrante delito.

(E) É vedada a concessão de asilo político para nacionais de Estados com os quais o Brasil tenha relação diplomática.

A: Errada. A CF prevê exceção à pena de morte, como no caso de guerra declarada (art. 5º, inc. XLVII, alínea "a" da CF). **B:** Errada. O direito à herança é garantido pelo Texto Constitucional (art. 5º, inc. XXX, da CF). **C:** Correta. O art. 5º, inc. XXXII estabelece que o Estado promoverá, na forma da lei, a defesa do consumidor. **D:** Errada. O enunciado trata de situação em que o remédio constitucional adequado de utilização seria o *habeas corpus* e não o *habeas data*. O *habeas data* é remédio que visa garantir à pessoa do impetrante o conhecimento de informações relativas a si e para retificação de dados. **E:** Errada. O Texto Constitucional não estabelece exceção na concessão de asilo político aos Estados que possuam relação diplomática com o Brasil (art. 4º, inc. X da CF). **TC**

Gabarito "C".

3. DIREITO CONSTITUCIONAL

(Técnico Judiciário – TRT8 – CESPE – 2016) Constitui objetivo fundamental da República Federativa do Brasil

(A) a independência nacional.

(B) a solução pacífica de conflitos.

(C) a autodeterminação dos povos.

(D) a construção de uma sociedade livre, justa e solidária.

(E) a cooperação entre os povos para o progresso da humanidade.

A, B, C e E: erradas. Os preceitos elencados nas alternativas cuidam de princípios da República e não objetivo da República. **D:** Correta. Art. 3º, inc. I, da CF. TC

Gabarito "D".

2. DIREITOS E DEVERES INDIVIDUAIS E COLETIVOS

(Técnico – INSS/Guarulhos – 2022 – CEBRASPE) A respeito dos direitos e garantias fundamentais, julgue os itens a seguir.

(1) A obtenção de certidões em repartições públicas, para esclarecimento de situação de interesse pessoal, é direito assegurado a todos e independe do pagamento de taxa.

(2) O Poder Judiciário pode determinar a implantação de políticas públicas relacionadas a direitos e garantias fundamentais, sem que isso ofenda o princípio da separação dos poderes.

1: Certo. O art. 5º, inciso XXXIV, alínea *b*, da CF, prevê que são a todos assegurados, independentemente do pagamento de taxas, a obtenção de certidões em repartições públicas, para defesa de direitos e esclarecimento de situações de interesse pessoal. **2:** Certo. Frequentemente o Poder Judiciário determina a implementação de políticas públicas relacionadas a direitos e garantias fundamentais, em especial aos direitos sociais, como o fornecimento de remédios de alto custo pelo SUS, matrículas em creches públicas, realização de procedimentos cirúrgicos em hospitais públicos etc. A implementação de políticas públicas é um dever não só do Poder Executivo, mas também dos Poderes Legislativo e Judiciário. AMN

Gabarito 1C, 2C

(Técnico – INSS – 2022 – CEBRASPE) No que diz respeito a direitos e garantias fundamentais, julgue os itens a seguir.

(1) A casa é asilo inviolável do indivíduo e nela ninguém poderá ingressar sem o consentimento do morador, salvo se houver determinação judicial para o ingresso.

(2) O direito de reunião está assegurado a todos, desde que observados os seguintes requisitos constitucionais: caráter pacífico; localização aberta ao público; prévia autorização da autoridade competente; e não frustação de outra reunião anteriormente convocada para o mesmo local.

(3) São equivalentes às emendas constitucionais os tratados internacionais sobre direitos humanos aprovados na Câmara dos Deputados e no Senado Federal, em dois turnos, por três quintos dos votos dos membros de cada uma dessas casas.

(4) O indivíduo que tomar posse em determinado cargo efetivo de uma autarquia federal será obrigado a filiar-se ao sindicato de sua categoria profissional, pois a esse sindicato cabe a defesa dos direitos e interesses coletivos ou individuais da categoria, inclusive em questões judiciais ou administrativas.

(5) A cassação dos direitos políticos é possível nos casos de cancelamento da naturalização por sentença transitada em julgado; incapacidade civil absoluta; condenação criminal transitada em julgado, enquanto durarem seus efeitos; recusa de cumprir obrigação a todos imposta ou prestação alternativa; e improbidade administrativa.

(6) Brasileiros naturalizados podem ser eleitos membros da Câmara dos Deputados e do Senado Federal, caso cumpram as demais condições de elegibilidade, porque tais cargos não são privativos de brasileiros natos.

1: Errado. O inciso XI do art. 5º da CF prevê que: "a casa é asilo inviolável do indivíduo, ninguém nela podendo penetrar sem consentimento do morador, salvo em caso de flagrante delito ou desastre, ou para prestar socorro, ou, durante o dia, por determinação judicial". **2:** Errado. Os requisitos do direito de reunião estão previstos no inciso XVI do art. 5º da CF: "todos podem reunir-se pacificamente, sem armas, em locais abertos ao público, independentemente de autorização, desde que não frustrem outra reunião anteriormente convocada para o mesmo local, sendo apenas exigido prévio aviso à autoridade competente". Portanto, não há necessidade de autorização da autoridade competente. **3:** Certo. É o que dispõe o § 3º do art. 5º da CF. **4:** Errado. Ninguém é obrigado a filiar-se ou a manter-se filiado a sindicato, conforme prescrito no inciso V do art. 8º da CF. **5:** Errado. O art. 15 da CF veda a cassação de direitos políticos, prevendo apenas os casos de perda ou suspensão. **6:** Certo. Os brasileiros naturalizados poderão ser eleitos membros da Câmara dos Deputados ou do Senado Federal, só não podendo ocupar a presidência da respectiva casa legislativa, conforme determina o art. 12, § 3º, incisos II e III, da CF, pois são cargos privativos de brasileiros natos. AMN

Gabarito 1E, 2E, 3C, 4E, 5E, 6C

(Delegado/RJ – 2022 – CESPE/CEBRASPE) De acordo com o entendimento do STF, salvo em caso de flagrante delito ou desastre, ou para prestar socorro, a polícia judiciária só pode invadir domicílio alheio sem consentimento do morador, a fim de apreender quaisquer objetos que possam interessar à investigação criminal, se atendidos dois requisitos constitucionais que respeitam o princípio do(a)

(A) sigilo.

(B) legalidade.

(C) ampla defesa.

(D) reserva da jurisdição.

(E) privacidade.

É o que estabelece o art. 5º, inciso XI, que prevê: "a casa é asilo inviolável do indivíduo, ninguém nela podendo penetrar sem consentimento do morador, salvo em caso de flagrante delito ou desastre, ou para prestar socorro, ou, durante o dia, por **determinação judicial**" (os grifos não estão no original). AMN

Gabarito "D".

(Técnico – MPE/CE – CESPE – 2020) Acerca de direitos e garantias fundamentais, julgue os itens a seguir.

(1) Se, com o intuito de eximir-se de obrigação legal a todos imposta, uma pessoa se recusar a cumprir prestação alternativa, invocando convicção filosófica e política ou crença religiosa, os direitos associados a tais convicções poderão ser restringidos.

(2) Brasileiro naturalizado pode ocupar o cargo de presidente da Câmara dos Deputados.

(3) A honra e a imagem das pessoas são invioláveis, sendo assegurado o direito de reparação por dano material ou moral em caso de violação.

(4) Os analfabetos não podem registrar-se como eleitores.

1: certo, pois a Constituição estabelece que ninguém será privado de direitos por motivo de crença religiosa ou de convicção filosófica ou política, salvo se as invocar para eximir-se de obrigação legal a todos imposta e recusar-se a cumprir prestação alternativa, fixada em lei (art. 5º, inciso VIII, da CF); **2:** errado, visto que o cargo de Presidente da Câmara dos Deputados é privativo de brasileiro nato (art. 12, § 3º, II, da CF); **3:** certo, de acordo com o art. 5º, inciso X, da CF; **4:** errado, já que o alistamento eleitoral e o voto são **facultativos** para os analfabetos (art. 14, § 1º, II, "a", da CF). AN

Gabarito 1C, 2E, 3C, 4E

(Analista Judiciário – TJ/PA – 2020 – CESPE) Um grupo de pais apresentou requerimento a determinado município, solicitando autorização para realizar manifestação pacífica na praça pública onde está sediada a prefeitura, a fim de protestar contra políticas públicas municipais. A autoridade pública competente negou o pedido, sob o fundamento de que frustraria outra reunião anteriormente convocada para o mesmo horário e local. Nessa situação hipotética, para realizar a referida manifestação, o grupo de pais utilizou o instrumento

(A) inadequado, porque o direito de reunião não requer autorização, mas apenas prévio aviso.

(B) inadequado, entretanto a autoridade competente não poderia ter negado o direito com base no fundamento utilizado.

(C) adequado, porque o direito de reunião requer prévia autorização administrativa, cabendo ao grupo ajuizar ação popular contra a decisão que negou o referido pedido.

(D) adequado, porque o direito de reunião requer prévia autorização administrativa, cabendo ao grupo impetrar habeas corpus contra a decisão que negou o referido pedido.

(E) adequado, porque o direito de reunião requer prévia autorização administrativa, cabendo ao grupo impetrar mandado de segurança contra a decisão que negou o referido pedido.

Correta é a letra **A**, nos termos do artigo 5º, XVI, da CF: "todos podem reunir-se pacificamente, sem armas, em locais abertos ao público, independentemente de autorização, desde que não frustrem outra reunião anteriormente convocada para o mesmo local, sendo apenas exigido prévio aviso à autoridade competente". Sendo assim, o direito de reunião não requer pedido de autorização, bem como não poderá frustrar outra reunião previamente agendada para a mesma localidade. Diante disso, as letras **C**, **D** e **E** estão equivocadas. Quanto a letra **B**, a negativa estava correta, por parte da autoridade. AB

Gabarito "A".

(Auditor Fiscal – SEFAZ/RS – 2019 – CESPE/CEBRASPE) Acerca das ações constitucionais, assinale a opção correta.

(A) Mandado de injunção destina-se a regulamentar normas constitucionais de eficácia contida e de eficácia limitada.

(B) Ação popular pode ser ajuizada por pessoa física ou jurídica, podendo figurar como réus a administração pública e pessoa física ou jurídica que tenha causado danos ao meio ambiente e(ou) ao patrimônio público, histórico e cultural.

(C) Nas ações de *habeas corpus*, o juiz está adstrito à causa de pedir e aos pedidos formulados.

(D) Mandado de segurança coletivo pode ser impetrado por partido político legalmente constituído e em funcionamento há pelo menos um ano.

(E) *Habeas data* pode ser impetrado tanto por pessoa física, brasileira ou estrangeira, quanto por pessoa jurídica, sendo uma ação isenta de custas.

A: incorreta, pois o mandado de injunção destina-se a regulamentar apenas norma constitucional de eficácia limitada, cuja falta de norma regulamentadora torna inviável o exercício dos direitos e liberdades constitucionais e das prerrogativas inerentes à nacionalidade, à soberania e à cidadania (art. 5º, LXXI, da CF). O mandado de injunção não se aplica no caso de normas de eficácia contida, visto que não há omissão legislativa; **B:** incorreta, pois somente poderá ser autor da ação popular o cidadão, assim considerado o brasileiro nato ou naturalizado, desde que esteja no pleno gozo de seus direitos políticos (art. 5º, LXXIII, da CF); **C:** incorreta, visto que, na apreciação do *habeas corpus*, o juiz não está vinculado à causa de pedir e ao pedido, podendo, assim, conceder a ordem em sentido diverso ou mais amplo do que foi pleiteado ou mencionado pelo impetrante; **D:** incorreta, pois o mandado de segurança coletivo pode ser impetrado por partido político com representação no Congresso Nacional (art. 5º, LXX, "a", da CF); **E:** correta, pois tem legitimidade ativa para impetração do *habeas data* qualquer pessoa, física ou jurídica, nacionais ou estrangeiras, para garantir o acesso a informações a seu respeito, sendo uma ação isenta de custas conforme o inciso LXXVII do art. 5º da CF. AN

Gabarito "E".

(Técnico Judiciário – TRE/PE – CESPE – 2017) A respeito dos direitos e deveres individuais e coletivos, assinale a opção correta.

(A) É livre a manifestação do pensamento, seja ela exercida por pessoa conhecida ou por pessoa anônima.

(B) Ninguém pode fazer ou deixar de fazer alguma coisa senão em virtude de lei.

(C) Todos poderão reunir-se pacificamente, em locais abertos ao público, desde que haja prévia autorização do poder público.

(D) É plena a liberdade de associação para fins lícitos, inclusa a de caráter paramilitar.

(E) A expressão de atividade artística é livre, não estando sujeita a censura ou licença.

A: incorreta. De acordo com o art. 5º, IV, da CF, a manifestação do pensamento, de fato, é livre, mas o anonimato é proibido; **B:** incorreta. Determina o art. 5º, II, da CF justamente o contrário, segundo o dispositivo mencionado, ninguém será obrigado a fazer ou deixar de fazer alguma coisa senão em virtude de lei. Quem só pode fazer o que a lei determina ou autoriza é a Administração Pública; **C:** incorreta. Não é necessária essa autorização, basta a prévia comunicação. Determina o art. 5º, XVI, da CF que todos podem reunir-se pacificamente, sem armas, em locais abertos ao público, independentemente de autorização, desde que não frustrem outra reunião anteriormente convocada para o mesmo local, sendo apenas exigido prévio aviso à autoridade competente; **D:** incorreta. A associação de caráter paramilitar é proibida. De acordo com o art. 5º, XVII, da CF, é plena a liberdade de associação para fins lícitos, vedada a de caráter paramilitar; **E:** correta. É exatamente o que determina o inciso IX do art. 5º da CF. Sendo assim, é livre a expressão da atividade intelectual, artística, científica e de comunicação, independentemente de censura ou licença. TC

Gabarito "E".

3. DIREITO CONSTITUCIONAL   31

(Técnico Judiciário – TRT8 – CESPE – 2016) Assinale a opção correta com relação aos direitos e deveres individuais e coletivos assegurados e garantidos pela CF.

(A) É absolutamente proibida a aplicação de pena de morte ou de prisão perpétua em todo o território nacional e a qualquer tempo.

(B) Diferentemente do direito de propriedade, o direito de herança não é garantido pelas normas constitucionais.

(C) É dever do Estado promover a defesa dos direitos do consumidor na forma da lei.

(D) O *habeas data* é o instituto adequado para a garantia da liberdade de acusados de prática criminal se não configurado flagrante delito.

(E) É vedada a concessão de asilo político para nacionais de Estados com os quais o Brasil tenha relação diplomática.

A: Errada. A CF prevê exceção à pena de morte, como no caso de guerra declarada (art. 5º, inc. XLVII, alínea "a" da CF). **B:** Errada. O direito à herança é garantido pelo Texto Constitucional (art. 5º, inc. XXX, da CF). **C:** Correta. O art. 5º, inc. XXXII estabelece que o Estado promoverá, na forma da lei, a defesa do consumidor. **D:** Errada. O enunciado trata de situação em que o remédio constitucional adequado de utilização seria o *habeas corpus* e não o *habeas data*. O *habeas data* é remédio que visa garantir à pessoa do impetrante o conhecimento de informações relativas a si e para retificação de dados. **E:** Errada. O Texto Constitucional não estabelece exceção na concessão de asilo político aos Estados que possuam relação diplomática com o Brasil (art. 4º, inc. X da CF). TC
Gabarito "C".

(Técnico – INSS – 2016 – CESPE) A respeito dos direitos fundamentais, julgue os itens a seguir.

(1) Basta que a pessoa nasça no território brasileiro para que seja considerada brasileiro nato, independentemente da nacionalidade dos seus pais, a não ser que algum deles, ou ambos, esteja(m) no Brasil a serviço de seu país.

(2) O direito à vida desdobra-se na obrigação do Estado de garantir à pessoa o direito de continuar viva e de proporcionar-lhe condições de vida digna.

(3) Em decorrência do princípio da igualdade, é vedado ao legislador elaborar norma que dê tratamento distinto a pessoas diversas.

1: A questão foi anulada. O art. 12, I, "a", CF, garante a nacionalidade brasileira nata àqueles nascidos em território nacional, ainda que de pais estrangeiros, desde que estes não estejam a serviço de seu país. A regra constitucional, então, refere-se ao caso de pai e mãe serem estrangeiros e estarem (os dois) a serviço de seu país, hipótese em que não se falará em nacionalidade brasileira nata. Entretanto, caso apenas um dos pais esteja a serviço de seu país e a criança nasça no Brasil, a criança será brasileira nata pela regra do art. 12, I, "a", CF; **2:** correta. O direito à vida não diz respeito apenas à condição de manter-se vivo, devendo o Estado garantir a segurança para que a pessoa não tenha o seu direito à vida retirado indevidamente. Cabe ao Estado, também, garantir ao indivíduo o chamado "mínimo existencial" para que tenha as condições mínimas de existência e dignidade; **3:** errada. O princípio da igualdade determina o tratamento igual aos iguais e desigual aos desiguais, na medida em que se diferenciam. Ou seja, o princípio da igualdade não tem caráter apenas formal, mas também substancial, justificando a existência de política de cotas para ingresso em universidades públicas, por exemplo. Hoje em dia se fala, ainda, que a igualdade deve ser vista também como *reconhecimento*, ou seja, como garantidora

do direito à diferença daquelas pessoas que participam de minorias e não se enquadram no *mainstream* (índios, homossexuais etc.). TM
Gabarito: 1 Anulada, 2C, 3E

(Técnico – INSS – 2012 – FCC) A garantia individual adequada para alguém que sofrer ou se achar ameaçado de sofrer violência ou coação em sua liberdade de locomoção, por ilegalidade ou abuso de poder, é

(A) o mandado de segurança.

(B) o *habeas data*.

(C) a ação civil pública.

(D) o *habeas corpus*.

(E) o mandado de injunção.

A: errada. O mandado de segurança visa proteger um direito líquido e certo, aquele em que já existe prova documental, desde que o direito não seja assegurado por *habeas corpus* ou *habeas data* (art. 5º, LXIX, da CF); **B:** errada. O *habeas data* protege a liberdade de informação relativa à pessoa do impetrante (art. 5º, LXXII, da CF); **C:** errada. A ação civil pública (Lei 7.347/1985) tem por objeto a proteção de direitos difusos e coletivos. **D:** correta. O *habeas corpus* é o remédio constitucional que resguarda especificamente a liberdade de locomoção (art. 5º, LXXVIII, da CF); **E:** errada. O mandado de injunção visa combater uma omissão inconstitucional. Quando há um direito constitucionalmente assegurado, mas o seu exercício depende de regulamentação e não há essa normatização, é possível a impetração do mandado de injunção (art. 5º, LXXI, da CF). BV
Gabarito "D".

(Técnico – INSS – 2012 – FCC) Cinco amigos, moradores de uma favela, decidem criar uma associação para lutar por melhorias nas condições de saneamento básico do local. Um político da região, sabendo da iniciativa, informa-lhes que, para tanto, será necessário obter, junto à Prefeitura, uma autorização para sua criação e funcionamento. Nesta hipótese,

(A) os cinco amigos não conseguirão criar a associação, pois a Constituição Federal exige um número mínimo de dez integrantes para essa iniciativa.

(B) a informação que receberam está errada, pois a Constituição Federal estabelece que a criação de associações independe de autorização.

(C) após a criação da associação, os moradores da favela serão obrigados a se associarem.

(D) o estatuto da associação poderá prever atividades paramilitares, caso essa medida seja necessária para a proteção de seus integrantes.

(E) para iniciar suas atividades, a associação precisará, além da autorização da prefeitura, de um alvará judicial.

A: errada. A CF não exige número mínimo de integrantes para criação da associação. Basta a união de indivíduos, que os fins objetivados pela associação sejam lícitos e que ela não caráter paramilitar; **B:** correta. De fato, não há necessidade de autorização para a criação da associação, já que a Constituição garante a sua plena liberdade (art. 5º, XVII, da CF); **C:** errada. A Constituição assegura que ninguém será obrigado a associar-se ou a permanecer associado (art. 5º, XX, da CF); **D:** errada. A CF veda a criação de associação de caráter paramilitar (art. 5º, XVII, da CF), de modo que tal norma seria considerada inconstitucional; **E:** errada. Conforme já mencionado, a criação da associação independe de autorização (art. 5º, XVII, da CF). BV
Gabarito "B".

3. DIREITOS SOCIAIS

(Técnico – TRT1 – 2018 – AOCP) Informe se é verdadeiro (V) ou falso (F) o que se afirma a seguir e assinale a alternativa com a sequência correta.

( ) É direito dos trabalhadores urbanos e rurais, além de outros que visem à melhoria de sua condição social, seguro-desemprego, em caso de desemprego, ainda que voluntário.

( ) São direitos sociais: a educação, a saúde, a alimentação, o trabalho, a moradia, o transporte, o lazer, a segurança, a previdência social, a proteção à maternidade e à infância, a assistência aos desamparados, na forma da Constituição.

( ) Um dos direitos sociais garantidos no texto constitucional é a igualdade de direitos entre o trabalhador com vínculo empregatício permanente e o trabalhador avulso.

( ) De acordo com a Constituição Federal, é direito dos trabalhadores, urbanos e rurais, jornada de oito horas para o trabalho realizado em turnos ininterruptos de revezamento, salvo negociação coletiva.

(A) F – V – F – V.

(B) F – F – V – V.

(C) F – V – F – F.

(D) V – F – V – F.

(E) F – V – V – F.

I: falso, pois é direito dos trabalhadores urbanos e rurais o seguro-desemprego, em caso de desemprego **involuntário** (art. 7º, II, da CF); **II:** verdadeiro, nos termos do art. 6º da CF; **III:** verdadeiro, nos termos do art. 7º, XXXIV, da CF; **IV:** falso, porque é direito dos trabalhadores urbanos e rurais a jornada de **seis horas** para o trabalho realizado em turnos ininterruptos de revezamento, salvo negociação coletiva (art. 7º, XIV, da CF). AN
Gabarito "E".

(Analista – TRT/10ª – 2013 – CESPE) Julgue os próximos itens, acerca dos direitos sociais previstos na Constituição Federal de 1988 (CF).

(1) O empregado filiado que vier a se aposentar perderá o direito de votar e de ser votado na organização sindical que integre.

(2) A criação de entidade sindical depende de autorização do órgão competente, podendo o poder público nela intervir quando houver comprovada violação de seus atos estatutários.

1: incorreta. Ao contrário, de acordo com o art. 8º, VII, da CF, o aposentado filiado tem direito a votar e ser votado nas organizações sindicais; **2:** incorreta. Conforme dispõe o art. 8º, I, da CF, a lei não poderá exigir autorização do Estado para a fundação de sindicato, ressalvado o registro no órgão competente, vedadas ao Poder Público a interferência e a intervenção na organização sindical. TM
Gabarito 1E, 2E

(Procurador Federal – 2013 – CESPE) Com relação aos direitos constitucionais do trabalho, julgue o próximo item.

(1) A CF estabelece um rol de direitos de natureza trabalhista que tem como destinatários tanto os trabalhadores urbanos quanto os rurais.

1: correto. De fato há um rol de direitos trabalhistas destinados aos trabalhadores **urbanos e rurais**, além de outros que visem à melhoria de sua condição social, previstos no art. 7º da CF. TM
Gabarito 1C

4. NACIONALIDADE

(Técnico Judiciário – TRT8 – CESPE – 2016) Acerca do tratamento da nacionalidade brasileira na Constituição Federal de 1988 (CF), assinale a opção correta.

(A) Brasileiros natos e naturalizados são equiparados para todos os efeitos, dado o princípio da isonomia, conforme o qual todos são iguais perante a lei.

(B) Filhos de brasileiros nascidos no estrangeiro podem optar pela naturalização, desde que o façam antes da maioridade civil.

(C) É permitida a extradição de brasileiros naturalizados, respeitadas as condições previstas na CF.

(D) São considerados brasileiros natos apenas os nascidos em solo nacional.

(E) A naturalização é concedida exclusivamente a portugueses tutelados pelo Estatuto da Igualdade, caso haja reciprocidade em favor dos brasileiros.

A: Errada. O art. 12, § 2º, da CF estabelece que a Constituição poderá estabelecer distinção entre brasileiros e naturalizados, como é o caso do exercício de cargos privativos por brasileiros natos (art. 12 § 3º, da CF e art. 89, inc. VII da CF). **B:** Errada, filhos de brasileiros nascidos no estrangeiro desde que sejam registrados em repartição brasileira competente ou venham a residir na República Federativa do Brasil e optem, em qualquer tempo, depois de atingida a maioridade, pela nacionalidade brasileira serão natos e não naturalizados (art. 12, inc. I, alínea "c" da CF). **C:** Correta, nos termos do art. 5º, inc. LI da CF, que prevê a possibilidade do naturalizado ser extraditado na hipótese de ter cometido crime comum, antes da naturalização, ou de comprovado envolvimento em tráfico ilícito de entorpecentes e drogas afins, na forma da lei; **D:** Errada. O art. 12 da Constituição estabelece em seu inciso I que são considerados natos, além dos nascidos em solo nacional, ainda que de pais estrangeiros (exceto os que estejam a serviço de seu país), os nascidos no estrangeiro de pai ou mãe brasileira, desde que qualquer deles esteja a serviço da República Federativa do Brasil e ainda os nascidos no estrangeiro de pai brasileiro ou de mãe brasileira, desde que sejam registrados em repartição brasileira competente ou venham a residir na República Federativa do Brasil e optem, em qualquer tempo, depois de atingida a maioridade, pela nacionalidade brasileira; **E:** Errado. Quanto aos portugueses, não se trata de naturalização, mas de garantia dos direitos inerentes aos brasileiros na hipótese de reciprocidade entre os países (art. 12, § 1º, da CF). Já a naturalização, será concedida aos estrangeiros residentes no Brasil há mais de quinze anos ininterruptos e sem condenação penal, desde que a requeiram (art. 12, inc. II, e § 1º da CF). TC
Gabarito "C".

5. DIREITOS POLÍTICOS E PARTIDOS POLÍTICOS

(Técnico Judiciário – TRE/PE – CESPE – 2017) O alistamento eleitoral e o voto são obrigatórios para

(A) maiores de setenta e cinco anos de idade.

(B) maiores de dezoito anos de idade.

(C) maiores de dezesseis e menores de dezoito anos de idade.

(D) analfabetos.

(E) maiores de setenta anos de idade.

3. DIREITO CONSTITUCIONAL

A CF estabelece que o alistamento eleitoral e o voto são obrigatórios para os maiores de dezoito anos e facultativo para os analfabetos, maiores de setenta anos, bem como aos maiores de dezesseis anos e menores de dezoito. Claro está, portanto, que a alternativa "B" preenche a literalidade do texto Constitucional Art. 14, § 1º, inc. "I" da CF. **TC**

Gabarito "B".

(Técnico Judiciário – TRE/PE – CESPE – 2017) De acordo com o que estabelece a Constituição Federal de 1988 (CF), os partidos políticos

(A) podem receber recursos financeiros de entidade ou governo estrangeiros.

(B) não são obrigados a registrar seus estatutos no Tribunal Superior Eleitoral, se, antes, eles adquirirem personalidade jurídica.

(C) podem utilizar organização paramilitar.

(D) têm autonomia para definir sua estrutura interna, sua organização e seu funcionamento.

(E) têm, em regra, de pagar pelo acesso ao rádio e à televisão.

A: Errada. Art. 17, II da CF. **B:** Errada. Art. 17, § 2º, da CF. **C:** Errada. Art. 17, § 4º, da CF. **D:** Correta. Art. 17, § 1º, da CF. **E:** Errada. Art. 17, § 3º, da CF. **TC**

Gabarito "D".

(Técnico Judiciário – TRT8 – CESPE – 2016) Acerca dos direitos políticos, assinale a opção correta.

(A) Brasileiros naturalizados podem votar e concorrer a quaisquer cargos políticos.

(B) Senadores e governadores de estado e do Distrito Federal se equiparam no que se refere à idade mínima exigida como condição de elegibilidade.

(C) O voto, obrigatório para maiores de dezoito anos de idade, é facultativo para aqueles cujos direitos políticos tenham sido suspensos em decorrência de condenação criminal transitada em julgado.

(D) O voto é obrigatório para analfabetos maiores de dezoito anos de idade.

(E) Embora possam exercer o direito ao voto, os analfabetos são impedidos de concorrer nas eleições.

A: Errada. A Constituição estabelece que a lei não poderá estabelecer distinção entre natos e naturalizados, entretanto, elenca algumas exceções ao exercício de cargos políticos. São privativos de brasileiros natos os cargos de Presidente e Vice-Presidente da República, Presidente da Câmara de Deputados e do Senado Federal (Presidentes das Casas Legislativas são eleitos de maneira indireta pelos seus pares). Não há proibição de estrangeiro naturalizado ser candidato ao Senado ou a Câmara, a vedação se limita ao exercício de cargos que estejam na linha sucessória do cargo de Presidente da República, nos termos do art. 12, §§ 2º e 3º. **B:** Errada. A idade mínima para candidatos ao senado é 35 (trinta e cinco anos), semelhante à idade mínima para os cargos de Presidente e Vice-Presidente da República, enquanto que a idade mínima para o cargo de governador e vice-governador de estado é de 30 (trinta) anos, nos termos do art. 14, § 3º, inc. VI, alíneas "a" e "b". **C:** Errada. Enquanto perdurarem os efeitos da condenação criminal transitada em julgado, o cidadão ficará com os direitos políticos suspensos, de modo que não poderá votar neste período, não se tratando de uma faculdade, mas de uma proibição. **D:** Errada. Os analfabetos possuem a faculdade de votar e não a obrigatoriedade. (art. 14, § 1º, inc. II, alínea "a"). **E:** Correta. Ainda que os analfabetos (enquanto perdurarem esta situação) possam exercer os direitos políticos ativos (votar), o direito de ser votado é vedado a quem se encontrar nesta situação, nos termos do art. 14, § 4º, d, Constituição. **TC**

Gabarito "E".

(Analista – INSS – 2008 – CESPE) Em relação a direitos políticos, cada um dos itens subsequentes apresenta uma situação hipotética seguida de uma assertiva a ser julgada.

(1) Jean Carlos nasceu na França, filho de pai brasileiro e mãe francesa, e, durante muitos anos, teve dupla cidadania. Em determinado momento, resolveu adotar unicamente a cidadania francesa e, para tanto, abriu mão da nacionalidade brasileira. Entretanto, atualmente, tendo resolvido voltar a viver no Brasil, Jean Carlos pretende candidatar-se a cargo eletivo. Nessa situação, ele não poderá fazê-lo, pois a perda da nacionalidade brasileira em razão da opção manifestada pelo indivíduo para aquisição da nacionalidade francesa traz como consequência a extinção dos direitos políticos no Brasil.

(2) Antônio, servidor público, foi condenado por improbidade administrativa em decorrência de ato ilícito praticado no órgão em que estava lotado. Logo após a sentença transitada em julgado, Antônio candidatou-se a deputado estadual. Nessa situação, a candidatura de Antônio pode ser impugnada, pois a condenação por improbidade administrativa implica suspensão temporária dos direitos políticos.

(3) Um grupo que reúne lideranças comunitárias, empresários, estudantes e sindicalistas decidiu fundar partido político com atuação nacional. Concluída a elaboração dos documentos iniciais, representantes desse grupo dirigiram-se ao Tribunal Superior Eleitoral (TSE) com o objetivo de registrar os estatutos da nova agremiação para a organização dos diretórios regionais. Nessa situação, o registro no TSE ainda não pode ser efetivado, pois, de acordo com a Constituição Federal, o partido deve, primeiro, adquirir personalidade jurídica, no caso, de direito público.

1: correto, pois, na situação proposta, como Jean Carlos optou manifestadamente pela aquisição da nacionalidade francesa, conclui-se que houve naturalização. A Constituição brasileira determina que seja cancelada a nacionalidade do brasileiro que adquirir outra nacionalidade, salvo nos casos de reconhecimento de nacionalidade originária pela lei estrangeira ou de imposição de naturalização, pela norma estrangeira, ao brasileiro residente em estado estrangeiro, como condição para permanência em seu território ou para o exercício de direitos civis (art. 12, § 4º, inciso II, alíneas "a" e "b"). Desta forma, como a hipótese sugerida não se amolda a nenhuma das suas ressalvas, Jean Carlos teve seus direitos políticos extintos e, consequentemente, não poderá se candidatar; 2: correto, pois a condenação judicial transitada em julgado por improbidade administrativa encontra-se entre as causas de suspensão dos direitos políticos (art. 15, inciso V, da CF); 3: incorreto, pois os partidos políticos, a despeito do tratamento constitucional, são pessoas jurídicas de direito privado e adquirem personalidade jurídica na forma da lei civil (art. 17, § 2º, da CF). **AN**

Gabarito 1C, 2C, 3E.

6. ORGANIZAÇÃO DO ESTADO E ADMINISTRAÇÃO PÚBLICA

(Técnico – INSS/Guarulhos – 2022 – CEBRASPE) Considerando as disposições da Constituição Federal de 1988 (CF) quanto à administração pública, julgue os itens a seguir.

(1) É vedado a estrangeiros o acesso a cargos públicos.

(2) Servidor público da administração indireta investido no mandato de vereador poderá acumular as vantagens do emprego com a remuneração do cargo eletivo, se houver compatibilidade de horários.

(3) Os vencimentos dos cargos integrantes dos Poderes Legislativo e Judiciário não poderão exceder os pagos aos cargos do Poder Executivo.

(4) Agente público ocupante de cargo temporário não está submetido ao Regime Geral de Previdência Social.

1: Errado. O inciso I do art. 37 da CF, dispõe que: "os cargos, empregos e funções públicas são acessíveis aos brasileiros que preencham os requisitos estabelecidos em lei, assim como aos estrangeiros, na forma da lei". **2:** Certo. Está previsto expressamente no art. 38, inciso III, da CF. **3:** Certo. É o que dispõe expressamente o art. 37, inciso XII, da CF. **4:** Errado. O art. 40, § 13, da CF, estabelece que: "Aplica-se ao agente público ocupante, exclusivamente, de cargo em comissão declarado em lei de livre nomeação e exoneração, de outro cargo temporário, inclusive mandato eletivo, ou de emprego público, o Regime Geral de Previdência Social". **AMN**
Gabarito: 1E, 2C, 3C, 4E

(Analista – INSS – 2016 – CESPE) Julgue os itens a seguir, que se referem aos direitos e garantias fundamentais previstos na CF e à administração pública.

(1) Considerando-se a CF, é correto afirmar que, no cálculo do benefício previdenciário de um servidor do INSS que esteja licenciado do cargo para exercer mandato de deputado federal, os valores serão determinados como se ele estivesse no exercício do cargo na referida autarquia.

(2) Recentemente, o transporte foi incluído no rol de direitos sociais previstos na CF, que já contemplavam, entre outros, o direito à saúde, ao trabalho, à moradia e à previdência social, bem como a assistência aos desamparados.

1: correta. O art. 38, I, CF determina o afastamento do servidor federal autárquico de suas funções. Entretanto, o art. 38, V, CF, na sua redação original garantia que o cálculo do benefício seria realizado como se na ativa estivesse. A EC 103/2019 deu nova redação ao art. 38, V, para prever que, na hipótese de ser segurado de regime próprio de previdência social, permanecerá filiado a esse regime, no ente federativo de origem; **2:** correta. Art. 6º, *caput*, CF, alterado pela EC 90/2015. **AMN**
Gabarito: 1C, 2C

(Técnico Judiciário – TRE/PE – CESPE – 2017) Com referência à organização político-administrativa do Estado, assinale a opção correta.

(A) De acordo com a CF, o Distrito Federal — unidade federada indivisível em municípios — é a capital federal do país.

(B) Os municípios são subordinados administrativamente aos estados em que estiverem localizados.

(C) Do ponto de vista político-administrativo, os estados federados são subordinados à União.

(D) É permitido à União, mas vedado aos estados, recusar fé aos documentos públicos.

(E) É vedado a todos os entes da Federação estabelecer cultos religiosos.

A: Errada. A Capital Federal é Brasília e não o Distrito Federal (art. 18, §1º, da CF). **B:** Errada. Os municípios, são dotados de autonomia perante os estados-membros (art. 18, *caput*, da CF). **C:** Errada. Os Estados, do ponto de vista político-administrativo, são dotados de autonomia (art. 18, *caput*, da CF). **D:** Errada. A todos os entes da federação é vedado a

recusa de fé aos documentos públicos (art. 19, inc. II da CF). **E:** Correta, nos termos do art. 19, inc. I, da CF. **TC**
Gabarito: "E".

(Técnico Judiciário – TRE/PE – CESPE – 2017) Incluem-se entre os bens do estado da Federação

(A) os terrenos de marinha.

(B) os recursos minerais, inclusive os do subsolo.

(C) as áreas, nas ilhas oceânicas e costeiras, que estiverem no seu domínio.

(D) o mar territorial.

(E) os potenciais de energia hidráulica.

A: Errada. Os terrenos de marinha são bens da União (art. 20, VII, da CF). **B:** Errada. Os recursos minerais são bens da União (art. 20, IX, da CF). **C:** Correta. Art. 26, II da CF. **D:** Errada. O mar territorial é um bem pertencente à União (art. 20, VI da CF). **E:**Errada. Os potenciais de energia hidráulica são bens da União (art. 20, VIII, da CF). **TC**
Gabarito:"C".

(Técnico Judiciário – TRE/PE – CESPE – 2017) Assinale a opção correta acerca dos vencimentos e das remunerações dos servidores públicos.

(A) Os acréscimos pecuniários recebidos por servidor público tornam-se vinculativos para o futuro.

(B) De regra, é permitida a acumulação remunerada de cargos públicos, ressalvadas as exceções constitucionais.

(C) É possível a concessão de equiparação de remuneração de servidores públicos.

(D) Os vencimentos dos cargos do Poder Judiciário poderão ser superiores aos pagos pelo Poder Executivo.

(E) Como regra, o subsídio e os vencimentos dos ocupantes de cargos e empregos públicos são irredutíveis.

A: Errada, Os acréscimos pecuniários recebidos por servidores não serão computados nem acumulados de modo que jamais serão vinculativos para o futuro (art. 37, inc. XIV, da CF). **B:** Errada. Em regra, é vedada a acumulação remunerada de cargos público. A exceção se dá, quando houver compatibilidade de horários nas seguintes situações: i) a de dois cargos de professor; ii) a de um cargo de professor com outro técnico ou científico; iii) a de dois cargos ou empregos privativos de profissionais de saúde, com profissões regulamentadas (art. 37, inc. XVI, alíneas "a", "b" e "c" da CF). **C:** Errada. É vedada a equiparação de remuneração de servidores públicos (art. 37, inc. XIII da CF). **D:** Errada. Tanto os vencimentos dos cargos do Poder Judiciário, como dos cargos do Poder Legislativo, não poderão ser superiores aos pagos pelo Poder Executivo (art. 37, inc. XII, da CF). **E:** Correta (art. 37, inc. XV, da CF). **TC**
Gabarito: "E".

(Técnico Judiciário – TRE/PI – CESPE – 2016) No que se refere aos entes federativos, assinale a opção correta.

(A) Os estados podem incorporar-se entre si, subdividir-se ou desmembrar-se para se anexarem a outros, ou formarem novos, desde que haja aprovação da população interessada, por referendo, e do Congresso Nacional, por lei aprovada por maioria simples.

(B) Para que ocorra o desmembramento do território de um estado, é necessário que a população da área a ser desmembrada e a população do território remanescente sejam consultadas.

(C) Cabe à União o exercício de atribuições da soberania do Estado brasileiro, razão por que esse ente se confunde com o próprio Estado federal.

3. DIREITO CONSTITUCIONAL 35

(D) Compete à União, aos estados, ao Distrito Federal e aos municípios assegurar a defesa nacional.

(E) O município é dotado de capacidade de auto-organização e de autoadministração, no exercício das competências administrativas e tributárias conferidas pela constituição do estado no qual se localiza.

A: Errada. De fato, os estados podem incorporar-se entre si, subdividir-se ou desmembrar-se para se anexarem a outros, ou formarem novos. Entretanto, o instrumento de consulta popular é o plebiscito e não o referendo. Plebiscito e referendo são consultas ao povo para decidir sobre matéria de relevância para a nação em questões de natureza constitucional, legislativa ou administrativa. A principal distinção entre eles é a de que o plebiscito é convocado previamente à criação do ato legislativo ou administrativo que trate do assunto em pauta, e o referendo é convocado posteriormente, cabendo ao povo ratificar ou rejeitar a proposta. Quanto à aprovação do Congresso Nacional, dependerá da aprovação de lei não por maioria simples, mas por maioria absoluta em razão do instrumento legal de aplicação ser lei complementa que exige quórum qualificado de aprovação. Fosse por meio de lei ordinária, o quórum seria de maioria simples. **B:** Correta, nos termos do art. 18 § 3º da CF. **C:** Errada. A soberania é fundamento da República Federativa do Brasil, não da União. A União não se confunde com o próprio Estado Federal. **D:** Errada. A defesa nacional será assegurada pela União (art. 21, inc. III). **E:** Errada. A capacidade de auto-organização e autoadministração dos municípios é conferida pela Constituição Federal e não pelo texto Estadual. Gabarito "B".

7. ORGANIZAÇÃO DOS PODERES LEGISLATIVO E EXECUTIVO

(Técnico Judiciário – TRE/PE – CESPE – 2017) Compete privativamente à Câmara dos Deputados

(A) processar e julgar os ministros do Supremo Tribunal Federal, nos crimes de responsabilidade.

(B) elaborar o regimento interno do Senado Federal.

(C) aprovar, previamente, a escolha de ministros do Tribunal de Contas da União.

(D) autorizar a instauração de processo contra o presidente da República.

(E) processar e julgar o presidente e o vice-presidente da República nos crimes de responsabilidade.

A: Errada. A competência para processar e julgar os ministros do Supremo é do Senado Federal (art. 52, inc. II, da CF). **B:** Errada. A elaboração do Regimento Interno do Senado será de Competência do próprio órgão legislativo (art. 52, inc. XII, da CF). **C:** Errada. A aprovação prévia dos Ministros do Tribunal de Contas da União compete privativamente ao Senado Federal (art. 52, inc. III, alínea "b"). **D:** Certa, nos termos do art. 51, inc. I, da CF. **E:** Errada. A Câmara dos Deputados apenas autorizará ou não a instauração do processo contra o Presidente da República. O processamento e o julgamento ficará a cargo do Senado Federal (art. 52, inc. I, da CF). Gabarito "D".

(Técnico Judiciário – TRE/PI– CESPE – 2016) A respeito do Poder Legislativo, assinale a opção correta.

(A) O mandato dos senadores é de quatro anos.

(B) O quórum de votação de proposta em cada casa do Congresso Nacional e em suas comissões é de maioria simples de votos, ao passo que o quórum de instalação das sessões é de maioria absoluta de seus membros.

(C) Compete ao Senado autorizar, por dois terços de seus membros, a instauração de processo contra o presidente e o vice-presidente da República.

(D) Compete privativamente à Câmara dos Deputados processar e julgar o presidente e o vice-presidente da República em casos de crimes de responsabilidade.

(E) É vedado ao Poder Legislativo exercer as funções de administrar e de julgar, sob pena de violação da separação dos poderes.

A: Errado. O mandato dos senadores da República é de 8 anos. Cada Estado terá 3 representantes com renovação de 4 em 4 anos, alternadamente, por um e dois terços (art. 46, *caput* e §§ 1º e 2º, da CF). **B:** Correta, nos termos do art. 47 da CF. **C:** Errado. A competência para autorizar a instauração de processo contra o Presidente da República, é da Câmara dos Deputados (art. 51, inc. I da CF). A competência do Senado será de julgamento de Crime de Responsabilidade. **D:** Errado. Competência do Senado Federal (art. 52, I). **E:** Errado. De maneira atípica o Legislativo poderá exercer funções administrativas (ex: licitação para aquisição de equipamentos) e judicial (ex: processo administrativo para investigar condutas de um serventuário). Gabarito "B".

(Técnico Judiciário – TRT8 – CESPE – 2016) Acerca das atribuições do Senado Federal e da Câmara dos Deputados, assinale a opção correta.

(A) Incumbe privativamente à Câmara dos Deputados a indicação dos membros representativos do Poder Legislativo no CNJ.

(B) Cabe ao Senado Federal, independentemente de manifestação da Câmara dos Deputados, a aprovação dos tratados firmados pelo Poder Executivo.

(C) Compete privativamente ao Senado Federal a apreciação do nome indicado pelo presidente da República para procurador-geral da República.

(D) A abertura de processo de *impeachment* contra o presidente da República é de competência exclusiva do Senado Federal.

(E) Cabe exclusivamente ao Senado Federal a indicação de ministros do Tribunal de Contas da União, que deve ser referendada pelo presidente da República.

A: Errado. Haverá uma indicação da Câmara e uma indicação do Senado, nas duas vagas de cidadãos (art. 103-B, inc. XIII, da CF). **B:** Errado. A competência é do Congresso Nacional (Câmara Federal e Senado conjuntamente), nos termos do art. 49, inc. I, da CF. **C:** Correto. Cabe ao Senado aprovar previamente, por voto secreto, após arguição pública a escolha do Procurador-Geral **D:** Errado. A abertura do processo de *impeachment* tem como casa iniciadora a Câmara dos Deputados. O Senado Federal terá a competência de julgar. **E:** Errado. O art. 73, § 2º, da CF estabelece que: "Os Ministros do Tribunal de Contas da União serão escolhidos: I – um terço pelo Presidente da República, com aprovação do Senado Federal, sendo dois alternadamente dentre auditores e membros do Ministério Público junto ao Tribunal, indicados em lista tríplice pelo Tribunal, segundo os critérios de antiguidade e merecimento; II – dois terços pelo Congresso Nacional". Gabarito "C".

(Técnico Judiciário – TRT8 – CESPE – 2016) A respeito da composição e das finalidades do Conselho Nacional de Justiça (CNJ), assinale a opção correta.

(A) O CNJ é presidido pelo presidente do STF e, na sua ausência e(ou) impedimento, pelo presidente do Tribunal Superior do Trabalho.

(B) O ministro-corregedor do CNJ é eleito pelos seus pares entre os ministros do Superior Tribunal de Justiça para mandato fixo de três anos.

(C) Compete ao CNJ o controle da atuação administrativa e financeira do Poder Judiciário e do cumprimento dos deveres funcionais dos juízes.

(D) O número de membros do CNJ não pode ser superior ao número de ministros do STF.

(E) Embora sejam vitalícios, os membros do CNJ devem aposentar-se compulsoriamente aos setenta e cinco anos de idade.

A: Errada. Na ausência do presidente do STF o CNJ será presidido pelo vice-presidente do STF e não pelo Presidente do TST (art. 103-B, § 1º, da CF). **B:** Errada. O mandato do ministro-corregedor será de 2 anos, admitida uma recondução, assim como os demais membros do Conselho (art. 103-B *caput* da CF). **C:** Correta. (art. 103-B, § 4º, da CF). **D:** Errado. O CNJ é composto por 15 membros. **E:** Errado. Os membros do CNJ não possuirão mandato vitalício. O mandato será de 2 anos, admitida uma recondução. Gabarito "C."

(Técnico Judiciário – TRT8 – CESPE – 2016) No que se refere às emendas à CF, assinale a opção correta.

(A) É vedada a proposta de emenda à Constituição que trate de matéria referente à ordem tributária.

(B) A CF pode ser emendada na vigência de intervenção federal, mas não na vigência de estado de defesa ou de estado de sítio.

(C) A iniciativa das emendas à Constituição compete somente ao presidente da República ou à maioria qualificada de qualquer das Casas do Congresso.

(D) Emenda à Constituição pode versar sobre a abolição da forma federativa de Estado.

(E) A proposta de emenda à Constituição deve ser examinada, em dois turnos, em ambas as Casas do Congresso Nacional, sendo necessários, para sua aprovação, três quintos de votos de seus respectivos membros.

A: Errada. Não há vedação no rol de cláusulas pétreas (art. 60 § 4º, da CF) à matéria tributária. **B:** Errada. A CF não poderá ser emendada na vigência de intervenção federal, estado de defesa ou estado de sítio (art. 60, §1º, da CF). **C:** Errada. A iniciativa poderá ser: i) de um terço, no mínimo, dos membros da Câmara dos Deputados ou do Senado Federal; ii) Presidente da República; iii) mais da metade das Assembleias Legislativas, manifestando cada uma delas pela maioria de seus membros (art. 60, inc. I a III, da CF). **D:** Errada. A CF institui a forma federativa de Estado como uma cláusula pétrea que não será objeto de deliberação (art. 60, § 4º, inc. I da CF). **E:** Correta, nos termos do § 2º do art. 60 da CF. Gabarito "E."

(Técnico Judiciário – TRE/PI – CESPE – 2016) A respeito das atribuições do presidente da República e dos ministros de Estado, assinale a opção correta.

(A) O ministro da Defesa, que exerce o comando supremo das Forças Armadas, deve nomear os comandantes da Marinha, do Exército e da Aeronáutica.

(B) As atribuições dos ministros de Estado incluem o dever de orientar, coordenar e supervisionar os órgãos e as entidades da administração federal na área de sua competência.

(C) Os cargos de ministro de Estado, de livre nomeação pelo presidente da República, devem ser ocupados por brasileiros natos, maiores de vinte e um anos de idade, no pleno exercício de seus direitos políticos.

(D) Compete privativamente ao presidente da República sancionar, promulgar e fazer publicar as leis, e aos ministros de Estado expedir decretos para a regulamentação das leis.

(E) Compete privativamente ao presidente da República determinar, mediante decreto, a criação de cargos públicos remunerados.

A: Errada. A competência é privativa do Presidente da República (art. 84, inc. XIII, da CF). **B:** Correta (art. 87, parágrafo único, inc. I, da CF). **C:** Errada. Os cargos de ministro de Estado poderão ser ocupados não apenas por brasileiros natos, mas também por naturalizados. O *caput* do art. 87 da CF não faz essa distinção. A exceção da obrigatoriedade dos cargos serem exercidos por brasileiros natos está expressa no art. 12, § 3º, inc. I a VII da CF. **D:** Errada. A expedição de decretos e regulamentos para fiel execução, em igual sentido, também são de competência privativa do Presidente da República (art. 84, inc. IV da CF). **E:** Errada. A criação de cargos públicos se dará mediante proposta legislativa de iniciativa do Presidente da República, e não por meio de decreto (art. 61, § 1º, inc. II, alínea "a" da CF). Gabarito "B."

(Técnico Judiciário – TRT8 – CESPE – 2016) Acerca das competências do presidente da República, assinale a opção correta.

(A) A nomeação dos ministros do Tribunal Superior do Trabalho realizada pelo presidente da República depende da aprovação da Câmara dos Deputados.

(B) Compete ao presidente da República exercer o comando supremo das Forças Armadas.

(C) A celebração de tratados, convenções e atos internacionais pelo presidente da República está sujeita a referendo do Senado Federal.

(D) Cabe ao presidente da República, de forma discricionária, nomear embaixadores.

(E) A nomeação e a exoneração de ministros de Estado pelo presidente da República dependem da aprovação do Congresso Nacional.

A: Errado. A nomeação dos ministros do Tribunal Superior do Trabalho será realizada pelo Presidente da República após a aprovação do Senado Federal por maioria absoluta de seus membros e não pela Câmara dos Deputados (art. 111-A da CF). **B:** Correto. Competirá privativamente ao Presidente da República o exercício do comando supremo das Forças Armadas (art. 84, inc. XIII, da CF). **C:** Errado. A celebração de tratados, convenções e atos internacionais pelo Presidente da República está sujeita a referendo do Congresso Nacional (art. 84, inc. VIII, da CF). **D:** Errado. A Constituição estabelece no art. 52, inc. IV, que competirá ao Senado a escolha dos chefes de missão diplomática (incluindo os embaixadores). **E:** Errado. A nomeação e exoneração de ministros de Estado, são traduzidas no texto constitucional como cargo em comissão, de modo que não dependerão de aprovação do Congresso, sendo de livre nomeação e exoneração (demissível *ad nutum*) (art. 37, inc. II da CF). Gabarito "B."

(Técnico Judiciário – TRT8 – CESPE – 2016) Assinale a opção correta a respeito dos princípios da administração pública.

(A) Em decorrência do princípio da hierarquia, nega-se o direito de greve e de livre associação sindical para funcionários do Poder Judiciário.

(B) Em decorrência do princípio da legalidade, é permitido ao agente público praticar atos administrativos que não sejam expressamente proibidos pela lei.

(C) A observância dos princípios da eficiência e da legalidade é obrigatória apenas à administração pública direta.

(D) A proibição de nomear parentes para ocupar cargos comissionados na administração pública é expressão da aplicação do princípio da moralidade.

(E) O princípio da publicidade não está expressamente previsto na CF.

A: Errado. O direito à greve é previsto no texto constitucional (art. 37, inc. VII, da CF) **B:** Errado. Em decorrência do princípio da legalidade, ao agente público é permitido praticar atos que estejam expressamente previstos em lei, somente. A faculdade da prática de atos que não estejam expressamente proibidas é garantido somente ao particular. **C:** Errado. A todos os órgãos da Administração. **D:** Correto. A proibição do nepotismo visa coibir atos atentatórios à moralidade, mas não apenas. Também à impessoalidade. **E:** Errado. Publicidade está prevista no caput do art. 37 como princípio norteador da Administração pública. 🄰🄽

Gabarito "D".

8. JUDICIÁRIO E FUNÇÕES ESSENCIAIS À JUSTIÇA

(Técnico – MPE/CE – CESPE – 2020) Acerca do Poder Judiciário e das funções essenciais à justiça, julgue os itens que se seguem.

(1) O Ministério Público, observando sua autonomia funcional e administrativa, pode propor ao Poder Legislativo a extinção e a criação de cargos e serviços auxiliares para o próprio Ministério Público.

(2) A Advocacia-Geral da União é responsável por promover inquérito civil e ação civil pública para proteção do meio ambiente e de outros interesses difusos e coletivos.

(3) Compete ao STF processar e julgar o presidente da República por infrações penais comuns.

(4) O STF é o órgão responsável pelo controle da atuação administrativa e financeira de todo o Poder Judiciário, bem como do cumprimento funcional dos deveres dos juízes.

1: certo, nos termos do art. 127, § 2º, da CF; **2:** errado, pois é função institucional do Ministério Público promover o inquérito civil e a ação civil pública, para a proteção do patrimônio público e social, do meio ambiente e de outros interesses difusos e coletivos (art. 129, III, da CF); **3:** certo, pois compete ao STF processar e julgar, originariamente, o Presidente da República, o Vice-Presidente, os membros do Congresso Nacional, seus próprios Ministros e o Procurador-Geral da República nas infrações penais comuns (art. 102, I, "b", da CF); **4:** errado, porque compete ao Conselho Nacional de Justiça o controle da atuação administrativa e financeira do Poder Judiciário e do cumprimento dos deveres funcionais dos juízes (art. 103-B, § 4º, da CF). 🄰🄽

Gabarito 1C, 2E, 3C, 4E

(Técnico Judiciário – TRE/PE – CESPE – 2017) De acordo com a CF, ao juiz

(A) é garantida a inamovibilidade, ainda que haja motivo de interesse público que recomende sua remoção.

(B) é permitido dedicar-se à atividade político-partidária, desde que ele esteja em disponibilidade.

(C) que esteja em disponibilidade é permitido exercer qualquer outro cargo público.

(D) é permitido receber custas em processo judicial, desde que ele esteja em disponibilidade.

(E) é garantida a vitaliciedade, que, no primeiro grau, será adquirida após dois anos de exercício.

A: Errada. Aos juízes é garantido a inamovibilidade, salvo por motivo de interesse público (art. 95, inc. II da CF). **B:** Errada. Aos juízes é vedado dedicar-se à atividade político-partidária, independente de estar ou não ativo. Isso porque a disponibilidade enquanto sanção disciplinar, coloca-o na inatividade com vencimentos proporcionais, mas o mantém vinculado à Instituição com o dever de observar todas as vedações aplicáveis à carreira, entre elas a de dedicar-se à atividade político-partidária. (art. 95, Parágrafo Único, inc. III, da CF). **C:** Errada. Ao juiz em disponibilidade é permitido exclusivamente exercer o magistério, não havendo nenhuma outra exceção prevista no texto constitucional (art. 95, Parágrafo Único, inc. I, da CF). **D:** Errada. Ao juiz é vedado receber custas ou participação em processo, independente da situação que esteja inserido (art. 95, Parágrafo Único, inc. II, da CF). **E:** Correta (art. 95, I, da CF). 🄸🄲

Gabarito "E".

(Técnico Judiciário – TRE/PI – CESPE – 2016) Acerca dos órgãos do Poder Judiciário, assinale a opção correta.

(A) O TSE, órgão máximo da justiça eleitoral, atua como revisor de decisões de tribunais regionais e, nas eleições presidenciais, como instância originária.

(B) É vedado ao STF exercer controle sobre decisões exaradas pelo CNJ.

(C) O CNJ controla todo o Poder Judiciário brasileiro, sendo o órgão máximo na hierarquia desse Poder.

(D) O TSE possui sedes nas capitais dos estados e no Distrito Federal.

(E) Cabe ao TSE responder, em caráter vinculativo, a consultas sobre matéria eleitoral formuladas em caráter concreto.

A: Correta. **B:** Errada, poderá o STF exercer fiscalização e controle sobre as decisões exaradas pelo CNJ, de modo que cabe ao STF a guarda da Constituição. Vale lembrar ainda que ao CNJ cabe o controle da administração administrativa e financeira do Judiciário, além de atribuições que visam o adequado funcionamento do Judiciário previstas no art. 103-B, § 4º, da CF. **C:** Errada, O STF, no julgamento da ADI 3367 entendeu que o CNJ é um órgão de natureza exclusivamente administrativa, com competência relativa apenas aos órgãos e juízes situados, hierarquicamente, abaixo do Supremo Tribunal Federal, de modo que o STF é o órgão máximo do Judiciário, exercendo ele o controle inclusive de atos e decisão do CNJ. **D:** Errada. O TSE, órgão máximo da justiça eleitoral, tem sede apenas em Brasília, capital federal. Os Tribunais Regionais Eleitorais, estes sim, possuem sede em cada Estado e no DF (art. 120, *caput* da CF). **E:** Errada. As consultas respondidas pelo TSE não poderão versar sobre caso concreto, apenas em tese (art. 23, XII, do Código Eleitoral). E ainda, a resposta dada a consulta em matéria eleitoral não tem natureza jurisdicional, sendo ato normativo em tese, sem efeitos concretos e sem força executiva (Ac-TSE, de 27.11.2012 no Respe 20680). 🄸🄲

Gabarito "A".

(Técnico Judiciário – TRE/PI – CESPE – 2016) Com referência aos princípios e às garantias do Ministério Público (MP), assinale a opção correta.

(A) Dado o princípio da unidade, os membros do MP podem ser substituídos uns pelos outros, desde que sejam da mesma carreira.

(B) Em decorrência do princípio da independência funcional, cada um dos membros do MP vincula-se somente à sua convicção jurídica, quando se trata de assunto relacionado com sua atividade funcional.

(C) Em razão da inamovibilidade, assegura-se aos membros do MP que não sejam removidos em nenhuma hipótese.

(D) Dada a vitaliciedade, os membros do MP não podem ser destituídos do cargo, ainda que alcancem a idade para a aposentadoria compulsória.

(E) Em decorrência do princípio da indivisibilidade, os promotores e os procuradores integram um só órgão, sob a direção de um só chefe.

A: Errado. O conceito apresentado quanto à possibilidade de substituição dos membros refere-se ao princípio da indivisibilidade. **B:** Correto. **C:** Errado. O art. 128, § 5º, I, *b*, da CF/1988 O membro do Ministério Público não poderá ser removido ou promovido, unilateralmente, sem a sua autorização ou solicitação. Excepcionalmente, contudo, por motivo de interesse público, mediante decisão do órgão colegiado competente do Ministério Público por voto da maioria absoluta de seus membros, desde que lhe seja assegurada ampla defesa, poderá vir a ser removido do cargo ou função. **D:** Errado. A vitaliciedade é adquirida após a transcorrência do período probatório, ou seja, 2 anos de efetivo exercício do cargo (art. 128, § 5º, I, "a"). A garantia da vitaliciedade assegura a manutenção no cargo do Ministério Público e a perda do cargo somente ocorrerá por sentença judicial transitada em julgado. **E:** Errado. O conceito apresentado refere-se ao princípio da unidade. TC

Gabarito "B".

(Técnico Judiciário – TRE/PI – CESPE – 2016) A respeito das funções essenciais à justiça, assinale a opção correta.

(A) A inviolabilidade do advogado é relativa, de modo que ele pode responder penalmente pela utilização de expressões ofensivas durante o exercício da sua profissão.

(B) Devido ao fato de o advogado exercer função essencial à administração da justiça, é indispensável sua presença para a prática de todos os atos em juízo.

(C) É permitido aos defensores públicos o exercício de advocacia privada, desde que seja realizada em horário não coincidente com o do serviço público.

(D) Cabe à Advocacia-Geral da União, que exerce atividades de consultoria e assessoramento jurídico do Poder Executivo, representar, judicial e extrajudicialmente, a União e o Distrito Federal.

(E) A defensoria pública deve manter convênio direto com a Ordem dos Advogados do Brasil.

A: Correta. Nos termos do art. 133 da CF. Ainda que o Texto preveja a inviolabilidade do advogado por seus atos, ressalva a existência de limites. **B:** Errada. A presença a do advogado não é obrigatória para a prática de todos os atos em juízo. (Ex. Juizado Especial Cível). **C:** Errada. Aos defensores públicos é vedado o exercício da advocacia fora das atribuições institucionais (art. 134, *caput*, da CF). **D:** Errada. A atuação do Poder Judiciário se limita às atividades de consultoria e assessoramento jurídico do Poder Executivo Federal (União), não se estendendo ao DF que possuirá corpo técnico jurídico próprio. **E:** Não há previsão nesse sentido na CF. TC

Gabarito "A".

(Técnico Judiciário – TRT8 – CESPE – 2016) Acerca das funções essenciais à justiça, assinale a opção correta.

(A) Incumbe ao Ministério Público, entre outras importantes delegações constitucionais, a defesa do regime democrático e dos interesses sociais indisponíveis.

(B) O advogado-geral da União, chefe da AGU, é eleito pelos seus pares para mandado de dois anos não renováveis.

(C) Incumbe ao Ministério Público, por delegação constitucional, representar a União, judicial e extrajudicialmente, defendendo o Estado e a sociedade.

(D) Em execução de dívida ativa de natureza tributária, a União é representada pela Advocacia Geral da União (AGU) ou pelo Ministério Público, nos estados em que não esteja instalada a AGU.

(E) Embora elabore sua própria proposta orçamentária, o Ministério Público não goza de autonomia funcional e administrativa, estando vinculado às instâncias formais do Poder Judiciário.

A: Correta, nos termos do art. 127, *caput* da CF. Por oportuno afirmar que, além da defesa do regime democrático e dos interesses sociais indisponíveis, a defesa da ordem jurídica e dos interesses sociais. **B:** Errada. A escolha do chefe da AGU é de livre escolha do Presidente da República, e não através de eleição (art. 131 § 1º, da CF). **C:** Errada. Cabe à Advocacia-Geral da União a representação da União judicial e extrajudicialmente (art. 131, *caput*, da CF). **D:** Errada. Na execução de dívida ativa de natureza tributária, a representação cabe à Procuradoria-Geral da Fazenda Nacional (art. 131, § 3º, da CF). **E:** Errada. O Ministério Público goza de autonomia funcional e administrativa (art. 127, § 2º, da CF). TC

Gabarito "A".

9. ORDEM SOCIAL

(Analista – INSS – 2016 – CESPE) No que concerne à disciplina constitucional relativa à seguridade social, julgue os próximos itens.

(1) Sobre a receita de loterias, apostas e sorteio de números incidirá contribuição social destinada a financiar a seguridade social.

(2) O serviço público deve-se orientar na estruturação da seguridade social pelos seguintes objetivos, entre outros: equidade na forma de participação no custeio e caráter democrático e descentralizado da administração.

1: correta. Ver art. 195, III, CF e art. 212, § 1º, do Decreto 3.048/1999 (Regulamento da Previdência Social). O art. 212, § 1º, do Decreto 3.048/1999, prevê que "Constitui receita da seguridade social a renda líquida dos concursos de prognósticos, excetuando-se os valores destinados ao Programa de Crédito Educativo. § 1º Consideram-se concurso de prognósticos todo e qualquer concurso de sorteio de números ou quaisquer outros símbolos, loterias e apostas de qualquer natureza no âmbito federal, estadual, do Distrito Federal ou municipal, promovidos por órgãos do Poder Público ou por sociedades comerciais ou civis"; **2:** correta. A questão cobrou conhecimento da redação do art. 194 da CF: "Art. 194. A seguridade social compreende um conjunto integrado de ações de iniciativa dos Poderes Públicos e da sociedade, destinadas a assegurar os direitos relativos à saúde, à previdência e à assistência social. Parágrafo único. Compete ao Poder Público, nos termos da lei, organizar a seguridade social, com base nos seguintes objetivos: I – universalidade da cobertura e do atendimento; II – uniformidade e equivalência dos benefícios e serviços às populações urbanas e rurais; III – seletividade e distributividade na prestação dos benefícios e serviços; IV – irredutibilidade do valor dos benefícios; V – equidade na forma de participação no custeio; VI – diversidade da base de financiamento, identificando-se, em rubricas contábeis específicas para cada área, as receitas e as despesas vinculadas a ações de saúde, previdência e assistência social, preservado o caráter contributivo da previdência social; VII – caráter democrático e descentralizado da administração, mediante gestão quadripartite, com participação dos trabalhadores, dos empregadores, dos aposentados e do Governo nos órgãos colegiados". AMN

Gabarito: 1C, 2C

10. TEMAS COMBINADOS

(Técnico – INSS/Guarulhos – 2022 – CEBRASPE) Acerca dos direitos sociais, da nacionalidade e da garantia dos direitos políticos, julgue os itens a seguir.

(1) O Fundo de Garantia do Tempo de Serviço é direito tanto dos trabalhadores urbanos quanto dos trabalhadores rurais.

(2) A participação dos sindicatos nas negociações coletivas de trabalho pode ser dispensada mediante manifestação da maioria dos filiados.

(3) No caso de senador que pretenda concorrer a outro cargo eletivo, não se exige a renúncia ao mandato atual.

(4) A nacionalidade brasileira será concedida de ofício aos estrangeiros de qualquer nacionalidade que residam no Brasil há mais de quinze anos e que não possuam condenação penal.

1: Certo. É o que dispõe expressamente o art. 7°, inciso III, da CF. **2:** Errado. É obrigatória a participação dos sindicatos nas negociações coletivas de trabalho, conforme dispõe o art. 8°, inciso VI, da CF. **3:** Certo. A Constituição Federal prevê a renúncia apenas para os chefes dos poderes executivos federal, estadual, distrital e municipal que concorrerem a outros cargos eletivos (art. 14, § 6°). Portanto, o senador que pretenda concorrer a outro cargo eletivo, não precisará renunciar ao mandato atual. **4:** Errado. A nacionalidade brasileira não é concedida de ofício aos estrangeiros, mas sim a requerimento do interessado, conforme dispõe o art. 12, inciso II, alínea *b*, da CF. AMN

Gabarito: 1C, 2E, 3C, 4E

4. DIREITO ADMINISTRATIVO

Wander Garcia, Flavia Moraes Barros e Rodrigo Bordalo*

1. REGIME JURÍDICO ADMINISTRATIVO E PRINCÍPIOS DO DIREITO ADMINISTRATIVO

(Técnico – INSS – 2016 – CESPE) Julgue os itens que se seguem, acerca da administração pública.

(1) A garantia constitucional de acesso dos usuários a registros administrativos e a informações sobre atos de governo está relacionada ao princípio da eficiência.

(2) Na análise da moralidade administrativa, pressuposto de validade de todo ato da administração pública, é imprescindível avaliar a intenção do agente.

(3) No cômputo do limite remuneratório (chamado de teto constitucional), devem ser consideradas todas as parcelas percebidas pelo agente público, incluídas as de caráter indenizatório.

(4) Em decorrência do princípio da impessoalidade, as realizações administrativo-governamentais são imputadas ao ente público e não ao agente político.

1: anulada. Há maior abrangência com relação aos princípios a que se relaciona. Assim, neste sentido, a Lei que regulamenta o dispositivo constitucional assevera: Lei 12.527/2011 – Art. 3º Os procedimentos previstos nesta Lei destinam-se a assegurar o direito fundamental de acesso à informação e devem ser executados em conformidade com os princípios básicos da administração pública e com as seguintes diretrizes. 2: incorreta. E neste sentido ensina DI PIETRO, Maria Sylvia Zanella. *Discricionariedade administrativa na Constituição de 1988.* São Paulo: Atlas, 1991, p. 111. "Não é preciso penetrar na intenção do agente, porque do próprio objeto resulta a imoralidade. Isto ocorre quando o conteúdo de determinado ato contrariar o senso comum de honestidade, retidão, equilíbrio, justiça, respeito à dignidade do ser humano, à boa fé, ao trabalho, à ética das instituições. A moralidade exige proporcionalidade entre os meios e os fins a atingir; entre os sacrifícios impostos à coletividade e os benefícios por ela auferidos; entre as vantagens usufruídas pelas autoridades públicas e os encargos impostos à maioria dos cidadãos". 3: incorreta. É pacificado o entendimento pelo Supremo Tribunal Federal de que as parcelas indenizatórias não se submetem ao limite constitucional, vide decisão acerca do assunto: Recurso extraordinário com agravo 896.630 Espírito Santo – "Constitucional. Administrativo. Apelação cível. Ação ordinária. Servidor público (delegado de polícia civil do estado do Espírito Santo). Pagamento de horas extras. Teto constitucional. 1. A jurisprudência do Excelso Supremo Tribunal Federal reconhece a natureza indenizatória das horas extraordinárias, de maneira que, por assim ser, não se submete ao limite remuneratório constitucional. 2. Não se pode admitir que o Estado se utilize da limitação remuneratória constitucional para exigir dos servidores públicos que excedam a jornada ordinária de trabalho sem que lhes seja garantido o direito à percepção da respectiva remuneração das horas extras laboradas, pois tal prática implicaria em flagrante violação do princípio da moralidade e do direito fundamental à

percepção da justa e necessária contraprestação pelo trabalho realizado, insculpido no art. 7º da Carta Magna, além de representar inadmissível enriquecimento ilícito". Vale ainda citar – CF – art. 37, § 11, da CF, "Não serão computadas, para efeito dos limites remuneratórios de que trata o inciso XI do *caput* deste artigo, as parcelas de caráter indenizatório previstas em lei". 4: correta. Trata-se da manifestação da Teoria do Órgão, Maria Sylvia Di Pietro explica que essa teoria é utilizada para justificar a validade dos atos praticados por *funcionário do fato*, pois considera que o ato por ele praticado é ato do órgão, imputável, portanto, à Administração. FMB

Gabarito: 1 Anulada, 2E, 3E, 4C

(Analista Judiciário – STJ – 2018 – CESPE) Em relação aos princípios aplicáveis à administração pública, julgue os próximos itens.

(1) Em decorrência do princípio da segurança jurídica, é proibido que nova interpretação de norma administrativa tenha efeitos retroativos, exceto quando isso se der para atender o interesse público.

(2) O servidor público que revelar a particular determinado fato sigiloso de que tenha ciência em razão das atribuições praticará ato de improbidade administrativa atentatório aos princípios da administração pública.

(3) O princípio da proporcionalidade, que determina a adequação entre os meios e os fins, deve ser obrigatoriamente observado no processo administrativo, sendo vedada a imposição de obrigações, restrições e sanções em medida superior àquelas estritamente necessárias ao atendimento do interesse público.

(4) A indicação dos fundamentos jurídicos que determinaram a decisão administrativa de realizar contratação por dispensa de licitação é suficiente para satisfazer o princípio da motivação.

1: incorreta – o princípio da segurança jurídica refere-se à relativa segurança que os indivíduos possuem de que as relações realizadas sob a égide de uma norma deve perdurar ainda que tal norma seja substituída. Daí a existência de expressa previsão legal no Art. 2º, parágrafo único, inciso XIII, da Lei 9.784/4999, vedando a aplicação retroativa de novas interpretações de dispositivos legais, sem exceção, no sentido de que nos processos administrativos serão adotados os critérios de "interpretação de norma administrativa de forma que melhor garanta o atendimento do fim público a que se dirige, vedada aplicação retroativa de nova interpretação"; 2: correta – Art. 11, inciso III, da Lei 8.429/1992 (hipótese de improbidade mantida com a Lei 14.230/2021); 3: correta – "*nos processos administrativos serão observados, entre outros, os critérios de adequação entre meios e fins, vedada a imposição de obrigações, restrições e sanções em medida superior àquelas estritamente necessárias ao atendimento do interesse público*" – Art. 2º, inciso VI, da Leu 9.784/1999; 4: incorreta – não basta o fundamento que autoriza a contratação direta para que ela ocorra. Há que se justificar os motivos para tanto, devendo explicitar justificativas para a sua discricionariedade. Em atendimento ao interesse público, a fundamentação deve ser pormenorizada, demonstrando de forma indubitável os motivos que levaram o administrador a utilizar do seu juízo de oportunidade e conveniência. Ademais, nos casos de dispensa

---

* WG questões comentadas por: **Wander Garcia.**

   FMB questões comentadas por: **Flavia Moraes Barros.**

   RB questões comentadas por: **Rodrigo Bordalo.**

da licitação deve a Administração demonstrar as vantagens obtidas com esta opção, bem como justificar o preço, vez que este deve ser compatível com o de mercado. **FMB**

Gabarito 1E, 2C, 3C, 4E

(Técnico Judiciário – TRE/PI – CESPE – 2016) Determinada autoridade administrativa deixou de anular ato administrativo ilegal, do qual decorriam efeitos favoráveis para seu destinatário, em razão de ter decorrido mais de cinco anos desde a prática do ato, praticado de boa-fé.

Nessa situação hipotética, a atuação da autoridade administrativa está fundada no princípio administrativo da

(A) tutela.

(B) moralidade.

(C) segurança jurídica.

(D) legalidade.

(E) especialidade.

Princípio da Segurança Jurídica, Constituição Federal, art. 5°, XXXVI: a lei não prejudicará o direito adquirido, o ato jurídico perfeito e a coisa julgada. **FMB**

Gabarito "C".

(Técnico Judiciário – TRE/PI – CESPE – 2016) O regime jurídico-administrativo caracteriza-se

(A) pelas prerrogativas e sujeições a que se submete a administração pública.

(B) pela prevalência da autonomia da vontade do indivíduo.

(C) por princípios da teoria geral do direito.

(D) pela relação de horizontalidade entre o Estado e os administrados.

(E) pela aplicação preponderante de normas do direito privado.

A: correta. Maria Sylvia Zanella Di Pietro sustenta que o regime jurídico administrativo pode ser resumido a duas únicas realidades, ou seja, por prerrogativas e sujeições à Administração Pública. Neste sentido temos de um lado a defesa dos direitos individuais frente ao Estado e de outro a ideia de satisfação dos interesses coletivos. **B:** incorreta. É o regime jurídico administrativo que coordena o Estado de Liberdade com a busca pelo atendimento do interesse público, em sua indisponibilidade. Por mais que as prerrogativas coloquem a Administração em posição de superioridade perante o particular, sempre com o objetivo de atingir o benefício da coletividade, as restrições a que está sujeita limitam a sua atividade a determinados fins e princípios, que se não observados, implicam desvio de poder e consequentemente nulidade dos atos da Administração. **C:** incorreta. As prerrogativas e privilégios a que está sujeita a Administração Pública são desconhecidas pelo direito privado, mas são limitadas por fins e princípios, que se não observados tornam nula sua atuação (art. 37 da CF). **D:** incorreta. Por fim, não há horizontalidade entre a administração e seus administrados, tendo em vista a limitação imposta pela supremacia e indisponibilidade dos interesses públicos. Helly L. Meirelles ensina que, "na Administração Pública, não há liberdade nem vontade pessoal. Enquanto na administração particular é lícito fazer tudo que a lei não proíbe, na Administração Pública só é permitido fazer o que a lei autoriza. A lei para o particular significa 'pode fazer assim', para o administrador público significa 'deve fazer assim'. **E:** incorreta. As prerrogativas e privilégios a que está sujeita a Administração Pública são desconhecidas pelo direito privado, mas são limitadas por fins e princípios, que se não observados tornam nula sua atuação (art. 37 da CF). **FMB**

Gabarito "A".

(Técnico Judiciário – TRT8 – CESPE – 2016) A respeito dos princípios da administração pública, assinale a opção correta.

(A) Em decorrência do princípio da autotutela, apenas o Poder Judiciário pode revogar atos administrativos.

(B) O princípio da indisponibilidade do interesse público e o princípio da supremacia do interesse público equivalem-se.

(C) Estão expressamente previstos na CF o princípio da moralidade e o da eficiência.

(D) O princípio da legalidade visa garantir a satisfação do interesse público.

(E) A exigência da transparência dos atos administrativos decorre do princípio da eficiência.

A: incorreta. O princípio da autotutela estabelece que TODA a Administração Pública tem poder de rever seus atos, anulando-os quando ilegais ou revogando-os quando inconvenientes e inoportunos. Todos os poderes que a compõem são dotados do poder-dever de manutenção de seus próprios atos. **B:** incorreta. Nominados como supraprincípios da Administração Pública, tratam cada um deles de condições distintas da atuação da Administração Pública, sendo o primeiro o limitador de toda a atuação da Administração Pública, funcionando como limitador da atuação de seus gestores, sendo vedado a este qualquer ato que implique em renúncia destes interesses. Já a supremacia deste mesmo interesse impõe que: "toda atuação do Estado seja pautada pelo interesse público, cuja determinação deve ser extraída da Constituição e das leis, manifestações da 'vontade geral'" Direito Administrativo Descomplicado / Marcelo Alexandrino, Vicente Paulo. **C:** correta. Art. 37, *caput*, da Constituição Federal. **D:** incorreta. O princípio da legalidade, impõe a Administração Pública a condição de fazer somente aquilo que está expressamente autorizado por Lei. Contrariamente ao particular, que é regido pelo Princípio da Autonomia da Vontade, estando autorizado a fazer tudo que a Lei não proíbe. O princípio da legalidade administrativa, como leciona Hely Lopes Meirelles: "a legalidade, como princípio de administração, significa que o administrador público está, em toda sua atividade funcional, sujeito aos mandamentos da lei, e às exigências do bem comum, e deles não se pode afastar ou desviar, sob pena de praticar ato inválido e expor-se à responsabilidade disciplinar, civil e criminal, conforme o caso". **E:** incorreta. A transparência dos atos administrativos decorre do princípio da publicidade, à medida que este e condicionante de eficácia do ato administrativo. **FMB**

Gabarito "C".

(Analista – INSS – 2014 – FUNRIO) João Pedro, servidor público federal, ocupa o cargo de confiança de Chefe de Divisão no Departamento da Vias Urbanas, autarquia vinculada à Secretaria Municipal de Transportes. Seu superior hierárquico determina a sua exoneração, fundamentando-a na falta de diplomação de nível superior, conforme consta em publicação no Diário Oficial de Município, nomeando Maria Alice Couves para o cargo, sob a argumentação de que a mesma é formada em Economia. João Pedro busca anular a decisão que o exonerou, comprovando ser formado em Direito e alegando estar Maria Alice Couves matriculada no curso de Economia. Em face destes fatos, o Poder Judiciário vem a determinar a anulação da referida exoneração. Com base nos fatos acima, é correto afirmar que a decisão proferida

(A) está correta em face da atribuição do Poder Judiciário em poder rever qualquer decisão, mesmo que discricionária.

(B) está equivocada, por se tratar de decisão discricionária.

(C) estaria correta, se não tivesse havido a nomeação de Maria Alice Couves.

(D) está correta em função da teoria dos motivos determinantes.

(E) está equivocada, uma vez que a fundamentação equivocada não macula os atos em comento.

O Poder Judiciário pode realizar o controle do ato administrativo, nos aspectos atinentes à sua legalidade. Aplicável nesse contexto a teoria dos motivos determinantes, pelo qual os motivos invocados para a prática de um ato condicionam a sua validade, de modo que, se comprovado que o motivo é falso ou inexistente, o ato é passível de invalidação. No caso hipotético da questão, os motivos para a exoneração de João Pedro e de Maria Alice são inverídicos, o que legitima a anulação dos atos administrativos pelo Judiciário. Assim sendo: A: incorreta (não é qualquer decisão que pode ser revista pelo Judiciário, mas somente aquelas que infringem a legalidade, ainda que o ato administrativo envolvido seja discricionário). B: incorreta (embora a exoneração de cargo comissionado seja um ato discricionário, se houver um motivo que a fundamente, ele vinculada a validade do ato, podendo ser objeto de controle de legalidade pelo Judiciário). C: incorreta (a exoneração ilegal de João Pedro, por si só, legitima a sua anulação pelo Judiciário, não estando relacionada com a nomeação de Maria Alice, que constitui ato administrativo autônomo). D: correta (cf. exposto acima). E: incorreta (a fundamentação equivocada macula aos atos administrativos envolvidos, em razão da aplicação da teoria dos motivos determinantes). **RB**

Gabarito "D".

2. PODERES DA ADMINISTRAÇÃO PÚBLICA

Para resolver as questões deste item, vale citar as definições de cada poder administrativo apresentadas por Hely Lopes Meirelles, definições estas muito utilizadas em concursos públicos. Confira:

a) poder vinculado – "é aquele que o Direito Positivo – a lei – confere à Administração Pública para a prática de ato de sua competência, determinando os elementos e requisitos necessários à sua formalização"; b) poder discricionário – "é o que o Direito concede à Administração, de modo explícito, para a prática de atos administrativos com liberdade na escolha de sua conveniência, oportunidade e conteúdo"; c) poder hierárquico – "é o de que dispõe o Executivo para distribuir e escalonar as funções de seus órgãos, ordenar e rever a atuação de seus agentes, estabelecendo a relação de subordinação entre os servidores do seu quadro de pessoal"; d) poder disciplinar – "é a faculdade de punir internamente as infrações funcionais dos servidores e demais pessoas sujeitas à disciplina dos órgãos e serviços da Administração"; e) poder regulamentar – "é a faculdade de que dispõem os Chefes de Executivo (Presidente da República, Governadores e Prefeitos) de explicar a lei para sua correta execução, ou de expedir decretos autônomos sobre matéria de sua competência ainda não disciplinada por lei"; f) poder de polícia – "é a faculdade de que dispõe a Administração Pública para condicionar e restringir o uso e gozo de bens, atividades e direitos individuais, em benefício da coletividade ou do próprio Estado". (Direito Administrativo Brasileiro, 26ª ed., São Paulo: Malheiros, p. 109 a 123)

(Auditor Fiscal - SEFAZ/RS - 2019 - CESPE/CEBRASPE) O alvará de licença e o alvará de autorização concedidos pela administração pública constituem meio de atuação do poder

(A) disciplinar.

(B) regulamentar.

(C) hierárquico.

(D) de polícia.

(E) hierárquico e do disciplinar.

A: incorreta. O **poder disciplinar** é *aquele conferido ao agente público para aplicação de sanções ou penalidades aos demais agentes, dada a prática de uma infração disciplinar;* **B:** incorreta, poder regulamentar é a faculdade dada aos Chefes do Executivo de explicitar a lei para sua correta execução, ou de expedir decretos autônomos sobre matéria de sua competência ainda não disciplinada pela lei. Pode ser delegada apenas no tocante à fixação de normas de ordem técnica sobre matéria de competência das agências reguladoras; **C:** incorreta, poder hierárquico consiste no poder de que dispõe o Executivo para distribuir e escalonar as funções de seus órgãos, ordenar e rever a atuação de seus agentes, estabelecendo uma relação de subordinação entre servidores de seu quadro de pessoal; **D:** correta. Poder de polícia consiste na faculdade que possui a Administração Pública de estabelecer limitações à liberdade e à propriedade em prol do bem comum. Em geral, impõe um "non facere", isto é, impõe ao particular uma abstenção. As sanções aplicadas em decorrência da inobservância dessas limitações são de natureza repressiva, visando a punir o infrator. É indelegável, embora seja possível que certos aspectos meramente materiais sejam realizados por particulares ou mesmo por meio eletrônico. Ele atua em caráter geral, isto é, independentemente da existência de uma relação específica entre a Administração e determinada pessoa, abrangendo a todos nos limites previstos pela lei. Ele dá ensejo, para seu custeio, à cobrança de taxa. Todavia, é importante notar, apenas o regular **exercício** do poder de polícia pode ser remunerado por taxas, ao passo que a utilização efetiva ou potencial dos serviços público dá ensejo à sua cobrança. Vejamos o que diz o Código Tributário Nacional (Lei nº 5.172/1966): "Art. 77. As taxas cobradas pela União, pelos Estados, pelo Distrito Federal ou pelos Municípios, no âmbito de suas respectivas atribuições, têm como fato gerador o *exercício regular do poder de polícia,* ou a utilização, efetiva ou potencial, de serviço público específico e divisível, prestado ao contribuinte ou posto à sua disposição"; **E:** incorreta, a diferença entre o poder hierárquico e o poder disciplinar é que o primeiro diz respeito ao dia a dia das relações de subordinação (escalonamento de funções, ordens, revisão de atos), ao passo que o segundo só atua quando houver um ilícito disciplinar, possibilitando à Administração a aplicação de sanções disciplinares. O **poder hierárquico** é *aquele conferido ao agente público para organizar a estrutura da Administração e fiscalizar a atuação de seus subordinados, expressando-se na distribuição e orientação das funções, na expedição de ordens e na revisão dos atos dos demais agentes, numa relação de ampla subordinação.* O **poder disciplinar** é *aquele conferido ao agente público para aplicação de sanções ou penalidades aos demais agentes, dada a prática de uma infração disciplinar.* **FMB**

Gabarito "D".

(Técnico Judiciário – STJ – 2018 – CESPE) Acerca dos poderes da administração pública e da responsabilidade civil do Estado, julgue os itens a seguir.

(1) O poder disciplinar, decorrente da hierarquia, tem sua discricionariedade limitada, tendo em vista que a administração pública se vincula ao dever de punir.

(2) Em razão da discricionariedade do poder hierárquico, não são considerados abuso de poder eventuais excessos que o agente público, em exercício, sem dolo, venha a cometer.

(3) É objetiva a responsabilidade do agente público em exercício que, por ato doloso, cause danos a terceiros.

(4) Força maior, culpa de terceiros e caso fortuito constituem causas atenuantes da responsabilidade do Estado por danos.

1: correta – quando a administração constata que um servidor público, ou um particular que com ela possua vinculação jurídica específica, praticou uma infração administrativa, ela é obrigada a puni-lo; não há discricionariedade quanto a punir ou não alguém que comprovadamente tenha praticado uma infração disciplinar; **2: incorreta** – a questão fala em poder hierárquico quando trata de poder disciplinar e, ainda, traz hipótese impossível, na medida em que todo abuso de poder, por se tratar de situação em que o agente público se utiliza de seu cargo ou função pública para benefício próprio ou para exigir que sua vontade prevaleça sobre a de outrem não existe na modalidade culposa e, se eventualmente ocorrer, não deixa de ser como tal configurada; **3: incorreta** – a responsabilidade do Estado é objetiva e do agente público é subjetiva, ou seja, depende da caracterização de sua culpabilidade; **4: incorreta** – A Constituição Federal consagra a teoria da responsabilidade objetiva do Estado, estabelecendo que: "as pessoas jurídicas de direito público e as de direito privado prestadoras de serviços públicos responderão pelos danos que seus agentes, nessa qualidade, causarem a terceiros, assegurado o direito de regresso contra o responsável nos casos de dolo ou culpa" – art. 37, § 6º, CF/1988. Mas essa responsabilidade, ainda que objetiva, tem limites. O direito administrativo brasileiro não adota a teoria do risco integral, mas sim a do risco administrativo, o que implica a existência de excludentes da responsabilidade estatal, quais sejam: a culpa exclusiva da vítima, em caso fortuito ou de força maior. **FMB**

Gabarito 1C, 2E,3E, 4E

(Técnico Judiciário – TRE/PE – CESPE – 2017) O poder de polícia

(A) é indelegável.

(B) é delegável no âmbito da própria administração pública, em todas as suas dimensões, a pessoas jurídicas de direito privado e, também, a particulares.

(C) é suscetível de delegação no âmbito da própria administração pública, desde que o delegatário não seja pessoa jurídica de direito privado.

(D) pode ser delegado em sua dimensão fiscalizatória a pessoa jurídica de direito privado integrante da administração pública.

(E) pode ser delegado em suas dimensões legislativa e sancionadora a pessoa jurídica de direito privado integrante da administração pública.

A: incorreta. O poder de polícia se compõe de ciclo próprio, em que se observa: norma de polícia (legislação), permissão (consentimento) de polícia, fiscalização, sanção de polícia. O poder de polícia, por ser atividade exclusiva do Estado, não pode ser delegado a particulares, mas é possível sua outorga a entidades de Direito Público da Administração Indireta, como as agências reguladoras, as autarquias corporativas e o Banco Central. Julgamento do Resp. 817.534/MG proferido pela 2ª Turma do Superior Tribunal de Justiça. Administrativo. Poder de polícia. Trânsito. Sanção pecuniária aplicada por sociedade de economia mista. Impossibilidade. (...) 2. No que tange ao mérito, convém assinalar que, em sentido amplo, poder de polícia pode ser conceituado como o dever estatal de limitar-se o exercício da propriedade e da liberdade em favor do interesse público. A controvérsia em debate é a possibilidade de exercício do poder de polícia por particulares (no caso, aplicação de multas de trânsito por sociedade de economia mista).3. As atividades que envolvem a consecução do poder de polícia podem ser sumariamente divididas em quatro grupos, a saber: (i) legislação, (ii) consentimento, (iii) fiscalização e (iv) sanção.4. No âmbito da limitação do exercício da propriedade e da liberdade no trânsito, esses grupos ficam bem definidos: o CTB estabelece normas genéricas e abstratas para a obtenção da Carteira Nacional de Habilitação (legislação); a emissão da carteira corporifica a vontade o Poder Público (consentimento); a Administração instala equipamentos eletrônicos para verificar se há respeito à velocidade estabelecida em lei (fiscalização); e também a Administração sanciona aquele que não guarda observância ao CTB (sanção).5. Somente os atos relativos ao consentimento e à fiscalização são delegáveis, pois aqueles referentes à legislação e à sanção derivam do poder de coerção do Poder Público. **B: incorreta.** Não delegável a particulares. Delegável somente quanto aos atos de consentimento e fiscalização. **C: Incorreta.** Delegável parcialmente. **D:** Os atos de delegação e consentimento são delegáveis. **E: incorreta.** As dimensões legislativa e sancionatória são indelegáveis. **FMB**

Gabarito "D".

(Técnico Judiciário – TRE/PE – CESPE – 2017) Assinale a opção correta com relação ao poder hierárquico.

(A) Decorre do poder hierárquico o poder de revisão, por superior, dos atos praticados por subordinado.

(B) A disciplina funcional guarda relação com o poder disciplinar, não se ligando ao poder hierárquico.

(C) A avocação é regra ampla e geral cuja difusão deve ser estimulada em prol da eficiência.

(D) A hierarquia administrativa é restrita ao Poder Executivo.

(E) Subordinação e vinculação, como decorrências do poder hierárquico, são institutos que se confundem e que se caracterizam pelo controle que se dá no âmbito de um mesmo ente.

A: correta. O poder de revisão dos atos praticados por subordinado decorre do poder hierárquico a medida que permite aos superiores a anulação dos ilegais e a reforma dos considerados inoportunos ou inconvenientes. **B: incorreta.** A disciplina funcional guarda relação com os poderes disciplinar e hierárquico, à medida que este último permite a horizontalidade dos atos e fiscalização. **C: incorreta.** A avocação é exceção à regra haja vista tratar-se de ato de revisão dos atos já realizados não podendo ser, portanto, estimulo a eficiência. **D: incorreta.** A hierarquia administrativa é característica da função administrativa em todos os poderes, possibilitando o exercício de cada uma de suas atribuições. **E: incorreta.** Subordinação e vinculação são institutos distintos. Processo 95598 DF, Órgão Julgador: 1ª Turma Cível, Relator Valter Xavier, Administrativo. Entes públicos. Vinculação e subordinação. Autonomia. Ato administrativo. Discricionariedade.1. Enquanto a subordinação decorre de um poder hierárquico superior e admite todos os meios de controle do superior sobre o inferior, a vinculação, por outro lado, resulta do poder de supervisão de uma entidade sobre outra, supervisão essa que é exercida nos estreitos limites legais, sem suprimir a autonomia conferida ao ente supervisionado. **FMB**

Gabarito "A".

(Técnico Judiciário – TRE/PI – CESPE – 2016) Determinada autoridade sanitária, após apuração da infração, em processo administrativo próprio, aplicou a determinada farmácia a pena de apreensão e inutilização de medicamentos que haviam sido colocados à venda, sem licença do órgão sanitário competente, por violação do disposto nas normas legais e regulamentares pertinentes.

Nessa situação hipotética, a autoridade sanitária exerceu o poder

(A) hierárquico, em sua acepção de fiscalização de atividades.

(B) hierárquico, em sua acepção de imposição de ordens.

(C) disciplinar, em razão de ter apurado infração e aplicado penalidade.

(D) regulamentar, em razão de ter constatado violação das normas regulamentares pertinentes.

4. DIREITO ADMINISTRATIVO

(E) de polícia, em razão de ter limitado o exercício de direito individual em benefício do interesse público.

A letra E está correta. Exata expressão da atuação do poder de polícia, regulando as atividades de interesse da coletividade. FMB
Gabarito "E".

(Técnico Judiciário – TRT8 – CESPE – 2016) Assinale a opção correta, a respeito dos poderes da administração.

(A) A autoexecutoriedade inclui-se entre os poderes da administração.

(B) A existência de níveis de subordinação entre órgãos e agentes públicos é expressão do poder discricionário.

(C) Poder disciplinar da administração pública e poder punitivo do Estado referem-se à repressão de crimes e contravenções tipificados nas leis penais.

(D) O poder regulamentar refere-se às competências do chefe do Poder Executivo para editar atos administrativos normativos.

(E) O poder de polícia não se inclui entre as atividades estatais administrativas.

A: incorreta, trata-se de atributo da Administração para assim poder exercer seus próprios atos. **B:** incorreta, trata-se do poder hierárquico. **C:** incorreta, faculdade de punir internamente as infrações funcionais dos servidores, o poder disciplinar é exercido no âmbito dos órgãos e serviços da Administração. **D:** correta. O poder regulamentar ou, como prefere parte da doutrina, poder normativo é uma das formas de expressão da função normativa do Poder Executivo, cabendo a este editar normas complementares à lei para a sua fiel execução (DI PIETRO, 2011:91). **E:** incorreta, MEIRELLES conceitua: "Poder de polícia é a faculdade de que dispõe a Administração Pública para condicionar e restringir o uso e gozo de bens, atividades e direitos individuais, em benefício da coletividade ou do próprio Estado". Explica o autor que poder de polícia é o mecanismo de frenagem de que dispõe a Administração Pública para conter os abusos do direito individual. FMB
Gabarito "D".

(Técnico Judiciário – TRT8 – CESPE – 2016) A respeito do poder de polícia, assinale a opção correta.

(A) A competência, a finalidade, a forma, a proporcionalidade e a legalidade dos meios empregados pela administração são atributos do poder de polícia.

(B) O poder de polícia, quanto aos fins, pode ser exercido para atender a interesse público ou particular.

(C) O exercício do poder de polícia pode ser delegado a entidades privadas.

(D) A atuação do poder de polícia restringe-se aos atos repressivos.

(E) Prescreve em cinco anos a pretensão punitiva da administração pública federal, direta e indireta, no exercício do poder de polícia.

A: incorreta. São elementos do ato administrativo. **B:** incorreta. Todos ao atos administrativos e exercício de seus poderes estão vinculados aos princípios da supremacia do interesse público e a indisponibilidade deste. **C:** Incorreta. O exercício do poder de polícia e indelegável, sendo partes de seu ciclo delegáveis a saber: Consentimento e fiscalização. **D:** incorreta. Os atos repressivos são apenas um de seus ciclos. **E:** correta. Lei 9873/99, art. 1º Prescreve em cinco anos a ação punitiva da Administração Pública Federal, direta e indireta, no exercício do poder de polícia, objetivando apurar infração à legislação em vigor, contados da data da prática do ato ou, no caso de infração permanente ou continuada, do dia em que tiver cessado. FMB
Gabarito "E".

3. ATOS ADMINISTRATIVOS

3.1. Atributos do ato administrativo

Para resolver as questões sobre os requisitos e atributos do ato administrativo, vale a pena trazer alguns elementos doutrinários. Confira:

Atributos do ato administrativo (são as qualidades, as prerrogativas dos atos)

– Presunção de legitimidade é a qualidade do ato pela qual este se presume verdadeiro e legal até prova em contrário; ex: uma multa aplicada pelo Fisco presume--se verdadeira quanto aos fatos narrados para a sua aplicação e se presume legal quanto ao direito aplicado, a pessoa tida como infratora e o valor aplicado.

– Imperatividade é a qualidade do ato pela qual este pode se impor a terceiros, independentemente de sua concordância; ex: uma notificação da fiscalização municipal para que alguém limpe um terreno ainda não objeto de construção, que esteja cheio de mato.

– Exigibilidade é a qualidade do ato pela qual, imposta a obrigação, esta pode ser exigida mediante coação indireta; ex: no exemplo anterior, não sendo atendida a notificação, cabe a aplicação de uma multa pela fiscalização, sendo a multa uma forma de coação indireta.

– Autoexecutoriedade é a qualidade pela qual, imposta e exigida a obrigação, está pode ser implementada mediante coação direta, ou seja, mediante o uso da coação material, da força, independentemente de apreciação jurisdicional; ex: no exemplo anterior, já tendo sido aplicada a multa, mais uma vez sem êxito, pode a fiscalização municipal ingressar à força no terreno particular, fazer a limpeza e mandar a conta, o que se traduz numa coação direta. A autoexecutoriedade não é a regra. Ela existe quando a lei expressamente autorizar ou quando não houver tempo hábil para requerer a apreciação jurisdicional.

Obs. 1: a expressão "autoexecutoriedade" também é usada no sentido da qualidade do ato que enseja sua imediata e direta execução pela própria Administração, independentemente de ordem judicial, reservando-se a expressão "coercibilidade" para designar a possibilidade de usar a força para a concretização do ato, conforme lição de Hely Lopes Meirelles.

Obs. 2: repare que esses atributos não existem normalmente no direito privado; um particular não pode, unilateralmente, valer-se desses atributos; há exceções, em que o particular tem algum desses poderes; mas essas exceções, por serem exceções, confirmam a regra de que os atos administrativos se diferenciam dos atos privados pela ausência nestes, como regra, dos atributos acima mencionados.

(Auxiliar Judiciário – TJ/PA – 2020 – CESPE) O atributo ou característica do ato administrativo que assegura que o ato é verdadeiro, mesmo que eivado de vícios ou defeitos, até que se prove o contrário, denomina-se

(A) finalidade.

(B) exequibilidade.

(C) autoexecutoriedade.

(D) coercibilidade.

(E) presunção de legitimidade.

De acordo com a doutrina do direito administrativo, diversos são os atributos do ato administrativo, entre os quais a presunção de legitimidade, a coercibilidade e a autoexecutoriedade. A presunção de legitimidade significa que o ato deve ser reputado verdadeiro, até prova em contrário (presunção relativa de legitimidade). Nesse sentido, correta a alternativa E. **RB**

Gabarito: "E".

(Auxiliar Judiciário – TJ/PA – 2020 – CESPE) A propriedade da administração de, por meios próprios, pôr em execução suas decisões decorre do atributo denominado

(A) exigibilidade.

(B) autoexecutoriedade.

(C) vinculação.

(D) discricionariedade.

(E) medidas preventivas.

De acordo com a doutrina do direito administrativo, diversos são os atributos do ato administrativo, entre os quais a presunção de legitimidade, a coercibilidade e a autoexecutoriedade. Esta última representa a prerrogativa pela qual a Administração pode executar os atos administrativos por seus próprios meios, independentemente da intervenção prévia do Poder Judiciário. É o exemplo da interdição de um comércio pelas autoridades sanitárias. **RB**

Gabarito: "B".

(Técnico Judiciário – STJ – 2018 – CESPE) Julgue os itens que se seguem, a respeito dos atos da administração pública.

(1) Todos os fatos alegados pela administração pública são considerados verdadeiros, bem como todos os atos administrativos são considerados emitidos conforme a lei, em decorrência das presunções de veracidade e de legitimidade, respectivamente.

(2) A motivação do ato administrativo pode não ser obrigatória, entretanto, se a administração pública o motivar, este ficará vinculado aos motivos expostos.

1: correta – trata-se precisamente da presunção relativa de veracidade e legitimidade dos atos administrativos; **2:** correta – trata-se da teoria dos motivos determinantes, a qual dispõe que *o motivo invocado para a prática do ato condiciona sua validade*. Se se provar que o motivo é inexistente, falso ou mal qualificado, o ato será nulo. Em suma, tal teoria dispõe que os atos administrativos, quando forem motivados, ficam vinculados aos motivos expostos, para todos os fins de direito. Os motivos devem, portanto, coincidir com a realidade, sob pena de o ato ser nulo, mesmo se a motivação não era necessária. **FMB**

Gabarito: 1C, 2C.

(Técnico – INSS – 2016 – CESPE) Julgue os próximos itens, a respeito dos atos administrativos.

(1) A autoexecutoriedade é atributo restrito aos atos administrativos praticados no exercício do poder de polícia.

(2) Em decorrência do princípio da autotutela, não há limites para o poder da administração de revogar seus próprios atos segundo critérios de conveniência e oportunidade.

(3) O ato praticado por agente não competente para fazê-lo poderá ser convalidado discricionariamente pela autoridade competente para sua prática, caso em que ficará sanado o vício de incompetência.

1: incorreta. A autoexecutoriedade é atributo de todos os atos da Administração Pública, através do qual a Administração executa suas próprias decisões sem precisar da autorização do judiciário. **2:** incorreta. O princípio da autotutela está limitada pelos limites legais e principiológicos, conforme descrito na sumula do STF 473 'a administração pode anular os seus próprios atos, quando eivados de vícios que os tornem ilegais, porque deles não se originam direitos, ou revogá-los, por motivo de conveniência ou oportunidade, respeitados os direitos adquiridos, e ressalvada, em todos os casos, a apreciação judicial'. **3:** correta. O *ato* praticado por agente incompetente pode ser *convalidado* (sanado) por aquele que tem a *competência*. Nesse caso, a *convalidação* é chamada de ratificação e somente não é possível no caso de *competência* exclusiva, ou seja, indelegável. A ratificação é *ato* discricionário da *autoridade competente*. **FMB**

Gabarito: 1E, 2E, 3C

3.2. Requisitos do ato administrativo

Requisitos do ato administrativo (são requisitos para que o ato seja válido)

- Competência: é a atribuição legal de cargos, órgãos e entidades. São vícios de competência: a1) usurpação de função: alguém se faz passar por agente público sem o ser. Ato será inexistente; a2) excesso de poder: alguém que é agente público acaba por exceder os limites de sua competência. Ex.: fiscal do sossego que multa um bar que visita por falta de higiene; o ato será nulo; a3) função de fato: exercida por agente que está irregularmente investido no cargo público, apesar de a situação ter aparência de legal. Os praticados serão válidos se houver boa-fé.

- Objeto: é o conteúdo do ato, aquilo que o ato dispõe, decide, enuncia, opina ou modifica na ordem jurídica. O objeto deve lícito, possível e determinável, sob pena de nulidade. Ex.: a autorização e a permissão dadas.

- Forma: são as formalidades necessárias para a seriedade do ato. A seriedade do ato impõe a) respeito à forma propriamente dita; b) e motivação.

- Motivo: fundamento de fato e de direito que autoriza a expedição do ato. Ex.: o motivo da interdição de estabelecimento consiste no fato de não ter licença (motivo de fato) e de a lei proibir o funcionamento sem licença (motivo de direito). Pela Teoria dos Motivos Determinantes, o motivo invocado para a prática do ato condiciona sua validade. Se se provar que o motivo é inexistente, falso ou mal qualificado, o ato será nulo.

- Finalidade: é o bem jurídico objetivado pelo ato. Ex.: proteger a paz pública, a salubridade, a ordem pública. Cada ato administrativo tem uma finalidade. Desvio de poder (ou de finalidade): ocorre quando um agente exerce uma competência que possuía, mas *para alcançar finalidade diversa daquela para a qual foi criada*. Não confunda o *excesso de poder* (vício de sujeito) com o *desvio de poder* (vício de finalidade), espécies do *gênero abuso de autoridade*.

(Auditor Fiscal - SEFAZ/RS - 2019 - CESPE/CEBRASPE) Caso uma autoridade da administração pública, como forma de punição, determine, de ofício, a remoção de um agente público com quem tenha tido desavenças anteriormente, o ato administrativo em questão revelará vício

(A) no motivo, sendo passível de convalidação.

(B) na competência, sendo passível de convalidação.

4. DIREITO ADMINISTRATIVO

(C) na forma, sendo inviável a convalidação.

(D) na finalidade, sendo inviável a convalidação.

(E) na competência, sendo inviável a convalidação.

Trata-se de típico caso de desvio de finalidade, consistente na prática de um ato por agente competente para tanto, mas por motivos ou com fins diversos dos objetivados pela lei ou exigidos pelo interesse público. É ato impassível de convalidação, devendo gerar a nulidade do ato que o ensejou. FMB

Gabarito "D".

(Analista Judiciário – STJ – 2018 – CESPE) Julgue os itens a seguir, relativos aos atos administrativos.

(1) No caso de vício de competência, cabe a revogação do ato administrativo, desde que sejam respeitados eventuais direitos adquiridos de terceiros e não tenha transcorrido o prazo de cinco anos da prática do ato.

(2) São exemplos de atos administrativos normativos os decretos, as resoluções e as circulares.

(3) O ato administrativo praticado com desvio de finalidade pode ser convalidado pela administração pública, desde que não haja lesão ao interesse público nem prejuízo a terceiros.

1: incorreta – quando se está diante de um vício, o caso é de anulação ou de convalidação, o que dependerá do vício do ato. Vícios relativos ao sujeito, como é o caso do vício de competência, admitem convalidação; 2: incorreta – atos normativos são aqueles que possuem um comando geral da Administração Pública Executivo, visando à correta aplicação da lei. Exemplos de atos normativos: decreto regulamentar ou de execução (regulamento), regimento (ato administrativo normativo de atuação interna, dado que se destina a reger o funcionamento de órgãos colegiados e de corporações legislativas"), resolução e deliberação (conteúdo geral) etc. a pegadinha da questão refere-se à circular, que não é ato administrativo normativo, mas ordinatório, visando a disciplinar o funcionamento da Administração e a conduta funcional de seus agentes. 3: incorreta – os vícios passíveis de convalidação são aqueles referentes ao sujeito e à forma, e desde que não haja lesão ao interesse público nem prejuízo a terceiros. Não cabe convalidação quando o vício seja relativo ao motivo, ao objeto ou **à finalidade**. FMB

Gabarito 1E, 2E, 3E.

(Técnico Judiciário – TRE/PI – CESPE – 2016) Considere que determinada autoridade do TRE/PI tenha negado pedido administrativo feito por um servidor do quadro, sem expor fundamentos de fato e de direito que justificassem a negativa do pedido. Nesse caso, o ato administrativo praticado pela autoridade do TRE/PI

(A) não possui presunção de veracidade.

(B) pode ser editado sob a forma de resolução.

(C) é considerado, quanto à formação da vontade, ato administrativo complexo.

(D) classifica-se como ato administrativo meramente enunciativo.

(E) apresenta vício de forma.

A letra E está correta, são requisitos de validade do ato administrativo: Competência, Finalidade, Forma, Motivo e Objeto. FMB

Gabarito "E".

(Técnico Judiciário – TRT8 – CESPE – 2016) A respeito dos atos administrativos, assinale a opção correta.

(A) São elementos dos atos administrativos a competência, a finalidade, a forma, o motivo e o objeto.

(B) Apenas o Poder Executivo, no exercício de suas funções, pode praticar atos administrativos.

(C) Mesmo quando atua no âmbito do domínio econômico, a administração pública reveste-se da qualidade de poder público.

(D) Para a formação do ato administrativo simples, é necessária a manifestação de dois ou mais diferentes órgãos ou autoridades.

(E) Define-se ato nulo como ato em desconformidade com a lei ou com os princípios jurídicos, passível de convalidação.

A: Correta. B: Incorreta. Todos os Poderes praticam atos administrativos. C: incorreta. A intervenção no domínio econômico e regulamentada pela Constituição Federal nos termos do artigo 173. Art. 173. Ressalvados os casos previstos nesta Constituição, a exploração direta de atividade econômica pelo Estado só será permitida quando necessária aos imperativos da segurança nacional ou a relevante interesse coletivo, conforme definidos em lei. § 1º, II: A empresa pública, a sociedade de economia mista e outras entidades que explorem atividade econômica sujeitam-se ao regime jurídico próprio das empresas privadas, inclusive quanto às obrigações trabalhistas e tributárias. D: incorreta. O ato administrativo simples decorre da vontade de um único órgão. Existem ainda os atos complexos: que decorre da manifestação de vontade de dois ou mais órgãos ou autoridades e o composto: que resulta manifestação de um único órgão mas demanda aprovação por outro. E: incorreta. O ato nulo não e passível de convalidação. FMB

Gabarito "A".

(Analista – INSS – 2014 – FUNRIO) Com relação à convalidação, no âmbito do direito administrativo, e na forma como determinada pela Lei n. 9784/99, está correta a seguinte afirmação:

(A) A convalidação não é admitida pelo Direito Administrativo Brasileiro em face da prevalência do princípio da legalidade, estabelecido pelo artigo 37 da Constituição Federal.

(B) Em decisão na qual se evidencie o possível nível de lesão ao interesse público e prejuízo a terceiros, os atos que apresentarem defeitos sanáveis poderão ser convalidados pela própria Administração.

(C) Em decisão na qual se evidencie não acarretarem lesão ao interesse público nem prejuízo a terceiros, os atos que apresentarem defeitos sanáveis poderão ser convalidados pela própria Administração.

(D) A revalidação é matéria inserta no campo da discricionariedade da Administração, de forma a atender o princípio da eficiência estabelecido pela Constituição Federal.

(E) A legislação é omissa quanto a esta matéria.

A: incorreta (a convalidação é admitida pelo Direito Administrativo Brasileiro em face do princípio da segurança jurídica). B: incorreta (na hipótese de lesão ao interesse público e prejuízo a terceiros, os atos que apresentarem defeitos sanáveis deverão ser invalidados, e não convalidados). C: correta (art. 55 da Lei 9.784/1999). D: incorreta (considerando que a revalidação e a convalidação podem ser consideradas termos sinônimos, não se trata de campo inserido totalmente na discricionariedade administrativa, pois há hipóteses em que não é cabível; além disso, a revalidação detém uma relação mais próxima com o princípio da segurança jurídica). E: incorreta (a legislação não é omissa quanto a esta matéria, pois a Lei 9.784/1999 dispõe sobre o instituto da convalidação). RB

Gabarito "C".

3.3. Extinção do ato administrativo (revogação, anulação e convalidação do ato administrativo)

Segue resumo acerca das formas de extinção dos atos administrativos

- Cumprimento de seus efeitos: como exemplo, temos a autorização da Prefeitura para que seja feita uma festa na praça da cidade. Este ato administrativo se extingue no momento em que a festa termina, uma vez que seus efeitos foram cumpridos.
- Desaparecimento do sujeito ou do objeto sobre o qual recai o ato: morte de um servidor público, por exemplo.
- Contraposição: extinção de um ato administrativo pela prática de outro antagônico em relação ao primeiro. Ex.: com o ato de exoneração do servidor público, o ato de nomeação fica automaticamente extinto.
- Renúncia: extinção do ato por vontade do beneficiário deste.
- Cassação: extinção de um ato que beneficia um particular por este não ter cumprido os deveres para dele continuar gozando. Não se confunde com a revogação – que é a extinção do ato por não ser mais conveniente ao interesse público. Também difere da anulação – que é a extinção do ato por ser nulo. Como exemplo desse tipo de extinção tem-se a permissão para banca de jornal se instalar numa praça que é cassada porque seu dono não paga o preço público devido; ou a autorização de porte de arma de fogo que é cassada porque o beneficiário é detido ou abordado em estado de embriaguez ou sob efeito de entorpecentes (art. 10, § 2°, do Estatuto do Desarmamento – Lei 10.826/2003).
- Caducidade. Extinção de um ato porque a lei não mais o permite. Trata-se de extinção por invalidade superveniente. Exs.: autorização para condutor de perua praticar sua atividade que se torna caduca por conta de lei posterior que não mais permite tal transporte na cidade; autorizações de porte de arma que caducaram 90 dias após a publicação do Estatuto do Desarmamento, conforme reza seu art. 29.
- Revogação. Extinção de um ato administrativo legal ou de seus efeitos por outro ato administrativo, efetuada somente pela Administração, dada a existência de fato novo que o torne inconveniente ou inoportuno, respeitando-se os efeitos precedentes ("ex nunc"). Ex.: permissão para a mesma banca de jornal se instalar numa praça que é revogada por estar atrapalhando o trânsito de pedestres, dado o aumento populacional, não havendo mais conveniência na sua manutenção.

O sujeito ativo da revogação é a Administração Pública, por meio de autoridade administrativa competente para o ato, podendo ser seu superior hierárquico. O Poder Judiciário nunca poderá revogar um ato administrativo, já que se limita a apreciar aspectos de legalidade (o que gera a anulação), e não de conveniência, salvo se se tratar de um ato administrativo da Administração Pública dele, como na hipótese em que um provimento do próprio Tribunal é revogado.

Quanto ao tema objeto da revogação, tem-se que este recai sobre o ato administrativo ou relação jurídica deste decorrente, salientando-se que o ato administrativo deve ser válido, pois, caso seja inválido, estaremos diante de hipótese que enseja anulação. Importante ressaltar que não é possível revogar um ato administrativo já extinto, dada a falta de utilidade em tal proceder, diferente do que se dá com a anulação de um ato extinto, que, por envolver a retroação de seus efeitos (a invalidação tem efeitos "ex tunc"), é útil e, portanto, possível.

O fundamento da revogação é a mesma regra de competência que habilitou o administrador à prática do ato que está sendo revogado, devendo-se lembrar que só há que se falar em revogação nas hipóteses de ato discricionário.

Já o motivo da revogação é a inconveniência ou inoportunidade da manutenção do ato ou da relação jurídica gerada por este. Isto é, o administrador público faz apreciação ulterior e conclui pela necessidade da revogação do ato para atender ao interesse público.

Quanto aos efeitos da revogação, esta suprime o ato ou seus efeitos, mas respeita os efeitos que já transcorreram. Trata-se, portanto, de eficácia "ex nunc".

Há limites ao poder de revogar. São atos irrevogáveis os seguintes: os que a lei assim declarar; os atos já exauridos, ou seja, que cumpriram seus efeitos; os atos vinculados, já que não se fala em conveniência ou oportunidade neste tipo de ato, em que o agente só tem uma opção; os meros ou puros atos administrativos (exs.: certidão, voto dentro de uma comissão de servidores); os atos de controle; os atos complexos (praticados por mais de um órgão em conjunto); e atos que geram direitos adquiridos. Os atos gerais ou regulamentares são, por sua natureza, revogáveis a qualquer tempo e em quaisquer circunstâncias, respeitando-se os efeitos produzidos.

- Anulação (invalidação): extinção do ato administrativo ou de seus efeitos por outro ato administrativo ou por decisão judicial, por motivo de ilegalidade, com efeito retroativo ("ex tunc"). Ex.: anulação da permissão para instalação de banca de jornal em bem público por ter sido conferida sem licitação.

O sujeito ativo da invalidação pode ser tanto o administrador público como o juiz. A Administração Pública poderá invalidar de ofício ou a requerimento. O Poder Judiciário, por sua vez, só poderá invalidar por provocação ou no bojo de uma lide. A possibilidade de o Poder Judiciário anular atos administrativos decorre do fato de estarmos num Estado de Direito (art. 1°, CF), em que a lei deve ser obedecida por todos, do princípio da inafastabilidade da jurisdição ("a lei não poderá excluir da apreciação do Poder Judiciário lesão ou ameaça de lesão a direito" – art. 5°, XXXV) e da previsão constitucional do mandado de segurança, do "habeas data" e da ação popular.

O objeto da invalidação é o ato administrativo inválido ou os efeitos de tal ato (relação jurídica).

Seu fundamento é o dever de obediência ao princípio da legalidade. Não se pode conviver com a ilegalidade. Portanto, o ato nulo deve ser invalidado.

O motivo da invalidação é a ilegalidade do ato e da eventual relação jurídica por ele gerada. Hely Lopes

Meirelles diz que o motivo é a ilegalidade ou ilegitimidade do ato, diferente da revogação, que tem por motivo a inconveniência ou inoportunidade.

Quanto ao prazo para se efetivar a invalidação, o art. 54 da Lei 9.784/1999 dispõe "O direito da Administração de anular os atos administrativos de que decorram efeitos favoráveis para os destinatários decai em 5 (cinco) anos, contados da data em que foram praticados, salvo comprovada má-fé". Perceba-se que tal disposição só vale para atos administrativos em geral de que decorram efeitos favoráveis ao agente (ex.: permissão, licença) e que tal decadência só aproveita ao particular se este estiver de boa-fé. A regra do art. 54 contém ainda os seguintes parágrafos: § 1º: "No caso de efeitos patrimoniais contínuos, o prazo de decadência contar-se-á da percepção do primeiro pagamento"; § 2º: "Considera-se exercício do direito de anular qualquer medida de autoridade administrativa que importe impugnação à validade do ato".

No que concerne aos efeitos da invalidação, como o ato nulo já nasce com a sanção de nulidade, a declaração se dá retroativamente, ou seja, com efeito "ex tunc". Invalidam-se as consequências passadas, presentes e futuras do ato. Do ato ilegal não nascem direitos. A anulação importa no desfazimento do vínculo e no retorno das partes ao estado anterior. Tal regra é atenuada em face dos terceiros de boa-fé. Assim, a anulação de uma nomeação de um agente público surte efeitos em relação a este (que é parte da relação jurídica anulada), mas não em relação aos terceiros que receberam atos por este praticados, desde que tais atos respeitem a lei quanto aos demais aspectos.

(Analista Jurídico –TCE/PA – 2016 – CESPE) Em relação às formas de anulação de atos ou contratos administrativos e à perda de função pública, julgue os itens a seguir.

(1) Em se tratando de ação de improbidade, a perda da função pública é uma sanção administrativa decorrente de sentença de procedência dos pedidos.

(2) A revogação aplica-se a atos praticados no exercício da competência discricionária.

1: incorreta, pois as sanções não são cumulativas, podendo ser aplicadas isolada ou cumulativamente (art. 12, *caput*, da Lei 8.429/92); **2:** correta, pois a revogação é a extinção do ato pela existência de um motivo novo que o torne inconveniente ou inoportuno, e tal possibilidade só existe quando se trata de um ato discricionário, já que este é o tipo de ato que autoriza que a Administração tenha mais de uma opção, podendo ora praticar o ato, ora não praticar, ora modificá-lo e ora extingui-lo. FMB

Gabarito 1E, 2C

3.4. Classificação do ato administrativo

Antes de verificarmos as questões deste item, vale trazer um resumo das principais espécies de atos administrativos.

Espécies de atos administrativos segundo Hely Lopes Meirelles:

- Atos normativos são aqueles que contêm comando geral da Administração Pública, com o objetivo de executar a lei. Ex.: regulamentos (da alçada do chefe do Executivo), instruções normativas (da alçada dos Ministros de Estado), regimentos, resoluções etc.

- Atos ordinatórios são aqueles que disciplinam o funcionamento da Administração e a conduta funcional de seus agentes. Ex.: instruções (são escritas e gerais, destinadas a determinado serviço público), circulares (escritas e de caráter uniforme, direcionadas a determinados servidores), avisos, portarias (expedidas por chefes de órgãos – trazem determinações gerais ou especiais aos subordinados, designam alguns servidores, instauram sindicâncias e processos administrativos etc.), ordens de serviço (determinações especiais ao responsável pelo ato), ofícios (destinados às comunicações escritas entre autoridades) e despacho (contém decisões administrativas).

- Atos negociais são declarações de vontade coincidentes com a pretensão do particular. Ex.: licença, autorização e protocolo administrativo.

- Atos enunciativos são aqueles que apenas atestam, enunciam situações existentes. Não há prescrição de conduta por parte da Administração. Ex.: certidões, atestados, apostilas e pareceres.

- Atos punitivos são as sanções aplicadas pela Administração aos servidores públicos e aos particulares. Ex.: advertência, suspensão e demissão; multa de trânsito.

Confira mais classificações dos atos administrativos:

- Quanto à liberdade de atuação do agente

Ato vinculado é aquele em que a lei tipifica objetiva e claramente a situação em que o agente deve agir e o único comportamento que poderá tomar. Tanto a situação em que o agente deve agir como o comportamento que vai tomar são únicos e estão clara e objetivamente definidos na lei, de forma a inexistir qualquer margem de liberdade ou apreciação subjetiva por parte do agente público. Ex.: licença para construir, concessão de aposentadoria.

Ato discricionário é aquele em que a lei confere margem de liberdade para avaliação da situação em que o agente deve agir ou para escolha do melhor comportamento a ser tomado.

Seja na situação em que o agente deve agir, seja no comportamento que vai tomar, o agente público terá uma margem de liberdade na escolha do que mais atende ao interesse público. Neste ponto se fala em mérito administrativo, ou seja, na valoração dos motivos e escolha do comportamento a ser tomado pelo agente.

Vale dizer, o agente público fará apreciação subjetiva, agindo segundo o que entender ser mais conveniente e oportuno ao interesse público. Reconhece-se a discricionariedade, por exemplo, quando a regra que traz a competência do agente traz conceitos fluidos, como bem comum, moralidade, ordem pública etc. Ou ainda quando a lei não traz um motivo que enseja a prática do ato, como, por exemplo, a que permite nomeação para cargo em comissão, de livre provimento e exoneração. Também se está diante de ato discricionário quando há mais de uma opção para o agente quanto ao momento de atuar, à forma do ato (ex.: verbal, gestual ou escrita), sua finalidade ou conteúdo (ex.: advertência, multa ou apreensão).

A discricionariedade sofre alguns temperamentos. Em primeiro lugar é bom lembrar que todo ato discricionário é parcialmente regrado ou vinculado. A competência, por exemplo, é sempre vinculada (Hely diz que competência, forma e finalidade são sempre vinculadas, conforme vimos). Ademais, só há discricionariedade nas situações marginais, nas zonas cinzentas. Assim, se algo for patente, como quando, por exemplo, uma dada conduta fira veementemente a moralidade pública (ex.: pessoas fazendo sexo no meio de uma rua), o agente, em que pese estar diante de um conceito fluido, deverá agir reconhecendo a existência de uma situação de imoralidade. Deve-se deixar claro, portanto, que a situação concreta diminui o espectro da discricionariedade (a margem de liberdade) conferida ao agente.

Assim, o Judiciário até pode apreciar um ato discricionário, mas apenas quanto aos aspectos de legalidade, razoabilidade e moralidade, não sendo possível a revisão dos critérios adotados pelo administrador (mérito administrativo), se tirados de dentro da margem de liberdade a ele conferida pelo sistema normativo.

- Quanto às prerrogativas da administração

Atos de império são os praticados no gozo de prerrogativas de autoridade. Ex.: interdição de um estabelecimento.

Atos de gestão são os praticados sem uso de prerrogativas públicas, em igualdade com o particular, na administração de bens e serviços. Ex.: contrato de compra e venda ou de locação de um bem imóvel.

Atos de expediente são os destinados a dar andamentos aos processos e papéis que tramitam pelas repartições, preparando-os para decisão de mérito a ser proferida pela autoridade. Ex.: remessa dos autos à autoridade para julgá-lo.

A distinção entre ato de gestão e de império está em desuso, pois era feita para excluir a responsabilidade do Estado pela prática de atos de império, de soberania. Melhor é distingui-los em atos regidos pelo direito público e pelo direito privado.

- Quanto aos destinatários

Atos individuais são os dirigidos a destinatários certos, criando-lhes situação jurídica particular. Ex.: decreto de desapropriação, nomeação, exoneração, licença, autorização, tombamento.

Atos gerais são os dirigidos a todas as pessoas que se encontram na mesma situação, tendo finalidade normativa.

São diferenças entre um e outro as seguintes:

- só ato individual pode ser impugnado individualmente; normativos só por ADIN ou após providência concreta.
- ato normativo prevalece sobre o ato individual.
- ato normativo é revogável; individual deve respeitar direito adquirido.
- ato normativo não pode ser impugnado administrativamente; só após providência concreta.
- Quanto à formação da vontade

Atos simples: decorrem de um órgão, seja ele singular ou colegiado. Ex.: nomeação feita pelo Prefeito; deliberação de um conselho ou de uma comissão.

Atos complexos: decorrem de dois ou mais órgãos, em que as vontades se fundem para formar um único ato. Ex.: decreto do Presidente, com referendo de Ministros.

Atos compostos: decorrem de dois ou mais órgãos, em que vontade de um é instrumental à vontade de outro, que edita o ato principal. Aqui existem dois atos pelo menos: um principal e um acessório. Exs.: nomeação do Procurador Geral da República depende de prévia aprovação pelo Senado; atos que dependem de aprovação ou homologação. Não se deve confundi-los com atos de um procedimento, em que há vários atos acessórios.

- Quanto aos efeitos

Ato constitutivo é aquele em que a Administração cria, modifica ou extingue direito ou situação jurídica do administrado. Ex.: permissão, penalidade, revogação, autorização.

Ato declaratório é aquele em que a Administração reconhece um direito que já existia. Ex.: admissão, licença, homologação, isenção, anulação.

Ato enunciativo é aquele em que a Administração apenas atesta dada situação de fato ou de direito. Não produz efeitos jurídicos diretos. São juízos de conhecimento ou de opinião. Ex.: certidões, atestados, informações e pareceres.

- Quanto à situação de terceiros

Atos internos são aqueles que produzem efeitos apenas no interior da Administração. Ex.: pareceres, informações.

Atos externos são aqueles que produzem efeitos sobre terceiros. Nesse caso, dependerão de publicidade para terem eficácia. Ex.: admissão, licença.

- Quanto à estrutura.

Atos concretos são aqueles que dispõem para uma única situação, para um caso concreto. Ex.: exoneração de um agente público.

Atos abstratos são aqueles que dispõem para reiteradas e infinitas situações, de forma abstrata. Ex.: regulamento.

Confira outros atos administrativos, em espécie:

- Quanto ao conteúdo: a) autorização: ato unilateral, discricionário e precário pelo qual se faculta ao particular, em proveito desse, o uso privativo de bem público ou o desempenho de uma atividade, os quais, sem esse consentimento, seriam legalmente proibidos. Exs.: autorização de uso de praça para festa beneficente; autorização para porte de arma; b) licença: ato administrativo unilateral e vinculado pelo qual a Administração faculta àquele que preencha requisitos legais o exercício de uma atividade. Ex.: licença para construir; c) admissão: ato unilateral e vinculado pelo qual se reconhece ao particular que preencha requisitos legais o direito de receber serviço público. Ex.: aluno de escola; paciente em hospital; programa de assistência social; d) permissão: ato administrativo unilateral, discricionário e precário, pelo qual a Administração faculta ao particular a execução de serviço público ou a utilização privativa de bem público, mediante licitação. Exs.: permissão para perueiro; permissão para uma banca de jornal.

Vale lembrar que, por ser precária, pode ser revogada a qualquer momento, sem direito à indenização; e) concessão: ato bilateral e não precário, pelo qual a Administração faculta ao particular a execução de serviço público ou a utilização privativa de bem público, mediante licitação. Ex.: concessão para empresa de ônibus efetuar transporte remunerado de passageiros. Quanto aos bens públicos, há também a concessão de direito real de uso, oponível até ao poder concedente, e a cessão de uso, em que se transfere o uso para entes ou órgãos públicos; f) aprovação: ato de controle discricionário. Vê-se a conveniência do ato controlado. Ex.: aprovação pelo Senado de indicação para Ministro do STF; g) homologação: ato de controle vinculado. Ex.: homologação de licitação ou de concurso público; h) parecer: ato pelo qual órgãos consultivos da Administração emitem opinião técnica sobre assunto de sua competência. Tipos: facultativo (parecer solicitado se a autoridade quiser); obrigatório (autoridade é obrigada a solicitar o parecer, mas não a acatá-lo) e vinculante (a autoridade é obrigada a solicitar o parecer e a acatar o seu conteúdo; ex.: parecer médico).

- Quanto à forma: a) decreto: é a forma de que se revestem os atos individuais ou gerais, emanados do Chefe do Poder Executivo. Exs.: nomeação e exoneração (atos individuais); regulamentos (atos gerais que têm por objeto proporcionar a fiel execução da lei – art. 84, IV, da CF); b) resolução e portaria: são as formas de que se revestem os atos, gerais ou individuais, emanados de autoridades que não sejam o Chefe do Executivo; c) alvará: forma pela qual a Administração confere licença ou autorização para *a prática de ato ou exercício de atividade sujeita ao poder de polícia do Estado*. Exs.: alvará de construção (instrumento da licença); alvará de porte (instrumento da autorização).

(**Técnico Judiciário – TRT8 – CESPE – 2016**) No que diz respeito às espécies de ato administrativo, assinale a opção correta.

(**A**) A homologação é ato unilateral e vinculado pelo qual a administração pública reconhece a legalidade de um ato jurídico.

(**B**) Decreto é ato exclusivamente geral emanado do chefe do Poder Executivo.

(**C**) Licença é o ato administrativo bilateral e vinculado por meio do qual a administração pública faculta ao particular o exercício de determinada atividade.

(**D**) A admissão é o ato discricionário e unilateral pelo qual a administração reconhece ao particular que preencha os requisitos legais o direito à prestação de um serviço público.

(**E**) Parecer é ato opinativo e vinculante pelo qual os órgãos consultivos da administração pública emitem opinião sobre assuntos técnicos ou jurídicos de sua competência.

A: correta. **B**: incorreta. Decretos são atos normativos. **C**: incorreta. Licença é ato vinculado e unilateral que faculta o exercício de determinada atividade desde que demonstrado o atendimento ao interesse público. **D**: incorreta. Ato unilateral e vinculado que reconhece ao particular desde que preencha os requisitos legais, o direito a prestação de um serviço público. **E**: incorreta. Ato opinativo emitido pelos órgãos consultivos da administração. Eles podem ser facultativos, obrigatórios e vinculantes. **FMB**

Gabarito "A".

3.5. Temas combinados de atos administrativos

(**Analista – INSS – 2008 – CESPE**) A respeito de atos administrativos, julgue os itens a seguir.

(**1**) A presunção de legitimidade do ato administrativo implica que cabe ao administrado o ônus da prova para desconstituir o referido ato.

(**2**) O ato discricionário pode ser motivado após a sua edição.

(**3**) O Poder Judiciário pode revogar ato administrativo violador do princípio da legalidade administrativa.

1: correta. A presunção de legalidade do ato administrativo é um de seus atributos. Ele se baseia no fato de que, uma vez que só cabe à Administração Pública fazer o que a lei permite, tem-se a presunção relativa de que seus atos foram realizados dentro dessa legalidade restrita, cabendo ao particular o ônus de provar que essa presunção deve ser afastada; **2**: incorreta. A motivação deve ser prévia ou concomitante à edição do ato; **3**: incorreta. Ao Poder Judiciário cabe apenas anular atos que apresentem vício de legalidade, não lhe sendo possível revogar, por conveniência ou oportunidade, um ato que não apresenta qualquer vício. **FMB**

Gabarito 1C, 2E, 3E

4. ORGANIZAÇÃO DA ADMINISTRAÇÃO PÚBLICA

4.1. Temas Gerais (Administração Pública, órgãos e entidades, descentralização e desconcentração, teoria do órgão)

Segue um resumo sobre essa parte introdutória:

O objetivo deste tópico é efetuar uma série de distinções, de grande valia para o estudo sistematizado do tema. A primeira delas tratará da relação entre pessoa jurídica e órgãos estatais.

Pessoas jurídicas estatais são entidades integrantes da estrutura do Estado e dotadas de personalidade jurídica, ou seja, de aptidão genérica para contrair direitos e obrigações.

Órgãos públicos são centros de competência integrantes das pessoas estatais instituídos para o desempenho das funções públicas por meio de agentes públicos. São, portanto, parte do corpo (pessoa **jurídica**). Cada órgão é investido de determinada competência, dividida entre seus cargos. Apesar de não terem personalidade jurídica, têm prerrogativas funcionais, o que admite até que interponham mandado de segurança, quando violadas (tal capacidade processual, todavia, só têm os órgãos independentes e os autônomos). Todo ato de um órgão é imputado diretamente à pessoa jurídica da qual é integrante, assim como todo ato de agente público é imputado diretamente ao órgão à qual pertence (trata-se da chamada "teoria do órgão", que se contrapõe à teoria da representação ou do mandato, conforme se verá no capítulo seguinte). Deve-se ressaltar todavia que a representação legal da entidade é atribuição de determinados agentes, como o Chefe do Poder Executivo e os Procuradores. Confiram-se algumas classificações dos órgãos públicos, segundo o magistério de Hely Lopes Meirelles:

Quanto à posição, podem ser órgãos independentes (originários da Constituição e representativos dos Poderes do Estado: Legislativo, Executivo de Judiciário – aqui estão todas as corporações legislativas, chefias de executivo e tribunais e juízo singulares); autônomos (estão na cúpula da Administração, logo abaixo dos órgãos independentes, tendo autonomia administrativa, financeira e técnica, segundo as diretrizes dos órgãos a eles superiores – cá estão os Ministérios, as Secretarias Estaduais e Municipais, a AGU etc.), superiores (detêm poder de direção quanto aos assuntos de sua competência, mas sem autonomia administrativa e financeira – ex.: gabinetes, procuradorias judiciais, departamentos, divisões etc.) e subalternos (são os que se acham na base da hierarquia entre órgãos, tendo reduzido poder decisório, com atribuições de mera execução – ex.: portarias, seções de expediente):

Quanto à estrutura, podem ser simples ou unitários (constituídos por um só centro de competência) e compostos (reúnem outros órgãos menores com atividades-fim idênticas ou atividades auxiliares – ex.: Ministério da Saúde).

Quanto à atuação funcional, podem ser singulares ou unipessoais (atuam por um único agente – ex.: Presidência da República) e colegiados ou pluripessoais (atuam por manifestação conjunta da vontade de seus membros – ex.: corporações legislativas, tribunais e comissões).

Outra distinção relevante para o estudo da estrutura da Administração Pública é a que se faz entre desconcentração e descentralização. Confira-se.

Desconcentração é a distribuição interna de atividades administrativas, de competências. Ocorre de órgão para órgão da entidade. Ex.: competência no âmbito da Prefeitura, que poderia estar totalmente concentrada no órgão Prefeito Municipal, mas que é distribuída internamente aos Secretários de Saúde, Educação etc.

Descentralização é a distribuição externa de atividades administrativas, que passam a ser exercidas por pessoa ou pessoas distintas do Estado. Dá-se de pessoa jurídica para pessoa jurídica como técnica de especialização. Ex.: criação de autarquia para titularizar e executar um dado serviço público, antes da titularidade do ente político que a criou.

Na descentralização por serviço a lei atribui ou autoriza que outra pessoa detenha a titularidade e a execução do serviço. Depende de lei. Fala-se também em outorga do serviço.

Na descentralização por colaboração o contrato ou ato unilateral atribui a outra pessoa a execução do serviço. Aqui o particular pode colaborar, recebendo a execução do serviço, e não a titularidade. Fala-se também em delegação do serviço e o caráter é transitório.

É importante também saber a seguinte distinção.

Administração direta compreende os órgãos integrados no âmbito direto das pessoas políticas (União, Estados, Distrito Federal e Municípios).

Administração indireta compreende as pessoas jurídicas criadas pelo Estado para titularizar e exercer atividades públicas (autarquias e fundações públicas) e para agir

na atividade econômica quando necessário (empresas públicas e sociedades de economia Mista).

Outra classificação relevante para o estudo do tema em questão é a que segue.

As pessoas jurídicas de direito público são os entes políticos e mais as autarquias e fundações públicas, uma vez que todas essas pessoas são criadas para exercer típica atividade administrativa, o que impõe tenham, de um lado, prerrogativas de direito público, e, de outro, restrições de direito público, próprias de quem gere coisa pública.

As pessoas jurídicas de direito privado são as empresas púbicas e as sociedades de economia mista, visto que são criadas para exercer atividade econômica, devendo ter os mesmos direitos e restrições das demais pessoas jurídica privadas, em que pese terem algumas restrições adicionais, pelo fato de terem sido criadas pelo Estado.

Para fecharmos essa introdução, tem-se que saber a seguinte distinção.

Hierarquia consiste no poder que um órgão superior tem sobre outro inferior, que lhe confere, dentre outras prerrogativas, uma ampla possibilidade de fiscalização dos atos do órgão subordinado.

Controle (tutela ou supervisão ministerial) consiste no poder de fiscalização que a pessoa jurídica política tem sobre a pessoa jurídica que criou, que lhe confere tão somente a possibilidade de submeter a segunda ao cumprimento de seus objetivos globais, nos termos do que dispuser a lei. Ex.: a União não pode anular um ato administrativo de concessão de aposentadoria por parte do INSS (autarquia por ela criada), por não haver hierarquia; mas pode impedir que o INSS passe a comercializar títulos de capitalização, por exemplo, por haver nítido desvio dos objetivos globais para os quais fora criada a autarquia. Aqui não se fala em subordinação, mas em vinculação administrativa.

(Analista – INSS – 2016 – CESPE) Conforme o Decreto n. 7.556/2011, o INSS é uma autarquia federal vinculada ao MPS e tem por finalidade promover o reconhecimento de direito ao recebimento de benefícios administrados pela previdência social, assegurando agilidade e comodidade aos seus usuários e ampliação do controle social.

Considerando essa informação, julgue os itens seguintes, acerca da administração direta e indireta.

(1) Os institutos da desconcentração e da descentralização, essenciais à organização e repartição de competências da administração pública, podem ser exemplificados, respectivamente, pela relação entre o MPS e a União e pela vinculação entre o INSS e o MPS.

(2) O INSS integra a administração direta do governo federal, uma vez que esse instituto é uma autarquia federal vinculada ao MPS.

1: correta. A descentralização ocorre quando o Estado cria outro órgão, com personalidade jurídica, para desempenhar as funções administrativas que lhe são afetas, só é possível na Administração Direta. Já a desconcentração administrativa ocorre quando há uma repartição de competências dentro da mesma pessoa jurídica, sendo possível na Administração Direta ou Indireta. Assim, quando a União reparte suas competências com o Ministério da Previdência Social, no âmbito

4. DIREITO ADMINISTRATIVO 53

da mesma pessoa jurídica, ocorre desconcentração administrativa. E quando o Ministério da Previdência Social o faz através da criação da autarquia, Instituto Nacional de Seguridade Social, sendo pessoas jurídicas distintas, ocorre descentralização, portanto, a assertiva está correta. **2**: incorreta. O Instituto Nacional de Seguridade Social integra a Administração Indireta na condição de autarquia vinculada ao Ministério da Previdência Social. FMB

Gabarito: 1C, 2E

(**Técnico Judiciário – TRE/PI – CESPE – 2016**) Entidade administrativa, com personalidade jurídica de direito público, destinada a supervisionar e fiscalizar o ensino superior, criada mediante lei específica,

(A) é regida, predominantemente, pelo regime jurídico de direito privado.

(B) integra a administração direta.

(C) possui autonomia e é titular de direitos e obrigações próprios.

(D) tem natureza de empresa pública.

(E) é exemplo de entidade resultante da desconcentração administrativa.

A: incorreta. A assertiva define autarquia e está e de direito público. **B**: incorreta. As autarquias integram a administração indireta. **C**: Correta. As autarquias por definição legal, possuem autonomia e são titulares de direitos e obrigações próprios. **D**: incorreta. Decreto 200/1967, Art. 5º, II – Empresa Pública – a entidade dotada de personalidade jurídica de direito privado **E**: incorreta. Autarquia e exemplo de descentralização administrativa a medida que e criada como órgão dotado de personalidade jurídica própria. FMB

Gabarito "C".

4.2. Autarquias e Fundações

(**Auditor Fiscal - SEFAZ/RS - 2019 - CESPE/CEBRASPE**) A entidade da administração pública indireta criada por meio de lei para desempenho de atividades específicas, com personalidade jurídica pública e capacidade de autoadministração é a

(A) autarquia.

(B) fundação privada.

(C) sociedade de economia mista.

(D) empresa pública.

(E) empresa subsidiária.

A: correta – As autarquias podem ser **conceituadas** como *as pessoas jurídicas de direito público, criadas por lei específica, para titularizar atividade administrativa*. Realizam atividades próprias (típicas) da Administração Direta, as quais são passadas para as autarquias para agilizar, facilitar e principalmente especializar a prestação dos serviços públicos. São um prolongamento, um *longa manus* do Estado. Qualquer ente político (União, Estados-membros, Distrito Federal e Municípios) pode criar uma autarquia, desde que por lei específica e para realizar atividades típicas da Administração; **B**: incorreta – A fundação privada possui personalidade jurídica de direito privado. Não se pode confundir as fundações públicas com as fundações privadas criadas pelo Estado. Isso porque nada impede que o Estado crie fundações com personalidade de direito privado, sendo apenas necessário que haja autorização legal. Muitas vezes deseja-se criar uma pessoa jurídica, cujo elemento patrimonial terá caráter preponderante, para um fim de interesse público, mas que não trate de típica atividade administrativa. Em tal hipótese, cria-se uma fundação privada, com regime jurídico de direito privado. Nesse caso haverá fiscalização por parte do Ministério Público, na forma

da lei civil. Portanto, o critério que diferencia uma *fundação pública de direito público* de uma *fundação privada criada pelo Estado* é a natureza da atividade da pessoa jurídica criada. Se se tratar de típica atividade administrativa, será uma fundação pública. Se não, uma fundação privada; **C**: incorreta. As **sociedades de economia mista** são pessoas jurídicas de direito privado, cuja criação foi autorizada em lei, constituídas necessariamente sob a forma de sociedade por ações e cujo capital majoritariamente deve ser formado por recursos de pessoas públicas de direito interno ou de pessoas integrantes de suas respectivas administrações indiretas, sendo possível que as demais ações sejam de propriedade privada. Portanto, são empresas estatais com as seguintes peculiaridades: a) constituídas somente pela forma de sociedade anônima (S/A); b) possuem necessariamente capital privado e público, sendo que a maioria das ações com direito a voto é do Poder Público; c) a Justiça Comum é o foro próprio de tais sociedades mesmo sendo federais; **D**: incorreta. As empresas públicas podem ser **conceituadas** como *pessoas jurídicas de direito privado especial, cuja criação se dá pelo Estado, autorizado por lei específica, com a finalidade de executar serviço público ou explorar atividade econômica não ligada a esse tipo de serviço, em caráter suplementar, desde que necessário aos imperativos da segurança nacional ou a relevante interesse coletivo*. Apresentam as seguintes características: a) constituídas por qualquer modalidade societária admitida (S/A, Ltda. etc.); b) com capital social formado integralmente por recursos de pessoas jurídicas de direito público (caso tenha participação da União, esta deve ter a maioria do capital votante);c) caso sejam da União, têm foro na Justiça Federal (art. 109, I e IV, da CF) na área cível e criminal, salvo quanto às contravenções penais, cujo julgamento é da competência da Justiça Comum; **E**: incorreta. Uma empresa subsidiária ou subordinada é uma empresa controlada ou pertencente a outra empresa. Aquela que possui ou controla a empresa subsidiária é chamada de empresa-mãe. FMB

Gabarito "A".

(**Técnico Judiciário – TRT8 – CESPE – 2016**) Com base nas disposições constitucionais e no regime jurídico referentes à administração indireta, assinale a opção correta.

(A) Os conselhos profissionais são considerados autarquias profissionais ou corporativas.

(B) Conforme a Constituição Federal de 1988 (CF), a nomeação dos presidentes das entidades da administração pública indireta independe de aprovação prévia do Senado Federal.

(C) As sociedades de economia mista que exploram atividade econômica não estão sujeitas à fiscalização do Tribunal de Contas da União.

(D) O consórcio público integra a administração direta de todos os entes da Federação consorciados, ainda que detenha personalidade jurídica de direito público.

(E) Existe relação de hierarquia entre a autarquia e o ministério que a supervisiona.

A: correta. Conforme sua natureza jurídica e características definidas em Lei. Art. 58 da Lei 9.649/1998: Os serviços de fiscalização de profissões regulamentadas serão exercidos em caráter privado, por delegação do poder público, mediante autorização legislativa. (...) § 2º Os conselhos de fiscalização de profissões regulamentadas, dotados de personalidade jurídica de direito privado, não manterão com os órgãos da Administração Pública qualquer vínculo funcional ou hierárquico. **B**: incorreta. CF, art. 52. Compete privativamente ao Senado Federal: III – aprovar previamente, por voto secreto, após arguição pública, a escolha de: f) titulares de outros cargos que a lei determinar; **C**: incorreta. Todas o estão. **D**: incorreta. O consorcio publico não integra a administração direta e sim e contratado por ela. Lei 11107/05, Art. 1º § 1º O consórcio público constituirá associação pública ou pessoa jurídica de direito privado. **E**: incorreta. As autarquias são anônimas em sua gestão, não há hierarquia com os ministérios. A supervisão segue o pactuado. **FMB**

Gabarito "A".

(Técnico Judiciário – TRT8 – CESPE – 2016) A autarquia

(A) é pessoa jurídica de direito público.

(B) inicia-se com a inscrição de seu ato constitutivo em registro público.

(C) subordina-se ao ente estatal que a instituir.

(D) é uma entidade de competência política, desprovida de caráter administrativo.

(E) integra a administração pública direta.

A: correta. Conceitua-se autarquia como a pessoa jurídica de direito público, integrante da administração indireta, criada por lei para desempenhar funções que, despidas de caráter econômico, sejam próprias e típicas do Estado. **B:** incorreta. Esta hipótese legal se aplica às fundações públicas, conforme Decreto 200/1967, art. 5º, § 3º As entidades de que trata o inciso IV deste artigo adquirem personalidade jurídica com a inscrição da escritura pública de sua constituição no Registro Civil de Pessoas Jurídicas. **C:** incorreta. A lei não prevê tais exceções. **D:** incorreta. As autarquias possuem competência administrativa. **E:** incorreta. Decreto 200/1967, art. 4º, II, a. **FMB**

Gabarito "A".

(Técnico Judiciário – TRE/PE – CESPE – 2017) As autarquias

(A) são criadas, extintas e organizadas por atos administrativos.

(B) têm sua criação e sua extinção submetidas a reserva legal, podendo ter sua organização regulada por decreto.

(C) têm sua criação submetida a reserva legal, mas podem ser extintas por decreto, podendo ter sua organização regulada por atos administrativos.

(D) são criadas e organizadas por decreto e podem ser extintas por essa mesma via administrativa.

(E) são criadas e extintas por decreto, podendo ter sua organização regulada por atos administrativos.

CF, art.37, **XIX:** somente por lei específica poderá ser criada autarquia e autorizada a instituição de empresa pública, de sociedade de economia mista e de fundação, cabendo à lei complementar, neste último caso, definir as áreas de sua atuação. Tendo sido criada por Lei, pelo princípio da simetria jurídica, também só através dela será extinta. A organização das autarquias é regulada por atos administrativos, mormente Decreto 200/67. **FMB**

Gabarito "B".

(Técnico Judiciário – TRE/PE – CESPE – 2017) As empresas públicas

(A) admitem a criação de subsidiárias, exigindo-se, para tanto, autorização legislativa.

(B) dispensam, para sua extinção, autorização legislativa.

(C) integram a administração direta.

(D) possuem regime jurídico de direito público.

(E) são criadas por lei.

A: correta. As empresas públicas podem instituir subsidiárias, desde que haja autorização legislativa, nos termos do art. 37, XX, da Constituição Federal. **B:** incorreta. Têm a criação autorizada bem como a extinção por meio de Lei .**C:** incorreta. As empresas públicas integram a Administração Indireta, art. 4º, II, b, do Decreto 200/1967. **D:** incorreta Art. 5º, II: Empresa Pública – a entidade dotada de personalidade jurídica de direito privado (falsa). **E:** incorreta. Tem a criação AUTORIZADA por lei. **FMB**

Gabarito "A".

4.3. Empresas Estatais (empresas públicas e sociedades de economia mista)

(Analista Judiciário – TJ/PA – 2020 – CESPE) A administração indireta inclui as sociedades de economia mista, cujos agentes são

(A) empregados públicos regidos pela CLT e sujeitos às normas constitucionais relativas a concurso público e à vedação de acumulação remunerada de cargos públicos.

(B) empregados públicos regidos pela CLT que não se submetem às normas constitucionais relativas a concurso público nem à vedação de acumulação remunerada de cargos públicos.

(C) empregados públicos regidos pela CLT e sujeitos às normas constitucionais relativas a concurso público, mas não à vedação de acumulação remunerada de cargos públicos.

(D) servidores públicos estatutários sujeitos às normas constitucionais relativas a concurso público e à vedação de acumulação remunerada de cargos públicos.

(E) servidores públicos estatutários sujeitos às normas constitucionais relativas a concurso público, mas não à vedação de acumulação remunerada de cargos públicos.

As empresas estatais, entre as quais as sociedades de economia mista, são entidades da administração indireta. Considerando que representam pessoas jurídicas de direito privado, seus agentes estão regidos pela CLT (empregados públicos). É preciso destacar que, embora sejam pessoas privadas, incidem parcialmente sobre elas normas de direito público, como aquelas que impõem a realização de concurso público, nos termos do art. 37, II, CF, que faz alusão a cargos e empregos públicos. Igualmente se aplica a vedação de acumulação remunerada, que irradia efeitos sobre a administração direta e indireta (art. 37, XVI e XVII, CF). Nesse sentido, correta a alternativa A. **RB**

Gabarito "A".

(Auditor Fiscal – SEFAZ/DF – 2020 – CESPE/CEBRASPE) Considerando a Lei 13.303/2016, que dispõe sobre o estatuto jurídico da empresa pública, da sociedade de economia mista e de suas subsidiárias, no âmbito da União, dos estados, do Distrito Federal e dos municípios, julgue o próximo item.

(1) Ocorre superfaturamento quando os preços orçados para a licitação ou os preços contratados são expressivamente superiores aos preços referenciais de mercado.

Enunciado **1** errado. A Lei 13.303/16 (Estatuto das Empresas Estatais) traz a definição de superfaturamento e sobrepreço, cf. art. 31, § 1º. Sobrepreço verifica-se na situação em que "os preços orçados para a licitação ou os preços contratados são expressivamente superiores aos preços referenciais de mercado" (art. 37, § 1º, I). Já o superfaturamento envolve dano ao patrimônio das empresas estatais, nas situações exemplificadas no inciso II do mesmo art. 37, § 1º, como a deficiência na execução de obras e serviços de engenharia que resulte em diminuição da qualidade, da vida útil ou da segurança. Assim, conclui-se que a definição apresentada no enunciado da questão é de sobrepreço, e não de superfaturamento. **RB**

Gabarito 1E

4. DIREITO ADMINISTRATIVO · 55

5. AGENTES PÚBLICOS

5.1. Conceito, classificação e Direitos constitucionais dos servidores públicos

Para resolver as questões deste item, vale lembrar que há três grandes grupos de agentes públicos, que são os seguintes: a) **agentes políticos**, que são os que têm cargo estrutural no âmbito da organização política do País (exs.: chefes do Executivo, secretários estaduais e municipais, vereadores, deputados, senadores, juízes, entre outros); b) **agentes administrativos ou servidores públicos**, que são os que possuem cargo, emprego ou função na Administração Direta e Indireta, compreendendo os empregados públicos e servidores estatutários e temporários (exs.: professor, médico, fiscal, técnico, analista, delegado, procurador etc.); c) **particulares em colaboração com o Poder Público**, que são aqueles que, sem perder a condição de particulares, são chamados a contribuir com o Estado (ex.: *agentes honoríficos*, como os mesários das eleições e os jurados do Tribunal do Júri; *agentes credenciados*, como um advogado contrato para defender um Município numa ação judicial específica; *agentes delegados*, como o registrador e o tabelião, nos Cartórios). Assim, dentro da expressão *servidores públicos*, não estão contidos os *agentes políticos* e os *particulares em colaboração com o Poder Público*. Para alguns autores, como Maria Sylvia Zanella Di Pietro, os *militares* devem ser considerados uma espécie a mais de servidores públicos. Assim, para essa doutrina, há quatro grandes grupos de agentes públicos: a) agentes políticos; b) servidores públicos; c) militares; d) particulares em colaboração com a Administração.

(Analista – Judiciário –TRE/PI – 2016 – CESPE) A cidade de Parintins, no Amazonas, detém a maior proporção do Brasil de funcionários públicos em relação ao total de trabalhadores formais — lá são 3.971 servidores públicos, que correspondem a 62,71% desse total, considerados apenas os estatutários.

> Internet: <http://exame.abril.com.br > (com adaptações).

Tendo o texto acima como referência inicial e supondo que a notícia apresentada tenha sido confirmada por diversos organismos renomados pelo elevado grau assertivo em suas pesquisas e que a realidade apresentada permaneça até o presente, assinale a opção correta acerca de aspectos diversos do direito administrativo.

(A) As contratações de agentes públicos para o exercício de cargo efetivo e permanente no referido município devem ocorrer mediante concurso, cuja validade inicial pode ser de até dois anos, prorrogável, uma vez, por igual período.

(B) A existência do elevado número de servidores públicos é suficiente para concluir que o chefe do Poder Executivo municipal, por utilizar a técnica administrativa da concentração, agiu contrariamente ao princípio da eficiência, estando, pois, sujeito à ação de improbidade, cuja prescrição ocorre no prazo de cinco anos, a contar da abertura do respectivo processo administrativo disciplinar.

(C) O mesário convocado para servir no dia das eleições é considerado servidor público estatutário.

(D) A administração pública, em sentido objetivo, compreende as pessoas jurídicas de direito público e seus agentes.

(E) Com base no entendimento do STF, é correto afirmar que o prefeito de Parintins pode nomear sobrinha para ocupar cargo de confiança em órgão da administração, uma vez que a vedação à nomeação de parentes alcança apenas aqueles em linha reta ou por afinidade.

A: correta (art. 37, II e III, da CF); **B:** incorreta, por vários motivos; primeiro porque o enunciado não diz que esses funcionários todos são municipais, podendo ser também estaduais e federais; segundo porque não se sabe se o Chefe do Executivo Municipal usou mesmo com exagero a técnica administrativa da concentração; terceiro porque essa técnica não é necessariamente causa de inchaço de servidores públicos; quarto porque o prazo prescricional no caso, se houvesse improbidade administrativa, seria de 5 anos contados do término do mandato do Prefeito e não no prazo indicado no enunciado; **C:** incorreta, pois o mesário é considerado particular em colaboração com a Administração; **D:** incorreta, pois o conceito dado no enunciado é de administração pública em sentido objetivo; **E:** incorreta, pois tal nomeação violaria a Súmula Vinculante STF n. 13, já que a sobrinha é parente em 3º grau do Prefeito. FMB

Gabarito "A".

(Técnico Judiciário – TRE/PI – CESPE – 2016) Teobaldo, servidor público do estado do Piauí, adquiriu sua estabilidade em 27/1/2012. Em novembro de 2012, ele foi nomeado para o cargo de técnico judiciário no TRE/PI. Dentro do prazo legal, Teobaldo tomou posse e entrou em exercício em seu novo cargo, após solicitar vacância por posse em outro cargo inacumulável. Na avaliação de seu estágio probatório, no tribunal, Teobaldo foi reprovado, ou seja, foi considerado inapto para o exercício do cargo ocupado no TRE/PI.

Nessa situação hipotética, a administração deve aplicar, em relação a Teobaldo, o instituto denominado

(A) recondução.

(B) aproveitamento.

(C) exoneração.

(D) demissão.

(E) readaptação.

Lei 8.112/1990, art. 29. Recondução é o retorno do servidor estável ao cargo anteriormente ocupado e decorrerá de: I – inabilitação em estágio probatório relativo a outro cargo. FMB

Gabarito "A".

(Técnico Judiciário – TRE/SP – FCC – 2017) O vínculo funcional a que se submetem os servidores públicos pode variar de acordo com a estruturação da Administração pública e a natureza jurídica do ente a que estão subordinados, por exemplo,

(A) quando vinculados à Administração direta devem, obrigatoriamente, se submeter a prévio concurso de provas e títulos para provimento de cargos, empregos e funções públicas.

(B) os empregados de empresas públicas ou de sociedades de economia mista que explorem atividades econômicas necessariamente devem seguir o mesmo regime de obrigações trabalhistas das empresas privadas.

(C) os ocupantes de empregos públicos e funções públicas devem se submeter a prévio concurso público somente quando o vínculo funcional pretendido se der com entes integrantes da Administração indireta que tenham natureza jurídica de direito público.

(D) os entes que integram a Administração indireta podem preencher cargos em comissão, de livre provimento, que prescindem de concurso público, para suprir as necessidades do quadro funcional até que seja possível o provimento dos respectivos empregos públicos.

(E) os entes que integram a Administração indireta possuem natureza jurídica de direito privado e, como tal, seus servidores somente podem ocupar emprego público.

A: incorreta. A regra se aplica a toda a Administração Pública, Lei 8.112/1990. **B:** correta. Art. 173 da CF. Ressalvados os casos previstos nesta Constituição, a exploração direta de atividade econômica pelo Estado só será permitida quando necessária aos imperativos da segurança nacional ou a relevante interesse coletivo, conforme definidos em lei. § 1º A empresa pública, a sociedade de economia mista e outras entidades que explorem atividade econômica sujeitam-se ao regime jurídico próprio das empresas privadas, inclusive quanto às obrigações trabalhistas e tributárias. **C:** incorreta. CF, Art. 37, II – a investidura em cargo ou emprego público depende de aprovação prévia em concurso público de provas ou de provas e títulos, de acordo com a natureza e a complexidade do cargo ou emprego, na forma prevista em lei, ressalvadas as nomeações para cargo em comissão declarado em lei de livre nomeação e exoneração. **D:** incorreta. A nomeação de cargo em comissão é limitada legalmente. **E:** incorreta. Cargo público se refere a ambos, alterando-se o regime de trabalho. **FMB**

Gabarito "B"

(Técnico Judiciário – TRT8 – CESPE – 2016) No que diz respeito aos agentes públicos, assinale a opção correta.

(A) Permite-se que os gestores locais do Sistema Único de Saúde admitam agentes comunitários de saúde e agentes de combate às endemias por meio de contratação direta.

(B) Não se permite o acesso de estrangeiros não naturalizados a cargos, empregos e funções públicas.

(C) O prazo de validade de qualquer concurso público é de dois anos, prorrogável por igual período.

(D) As funções de confiança somente podem ser exercidas pelos servidores ocupantes de cargo efetivo.

(E) Como os cargos em comissão destinam-se à atribuição de confiança, não há previsão de percentual mínimo de preenchimento desses cargos por servidores efetivos.

A: incorreta. Lei 11350/2006, art. 9º A contratação de Agentes Comunitários de Saúde e de Agentes de Combate às Endemias deverá ser precedida de processo seletivo público de provas ou de provas e títulos, de acordo com a natureza e a complexidade de suas atribuições e requisitos específicos para o exercício das atividades, que atenda aos princípios de legalidade, impessoalidade, moralidade, publicidade e eficiência. § 1º Caberá aos órgãos ou entes da administração direta dos Estados, do Distrito Federal ou dos Municípios certificar, em cada caso, a existência de anterior processo de seleção pública, para efeito da dispensa referida no parágrafo único do art. 2º da Emenda Constitucional 51, de 14 de fevereiro de 2006, considerando-se como tal aquele que tenha sido realizado com observância dos princípios referidos no *caput*. **B:** incorreta. A proibição se refere a contratação para cargos públicos.

Lei 8.112/1990, art. 5º: São requisitos básicos para investidura em cargo público: I – a nacionalidade brasileira. **C:** incorreta. A validade dos concursos será determinada no edital. A assertiva se refere ao limite máximo. Lei 8.112/1990, art. 11, § 1º O prazo de validade do concurso e as condições de sua realização serão fixados em edital, que será publicado no Diário Oficial da União e em jornal diário de grande circulação. **D:** correta. Lei 8.112/1990, art. 9º, parágrafo único: O servidor ocupante de cargo em comissão ou de natureza especial poderá ser nomeado para ter exercício, interinamente, em outro cargo de confiança, sem prejuízo das atribuições do que atualmente ocupa, hipótese em que deverá optar pela remuneração de um deles durante o período da interinidade. **E:** incorreta. A Lei 8.168/1991 Art. 1º As funções de confiança integrantes do Plano Único de Classificação e Retribuição de Cargos e Empregos a que se refere o art. 3º da Lei 7.596, de 10 de abril de 1987, são transformadas em Cargos de Direção (CD) e em Funções Gratificadas (FG). Neste sentido ainda prevê a Constituição Federal os percentuais mínimos, a saber, Art. 37, V – as funções de confiança, exercidas exclusivamente por servidores ocupantes de cargo efetivo, e os cargos em comissão, a serem preenchidos por servidores de carreira nos casos, condições e percentuais mínimos previstos em lei, destinam-se apenas às atribuições de direção, chefia e assessoramento. **FMB**

Gabarito "D"

5.2. Acessibilidade e Concurso Público

(Delegado de Polícia Federal – 2021 – CESPE) Foi realizado concurso para o preenchimento de vagas para determinado cargo público, de natureza civil, da administração direta federal. Após a divulgação dos resultados, os aprovados foram nomeados.

Considerando essa situação hipotética e o que dispõe a Lei 8.112/1990, julgue os itens subsecutivos.

(1) É correto afirmar que o cargo público em questão foi criado por lei.

(2) Os aprovados no referido concurso público serão investidos em cargos em comissão mediante posse e somente adquirirão estabilidade se, após três anos de efetivo exercício, forem aprovados no estágio probatório.

(3) O concurso público seria desnecessário se a investidura se destinasse a emprego público na administração indireta federal.

1: Certo. A criação de cargos públicos deve ser feita por meio de lei. É o que dispõe expressamente a Lei 8.112/1990 em seu art. 3º, parágrafo único: "Os cargos públicos, acessíveis a todos os brasileiros, são criados por lei (...)". A própria Constituição Federal impõe a necessidade de lei para a criação de cargos, funções ou empregos públicos (art. 61, § 1º, inciso II, "a"). Assim, a afirmativa está correta. **2:** O item está errado. O provimento para cargo em comissão é livre, ou seja, independe de aprovação em concurso público. É o que estabelece a Constituição Federal: "a investidura em cargo ou emprego público depende de aprovação prévia em concurso público de provas ou de provas e títulos, de acordo com a natureza e a complexidade do cargo ou emprego, na forma prevista em lei, ressalvadas as nomeações para cargo em comissão declarado em lei de livre nomeação e exoneração" (art. 37, inciso II). Os cargos efetivos, por sua vez, são acessíveis mediante concurso público e conferem o direito à estabilidade se, após três anos de efetivo exercício, forem aprovados no estágio probatório (art. 41, "caput", CF). **3:** A assertiva está errada. Segundo o art. 37, inciso II, da Constituição Federal, a investidura em cargo ou *emprego público* depende de aprovação prévia em concurso público. Relevante assinalar que a obrigatoriedade de concurso abrange todas as entidades da Administração, seja a direta, seja a indireta, mesmo aquelas detentoras de personalidade jurídica de direito privado (empresas estatais, p.ex.) e independentemente da função exercida (prestação de serviço público ou exploração de atividade econômica). **RB**

Gabarito 1C, 2E, 3E.

(Técnico – INSS – 2012 – FCC) Cargos públicos, segundo a Constituição Federal,

(A) são preenchidos apenas por candidatos aprovados em concurso público de provas e títulos.

(B) podem ser acumulados, inclusive de forma remunerada, na hipótese de serem dois cargos de professor com outro, técnico ou científico, desde que haja compatibilidade de horários.

(C) impedem que o servidor público civil exerça o direito à livre associação sindical.

(D) em nenhuma hipótese são acessíveis a estrangeiros.

(E) proporcionam estabilidade ao servidor nomeado em caráter efetivo, após três anos de efetivo exercício e mediante avaliação especial de desempenho por comissão instituída para essa finalidade.

A: incorreta – segundo o que estabelece a Constituição Federal, a investidura em cargo ou emprego público depende de aprovação prévia em concurso público de provas ou de provas e títulos, de acordo com a natureza e a complexidade do cargo ou emprego, na forma prevista em lei, ressalvadas as nomeações para cargo em comissão declarado em lei de livre nomeação e exoneração – art. 37, II da CF/1988; **B:** incorreta – a assertiva dá a entender que é possível a cumulação de dois cargos de professor com mais um técnico ou científico, ao passo que a Constituição Federal só autoriza a cumulação de dois cargos de professor ou um de professor com um técnico ou um científico – art. 37, XVI da CF/1988; **C:** incorreta – art. 37, VI da CF/1988; **D:** incorreta – art. 37, I da CF/1988; **E:** correta – art. 41 da CF/1988. **FMB**

Gabarito 'E'.

(Técnico Judiciário – TRE/SP – FCC – 2017) A publicação de edital para realização de concurso público de provas e títulos para provimento de cargos em órgão público municipal motivou número de inscritos muito superior ao dimensionado pela Administração pública. Considerando a ausência de planejamento da Administração para aplicação das provas para número tão grande de candidatos, bem como que a recente divulgação da arrecadação municipal mostrou sensível decréscimo diante da estimativa de receitas, colocando em dúvida a concretude das nomeações dos eventuais aprovados, a Administração municipal

(A) pode anular o certame, em razão dos vícios de legalidade identificados.

(B) deve republicar o edital do concurso público para reduzir os cargos disponíveis, sob pena de nulidade do certame.

(C) pode revogar o certame, em razão das supervenientes razões de interesse público demonstradas para tanto.

(D) pode revogar o certame municipal somente se tiver restado demonstrada a inexistência de recursos para fazer frente às novas despesas com as aprovações decorrentes do concurso.

(E) deve prosseguir com o certame, republicando o edital para adiamento da realização da primeira prova, a fim de reorganizar a aplicação para o novo número de candidatos, sendo vedado revogar o certame em razão da redução de receitas.

A: incorreta. Pelas informações da assertiva não há vício de legalidade demonstrado. **B:** incorreta. Não sanaria a questão já que o problema se ateve ao número de inscritos. **C:** correta. A medida a ser adotada é a revogação do certame, haja vista a possível impossibilidade de contratação diante da baixa arrecadação, fato superveniente a publicação, bem como a imprevisibilidade do fato impeditivo. **D:** incorreto. Não há a necessidade da demonstração da inexistência de recursos, sendo a previsão desta, fato constatado após a publicação. **E:** incorreta. Não é vedada a revogação por fato superveniente quando de interesse público. **FMB**

Gabarito 'C'.

5.3. Acumulação remunerada, licenças e afastamento

(Delegado Federal – 2018 – CESPE) No que se refere aos servidores públicos e aos atos administrativos, julgue os itens que se seguem.

(1) Havendo compatibilidade de horários, é possível a acumulação remunerada do cargo de delegado de polícia federal com um cargo público de professor.

(2) Situação hipotética: Um servidor público efetivo em exercício de cargo em comissão foi exonerado *ad nutum* em razão de supostamente ter cometido crime de peculato. Posteriormente, a administração reconheceu a inexistência da prática do ilícito, mas manteve a exoneração do servidor, por se tratar de ato administrativo discricionário. Assertiva: Nessa situação, o ato de exoneração é válido, pois a teoria dos motivos determinantes não se aplica a situações que configurem crime.

1: correta – é possível a acumulação remunerada de cargos públicos, sendo um cargo de professor com outro técnico, desde que haja compatibilidade de horários , nos termos do Art. 37, inc. XVI, *b*, da CF/1988; **2:** incorreta – se o fundamento para a exoneração foi dado como sendo o cometimento do crime, aplicável a teoria dos motivos determinantes, de sorte que o ato seria inválido. Todavia, a exoneração *ad nutum* de um servidor ocupante de cargo de confiança pode ocorrer sem necessidade de motivação, visto tratar-se de ato de natureza discricionária de per se. **FMB**

Gabarito 1C, 2E.

5.4. Remuneração, proventos, aposentadoria e pensão

(Auxiliar Judiciário – TJ/PA – 2020 – CESPE) O retorno à atividade de servidor aposentado por invalidez quando junta médica oficial declara insubsistentes os motivos da aposentadoria configura

(A) reintegração.

(B) promoção.

(C) reversão.

(D) redistribuição.

(E) aproveitamento.

Existem diversas formas de provimento derivado, entre as quais a reintegração, a promoção, a reversão e o aproveitamento. A reversão representa uma categoria de provimento consistente no retorno do servidor cuja aposentadoria por invalidez foi declarada insubsistente por junta médica oficial. **RB**

Gabarito 'C'.

5.5. Infrações e processo disciplinares

(FGV – 2015) Fernando, servidor público de uma autarquia federal há nove anos, foi acusado de participar de um esquema para favorecer determinada empresa em uma dispensa de licitação, razão pela qual foi instaurado processo administrativo disciplinar, que resultou na aplicação da penalidade de demissão. Sobre a situação apresentada, considerando que Fernando é ocupante de cargo efetivo, por investidura após prévia aprovação em concurso, assinale a afirmativa correta.

(A) Fernando não pode ser demitido do serviço público federal, uma vez que é servidor público estável.

(B) Fernando somente pode ser demitido mediante sentença judicial transitada em julgado, uma vez que a vitaliciedade é garantida aos servidores públicos.

(C) É possível a aplicação de penalidade de demissão a Fernando, servidor estável, mediante processo administrativo em que lhe seja assegurada ampla defesa.

(D) A aplicação de penalidade de demissão ao servidor público que pratica ato de improbidade independe de processo administrativo ou de sentença judicial.

A: incorreta, pois é garantia de permanência no cargo que tem exceções, permitindo o desligamento do servidor por decisão judicial transitada em julgado, por processo administrativo com ampla defesa (que é o processo necessário para demitir alguém por infração disciplinar) ou em caso de avaliação insuficiente de desempenho (art. 41, § 1º, da CF); **B:** incorreta, pois a vitaliciedade, que dá a garantia de perda do cargo apenas por meio de sentença transitada em julgado só existe em relação a magistrados e membros do Ministério Público e Tribunal de Contas; quanto ao servidor ocupante de cargo efetivo, a garantia é só de estabilidade, que admite desligamento do cargo também em função de processo administrativo com ampla defesa e avaliação insatisfatória de desempenho; **C:** correta (art. 41, § 1º, II, da CF); **D:** incorreta, pois a aplicação da penalidade de demissão (por infração disciplinar) requer processo administrativo com ampla defesa e da penalidade de perda do cargo (por condenação criminal ou por condenação por improbidade administrativa) impõe sentença judicial transitada em julgado. **WG**
Gabarito "C".

(FGV – 2015) Carlos, servidor público federal, utilizou dois servidores do departamento que chefia para o pagamento de contas em agência bancária e para outras atividades particulares. Por essa razão, foi aberto processo administrativo disciplinar, que culminou na aplicação de penalidade de suspensão de 5 (cinco) dias.

Sobre o caso apresentado, assinale a afirmativa correta.

(A) Carlos procedeu de forma desidiosa e, por essa razão, a penalidade aplicável seria a de advertência, não a de suspensão.

(B) A infração praticada por Carlos dá ensejo à penalidade de demissão, razão pela qual se torna insubsistente a penalidade aplicada.

(C) Caso haja conveniência para o serviço, a penalidade de suspensão poderá ser convertida em multa, ficando o servidor obrigado a permanecer em serviço.

(D) A penalidade aplicada a Carlos terá seu registro cancelado após 3 (três) anos de efetivo exercício, caso ele não cometa, nesse período, nova infração disciplinar.

A: incorreta, pois cabe demissão nos termos do art. 117, XVI, c/c 132, XIII, ambos da Lei 8.112/1990; **B:** correta; o art. 117, XVI, da Lei 8.112/1990 estabelece que ao servidor é proibido "utilizar **pessoal** ou recursos materiais da repartição em serviços ou atividades particulares" (g.n.); em seguida, o art. 132, XIII, da mesma lei dispõe que a penalidade de *demissão* será aplicada quando houver transgressão aos incisos IX a XVI do art. 117; assim, o caso em tela enseja a aplicação da penalidade de *demissão* e não de *suspensão*, lembrando que a penalidade de suspensão é aplicável nos casos de reincidência de faltas punidas com advertência, nos casos de violação de outras proibições que não tipifiquem infração sujeita a penalidade de demissão e nos casos em que o servidor injustificadamente recusar-se a ser submetido a inspeção médica (art. 130 da Lei 8.112/1990). **C:** incorreta; primeiro por que o caso é de demissão, e não de suspensão (art. 117, XVI c/c 132, XIII, ambos da Lei 8.112/1990); **D:** incorreta, pois o instituto do cancelamento está previsto para as penalidades de advertência e de suspensão (art. 131 da Lei 8.112/1990), e não para o caso de demissão, que é a penalidade aplicável no caso concreto. **WG**
Gabarito "B".

5.6. Lei 8.112/1990

(Auditor Fiscal - SEFAZ/RS - 2019 - CESPE/CEBRASPE) O deslocamento de servidor público, por interesse da administração, para o exercício em uma nova sede, com mudança de domicílio permanente, configura

(A) recondução, com direito a ajuda de custo para sua instalação.

(B) readaptação, com direito a ajuda de custo para sua instalação.

(C) remoção, com direito a ajuda de custo para sua instalação.

(D) readaptação, sem direito a ajuda de custo para sua instalação.

(E) remoção, sem direito a ajuda de custo para sua instalação.

Eis o que diz a lei: "Remoção é o deslocamento do servidor, a pedido ou de ofício, no âmbito do mesmo quadro, com ou sem mudança de sede. Parágrafo único. Para fins do disposto neste artigo, entende-se por modalidades de remoção: I – de ofício, no interesse da Administração – Art. 36, par. Único da Lei 8.112/1990. **RB**
Gabarito "C".

(Analista Judiciário – STJ – 2018 – CESPE) Tendo como referência a jurisprudência dos tribunais superiores a respeito da organização administrativa e dos agentes públicos, julgue os itens a seguir.

(1) Situação hipotética: Luiz, servidor público federal aposentado, desviou recurso público quando foi gestor de uma fundação de natureza privada de apoio a instituição federal de ensino superior. Assertiva: Nesse caso, de acordo com o Superior Tribunal de Justiça, será legal a instauração de procedimento disciplinar, assim como a punição de Luiz, nos moldes do regime jurídico dos servidores públicos da União.

(2) O fato de a advocacia pública, no âmbito judicial, defender ocupante de cargo comissionado pela prática de ato no exercício de suas atribuições amolda-se à teoria da representação.

1: correta – Desde que dentro do prazo prescricional, pode e deve ser instaurado processo administrativo disciplinar para apuração de ato de servidor público cometido em razão do exercício da função pública, ainda que esteja ele aposentado. O Processo Administrativo Disciplinar (PAD) é um instrumento pelo qual se apura a responsabilidade de servidor que comete infração no exercício de suas atribuições, ou que tenha relação

4. DIREITO ADMINISTRATIVO

com as atribuições do cargo em que está investido (Lei 8.112/1990, art. 148). É um processo administrativo punitivo ou sancionador (para a aplicação de sanções) e interno, pois é dirigido aos servidores públicos. É exatamente por essa razão que se tem o previsto na Lei 8.112/1991, que determina que "Será cassada a aposentadoria ou a disponibilidade do inativo que houver praticado, na atividade, falta punível com a demissão" – Art. 134 da Lei 8.112/1991; **2:** incorreta – a advocacia pública não defende o agente público, seja ele ocupante de cargo comissionado ou não. Ela defende a legalidade, moralidade, razoabilidade e proporcionalidade dos atos administrativos por eles praticados. FMB

Gabarito 1C, 2E

(Analista Judiciário – STJ – 2018 – CESPE) Com base no disposto na Lei 8.112/1990, julgue os itens seguintes.

(1) Apesar de as instâncias administrativa e penal serem independentes entre si, a eventual responsabilidade administrativa do servidor será afastada se, na esfera criminal, ele for beneficiado por absolvição que negue a existência do fato ou a sua autoria.

(2) O servidor em estágio probatório não poderá afastar-se para servir em organismo internacional de que o Brasil participe ou com o qual coopere, ainda que com a perda total da remuneração.

(3) Será cassada a aposentadoria voluntária do servidor inativo que for condenado pela prática de ato de improbidade administrativa à época em que ainda estava na atividade.

(4) O auxílio-moradia poderá ser concedido a servidor público que resida com outra pessoa que receba o mesmo benefício.

1: correta. A responsabilidade administrativa do servidor será afastada no caso de absolvição criminal que negue a existência do fato ou sua autoria – Art. 126 da Lei 8.112/1991; **2:** incorreta – A lei não faz distinção entre o servidor estável ou em estágio probatório. Vejamos: "O afastamento de servidor para servir em organismo internacional de que o Brasil participe ou com o qual coopere dar-se-á com perda total da remuneração" – Art. 96 da Lei 8.112/1991; **3:** correta – Art. 132, inciso IV (que pune com demissão o cometimento de improbidade administrativa) c/ c Art. 134 da Lei 8.112/1991; **4:** incorreta – Art. 60-B, inciso IV da Lei 8.112/1991. FMB

Gabarito 1C, 2E, 3C, 4E

(Técnico Judiciário – STJ – 2018 – CESPE) Julgue os seguintes itens de acordo com as disposições constitucionais e legais acerca dos agentes públicos.

(1) A acumulação remunerada de cargos públicos é vedada, exceto quando houver compatibilidade de horários, caso em que será possível, por exemplo, acumular até três cargos de profissionais de saúde.

(2) Em regra, o servidor público da administração autárquica que estiver no exercício de mandato eletivo ficará afastado do seu cargo, emprego ou função, disposição também aplicável ao servidor da administração pública fundacional.

(3) A reversão constitui a reinvestidura do servidor estável no cargo anteriormente ocupado, e ocorre quando é invalidada a demissão do servidor por decisão judicial ou administrativa. Nesse caso, o servidor deve ser ressarcido de todas as vantagens que deixou de perceber durante o período demissório.

(4) A investidura em cargo, emprego ou função pública exige a prévia aprovação em concurso público de provas ou de provas e títulos, na forma prevista em lei.

1: incorreta – São cumuláveis apenas dois cargos ou empregos privativos de profissionais da saúde – Art. 37, inciso XVI, alínea "c", da CF/1988; **2:** correta – Art. 94 da Lei 8.112/1991; **3:** incorreta – a reversão consiste no retorno à atividade do servidor aposentado por invalidez, quando a junta médica considerar insubsistentes os motivos da aposentadoria ou no interesse da Administração, desde que tenha solicitado a reversão, a aposentadoria tenha sido voluntária, estável na atividade, que a aposentadoria tenha ocorrido nos cinco anos anteriores à solicitação e haja cargo vago – Art. 25 da Lei 8.112/1991; **4:** incorreta – Diz o Art. 37, inciso II, da CF/1988 que: "a investidura em cargo ou emprego público depende de aprovação prévia em concurso público de provas ou de provas e títulos, de acordo com a natureza e a complexidade do cargo ou emprego, na forma prevista em lei, ressalvadas as nomeações para cargo em comissão declarado em lei de livre nomeação e exoneração". FMB

Gabarito 1E, 2C, 3E, 4E

(Técnico – INSS – 2016 – CESPE) Considerando que determinado servidor público federal tenha sido removido para outra sede, situada em outro município, para acompanhar sua esposa, que também é servidora pública federal e foi removida no interesse da administração, julgue os itens seguintes à luz do disposto na Lei n. 8.112/1990.

(1) Ainda que o servidor e sua esposa sejam integrantes de órgãos pertencentes a poderes distintos da União, a remoção do servidor poderia ser concedida.

(2) É correto inferir que houve interesse da administração na remoção do servidor, pois esse é um dos requisitos para sua concessão.

(3) A referida remoção pressupõe o deslocamento do cargo ocupado pelo servidor para outro órgão ou entidade do mesmo poder.

(4) O período de afastamento do servidor para o deslocamento e para a retomada do exercício do cargo no novo município, observados os limites legais, é considerado como de efetivo exercício.

1: correta. Lei 8.112/1990 – Art. 36. Remoção é o deslocamento do servidor, a pedido ou de ofício, no âmbito do mesmo quadro, com ou sem mudança de sede (...) *a)* para acompanhar cônjuge ou companheiro, também servidor público civil ou militar, de qualquer dos Poderes da União, dos Estados, do Distrito Federal e dos Municípios, que foi deslocado no interesse da Administração; **2:** incorreta. A remoção pode ser feita: Lei 8.112/1990 – Art. 36, parágrafo único, III – a pedido, para outra localidade, independentemente do interesse da Administração. **3:** incorreta. Lei 8.112/1990 – Art. 36. Remoção é o deslocamento do servidor, a pedido ou de ofício, no âmbito do mesmo quadro, com ou sem mudança de sede. **4:** correta. Lei 8.112/1990 – Art. 102. Além das ausências ao serviço previstas no art. 97, são considerados como de efetivo exercício os afastamentos em virtude de: (...) IX – deslocamento para a nova sede de que trata o art. 18; Art. 18. O servidor que deva ter exercício em outro município em razão de ter sido removido, redistribuído, requisitado, cedido ou posto em exercício provisório terá, no mínimo, dez e, no máximo, trinta dias de prazo, contados da publicação do ato, para a retomada do efetivo desempenho das atribuições do cargo, incluído nesse prazo o tempo necessário para o deslocamento para a nova sede. FMB

Gabarito 1C, 2E, 3E, 4C

(Técnico – INSS – 2012 – FCC) Sérgio, servidor público federal, teve ciência de irregularidades ocorridas no âmbito da Administração Pública Federal, em razão do cargo que ocupa. Por medo de retaliação, não relatou os fatos de que teve conhecimento. Nos termos da Lei 8.112/1990, Sérgio

(A) não descumpriu dever legal.

(B) deveria ter levado os fatos ao conhecimento da autoridade superior.

(C) agiu corretamente, pois omitiu-se para a salvaguarda de seus direitos.

(D) deveria obrigatoriamente ter levado os fatos ao conhecimento do Poder Judiciário.

(E) agiu expressamente nos termos da lei.

Dentre os deveres do servidor encontra-se o de levar as irregularidades de que tiver ciência em razão do cargo ao conhecimento da autoridade superior ou, quando houver suspeita de envolvimento desta, ao conhecimento de outra autoridade competente para apuração (art. 116, VI). FMB
Gabarito "B".

(Técnico – INSS – 2016 – CESPE) Julgue os itens subsecutivos conforme o disposto na Lei n. 8.112/1990.

(1) Como medida que contribui para a melhoria da qualidade de vida do servidor público, é-lhe facultado optar pela acumulação de períodos de licença-capacitação, caso não seja possível usufruí-los após cada período aquisitivo.

(2) Em conformidade com a Lei n. 8.112/1990, o servidor público poderá ser afastado do Brasil para missão oficial por tempo indeterminado.

1: incorreta. Lei 8.112/1990 – Art. 87. Após cada quinquênio de efetivo exercício, o servidor poderá, no interesse da Administração, afastar-se do exercício do cargo efetivo, com a respectiva remuneração, por até três meses, para participar de curso de capacitação profissional. Parágrafo único. Os períodos de licença de que trata o *caput* não são acumuláveis. 2: incorreta. Lei 8.112/1990 – Art. 95 O servidor não poderá ausentar-se do País para estudo ou missão oficial, sem autorização do Presidente da República, Presidente dos Órgãos do Poder Legislativo e Presidente do Supremo Tribunal Federal. § 1º A ausência não excederá a 4 (quatro) anos, e finda a missão ou estudo, somente decorrido igual período, será permitida nova ausência. FMB
Gabarito: 1E, 2E.

(Analista – INSS – 2008 – CESPE) Com base na Lei n.º 8.112/1990, julgue os itens a seguir.

(1) Considere que Esmeralda, servidora pública, que solicitou licença não-remunerada para cuidar de sua mãe enferma, permaneceu nessa condição por cerca de um ano. Posteriormente, ao retirar sua certidão de tempo de serviço, observou que o referido período de licença não havia sido contabilizado e entrou com um pedido de revisão. Nessa situação, o pedido de Esmeralda deverá ser negado, pois licença para tratamento de saúde de pessoa da família do servidor somente é contada para efeito de aposentadoria se for remunerada.

Nos termos do art. 103, II, da Lei 8.112/1990, será contada para efeito de aposentadoria a licença para tratamento de saúde de pessoal da família do servidor, com remuneração, que exceder a 30 (trinta) dias em período de 12 (doze) meses. Assim, a licença não remunerada auferida por Esmeralda não pode ser contabilizada para efeito de aposentadoria. RB
Gabarito: certo.

6. BENS PÚBLICOS

(Auditor Fiscal - SEFAZ/RS - 2019 - CESPE/CEBRASPE) Um terreno pertencente ao Estado e anteriormente sem utilização passou a ser usado por um órgão público para o desempenho de determinadas tarefas. Trata-se de bem público que era de uso

(A) dominical e, após afetação, passou a ser bem de uso especial.

(B) especial e, após desafetação, passou a ser bem de uso comum do povo.

(C) especial e, após afetação, passou a ser bem dominical.

(D) dominical e, após desafetação, passou a ser bem de uso comum do povo.

(E) especial e, após afetação, passou a ser bem de uso comum do povo.

Tratando-se de bem público que não possuía qualquer destinação específica (que estava, portanto, desafetado), ele era do tipo dominical. Com a devida afetação do bem público a um fim, ele passou a ser um bem de uso especial. FMB
Gabarito "A".

(Analista Jurídico – TCE/PR – 2016 – CESPE) Determinado órgão da administração pública pretende disponibilizar, mediante contrato por prazo determinado, uma área do prédio de sua sede — um bem público — para um particular instalar refeitório destinado aos servidores desse órgão. Nessa situação, de acordo com a doutrina pertinente, o instituto legalmente adequado para se disponibilizar o uso privativo do bem público por particular é a

(A) concessão de uso.

(B) cessão de uso.

(C) autorização de uso.

(D) concessão de direito real de uso.

(E) permissão de uso.

A: correta, pois esta tem natureza contratual e o investimento necessário para instalar um refeitório impõe que se proteja o particular concessionário com um instrumento com essa natureza, que lhe assegurará uma indenização na hipótese de a administração revogar o contrato antes do prazo; B: incorreta, pois esse nome em geral é utilizado para passagem de um bem de um ente para outro da Administração Pública; C: incorreta, pois esse instituto é utilizado para uso muitíssimo curto de um bem público por um particular; um exemplo é uma autorização para alguém instalar uma barraquinha para vender bebidas numa festa em uma rua pública durante um final de semana; D: incorreta, pois não é necessário estabelecer um direito real em favor do particular num caso desses, bastando uma concessão comum, que já o protege caso a Administração queira revogar a concessão antes do término de seu prazo; E: incorreta, pois a permissão é um ato unilateral e, a qualquer tempo, revogável, não tendo natureza contratual, o que não é compatível com o investimento necessário para instalar um refeitório, que impõe que se proteja o particular interessado com um instrumento contratual, como é a concessão, garantindo-lhe uma indenização no caso de a administração revogar o contrato antes do prazo. FMB
Gabarito "A".

7. RESPONSABILIDADE DO ESTADO

(Auditor Fiscal – SEFAZ/DF – 2020 – CESPE/CEBRASPE) Acerca da responsabilidade civil do Estado, julgue o item a seguir.

(1) Uma vez que o ordenamento jurídico brasileiro adota a teoria da responsabilidade objetiva do Estado, com base no risco administrativo, a mera ocorrência de ato lesivo causado pelo poder público à vítima gera o dever de indenização pelo dano pessoal e(ou) patrimonial sofrido, independentemente da caracterização

4. DIREITO ADMINISTRATIVO

de culpa dos agentes estatais ou da demonstração de falta do serviço público. Não obstante, em caso fortuito ou de força maior, a responsabilidade do Estado pode ser mitigada ou afastada.

Enunciado **1** correto. O art. 37, § 6º, CF é o fundamento constitucional da responsabilidade civil do Estado, que se baseia na responsabilidade objetiva, com base na teoria do risco administrativo. Nesse sentido, o dever de indenizar independe da caracterização de dolo ou culpa dos agentes estatais ou da demonstração da falta do serviço público. Além disso, conforme já decidiu o STF, "o princípio da responsabilidade objetiva não se reveste de caráter absoluto, eis que admite o abrandamento e, até mesmo, a exclusão da própria responsabilidade civil do Estado, nas hipóteses excepcionais configuradoras de situações liberatórias – como o caso fortuito e a força maior" (RE 109.615, 1ª Turma, Rel. Min. Celso de Mello, DJ 02/08/96). **RB**

Gabarito 1C

(Analista Judiciário – TJ/PA – 2020 – CESPE) Quanto à responsabilidade civil por danos causados por seus agentes a terceiros, uma entidade da administração indireta, dotada de personalidade jurídica de direito privado e exploradora de atividade econômica estará sujeita

(A) ao regime da responsabilidade civil objetiva do Estado.

(B) ao regime jurídico da responsabilidade civil privada.

(C) à teoria do risco administrativo.

(D) à teoria da falta do serviço.

(E) à teoria do risco integral.

A responsabilidade civil do Estado baseia no regime da responsabilidade objetiva, mais precisamente na teoria do risco administrativo, nos termos do art. 37, § 6º, da CF, que faz alusão às pessoas jurídicas de direito público e as de direito privado prestadoras de serviços públicos. Verifica-se, portanto, que uma entidade da administrativa direta, pessoa jurídica de direito privado exploradora de atividade econômica, não se submete a este regime. Incide, a bem da verdade, o regramento da responsabilidade civil privada, nos termos do art. 173, § 1º, II, que impõe às empresas estatais exploradoras de atividade econômica a sujeição ao regime jurídico próprio das empresas privadas, inclusive quanto aos direitos e obrigações civis. **RB**

Gabarito "B".

(Analista Judiciário – STJ – 2018 – CESPE) Julgue os itens a seguir, relativos à responsabilidade civil do Estado.

(1) Exceutados os casos de dever específico de proteção, a responsabilidade civil do Estado por condutas omissivas é subjetiva, devendo ser comprovados a negligência na atuação estatal, o dano e o nexo de causalidade.

(2) As empresas prestadoras de serviços públicos responderão pelos danos que seus agentes, nessa qualidade, causarem a terceiros, assegurado o direito de regresso contra o responsável exclusivamente no caso de dolo.

(3) A responsabilidade civil do Estado por atos comissivos abrange os danos morais e materiais.

1: correta – os atos omissivos ensejam, conforme pacífica jurisprudência, a responsabilidade subjetiva do Estado. Ela apenas é do tipo objetiva no caso de ato omissivo nos casos em que há um dever de proteção, com fundamento no Art. 5º, inciso XLIX, da Constituição Federal, como na morte de detento dentro de presídio. Nesse caso, a responsabilidade é do tipo objetiva, tal como consta do entendimento pacificado no SFT no julgamento do RE 841.526/RS, com repercussão geral reconhecida (Tema 592); **2:** incorreta – o Art. 37, § 6º, da CF/1988 estabelece que "as pessoas jurídicas de direito público e as de direito privado prestadoras

---

de serviços públicos responderão pelos danos que seus agentes, nessa qualidade, causarem a terceiros, assegurado o direito de regresso contra o responsável nos casos de dolo ou culpa"; **3:** correta – o entendimento pacífico é no sentido de que a responsabilidade objetiva refere-se tanto a danos materiais como morais. **FMB**

Gabarito 1C, 2E, 3C

(Técnico – INSS – 2012 – FCC) Expedida certidão falsa por uma repartição pública federal, não foi possível esclarecer qual servidor cometeu o ato ilícito, mas graves prejuízos sofreram algumas pessoas, em razão dele. Neste caso, a União

(A) responde objetivamente pelos prejuízos causados, desde que demonstrado o nexo causal entre esse ato e os danos sofridos.

(B) responde objetivamente pelos prejuízos causados, independentemente da demonstração de nexo causal entre esse fato e os danos sofridos.

(C) responde subjetivamente pelos prejuízos causados, desde que demonstrado o nexo causal entre esse fato e os danos sofridos e a conduta culposa do servidor.

(D) não responde pelos prejuízos causados, porque a hipótese configura conduta dolosa de servidor público.

(E) não responde pelos prejuízos causados, até que seja apurada a autoria do ato ilícito, ainda que comprovado ter sido a certidão expedida pela repartição pública.

Trata-se da teoria da culpa anônima do serviço: ainda que o funcionário público não seja identificável, considera-se que o serviço funcionou mal, não funcionou ou funcionou tardiamente, ensejando a responsabilidade objetiva estatal. **FMB**

Gabarito "A".

(Técnico Judiciário – TRT8 – CESPE – 2016) A respeito da responsabilidade civil do Estado, assinale a opção correta.

(A) A responsabilidade civil objetiva das concessionárias e permissionárias de serviços públicos abrange somente as relações jurídicas entre elas e os usuários dos serviços públicos.

(B) A responsabilidade civil objetiva aplica-se a todas as pessoas jurídicas de direito público.

(C) O princípio da pessoalidade é o que orienta a responsabilidade civil do Estado.

(D) As pessoas jurídicas de direito público não se responsabilizam pelos danos causados por seus agentes.

(E) A responsabilidade da administração pública será sempre objetiva.

A: incorreta, entendimento mais atual do STF aponta para a análise da letra constitucional, sem nenhuma exceção, a saber: o entendimento de que apenas os terceiros usuários do serviço gozariam de proteção constitucional decorrente da responsabilidade objetiva do Estado, por terem o direito subjetivo de receber um serviço adequado, contrapor-se-ia à própria natureza do serviço público, que, por definição, tem caráter geral, estendendo-se, indistintamente, a todos os cidadãos, beneficiários diretos ou indiretos da ação estatal. (STF. RE 591874/MS, rel. Min. Ricardo Lewandowski, 26.8.2009. Disponível em: <www.stf.jus.br>. Acesso em 18 dez 2012). **B:** correta, Constituição Federal - art. 37, § 6º, dispõe que: "as pessoas jurídicas de direito público e as de direito privado, prestadoras de serviços públicos, responderão pelos danos que seus agentes, nessa qualidade, causarem a terceiros, assegurado o direito de regresso contra o responsável nos casos de dolo ou culpa". **C:** incorreta. Não há que se falar em princípio da pessoalidade, já que o Estado é responsável pelos atos praticados por seus agentes. **D:** incorreta. Em sendo a responsabilidade do Estado objetiva, a assertiva está na contramão da legislação. **E:** incorreta. A caracterização da responsabilidade objetiva se condiciona ao preenchimento de três requisitos: conduta estatal, dano e nexo de causalidade entre a conduta e o dano, podendo ser afastada se presente uma das excludentes, a saber: culpa exclusiva da vítima ou de terceiros, caso fortuito ou de força maior. Há que se considerar ainda que diante de conduta omissiva, a responsabilidade passa a ser subjetiva, devendo ser comprovada por quem a alega. **FMB**

Gabarito "B".

(Técnico Judiciário – TRE/PE – CESPE – 2017) A responsabilidade do Estado por conduta omissiva

(A) é objetiva, dispensando-se, para sua caracterização, a demonstração de culpa, exigindo-se, para tal, apenas a demonstração do dano.

(B) é objetiva, dispensando-se, para sua caracterização, a demonstração de culpa, mas exigindo-se, para isso, demonstração de nexo de causalidade entre a conduta e o dano.

(C) caracteriza-se mediante a demonstração de culpa, dispensando-se, para tal, a demonstração de dano.

(D) caracteriza-se mediante a demonstração de culpa, de dano e de nexo de causalidade.

(E) é descabida.

Como regra geral, o Brasil adotou em seu artigo 37, § 6º, da CF/1988 a teoria do risco administrativo, por meio do qual o Estado responde objetivamente pelos danos que seus agentes, nessa qualidade, causarem a terceiros. **FMB**

Gabarito "D".

(Técnico Judiciário – TRE/PI – CESPE – 2016) Se determinado agente de uma sociedade de economia mista estadual, concessionária do serviço de energia elétrica, causar, durante a prestação de um serviço, dano à residência de um particular,

(A) a concessionária responderá objetivamente, de acordo com a teoria do risco integral, caso fiquem comprovados o dano causado ao particular, a conduta do agente e o nexo de causalidade entre o dano e a conduta.

(B) a concessionária de serviço público poderá responder pelo dano causado ao particular, independentemente da comprovação de culpa ou dolo do agente.

(C) haverá responsabilidade subjetiva do estado federado, caso a concessionária de serviço público não tenha condições de reparar o prejuízo causado.

(D) será excluída a responsabilidade da concessionária e a do estado federado, caso o particular tenha concorrido para a ocorrência do dano.

(E) a concessionária não responderá pelo dano, por não possuir personalidade jurídica de direito público.

A: incorreta, Constituição Federal, art. 37, § 6º: As pessoas jurídicas de direito público e as de direito privado prestadoras de serviços públicos responderão pelos danos que seus agentes, nessa qualidade, causarem a terceiros, assegurado o direito de regresso contra o responsável nos casos de dolo ou culpa – independe da comprovação de dolo ou culpa do agente. **B:** correta, Constituição Federal, art. 37, § 6º; **C:** incorreta, a lei não prevê tal possibilidade; **D:** incorreta, a simples concorrência do particular na incidência do dano não exclui a responsabilidade objetiva, haja vista figurar como excludente apenas a culpa exclusiva de terceiro. **E:** incorreta, Constituição Federal, art. 37, § 6º. **FMB**

Gabarito "B".

8. SERVIÇOS PÚBLICOS

8.1. Conceito, características principais, classificação e princípios

(Técnico Judiciário – TRE/PE – CESPE – 2017) O princípio da continuidade dos serviços públicos

(A) afasta a possibilidade de interrupção, ainda que se trate de sistema de remuneração por tarifa no qual o usuário dos referidos serviços esteja inadimplente.

(B) diz respeito, apenas, a serviços públicos, não alcançando as demais atividades administrativas.

(C) torna ilegal a greve de servidores públicos.

(D) tem relação direta com os princípios da eficiência e da supremacia do interesse público.

(E) impede a paralisação, ainda que a justificativa desta seja o aperfeiçoamento das atividades.

A: incorreta, não está afastada a possibilidade de interrupção do fornecimento diante de inadimplemento, sendo hipótese legal condicionada ao aviso prévio do consumidor. E neste sentido: "Recurso especial. Corte do fornecimento de luz. Inadimplemento do consumidor. Legalidade. Fatura emitida em face do consumidor. Súmula 7/STJ.É lícito à concessionária interromper o fornecimento de energia elétrica se, após aviso prévio, o consumidor de energia elétrica permanecer inadimplente no pagamento da respectiva conta (Lei 8.987/1995, art. 6º, § 3º, II). Precedente da 1ª Seção: REsp 363.943/MG, DJ 01.03.2004.**B:** incorreta. Serviço público acaba por abranger as demais atividade internas da administração a medida que visa ao atendimento das necessidades da coletividade e neste sentido, ambos não poderão ser interrompidos salvo nas hipóteses previstas em lei, a saber: Marçal Justen Filho define "serviço público é uma atividade pública administrativa de satisfação concreta de necessidades individuais ou transindividuais, materiais ou imateriais, vinculadas diretamente a um direito fundamental, destinadas a pessoas indeterminadas e executada sob regime de direito público". (JUSTEN FILHO, Marçal. Teoria Geral das Concessões de Serviço Público. São Paulo: Dialética, 2003, p. 31). **C:** incorreta. A própria CF em seu art. 37, prevê o direito a greve limitando-o através de Lei específica, a fim de garantir o direito do trabalhador, sem ferir o da coletividade, assim: **VII** – o direito de greve será exercido nos termos e nos limites definidos em lei específica; (Redação dada pela Emenda Constitucional 19, de 1998). **D:** correta. O Princípio da Continuidade do Serviço Público visa não prejudicar o atendimento à população, uma vez que os serviços essenciais não podem ser interrompidos. Desta forma, está clarificada a observância ao princípio da eficiência, haja vista os danos que seriam causados por sua interrupção e a supremacia do interesse público, sendo condição excepcional sua paralisação. **E:** incorreta, como já dito anteriormente, a Lei 8.987/1995, prevê as possibilidades de sua interrupção, sendo, portanto, a impossibilidade não absoluta. Art. 6º, § 3º, II: Não se caracteriza como descontinuidade do serviço a sua interrupção em situação de emergência ou após prévio aviso, quando: I – motivada por razões de ordem técnica ou de segurança das instalações. **FMB**

Gabarito "D".

8.2. Concessão de Serviço Público

(Auditor Fiscal – SEFAZ/DF – 2020 – CESPE/CEBRASPE) Acerca da concessão de serviços públicos, julgue o item que se segue.

(1) Concessão de serviço público é um contrato administrativo pelo qual a administração pública delega a terceiro a execução de um serviço público, para que este o realize em seu próprio nome e por sua conta e risco, sendo assegurada ao terceiro a remuneração mediante tarifa paga pelo usuário, que é fixada pelo preço da proposta vencedora da licitação e não pode ser alterada unilateralmente pelo poder público ou pela concessionária.

Enunciado **1** errado. A concessão de serviço público tem a natureza jurídica de contrato administrativo, motivo pelo qual se submete ao regime das cláusulas exorbitantes, que confere à Administração (poder concedente) uma série de prerrogativas contratuais, entre as quais a possibilidade de alteração unilateral de certas cláusulas pelo poder público. É o que dispõe o art. 9º, § 4º, da Lei 8.987/95: "Em havendo alteração unilateral do contrato que afete o seu inicial equilíbrio econômico-financeiro, o poder concedente deverá restabelecê-lo, concomitantemente à alteração." RB
Gabarito 1E

(Auditor Fiscal - SEFAZ/RS - 2019 - CESPE/CEBRASPE) A exploração de serviços de radiodifusão sonora bem como de sons e imagens pode ocorrer mediante

(A) autorização, apenas.

(B) permissão, apenas.

(C) concessão, apenas.

(D) autorização, permissão e concessão.

(E) autorização e concessão, apenas**.**

Art. 21, XI,I "a" CF/1988. FMB
Gabarito "D".

(Técnico – INSS – 2016 – CESPE) Julgue os seguintes itens, acerca da concessão de serviço público.

(1) A encampação, que consiste em rescisão unilateral da concessão pela administração antes do prazo acordado, dá ao concessionário o direito a ressarcimento de eventual prejuízo por ele comprovado.

(2) A lei prevê que a concessão de serviço público se dê por licitação na modalidade de concorrência, prevendo, ainda, hipóteses legais de inexigibilidade de licitação para a concessão.

1: Correta. Lei 8.987/1995 – Art. 35. Extingue-se a concessão por: (...) II – encampação; (...) § 4º Nos casos previstos nos incisos I e II deste artigo, o poder concedente, antecipando-se à extinção da concessão, procederá aos levantamentos e avaliações necessários à determinação dos montantes da indenização que será devida à concessionária, na forma dos arts. 36 e 37 desta Lei. **2:** Anulada. Lei 8.987/1995 – Art. 2º Para os fins do disposto nesta Lei, considera-se: (...) II – concessão de serviço público: a delegação de sua prestação, feita pelo poder concedente, mediante licitação, na modalidade de concorrência, à pessoa jurídica ou consórcio de empresas que demonstre capacidade para seu desempenho, por sua conta e risco e por prazo determinado; III – concessão de serviço público precedida da execução de obra pública: a construção, total ou parcial, conservação, reforma, ampliação ou melhoramento de quaisquer obras de interesse público, delegada pelo poder concedente, mediante licitação, na modalidade de concorrência, à pessoa jurídica ou consórcio de empresas que demonstre capacidade para a sua realização, por sua conta e risco, de forma que o investimento da concessionária seja remunerado e amortizado mediante a exploração do serviço ou da obra por prazo determinado. Atenção! De acordo com a nova lei de licitações e contratos administrativos (Lei 14.133/2021), as concessões de serviço público, inclusive as da modalidade de Parceria Público-Privada, estão condicionadas à prévia licitação, na modalidade concorrência ou diálogo competitivo. FMB
Gabarito: 1C, 2 Anulada

(Técnico – INSS – 2012 – FCC) Em relação à extinção do contrato de concessão é correto afirmar que

(A) caducidade é a resilição unilateral antes de findo o prazo de concessão, que se consubstancia na retomada do serviço pelo poder concedente por razões de interesse público.

(B) reversão é a resilição unilateral da concessão que se consubstancia na retomada do serviço pelo poder concedente por razões de interesse público.

(C) encampação é a extinção unilateral da concessão por motivo de inadimplemento contratual, não cabendo, portanto, indenização ao concessionário pelos prejuízos que sofrer.

(D) reversão é a rescisão unilateral da concessão por motivo de inadimplemento contratual do concessionário, cabendo indenização pela interrupção do contrato antes de findo seu prazo.

(E) encampação é a retomada do serviço pelo poder concedente por razões de interesse público, durante o prazo de concessão, mediante lei autorizativa específica.

A: incorreta – o conceito trazido pela assertiva não é o de caducidade, mas de encampação ou resgate; **B:** mais, uma vez, temos o conceito de encampação ou resgate e não de reversão; **C:** incorreta – encampação ou resgate a resilição unilateral antes durante o prazo de concessão, que se consubstancia na retomada do serviço pelo poder concedente por razões de interesse público; **D:** incorreta – reversão é o término do prazo da concessão, com o retorno do serviço ao poder concedente. A reversão só abrange os bens, de qualquer natureza, vinculados ao serviço público; **E:** correta – encampação ou resgate é a retomada coativa do serviço, pelo poder concedente, durante o prazo da concessão, por motivo de interesse público. Ela depende de lei autorizadora específica e prévio pagamento da indenização apurada. FMB
Gabarito "E".

9. CONTROLE DA ADMINISTRAÇÃO

(Delegado/RJ – 2022 – CESPE/CEBRASPE) Assinale a opção correta acerca do controle da administração pública.

(A) Apenas a Constituição Federal de 1988 pode prever modalidades de controle externo da administração pública.

(B) As comissões parlamentares de inquérito possuem poder condenatório, sendo uma modalidade de controle legislativo, e estão aptas a investigar fatos determinados, em prazos fixados.

(C) A reclamação para anular ato administrativo que confronte súmula vinculante é uma modalidade de controle interno da atividade administrativa.

(D) Nas decisões das cortes de contas é facultativo o contraditório e a ampla defesa, não obstante a decisão provocar a anulação ou a revogação de ato administrativo que beneficie interessado.

(E) No exercício de sua função constitucional, o Tribunal de Contas, em processo de tomada de contas especial, pode decretar a indisponibilidade de bens, independentemente de fundamentação da decisão.

A: correta (somente a CF pode prever as hipóteses que delineiam o princípio da separação entre os poderes). **B:** incorreta (as CPI's não possuem poder condenatório, pois, nos termos do art. 58, § 3º, CF, as suas conclusões devem ser encaminhadas ao Ministério Público, para que promova a responsabilidade civil ou criminal dos infratores). **C:** incorreta (a reclamação para anular ato administrativo que confronte súmula vinculante é modalidade de controle externo da Administração, pois a sua apreciação é feita pelo STF). Alternativa **D:** incorreta (em razão do princípio do devido processo legal, as decisões das Cortes de Contas que provoquem a anulação ou revogação de ato administrativo que beneficie interessados dependem de contraditório e ampla defesa). Alternativa **E** incorreta (a decretação de indisponibilidade de bens depende de fundamentação, haja vista o princípio da motivação). RB

Gabarito "A".

(**Analista Judiciário – TJ/PA – 2020 – CESPE**) Acerca do controle da administração pública, julgue os itens a seguir.

I. Em nenhuma hipótese é possível a revogação, pelo Poder Judiciário, de atos praticados pelo Poder Executivo.

II. A reclamação para anulação de ato administrativo em desconformidade com súmula vinculante é uma modalidade de controle externo da atividade administrativa.

III. Nenhuma lei pode criar uma modalidade inovadora de controle externo não prevista constitucionalmente.

Assinale a opção correta.

(**A**) Apenas o item I está certo.

(**B**) Apenas o item II está certo.

(**C**) Apenas os itens I e III estão certos.

(**D**) penas os itens II e III estão certos.

(**E**) Todos os itens estão certos.

Enunciado **I** certo (ao Poder Judiciário está absolutamente vedada a revogação de atos praticados pelo Executivo, pois não compete aos órgãos judiciais proceder ao controle de mérito da Administração, sob pena de violação ao princípio da separação entre os poderes). Enunciado **II** certo (a reclamação constitui medida judicial de competência do Supremo Tribunal Federal, destinada à preservação de sua competência e à garantia da autoridade das decisões da Corte, a exemplo da violação a uma Súmula Vinculante pela Administração Pública. Nesse sentido, a anulação do respectivo ato por meio da reclamação constitui uma modalidade de controle externo da atividade administrativa, já que realizada pelo órgão judicial externo à Administração). Enunciado **III** correto (os mecanismos de controle externo configuram o próprio regime da separação entre os poderes, o que somente pode ser regrado em âmbito constitucional, motivo pelo qual incabível uma norma abaixo da Carta Magna criar categoria não prevista na Constituição). RB

Gabarito "E".

(**Técnico Judiciário – TRE/PE – CESPE – 2017**) Assinale a opção correta a respeito do controle da administração pública.

(**A**) As ações judiciais que tenham por objeto atos administrativos praticados por órgãos do Poder Judiciário constituem exemplos de controle externo.

(**B**) Dada a presunção de legitimidade dos atos administrativos, não se pode falar em controle preventivo desses atos.

(**C**) Por força do princípio da eficiência, não cabe falar em controle concomitante de um ato administrativo, sob risco de entraves desnecessários à consecução do interesse público.

(**D**) O recurso administrativo ilustra o chamado controle provocado, que se opõe ao controle de ofício, por ser deflagrado por terceiro.

(**E**) O controle de legalidade é prerrogativa do controle judicial.

A: incorreta. Tratam de atuação no âmbito do mesmo órgão. **B:** incorreta. A presunção de legitimidade não obsta o controle preventivo dos atos que ocorre antes de se consumar a conduta administrativa. **C:** incorreta. Trata-se exatamente do contrário, visando a eficiência de seu resultado. Ocorre por exemplo da fiscalização da execução de um contrato em andamento. Art. 6º, V, do Decreto Lei-200/1967: As atividades da Administração Federal obedecerão aos seguintes princípios fundamentais: I – planejamento; II – coordenação; III – descentralização; IV – delegação de competência; V – controle. **E:** incorreta. O controle de legalidade deve ser realizado interna ou externamente. FMB

Gabarito "D".

(**Técnico Judiciário – TRE/SP – FCC – 2017**) O controle exercido pela Administração direta sobre a Administração indireta denomina-se

(**A**) poder de tutela e permite a substituição de atos praticados pelos entes que integram a Administração indireta que não estejam condizentes com o ordenamento jurídico.

(**B**) poder de revisão dos atos, decorrente da análise de mérito do resultado, bem como em relação aos estatutos ou legislação que criaram os entes que integram a Administração indireta.

(**C**) controle finalístico, pois a Administração direta constitui a instância final de apreciação, para fins de aprovação ou homologação, dos atos e recursos praticados e interpostos no âmbito da Administração indireta.

(**D**) poder de tutela, que não pressupõe hierarquia, mas apenas controle finalístico, que analisa a aderência da atuação dos entes que integram a Administração indireta aos atos ou leis que os constituíram.

(**E**) poder de autotutela, tendo em vista que a Administração indireta integra a Administração direta e, como tal, compreende a revisão dos atos praticados pelos entes que a compõem quando não guardarem fundamento com o escopo institucional previsto em seus atos constitutivos.

Na administração direta há o controle que decorre do poder hierárquico, sendo consequência escalonamento vertical dos órgãos e cargos. Já o controle finalístico consiste no controle de legalidade, da verificação do cumprimento do programa de governo, não tendo hierarquia entre estes. FMB

Gabarito "D".

(**Técnico Judiciário – TRT8 – CESPE – 2016**) Assinale a opção correta acerca do controle legislativo dos atos administrativos.

(**A**) A celebração de convênio entre estado e município exige autorização prévia do Poder Legislativo estadual e municipal.

(**B**) Exige-se autorização legislativa para a desapropriação, pelos estados, dos bens de domínio da União.

(**C**) Compete privativamente ao Senado Federal apreciar atos de concessão de emissoras de televisão.

(**D**) Depende de autorização legislativa apenas a alienação de bens imóveis das pessoas jurídicas da administração direta.

(**E**) Encampação refere-se à retomada do serviço pelo poder concedente durante o prazo da concessão.

A: incorreta. Trata-se de ato próprio do executivo. Neste sentido: TJRS, Ação Direta de Inconstitucionalidade ADI 70022342679 RS (TJ-RS), Data de publicação: 25/08/2008. Ação direta de inconstitucionalidade.

4. DIREITO ADMINISTRATIVO

Município de Guaporé. Lei municipal 14/2007. Inconstitucionalidade formal e material. **Autorização para o executivo celebrar convênios.** Educação e trabalho para jovens. Despesas decorrentes da lei. Orçamento do município. Prerrogativas do **executivo**. Restrição pelo legislativo. Ofensa aos artigos 8° e 10 da Constituição Estadual. Inconstitucionalidade da Lei municipal. A Lei impugnada apresenta inconstitucionalidade formal, por vício de iniciativa, e inconstitucionalidade material, por violação ao princípio da separação dos Poderes. Ainda que as questões relativas a **convênios para** educação e trabalho **para** jovens e a dotação orçamentária correspondente devam ser definidas pelo **Executivo**, a deliberação sobre a **autorização** ao **Executivo, para** celebração de tais **convênios** e a determinação sobre a matéria orçamentária àquele respeito, significam que a Câmara está, na verdade, determinando que o **Executivo** deverá tomar determinadas providências, em matérias cuja iniciativa legislativa é do **Executivo** (...). **B:** incorreta. A autorização legislativa se refere a possibilidade de desapropriação pela União dos bens pertencentes aos estados e municípios e ao Distrito Federal e não ao contrário. **Possibilidade de desapropriação pelo Estado de imóvel de sociedade de economia mista federal exploradora de serviço público reservado à União.** 1. A União pode desapropriar bens dos Estados, do Distrito Federal, dos Municípios e dos territórios e os Estados, dos Municípios, sempre com autorização legislativa específica. A lei estabeleceu uma gradação de poder entre os sujeitos ativos da desapropriação, de modo a prevalecer o ato da pessoa jurídica de mais alta categoria, segundo o interesse de que cuida: o interesse nacional, representado pela União, prevalece sobre o regional, interpretado pelo Estado, e este sobre o local, ligado ao Município, não havendo reversão ascendente; os Estados e o Distrito Federal não podem desapropriar bens da União, nem os Municípios, bens dos Estados ou da União, Decreto-lei 3.365/1941, art. 2°, § 2°. 2. Pelo mesmo princípio, em relação a bens particulares, a desapropriação pelo Estado prevalece sobre a do Município, e a União sobre a deste e daquele, em se tratando do mesmo bem. 3. Doutrina e jurisprudência antigas e coerentes. Precedentes do STF: RE 20.149, MS 11.075, RE 115.665, RE 111.079. 4. Competindo a União, e só a ela, explorar diretamente ou mediante autorização, concessão ou permissão, os portos marítimos, fluviais e lacustres, art. 21, XII, f, da CF, está caracterizada a natureza pública do serviço de docas. 5. A Companhia Docas do Rio de Janeiro, sociedade de economia mista federal, incumbida de explorar o serviço portuário em regime de exclusividade, não pode ter bem desapropriado pelo Estado. 6. Inexistência, no caso, de autorização legislativa. 7. A norma do art. 173, § 1°, da Constituição aplica-se às entidades públicas que exercem atividade econômica em regime de concorrência, não tendo aplicação às sociedades de economia mista ou empresas públicas que, embora exercendo atividade econômica, gozam de exclusividade. 8. O dispositivo constitucional não alcança, com maior razão, sociedade de economia mista federal que explora serviço público, reservado a União. 9. O artigo 173, § 1°, nada tem a ver com a desapropriabilidade ou indesapropriabilidade de bens de empresas públicas ou sociedades de economia mista; seu endereço é outro; visa a assegurar a livre concorrência, de modo que as entidades públicas que exercem ou venham a exercer atividade econômica não se beneficiem de tratamento privilegiado em relação a entidades privadas que se dediquem a atividade econômica na mesma área ou em área semelhante. 10. O disposto no § 2°, do mesmo art. 173, completa o disposto no § 1°, ao prescrever que 'as empresas públicas e as sociedades de economia mista não poderão gozar de privilégios fiscais não extensivos as do setor privado'. 11. Se o serviço de docas fosse confiado, por concessão, a uma empresa privada, seus bens não poderiam ser desapropriados por Estado sem autorização do Presidente da República, Súmula 157 e Decreto-lei 856/69; não seria razoável que imóvel de sociedade de economia mista federal, incumbida de executar serviço público da União, em regime de exclusividade, não merecesse tratamento legal semelhante. 12. Não se questiona se o Estado pode desapropriar bem de sociedade de economia mista federal que não esteja afeto ao serviço. Imóvel situado no cais do Rio de Janeiro se presume integrado no serviço portuário que, de resto, não é estático, e a serviço da sociedade, cuja duração é indeterminada, como o próprio serviço de que está investido." (RE 172816, Relator Ministro Paulo Brossard,

Tribunal Pleno, julgamento em 9.2.1994, *DJ* de 13.5.1994). **C:** incorreta. Competência exclusiva do Congresso Nacional. CF, Art. 49, **XII:** apreciar os atos de concessão e renovação de concessão de emissoras de rádio e televisão. **D:** incorreta. Depende de autorização legislativa e prévia licitação a alienação de qualquer bem imóvel da Administração Pública. **E:** correta. Lei 8.987/1995, Art. 37. Considera-se encampação a retomada do serviço pelo poder concedente durante o prazo da concessão, por motivo de interesse público, mediante lei autorizativa específica e após prévio pagamento da indenização, na forma do artigo anterior. **FMB**

Gabarito "E".

(Analista – INSS – 2014 – FUNRIO) A União Federal firmou, em 2010, pelo prazo de 2 anos, convênio com o Instituto de Assistência ao Menor Carente, pessoa jurídica de direito privado, sem fins lucrativos, reconhecido como de utilidade pública, visando à implementação de programa de educação ao menor, nas capitais brasileiras. No referido termo de convênio, a União Federal é designada como contratante e o Instituto de Assistência ao Menor Carente como contratado, constando, igualmente, como objeto a "prestação de serviços visando à implementação do ensino profissionalizante nas Capitais de Estado listadas no anexo." Em face do teor do convênio, estipula este que o seu extrato não será publicado no Diário Oficial da União. Não consta do termo de convênio contrapartida por parte do Instituto de Assistência ao Menor Carente e o preço pactuado é de R$ 3.000.000,00 (três milhões de reais), cujo desembolso se fará mensalmente, a partir do recebimento, pela União Federal, de cada etapa do convênio. Terminada a vigência e efetuado o pagamento do valor em sua totalidade e de forma pontual, o Instituto de Assistência ao Menor Carente não apresentou, até o presente momento, sua prestação de contas.

No tocante à cláusula referente à publicação no Diário Oficial, é correto afirmar que a ausência de publicação

A) não é um vício, por se tratar de convênio.

B) é um vício, uma vez que a publicação é obrigatória.

C) não é um vício, por se encontrar na esfera de discricionariedade da União Federal.

D) não é um vício, por envolver ensino profissionalizante de menor carente.

E) é um vício, em face do valor pactuado, consoante determinado em Lei.

A: incorreta (a ausência de publicação representa um vício, mesmo em se tratando de convênio). B: correta (em virtude do princípio da publicidade, a publicação do convênio é obrigatória, de modo que a respectiva ausência configura vício). C: incorreta (não há discricionariedade para a publicação, que se mostra obrigatória). D: incorreta (independentemente do conteúdo do convênio, a publicação mostra-se necessária). E: incorreta (independentemente do valor pactuado, a publicação é obrigatória). **RB**

Gabarito "B".

(Analista – INSS – 2014 – FUNRIO) No tocante à desapropriação indireta, está correta a seguinte afirmação:

(A) A desapropriação indireta é um fato administrativo pelo qual o estado se apropria de bem particular, sem observância dos requisitos da declaração e da indenização prévia.

(B) A desapropriação indireta é um ato administrativo pelo qual o estado se apropria de bem particular, sem observância dos requisitos da declaração e da indenização prévia.

(C) A desapropriação indireta é um fato administrativo pelo qual o estado se apropria de bem particular, com observância dos requisitos da declaração e da indenização prévia.

(D) A desapropriação indireta é um ato administrativo pelo qual o estado se apropria de bem particular, com observância dos requisitos da declaração e da indenização prévia.

(E) A desapropriação indireta é um ato administrativo pelo qual o estado se apropria de bem particular, com observância do requisito da declaração, porém não da indenização prévia.

A desapropriação indireta, também conhecida como apossamento administrativo, é a ocupação indevida e irregular de bem particular pela Administração, sem a observância das condições legais, principalmente da declaração e da indenização prévia. Trata-se, portanto, de um fato administrativo, e não de um ato administrativo. Assim, correta a alternativa A. 🔲

Gabarito "A".

10. PROCESSO ADMINISTRATIVO

(Delegado de Polícia Federal – 2021 – CESPE) Determinado órgão público, por intermédio de seu titular, pretende delegar parte de sua competência administrativa para outro órgão com a mesma estrutura, seguindo os preceitos da Lei Federal 9.784/1999.

Com referência a essa situação hipotética, julgue os itens subsequentes.

(1) Nessa situação, o órgão delegante pertence necessariamente à administração pública federal, e não ao Poder Judiciário ou ao Poder Legislativo.

(2) O órgão delegatário não precisa ser hierarquicamente subordinado ao delegante.

(3) O objeto do ato pode ser a edição de atos normativos.

1: Errado. A delegação de competências administrativas, cujo regime está previsto na Lei 9.784/1999 (Lei do Processo Administrativo no âmbito da Administração federal), pode ocorrer tanto no âmbito do Poder Executivo, quanto no do Poder Judiciário e do Legislativo (no exercício da função administrativa). É o que se extrai da própria Lei 9.784/1999, conforme o art. 1º, § 1º, segundo o qual "os preceitos desta Lei também se aplicam aos órgãos dos Poderes Legislativo e Judiciário da União, quando no desempenho de função administrativa". Assim, o exercício de determinadas competências administrativas no âmbito do Judiciário e do Legislativo (exemplo: nomeação de servidores do STF aprovados em concursos públicos) pode ser objeto de delegação. Dessa forma, a afirmativa está errada. **2:** Certo. A delegação da competência administrativa pode ocorrer dentro ou mesmo fora de uma estrutura hierarquizada. É o que se extrai do art. 12 da Lei 9.784/1999: "Um órgão administrativo e seu titular poderão, se não houver impedimento legal, delegar parte da sua competência a outros órgãos ou titulares, ainda que estes não lhe sejam hierarquicamente subordinados, quando for conveniente, em razão de circunstâncias de índole técnica, social, econômica, jurídica ou territorial". Cite-se um exemplo: possível a delegação de atribuições, desde que haja previsão legal, entre a União e uma autarquia federal, embora não haja hierarquia/subordinação entre tais entes. **3:** Errado. De acordo com a Lei 9.784/1999, não pode ser objeto de delegação a edição de atos de caráter normativo (art. 13, inciso I). Também não podem ser delegados: a decisão de recursos administrativos (inciso II) e as matérias de competência exclusiva do órgão ou autoridade (inciso III). 🔲

Gabarito 1E, 2C, 3E

(Analista Judiciário – TJ/PA – 2020 – CESPE) O processo administrativo pode ser iniciado e impulsionado sem qualquer provocação de particular. Além disso, adota formas simples, suficientes para propiciar adequado grau de certeza, segurança e respeito aos direitos dos administrados. Esses critérios, previstos na Lei 9.784/1999, refletem observância, respectivamente, aos princípios

(A) da eficiência e da finalidade.

(B) da verdade material e da segurança jurídica.

(C) do interesse público e da verdade formal.

(D) da finalidade e da instrumentalidade das formas.

(E) da oficialidade e do informalismo procedimental.

Diversos princípios do processo administrativo estão incorporados na Lei 9.784/99. O princípio da oficialidade (ou da impulsão de ofício) significa que o processo administrativo pode ser instaurado e tramitado por iniciativa da própria Administração, independentemente de qualquer provocação do particular. Dispõe o seu art. 2º, parágrafo único, XII, que o Poder Público deve promover a "impulsão, de ofício, do processo administrativo, sem prejuízo da atuação dos interessados". Já o art. 5º permite que o início do processo se dê por iniciativa administrativa. Já pelo princípio do informalismo procedimental, os atos do processo administrativo não dependem, como regra, de forma determinada (art. 22). Deve-se privilegiar a adoção de formas simples, suficientes para propiciar adequado grau de certeza, segurança e respeito aos direitos dos administrados (art. 2º, parágrafo único, IX). 🔲

Gabarito "E".

(Técnico Judiciário – TRE/PI – CESPE – 2016) A respeito das normas insertas na Lei 9.784/1999, que disciplina o processo administrativo no âmbito da administração pública federal, assinale a opção correta.

(A) O direito da administração de anular os atos administrativos de que decorram efeitos favoráveis para os destinatários decai em cinco anos, contados da data em que forem praticados, salvo comprovada má-fé.

(B) Quem é ouvido na qualidade de testemunha acerca de faltas disciplinares pode ser membro da comissão formada para apurá-las, se não for apresentada impugnação a tempo e modo.

(C) A participação de membro de comissão disciplinar na apuração de fatos que resultarem na pena de suspensão do servidor impedirá que esse membro integre nova comissão disciplinar em processo para apuração de outros fatos que possam resultar em nova apenação ao mesmo servidor.

(D) O ato administrativo de remoção de servidor público independe de motivação, pois envolve juízo de conveniência e oportunidade.

(E) As normas da lei em apreço não podem ser aplicadas de forma subsidiária no âmbito dos estados-membros, porque disciplinam o processo administrativo apenas no âmbito da administração pública federal.

A: correta, art. 54 da Lei 9.784/1999. **B:** incorreta, encontra impedimento expresso no art. 18, II, da Lei 9.784/1999. **C:** incorreta, os impedimentos da participação de membro de comissão disciplinar estão dispostos expressamente na seguinte conformidade: a) não é estável no serviço público (art.149, *caput*, da Lei 8.112, de 1990);b) é cônjuge, companheiro, parente consanguíneo ou afim, em linha reta ou colateral, até o terceiro grau do acusado (art.149, § 2º, da Lei 8.112, de 1990); c) tem interesse direto ou indireto no processo (art. 18, inc. I, da Lei 9.784, de 1999);d) participou ou vem a participar no processo como perito, testemunha ou procurador ou se tais situações ocorrerem quanto ao

4. DIREITO ADMINISTRATIVO

cônjuge, companheiro ou parente e afins até o terceiro grau (art. 18, inc. II, da Lei 9.784, de 1999);e) esteja litigando judicial ou administrativamente com o acusado ou com seu cônjuge ou companheiro (art. 18, inc. III, da Lei 9.784, de 1999).**D:** incorreta, a doutrina é uníssona nesse sentido, com cita *Celso Antônio Bandeira de Mello*: "A motivação integra a formalização do ato, sendo um requisito formalístico dele. É a exposição dos motivos, a fundamentação na qual são enunciados: *a)* a regra de Direito habilitante, b*)* Os fatos em que o agente se estribou para decidir, e, muitas vezes, obrigatoriamente, c*)* a enunciação da relação de pertinência lógica entre os fatos ocorridos a o ato praticado". "Não basta, pois, em uma imensa variedade de hipóteses, apenas aludir ao dispositivo legal que o agente tomou como base para editar o ato. Na motivação, transparece aquilo que o agente apresenta como "causa" do ato administrativo ". (In curso de Direito Administrativo, 25 ed. São Paulo, Malheiros Editores, 2007). As possibilidades de remoção do servidor, estão previstas no Art. 36 da Lei 8.112/90. **E:** incorreta, a jurisprudência do Superior Tribunal de Justiça firmou-se no sentido de que, ausente lei específica, a Lei 9.784/1999 **pode ser aplicada de forma subsidiária no âmbito dos Estados-Membros**, tendo em vista que se trata de norma que deve nortear toda a Administração Pública, servindo de diretriz aos seus demais órgãos. AGRG NO AG 815532 RJ. **FMB**
Gabarito "A".

(Técnico Judiciário – TRE/PE – CESPE – 2017) Um processo administrativo instaurado no âmbito de um órgão público estará sujeito a nulidade caso

(A) o administrado formule as alegações e apresente os documentos antes da decisão.

(B) haja a recusa de provas apresentadas pelos interessados por serem considerados protelatórias, mediante decisão fundamentada.

(C) o administrado tenha obtido cópias de documentos do processo para a elaboração de sua defesa.

(D) haja a atuação de autoridade que tenha interesse, mesmo que indireto, na matéria.

(E) a intimação do administrado ocorra com antecedência de um dia útil, mesmo com o seu comparecimento no local, na data e na hora determinados.

A: incorreta. Lei 9.789/1999, art. 3º O administrado tem os seguintes direitos perante a Administração, sem prejuízo de outros que lhe sejam assegurados: III – formular alegações e apresentar documentos antes da decisão, os quais serão objeto de consideração pelo órgão competente; **B:** incorreta, em sendo a recusa acompanhada da devida motivação não há irregularidade, vide Lei 9.789/1999, art. 6º, parágrafo único. É vedada à Administração a recusa **imotivada** de recebimento de documentos, devendo o servidor orientar o interessado quanto ao suprimento de eventuais falhas. Art.38 § 2º Somente poderão ser recusadas, mediante decisão fundamentada, as provas propostas pelos interessados quando sejam ilícitas, impertinentes, desnecessárias ou protelatórias: **C:** incorreta. Lei 9.789/1999, art. 3º, II – ter ciência da tramitação dos processos administrativos em que tenha a condição de interessado, ter vista dos autos, obter cópias de documentos neles contidos e conhecer as decisões proferidas; **D:** correta. Lei 9.789/1999, art. 18. É impedido de atuar em processo administrativo o servidor ou autoridade que: I – tenha interesse direto ou indireto na matéria. **E:** incorreta. Lei 9.789/1999, art. 26, § 5º As intimações serão nulas quando feitas sem observância das prescrições legais, mas o comparecimento do administrado supre sua falta ou irregularidade. **FMB**
Gabarito "D".

(Técnico Judiciário – TRE/PI – CESPE – 2016) Ainda à luz das disposições da Lei 9.784/1999, assinale a opção correta.

(A) A administração, no exercício da atividade punitiva, submete-se à observância das garantias subjetivas consagradas no processo penal contemporâneo.

(B) Em atenção ao devido processo legal, no processo administrativo haverá testemunhas de defesa e testemunhas de acusação.

(C) A ciência dos atos praticados em processo administrativo, a ser dada ao interessado, deve ser pessoal, e o comparecimento voluntário da parte não suprirá a falta ou irregularidade da intimação.

(D) Não é admitida a instauração de ofício de processo administrativo disciplinar com base em denúncia anônima.

(E) É de cinco dias o prazo para interposição de recurso administrativo, contado a partir da ciência pessoal dada ao interessado.

A: correta, trata diretamente do reconhecimento da decisão como matéria jurisdicional o que obriga a observância de princípios a este afeto. Neste sentido: mandado de segurança. Servidor público. Processo administrativo disciplinar. Demissão. Alegação de cerceamento de defesa. Inocorrência. Revelia. Nomeação de defensor dativo. Processo administrativo disciplinar formalmente regular. Aplicação da sanção demissória à servidora pública com mais de 30 anos de serviço, sob o fundamento de abandono de cargo. Art. 132, II, da Lei 8.112/90. Inobservância da regra de ouro da proporcionalidade. Antecedentes funcionais favoráveis. Art. 128 da Lei 8.112/1990. Ordem concedida em conformidade com o parecer ministerial. 7. No exercício da atividade punitiva a Administração pratica atos materialmente jurisdicionais, por isso que se submete à observância obrigatória de todas as garantias subjetivas consagradas no Processo Penal contemporâneo, onde não encontram abrigo as posturas autoritárias, arbitrárias ou desvinculadas dos valores da cultura. **B:** incorreta, a apresentação de testemunhas decorre do princípio da ampla defesa e contraditório que permite, neste sentido, ao acusado desdizer o que lhe está sendo imputado. **C:** incorreta, Lei 9.784/1999, art. 26, § 3º: A intimação pode ser efetuada por ciência no processo, por via postal com aviso de recebimento, por telegrama ou outro meio que assegure a certeza da ciência do interessado. Com relação ao comparecimento espontâneo, deve ser considerado que nenhuma nulidade deve ser proclamada se dela não advier prejuízo às partes. **D:** incorreta, Lei 9.784/1999, art. 5º: O processo administrativo pode iniciar-se de ofício ou a pedido de interessado. **E:** incorreta, art. 59 da Lei 9.784/1999: Salvo disposição legal específica, é de dez dias o prazo para interposição de recurso administrativo, contado a partir da ciência ou divulgação oficial da decisão recorrida. **FMB**
Gabarito "A".

(Analista – INSS – 2014 – FUNRIO) No tocante aos efeitos do recurso administrativo, nos termos da Lei n. 9784/99, está correta a seguinte afirmação:

(A) Salvo disposição legal em contrário, o recurso tem efeito suspensivo. Havendo justo receio de prejuízo de difícil ou incerta reparação decorrente da execução, mediante caução, a autoridade recorrida ou a imediatamente superior poderá, de ofício ou a pedido, dar efeito suspensivo ao recurso.

(B) A Lei n. 9784/99 não dispõe sobre os efeitos do recurso administrativo, cabendo a legislação específica sobre a matéria, podendo esta estabelecer o efeito suspensivo como regra geral, desde que respeitados os princípios constitucionais referentes à prestação de caução.

(C) Salvo disposição em contrário, o recurso tem efeito suspensivo. Havendo justo receio de dano irreparável e mediante requerimento fundamento, com a devida prestação de caução, poderá o Ministério Público Federal determinar à Administração Federal a concessão do duplo efeito (devolutivo e suspensivo), cabendo cópia à Autoridade Judiciária competente.

(D) Salvo disposição em contrário, o recurso tem efeito suspensivo. Havendo justo receio de dano irreparável e mediante requerimento fundamento, com a devida prestação de caução, poderá o Tribunal de Contas da União determinar à Administração Federal a concessão do duplo efeito (devolutivo e suspensivo), cabendo cópia à Autoridade Judiciária competente.

(E) Salvo disposição legal em contrário, o recurso não tem efeito suspensivo. Havendo justo receio de prejuízo de difícil ou incerta reparação decorrente da execução, a autoridade recorrida ou a imediatamente superior poderá, de ofício ou a pedido, dar efeito suspensivo ao recurso.

A: incorreta (cf. Súmula vinculante 21: "É inconstitucional a exigência de depósito ou arrolamento prévios de dinheiro ou bens para admissibilidade de recurso administrativo."). **B:** incorreta (a Lei 9.784/1999 dispõe sobre os efeitos do recurso administrativo no art. 61). **C:** incorreta (além de não ser possível exigir a prestação de caução, não há qualquer previsão na Lei 9.784/1999 sobre a intervenção do Ministério Público Federal). **D:** incorreta (além de não ser possível exigir a prestação de caução, não há qualquer previsão na Lei 9.784/1999 sobre a intervenção do Tribunal de Contas da União). **E:** correta (cf. estabelece o art. 61, "caput" e parágrafo único, da Lei 9.784/1999). RB

Gabarito "E."

(Analista – INSS – 2014 – FUNRIO) Nos termos da Lei n. 9784/99, qual o prazo para a decisão de recurso administrativo?

A) Quando a lei não fixar prazo diferente, o recurso administrativo deverá ser decidido no prazo máximo de sessenta dias, a partir do recebimento dos autos pelo órgão competente.

B) Quando a lei não fixar prazo diferente, o recurso administrativo deverá ser decidido no prazo máximo de trinta dias, a partir do recebimento dos autos pelo órgão competente.

C) Quando a lei não fixar prazo diferente, o recurso administrativo deverá ser decidido no prazo máximo de vinte dias, a partir do recebimento dos autos pelo órgão competente.

D) Quando a lei não fixar prazo diferente, o recurso administrativo deverá ser decidido no prazo máximo de vinte dias úteis, a partir do recebimento dos autos pelo órgão competente.

E) Quando a lei não fixar prazo diferente, o recurso administrativo deverá ser decidido no prazo máximo de trinta dias úteis, a partir do recebimento dos autos pelo órgão competente.

Quando a lei não fixar prazo diferente, o recurso administrativo deverá ser decidido no prazo máximo de 30 (trinta) dias, a partir do recebimento dos autos pelo órgão competente (art. 59, § 1º, da Lei 9.784/1999). Assim, correta a alternativa B. RB

Gabarito "B."

11. IMPROBIDADE ADMINISTRATIVA (LEI 8.429/1992)

Resumo do Novo Regime

I. O regime jurídico da improbidade administrativa

O regime jurídico da improbidade está previsto na CF (art. 37, § 4º) e na Lei 8.429/1992 (Lei de Improbidade Administrativa). Importante destacar que a Lei 8.429/1992 foi objeto de relevantes alterações pela Lei 14.230/2021!

Consideram-se atos de improbidade administrativa as condutas dolosas tipificadas nos arts. 9º, 10 e 11 da Lei 8.429/1992, ressalvando-se que leis especiais podem prever outros tipos, como, por exemplo, o Estatuto da Cidade (Lei 10.257/2001).

II. Modalidades de improbidade administrativa. Aspectos gerais

A Lei 8.429/1992 estabelece três modalidades de ato de improbidade administrativa. A primeira modalidade é a de **enriquecimento ilícito (art. 9º)**. Essa modalidade consiste em o agente auferir vantagem patrimonial indevida em razão do exercício da atividade pública. São exemplos de improbidade nessa modalidade os seguintes: receber comissão, propina; utilizar bem ou funcionário públicos em proveito próprio; adquirir bens desproporcionais à renda, dentre outros.

A segunda modalidade é a de atos que causam **prejuízo ao erário (art. 10)**. Essa modalidade consiste em o agente ensejar perda patrimonial, desvio, malbaratamento ou dilapidação dos bens das entidades. São exemplos de improbidade nessa modalidade os seguintes: permitir ou facilitar que bem público seja desviado para particular, ou que seja alienado por preço inferior ao de mercado; realizar operações financeiras sem observância das normas legais; conceder benefício fiscal sem observância da lei; frustrar licitação; ordenar ou permitir realização de despesas não autorizadas; dentre outros.

A terceira modalidade é que importa em **violação a princípios da Administração Pública (art. 11)**. Essa modalidade consiste em o agente violar deveres de honestidade, imparcialidade, legalidade e lealdade às instituições. De acordo com as alterações promovidas peal Lei 14.230/2021, e diferentemente das demais modalidades (que são exemplificativas), as hipóteses do art. 11 são taxativas, São exemplos de improbidade nessa modalidade os seguintes: revelar fato que deva permanecer em segredo; negar publicidade aos atos oficiais; deixar de prestar contas, nepotismo.

A jurisprudência do STF e do STJ afastou todas as teses de responsabilidade objetiva em qualquer das modalidades citadas.

Atenção! Antes das alterações promovidas no ano de 2021, prevalecia o entendimento, inclusive do STJ, de que a modalidade do art. 10 (prejuízo ao erário) pode se configurar tanto mediante conduta dolosa como mediante conduta culposa. Em relação às demais modalidades, somente mediante a caracterização do dolo. Ocorre que a Lei 14.230/2021 modificou o regime, dispondo que o elemento subjetivo da improbidade administrativa é **sempre o dolo**. Assim, não mais existe improbidade culposa.

Considera-se dolo a vontade livre e consciente de alcançar o resultado ilícito tipificado nos arts. 9º, 10 e 11 da Lei 8.429/1992, não bastando a voluntariedade do agente. Além disso, para que seja configurada a improbidade administrativa, há necessidade de comprovar a finalidade de obter proveito ou benefício indevido para si ou para outra pessoa ou entidade. Trata-se de dolo específico, portanto, e não de dolo genérico.

A lei expressamente prevê que não configura improbidade a divergência interpretativa da lei, baseada em jurisprudência, ainda que não pacificada, mesmo que não venha a ser posteriormente prevalecente nas decisões dos órgãos de controle ou do Poder Judiciário.

Esquematicamente, temos:

III. Sanções ou penas pela prática de improbidade administrativa

Aplicam-se ao sistema da improbidade os princípios constitucionais do direito administrativo sancionador.

A Lei 8.429/1992 estabelece as seguintes sanções para aquele que pratica o ato de improbidade (art. 12). Atente-se que a Lei 14.230/2021 modificou diversos aspectos relacionados às penalidades:

a) **suspensão dos direitos políticos:** até 14 anos (no caso de enriquecimento ilícito – art. 9º) ou até 12 anos (no caso de prejuízo ao erário – art. 10); **Atenção!** de acordo com o atual regime, não mais se aplica a suspensão de direitos políticos no caso de improbidade por violação aos princípios (art. 11);

b) **perda da função pública:** no caso de enriquecimento ilícito (art. 9º) e prejuízo ao erário (art. 10); **Atenção!** não mais se aplica a perda da função pública no caso de improbidade por violação aos princípios (art. 11); além disso, a sanção atinge apenas o vínculo de mesma qualidade e natureza que o agente público ou político detinha com o poder público na época do cometimento da infração (excepcionalmente, pode o magistrado, na hipótese de enriquecimento ilícito, estendê-la aos demais vínculos, consideradas as circunstâncias do caso e a gravidade da infração);

c) **indisponibilidade dos bens** (§ 4º do art. 37 da CF): finalidade de garantir a integral recomposição do erário ou do acréscimo patrimonial resultante de enriquecimento ilícito;

d) **ressarcimento ao erário:** a reparação do dano decorrente da improbidade deve deduzir o ressarcimento ocorrido nas instâncias criminal, civil e administrativa que tiver por objeto os mesmos fatos; para fins de apuração do valor do ressarcimento, devem ser descontados os serviços efetivamente prestados;

e) **perda de bens e valores acrescidos ilicitamente**;

f) **multa civil:** correspondente ao valor do acréscimo patrimonial (art. 9º); ao valor do dano (art. 10); a até 24 vezes o valor da remuneração percebida pelo agente (art. 11); a multa pode ser aumentada até o dobro, se o juiz considerar que, em virtude da situação econômica do réu, o valor acima é ineficaz para reprovação e prevenção do ato de improbidade;

g) **proibição de contratar com a Administração Pública ou dela receber benefícios ou incentivos fiscais ou creditícios, direta ou indiretamente, ainda que por intermédio de pessoa jurídica da qual seja sócio majoritário:** prazo não superior a 14, 12 e 4 anos, para os arts. 9º, 10 e 11, respectivamente.

Cuidado! De acordo com as alterações promovidas pela Lei 14.230/2021, as sanções acima somente podem ser executadas após o **trânsito em julgado** da sentença condenatória.

As quatro primeiras sanções foram criadas expressamente pela CF, enquanto as demais foram criadas pela Lei 8.429/1992.

A aplicação das sanções independe de dano ao erário (salvo quanto à pena de ressarcimento e às condutas previstas no art. 10 da Lei 8.429/1992) e da aprovação ou rejeição de contas pelo órgão de controle interno ou Tribunal de Contas (art. 21, I e II).

Porém, **em casos em que não se demonstrar lesão ao erário**, como na contratação de servidores sem concurso ou de empresas sem licitação, mas que acabarem trabalhando ou prestando serviço, não cabe a aplicação da sanção de ressarcimento ao erário, não havendo dano, para que não haja enriquecimento sem causa da Administração, sem prejuízo da aplicação de outras sanções previstas no art. 12 da Lei 8.429/1992 (STJ, REsp 1.238.466-SP).

Quanto **à aprovação de contas pelo Tribunal de Contas**, a jurisprudência do STJ vem aplicando o dispositivo citado (REsp 593.522-SP), asseverando que a sua aprovação não inibe a atuação do Poder Judiciário para exame de sua legalidade e constitucionalidade, pois as cortes de contas não exercem jurisdição e não têm atribuição para anular atos lesivos ao patrimônio público, visto que exercem função auxiliar ao Legislativo (art. 5º, XXXV, c/c o art. 71, X, §§ 1º e 2º da CF/1988). Além disso, as provas produzidas perante os órgãos de controle e as correspondentes decisões devem ser consideradas na formação da convicção do juiz.

No tocante à **cumulação das sanções previstas no art. 12 da Lei 8.429/1992**, o STJ entendeu que estas não podem ser cumuladas de modo indistinto, em obediência ao princípio da proporcionalidade (REsp 626.204/RS, DJ 06.09.2007).

Na prática, somente em casos gravíssimos, como de enriquecimento ilícito do agente (art. 9º), justifica-se a cumulação de todas as sanções previstas no art. 12.

A aplicação das sanções por improbidade administrativa independe da aplicação de sanções nas esferas administrativa e penal, dada a independência das instâncias, claramente determinada no art. 12, *caput*, da Lei 8.429/1992. Assim, o fato de um agente público estar sofrendo um processo disciplinar que pode levá-lo à demissão não interfere na continuidade da ação de improbidade, que pode também levá-lo à perda do cargo.

IV. Sujeitos do ato de improbidade administrativa

São **sujeitos passivos**, ou seja, podem ser vítimas do ato de improbidade as seguintes pessoas (art. 1º, §§5º a 7º, da Lei 8.429/1992):

a) Administração direta e indireta, no âmbito da União, dos Estados, dos Municípios e do Distrito Federal;

Obs.: abrange Poderes Executivo, Legislativo e Judiciário;

b) Entidade privada para cuja criação ou custeio o erário haja concorrido ou concorra no seu patrimônio ou receita atual;

Obs.: o ressarcimento ao erário limita-se à repercussão do ilícito sobre a contribuição dos cofres públicos;

c) Entidade privada que receba subvenção, benefício ou incentivo, fiscal ou creditício, de entes públicos ou governamentais.

São **sujeitos ativos**, ou seja, praticam atos de improbidade as seguintes pessoas (arts. 2º e 3º da Lei 8.429/1992):

a) *agentes públicos*, ou seja, o agente político, o servidor público e todo aquele que exerce, ainda que transitoriamente ou sem remuneração, por eleição, nomeação, designação, contratação ou qualquer outra forma de investidura ou vínculo, mandato, cargo, emprego ou função nas entidades mencionadas acima como sujeitos passivos; aqui temos os chamados agentes próprios de improbidade;

b) O particular, pessoa física ou jurídica, que celebra com a administração pública convênio, contrato de repasse, contrato de gestão, termo de parceria, termo de cooperação ou ajuste administrativo equivalente;

c) Aquele que, mesmo não sendo agente público, induza ou concorra dolosamente para a prática do ato de improbidade.

Atenção! Vale informar que o STJ tem entendimento de que "não é possível o ajuizamento de ação de improbidade administrativa exclusivamente em face de particular, sem a concomitante presença de agente público no polo passivo da demanda" (REsp 1.171.017-PA, j. 25.02.2014). Ou seja, para a configuração da improbidade, sempre é necessária a participação de agente público.

No tocante aos *sujeitos ativos* do ato de improbidade, observou-se acirrada polêmica em relação aos **agentes políticos**. Em um primeiro momento, o STF fixou entendimento de que os **agentes políticos** que respondam por crime de responsabilidade (exs.: Presidente, Ministros de Estado, desembargadores, entre outros) não estão sujeitos à incidência da Lei 8.429/1992 (RE 579.799, DJ 19.12.2008), dada a similitude das sanções nas duas esferas. A exceção aplicava-se aos Prefeitos, em relação

a quem se admitia a responsabilização por improbidade (Rcl 6034, DJ 29/03/2008). No entanto, sobreveio alteração de entendimento, de modo que o STF passou a decidir que os agentes políticos, de modo geral – com exceção do Presidente da República –, encontram-se sujeitos a um duplo regime sancionatório, submetendo-se tanto à responsabilização civil pelos atos de improbidade administrativa quanto à responsabilização político-administrativa por crimes de responsabilidade (Pet 3240 AgR, Rel. Min. Roberto Barroso, DJe 22/08/2018). Relevante apontar que, com a Lei 14.230/2021, o agente político passou a constar expressamente no art. 2º, *caput*, da Lei 8.429/1992 como sujeito ativo.

Conforme as modificações introduzidas pela Lei 14.230/2021, os sócios, os cotistas, os diretores e os colaboradores de pessoa jurídica de direito privado não respondem pelo ato de improbidade que venha a ser imputado à pessoa jurídica, salvo se, comprovadamente, houver participação e benefícios diretos. Ademais, as sanções de improbidade não se aplicam à pessoa jurídica, caso o ato de improbidade administrativa seja também sancionado como ato lesivo à administração pública de que trata a Lei 12.846/2013 (lei anticorrupção). Há, portanto, a necessidade de observância do princípio constitucional do *non bis in idem*.

Quanto ao sucessor daquele que causar lesão ao patrimônio público ou se enriquecer ilicitamente, o art. 8º da Lei 8.429/1992, respeitando o princípio constitucional da intranscendência das sanções e restrições de direito (art. 5º, XLV, da CF), dispõe que aquele está sujeito apenas à obrigação de reparar o dano, até o limite do valor da herança ou do patrimônio transferido. **Atenção!** Com as alterações promovidas pela Lei 14.230/2021, restou ultrapassada a jurisprudência que vinha dominando, no sentido de que o sucessor teria de suportar não somente o ressarcimento ao erário, mas também a multa civil imposta ao falecido que tenha praticado improbidade.

Obs.: A responsabilidade sucessória do art. 8º da Lei 8.429/1992 aplica-se também na hipótese de alteração contratual, de transformação, de incorporação, de fusão ou de cisão societária.

V. Processo

Antes da alteração promovida em 2021, eram legitimados ativos para a ação de improbidade o Ministério Público e a pessoa jurídica interessada (= pessoa jurídica lesada).

Com a Lei 14.230/2021, apenas o MP foi previsto como autor da ação (art. 17, "caput", cf. redação dada pelo novo diploma legal). No entanto, foram propostas perante o STF as ADINs 7.042 e 7.043, no âmbito das quais o Pleno da Corte restabeleceu a legitimidade da pessoa jurídica interessada para o ajuizamento da ação de improbidade.

Conclusão! Atualmente, por força da Lei 14.230/2021 e de decisão do STF, são legitimados ativos o Ministério Público e a pessoa jurídica interessada.

Quanto à medida cautelar de **indisponibilidade de bens**, o escopo é garantir a integral recomposição do erário ou do acréscimo patrimonial resultante de enriquecimento ilícito. As alterações promovidas pela Lei 14.230/2021 tornaram minucioso o respectivo regime. A sua decretação pelo Judiciário exige a demonstração do *fumus boni*

4. DIREITO ADMINISTRATIVO

iuris (probabilidade da ocorrência dos atos reputados como ímprobos) e do *periculum in mora*, de modo que a urgência não pode ser presumida. **Atenção!** O STJ entendia que a indisponibilidade requeria apenas o *fumus boni iuris*, estando o *periculum in mora* implícito na lei. No entanto, a recente alteração legislativa passou a exigir expressamente o perigo de dano irreparável ou de risco ao resultado útil do processo.

Essa tutela de urgência somente pode recair sobre bens que assegurem exclusivamente o integral ressarcimento do dano ao erário, sem incidir sobre os valores aplicados a título de multa civil ou sobre acréscimo patrimonial decorrente de atividade lícita. Nesse particular, a modificação trazida pela Lei 14.230/2021 tornou superada a jurisprudência do STJ, no sentido de que a medida incide sobre as bases patrimoniais da futura sentença condenatória, incluído o valor de eventual multa civil.

A indisponibilidade dos bens pode ser decretada sem a oitiva prévia do réu, sempre que o contraditório prévio puder comprovadamente frustrar a efetividade da medida. Ademais, é permitida a substituição da indisponibilidade por caução idônea, por fiança bancária ou por seguro-garantia judicial, a requerimento do réu. Se houver mais de um réu na ação, a somatória dos valores declarados indisponíveis não poderá superar o montante indicado na petição inicial como dano ao erário ou como enriquecimento ilícito.

Além disso, é vedada a decretação de indisponibilidade da quantia de até 40 salários mínimos depositados em caderneta de poupança, em outras aplicações financeiras ou em conta-corrente, bem como de bem de família do réu (salvo se comprovado que o imóvel seja fruto de vantagem patrimonial indevida relacionada a enriquecimento ilícito).

A Lei 14.230/2021 introduziu uma ordem de prioridade para a incidência da medida. Assim, a decretação de indisponibilidade de bens deve priorizar veículos de via terrestre, bens imóveis, bens móveis em geral, semoventes, navios e aeronaves, ações e quotas de sociedades simples e empresárias, pedras e metais preciosos. Apenas na inexistência desses é que pode ser imposto o bloqueio de contas bancárias, de forma a garantir a subsistência do acusado e a manutenção da atividade empresária ao longo do processo.

O **procedimento** previsto pela lei é o comum (art. 17, "caput"). **Atenção!** Antes da alteração promovida pela Lei 14.230/2021, havia uma fase de defesa preliminar (o requerido era notificado para oferecer resposta em 15 dias). Atualmente, se a petição inicial estiver em devida forma, o juiz deve ordenar a citação dos requeridos para apresentação de contestação (prazo comum de 30 dias).

É importante ressaltar que a lei vedava expressamente qualquer tipo de transação, acordo ou conciliação na ação por improbidade. No entanto, a partir de 2019 houve modificação e agora a lei autoriza a celebração de "acordo de não persecução civil" (art. 17-B da Lei 8.429/92). Esse acordo deve contemplar, ao menos, o integral ressarcimento do dano e a reversão à pessoa jurídica lesada da vantagem indevida obtida pelos envolvidos. Para a apuração do valor do dano, deve ser realizada oitiva do Tribunal de Contas. Havendo a possibilidade de solução consensual, podem as partes requerer

ao juiz a interrupção do prazo para a contestação, por prazo não superior a 90 dias. Sob o prisma formal, a sua celebração depende, entre outros, de homologação judicial, independentemente de o acordo ocorrer antes ou depois do ajuizamento da ação de improbidade administrativa. Além disso, o seu firmamento deve considerar a personalidade do agente, a natureza, as circunstâncias, a gravidade e a repercussão social do ato de improbidade, bem como as vantagens, para o interesse público, da rápida solução do caso. Relevante apontar, seguindo uma tendência geral de valorização do *compliance*, que o acordo poder contemplar a adoção de mecanismos internos de integridade. Aponte-se também que, em caso de descumprimento, o ímprobo fica impedido de celebrar novo acordo pelo prazo de 5 anos, contado do conhecimento pelo Ministério Público do efetivo descumprimento.

Quanto à **competência**, com o regramento trazido pela Lei 14.230/2021, a Lei 8.429/1992 passou expressamente a prever que a ação de improbidade administrativa deve ser proposta perante o foro do local onde ocorrer o dano ou da pessoa jurídica prejudicada (art. 17, §4º-A).

Ainda no que tange à competência, o STF fixou o entendimento de que "o foro especial por prerrogativa de função previsto na Constituição Federal em relação às infrações penais comuns não é extensível às ações de improbidade administrativa, de natureza civil", motivo pelo qual a competência é de primeira instância (Pet 3240 AgR, Rel. Min. Roberto Barroso, DJe 22/08/2018).

Uma novidade disposta pela nova lei de 2021 é a possibilidade de conversão da ação de improbidade em ação civil pública, caso se identifique a existência de ilegalidades administrativas a serem sanadas e sem que estejam presentes os requisitos para a imposição das sanções da Lei 8.429/1992.

A **sentença** aplicará as sanções e determinará o pagamento ou a reversão dos bens, conforme o caso, em favor da pessoa jurídica (art. 18). Não incide na ação de improbidade o reexame obrigatório da sentença de improcedência ou de extinção sem resolução de mérito (art. 17, §19, IV).

No que se refere à comunicabilidade de instâncias, as sentenças civis e penais produzem efeitos em relação à ação de improbidade quando concluírem pela inexistência da conduta ou pela negativa da autoria. Ademais, a absolvição criminal em ação que discuta os mesmos fatos, confirmada por decisão colegiada, impede o trâmite da ação de improbidade, havendo comunicação com todos os fundamentos de absolvição previstos no art. 386 do Código de Processo Penal.

VI.   Prescrição (art. 23)

No que diz respeito ao **prazo prescricional** para o exercício da pretensão de aplicar as sanções de improbidade administrativa, o STF, ao interpretar o art. 37, § 5º, da CF, consagrou a seguinte tese: são **imprescritíveis** as ações de **ressarcimento ao erário** fundada na prática de ato doloso tipificado na Lei de Improbidade Administrativa (RE 852475/SP, DJe 08.08.2018). Repare que a imprescritibilidade tem os seguintes requisitos: a) é só em relação ao ressarcimento ao erário (não atingindo a aplicação das demais sanções da Lei de Improbidade, que tem o prazo prescricional mantido, nos termos das regras expostas abaixo); b) depende do reconhecimento de que o ato praticado foi doloso; c) depende do reconhecimento de que o ato praticado é qualificado pela lei como ato de improbidade administrativa.

Quanto à aplicação das **demais sanções**, e de acordo com as alterações promovidas pela Lei 14.230/2021, o prazo prescricional é de **8 anos**, contados a partir da ocorrência do fato ou, no caso de infrações permanentes, do dia em que cessou a permanência. **Atenção!** Verifica-se que o novo regramento modificou de modo significativo o regime original da prescrição em improbidade, baseado na diferenciação da condição do agente público envolvido (se titular de mandato, se servidor efetivo etc.).

A nova lei passou a dispor sobre a suspensão e a interrupção do prazo prescricional, nos seguintes moldes:

a) a instauração de inquérito civil ou de processo administrativo para apuração dos ilícitos suspende o curso do prazo prescricional por, no máximo, 180 dias corridos, recomeçando a correr após a sua conclusão ou, caso não concluído o processo, esgotado o prazo de suspensão;

b) interrompe-se o prazo prescricional: i) pelo ajuizamento da ação de improbidade administrativa; ii) pela publicação da sentença condenatória; iii) pela publicação de decisão ou acórdão de Tribunal de Justiça (ou Tribunal Regional Federal), do STJ ou do STF que confirma sentença condenatória ou que reforma sentença de improcedência;

c) interrompida a prescrição, o prazo recomeça a correr do dia da interrupção, pela metade do prazo de 8 anos;

d) o inquérito civil para apuração do ato de improbidade deve ser concluído no prazo de 365 dias corridos, prorrogável uma única vez por igual período.

VII. Lei 14.230/2021 e direito intertemporal. Posição do STF

Com a edição da Lei 14.230/2021, e diante das múltiplas alterações do regime da improbidade administrativa, surgiram dúvidas sobre a aplicação do novo regramento no tempo, especialmente nos casos anteriores à vigência do diploma legal de 2021. Nesse cenário, questionou-se acerca da ocorrência da retroatividade benéfica em sede de improbidade administrativa, nos mesmos moldes do regime penal, que detém consagração constitucional (art. 5º, inciso XL).

Ocorre que Supremo Tribunal Federal, no âmbito do ARE 843.989/PR, fixou as seguintes teses de repercussão geral (Pleno, Rel. Min. Alexandre de Morais, julgamento finalizado em 18/08/2022 – tema 1.199):

1) É necessária a comprovação de responsabilidade subjetiva para a tipificação dos atos de improbidade administrativa, exigindo-se – nos artigos 9º, 10 e 11 da LIA – a presença do elemento subjetivo – dolo;

2) A norma benéfica da Lei 14.230/2021 – revogação da modalidade culposa do ato de improbidade administrativa –, é irretroativa, em virtude do artigo 5º, inciso XXXVI, da Constituição Federal, não tendo incidência em relação à eficácia da coisa julgada; nem tampouco durante o processo de execução das penas e seus incidentes;

3) A nova Lei 14.230/2021 aplica-se aos atos de improbidade administrativa culposos praticados na vigência do texto anterior da lei, porém sem condenação transitada em julgado, em virtude da revogação expressa do texto anterior; devendo o juízo competente analisar eventual dolo por parte do agente.

4) O novo regime prescricional previsto na Lei 14.230/2021 é irretroativo, aplicando-se os novos marcos temporais a partir da publicação da lei.

Verifica-se, portanto, que o STF estabeleceu a irretroatividade benéfica nos casos já transitados em julgado. Por outro lado, nas hipóteses das ações em andamento, ainda não acobertados pela coisa julgada, incidente a retroação benéfica.

Ademais, no que concerne ao regime prescricional, a tese fixada pela Corte foi a da irretroatividade.

(Delegado de Polícia Federal – 2021 – CESPE) Um agente público foi condenado por ato de improbidade administrativa. Na sentença, determinou-se que o elemento subjetivo do réu, no caso, havia sido culpa grave. Não houve condenação à perda da função pública nem à perda dos direitos políticos.

Considerando essa situação hipotética e o disposto na Lei 8.429/1992 e suas alterações, julgue os itens a seguir.

(1) É correto afirmar que, nessa situação, a conduta do agente que levou à condenação causou dano ao erário.

(2) As penas de perda da função pública e de perda dos direitos políticos tivessem sido aplicadas somente podem ser efetivadas após o trânsito em julgado da sentença condenatória.

(3) Eventual decretação de indisponibilidade de bens poderá recair sobre os bens adquiridos pelo referido agente antes da prática do ato ímprobo, devendo-se considerar, ainda, o valor de possível multa civil como sanção autônoma.

1: Certo. A questão está desatualizada, à luz das modificações ocorridas na Lei 8.429/1992 em razão da Lei 14.230/2021. Atualmente, pelo novo regime, a improbidade administrativa somente admite o *dolo* como elemento subjetivo. O mero exercício da função ou desempenho de competências públicas, sem comprovação de ato doloso com fim ilícito, afasta a responsabilidade por ato de improbidade administrativa (art. 1º, § 3º, da Lei 8.429/1992). Antes da alteração legal promovida em 2021, era admitida a culpa nos casos de improbidade que acarretavam dano ao erário (art. 10 da Lei 8.429/1992). **2:** Anulada. A questão foi anulada, pois faz referência à perda dos direitos políticos. Na verdade, o ordenamento jurídico prevê a sanção de *suspensão dos direitos políticos* (art. 37, § 4º, CF e art. 12 da Lei 8.429/1992). Vale apontar que, de acordo com o regime atual da improbidade administrativa (decorrente da Lei 14.230/2021), as sanções somente podem ser executadas após o trânsito em julgado da sentença condenatória (art. 12, § 9º, da Lei 8.429/1992). **3:** Certo. A questão está desatualizada, à luz das modificações ocorridas na Lei 8.429/1992 em razão da Lei 14.230/2021. Atualmente, pelo novo regime, a indisponibilidade apenas pode recair sobre os bens que assegurem exclusivamente o integral ressarcimento do dano ao erário, sem incidir sobre os valores a serem eventualmente aplicados a título de multa civil (art. 16, § 10). Observe-se que esse novo regramento acabou por afastar a jurisprudência do STJ, cujo entendimento considerava, para fins de indisponibilidade, o valor de possível multa civil.

Gabarito 1C, 2Anulada, 3C

4. DIREITO ADMINISTRATIVO

A Lei 8.429/1992

I. aplica-se apenas aos servidores públicos da administração pública direta e fundacional.

II. estabelece a necessidade de observância dos princípios da legalidade, da impessoalidade, da moralidade e da publicidade.

III. prevê a indisponibilidade de bens como medida para assegurar o integral ressarcimento do dano causado ao erário.

IV. excetua os atos omissivos como possíveis caracterizadores do ato de improbidade.

(Auxiliar Judiciário – TJ/PA – 2020 – CESPE) Estão certos apenas os itens

(A) I e II.

(B) I e IV.

(C) II e III.

(D) I, III e IV.

(E) II, III e IV.

Enunciado I errado (o regime da improbidade adota uma definição ampla de agentes públicos, abrangendo os que atuam não apenas na Administração direta e indireta, mas também nas entidades privadas que recebem, por exemplo, subvenção ou benefício de órgão público, cf. art. 2° c/c. art. 1° da Lei 8.429/92). Enunciado II correto (cf. art. 4°) Atenção! O art. 4° foi revogado pela Lei 14.230/2021. Enunciado III correto (a indisponibilidade está prevista no art. 16 da Lei de Improbidade, bem como na própria CF, cf. art. 37, §4°). Enunciado IV errado (os atos administrativos abrangem condutas comissivas ou omissivas). RB
Gabarito "C".

Em uma ação de improbidade administrativa ajuizada pelo Ministério Público, foi proferida sentença de procedência dos pedidos, com aplicação da sanção de perda da função pública ao réu, que é servidor público.

(Analista Judiciário – TJ/PA – 2020 – CESPE) A respeito dessa situação hipotética, é correto afirmar que a imposição da referida sanção

(A) depende da comprovação de dano financeiro ao patrimônio público, sendo imprescindível, para aplicação da pena, aguardar o trânsito em julgado da sentença.

(B) depende da comprovação de efetivo dano financeiro ao patrimônio público, podendo a pena, por ter natureza política, ser efetivada antes do trânsito em julgado da sentença.

(C) independe de ter sido comprovado dano financeiro ao patrimônio público, sendo imprescindível, para a efetivação da pena, aguardar o trânsito em julgado da sentença.

(D) independe de ter sido comprovado dano financeiro ao patrimônio público, podendo a pena, por ter natureza administrativa, ser efetivada antes do trânsito em julgado da sentença.

(E) independe de ter sido comprovado dano financeiro ao patrimônio público, mas a pena, por ter natureza penal, só poderá ser efetivada após o trânsito em julgado da sentença.

O regime da improbidade administrativa está previsto na Lei 8.429/92. Relevante apontar que se trata de responsabilidade de natureza político-administrativa, não penal. Considerando que a norma prevê, como regra, três categorias autônomas de improbidade (enriquecimento ilícito, dano ao patrimônio público ou violação a princípios da Administração), a aplicação das respectivas penas independe de ter sido comprovada lesão financeira ao erário. Em relação à sanção da perda da função pública, somente pode ser aplicada após o trânsito em julgado (art. 20). RB
Gabarito "C".

(Analista Judiciário – TJ/PA – 2020 – CESPE) Conforme a Lei 8.429/1992, negar publicidade a ato oficial constitui ato de improbidade administrativa que

(A) atenta contra os princípios da administração pública.

(B) decorre de concessão indevida de benefício financeiro.

(C) importa enriquecimento ilícito.

(D) causa prejuízo ao erário.

(E) decorre de aplicação indevida de benefício tributário.

O regime da improbidade administrativa está previsto na Lei 8.429/92, que prevê, como regra, três modalidades de atos ímprobos: enriquecimento ilícito (art. 9°), prejuízo ao erário (arts. 10 e 10-A) e violação aos princípios da administração (art. 11). No que se refere à conduta de negar publicidade a ato oficial, trata-se de hipótese prevista no art. 11, IV, ou seja, de prática que atenta contra os princípios da administração. RB
Gabarito "A".

(Analista Judiciário – TJ/PA – 2020 – CESPE) Julgue os itens a seguir, considerando as disposições da Lei 8.429/1992.

I. A lei aplica-se a terceiro que, mesmo não sendo servidor público, induza ou concorra para a prática de ato de improbidade ou dele se beneficie.

II. Atos omissivos podem ser considerados para a configuração de lesão ao patrimônio público.

III. O Ministério Público deverá ser cientificado pela autoridade administrativa sobre os atos que ensejarem enriquecimento ilícito ou lesão ao patrimônio público.

IV. Constitui ato de improbidade administrativa revelar fato ou circunstância de que tem ciência em razão das atribuições e que deva permanecer em segredo.

Assinale a opção correta.

(A) Apenas os itens I, II e III estão certos.

(B) Apenas os itens I, II e IV estão certos.

(C) Apenas os itens I, III e IV estão certos.

(D) Apenas os itens II, III e IV estão certos.

(E) Todos os itens estão certos.

Enunciado I certo (art. 3°) Atenção! a atual redação do art. 3° (cf. Lei 14.230/2021) é a seguinte: "As disposições desta Lei são aplicáveis, no que couber, àquele que, mesmo não sendo agente público, induza ou concorra dolosamente para a prática do ato de improbidade.". Enunciado II certo (a improbidade pode decorrer de conduta comissiva ou omissiva). Enunciado III certo (art. 7°, "caput"). Enunciado IV certo (art. 11, III). RB
Gabarito "E".

(Auditor Fiscal - SEFAZ/RS - 2019 - CESPE/CEBRASPE) De acordo com a Lei n.° 8.429/1992, constitui ato de improbidade administrativa que atenta especificamente contra os princípios da administração pública qualquer ação ou omissão que violar os deveres de honestidade, imparcialidade, legalidade e lealdade às instituições, e notadamente

(A) negar publicidade aos atos oficiais.

(B) facilitar para que terceiro se enriqueça ilicitamente.

(C) conceder indevidamente benefício administrativo ou fiscal.

(D) representar negligência na arrecadação de tributo e na conservação do patrimônio público.

(E) consistir em uso, em proveito próprio, de bens ou valores integrantes do acervo patrimonial da administração pública.

A: correta, Art. 11, IV da Lei 8.429/1992; **B:** incorreta, Art. 10, XII, da Lei 8.429/1992; **C:** incorreta, Art. 10, VII, da Lei 8.429/1992; **D:** incorreta - Art. 10, X, da Lei 8.429/1992; **E:** incorreta, Art. 9º, XII, da Lei 8.429/1992. **FMB**

Gabarito "A".

(Analista – INSS – 2014 – FUNRIO) Considerando o término de um convênio, a ausência de prestação de contas, por parte de quem tem a obrigação para tanto, pode caracterizar

(A) improbidade administrativa que causa lesão ao erário por qualquer ação ou omissão, dolosa ou culposa, que enseje perda patrimonial, desvio, apropriação, malbaratamento ou dilapidação dos bens.

(B) improbidade administrativa, importando enriquecimento ilícito por auferir qualquer tipo de vantagem patrimonial indevida em razão do exercício de cargo, mandato, função, emprego.

(C) um ato que não tem relevância no Direito Administrativo.

(D) improbidade administrativa que atenta contra os princípios da administração pública por qualquer ação ou omissão que viole os deveres de honestidade, imparcialidade, legalidade, e lealdade às instituições.

(E) um ato que não tem enquadramento Legal e que, portanto, constitui uma falta de caráter meramente discricionário, incapaz de gerar efeitos ou obrigações, devendo, entretanto, ser anotado nos registros da Administração, para futuros convênios a serem firmados.

Atenção! A questão deve ser analisada à luz do novo regime da improbidade administrativa, nos termos da Lei 14.230/2021. Nesse sentido, representa improbidade administrativa que atenta contra os princípios da administração pública deixar de prestar contas quando esteja obrigado a fazê-lo, desde que disponha das condições para isso, com vistas a ocultar irregularidades (art. 11, VI, da LIA). Deve-se destacar que as hipóteses do art. 11 da Lei 8.429/1992, à luz do novo regime, são taxativas, e não mais exemplificativas. Assim, a alternativa mais próxima à correta é a D. **RB**

Gabarito "D".

12. TEMAS COMBINADOS DE DIREITO ADMINISTRATIVO

(Técnico – INSS/Guarulhos – 2022 – CEBRASPE) A respeito da administração pública, do direito administrativo e da organização administrativa da União, julgue os itens a seguir.

(1) A transmissão de competência de uma pessoa jurídica de direito público para outra configura a descontração.

(2) O ato administrativo praticado por agente público no exercício da sua função expressa o sentido orgânico da administração pública.

(3) A regulamentação e a fiscalização de atividade econômica de natureza privada pela administração pública caracterizam a intervenção.

1: errado – A transmissão de competência de uma pessoa jurídica de direito público para outra configura *descentralização*; por sua vez, a *desconcentração* é a divisão interna de uma mesma pessoa jurídica; **2:** errado – o ato administrativo praticado por agente público no exercício de sua função expressa o *sentido funcional* (*objetivo* ou *material*); convém apontar que o *sentido orgânico* (*subjetivo* ou *formal*) constitui os entes que exercem a atividade administrativa; **3:** certo – art. 174, "caput", da Constituição Federal.

Gabarito 1E, 2E, 3C

(Técnico – INSS/Guarulhos – 2022 – CEBRASPE) A respeito dos agentes públicos, do regime jurídico único dos servidores públicos federais, dos poderes administrativos e do ato administrativo, julgue os itens seguintes.

(1) Os jurados, embora colaborem temporariamente com a administração pública, não podem ser considerados agentes públicos.

(2) Por meio do poder regulamentar, cabe à administração pública criar mecanismos de complementação das leis, a fim de possibilitar a sua efetiva aplicabilidade.

(3) A condição de acionista de sociedade privada impede a posse em cargo público.

1: errado – os jurados integram o gênero agentes públicos, na espécie particulares em colaboração com o Estado; **2:** certo – o poder regulamentar é aquele pelo qual o Chefe do Poder Executivo expede normas (decreto), que operacionalizam os ditames de uma lei; **3:** errado: ao servidor é proibido participar de gerência ou administração de sociedade privada, personificada ou não personificada, exercer o comércio, *exceto* na qualidade de *acionista*, cotista ou comanditário (art. 117, X, da Lei n. 8.112/1990); portanto, é possível que um servidor seja acionista de sociedade privada, não havendo óbice para a posse em cargo público.

Gabarito 1E, 2C, 3E

(Técnico – INSS/Guarulhos – 2022 – CEBRASPE) A respeito dos serviços públicos, do controle e responsabilização da administração, da improbidade administrativa e do processo administrativo, julgue os próximos itens.

(1) A delegação de competência de um titular a outro depende da existência de subordinação hierárquica.

(2) A concessão administrativa se dá quando seu objeto é a prestação de serviço do qual a administração pública seja a usuária, ainda que indireta.

(3) A voluntariedade do agente é suficiente para caracterizar a conduta ilícita como crime de improbidade administrativa.

(4) O direito de petição, por meio do qual as pessoas podem formular postulações aos órgãos públicos, é um meio de controle administrativo.

1: errado – a delegação de competência independe da existência de subordinação hierárquica, nos termos do que prevê o art. 12, "caput", da Lei n. 9.784/1999; **2:** certo – cf. art. 2º, § 2º, da Lei n. 11.079/2004 (Lei das Parcerias Público-Privadas); **3:** errado – para fins de improbidade administrativa, considera-se dolo a vontade livre e consciente de alcançar o resultado ilícito tipificado nos arts. 9º, 10 e 11 da Lei n. 8.429/1992, *não bastando a voluntariedade* do agente (art. 1º, § 2º, da Lei n. 8.429/1992, incluído pela Lei n. 14.230/2021); **4:** certo – o direito de petição encontra previsão constitucional (art. 5º, inciso XXXIV, "a", da CF) e representa um mecanismo de controle administrativo, pois é assegurado a todos utilizá-lo em defesa de direitos ou contra ilegalidade ou abuso de poder.

Gabarito 1E, 2C, 3E, 4C

4. DIREITO ADMINISTRATIVO   75

(**Técnico – INSS – 2022 – CEBRASPE**) Julgue os itens seguintes, relativos à administração pública.

(**1**) Em regra, é vedada a acumulação remunerada de cargos públicos. Essa vedação estende-se a empregos e funções e abrange autarquias, fundações, empresas públicas, sociedades de economia mista, suas subsidiárias, e sociedades controladas, direta ou indiretamente, pelo poder público.

(**2**) Somente por lei específica poderá ser criada autarquia e autorizada a instituição de empresa pública, sociedade de economia mista e fundação pública, cabendo, em todos os casos, lei complementar para definir as áreas de atuação dessas entidades.

(**3**) O servidor público estável perderá o seu cargo de provimento efetivo em virtude de: sentença judicial transitada em julgado, processo administrativo em que lhe seja assegurada ampla defesa ou procedimento de avaliação periódica de desempenho, na forma de lei complementar, assegurada ampla defesa.

(**4**) Situação hipotética: Uma servidora pública do INSS, ocupante de cargo efetivo de técnico do seguro social, foi eleita deputada federal nas eleições de 2022. Assertiva: Nessa situação, a servidora ficará afastada de seu cargo efetivo no INSS para o exercício de mandato eletivo na Câmara dos Deputados, sendo esse tempo de serviço contado para todos os efeitos legais, exceto para promoção por merecimento.

1: certo – cf. art. 37, incisos XVI e XVII, da Constituição Federal; **2:** errado – cf. o art. 37, inciso XIX, da CF, somente por lei específica poderá ser criada autarquia e autorizada a instituição de empresa pública, de sociedade de economia mista e de fundação, cabendo à lei complementar, *neste último caso*, definir as áreas de sua atuação (no item 2 consta erradamente "em todos os casos"); **3:** certo – art. 41, § 1°, da CF; **4:** certo – cf. art. 38, incisos I e IV, da CF.
Gabarito 1C, 2E, 3C, 4C

(**Técnico – INSS – 2022 – CEBRASPE**) No que diz respeito à administração pública, às fontes do direito administrativo, à organização administrativa da União, à Lei n.° 8.112/1990 e aos poderes administrativos, julgue os itens que se seguem.

(**1**) Em sentido subjetivo, formal ou orgânico, a administração pública consiste no conjunto de órgãos, entidades e agentes estatais no exercício da função administrativa do Estado. Já a administração pública em sentido objetivo, material ou funcional designa o conjunto de atividades administrativas exercidas pelo Estado para a consecução dos interesses coletivos.

(**2**) O abuso de poder é tratado pela doutrina majoritária como gênero cujas espécies são: o excesso de poder, que ocorre quando o agente público atua nos limites de sua competência legalmente definida, mas visando a um fim diverso da consecução do interesse público; e o desvio de poder, que se dá quando o agente público exorbita da competência que lhe foi legalmente atribuída.

(**3**) A lei é considerada a fonte primordial do direito administrativo brasileiro, razão por que esse ramo do direito público nacional se encontra codificado, ou seja, as normas administrativas estão reunidas em um só corpo de leis.

(**4**) O INSS é uma autarquia federal subordinada ao Ministério do Trabalho e Previdência.

(**5**) De acordo com a Lei n.° 8.112/1990, são formas de provimento de cargo público: nomeação, promoção, ascensão, transferência, readaptação, reversão, aproveitamento, reintegração e recondução.

1: certo – de fato, a administração pública pode ser compreendida sob essas duas perspectivas: subjetivo (formal ou orgânico) e objetivo (material ou funcional), cf. a doutrina brasileira do direito administrativo; **2:** errado – o item está errado pois houve a troca dos significados; o abuso de poder detém duas espécies: o excesso de poder (ocorre quando o agente público exorbita da competência que lhe foi legalmente atribuída) e o desvio de poder (ocorre quando o agente público atua nos limites de sua competência legalmente definida, mas visando a um fim diverso da consecução do interesse público); **3:** errado – o direito administrativo não se encontra codificado (normas reunidas em um só corpo de leis), pois a sua disciplina está incorporada em uma série de leis (a exemplo das Leis n. 8.112/1990, n. 8.429/1992 e n. 9.784/1999). **4:** errado – O INSS é uma autarquia federal *vinculada* ao Ministério do Trabalho e Previdência; **5:** errado – a ascensão e a transferência foram revogadas, não integrando mais as formas de provimento previstas no art. 8° da Lei n. 8.112/1990, que prevê: nomeação, promoção, readaptação, reversão, aproveitamento, reintegração e recondução.
Gabarito 1C, 2E, 3E, 4E, 5E

(**Técnico – INSS – 2022 – CEBRASPE**) Julgue os próximos itens, referentes ao ato administrativo, aos serviços públicos, à responsabilidade civil do Estado e às Leis n.° 8.429/1992 e n.° 9.784/1999.

(**1**) A administração pode revogar seus próprios atos, quando eivados de vícios que os tornem ilegais, porque deles não se originam direitos, podendo, ainda, anulá-los por motivo de conveniência ou oportunidade, respeitados os direitos adquiridos.

(**2**) A concessão de serviço público consiste na delegação de sua prestação, feita pelo poder concedente, por meio de licitação, na modalidade concorrência ou diálogo competitivo, a pessoa jurídica ou a consórcio de empresas que demonstre capacidade para o seu desempenho, por sua conta e risco e por prazo determinado.

(**3**) Será impedido de atuar em processo administrativo o servidor público que tiver interesse direto ou indireto na matéria. Além disso, poderá ser arguida a suspeição de autoridade que tenha amizade íntima ou inimizade notória com algum dos interessados nesse processo.

(**4**) Com base na teoria do risco administrativo, admite-se pesquisa em torno da culpa da vítima, a fim de abrandar ou excluir a responsabilidade civil objetiva das pessoas jurídicas de direito público e das pessoas jurídicas de direito privado prestadoras de serviço público.

(**5**) Ainda que não seja agente público, aquele que induzir ou concorrer culposa ou dolosamente para a prática de ato de improbidade administrativa sujeitar-se-á, no que couber, às disposições da Lei n.° 8.429/1992.

1: errado – de acordo com o art. 53 da Lei n. 9.784/1999, a Administração deve anular seus próprios atos, quando eivados de vício de legalidade, e pode revogá-los por motivo de conveniência ou oportunidade, respeitados os direitos adquiridos; **2:** certo – cf. art. 2º, inciso II, da Lei n. 8.987/1995; **3:** certo – cf. art. 18, inciso I (impedimento) e 20 (suspeição) da Lei n. 9.784/1999; **4:** certo – de acordo com a teoria do risco administrativo, admitem-se excludentes ou atenuantes da responsabilidade civil objetiva do Estado, entre as quais a culpa da vítima; **5:** errado – as disposição da Lei n. 8.429/1992 (Lei de improbidade) aplicam-se àquele que, mesmo não sendo agente público, induza ou concorra *dolosamente* para a prática do ato de improbidade (art. 3º da Lei n. 8.429/1992, cf. redação dada pela Lei n. 14.230/2021); atualmente, não mais existe improbidade culposa.

Gabarito 1E, 2C, 3C, 4C, 5E

5. INFORMÁTICA

Helder Satin

1. CONCEITOS GERAIS

(Administrador – Ministério da Justiça – 2009 – FUNRIO) Existem diversas categorias comerciais de *software*. Aquela que é disponibilizada, ainda não acabada, para avaliação e testes é chamada de uma versão de *software*

(A) *Trial*.
(B) *Freeware*.
(C) *Shareware*.
(D) *Beta*.
(E) *Demo*.

A: errada, um programa *trial* é semelhante ao *demo* com a diferença de que é disponibilizado por um curto espaço de tempo; **B:** errada, o programa *freeware* trata-se de um produto distribuído de forma gratuita; **C:** errada, os *sharewares* são programas gratuitos, porém com algum tipo de limitação; **D:** correta, os programas *beta* são versões não concluídas de um *software*, muitas vezes distribuídas com intuito de testes; **E:** errada, a versão *demo* possui apenas algumas funções do *software* completo.

Gabarito "D".

2. HARDWARE

(Técnico – INSS – 2012 – FCC) O gráfico a seguir foi extraído da pesquisa TIC empresas 2009 (Pesquisa Sobre Uso das Tecnologias da Informação e da Comunicação no Brasil), realizado pelo CETIC (Centro de Estudos Sobre as Tecnologias da Informação e da Comunicação).

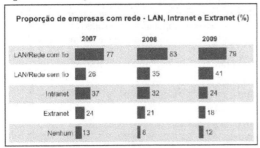

(Fonte: <http://www.cetic.br/empresas/2009/tic-empresas-2009.pdf>)

Considerando redes de computadores e com base no gráfico, analise:

I. O acesso sem fio à Internet e Intranets está crescendo à medida que surgem mais instrumentos de informação capazes de operar em rede. Telefones inteligentes, *pagers*, PDAs e outros dispositivos portáteis de comunicação tornam-se clientes nas redes sem fios.
II. O uso de redes sem fio tem crescido rapidamente à medida que novas tecnologias de alta velocidade são implementadas, como a *WiFi*, que pode ser mais barata que o padrão *Ethernet* e diversas outras tecnologias LAN com fios.
III. Com as Intranets, a comunicação interna nas empresas ganha mais agilidade, dinamismo, integra e aproxima seus colaboradores, independente da localização de cada um. Agiliza a disseminação de informações, visando à integração inter e intradepartamental.
IV. A tendência é que cada vez mais as redes sem fio sejam substituídas pelas redes com fio, pois as tecnologias sem fio estão sujeitas a inúmeros tipos de interferência e interceptação que comprometem seu desempenho e segurança.

Está correto o que se afirma em:

(A) I, II, III e IV.
(B) I e III, apenas.
(C) I e II, apenas.
(D) I, II e III, apenas.
(E) III e IV, apenas.

Apenas a afirmativa IV está incorreta, a tendência atual é inversa, a substituição de redes cabeadas por redes sem fio, sendo que ambas podem sofrer diversos tipos de interferência, portanto apenas a alternativa D está correta.

Gabarito "D".

(Técnico – INSS – 2012 – FCC) Pedro trabalha em uma pequena imobiliária cujo escritório possui cinco computadores ligados em uma rede com topologia estrela. Os computadores nessa rede são ligados por cabos de par trançado a um *switch* (concentrador) que filtra e encaminha pacotes entre os computadores da rede, como mostra a figura abaixo.

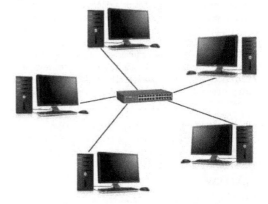

Certo dia, Pedro percebeu que não conseguia mais se comunicar com nenhum outro computador da rede. Vários são os motivos que podem ter causado esse problema, EXCETO:

(A) O cabo de rede de um dos demais computadores da rede pode ter se rompido.
(B) A placa de rede do computador de Pedro pode estar danificada.

(C) A porta do *switch* onde o cabo de rede do computador de Pedro está conectado pode estar danificada.

(D) O cabo de rede que liga o computador de Pedro ao *switch* pode ter se rompido.

(E) Modificações nas configurações do computador de Pedro podem ter tornado as configurações de rede incorretas.

A: incorreta (devendo ser assinalada), apenas se o cabo de rede de seu próprio computador fosse rompido ele perderia comunicação com o restante da rede; **B:** correta, danos à placa de rede do computador podem sim impedir que este acesse o restante da rede; **C:** correta, a porta a qual está conectado o computador no *switch* pode impedir o acesso à rede; **D:** correta, este é um dos motivos pelo qual um computador pode perder acesso à rede; **E:** correta, as configurações de rede do computador podem impedir o acesso normal caso sejam alteradas para um padrão diferente do usado no restante da rede.
Gabarito "A".

(Analista – TRE/SP – 2012 – FCC) Em relação a *hardware* e *software*, é correto afirmar:

(A) Para que um *software* aplicativo esteja pronto para execução no computador, ele deve estar carregado na memória *flash*.

(B) O fator determinante de diferenciação entre um processador sem memória *cache* e outro com esse recurso reside na velocidade de acesso à memória RAM.

(C) Processar e controlar as instruções executadas no computador é tarefa típica da unidade de aritmética e lógica.

(D) O *pendrive* é um dispositivo de armazenamento removível, dotado de memória *flash* e conector USB, que pode ser conectado em vários equipamentos eletrônicos.

(E) Dispositivos de alta velocidade, tais como discos rígidos e placas de vídeo, conectam-se diretamente ao processador.

A: Errada, memória *Flash* é um tipo de memória de armazenamento, o aplicativo pode estar no disco rígido ou em alguma outra mídia. **B:** Errada, a memória cache já é uma memória de armazenamento auxiliar de acesso muito rápido, ela não afeta a velocidade de acesso à memória RAM. **C:** Errada, a unidade lógica e aritmética realiza operações lógicas e aritméticas dentro da CPU. **D:** Correta, a afirmativa descreve corretamente o funcionamento de um *pendrive*. **E:** Errada, todos os dispositivos do computador são conectados à placa-mãe, e não ao processador.
Gabarito "D".

(Analista – TRE/SP – 2012 – FCC) João possui uma pasta em seu computador com um conjunto de arquivos que totalizam 4GB. A mídia de *backup* adequada, dentre outras, para receber uma cópia da pasta é

(A) DVD-RW.

(B) CD-R.

(C) Disquete de 3 e 1/2 polegadas de alta densidade.

(D) Memória CACHE.

(E) Memória RAM.

A: Correta, os DVD-RWs possuem em geral 4.7GB de espaço para armazenamento. **B:** Errada, os CD-Rs possuem apenas 0,7GB de espaço de armazenamento. **C:** Errada, os disquetes possuem espaço extremamente menor que 4 *Gigabytes*. **D:** Errada, a memória cache é usada pelo processador durante a realização de suas tarefas. **E:** Errada,

a memória RAM é usada apenas durante o uso do computador, ela guarda informações voláteis.
Gabarito "A".

(Analista – TRT/14ª – 2011 – FCC) O elemento que ajuda a minimizar a diferença de desempenho entre o processador e demais componentes dos computadores atuais é

(A) o disco rígido.

(B) o barramento PCI.

(C) o barramento USB.

(D) a memória cache.

(E) a memória principal.

A: Errada, o disco rígido é um tipo de memória de armazenamento com alto tempo de acesso. **B:** Errada, o barramento PCI permite a conexão de outros dispositivos como placas de som, de captura ou modens. **C:** Errada, o barramento USB permite a conexão de diversos tipos de periféricos, como mouse, teclado, impressora, leitores etc. **D:** Correta, a memória cache é uma memória de acesso rápido utilizada pelo processador para aumentar o desempenho do processamento. **E:** Errada, a memória principal é uma memória volátil que armazena informações utilizadas durante o processamento.
Gabarito "D".

(Analista – TRT/20ª – 2011 – FCC) Sobre *hardware* e *software*, analise:

I. ROM são memórias de baixa velocidade localizadas em um processador que armazena dados de aplicações do usuário para uso imediato do processador.

II. O tempo de execução do computador é medido em ciclos; cada ciclo representa uma oscilação completa de um sinal elétrico fornecido pelo gerador de relógio do sistema. A velocidade do computador geralmente é dada em GHz.

III. O processador é um componente de *hardware* que executa um fluxo de instruções em linguagem de máquina.

IV. Um aplicativo é primariamente um gerenciador de recursos do computador, seu projeto está intimamente ligado aos recursos de *software* e *hardware* que devem gerenciar.

Está correto o que se afirma APENAS em

(A) I e II.

(B) I e IV.

(C) II e III.

(D) II, III e IV.

(E) III e IV.

A: Errada, a alternativa I está incorreta, a memória ROM é uma memória apenas de leitura utilizada durante a inicialização do computador. **B:** Errada, as alternativas I e IV estão incorretas, a memória ROM é uma memória apenas de leitura utilizada durante a inicialização do computador e aplicativos são softwares que tem por objetivo ajudar o usuário a desempenhar uma tarefa específica. **C:** Correta, apenas as alternativas II e III estão corretas. **D:** Errada, a afirmativa IV está incorreta, aplicativos são softwares que tem por objetivo ajudar o usuário a desempenhar uma tarefa específica. **E:** Errada, a afirmativa IV está incorreta, aplicativos são softwares que tem por objetivo ajudar o usuário a desempenhar uma tarefa específica.
Gabarito "C".

(Analista – TRT/20ª – 2011 – FCC) No *Windows XP*, para formatar um disco é necessário selecionar um sistema de arquivos. O sistema de arquivos nativo do *Windows XP*, adequado

5. INFORMÁTICA

inclusive para unidades de disco grandes e que permite compressão e criptografia de arquivo é conhecido como

(A) FAT16.

(B) FAT32.

(C) FAT64.

(D) NTFS.

(E) MFT.

A: Errada, o FAT16 tem um limite de 2GB devido a limitação do número de clusters que suporta. **B:** Errada, o Windows não consegue formatar unidades em FAT32 maiores que 32GB por uma limitação do *software*, além disso, o FAT32 não suporta arquivos maiores que 4GB. **C:** Errada, o FAT64 não é o sistema nativo do Windows XP. **D:** Correta, o sistema de arquivos NTFS é o padrão adotado em toda a linha do Windows NT, que se inicia no Windows XP e se segue até a versão Windows 10. **E:** Errada, MFT não é um sistema de arquivos.
Gabarito "D".

(Analista – TRT/21ª – 2010 – CESPE) Julgue o item a seguir, relativo a conceitos e modos de utilização da Internet e de intranets, assim como a conceitos básicos de tecnologia e segurança da informação.

(1) Um *hub* é um equipamento que permite a integração de uma ou mais máquinas em uma rede de computadores, além de integrar redes entre si, com a característica principal de escolher qual é a principal rota que um pacote de dados deve percorrer para chegar ao destinatário da rede.

1: Errada, o *hub* não realiza a escolha de rotas, ele apenas retransmite os pacotes recebidos para todos os segmentos da rede nele conectados.
Gabarito 1E

(Analista – TRE/AL – 2010 – FCC) Ao compartilhar pastas e impressoras entre computadores, evitando que pessoas não autorizadas possam acessar os arquivos pela Internet, pode-se montar a rede usando um *firewall*, baseado em *hardware*, por meio do dispositivo denominado

(A) *hub*.

(B) *switch*.

(C) roteador.

(D) repetidor.

(E) *cross-over*.

A: Errada, o *hub* é apenas um repetidor, não possuindo funções de controle. **B:** Errada, o *switch* não possui função de *firewall* baseado em hardware. **C:** Correta, o roteador é o equipamento designado para realizar controle em redes. **D:** Errada, o repetidor não possui função de controle, apenas retransmite os pacotes para toda a rede. **E:** Errada, *cross-over* é um tipo de cabo de rede que conecta um computador direto a outro.
Gabarito "C".

(Analista – TRE/AL – 2010 – FCC) NÃO se trata de um dispositivo reconhecido pelo sistema operacional para compartilhar uma pasta contendo arquivos que possam ser acessados a partir de outros computadores:

(A) Memória RAM.

(B) Memória flash USB.

(C) Disco rígido.

(D) DVD-ROM.

(E) Disquete.

A: Correta, a Memória RAM é uma memória volátil auxiliar que armazena informações necessárias para a execução de outros programas; **B:** Errada, a Memória flash USB é uma memória de armazenamento; **C:** Errada, o Disco Rígido é um tipo de memória de armazenamento; **D:** Errada, o DVD-ROM é um tipo de memória de armazenamento; **E:** Errada, o Disquete é um tipo de memória de armazenamento.
Gabarito "A".

(Analista – TRE/AP – 2011 – FCC) Em termos de componentes básicos do computador, é um elemento que, no final das contas, funciona como uma mesa de trabalho que a todo o momento tem seu conteúdo alterado e, até mesmo, descartado quando ela não está energizada:

(A) Placa mãe.

(B) Processador.

(C) HD.

(D) Placa de vídeo.

(E) Memória RAM.

A: Errada, a placa mãe não armazena nenhum tipo de conteúdo. **B:** Errada, o processador não armazena conteúdo, apenas processa as informações. **C:** Errada, o HD mantém os dados escritos mesmo quando não está energizado. **D:** Errada, a placa de vídeo não armazena conteúdo, apenas processa as imagens que serão exibidas. **E:** Correta, a memória RAM armazena temporariamente as informações que são utilizadas pelo processador, sendo elas descartadas quando o computador é desligado.
Gabarito "E".

(Analista – TRE/TO – 2011 – FCC) Processador, memória RAM e bateria são alguns dos principais componentes

(A) da placa-mãe.

(B) do conector serial.

(C) da saída paralela.

(D) da porta USB.

(E) do disco rígido.

A: Correta, o processado, a memória RAM e a bateria são itens interligados pela placa mãe e necessários para o funcionamento de um computador. **B:** Errada, a porta serial é apenas uma parte de conexão de periféricos. **C:** Errada, a saída paralela é apenas uma porta de conexão de periféricos. **D:** Errada, a porta USB é apenas uma porta de conexão de periféricos. **E:** Errada, o disco rígido é apenas uma unidade de armazenamento de dados.
Gabarito "A".

3. APRESENTAÇÕES

(Escrevente Técnico – TJSP – 2015 – VUNESP) No MS-PowerPoint 2010, um usuário deseja efetuar a verificação da ortografia do conteúdo presente em seus *slides*. Uma das formas para realizar tal tarefa é acessar o botão Verificar Ortografia, que, na configuração padrão do MS-PowerPoint 2010, é acessível por meio da aba

(A) Exibição.

(B) Revisão.

(C) Inserir.

(D) Início.

(E) Animações.

A: Errada, nesta aba se encontram apenas opções relacionadas à exibição do documento atual, como modo de exibição, zoom, régua, organização de janela, entre outras. **B:** Correta, na aba Revisão se encontram as opções de idioma, dicionário de sinônimos, verificação de ortografia e edição de comentários e alterações. **C:** Errada, na guia Inserção é possível adicionar à apresentação tabelas, imagens, ilustrações, links, textos, símbolos e itens de mídia. **D:** Errada, não há uma aba denominada Início no MS PowerPoint, mas sim Página Inicial. **E:** Errada, a aba Animações permite a criação e gerenciamento das animações internas e de transição dos slides da apresentação.

Gabarito "B".

(Escrevente Técnico – TJSP – 2015 – VUNESP) No MS-PowerPoint 2010, a finalidade da função Ocultar Slide, acionável por meio do botão de mesmo nome, é fazer com que o *slide* selecionado

(A) tenha bloqueadas tentativas de alteração de seu conteúdo.

(B) seja designado como o último a ser exibido na apresentação de *slides*.

(C) tenha sua resolução reduzida até o mínimo suportado pelo computador em uso.

(D) não seja exibido no modo de apresentação de *slides*.

(E) tenha sua velocidade de transição entre *slides* fixada no valor médio.

A ordem dos slides durante a apresentação pode ser alterada arrastando-o no painel de slides na lateral esquerda. A velocidade das transições é ajustada através da aba Transições por meio da alteração do tempo de transição do slide. Por fim a função Ocultar Slide presente no grupo Configurar da aba Apresentação de Slides faz com que o slide selecionado seja ocultado da apresentação de slides no modo tela inteira e não bloqueia o slide contra alteração de conteúdo, portanto apenas a alternativa D está correta.

Gabarito "D".

(Analista – INSS – 2008 – CESPE) Considerando que um servidor do INSS necessite preparar uma apresentação utilizando computador e projetor multimídia, julgue o item abaixo.

(1) O aplicativo PowerPoint 2003 pode ser utilizado para a preparação da referida apresentação, visto que esse *software* possui funcionalidades que auxiliam na preparação e na apresentação de palestras, além de ter funcionalidades que permitem a inclusão, na apresentação multimídia, de diversos efeitos visuais e sonoros.

1: Correta, o *PowerPoint* permite a criação de apresentações de *slides*, muitas vezes utilizadas em palestras e seminários, como uma forma de demonstrar o conteúdo desejado de uma forma simples e elegante, dispondo também de diversos recursos multimídia.

Gabarito 1C.

(Analista – PREVIC – 2011 – CESPE) Acerca dos programas que fazem parte dos pacotes BrOffice.org e Microsoft Office, julgue os itens subsequentes.

(1) No programa PowerPoint do Microsoft Office, quando se grava um pacote de apresentações em um CD, essas apresentações são configuradas, por padrão, para serem executadas automaticamente.

(2) O programa Writer do BrOffice.org, assim como o Word do Microsoft Office, possui corretor gramatical e ortográfico de funcionamento automático.

1: Correta, quando um pacote de apresentações é gravado em CD este irá executá-las automaticamente, sendo que o usuário pode escolher em qual ordem as apresentações serão exibidas. 2: Errada, ambos os programas possuem autoverificação ortográfica, porém as correções gramaticais devem ser ativadas pelo usuário.

Gabarito 1C, 2E.

(Analista – TRE/AC – 2010 – FCC) Uma apresentação elaborada no *MS PowerPoint 2003* pode ser impressa na forma de folhetos para consultas. Espaços em linhas para que se façam anotações sobre as apresentações são reservados no folheto de

(A) um slide por página.

(B) dois slides por página.

(C) três slides por página.

(D) quatro slides por página.

(E) seis slides por página.

A: Errada, na impressão de um slide por página não há linhas reservadas para comentários. **B:** Errada, na impressão de dois slides por página não há linhas reservadas para comentários. **C:** Correta, apenas na impressão de folhetos com três slides por página é reservado um espaço com linhas para a realização de comentários. **D:** Errada, na impressão de folhetos com quatro slides por folha não há espaço reservado para comentários. **E:** Errada, na impressão de folhetos com seis slides por folha não há espaço reservado para comentários.

Gabarito "C".

4. EDITORES DE TEXTO

(Analista Judiciário – TRE/PE – CESPE – 2017) Com referência aos ícones da interface de edição do MS Word disponíveis na guia Página Inicial, assinale a opção que apresenta, na respectiva ordem, os ícones que devem ser acionados para se realizarem as seguintes ações: aumentar em um ponto o tamanho da fonte; ativar estrutura de tópicos; alinhar texto à direita; alterar o espaçamento entre linhas de texto.

(A)

(B)

(C)

(D)

(E)

A: Correta, os ícones representam, nesta ordem, as funções Aumentar Fonte, Marcadores, Alinhas Texto à Direita e Espaçamento de Linha e Parágrafo. **B:** Errada, nesta alternativa temos as funções Tamanho da Fonte, Aumentar Recuo, Justificar e Espaçamento de Linha e Parágrafo. **C:** Errada, nesta alternativa temos as funções Tamanho da Fonte, Aumentar Recuo, Marcadores, Subscrito e Sobrescrito. **D:** Errada, nesta alternativa temos as funções Classificar, Lista de Vários Níveis, Subscrito, Sobrescrito e Justificar. **E:** Errada, nesta alternativa temos as funções: Maiúsculas e Minúsculas, Alinhar Texto à Esquerda, Aumentar Recuo e Tamanho da Fonte. HS

Gabarito "A".

(Técnico Judiciário – TRT11 – FCC – 2017) Ao se fazer uma comparação entre o ambiente Microsoft Office 2010 e o LibreOffice versão 5, é correto afirmar:

(A) O pacote da Microsoft tem a desvantagem de não ser compatível e não funcionar em nenhum celular e *tablet* que não tenha instalado o sistema operacional Windows.

(B) O LibreOffice está disponível para todos os sistemas operacionais e sua interface é muito amigável, sendo totalmente compatível com as ferramentas similares do pacote Microsoft Office.

(C) O Microsoft Office pode ser usado a partir de um pen drive e sem exigir instalação, através da versão denominada VLC Portable.

(D) Ambos os pacotes trabalham com diversos tipos de arquivos como .doc, .ppt, .xls, .docx, .pptx, .xlsx, .odt e PDF.

(E) O LibreOffice tem uma ferramenta de desenho, denominada *Impress,* que não tem concorrente na suíte Microsoft, sendo mais vantajoso em relação ao Microsoft Office por ser gratuito e oferecer mais programas.

A: Errada, existem versões mobile dos aplicativos do pacote Office para outros sistemas operacionais como o iOS e o Android. **B:** Errada, o LibreOffice não é suportado por todos os sistemas operacionais, não tendo versões para Android ou iOS. **C:** Errada, o VLC Portable é um programa que pode ser executado a partir de um pendrive, porém tem como função a exibição de arquivos de vídeo. **D:** Correta, o LibreOffice consegue trabalhar com os formatos padrão do MS Office mencionados na alternativa. **E:** Errada, o Impress é uma ferramenta que permite a criação de apresentações de slides, que possui como equivalente no MS Office o PowerPoint.

Gabarito "D".

(Técnico Judiciário – TRT20 – FCC – 2016) Em aplicativos do pacote Office 2007 para Windows, um Técnico deseja colocar senha em um arquivo para garantir confidencialidade. A senha deve ser informada

(A) no momento de salvar o arquivo, em opção adequada de Ferramentas, na janela aberta a partir de Salvar Como.

(B) após concluir o arquivo, clicando-se no menu Ferramentas, em Criptografia e, em seguida, na opção Segurança.

(C) no momento da criação do arquivo, após se clicar no menu Arquivo e na opção Novo.

(D) após o arquivo ser concluído e salvo, utilizando os recursos do Painel de Controle do Windows.

(E) após concluir e salvar o arquivo, utilizando a ferramenta Microsoft Security integrada ao Office.

No MS Word é possível inserir uma senha para que o arquivo possa ser lido por terceiros, garantindo assim que apenas aqueles em poder da senha tenham acesso ao conteúdo do documento. Para isso é necessário, durante o momento de salvar o arquivo, selecionar a opção Ferramentas e então o item "Opções Gerais" e informar a senha desejada no campo Senha de Proteção, portanto, apenas a alternativa A está correta.

Gabarito "A".

(Técnico Judiciário – TRT24 – FCC – 2017) Considere que um Técnico de Informática está utilizando o Microsoft Excel 2007, em português, e deseja utilizar uma função para procurar um item em um intervalo de células e, então, retornar a posição relativa desse item no intervalo. Por exemplo, se o intervalo A1:A3 contiver os valores 5, 7 e 38, a fórmula

(A) =interv(7,a1:A3) retorna o número 2, pois 7 é o segundo item no intervalo.

(B) =corresp(7,a1:A3) retorna *true,* pois 7 é um item no intervalo.

(C) =intervalo(7,a1:A3,3) retorna o número 2, pois 7 é o segundo item no intervalo de 3 valores.

(D) =corresp(7;A1:A3;0) retorna o número 2, pois 7 é o segundo item no intervalo.

(E) =intervalo(7;A1:A3;0) retorna *true,* pois 7 é um item no intervalo.

A: Errada, não existe uma função chamada =INTERV no MS Excel. **B:** Errada, a função =CORRESP retorna a posição relativa de um item em uma matriz e não um valor booleano do tipo verdadeiro ou falso. **C:** Errada, não existe uma função chamada =INTERVALO no MS Excel. **D:** Correta, a função =CORRESP(7;A1:A3;0) retorna a posição do primeiro argumento, que neste caso é 7, em uma matriz representada pelo segunda argumento, que neste caso é A1:A3 e recebe como terceiro argumento um valor que pode representar uma correspondência exata (0), maior que (-1) ou menor que (1), neste caso, como o primeiro argumento 7 está presente na matriz A1:A3 na segunda posição, o valor retornado será 2. **E:** Errada, não existe uma função chamada =INTERVALO no MS Excel.

Gabarito "D".

(Técnico Judiciário – TRT20 – FCC – 2016) Considere a planilha abaixo, criada no Microsoft Excel 2007 em português.

	A	B	C	D
1	Matrícula	Cargo	Nome	Salário
2	12901	Analista	Ana Maria	R$ 5.000,00
3	12900	Assistente	João Paulo	R$ 3.900,00
4	12905	Assistente	Marcela Moreira	R$ 3.900,00
5	12904	Juiz	Marcos Figueira	R$ 18.000,00
6	12903	Perito	Fernando Andrade	R$ 7.300,00
7	12902	Técnico	Marcos Paulo	R$ 3.500,00
8				
9	R$ 23.400,00			

Na célula A9 foi utilizada uma fórmula que, a partir de uma busca no intervalo de células de A2 até D7, retorna o salário do funcionário com matrícula 12904 e calcula um aumento de 30% sobre este salário. A fórmula utilizada foi

(A) =PROCV(12904;A2:D7;4;FALSO)*1,3

(B) =D5+D5*30/100

(C) =PROCV(12904;A2:D7;4;FALSO)*30%

(D) =PROCH(12904;A2:D7;4;FALSO)+30%

(E) =LOCALIZE(A2:D7;12904;4)*1,3

A função que permite a busca de um elemento em um intervalo e retorna um valor correspondente em outra coluna é a =PROCV, que recebe como primeiro argumento o valor a ser buscado, neste caso 12904, o intervalo onde o valor será buscado como segundo argumento, neste caso de A2:D7, a coluna de onde o resultado deverá ser retornado, neste caso a quarta coluna do intervalo e um indicador de VERDADEIRO ou FALSO onde FALSO indica uma busca para o valor idêntico ao pedido, portanto, a escrita correta seria =PROCV(12904;A2:"D7;4;FALSO) e para calcular um aumento de 30% basta adicionar ao final *1.3, assim apenas a alternativa A está correta.

Gabarito "A".

HELDER SATIN

(Técnico Judiciário – TRE/SP – FCC – 2017) Considere, por hipótese, a planilha abaixo, digitada no Microsoft Excel 2013 em português.

	A	B	C
1	Programa de TV	Tempo	Partido/Coligação
2	A	01:30	P
3	A	02:10	Q
4	B	03:45	R
5	B	03:15	S
6	B	04:01	T
7	C	01:56	U
8	C	03:00	V
9	Tempo Total	19:37	

Na célula B9, para somar o intervalo de células de B2 até B8, foi utilizada a fórmula

(A) =SOMATEMPO(B2:B8)

(B) =SOMAT(B2;B8)

(C) =SOMATEMP(B2:B8)

(D) =SOMA(B2:B8)

(E) =SOMA(TEMPO(B2:B8))

A função =SOMA pode realizar a soma de valores numéricos e também dados em outros formatos, como por exemplo períodos de tempo. Neste caso a fórmula correta seria =SOMA(B2:B8) e, portanto, apenas a alternativa D está correta.
Gabarito "D".

(Técnico Judiciário – TRE/PI – CESPE – 2016) Considere que, utilizando uma máquina com sistema operacional Windows, um usuário tenha inserido uma linha em branco em uma planilha do Microsoft Excel, em sua configuração padrão. Assinale a opção que apresenta a tecla que deverá ser acionada, nessa situação, para repetir essa última ação do usuário.

(A) F5

(B) F1

(C) F2

(D) F3

(E) F4

A: Errada, no MS Excel a tecla F5 exibe a caixa de diálogo da função Ir para. B: Errada, no MS Excel, assim como em diversos outros programas, a tecla F1 abre a função de Ajuda do programa. C: Errada, no MS Excel a tecla F2 edita a célula ativa e coloca o ponto de inserção ao final do seu conteúdo atual. D: Errada, no MS Excel a tecla F3 apenas exibe a caixa de diálogo Colar Nome, disponível somente se foram definidos nomes na pasta de trabalho. E: Correta, no MS Excel a tecla F4 faz com que seja repetida a última ação tomada pelo usuário, se possível.
Gabarito "E".

(Técnico Judiciário – TRE/PE – CESPE – 2017) Com referência aos ícones da interface de edição do MS Word disponíveis na guia Página Inicial, assinale a opção que apresenta associação correta entre o(s) ícone(s) e a descrição de sua(s) funcionalidade(s).

(A) [ícone] Permitem alternar, no texto selecionado, palavras maiúsculas e minúsculas.

(B) [ícone] Permite acesso a opções de edição de bordas das células de uma tabela inserida dentro do documento.

(C) [ícone] Exibem o texto em forma de tópicos para permitir a visualização da estrutura do documento.

(D) [ícone] Permitem alternar as páginas do documento.

(E) [ícone] Pincel de Formatação Tem a função exclusiva de realçar com cores palavras do texto.

A: Errada, os estilos têm por função aplicar uma formatação específica a um trecho de texto selecionado ou a um novo texto em edição. B: Correta, o ícone apresentado permite alterar as opções de bordas de tabelas inseridas no texto. C: Errada, o ícone apresentado se refere as funções de formatação de alinhamento do texto. D: Errada, os ícones apresentados se referem as ações de aumentar o diminuir o recuo do texto. E: Errada, o pincel de formatação tem por função aplicar à um trecho de texto a mesma formatação presente em outro trecho previamente selecionado.
Gabarito "B".

(Analista – TRT/16ª – 2014 – FCC) Ana possui instalado em seu *notebook* de trabalho o Microsoft Office Professional Plus 2010, em português, na sua configuração padrão. Foi solicitada por seu chefe a escrever a ata de uma reunião com início em cinco minutos. Como não se recordava do formato adequado de uma ata de reunião formal, lembrou-se que o aplicativo Word possui um conjunto de modelos de documentos que inclui currículos, atas, convites, formulários etc. Para abrir um destes modelos de ata, Ana entrou no Microsoft Word, clicou

(A) na guia Inserir, selecionou a opção Modelos de Documentos na divisão Modelos, clicou na opção Atas para abrir a pasta com os modelos de atas, selecionou o modelo de ata de sua preferência e clicou no botão Baixar.

(B) na guia Página Inicial, selecionou Modelos do Office. com na divisão Estilo, clicou na opção Modelos Formais, clicou na opção Atas de Reunião, selecionou o modelo de ata de sua preferência e clicou em Abrir.

(C) na opção Modelos de Documentos da guia Inserir, selecionou a opção Atas na divisão Modelos do Office. com, abriu a pasta com os modelos de atas, selecionou o modelo de ata de sua preferência e clicou em Abrir.

(D) no menu Arquivo, em seguida, na opção Abrir, selecionou a opção Atas na divisão Modelos do Office.com, abriu a pasta com os modelos de atas, selecionou o modelo de ata de sua preferência e clicou na opção Abrir.

(E) no menu Arquivo, em seguida, na opção Novo, selecionou a opção Atas na divisão Modelos do Office.

com, abriu a pasta com os modelos de atas, selecionou o modelo de ata de sua preferência e clicou em Baixar.

A inserção de modelos do MS Word 2010 pode ser feita ao clicar no menu Arquivo (atalho de teclado Alt + A) e então selecionar a opção Novo para gerar um novo documento. Será então exibida a tela de Modelos Disponíveis, divida em "Página Inicial" e "Modelos do Office. com". Existem diversas opções de documentos pré-formatados, entre elas o modelo de Ata. Portanto, apenas a alternativa E está correta.

Gabarito "E".

(Analista – TRT/16ª – 2014 – FCC) A seguinte figura apresenta um ícone presente na Área de trabalho do sistema operacional Windows em suas versões mais recentes.

Na figura, o ícone com a sobreposição do símbolo com a seta

(A) indica que o ícone foi criado a partir de um download de programa da Internet.
(B) representa um arquivo criado no Bloco de Notas.
(C) indica que o ícone é um Atalho para o programa Bloco de Notas.
(D) representa uma cópia do programa Bloco de Notas.
(E) indica que o ícone é um Atalho para um arquivo criado no Bloco de Notas.

A: Errada, não há indicações em um ícone que permitam afirmar que foi criado a partir de um download pela Internet. **B:** Errada, o ícone do bloco de notas não contém a seta. **C:** Correta, o ícone com um bloco de anotações está associado ao programa Bloco de notas. A seta presente na imagem indica que se trata de um atalho para o programa. **D:** Errada, não existem indicações para cópias de arquivos em seus ícones de exibição, em geral a indicação está no próprio nome do arquivo. **E:** Errada, os ícones de arquivos gerados pelo Bloco de Notas e o programa que os gera é muito similar. O ícone usado para os arquivos provenientes do Bloco de Notas é

Por outro lado, o programa utiliza o ícone

Gabarito "C".

(Escrevente Técnico – TJSP – 2015 – VUNESP) Em um documento do MS-Word 2010, existia uma Tabela com a seguinte aparência:

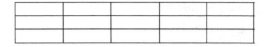

Um usuário realizou duas ações sobre essa tabela, ambas feitas com ela selecionada, de modo que essa tabela ficou com a aparência apresentada a seguir:

Considerando que essas ações foram realizadas por meio da seleção de opções de borda acessíveis a partir do grupo Parágrafo, da guia Página Inicial, assinale a alternativa que contém duas possíveis opções de terem sido selecionadas e que produzem esse efeito.

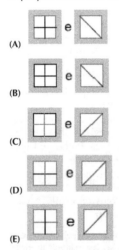

A: Errada, esta opção removeria as bordas internas verticais e horizontais e adicionaria linhas diagonais no sentido oposto ao da imagem. **B:** Errada, esta opção removeria todas as bordas da imagem e adicionaria linhas diagonais no sentido oposto ao da imagem. **C:** Errada, a primeira opção removeria as bordas externas da tabela e não as bordas verticais internas. **D:** Errada, essa opção removeria as bordas horizontais internas da tabela e adicionaria linhas diagonais no sentido oposto ao da imagem. **E:** Correta, essa opção faz com que a bordas internas verticais sejam removidas e adiciona linhas diagonais que se iniciam no canto superior direito de cada célula e terminam em seu canto inferior esquerdo.

Gabarito "E".

(Escrevente Técnico – TJSP – 2015 – VUNESP) Considere a seguinte palavra, editada em um documento no MS-Word 2010:

`engenheiro`

Um usuário selecionou a letra "o" dessa palavra e, em seguida, clicou sobre o botão A, localizado no grupo Fonte da guia Página Inicial. Essa palavra ficará escrita na forma:

(A) `engenheira`

(B) `engenheirᵒ`

(C) engenheir°

(D) engenheirO

(E) engenheirA

A: Errada, o botão descrito apenas aumenta o tamanho da fonte usada no texto selecionado e não o altera para uma forma feminina da palavra selecionada. **B:** Errada, para obter o efeito descrito nesta alternativa deveriam ser usadas as opções sublinhado (Ctrl + S) e superscrito (Ctrl + Shift + +). **C:** Errada, para obter o efeito descrito nesta alternativa deveria ser usada a opção superscrito (Ctrl + Shift + +). **D:** Correta, note que a letra "o" não está em maiúsculo, mas sim escrita com um tamanho de fonte maior que as demais, efeito gerado pelo botão A⁺ que permite incrementar o tamanho de fonte do trecho de texto selecionado. **E:** Errada, o botão descrito apenas aumenta o tamanho da fonte usada no texto selecionado e não o altera para uma forma feminina e maiúscula da palavra selecionada.

Gabarito "D".

(Escrevente Técnico – TJSP – 2015 – VUNESP) No MS-Word 2010, é possível a inserção de objetos como, por exemplo, Clip-arts. Ao se clicar sobre o botão Clip-art, do grupo Ilustrações da guia Inserir, pode-se inserir

(A) uma imagem de um arquivo, como por exemplo nos formatos JPEG, GIF, TIFF e BMP.

(B) um gráfico do tipo Coluna, Linha, Pizza, Barra, Área, Dispersão, Ações, Superfície, Rosca, Bolhas e Radar.

(C) um elemento gráfico do tipo Lista, Processo, Ciclo, Hierarquia, Relação, Matriz e Pirâmide.

(D) linhas, formas básicas, setas largas, fluxogramas, textos explicativos, estrelas e faixas.

(E) desenhos, filmes, sons ou fotos de catálogo para ilustrar um determinado conceito.

A: Errada, para a inserção de imagens nos tipos especificados deve-se usar no botão Imagem do grupo Ilustrações da guia Inserir. **B:** Errada, para a inserção de gráficos dos tipos mencionados nesta alternativa deve-se utilizar o botão Gráfico do grupo Ilustrações da guia Inserir. **C:** Errada, para a inserção de gráficos dos tipos mencionados nesta alternativa deve-se utilizar o botão *SmartArt* do grupo Ilustrações da guia Inserir. **D:** Errada, para a inserção de linhas e formas básicas deve-se utilizar o botão Formas do grupo Ilustrações da guia Inserir. **E:** Correta, o botão Clip-Art do grupo Ilustrações da guia Inserir permite adicionar desenhos, filmes, sons e fotos de catálogo em um documento Word.

Gabarito "E".

(Escrevente Técnico – TJSP – 2015 – VUNESP) Considere os seguintes botões, presentes na guia Página Inicial, grupo Parágrafo do MS-Word 2010. Cada botão recebeu um número para ser referenciado.

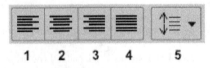

O botão que permite alterar o espaçamento entre linhas de texto é o de número

(A) 5.

(B) 1.

(C) 2.

(D) 3.

(E) 4.

A: Correta, o botão número 5 permite alterar o espaçamento entre as linhas de um texto. **B:** Errada, o botão número 1 alinha o texto à esquerda. **C:** Errada, o botão número 2 alinha o texto de forma centralizada. **D:** Errada, o botão número 3 alinha o texto à direita. **E:** Errada, o botão número 4 alinha o texto de forma justificada.

Gabarito "A".

Considere o texto a seguir, retirado do site do Tribunal Regional do Trabalho do Maranhão, e digitado utilizando o Microsoft Word 2010 em português.

1. O Tribunal

    1.1 **Histórico** No dia 26 de maio de 1989, foi instalado solenemente o TRT do Maranhão, que passou a funcionar no imóvel situado na avenida Senador Vitorino Freire, 2001.

    1.2 **Ordem Timbira** A Ordem Timbira do Mérito Judiciário do Trabalho foi instituída pela Resolução Administrativa n° 42 de 14 de março de 1990.

O texto foi digitado na forma de uma estrutura de tópicos com vários níveis de numeração. "O Tribunal" foi definido com nível de tópico 1 e os itens 1.1 e 1.2 foram definidos com nível de tópico 2. Um texto com níveis de tópicos facilita a geração posterior de um sumário.

Após selecionar cada item, as opções para definir seu nível de tópico foram encontradas na janela de configurações de ......, cuja opção de acesso faz parte da guia Página Inicial.

(Técnico – TRT 16ª – 2014 – FCC) A lacuna é preenchida corretamente com

(A) Fonte.

(B) Parágrafo.

(C) Exibição.

(D) Referências.

(E) *Layout* da página.

A: Errada, as configurações de fonte permitem alterar apenas itens relacionados ao tamanho, cor, estilo, e formatações da fonte de escrita. **B:** Correta, nas configurações de parágrafo da aba Página Inicial é possível definir os níveis de numeração através da opção Numeração e Lista de Vários Níveis. **C:** Errada, Exibição é uma aba cujos itens tratam da exibição do documento atual, como modo de exibição, zoom, organização da janela e itens como régua e línguas de grade. **D:** Errada, Referências é uma aba cujos itens tratam de citações, notas de rodapé, criação de índices, sumários e legendas. **E:** Errada, Layout de Página é uma aba cujos itens tratam do layout das páginas do documento em edição, configuração de página, quebras de linhas, plano de fundo, espaçamento, recuo e organização.

Gabarito "B".

(Técnico – INSS – 2008 – CESPE) Com relação ao Word 2003 e a outros aplicativos utilizados em computadores pessoais, julgue os itens a seguir.

(1) Diversos programas de computador disponibilizam o *menu* denominado Ajuda, por meio do qual um usuário pode ter acesso a recursos que lhe permitem obter esclarecimentos sobre comandos e funcionalidades dos programas. Atualmente, há programas em que é necessário que o computador esteja conectado à Internet para que funcionalidades do *menu* Ajuda possam ser usadas de forma efetiva.

(2) No Word 2003, ao se clicar o *menu* Editar, é exibida uma lista de comandos, entre os quais se inclui o comando Dicionário de Sinônimos, que possui funcionalidades que permitem ao usuário procurar por palavras sinônimas a uma palavra selecionada. O uso desse comando contribui, em muitos casos, para a melhoria da qualidade de um texto editado.

1: Correta, o menu Ajuda está presente em quase todos os programas atualmente, ele possui informações relacionadas ao uso do programa e suas funcionalidades e atualmente uma boa parte desses menus acessa conteúdo *on-line*, o que permite um grau muito maior de atualização das informações; **2:** Errada, o menu Editar possui opções relacionadas a edição do texto, como Copiar, Colar, Recortar, Localizar, entre outros. A opção do Dicionário de Sinônimos se encontra no menu Ferramentas.
Gabarito 1C, 2E

(Técnico – INSS – 2005 – CESGRANRIO) Assinale a opção que apresenta o botão da barra de ferramentas do Word 2000 que permite copiar o formato de um texto selecionado sem copiar o texto propriamente dito.

(A)

(B)

(C)

(D)

(E)

A: errada, este botão tem como função abrir um documento existente; **B:** errada, este botão tem por função colar o que estiver na área de transferência; **C:** errada, este botão tem por função copiar o trecho de texto que estiver selecionado; **D:** correta, este botão, também chamado de pincel, permite copiar a formatação de um trecho de texto selecionado; **E:** errada, este botão recorta o trecho de texto selecionado.
Gabarito "D".

(Técnico – INSS – 2005 – CESGRANRIO) No Word 2000 em Português as teclas de atalho "Ctrl + B" são utilizadas para:

(A) repetir a última ação.
(B) salvar o documento aberto.
(C) remover objetos selecionados.
(D) dividir a seção em duas colunas.
(E) justificar o texto pré-selecionado.

A: errada, o atalho, na versão em português, salva o documento atualmente em edição; **B:** correta, na versão em inglês, o atalho formata o texto selecionado como negrito, mas, na versão em português, o atalho salva o documento em edição; **C:** errada, para remover objetos selecionados é utilizado o botão Delete; **D:** errada, o atalho apenas salva o documento, não alterando a formatação de colunas; **E:** errada, o atalho que formata o texto como justificado é Ctrl + J.
Gabarito "B".

(Técnico – INSS – 2005 – CESGRANRIO) O botão ![] da barra de ferramentas Padrão do Word 2000 permite:

(A) centralizar o texto pré-selecionado.
(B) criar uma lista numerada.
(C) criar um novo documento.
(D) desfazer a última ação.
(E) inserir um hyperlink.

A: Errada, a centralização é feita pelo botão ≡. **B:** Errada, a criação de listas numeradas é feita pelo botão ≔. **C:** Errada, a criação de um novo documento é feita pelo botão ▢. **D:** Errada, o botão que desfaz a última ação é o ↶. **E:** Correta, o botão ![] inseri um hyperlink no texto.
Gabarito "E".

(Agente Administrativo – Ministério da Previdência – 2010 – CESPE)
A partir da figura acima, que mostra uma janela do Microsoft Word 2003 sendo usada para a edição de documento que contém correções em sua formatação, julgue o item seguinte.

(1) Para se aceitar todas as correções de uma só vez, é suficiente clicar o botão ![] e selecionar, em seguida, a opção Aceitar todas as alterações no documento.

1: correta, os passos descritos fazem com que todas as correções sugeridas sejam aceitas e aplicadas no documento atual.
Gabarito 1C

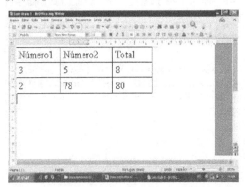

(Agente Administrativo – Ministério da Previdência – 2010 – CESPE)
Considerando a figura acima, que apresenta uma janela do BrOffice.org Writer 3.1.1 com um documento em elaboração, julgue os itens que se seguem.

(1) No documento em questão, foi inserida uma tabela com três colunas. Nesse caso, é correto inferir que os valores contidos na coluna Total podem ter sido obtidos pela inserção de fórmula que some automaticamente os valores da coluna Número 1 aos da coluna Número 2.

(2) Por meio de funcionalidades disponibilizadas ao se clicar o botão ![]. é possível realizar a pesquisa de palavras contidas no documento em edição.

1: Correta, é possível adicionar fórmulas em uma tabela de forma que um campo seja calculado em função de outros. **2:** Errada, o botão em questão é usado para alterar o nível de *zoom* do documento.
Gabarito 1C, 2E

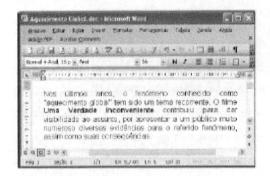

(Analista – INSS – 2008 – CESPE) Considerando a figura acima, que ilustra uma janela do Word 2003, com um documento em processo de edição, julgue os itens abaixo.

(1) O ato de aplicar um clique simples entre a letra "s" da palavra "anos" e a vírgula à direita dessa palavra e, a seguir, acionar a tecla *Backspace* inserirá erro de concordância no texto mostrado.

(2) Para se iniciar automaticamente o Internet Explorer e procurar, na Internet, informações sobre o filme **Uma Verdade Inconveniente**, referido acima, é suficiente selecionar esse título no texto e, a seguir, clicar 🔍.

1: correta, com isso o *Word* detecta que não há concordância numérica e informa o usuário; **2:** errada, o botão 🔍 apenas exibe o texto na visualização de impressão.
Gabarito 1C, 2E

(Analista – INSS – 2005 – CESGRANRIO) O recurso de verificação de ortografia no Word 2000 pode ser acionado através da tecla de atalho:

(A) F2
(B) F4
(C) F5
(D) F7
(E) F9

A: errada, o botão F2 ativa a função mover; **B:** errada, o botão F4 apenas repete a última ação realizada; **C:** errada, o botão F5 ativa a função Ir para; **D:** correta, o botão F7 ativa o recurso de verificação de ortografia; **E:** errada, o atalho F9 apenas atualiza os campos selecionados.
Gabarito "D".

(Analista – INSS – 2005 – CESGRANRIO) O botão 🔲 da barra de ferramentas Formatação do Word 2000 permite:

(A) criar uma lista com marcadores.
(B) desenhar uma caixa ao redor do parágrafo.
(C) selecionar o espaçamento duplo para as linhas de um parágrafo.
(D) distribuir o texto igualmente entre as margens esquerda e direita.
(E) aumentar a distância de recuo entre o texto e a margem esquerda.

A: errada, a lista com marcadores é feita através do botão ⋮≡ ; **B:** errada, as opções de borda são definidas pelo botão ⊞ ; **C:** errada, o espaçamento é alterado por meio do botão ⁝≡ ; **D:** errada, o alinha-mento centralizado é feito pelo botão ≡ ; **E:** correta, o botão ⫘ tem por função aumentar o recuo do trecho de texto selecionado.
Gabarito "E".

(Analista – INSS – 2005 – CESGRANRIO) No Word 2000, estando o cursor no final de uma tabela (célula mais à direita da última linha), a tecla que, pressionada, cria uma nova linha e move o cursor para a primeira célula da nova linha é:

(A) Alt.
(B) Tab.
(C) *Insert*.
(D) *Home*.
(E) *Page Down*.

A: errada, a tecla Alt não produzirá nenhum efeito nestas condições; **B:** correta, estando o cursor na última célula da tabela, a tecla Tab criará uma nova linha e posicionará o curso na primeira coluna desta linha; **C:** errada, nestas condições a tecla *Insert* não produzirá nenhum efeito; **D:** errada, nestas condições a tecla *Home* posicionará o cursor no início da célula atual; **E:** errada, a tecla *Page Down* apenas levará o curso para a próxima página do documento.
Gabarito "B".

(Analista – INSS – 2005 – CESGRANRIO) A criação de uma mala direta no Word 2000 pode ser feita mesclando-se uma carta modelo e uma origem de dados. Na carta modelo, os códigos de campo inseridos são responsáveis por "puxar" as informações da origem de dados para a carta modelo, sendo delimitados pelos caracteres:

(A) // e //
(B) [[e]]
(C) « e »
(D) ((e))
(E) {{ e }}

Na carta modelo, os códigos de campo devem ser delimitados pelos caracteres << e >>, portanto apenas a alternativa C está correta.
Gabarito "C".

(Analista – MPOG – 2009 – FUNRIO) A opção que apresenta as teclas de atalho para "desfazer" algum erro cometido respectivamente no Word for Windows e BrOffice Write é:

(A) "Ctrl + Z" e "Ctrl + U"
(B) "Ctrl + U" e "Ctrl + D"
(C) "Ctrl + D" e "Ctrl + D"
(D) "Ctrl + Z" e "Ctrl + Z"
(E) "Ctrl + C" e "Ctrl + V"

A: errada, no *Writer*, o atalho Ctrl + U ativa o efeito sublinhado; **B:** errada, no *Word* o atalho Ctrl + U ativa a função Localizar e Substituir; **C:** errada, no Word o atalho Ctrl + D abre a janela de opções de Fonte; **D:** correta, em ambos o atalho Ctrl + Z desfaz a última alteração feita; **E:** errada, em ambos os *softwares* o atalho Ctrl + C ativa a função copiar e o Ctrl + V a função colar.
Gabarito "D".

(Analista – MPOG – 2009 – FUNRIO) No Word for Windows clicando em "Arquivo", "Salvar como..." podemos salvar em diversos Tipos de arquivos diferentes. Marque a única opção que NÃO apresenta um formato válido:

(A) DOC.
(B) TXT.

(C) HTML.

(D) DOT.

(E) PDF.

Das alternativas apresentadas a única que não está disponível para uso no Word é o formato PDF, portanto a alternativa E está correta.
Gabarito "E".

(Analista – TRF/1º – 2006 – FCC) Na formatação de um parágrafo em um documento *Word*, para que

I. todas as linhas avancem dentro das margens esquerda e direita, deve-se inserir um valor negativo, respectivamente, nos recuos esquerdo e direito.

II. somente a primeira linha avance dentro da margem esquerda, deve-se inserir um valor negativo em recuo especial: primeira linha.

III. todas as linhas, exceto a primeira, avancem dentro da margem direita, deve-se inserir um valor negativo em recuo especial: deslocamento.

Nas declarações acima está INCORRETO o que se afirma em

(A) I, somente.

(B) II, somente.

(C) I e III, somente.

(D) II e III, somente.

(E) I, II e III.

A: errada, a afirmativa está correta, para que todas as linhas avancem dentro das margens de ambos os lados é necessário inserir um valor negativo nos recuos da direita e da esquerda. **B:** errada, a alternativa III também está incorreta, pois não é possível usar um recuo negativo no recuo especial: primeira linha. **C:** errada, a alternativa I está correta. **D:** correta, ambas as alternativas II e III estão incorretas, pois não é possível utilizar recuo especial com valores negativos. **E:** errada, a alternativa I está correta.
Gabarito "D".

(Analista – TRE/PR – 2012 – FCC) Com a utilização do editor *Microsoft Word* é possível proteger arquivos com senhas, definindo a permissão de acesso ao arquivo, para modificação ou somente leitura. Para proteger um arquivo no *Word*, em sua versão 2010, é possível entrar no menu

(A) Editar, clicar em Segurança e em seguida Proteger Arquivo.

(B) Editar, clicar em Exportar e selecionar a caixa de checagem de Exportar com Senha.

(C) Arquivo, clicar em Informações e em seguida Proteger Documento e definir o modo de proteção do arquivo.

(D) Formatar, clicar em Propriedades e em seguida escolher Proteção.

(E) Inserir, e clicar em Senha de Proteção.

No *MS Word* 2010 as opções de proteção podem ser acessadas através do menu Arquivo, opção Informações e então escolher Proteger Documento, são então apresentadas várias opções de proteção, entre elas esta adição de uma senha para o arquivo, portanto apenas a alternativa C está correta.
Gabarito "C".

(Analista – TRE/SP – 2012 – FCC) Muitas vezes o alinhamento justificado de parágrafos no *Microsoft Word* deixa grandes espaços entre as palavras, numa mesma linha ou em várias linhas do texto, que podem, além de comprometer a estética do texto, dificultar a leitura. Uma solução para

esse problema, no *Microsoft Word 2010*, é habilitar a hifenização automática do texto. Isso pode ser feito por meio da opção Hifenização da guia

(A) *Layout* da Página.

(B) Inserir.

(C) Página Inicial.

(D) Exibição.

(E) Parágrafo.

As opções referentes à hifenização, no *MS Word* 2010, encontram-se na aba *Layout* de Página, portanto apenas a alternativa A está correta.
Gabarito "A".

(Analista – TRT/11ª – 2012 – FCC) Ao dar um duplo clique no botão esquerdo do *mouse*, quando o cursor do *mouse* estiver apontando para a direita e posicionado na margem esquerda do texto de um documento no *Word 2010*, será

(A) posicionado o cursor de texto no início da linha.

(B) selecionado todo o texto do documento.

(C) selecionada a primeira palavra da linha.

(D) selecionado todo o parágrafo.

(E) selecionada toda a linha.

Quando o ponteiro do mouse está apontando para a direita (posição inversa da normal) e posicionado antes do parágrafo, um clique duplo irá selecionar todo o parágrafo, portanto apenas a letra D está correta.
Gabarito "D".

(Analista – TRT/14ª – 2011 – FCC) No *Microsoft Word* 2003 a utilização dos assistentes é configurada a partir do menu Ajuda e, em casos específicos um assistente pode ser encontrado em outro menu da barra de menus. No *BrOffice.org* 3.1 *Writer*, os assistentes estão disponíveis no item Assistentes do menu

(A) Formatar.

(B) Ferramentas.

(C) Arquivo.

(D) Editar.

(E) Exibir.

A: Errada, no menu Formatar estão itens de auxílio na formatação do texto. **B:** Errada, no menu Ferramentas estão os itens utilizados para auxiliar a construção do texto, como corretor ortográfico, notas de rodapé e macros. **C:** Correta, no menu Arquivo se encontra o item Assistentes que auxilia na montagem de um documento pré-formatado. **D:** Errada, o menu Editar encontram-se itens referentes a edição do texto, como recortar, copiar e colar. **E:** Errada, no menu Exibir se encontram itens referentes a exibição do documento em edição.
Gabarito "C".

(Analista – TRT/20ª – 2011 – FCC) No Word 2010, é possível localizar-se rapidamente em documentos longos, reorganizar com facilidade os documentos arrastando e soltando seções em vez de copiar e colar, além de localizar conteúdo usando a pesquisa incremental. Para isso é necessário

(A) clicar na opção Localizar da guia Exibição.

(B) habilitar o Painel de Navegação clicando na guia Exibição e marcando a opção Painel de Navegação.

(C) clicar na opção Pesquisa Incremental da guia Pesquisa.

(D) exibir o Painel de Navegação clicando na guia Inserir pesquisa.

(E) habilitar o Painel de Localização clicando na guia Inserir e marcando a opção Painel de Localização.

A: Errada, a opção Localizar não se encontra na guia Exibição, mas sim na guia inicial. **B:** Correta, por meio do painel de navegação é possível localizar trechos de texto. **C:** Errada, não há uma guia chamada Pesquisa. **D:** Errada, a guia correta é a guia Exibição e não Inserir. **E:** Errada, o painel correto é o Painel de Navegação.
Gabarito "B".

(Analista – TRE/AM – 2010 – FCC) Para inserir um cabeçalho em um documento inteiro do Word a partir da segunda página, pode-se

I. definir a página 1 como Seção 1, sem cabeçalho, e as demais páginas como Seção 2, com cabeçalho.

II. selecionar "Diferente na primeira página" em "Cabeçalhos e rodapés" na guia *Layout* de Configurar Página e deixar a página 1 sem cabeçalho e as demais páginas com cabeçalho.

III. posicionar o cursor na página 2 e inserir o cabeçalho na página 2, que o Word expandirá automaticamente somente para as demais páginas seguintes da seção.

Está correto o que se afirma em

(A) I, II e III.

(B) I, apenas.

(C) II, apenas.

(D) III, apenas.

(E) I e II, apenas.

A: Errada, a afirmativa III está incorreta, o *Word* não irá expandir automaticamente o cabeçalho para as outras páginas. **B:** Errada, a afirmativa II também está correta. **C:** Errada, a afirmativa I também está correta. **D:** Errada, a afirmativa III está incorreta, o *Word* não irá expandir automaticamente o cabeçalho para as outras páginas. **E:** Correta, apenas as afirmativas I e II estão corretas.
Gabarito "E".

(Analista – TRE/MT – 2010 – CESPE) Considerando os aplicativos do Microsoft Office, assinale a opção correta.

(A) A desvantagem de se utilizar o MS Word para a edição de tabelas é a impossibilidade de criar fórmulas para totalizar valores.

(B) Ao se criar uma apresentação no MS Power Point, é possível inserir textos do MS Word ou da Internet e ainda inserir planilha do MS Excel bem como imagens e vídeos de diversos tipos.

(C) No MS Excel 2007, a criação de macros é possível com a instalação do plugin macroware.

(D) Ao se copiar um resultado de uma fórmula criada no MS Excel e colá-lo em um relatório criado no MS Word,

quando alterados os dados no MS Excel, o valor apresentado no MS Word será alterado automaticamente.

(E) Para se criar um organograma no MS Word, é necessário instalar o Microsoft Organise.

A: Errada, o *MS Word* permite a utilização de fórmulas em suas tabelas. **B:** Correta, o *MS Power Point* permite a inserção de dados vindos do *MS Word*, *MS Excel* ou diretamente da internet, sejam eles textos, vídeos, imagens ou vídeos. **C:** Errada, não é necessária a instalação de *plugins* para a criação de macros no *MS Excel*. **D:** Errada, os valores não serão automaticamente alterados entre programas. **E:** Errada, não é necessária a utilização de nenhum *software* adicional para a criação de organogramas no *MS Word*.
Gabarito "B".

(Analista – TRE/AC – 2010 – FCC) Para alternar entre o modo de inserção e o modo de sobrescrever textos em um documento no *BrOffice.org Writer*

(A) pressione a tecla *Insert* ou a tecla *Scroll*.

(B) pressione a tecla *Insert*, apenas.

(C) pressione a tecla *Scroll*, apenas.

(D) pressione a tecla *Insert* ou clique na área INSER/SOBRE da barra de *Status*.

(E) clique na área INSER/SOBRE da barra de *Status*.

A: Errada, a tecla *Scroll* não altera o modo de inserção em nenhum programa de edição de texto. **B:** Errada, além da tecla *Insert* pode-se utilizar a opção INSERIR/SOBRE da barra de Status. **C:** Errada, a tecla *Scroll* não altera o modo de inserção em nenhum programa de edição de texto. **D:** Correta, ambas as teclas Insert e a opção INSERIR/SOBRE da barra de Status permitem a alteração do modo de inserção de texto. **E:** Errada, pode-se também utilizar a tecla Insert.
Gabarito "D".

(Analista – TRE/CE – 2012 – FCC) No *BrOffice Writer*, para apagar de uma só vez a palavra à esquerda do cursor utiliza-se

(A) <*Shift*> + <Seta para esquerda>.

(B) <*BackSpace*>.

(C) <Del>.

(D) <*Ctrl*> + <Del>.

(E) <*Ctrl*> + <*BackSpace*>.

A: Errada, este atalho apenas seleciona o primeiro caractere, símbolo ou espaço que está à esquerda do cursor. **B:** Errada, a tecla *Backspace* apaga o último caractere digitado. **C:** Errada, a tecla Del apaga o primeiro caractere à direita do cursor. **D:** Errada, este atalho apaga a primeira palavra à direita do cursor. **E:** Correta, o atalho Ctrl + *Backspace* apaga a primeira palavra à esquerda do cursor.
Gabarito "E".

5. INFORMÁTICA   89

5. PLANILHAS

(Analista – TRT/16ª – 2014 – FCC) Luiza trabalha no Tribunal Regional do Trabalho da 16ª Região do estado do Maranhão e recebeu uma planilha criada no Microsoft Excel 2010 em português, com apenas os nomes e os cargos dos magistrados que compõem o Tribunal, dados também presentes no *site* da instituição. A tarefa de Luiza é, a partir desta planilha, criar mais 2 colunas, uma com o primeiro nome dos magistrados e a outra com seu último sobrenome.

	A	B	C	D
1	Nome completo	Cargo	Primeiro Nome	Sobrenome
2	Luiz Cosmo da Silva Júnior	Presidente	Luiz	Júnior
3	James Magno Araújo Farias	Vice-Presidente	James	Farias
4	Américo Bedê Freire	Desembargador	Américo	Freire
5	José Evandro de Souza	Desembargador	José	Souza
6	Gerson de Oliveira Costa Filho	Desembargador	Gerson	Filho
7	Márcia Andrea Farias da Silva	Desembargadora	Márcia	Silva
8	Ilka Esdra Silva Araújo	Desembargadora	Ilka	Araújo

Para exibir o primeiro nome dos magistrados, Luiza digitou na célula C2 uma fórmula que obteve e exibiu apenas a primeira parte do nome contido na célula A2, neste caso, "Luiz". Em seguida Luiza arrastou a fórmula para as células abaixo, obtendo o primeiro nome de todos os demais membros do Tribunal. A fórmula correta digitada por Luiza na célula C2 foi

(A) =SEERRO(DIREITA(A2;PROCURAR("-";A2)-1);A2)

(B) =PROCURAR(ESQUERDA(A2,1);A2)

(C) =SEERRO(ESQUERDA(A2;PROCURAR(" ";A2)-1);A2)

(D) =SEERRO(LEFT(A2;PROCURAR(A2)-1);A2)

(E) =SEERRO(ESQUERDA(A2;PROCURAR(" ";A2)+1);A2)

Para obter o primeiro nome de cada magistrado é necessário extrair os primeiros caracteres em cada uma das células da coluna A até o primeiro espaço em branco. Para isso, podemos usar a função PROCURAR, que retorna a posição inicial de uma sequência de caracteres dentro de outra. Neste caso queremos encontrar um espaço vazio dentro da célula que contém os nomes. Portanto, a função deverá ser escrita como

PROCURAR(" ";A2), onde o primeiro parâmetro é o caractere procurado e o segundo se refere ao local onde ele deve ser procurado. Além disso, podemos usar a função ESQUERDA para obter uma sequência de caracteres a partir do primeiro caractere a esquerda até a posição onde se encontra o espaço vazio encontrado pela função anterior de modo que obtemos ESQUERDA(A2;PROCURAR(" ";A2)-1). Note que é necessário subtrair um da posição onde se encontra o espaço vazio para que ele não seja incluído na célula que armazenará o resultado final. A função SEERRO tem como objetivo estabelecer um valor alternativo pré-definido caso haja algum erro resultante das outras funções. Se uma das células da coluna A contiver apenas o primeiro nome (sem espaços vazios), a função PROCURAR retornaria um erro. Utilizando a expressão =SEERRO(ESQUERDA(A2;PROCURAR(" ";A2)-1);A2), quando a função PROCURAR não for bem sucedida (não encontrar o caractere espaço), o resultado final será o valor presente na célula A2. Note que o separador usado nos parâmetros das funções é o ponto e vírgula. Além disso, como a versão do MS Excel está em português os nomes das funções também aparecem na mesma língua. Portanto, apenas a alternativa C está correta.

Gabarito "C".

O enunciado a seguir será utilizado para responder às próximas duas questões.

A planilha a seguir foi elaborada no MS-Excel 2010 (versão para a língua portuguesa), em sua configuração padrão.

	A	B	C	D
1		número de processos		
2	ano	1º Semestre	2º Semestre	total
3	2010	420	380	800
4	2011	450	400	850
5	2012	500	450	950
6	2013	600	550	1150
7	2014	800	700	1500
8	total dos 5 anos	2770	2480	5250

(**Escrevente Técnico – TJSP – 2015 – VUNESP**) Supondo-se que os valores das células D3 a D8, B8 e C8 foram calculados utilizando-se funções do MS-Excel 2010, é correto afirmar que

(A) B8=SOMAT(B3:B7)
(B) C8=SOMA(C3-C7)
(C) D8=SOMA(D3:D7)
(D) D8=SOMAT(B3...C7)
(E) D6=SUM(B6:C6)

A: Errada, não existe função chamada SOMAT no MS Excel. **B:** Errada, embora a função SOMA seja válida a definição de intervalos de soma é feita com o uso de dois pontos e não de um traço. **C:** Correta, a função apresentada atribui à célula D8 o somatório dos valores das células no intervalo de D3 até D7. **D:** Errada, não existe função chamada SOMAT no MS Excel. **E:** Errada, por se tratar da versão em língua portuguesa a função deve estar escrito em português.
Gabarito "C".

(**Escrevente Técnico – TJSP – 2015 – VUNESP**) Elaborou-se o seguinte gráfico a partir da planilha apresentada, após a seleção de algumas células:

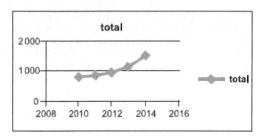

Esse tipo de gráfico é denominado Gráfico de
(A) Radar.
(B) Dispersão.
(C) Ações.
(D) Área.
(E) Colunas.

A: Errada, o gráfico do tipo radar, ou teia de aranha, exibe os valores de cada categoria ao longo de um eixo separado que se inicia no centro do gráfico e termina em um anel externo. **B:** Correta, este é um gráfico de dispersão, que permite identificar relações de causa e efeito e a relação entre duas variáveis. **C:** Errada, o gráfico de ações ilustra a flutuações de valores dentro de um eixo, como variações de preços de ações ou médias de temperaturas, sua exibição é composta de colunas verticais. **D:** Errada, os gráficos de área possuem toda a área abaixo da linha de um valor preenchida com alguma cor. **E:** Errada, um gráfico de colunas exibe os valores na forma de colunas, cujo topo atinge a marca do eixo Y que representa seu valor.
Gabarito "B".

(**Escrevente Técnico – TJSP – 2015 – VUNESP**) Elaborou-se uma planilha de grandes dimensões no MS-Excel 2010 (versão para a língua portuguesa), em sua configuração padrão, e deseja-se manter sempre visíveis as linhas e colunas de importância da planilha, como os títulos de cada linha e coluna.

O botão do recurso Congelar Painéis que possibilita essa ação é:

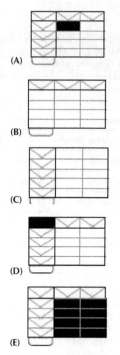

(A)
(B)
(C)
(D)
(E)

A: Correta, esta opção permite manter as linhas e colunas visíveis enquanto se rola o resto da planilha. **B:** Errada, esta opção mantem apenas a linha superior visível enquanto se rola o resto da planilha. **C:** Errada, esta opção mantem apenas a primeira coluna visível enquanto se rola o resto da planilha. **D:** Errada, este ícone não representa um botão do recurso Congelar Painéis do MS Excel 2010. **E:** Errada, este ícone não representa um botão do recurso Congelar Painéis do MS Excel 2010.
Gabarito "A".

(**Escrevente Técnico – TJSP – 2015 – VUNESP**) Um usuário do MS-Excel 2010 (versão para a língua portuguesa), em sua configuração padrão, elaborou uma planilha e protegeu todas suas células para que outros usuários não as alterem. Caso algum usuário deseje remover essa proteção, ele deve

(A) selecionar a aba Proteção do Menu, clicar no ícone Desbloquear Planilha do grupo Proteção.
(B) selecionar a aba Proteção do Menu, clicar no ícone Senha de Desproteção do grupo Proteção e digitar a senha solicitada.
(C) selecionar a aba Revisão do Menu, clicar no ícone Destravar Planilha do grupo Proteção.
(D) selecionar a aba Revisão do Menu, clicar no ícone Desproteger Planilha do grupo Alterações e digitar a senha solicitada.
(E) ter privilégios de Administrador quando da abertura do arquivo.

O MS Excel permite que o usuário proteja o conteúdo de uma planilha para que ela não sofra alterações em células, seja de conteúdo ou formato, podendo também inserir uma senha de proteção. Para remover essa funcionalidade de uma planilha basta selecionar a guia Revisão e dentro do grupo Alterações pressionar a opção Desproteger Planilha informando em seguida a senha usada no ato de proteção. Portanto apenas a alternativa D está correta.
Gabarito "D".

5. INFORMÁTICA

(Técnico – INSS – 2008 – CESPE) Considere-se que, em uma planilha do Excel 2003 na qual todas as células estejam formatadas como números, a célula B2 contenha o saldo de uma conta de poupança em determinado mês do ano. Considere-se, também, que, sobre esse saldo incidam juros compostos de 2% ao mês, e que o titular não realize, nessa conta, operações de depósito ou retirada. Nessa situação, julgue o item seguinte.

(1) O valor do saldo da referida conta de poupança, após duas incidências sucessivas de juros sobre o saldo mostrado na célula B2, pode ser calculado e apresentado na célula B4 por meio da seguinte sequência de ações: clicar a célula B4; digitar =B2*1,02^2 e, em seguida, teclar [Enter].

1: correta, a fórmula =B2*1.02^2 fará o cálculo do valor do saldo da conta multiplicado pelos juros do período mencionado, que como foi digitada na célula B4, exibirá seu valor lá.
Gabarito 1C

(Técnico – INSS – 2005 – CESGRANRIO) Em uma planilha do Excel 2000 as células apresentam os seguintes valores: A1 = 1, A2 = 2, A3 = 3 e A4 = 2. Se a célula B1 possuir a fórmula **=A1+A2^A3*A4**, então o valor da célula B1 será:

(A) 17
(B) 36
(C) 54
(D) 65
(E) 78

A ordem do cálculo é A1+(A2^A3*A4) que resulta em 1+(2³ * 2), ou seja, 17, portanto apenas a alternativa A está correta.
Gabarito "A".

(Técnico – INSS – 2005 – CESGRANRIO) A célula F3 de uma planilha Excel contém e apresenta o valor 1,56. Se esta célula for selecionada e, em seguida, o botão $\frac{.00}{+.0}$ for pressionado, a célula F3 passará a conter o valor:

(A) 1,5 e exibir 1,5
(B) 1,5 e exibir 1,6
(C) 1,6 e exibir 1,6
(D) 1,56 e exibir 1,5
(E) 1,56 e exibir 1,6

A: errada, o valor da célula não é alterado pelo botão mencionado; **B:** errada, o valor da célula não é alterado pelo botão mencionado; **C:** errada, o valor da célula não é alterado pelo botão mencionado; **D:** errada, o valor exibido é arredondado para o mais próximo, neste caso 1,6; **E:** correta, o valor continua o mesmo, porém o número é exibido com uma casa decimal a menos e valor arredondado.
Gabarito "E".

(Técnico – INSS – 2005 – CESGRANRIO) O botão $\boxed{\leftarrow a \rightarrow}$ da barra de ferramentas Formatação do Excel 2000 permite:

(A) aplicar o efeito negrito.
(B) definir a borda da célula.
(C) incluir o separador de milhares.
(D) mesclar e centralizar células.
(E) selecionar a cor de fundo da célula.

A: Errada, o efeito negrito é aplicado pelo botão **N** . **B:** Errada, as opções de borda são aplicadas pelo botão $\boxed{\cdots}$ ▾ . **C:** Errada, as opções do separador de milhar são definidas pelo botão 000 . **D:** Correta, o botão $\boxed{\cdots}$ tem por função mesclar e centralizar o conteúdo das células. **E:** Errada, o botão que altera a cor de fundo da célula é o $\diamondsuit$ ▾ .
Gabarito "D".

(Agente Administrativo – Ministério da Previdência – 2010 – CESPE) Considerando a figura acima, que ilustra uma janela do Microsoft Excel 2003, julgue os itens que se seguem.

(1) Sabendo que a célula C7 foi definida para o formato do tipo numérico e contém o valor 15,00, é correto afirmar que o seu valor será alterado para 15.000,00, caso o botão $\boxed{\substack{.00 \\ \to.0}}$ seja clicado.

(2) A fórmula =SE(MÉDIA(C7:C12)>10;SOMA(C7:C12);0) está sintaticamente correta e pode ser inserida na célula C14.

1: errada, o botão em questão apenas diminui o número de casas decimais, neste caso não aconteceria nada pois o valor é inteiro; **2:** correta, a sintaxe da formula é =SE(condição;ação se verdadeiro;ação se falso), portanto está corretamente escrita.
Gabarito 1E, 2C

(Analista – INSS – 2008 – CESPE) Com relação ao Excel 2003, julgue o item a seguir.

(1) Considere que, em uma planilha do Excel 2003, as células C2, C3 e C4 contêm, respectivamente, os números 238, 285 e 251, referentes a pagamentos de contas de luz de um usuário em três meses sucessivos. Nessa situação, para se calcular a média aritmética dos três valores e apresentar o resultado na célula C5, é suficiente realizar a seguinte sequência de ações: clicar a célula C5, digitar = (C2 + C3 + C4)/3 e, em seguida, teclar Enter.

1: correta, o formato de fórmula apresentado realiza primeiro a somas dos valores das células e divide o resultado pelo número de elementos, resultando assim na média aritmética.
Gabarito 1C

A informação abaixo deverá ser utilizada para responder às próximas duas questões.

Em uma planilha do Excel 2000, as células apresentam os seguintes valores: A1 = 10, A2 = 12, B1 = 8 e B2 = 14.

(Analista – INSS – 2005 – CESGRANRIO) A esse respeito, pode-se afirmar que a(o):

(A) média das células da primeira linha é maior que a média das células da primeira coluna.

(B) média das células da primeira linha é igual à média das células da segunda linha.

(C) média das células da primeira linha é menor que a média das células da segunda coluna.

(D) produto das células da segunda linha é igual ao produto das células da segunda coluna.

(E) produto das células da segunda linha é menor que o produto das células da primeira coluna.

A: errada, a média das células da primeira linha é 11 e da primeira coluna é 9; **B:** errada, a média das células da primeira linha é 11 e das células da segunda linha é 13; **C:** correta, a média das células da primeira linha é 11 e das células da segunda coluna é 13; **D:** errada, o produto das células da segunda linha é 112 e o produto das células da segunda coluna é 168; **E:** errada, o produto das células da segunda linha é 112 e da primeira coluna é 80.
Gabarito "C".

(Analista – INSS – 2005 – CESGRANRIO) Se a célula C3 dessa planilha contiver a fórmula **=soma(A1:B2)**, então o valor da célula C3 será:

(A) 18

(B) 24

(C) 32

(D) 36

(E) 44

A fórmula apresentada resulta na soma de todos os termos que é 44, portanto a única alternativa correta é a E.
Gabarito "E".

(Analista – TRF/1º – 2006 – FCC) Dadas as seguintes células de uma planilha Excel, com os respectivos conteúdos:

A1 = 1

A2 = 2

A3 = 3

A4 = 3

A5 = 2

A6 = 1

Selecionando-se as células A1, A2 e A3 e arrastando-as simultaneamente, pela alça de preenchimento, sobre as células A4, A5 e A6, os conteúdos finais das células A1, A2, A3, A4, A5 e A6 serão, respectivamente,

(A) 1, 2, 3, 1, 1 e 1.

(B) 1, 2, 3, 1, 2 e 3.

(C) 1, 2, 3, 3, 2 e 1.

(D) 1, 2, 3, 3, 3 e 3.

(E) 1, 2, 3, 4, 5 e 6.

A: errada, o Excel aplicará a mesma diferença entre as células A1 à A3 às células A4, A5 e A6. **B:** errada, o Excel aplicará a mesma diferença entre as células A1 à A3 às células A4, A5 e A6. **C:** errada, o Excel aplicará a mesma diferença entre as células A1 à A3 às células A4, A5 e A6. **D:** errada, o Excel aplicará a mesma diferença entre as células A1 à A3 às células A4, A5 e A6. **E:** correta, a mesma diferença entre os valores de A1 à A3 é aplicado às células A4, A5 e A6, portanto seus valores serão 1, 2, 3, 4, 5 e 6.
Gabarito "E".

(Analista – TRE/AL – 2010 – FCC) Uma planilha eletrônica Excel 2003 possui os títulos das colunas na primeira linha e os títulos das linhas na primeira coluna. Para congelar na tela tanto os títulos das colunas quanto os títulos das linhas deve-se selecionar

(A) a primeira célula da primeira linha e da primeira coluna.

(B) a segunda célula da segunda linha e da segunda coluna.

(C) a primeira linha e a primeira coluna.

(D) a segunda linha e a segunda coluna.

(E) somente as células com conteúdos de títulos.

A: Errada, deve-se selecionar sempre uma célula abaixo ou à direita da célula/linha que se deseja congelar. **B:** Correta, para congelar uma linha ou coluna deve-se selecionar uma célula abaixo da linha desejada ou à direita da coluna desejada. **C:** Errada, deve-se selecionar a célula e não a linha ou a coluna toda. **D:** Errada, deve-se selecionar a célula e não a linha ou a coluna toda. **E:** Errada, deve-se selecionar sempre uma célula abaixo ou à direita da célula/linha que se deseja congelar.
Gabarito "B".

(Analista – TRE/MS – 2007 – FCC) No Excel, se o conteúdo =B1++C1 da célula A1 for recortado e colado na célula A5, esta última normalmente deverá ficar com o conteúdo

(A) =B5++C5

(B) =B1++B5

(C) =C1++C5

(D) =B1++C5

(E) =B1++C1

A: correta, ao se copiar e colar o conteúdo da célula A1 a formatação deste é ajustada para ser equivalente na nova célula; portanto, seu conteúdo será =B5++C5. **B:** errada, ambos os valores da função terão seu índice referente à linha alterado, porém suas colunas se manterão iguais. **C:** errada, ambos os valores da função terão seu índice referente à linha alterado, porém suas colunas se manterão iguais. **D:** errada, ambos os valores da função terão seu índice referente à linha alterado, porém suas colunas se manterão iguais. **E:** errada, ambos os valores serão atualizados de forma a se manterem equivalente na nova célula, portanto os valores da função serão alterados e não mantidos.
Gabarito "A".

OBJETIVO:

O Ministério Público do Governo Federal de um país deseja modernizar seu ambiente tecnológico de informática. Para tanto, adquirirá equipamentos de computação eletrônica avançados e redefinirá seus sistemas de computação a fim de agilizar seus processos internos e também melhorar seu relacionamento com a sociedade.

REQUISITOS PARA ATENDER AO OBJETIVO:

[...]

§7º - As planilhas de cálculo deverão totalizar todas as colunas de valores.

Exemplo:

....	A	B
1		Valor
2		1
3		2
4		3
5		4
6	Total	10

(Técnico – MPU –2007 – FCC) Para atender ao requisito do §7°, a célula B6 do exemplo somente estará correta se contiver a fórmula

(A) (B2+B5).

(B) SOMA(B2:B5).

(C) (SOMA:B2:B5).

(D) SOMA(A2;A5).

(E) SOMA(B2+B5).

A: Errada, a função mencionada não possui a chamada da função SOMA. **B:** Correta, a função mencionada utiliza a função soma que se inicia na célula B2 e termina na B5. **C:** Errada, o parentêse é aberto após o nome da função e não antes. **D:** Errada, a célula B6 deve somar os valores da coluna B e não da coluna A. **E:** Errada, a função mencionada apenas soma os valores de duas funções.
Gabarito "B".

(Analista – MPU – 2010 – CESPE) A figura acima ilustra uma planilha em edição no Microsoft Excel 2007 (MSExcel 2007), que apresenta valores hipotéticos de seis processos. Nessa planilha, o total e a média aritmética dos valores dos seis processos serão inseridos nas células C8 e C9, respectivamente. Com base nessas informações, julgue os itens subsequentes.

(1) O valor da média aritmética dos seis processos pode ser obtido com o seguinte procedimento: clicar a célula C9 e, em seguida, digitar a fórmula =MÉDIA(C2;C7).

(2) Para formatar a fonte dos valores abaixo de R$ 500.000,00 com a cor vermelha e a dos valores acima de R$ 500.000,00 com a cor azul, é suficiente selecionar a coluna, clicar o menu Fórmulas, digitar =SE(C2<500000;"vermelho";"azul") e arrastar tudo, copiando a fórmula para as demais células dessa coluna.

(3) Para classificar os processos do menor valor para o maior, é suficiente selecionar as células de C2 até C7; clicar a ferramenta ; selecionar a opção Classificar do Menor para o Maior e, em seguida, clicar o botão Classificar.

(4) Para se obter o valor total desses processos, é suficiente clicar a célula C8; pressionar a ferramenta Σ e, em seguida, pressionar a tecla "ENTER"

1: Errada, para se definir um intervalo de número deve-se utilizar os dois pontos e não ponto e vírgula; **2:** Errada, a fórmula mencionada apenas troca o conteúdo da célula na qual ela foi digitada por "vermelho" ou "azul" dependendo do valor da célula C2; **3:** Correta, a ferramenta mencionada organiza as células da seleção atual de acordo com a função escolhida, neste caso, do Menor para o Maior.; **4:** Correta, a ferramenta Σ corresponde à função Somatório, que soma todos os valores no intervalo acima da célula atual por padrão, podendo este intervalo ser alterado a gosto do usuário.
Gabarito 1E, 2E, 3C, 4C

(Analista – TRT/2ª – 2008 – FCC) A exibição de um * (asterisco) em um determinado campo da barra de status da planilha BrOffice.org Calc indica que apenas

(A) o documento novo ainda não foi salvo.

(B) as alterações no documento ainda não foram salvas.

(C) o documento novo ainda não tem nome com a extensão .ods.

(D) o documento novo ainda não tem nome com a extensão .ods ou as alterações no documento ainda não foram salvas.

(E) o documento novo ou as alterações no documento ainda não foram salvas.

A: errada, um * (asterisco) também pode ser exibido caso o documento tenha sido alterado. **B:** errada, um * (asterisco) também pode ser exibido caso o documento seja novo. **C:** errada, a existência ou ausência de um nome com extensão .ods não pode causar a exibição de um * (asterisco). **D:** errada, a existência ou ausência de um nome com extensão .ods não pode causar a exibição de um * (asterisco). **E:** correta, um * (asterisco) pode ser exibido caso o documento seja novo ou tenha sofrido alterações que ainda não foram salvas.
Gabarito "E".

(Analista – TRT/21ª – 2010 – CESPE) Acerca dos sistemas operacionais, dos aplicativos de edição de textos, das planilhas e apresentações nos ambientes Windows e Linux, julgue o item abaixo.

(1) Em uma planilha em edição no Calc do BrOffice, se uma célula for preenchida com número e, em seguida, a alça de preenchimento dessa célula for arrastada para células seguintes na mesma linha ou coluna, as células serão automaticamente preenchidas com uma sequência numérica iniciada com número digitado.

1: Correta, utilizando-se a alça de preenchimento, as células conseguintes são preenchidas respeitando a progressão dos primeiros números selecionados.
Gabarito 1C

(Analista – TRE/AC – 2010 – FCC) O recurso de Autofiltro em uma planilha no *BrOffice.org Calc* pode ser usado por meio do acesso ao menu

(A) Dados e da seleção dos itens Filtro e Autofiltro.

(B) Formatar e da seleção dos itens Filtro e Autofiltro.
(C) Inserir e da seleção do item Autofiltro.
(D) Dados e da seleção do item Autofiltro.
(E) Formatar e da seleção do item Autofiltro.

A: Correta, o recurso de Autofiltro se encontra no item Filtro dentro do menu Dados. **B:** Errada, o menu correto seria o menu Dados e não o formatar. **C:** Errada, o menu correto é o menu Dados e não o menu Inserir. **D:** Errada, o menu está correto, porém o recurso se encontra dentro do item Filtro. **E:** Errada, o menu correto é o menu Dados e não o menu Formatar.
Gabarito "A".

(Analista – TRE/AP – 2011 – FCC) Em relação ao *BrOffice.org 3.1*, considere:

I. Em um arquivo aberto no *Writer* quando o cursor está em qualquer linha de qualquer parágrafo, ao se pressionar a tecla *Home* ele irá se posicionar no início do texto.
II. Em uma planilha do Calc, se a célula E8, que contém a fórmula =($D$2+SOMA(C3:C7))/$D$1, for copiada para a célula F9, através de Ctrl+C e Ctrl+V, a célula F9 conterá a fórmula =($D$2+SOMA(D4:D8))/$D$1.
III. No *Writer* as ações das teclas F7, Ctrl+F12 e Ctrl+F4 correspondem, respectivamente, verificar ortografia, inserir tabela e fechar documento.
IV. No Calc a fórmula =SOMA(A1:B2;B4) irá executar a soma de A1, B2 e B4.

Está correto o que se afirma, SOMENTE em
(A) I e II.
(B) I, II e IV.
(C) I, III e IV.
(D) II e III.
(E) II, III e IV.

A: Errada, a afirmativa I está incorreta, a tecla Home fará com que o curso se posicione no início da linha atual e não no início do texto. **B:** Errada, as afirmativas I e IV estão incorretas, a tecla Home fará com que o curso se posicione no início da linha atual e não no início do texto e a fórmula =SOMA(A1:B2;B4) soma os valores no intervalo A1 até B2 mais a célula B4. **C:** Errada, as afirmativas I e IV estão incorretas, a tecla Home fará com que o curso se posicione no início da linha atual e não no início do texto e a fórmula =SOMA(A1:B2;B4) soma os valores no intervalo A1 até B2 mais a célula B4. **D:** Correta, apenas as afirmativas II e III estão corretas. **E:** Errada, a afirmativa IV está incorreta, a fórmula =SOMA(A1:B2;B4) soma os valores no intervalo A1 até B2 mais a célula B4.
Gabarito "D".

Uma planilha (BrOffice.org 3.1) com as informações abaixo. A célula contendo o sinal de interrogação (incógnita) representa um valor obtido por propagação feita pela alça de preenchimento originada em A2. HIPÓTESE: O resultado da incógnita obtido com essa operação é o mesmo se a propagação for originada em B1.

	A	B
1	=42*33	=A1*2
2	=A1/2	?

(Analista – TRE/PI – 2009 – FCC) A hipótese apresentada em (I) está
(A) errada e a incógnita resulta em 1386 se originada em A2 e em 2772 se originada em B1.
(B) errada e a incógnita resulta em 693 se originada em A2 e em 1386 se originada em B1.
(C) errada e a incógnita resulta em 1386 se originada em A2 e em 693 se originada em B1.
(D) correta e a incógnita resulta em 693.
(E) correta e a incógnita resulta em 1386.

A: errada, a hipótese está correta, pois, se arrastada a partir de A2, a célula B2 teria o valor da B1 dividido por 2, portanto 1 386, arrastando-se a partir de B1, seu valor seria A2 * 2, também 1 386. **B:** errada, a hipótese está correta. **C:** errada, a hipótese está correta. **D:** errada, a hipótese está correta, porém o valor da incógnita será metade do valor de B1, neste caso, 1 386. **E:** correta, a hipótese está correta e o resultado será metade do valor de B1, ou seja, 1 386.
Gabarito "E".

A figura a seguir ilustra uma janela do aplicativo Calc, com uma planilha em processo de edição.

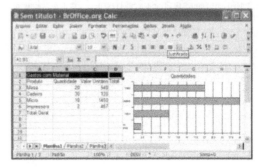

(Analista – TRE/GO – 2008 – CESPE) Com relação à figura apresentada, assinale a opção correta.
(A) Para calcular o valor total a ser gasto com a aquisição dos produtos, é suficiente clicar a célula C7, clicar a ferramenta Σ e pressionar a tecla Enter.
(B) Para calcular o valor Total para o produto Micro, é suficiente clicar a célula D5, digitar a fórmula =B5+C5 e pressionar a tecla Enter.
(C) Para calcular o valor Total para o produto Mesa é suficiente clicar a célula D3, digitar a fórmula =B3*C3 e pressionar a tecla Enter.
(D) Para calcular o valor Total Geral, é suficiente calcular o somatório da quantidade na célula B7 e multiplicar pelo resultado do cálculo do somatório dos valores unitários.

A: errada, seguindo os passos descritos obtém-se apenas a soma do valor unitário dos itens. **B:** errada, a função correta seria de multiplicação e não soma. **C:** correta, a fórmula =B3*C3 faz a multiplicação entre a quantidade e o valor unitário obtendo-se o valor Total para o produto Mesa. **D:** errada, somando-se as quantidades e multiplicando-se pela soma dos valores unitários não se obtém o resultado correto do Total Geral, sendo necessária a multiplicação de cada quantidade por seu respectivo valor e então somar os resultados obtidos.
Gabarito "C".

5. INFORMÁTICA   95

(Analista – TRE/TO – 2011 – FCC) As células A1 até A3 de uma planilha *BrOffice* (Calc) contêm, respectivamente, os números: 2, 22 e 222. A célula A4 contém a fórmula =A1*A2+A3 (resultado = 266) que arrastada pela alça de preenchimento para a célula A5 registrará, nesta última, o resultado (calculado)

(A) 510

(B) 5150

(C) 6074

(D) 10736

(E) 63936

A: Errada, a alça seguiria a progressão da função, alterando-a para =A2*A3+A4, que resulta em 5150. **B:** Correta, a alça sege a progressão da função, alterando-a para =A2*A3+A4, que resulta em 22*222+266 com resultado sendo 5150.**C:** Errada, a alça seguiria a progressão da função, alterando-a para =A2*A3+A4, que resulta em 5150. **D:** Errada, a alça seguiria a progressão da função, alterando-a para =A2*A3+A4, que resulta em 5150. **E:** Errada, a alça seguiria a progressão da função, alterando-a para =A2*A3+A4, que resulta em 5150.
Gabarito "B".

	A	B
1	Atendimento	Quantidade
2	seguro-desemprego	1
3	auxílio	2
4	licença-maternidade	3
5	pensão por morte	1
6	salário-família	2
7	auxílio-reclusão	3
8		

(Técnico – INSS/Guarulhos – 2022 – CEBRASPE) Considerando a planilha mostrada na figura precedente, elaborada no Microsoft Excel 365, julgue o seguinte item.

(1) Se for inserida na célula B8 a fórmula indicada a seguir, o resultado a ser apresentado nessa célula será 2.

=SOMASE(A2:A7;"auxílio*";B2:B7)

1: Errada, a fórmula SOMASE faz a soma de valores de determinado intervalo que respeitam determinada regra ou condição, neste caso é avaliado o conteúdo do intervalo A2 até A7 e o critério de avaliação é que o conteúdo inicie com a palavra "auxílio" podendo ter qualquer conteúdo após ela (o caractere asterisco é usado para indicar qualquer tipo de caractere, uma ou mais vezes). Caso o critério seja respeitado será somado o valor correspondente no intervalo B2 até B7. Sendo assim, apenas 2 células passam pelo critério indicado, as células A3 e A7, logo, devem ser somados os valores das células B3 e B7 que resultam em 5.
Gabarito "1E".

(Técnico – INSS – 2022 – CEBRASPE) Na planilha mostrada na figura abaixo, que representa um conjunto de células no MS Excel 365, foi realizada a seguinte sequência de ações:

	A	B
1	**Produto**	**Valor**
2	Lápis	R$ 2,50
3	Caneta	R$ 5,50
4	Caneta	R$ 5,00
5	Lápis	R$ 3,00
6	Estojo	R$ 6,00

• todas as células mostradas foram selecionadas;

• foi selecionada a opção Remover Duplicadas;

• foram selecionadas todas as colunas na caixa de diálogo Remover Duplicadas e, em seguida, clicou-se no botão OK.

Nessa situação hipotética,

(1) nenhuma linha da planilha foi apagada.

1: Correta, a função remover duplicadas remove as células com valores idênticos dentro do contexto selecionado. Como nesse caso foi selecionado uma matriz de linhas e colunas, as linhas só serão removidas se os valores de todas as colunas do intervalo selecionado forem iguais, o que não acontece no exemplo, pois embora existam linhas com o mesmo valor na primeira coluna, o valor da segunda coluna na mesma linha é diferente entre elas.
Gabarito 1C

6. REDE E INTERNET

(Analista Judiciário – TRT/24 – FCC – 2017) Um Oficial de Justiça vai utilizar um computador público para navegar na Internet utilizando o Firefox versão 50.1.0, em português, e deseja utilizar um modo de navegação para evitar que seu histórico, senhas e preferências sejam salvos e acessados por outras pessoas e para bloquear *cookies,* evitando que *sites* fraudulentos rastreiem seu comportamento. Para abrir uma nova janela em branco nesse modo de navegação, ele deve clicar no botão Abrir menu, que fica no canto superior direito da tela, representado por um ícone com três pequenas linhas verticais paralelas, e depois na opção

(A) Navegação *in-private,* ou pode pressionar a combinação de teclas Ctrl + P.

(B) Nova janela privativa, ou pode pressionar a combinação de teclas Ctrl + Shift + P.

(C) Navegação segura, ou pode pressionar a combinação de teclas Ctrl + Alt + P.

(D) Nova janela privativa, ou pode pressionar a tecla F12.

(E) Nova janela segura, ou pode pressionar a combinação de teclas Ctrl + Tab.

No Firefox, a navegação anônima é feita através do recurso de janela privativa, que também pode ser acessada pelo atalho Ctrl + Shift + P. Outros navegadores também possuem este recurso, como a navegação in-private do Internet Explorer e a anônima do Google Chrome. Portanto, apenas a alternativa B está correta.
Gabarito "B".

(Analista Judiciário – TRT/11 – FCC – 2017) Considere a barra de endereços do navegador, abaixo, exibida no Google Chrome.

🔒 https://portal.trt11.jus.br ☆

Os ícones do cadeado fechado e da estrela servem, respectivamente, para **mostrar que o portal do TRT11**

(A) é seguro e para adicionar este portal aos favoritos.

(B) está criptografado e para acessar as configurações do navegador.

(C) está bloqueado para acesso e para adicionar este portal aos favoritos.

(D) é certificado digitalmente e para acionar o modo de navegação anônima.

(E) é seguro e para acessar as configurações do navegador.

O ícone de cadeado exibido ao lado de um endereço URL no navegador, muitas vezes na cor verde, indica que o site criptografa a comunicação entre o computador e o servidor através de um certificado SSL e, portanto, tem maior segurança; o ícone da estrela é usado para adicionar o site atual à lista de favoritos do navegador, portanto, apenas a alternativa A está correta.
Gabarito "A".

(Analista Judiciário – TJ/MT – UFMT – 2016) No Internet Explorer 11, a janela para excluir o histórico de navegação pode ser acessada ao clicar no botão Ferramentas e em seguida

(A) Opções da Internet, guia/aba Privacidade, botão Excluir...

(B) Opções de Privacidade, guia/aba Histórico, botão Excluir...

(C) Opções da Internet, guia/aba Geral, botão Excluir...

(D) Opções de Privacidade, guia/aba Geral, botão Excluir...

No Internet Explorer 11, para excluir o histórico de navegação do usuário é necessário utilizar a função Excluir, que permite excluir não só o histórico de navegação mas também os cookies, informações de formulários, senhas e arquivos temporários. Essa função se encontra na aba Geral do item Opções da Internet, que pode ser acessado pelo Painel de controle ou através do menu Ferramentas do software. Portanto, apenas a alternativa C está correta.
Gabarito "C".

(Analista Judiciário – TRT/20 – FCC – 2016) Um Analista realizou a seguinte sequência de comandos em um navegador *web* em sua versão em português:

– clicou no botão Ferramentas e em Opções da Internet

– na guia Geral, em Home page, digitou http://www.trt20.jus.br/

– clicou em Aplicar e OK

O Analista

(A) estava utilizando o Google Chrome e incluindo a *home page* digitada nos Favoritos.

(B) estava utilizando o Mozilla Firefox e marcando a *home page* digitada como página confiável.

(C) terá a *home page* digitada carregada automaticamente nas próximas vezes que abrir o navegador.

(D) estava utilizando o Internet Explorer 11 e liberando a *home page* digitada da verificação do antivírus.

(E) fará a *home page* digitada bloquear *cookies* automaticamente na próxima vez que abrir o navegador.

O item Opções da Internet pode ser acessado pelo Painel de Controle ou pelo navegador Internet Explorer através do menu Ferramentas. Nesta janela é possível modificar uma série de configurações relacionadas a navegação, como uso de proxy, informações de segurança e privacidade, entre outros. Na guia Geral, em Home page é possível definir um ou mais sites como a página inicial do navegador, sites que serão abertos automaticamente sempre que o navegador for aberto. Portanto, apenas a alternativa C está correta.
Gabarito "C".

(Analista Judiciário – TRT/20 – FCC – 2016) *Smartphones, tablets, ultrabooks* etc. impulsionaram o uso de redes móveis e o conceito de BYOD – *Bring Your Own Device* no meio corporativo. Neste cenário, é correto afirmar que

(A) com a disponibilidade de tecnologias VPN (rede pública construída sobre uma rede privada) para dispositivos móveis, o meio corporativo passou a aceitar que acessar ferramentas de trabalho pelo dispositivo mais confortável para o funcionário pode trazer aumento de produtividade.

(B) ao invés do *client-server* passa-se a ter *client-cloud* – o cliente utiliza as funcionalidades nativas dos sistemas operacionais para *desktop* como iOS e Android com esquemas de segurança e criptografia, integrando outras ferramentas nativas dos dispositivos.

(C) novos *apps* estão explorando o uso da câmera e do GPS e para isso há um componente importante na arquitetura das novas aplicações corporativas: o *Firmwhere,* que é uma camada de *software* entre a aplicação e o sistema operacional, que facilita o seu desenvolvimento.

(D) utilizar *apps* que permitem o trabalho *offline* e, quando a rede fica disponível, promovem a sincronização dos dados com a nuvem, é uma característica que as aplicações corporativas podem ter para evitar paradas no trabalho caso a rede não esteja disponível.

(E) aplicativos como *digital vallets* (carteiras digitais) permitem compras seguras através do dispositivo móvel e todos os bancos já oferecem um *app* para celulares que utiliza o *bluetooth* para ler o *QR Code* (código de barras) e pagar uma conta.

A: Errada, esta questão inverteu a definição dada às redes VPN, que na verdade são redes privadas construídas sobre uma rede pública. **B:** Errada, os sistemas operacionais iOS e Android são usados por dispositivos mobile e não desktop. **C:** Errada, Firmwhere não descreve nenhum tipo de componente ou camada de software, embora exista o Firmware, um conjunto de instruções, programas diretamente no hardware de equipamentos eletrônicos com informações importantes para seu funcionamento. **D:** Correta, aplicativos que permitem a realização de atividades mesmo quando sem conexão à Internet e posterior sincronização das atividades realizadas com o servidor funcionam como uma boa forma de evitar interrupções nas atividades. **E:** Errada, o termo correto é digital wallet e não digital vallet, além disso, o QR Code funciona como um código de barras que pode conter mais informações e para que seja lido é usada uma câmera e não a tecnologia bluetooth, que é uma tecnologia de transmissão de dados a curta distância. A tecnologia usada para o pagamento através de dispositivos móveis é o NFC (Near frequency communication), que permite a troca de informações apenas com a aproximação de um dispositivo.
Gabarito "D".

5. INFORMÁTICA

(Técnico Judiciário – TRE/SP – FCC – 2017) Um Técnico Judiciário precisa mudar o nome e a senha da rede *wireless* do escritório onde trabalha, pois desconfia que ela está sendo utilizada por pessoas não autorizadas. Para isso, ele deve entrar na área de configuração do *modem* que recebe a internet e que também é roteador. Para acessar essa área, no computador ligado ao modem-roteador, deve abrir o navegador web e, na linha de endereço, digitar o

(A) comando http://ipconfig.

(B) endereço de memória do roteador.

(C) comando http://setup.

(D) comando http://settings.

(E) IP de acesso ao roteador.

Para acessar um dispositivo na rede como um roteador é necessário saber seu endereço de IP e digitá-lo no navegador, assim você terá acesso a sua interface de configuração, portanto, apenas a alternativa E está correta.
Gabarito "E".

(Escrevente Técnico Judiciário – TJSP – VUNESP – 2017) Em geral, a especificação completa do *Uniform Resource Locator* (URL) apresenta os seguintes campos:

esquema://domínio:porta/caminhorecurso?querystring #fragmento

Sobre esses campos, é correto afirmar que

(A) o esquema pode ser apenas http ou https.

(B) o domínio determina o servidor que torna disponível o recurso ou o documento solicitado.

(C) a porta sempre será um número menor ou igual a 40.

(D) o caminho especifica as redes por meio das quais a solicitação será encaminhada.

(E) o fragmento é uma parte obrigatória, presente em qualquer URL.

A: Errada, há outros protocolos que podem ser usados em uma URL como por exemplo o ftp. **B:** Correta, o domínio representa um servidor que irá responder pelo recurso que se deseja acessar através da URL. **C:** Errada, a porta está ligada ao protocolo usado e pode ser um número menor que 40, como por exemplo para o FTP que utiliza por padrão a porta 21. **D:** Errada, o caminho especifica o local dentro do servidor que contém o recurso que se deseja acessar. **E:** Errada, o fragmento é opcional e em geral está presente em URLs ligadas a documentos web.
Gabarito "B".

(Escrevente Técnico Judiciário – TJSP – VUNESP – 2017) Alguns navegadores utilizados na internet, como o Microsoft Edge e o Chrome, permitem um tipo de navegação conhecida como privada ou anônima. Sobre esse recurso, é correto afirmar que ele foi concebido para, normalmente,

(A) permitir que *sites* sejam acessados sem que sejam guardados quaisquer dados ou informações que possam ser usados para rastrear, a partir do navegador, as visitas efetuadas pelo usuário.

(B) impedir que o provedor de internet e os *sites* visitados tenham acesso aos dados relativos à navegação do usuário.

(C) não permitir o armazenamento de "favoritos" durante uma navegação.

(D) não permitir que sejam realizados *downloads* de quaisquer tipos de arquivos.

(E) substituir os dados do usuário por outros fictícios, definidos pelo próprio usuário, e evitar que propaganda comercial e *e-mails* do tipo *spam* sejam posteriormente encaminhados ao usuário.

A: Correta, a navegação privada ou anônima não guarda registros no computador dos sites acessados, textos digitados em campos ou cookies das páginas, de modo que não seja possível visualizar os dados de navegação do usuário. **B:** Errada, os provedores de internet e os próprios sites têm acesso os dados do usuário independente do modo de navegação utilizado. **C:** Errada, durante a navegação privada a opção adicionar ao favoritos pode ser usada normalmente. **D:** Errada, mesmo durante a navegação privada a realização de downloads pode ser feito normalmente pelo usuário. **E:** Errada, os dados do usuário não são substituídos pelo navegador no modo privado, apenas não é feito registro no computador do histórico de navegação e dados imputados pelo usuário.
Gabarito "A".

(Técnico Judiciário – TRT24 – FCC – 2017) O Internet Explorer 11, em português, tem uma opção no menu Ferramentas que oferece diversas funcionalidades, dentre as quais encontram-se:

– Excluir histórico de navegação

– Navegação InPrivate

– Habilitar proteção contra rastreamento

– Desativar filtro SmartScreen

– Relatar site não seguro

A opção do menu Ferramentas que oferece estas funcionalidades é:

(A) Gerenciar complementos.

(B) Segurança.

(C) Configurações do modo de exibição de compatibilidade.

(D) Relatar problemas do site.

(E) Gerenciar opções de navegação na internet.

Os itens mencionados são todos relacionados à segurança de navegação do usuário e podem ser acessados a partir da opção Segurança do menu Ferramentas, portanto, apenas a alternativa B está correta.
Gabarito "B".

(Técnico Judiciário – TRT11 – FCC – 2017) Um usuário está utilizando o navegador Google Chrome em português, em condições ideais, e deseja desativar o mecanismo de salvar senhas da *web* automaticamente. Para acessar este serviço, o usuário deve digitar na barra de endereços do navegador:

(A) chrome://system/

(B) chrome: //inspect/#devices

(C) chrome:// configurações/

(D) chrome:// components/

(E) chrome://settings/

Para desativar o mecanismo de salvar senhas da web o usuário deve acessar o item Gerenciar Senhas presente no grupo Senhas e formulários nas opções avançadas de configuração do Chrome que podem ser acessadas através do endereço chrome://settings/. Portanto, apenas a alternativa E está correta.
Gabarito "E".

(Técnico Judiciário – TRE/PI – CESPE – 2016) Assinale a opção que apresenta a combinação de teclas que permite abrir uma nova aba no navegador Mozilla Firefox, em sua versão mais recente e com configuração padrão, instalada em uma máquina com sistema operacional Windows.

(A) Ctrl + B

(B) Ctrl + D

(C) Ctrl + E

(D) Ctrl + T

(E) Ctrl + A

A: Errada, o atalho Ctrl + B abre a função Favoritos. **B:** Errada, o atalho Ctrl + D é usado para adicionar o site atualmente aberto na lista de favoritos. **C:** Errada, o atalho Ctrl + E leva o cursor de texto para o campo de pesquisa. **D:** Correta, o atalho Ctrl + T, assim como em outros navegadores, é usado para abrir uma nova aba no navegador. **E:** Errada, o atalho Ctrl + A ativa a função Selecionar tudo.

Gabarito "D".

(Escrevente Técnico Judiciário – TJSP – VUNESP – 2017) Considerando o uso de correio eletrônico, ao se preparar uma mensagem para envio,

(A) o número de destinatários em cópia oculta não pode ser superior ao número de destinatários em cópia aberta.

(B) se esta for um encaminhamento de uma mensagem recebida, não é possível alterar o assunto presente na mensagem original.

(C) o número de destinatários em cópia aberta deve ser igual ao número de destinatários em cópia oculta.

(D) é possível enviá-la sem a especificação de seu assunto.

(E) se esta for um encaminhamento de uma mensagem recebida, não é possível enviá-la a destinatários em cópia oculta.

A: Errada, não há limitação quanto ao número de destinatários nos campos de cópia ou cópia oculta. **B:** Errada, ao encaminhar uma mensagem é possível alterar todos os campos desta, seja o assunto, corpo da mensagem, anexos ou outros destinatários. **C:** Errada, não há relação entre o número de destinatários de cópia ou cópia oculta em uma mensagem. **D:** Correta, uma mensagem pode ser enviada sem um assunto ou mesmo sem nenhum conteúdo no corpo da mensagem, é necessário apenas que haja um destinatário. **E:** Errada, sempre é possível realizar o envio de uma mensagem, seja ela encaminhada ou redigida pelo usuário, utilizando-se a opção de cópia oculta.

Gabarito "D".

(Técnico Judiciário – TRT11 – FCC – 2017) No computador de uma empresa, um usuário pode ter acesso à internet, à intranet, ao serviço de *webmail* e a uma ferramenta de gerenciamento de *e-mails* (como o Microsoft Outlook), ambos para o seu *e-mail* corporativo. Neste cenário,

(A) sempre que o usuário acessar a intranet e a internet ao mesmo tempo, a intranet ficará vulnerável, deixando as informações corporativas em risco.

(B) o usuário deve configurar a ferramenta de gerenciamento de *e-mails* para que não esteja habilitada a opção de apagar o *e-mail* do *site* assim que ele for recebido, senão não poderá acessá-lo mais pelo *webmail*.

(C) a senha do *e-mail* corporativo deve ser diferente quando este for acessado pelo *webmail* e quando for acessado pelo Microsoft Outlook.

(D) devem ser instalados no computador um navegador *web* para acesso à internet e outro navegador *web* para acesso à intranet, para evitar conflitos de *software*.

(E) o acesso ao *webmail* somente poderá ser feito através da intranet.

A: Errada, a intranet e a internet funcionam de forma semelhante, ambas são redes baseadas nos mesmo protocolos com a diferença estando no fato da intranet ter seu acesso limitado a um grupo de pessoas, o uso de uma não interfere no uso da outra. **B:** Correta, caso a ferramenta gerenciadora de correio eletrônico tiver habilitada a opção de apagar a mensagem do servidor de e-mails ao baixá-los para o computador do usuário, a mensagem não estará disponível para acesso via webmail, que permite através do navegador do usuário visualizar as mensagens presentes na conta do usuário que estão no servidor de e-mail. **C:** Errada, a senha é a mesma, uma vez que o Microsoft Outlook e Webmail são apenas formas diferentes de acessar e gerenciar as mensagens de correio eletrônico de um usuário. **D:** Errada, internet e intranet funcionam sob os mesmos protocolos e não há qualquer tipo de interferência no uso entre ambas, um mesmo navegador pode acessar sites de ambas as redes sem qualquer problema. **E:** Errada, não há menção sobre o fato da conta de e-mail ser interna ou funcionar apenas na intranet, portanto, o acesso pode ser feito através da internet.

Gabarito "B".

(Escrevente Técnico – TJSP – 2015 – VUNESP) Os endereços de correio eletrônico (*e-mail*) são padronizados quanto à sua composição para possibilitar a correta identificação e o envio das mensagens pela internet. Dentre as alternativas apresentadas, a que contém um endereço de *e-mail* de acordo com a padronização é:

(A) marcos.com.br@

(B) @carlos.com.br

(C) #marcos@.eng.br

(D) marcos@#com.br

(E) carlos@casa.br

O padrão de escrita de endereços de email é composto por "username@domínio", onde username representa o nome do usuário dono do correio eletrônico e não pode conter certos caracteres como @, #, !, *, espaços em branco entre outros. Já o domínio indica o servidor ao qual o endereço de e-mail pertence e é composto por um nome (que também não pode conter caracteres especiais) seguido de uma extensão ou domínio de topo (como exemplos podemos citar .com. br, .gov.br, .com, .net, .org). Portanto apenas a alternativa E respeita essas regras e está correta.

Gabarito "E".

(Escrevente Técnico – TJSP – 2015 – VUNESP) Para que uma mensagem possa ser enviada pelo serviço de correio eletrônico (*e-mail*), é imprescindível a inclusão

(A) do nome completo do destinatário no campo Para:.

(B) de pelo menos uma palavra no campo Assunto ou *Subject*.

(C) do endereço de *e-mail* nos campos Para:, ou Cc: ou Cco:.

(D) de pelo menos uma letra no corpo da mensagem.

(E) da mensagem em formato texto.

A: Errada, uma mensagem pode ser enviada sem a inclusão do nome completo do destinatário, porém é necessário o endereço de email completo do mesmo. **B:** Errada, é possível, ainda que não recomendado, enviar mensagens de correio eletrônico sem o campo Assunto preenchido. **C:** Correta, uma mensagem não pode ser enviada sem que haja um destinatário, seja no campo Para ou nos campos de Cópia

5. INFORMÁTICA

(Cc) ou Cópia Oculta (Cco). **D:** Errada, é possível enviar um e-mail sem um conteúdo em seu corpo. **E:** Errada, a mensagem pode estar em formato texto, HTML ou mesmo não haver nenhum conteúdo no corpo da mensagem.
Gabarito "C".

(Escrevente Técnico – TJSP – 2015 – VUNESP) Nos navegadores (*browser*) de internet típicos, quando são acessados alguns *sites* específicos, é apresentado um ícone com um cadeado junto à Barra de endereços do navegador. A apresentação desse cadeado indica que

(A) o conteúdo do *site* acessado é livre de vírus.

(B) há a necessidade de possuir uma senha para acessar o conteúdo do *site*.

(C) o conteúdo do *site* tem acesso privado.

(D) a conexão do navegador com o *site* é segura.

(E) o *site* apresenta restrição de acesso.

A presença do símbolo de um cadeado junto à Barra de endereços do navegador geralmente é acompanhada pelo uso do protocolo HTTPS no início do endereço do site. Esses elementos indicam que o site utiliza uma conexão segura para transmitir as informações entre seu computador e o servidor onde o site se encontra. Portanto apenas a alternativa D está correta.
Gabarito "D".

(Técnico – TRT/16ª – 2015 – FCC) As empresas estão cada vez mais necessitando centralizar suas informações e melhorar os métodos de comunicação interna para reduzir custos. A **I** pode possibilitar isso, além de tudo o que a própria **II** dispõe. Porém, a principal diferença entre ambas é que a **III** é restrita a um certo público, por exemplo, os colaboradores de uma empresa. Neste caso, os colaboradores podem acessá-la com um nome de usuário e senha devidamente validados. Geralmente este acesso é feito em um servidor da **IV** da empresa.

(http://www.oficinadanet.com.br/artigo/1276/)

As lacunas do texto acima são, correta e respectivamente, preenchidas por

(A) rede social - internet -rede social - rede virtual

(B) intranet - extranet -extranet - rede virtual

(C) rede virtual - rede global - rede virtual - intranet

(D) rede virtual - intranet - intranet - extranet

(E) intranet - internet -intranet - rede local

As intranets são redes privadas de computadores com acesso restrito que se baseiam nos protocolos da Internet e podem prover os mesmos tipos de serviço. Por ter seu acesso restrito a certos ambientes, diferentemente da internet que é pública, para que entes externos possam se conectar a estas redes é necessário o uso de redes virtuais privadas, ou VPNs. Já os colaboradores que fazem parte desta rede podem acessar através da rede local por meio de credenciais de usuário e senha. Portanto apenas a alternativa E está correta.
Gabarito "E".

(Analista – INSS – 2014 – FUNRIO) Analise as seguintes afirmações sobre os campos de destinatários de mensagens de um aplicativo de correio eletrônico:

I. Para: é um campo obrigatório com um único endereço de e-mail do destinatário principal da mensagem.

II. Cc: é um campo opcional com uma lista de endereços de e-mail de destinatários para quem a mensagem será enviada como uma cópia.

III. Cco: é um campo opcional com uma lista de endereços de e-mail de destinatários que ficarão ocultos para os demais destinatários.

Quantas dessas afirmações estão corretas?

A) Nenhuma delas está correta.

B) Somente as duas primeiras estão corretas.

C) Somente a primeira e a terceira estão corretas.

D) Somente as duas últimas estão corretas.

E) Todas estão corretas.

A, B, C, D e E: Para é um campo obrigatório, porém pode conter mais de um endereço de e-mail separados por ponto e vírgula; Cc (Com Cópia ou do inglês Carbon Copy) é usado para enviar uma cópia da mensagem e pode conter múltiplos destinatários assim como Cco (Com Cópia Oculta ou em inglês Bcc, Blind Carbon Copy) porém, neste os destinatários são ocultados na mensagem. Logo, apenas as afirmativas II e III estão corretas e assim a alternativa D deve ser assinalada.
Gabarito "D".

(Analista – INSS – 2014 – FUNRIO) Google é uma empresa multinacional de serviços online e software dos Estados Unidos, que hospeda e desenvolve uma série de serviços e produtos baseados na Internet. Muito conhecido pela sua ferramenta de pesquisa na Web, o Google possui um navegador de Internet denominado

A) Android.

B) Browser.

C) Chrome.

D) Google+.

E) Safari.

A: Errada, o Android, embora mantido pelo Google, é um sistema operacional usado para celulares e dispositivos móveis. B: Errada, Browser significa navegador em inglês, é apenas o nome dado aos programas usados para acessar páginas na Internet. C: Correta, Chrome é o nome do navegador web criado pela Google e muito utilizado atualmente. D: Errada, o Google+ era o nome dado a rede social criada pelo Google que foi descontinuada em 2019. E: Errada, Safari é o nome do navegador web criado pela Apple e usada por padrão nos sistemas operacionais iOS e MacOS.
Gabarito "C".

(Analista – INSS – 2014 – FUNRIO) Num aplicativo de navegação da Internet, como o Microsoft Internet Explorer ou o Mozilla Firefox, a listagem que registra todos os acessos realizados a páginas em um determinado intervalo de tempo é chamada de

A) Cache.

B) Extensões.

C) Favoritos.

D) Histórico.

E) Navegação.

A: Errada, Cache se refere a conteúdos armazenados temporariamente no computador usados para agilizar a navegação em sites. B: Errada, nos navegadores web, as extensões são usadas para adicionar funcionalidades como barrar propagandas em sites ou exibir informações úteis para o usuário durante a navegação. C: Errada, os Favoritos são uma listagem de sites criada pelo usuário usada para facilitar a navegação para certos endereços. D: Correta, o Histórico exibe a listagem de páginas acessadas pelo usuário em um determinado período de tempo, lembrando que enquanto estiver usando a navegação privada estes registros não são armazenados. E: Errada, Navegação é o nome dado ao ato de acessar as páginas através do navegador.
Gabarito "D".

(Analista – INSS – 2014 – FUNRIO) Todos os recursos presentes na Internet são localizados por meio de um endereço único conhecido como

A) DNS.
B) FTP.
C) HTML.
D) HTTP.
E) URL.

A: Errada, DNS é um protocolo utilizado na tradução de endereços da internet para os endereços de IP dos servidores onde eles estão localizados. B: Errada, FTP é um protocolo de comunicação usado na troca de arquivos em comunicações de rede. C: Errada, HTML é uma linguagem de marcação utilizada para estruturar páginas da Internet. D: Errada, HTTP é um protocolo de comunicação usado na navegação em páginas da Internet. E: Correta, URL é o nome dado ao endereço de um site ou arquivo localizado na Internet.

Gabarito "E".

(Técnico – INSS – 2012 – FCC) Paulo trabalha na área administrativa da Empresa XPT. Realiza boa parte do seu trabalho por meio do seu *e-mail* corporativo. Com o crescimento da empresa, a demanda de trabalho de Paulo aumentou, mas sua caixa de *e-mail* continuou com a mesma capacidade, 100 MB. Frequentemente a caixa de *e-mail* de Paulo enche e ele tem que parar suas atividades profissionais para excluir os *e-mails* maiores e menos importantes, liberando assim espaço para novas mensagens.

Certo dia, em um procedimento para liberar espaço na sua caixa de e-mail corporativo, Paulo apagou, por engano, diversos e-mails importantes, necessários para fechar a folha de pagamento de funcionários do mês. Como não tinha uma cópia desses e-mails, teve que solicitar aos emissores que enviassem os e-mails novamente.

Para tentar resolver o problema de espaço em sua caixa de e-mail, Paulo abriu uma Ordem de Serviço para a área de TI, pedindo o aumento de sua caixa de e-mail para 200 MB. A TI negou o pedido, argumentando limitações de espaço em seus servidores.

Como solução alternativa, para a cópia de segurança de seus e-mails corporativos, reduzindo dessa forma os riscos relacionados às exclusões que deverá fazer periodicamente devido a essa limitação de espaço e considerando que as políticas da empresa não impõem nenhuma restrição para o acesso e guarda dos e-mails em outros computadores ou ambientes, Paulo pensou em realizar as seguintes ações:

I. Criar um *e-mail* pessoal em um servidor de *e-mail* da *Internet*, com *capacidade* de armazenamento suficiente para manter uma cópia de seus *e-mails* corporativos por um tempo maior que os limitados pelo tamanho de sua caixa de *e-mail* corporativo e estabelecer regras na sua caixa de *e-mails* corporativo para enviar uma cópia automática de todos os *e-mails* recebidos para este novo endereço.

II. Instalar o *Microsoft Office Outlook* no computador que utiliza na empresa (caso não esteja instalado), criar seu perfil (caso não exista), fazer as configurações necessárias no *Outlook* para baixar os *e-mails* de sua caixa de *e-mail* corporativo para o computador e, por fim, baixar os *e-mails*.

III. Criar pastas na sua caixa de entrada do *e-mail* corporativo e separar os *e-mails* recebidos entre essas pastas.

IV. Criar regras na sua caixa de *e-mail* corporativo para excluir automaticamente todas as mensagens que chegarem trazendo arquivos anexados.

As possíveis ações que podem resolver o problema de Paulo, evitando que ele perca e-mails importantes, estão presentes em

(A) I, II, III e IV.
(B) II e III, apenas.
(C) I e II, apenas.
(D) I, apenas.
(E) II, apenas.

A: errada, as afirmativas III e IV estão incorretas, criar uma nova posta no servidor de *e-mails* e mover as mensagens para ela não faz com que estas deixem de ocupar espaço e excluir automaticamente *e-mails* com anexo poderá causar perda de informações importantes; B: errada, a afirmativa III está incorreta, criar uma nova posta no servidor de *e-mails* e mover as mensagens para ela não faz com que estas deixem de ocupar espaço; C: correta, apenas as afirmativas I e II estão corretas; D: errada, a afirmativa II também está correta; E: errada, a afirmativa I também está correta.

Gabarito "C".

(Técnico – INSS – 2008 – CESPE) Com relação a mensagens de correio eletrônico e a conceitos relacionados a *Internet* e *intranet*, julgue os itens seguintes.

(1) Para se enviar uma mensagem confidencial de correio eletrônico, cujo conteúdo não deva ser decifrado caso essa mensagem seja interceptada antes de chegar ao destinatário, é suficiente que o computador a partir do qual a mensagem seja enviada tenha, instalados, um programa antivírus e um *firewall* e que esse computador não esteja conectado a uma *intranet*.

(2) É comum, mediante o uso de programas de computador que utilizam o Windows XP como sistema operacional, o recebimento de mensagens de texto por meio de correio eletrônico. Entretanto, é possível a realização dessa mesma tarefa por meio de programas de computador adequados que utilizam o sistema operacional Linux.

1: errada, o *firewall* é apenas uma barreira de proteção para o computador em que está instalado e o antivírus tem por função a remoção de ameaças do computador, nenhuma das ferramentas tem relação com a segurança no envio de *e-mails*, o correto seria enviar as mensagens de forma criptografada; 2: correta, a ação de envio e recebimento de mensagens eletrônicas não tem qualquer restrição com relação ao tipo do sistema operacional.

Gabarito 1E, 2C.

(Técnico – INSS – 2005 – CESGRANRIO) Assinale a opção que apresenta um formato de arquivo de imagem gráfica muito utilizado para armazenar imagens na *Internet*.

(A) FTP
(B) GIF
(C) ISP
(D) MP3
(E) HTML

A: errada, FTP é um protocolo de transferência de arquivos; B: correta, as imagens do tipo GIF possuem uma animação de nível

5. INFORMÁTICA **101**

simplificado; **C:** errada, ISP é a abreviação de *Internet Service Provider*, ou Provedor de Serviço de *Internet*; **D:** errada, MP3 são arquivos de música; **E:** errada, HTML é uma linguagem de marcação usada em páginas *web*.

Gabarito "B".

(Técnico – INSS – 2005 – CESGRANRIO) Dos recursos disponibilizados pelo Outlook 2000, fazem parte:

I. Calendário;
II. Contatos;
III. Tarefas;
IV. Notas.

Estão corretos os itens:

(A) I e II, apenas.

(B) I e III, apenas.

(C) II e IV, apenas.

(D) II, III e IV, apenas.

(E) I, II, III e IV.

A: errada, os itens das afirmativas II e IV também fazem parte do Outlook 2000; **B:** errada, os itens das afirmativas II e IV também fazem parte do Outlook 2000; **C:** errada, os itens das afirmativas I e III também fazem parte do *Outlook* 2000; **D:** errada, o item I também faz parte do Outlook 2000; **E:** correta, todos os itens mencionados fazem parte do Outlook 2000.

Gabarito "E".

(Técnico – INSS – 2005 – CESGRANRIO) O endereço do servidor através do qual o Outlook 2000 envia mensagens é o do servidor de:

(A) OLE.

(B) Bcc.

(C) SMTP.

(D) POP3.

(E) Telnet.

A: errada, OLE não é uma sigla que designe tipo de serviço; **B:** errada, Bcc designa endereços de cópias de mensagem de correio eletrônico; **C:** correta, o serviço de SMTP realiza o envio de mensagens eletrônicas; **D:** errada, o serviço POP3 é responsável pelo recebimento de *e-mails*; **E:** errada, Telnet é um protocolo de conexão remota.

Gabarito "C".

(Analista – INSS – 2008 – CESPE) Considerando a situação hipotética em que João deseja enviar a José e a Mário uma mensagem de correio eletrônico por meio do Outlook Express, julgue o item abaixo.

(1) Caso João, antes de enviar a mensagem, inclua, no campo CC: do aplicativo usado para o envio da mensagem, o endereço de correio eletrônico de Mário, e, no campo Para:, o endereço eletrônico de José, então José e Mário receberão uma cópia da mensagem enviada por João, mas José não terá como saber que Mário recebeu uma cópia dessa mensagem.

1: errada, para que isso acontecesse deveria ser usado o campo CCO e não CC, o campo CC o destinatário é visível para todos os outros.

Gabarito 1E.

(Analista – INSS – 2005 – CESGRANRIO) A tecla F5 é utilizada no Outlook 2000 para:

(A) criar uma nova mensagem eletrônica.

(B) exibir o catálogo de endereços.

(C) incluir um novo compromisso.

(D) responder a uma mensagem eletrônica.

(E) verificar se há novas mensagens eletrônicas.

A: errada, o atalho para criar uma nova mensagem é Ctrl + N; **B:** errada, o atalho para abrir o catálogo de endereços é Ctrl + Shift + B; **C:** errada, o atalho para a criação de novos compromissos é Ctrl + Shift + A; **D:** errada, o atalho para responder a uma mensagem é Ctrl + R; **E:** correta, o atalho F5 inicia a verificação de novas mensagens eletrônicas.

Gabarito "E".

(Analista – MPOG – 2009 – FUNRIO) O serviço da *Internet* responsável por "traduzir" um nome (por exemplo www.funrio.org.br) em um número IP é:

(A) DHCP.

(B) FTP.

(C) SSL.

(D) URL.

(E) DNS.

A: errada, DHCP é um serviço responsável pela atribuição de endereços IP de forma automática em uma rede; **B:** errada, o FTP é um protocolo de transferência de arquivos em rede; **C:** errada, o SSL é um protocolo de encriptação de dados para transmissão em rede; **D:** errada, a URL é o endereço de locais na *internet*; **E:** correta, o DNS é o protocolo responsável pela tradução das URLs em seus endereços de IP correspondentes.

Gabarito "E".

(Analista – PREVIC – 2011 – CESPE) Julgue os itens subsecutivos, referentes a conceitos de *Internet* e *intranet*.

(1) Apesar de o HTTP (*Hypertext Transfer Protocol*) ser normalmente utilizado para acessar páginas *web*, em alguns casos ele também é usado na transferência de mensagens de correio eletrônico do computador do usuário final para o servidor de correio eletrônico.

(2) Por meio do uso de certificados digitais, é possível garantir a integridade dos dados que transitam pela *Internet*, pois esses certificados são uma forma confiável de se conhecer a origem dos dados.

(3) Para que as aplicações disponibilizadas na *intranet* de uma empresa possam ser acessadas por usuários via *Internet*, é suficiente incluir tais usuários no grupo de usuários com acesso autorizado à intranet.

1: correta, por meio de sistemas de *Webmail* a mensagem pode ser enviada do computador do usuário até o servidor de *e-mail* por meio do protocolo HTTP; **2:** errada, quem pode garantir a origem de um documento é a assinatura digital por meio de chave privada; **3:** errada, para que *Intranets* sejam acessadas por meio da *Internet* é necessário o uso de uma rede virtual privada (VPN).

Gabarito 1C, 2E, 3E.

(Analista – TRF/1ª – 2011 – FCC) Dados distribuídos na internet, frequentemente no formato RSS, em formas de comunicação com conteúdo constantemente atualizado, como sites de notícias ou blogs. Trata-se de

(A) hiperlinks.

(B) ripertextos.

(C) web Feed.

(D) web designer.

(E) canal aberto.

A: Errada, *hiperlinks* são ligações entre documentos web que permitem a navegação entre páginas. **B:** Errada, ripertexto não é uma nomenclatura utilizada na internet. **C:** Correta, os *web Feeds* fornecem informação em forma de RSS para as pessoas que os assinam. **D:** Errada, *web designer* é uma pessoa que cria designs e layouts para *websites*. **E:** Errada, canal aberto não é um termo que designa uma função relacionada a *internet*.

Gabarito "C".

(Analista – TRF/1ª – 2011 – FCC) Linkedin é

(A) uma rede de negócios principalmente utilizada por profissionais.

(B) um aplicativo de correio eletrônico pago.

(C) uma forma de configurar perfis no correio eletrônico do Google.

(D) um aplicativo antivírus de amplo uso na web.

(E) uma forma de conexão entre o computador pessoal e o provedor internet.

A: Correta, o *LinkedIn* é uma rede social voltada para contatos de negócios. **B:** Errada, o *LinkedIn* é uma rede social e não um aplicativo de correio eletrônico. **C:** Errada, o *LinkedIn* é um serviço web que não está relacionado ao Google. **D:** Errada, o *LinkedIn* é uma rede social e não um *software* antivírus. **E:** Errada, o *LinkedIn* é um serviço web e não uma forma de conexão física.

Gabarito "A".

(Analista – TSE – 2006 – CESPE) A respeito da Internet e de conceitos a ela relacionados, assinale a opção correta.

(A) A linguagem html é útil na elaboração de páginas da Web que contenham figuras. Entretanto, essa linguagem não permite a elaboração de páginas que contenham apenas texto e *hyperlinks*.

(B) O TCP/IP é usado em redes do tipo Ethernet, mas não tem função relevante na comunicação realizada por meio da www.

(C) Uma característica da www é a absoluta segurança e privacidade. Como todas as informações que circulam na Web são fortemente criptografadas, não existe o risco de interceptação ou uso indevido de informações transmitidas por computadores a ela conectados.

(D) As funcionalidades do FTP podem ser úteis na transferência de arquivos entre dois computadores conectados à Internet.

A: errada, a linguagem HTML é uma linguagem que permite a utilização de texto e hyperlinks. **B:** errada, o protocolo TCP/IP é a base da comunicação de redes, sendo indispensável para qualquer tipo de comunicação em rede. **C:** errada, nem todas as informações que circulam pela *Web* são criptografadas; se não forem utilizados canais seguros de comunicação, pode haver interceptação de informação. **D:** correta, o protocolo FTP trata essencialmente da transmissão de arquivos em uma rede de computadores.

Gabarito "D".

(Analista – TSE – 2006 – CESPE) Com relação a programas usados em aplicações associadas à Internet, assinale a opção correta.

(A) O Outlook Express permite, entre outras coisas, enviar e receber mensagens de *e-mail* e ingressar em grupos de notícias.

(B) O Messenger é um programa cuja principal função é a criação de páginas da Web usando linguagem Java.

(C) Para acessar mensagens de *e-mail* por meio de sítios do tipo *webmail*, é essencial que esteja instalado no computador o programa Eudora.

(D) *Cookie* é a denominação comumente usada para os chamados programas antivírus.

A: correta, o *Outlook Express* é um aplicativo que permite o envio e recebimento de emails e a participação em grupos de notícias. **B:** errada, o *Messenger* é um aplicativo que permite a comunicação instantânea via web. **C:** errada, o acesso a mensagens de *e-mail* por meio de *sites* do tipo *webmail* é feito independentemente da existência do programa Eudora é um computador. **D:** errada, os *Cookies* são arquivos temporários criados por páginas da *web* para armazenar informações sobre o usuário.

Gabarito "A".

(Analista – TSE – 2006 – CESPE) A figura acima mostra uma janela do Internet Explorer 6, com uma página da Web em exibição. Com relação a essa janela, assinale a opção correta.

(A) A página *web* em exibição é um *website* cuja principal aplicação é permitir o envio de mensagens de correio eletrônico.

(B) Considerando que a palavra Imagens seja um *hyperlink*, então, ao se clicar essa palavra, será aberto o aplicativo Paint, do Windows XP, que permite a elaboração de desenhos e a edição de imagens.

(C) Ao se clicar o botão , é aberta uma janela cuja principal função é permitir a configuração das opções de segurança do Internet Explorer 6.

(D) Ao se clicar o menu Ferramentas, será exibida uma lista de opções, incluindo uma denominada Opções da Internet, que permite configurar diversos parâmetros que controlam o funcionamento do Internet Explorer 6.

A: errada, a página da *web* exibida é um buscador eletrônico, que permite a realização de pesquisas de sites na *internet*. **B:** errada, sendo um *hyperlink*, ao se clicar em Imagens o usuário é direcionado a uma nova página da *web* e não ao aplicativo *Paint*. **C:** errada, ao se clicar o botão será aberto o aplicativo *Windows Messenger*, que permite a comunicação instantânea via web. **D:** correta, o menu Ferramentas possui uma lista com várias opções entre elas, a chamada Opções da Internet que pode controlar o funcionamento do IE6.

Gabarito "D".

(Analista – TRE/CE – 2012 – FCC) Sobre o Filtro *SmartScreen* do Internet *Explorer 9*, analise:

I. Enquanto você navega pela Web, ele analisa as páginas da Web e determina se elas têm alguma característica que possa ser considerada suspeita. Se encontrar páginas da Web suspeitas, o *SmartScreen* exibirá uma mensagem dando a você a oportunidade de enviar um comentário e sugerindo que você proceda com cautela.

II. Verifica os *sites* visitados e os compara com uma lista dinâmica de *sites* de *phishing* e *sites* de *softwares* mal-intencionados relatados. Se encontrar uma correspondência, o Filtro *SmartScreen* exibirá um aviso notificando-o que o site foi bloqueado para a sua segurança.

III. Verifica os arquivos baixados da Web e os compara com uma lista de sites de *softwares* mal-intencionados relatados e programas conhecidos como inseguros. Se encontrar uma correspondência, o Filtro *SmartScreen* o avisará que o *download* foi bloqueado para a sua segurança.

IV. É um recurso no *Internet Explorer* que ajuda a detectar *sites* de *phishing*. Pode ajudar também a protegê-lo contra o download ou a instalação de *malware* (software mal-intencionado).

Está correto o que se afirma em

(A) I, II, III e IV.

(B) I e II, apenas.

(C) I, II e III, apenas.

(D) III e IV, apenas.

(E) IV, apenas.

Todas as afirmativas sobre o *SmartScreen* estão corretas, portanto apenas a alternativa A está correta.
Gabarito "A".

(Analista – TRE/PR – 2012 – FCC) Devido ao modo de armazenamento do histórico de acesso em navegadores, é possível para diferentes usuários acessando um mesmo computador visualizar e até utilizar informações de outro usuário deste histórico ou arquivos armazenados pelos navegadores (*Cookies*). No *Internet Explorer 9* é possível navegar de forma privada onde não será mantido o histórico de navegação por uso do modo *InPrivate*. Uma das maneiras de iniciar a navegação nesse modo é clicar no botão

(A) Arquivo, clicar na opção Segurança e clicar em *InPrivate*.

(B) Segurança e clicar em Modo de Compatibilidade.

(C) Arquivo e clicar em *InPrivate*.

(D) Modo de Compatibilidade e clicar em Navegação *InPrivate*.

(E) Nova Guia e, no corpo da página, clicar em Navegação *InPrivate*.

Para iniciar a navegação *InPrivate* no IE9 basta abrir uma nova guia, a opção de Navegação InPrivate estará no corpo da página, portanto apenas a alternativa E está correta.
Gabarito "E".

(Analista – TRT/2ª – 2008 – FCC) A função *Live Bookmarks* do Mozilla Firefox 2 permite receber

(A) atualizações automáticas do navegador.

(B) extensões de segurança.

(C) extensões de personalização.

(D) *feeds* de RSS no navegador.

(E) suporte multi-plataforma.

A: errado, o *Live Bookmarks* permite receber atualizações automáticas de *sites* e não do navegador. **B:** errada, o *Live Bookmarks* não tem qualquer efeito sobre as extensões de segurança. **C:** errada, o *Live Bookmarks* não tem qualquer efeito sobre as extensões de personalização. **D:** correta, o *Live Bookmarks* permite receber atualizações automáticas de *sites* como *feeds* de RSS. **E:** errada, o *Live Bookmarks* não tem qualquer efeito sobre o suporte multi-plataforma do navegador.
Gabarito "D".

(Analista – TRT/11ª – 2012 – FCC) Em relação a tecnologia e aplicativos associados à internet, é correto afirmar.

(A) Navegação por abas, *find as you type* (mecanismo de busca interna na página) e motor de busca são recursos existentes tanto no *Mozilla Firefox* quanto no *Internet Explorer 8*.

(B) A opção de bloqueio a *pop-ups*, um recurso presente no *Mozilla Firefox*, inexiste no *Internet Explorer 8*.

(C) No ambiente *Web*, o uso de teclado virtual em aplicativos tem como objetivo facilitar a inserção dos dados das senhas apenas com o uso do *mouse*.

(D) Em ambiente *Wi-Fi*, os elementos de rede que fazem a comunicação entre os computadores dos usuários utilizam fibras óticas, conectadas a um *hub*.

(E) No *Thunderbird 2*, o acionamento do botão Encaminhar exibirá uma janela de opções, entre as quais a Lixeira de mensagens.

A: Correta, ambos os navegadores possuem navegação por abas e função de pesquisa na página conforme o usuário digita o texto. **B:** Errada, o IE8 possui função de bloqueio de pop-up. **C:** Errada, a função é aumentar a segurança para evitar ataques de keyloggers, pragas que gravam tudo que o usuário digita. **D:** Errada, em ambientes Wifi não são utilizados cabos. **E:** Errada, a função Encaminhar encaminha uma mensagem para outro destinatário, e não para outra pasta ou para a lixeira.
Gabarito "A".

(Analista – TRT/14ª – 2011 – FCC) No Mozilla Thunderbird 2.0,

(A) uma conexão segura pode ser configurável por meio do protocolo SMTP.

(B) o campo Cco é utilizado para criptografar a mensagem a ser enviada.

(C) a agenda permite configurar vários tipos de alarmes de compromissos.

(D) contas de usuários de *webmail* podem ser acessadas pelo *Thunderbird* simplesmente fornecendo o nome de usuário e senha.

(E) tentativas de golpe, no qual a mensagem recebida é usada para convencer o usuário a fornecer dados pessoais, são alertadas pela ferramenta *anti-spam*.

A: Errada, o protocolo SMTP apenas lida com o envio de mensagens de correio eletrônico. **B:** Errada, o campo Cco é utilizado para enviar cópias ocultas da mensagem. **C:** Errada, o Thunderbird não possui uma agenda integrada. **D:** Correta, o Thunderbird é um cliente de e-mail que permite a visualização das mensagens contidas em um webmail. **E:** Errada, o objetivo do anti-spam é barrar as mensagens indesejadas, nem toda tentativa de phishing é identificada pelo anti-spam, esta função é exercida pelo anti-phishing.
Gabarito "D".

(Analista – TRT/14ª – 2011 – FCC) Na Internet,

(A) uma forma de se fazer uma pesquisa com maior objetividade e se obter respostas mais próximas do tema pesquisado em *sites* de busca é fazer uma pergunta direta, encerrada com ponto de interrogação.

(B) o *download* é uma transferência de arquivos de algum ponto da Internet para o computador do usuário, por meio do servidor SMTP.

(C) *Cookies* são grupos de dados gravados no servidor de páginas, acerca de costumes de navegação do usuário para facilitar seu próximo acesso ao *site*.

(D) um serviço de banda larga ADSL pode disponibilizar velocidade superior a 10 MB, quando conectado à porta serial.

(E) um serviço hospedado em um servidor pode ser acessado pela URL ou pelo seu endereço IP.

A: Errada, pesquisas desta forma retornam resultados que contenham aquelas palavras não necessariamente na mesma ordem, o correto é utilizar a frase de busca entre aspas. **B:** Errada, o protocolo SMTP trata apenas o envio de mensagens de correio eletrônico, a troca de arquivos é feita pelo protocolo FTP. **C:** Errada, os cookies são gravados no computador do usuário e não em um servidor web. **D:** Errada, serviços ADSL utilizam da porta Ethernet e não serial para conexões de rede. **E:** Correta, serviços em servidores na Web são acessados pela URL de conexão ou pelo endereço IP do servidor onde está hospedado.

Gabarito "E".

(Analista – TRT/20ª – 2011 – FCC) É um exemplo de URL (*Uniform Resource Locator*) INCORRETO:

(A) smtp://www.map.com.br/força/brasil.html
(B) https://www.uni.br/asia/china.php
(C) http://dev.doc.com/downloads/manuais/doc.html
(D) ftp://ftp.foo.com/home/foo/homepage.html
(E) file://localhost/dir2/file.html

A: Correta, uma URL não começa com o protocolo SMTP, pois este trata o envio de mensagens de correio eletrônico. **B:** Errada, este formate de URL é válido. **C:** Errada, este exemplo de URL é válido. **D:** Errada, este formate de URL é válido, o protocolo ftp trata a troca de arquivos entre computadores em uma rede. **E:** Errada, o exemplo de URL é valido.

Gabarito "A".

(Analista – TRT/10ª – 2004 – CESPE) Considerando as informações contidas no texto da página *web* ilustrada na janela do Internet Explorer 6 abaixo, julgue o item que se segue.

(1) O texto, ao sugerir que se utilize "vacina antivírus" para eliminar "*trojan*" contraído em decorrência da execução de "SPAM fraudulento" a partir de arquivo anexado a mensagem de correio eletrônico, comete dois erros técnicos: não é possível a infecção por *trojan* a partir de *SPAM*; vacina antivírus não é capaz de eliminar *trojan*.

1: errada, a infecção de um trojan pode sim ter início por meio de um SPAM, no qual o usuário é induzido a acessar um *site* ou fazer *download* de um certo arquivo.

Gabarito 1E.

(Analista – TRT/21ª – 2010 – CESPE) Julgue os itens a seguir, relativos a conceitos e modos de utilização da Internet e de intranets, assim como a conceitos básicos de tecnologia e segurança da informação.

(1) Considere a estrutura do seguinte URL hipotético: www.empresahipotetica.com.br. Nessa estrutura, os caracteres br indicam que o endereço é de uma página de uma organização brasileira e os caracteres com indicam que o sítio web é de uma empresa especializada no comércio e(ou) na fabricação de computadores.

(2) O protocolo SMTP permite que sejam enviadas mensagens de correio eletrônico entre usuários. Para o recebimento de arquivos, podem ser utilizados tanto o protocolo Pop3 quanto o IMAP.

(3) Se um usuário enviar um email para outro usuário e usar o campo cc: para enviar cópias da mensagem para dois outros destinatários, então nenhum destinatário que receber a cópia da mensagem saberá quais outros destinatários também receberam cópias.

(4) No sítio web google.com.br, se for realizada busca por "memórias póstumas" — com aspas delimitando a expressão memórias póstumas —, o Google irá realizar busca por páginas da Web que contenham a palavra memórias ou a palavra póstumas, mas não necessariamente a expressão exata memórias póstumas. Mas se a expressão memórias póstumas não foi delimitada por aspas, então o Google irá buscar apenas as páginas que contenham exatamente a expressão memórias póstumas.

1: Errada, por meio dos caracteres com não é possível especificar o ramo de atuação da empresa detentora do domínio; **2:** Correta, o protocolo SMTP realiza o envio de mensagens de correio eletrônico, enquanto os protocolos POP3 e IMAP fazem o recebimento destas mensagens; **3:** Errada, para que nenhum destinatário tenha conhecimento do envio de cópias deve-se utilizar o campo Bcc; **4:** Errada, a realização de uma busca no sítio web google.com.br com a utilização de aspas faz com que o resultado contenha a expressão na forma como foi digitada, neste caso ela deve conter as palavras memórias póstumas, escritas desta forma e nesta mesma ordem.

Gabarito 1E, 2C, 3E, 4E.

(Analista – TRE/AC – 2010 – FCC) A prevenção contra sites que agem monitorando a navegação de usuários na *Internet* é realizada no *Internet Explorer 8* por meio do recurso

(A) *Data Execution Prevention*.
(B) *Automatic Crash Recovery*.
(C) *Cross Site Scripting*.
(D) Filtro do *SmartScreen*.
(E) Filtragem *InPrivate*.

A: Errada, o DEP é um recurso do *Windows* e não do *Internet Explorer*. **B:** Errada, o *Automatic Crash Recovery* ajuda a prevenir que o usuário perca uma página que esteja aberta caso o programa trave. **C:** Errada, *Cross Site Scripting* é um tipo de vulnerabilidade do sistema de segurança de um computador, encontrado normalmente em aplicações web. **D:** Errada, o Filtro do *SmartScreen* é um recurso no Internet Explorer que ajuda a detectar *sites* de *phishing*. **E:** Correta, a Filtragem *InPrivate* previne que *sites* monitorem a navegação do usuário.
Gabarito "E".

(Analista – TRE/AC – 2010 – FCC) NÃO se trata de um componente da área de trabalho padrão do *Mozilla Firefox*:

(A) Abas de Navegação.

(B) Barra de Navegação.

(C) Barra de Status.

(D) Barra de Menus.

(E) Barra de Tarefas.

A: Errada, as Abas de Navegação não só estão presentes como são um dos principais elementos do navegador. **B:** Errada, a Barra de Navegação está presente na área de trabalho-padrão do navegador. **C:** Errada, a Barra de Status também está, por padrão, presente na área de trabalho do Firefox. **D:** Errada, a Barra de Menus é outro componente presente por padrão na área de trabalho do *Mozilla Firefox*. **E:** Correta, apenas a Barra de Tarefas não é um componente-padrão presente na área de trabalho do navegador.
Gabarito "E".

(Analista – TRE/AP – 2011 – FCC) No *Internet Explorer 8* o internauta pode navegar por:

(A) guias, janelas, guias duplicadas e sessões.

(B) janelas, guias e guias duplicadas, somente.

(C) janelas e sessões, somente.

(D) janelas e janelas duplicadas, somente.

(E) guias, guias duplicadas e sessões, somente.

A: Correta, podem ser usadas janelas, guias e guias duplicadas ou sessões durante a navegação no IE8, todos acessíveis por meio do menu Arquivo. **B:** Errada, o IE8 também permite o uso de sessões. **C:** Errada, não há a opção de janelas duplicadas mas sim guias duplicadas, também é possível utilizar guias e sessões. **D:** Errada, também podem ser usadas sessões e guias. **E:** Errada, também podem ser usadas janelas.
Gabarito "A".

(Analista – TRE/RS – 2010 – FCC) A *web* permite que cada documento na rede tenha um endereço único, indicando os nomes do arquivo, diretório e servidor, bem como o método pelo qual ele deve ser requisitado. Esse endereço é chamado de

(A) DNS.

(B) FTP.

(C) TCP/IP.

(D) URL.

(E) IMAP.

A: Errada, o DNS designa um servidor de nomes, responsável por transformar endereços web em endereços IP. **B:** Errada, o FTP é um protocolo de troca de arquivos. **C:** Errada, o TCP/IP é um conjunto de regras e protocolos no qual se baseiam as conexões de rede. **D:** Correta, o URL é um endereço amigável que identifica um endereço na rede, nele é possível definir o tipo de acesso que está sendo ao servidor requisitado por meio do protocolo utilizado. **E:** Errada, o IMAP é um protocolo de recebimento de correio eletrônico.
Gabarito "D".

(Analista – TRE/RS – 2010 – FCC) O computador de um provedor de acesso à Internet (ISP), encarregado de enviar as mensagens aos provedores de destino é um servidor

(A) PROXY.

(B) WEBMAIL.

(C) DNS.

(D) SMTP.

(E) POP3.

A: Errada, *proxy* é um servidor que atende a requisições repassando os dados do cliente à frente. **B:** Errada, *Webmail* é uma forma de acessar um endereço de e-mail sem a necessidade de um software gerenciador de e-mails. **C:** Errada, o DNS é um protocolo responsável pela tradução de um endereço web em seu endereço IP correspondente. **D:** Correta, o SMTP é o protocolo responsável pelo envio de mensagens eletrônicas. **E:** Errada, o POP3 é um protocolo responsável pelo recebimento de mensagens eletrônicas.
Gabarito "D".

(Analista – TRE/TO – 2011 – FCC) A operação de transferência de um arquivo gravado no computador pessoal para um computador servidor de um provedor da Internet é conhecida por

(A) *Extraction*.

(B) *Copy*.

(C) *Download*.

(D) *Upload*.

(E) *Move*.

A: Errada, *Extraction* é a ação feita em um arquivo comprimido, onde os dados são extraídos no mesmo para a unidade de armazenamento local. **B:** Errada, *Copy* é a ação de cópia de um arquivo dentro da própria máquina. **C:** Errada, *Download* é a ação de transferência de um arquivo de um servidor ou máquina na rede para o computador local. **D:** Correta, o *Upload* é a ação de envio de um arquivo de um computador local para outro na rede. **E:** Errada, *Move* é a ação de mover um arquivo de um local para outro dentro do mesmo computador.
Gabarito "D".

(Analista – TRE/TO – 2011 – FCC) No Internet *Explorer,* o bloqueio ou desbloqueio de *Pop-ups* pode ser realizado por intermédio do menu

(A) Arquivo.

(B) Editar.

(C) Exibir.

(D) Ferramentas.

(E) Opções.

A: Errada, o menu Arquivo concentra a opções de gerenciamento da janela, abertura de novas abas e impressão. **B:** Errada, o menu Editar concentra opções de manipulação como Copiar e Colar. **C:** Errada, o menu Exibir concentra opções de exibição do documento atual, como zoom e tamanho da fonte. **D:** Correta, as opções de bloqueio e desbloqueio de Pop-ups se encontram no menu Ferramentas. **E:** Errada, não há o menu Opções no IE.
Gabarito "D".

(Analista – TRE/TO – 2011 – FCC) Os dispositivos que têm como principal função controlar o tráfego na Internet são denominados

(A) switches.

(B) comutadores.

(C) roteadores.

(D) firewalls.

(E) web servers.

A: Errada, os *switches* tem como função segmentar redes e direcionar o tráfego de pacotes. **B:** Errada, os comutadores são sinônimos de *switches*, que apenas segmentam a rede e reencaminham pacotes. **C:** Correta, os roteadores fazem o gerenciamento da rede, controlando todo o trafego que por ele passa. **D:** Errada, os *firewall* são apenas barreiras de proteção para um rede, limitando o acesso a certas portas ou serviços. **E:** Errada, os *web* servers são servidores *web* que fornecem algum serviço.
Gabarito "C".

(Analista – TRE/MT – 2010 – CESPE) Considerando os conceitos básicos de tecnologias e ferramentas associadas à Internet e intranet, assinale a opção correta.

(A) Para se acessar a Internet ou uma intranet, é suficiente que o usuário tenha o Internet Explorer instalado em seu computador.

(B) A tecnologia 3G disponibiliza serviços de telefonia e transmissão de dados a longas distâncias, em um ambiente móvel, incluindo o acesso a Internet.

(C) O Outlook Express possui mais funcionalidades do que o Microsoft Outlook, como, por exemplo, Agenda e Contatos.

(D) A intranet disponibiliza serviços semelhantes aos da Internet dentro de uma rede local, mas não permite que esses serviços sejam acessados de outros locais.

(E) ADSL é um serviço implementado pelo Internet Explorer que permite aumentar a velocidade de acesso a Internet.

A: Errada, é necessária também uma conexão de rede com a *Internet* ou com a *intranet* desejada. **B:** Correta, a conexão 3G permite que a transmissão de dados e telefonia seja feitos com maior velocidade. **C:** Errada, o *Outlook Express* é uma versão com menos funcionalidades que o *Microsoft Outlook*. **D:** Errada, uma intranet pode ser acessada de outros locais por meio de uma VPN por exemplo. **E:** Errada, ADSL é um tipo de conexão de banda larga que utiliza a linha telefônica como meio de transmissão.
Gabarito "B".

(Analista – TRE/AC – 2010 – FCC) Novos "temas" podem ser instalados na área de trabalho do *Thunderbird* a partir da ferramenta

(A) Edição.

(B) Propriedades.

(C) Complementos.

(D) Extensões.

(E) Aparência.

A: Errada, não há tal ferramenta no *Thunderbird*. **B:** Errada, não há item no menu Ferramentas no *Thunderbird*. **C:** Correta, a partir da opção Complementos no menu Ferramentas pode-se adicionar novos temas ao programa. **D:** Errada, a função de adicionar extensões não altera a configuração de temas do programa. **E:** Errada, a opção Aparência permite apenas a alteração do esquema de cores e fontes e não de temas no programa.
Gabarito "C".

(Analista – TRE/AP – 2011 – FCC) Para se criar uma nova mensagem no Thunderbird 2, basta clicar no ícone da barra de ferramentas NovaMSG, ou clicar no menu

(A) Editar ¨ Nova mensagem.

(B) Arquivo ¨ Novo ¨Mensagem.

(C) Mensagem ¨ Editar como nova.

(D) Exibir ¨ Opções de nova mensagem.

(E) Ferramentas ¨ Editar ¨ Mensagem.

A: Errada, o menu correto onde se encontra a função de criar nova mensagem é o menu Arquivo. **B:** Correta, por meio da opção Mensagem no item Novo do menu Arquivo é possível criar uma nova mensagem de correio eletrônico. **C:** Errada, , o menu correto onde se encontra a função de criar nova mensagem é o menu Arquivo. **D:** Errada, o correto é a opção Mensagem no item Novo do menu Arquivo. **E:** Errada, o menu correto onde se encontra a função de criar nova mensagem é o menu Arquivo.
Gabarito "B".

(Analista – TRE/TO – 2011 – FCC) *Webmail* é um serviço de mensagens eletrônicas na Internet que permite a leitura ou envio de mensagens. Para acessá-lo é necessário instalar no computador

(A) um programa cliente de correio eletrônico.

(B) um programa cliente de correio eletrônico e um navegador.

(C) um servidor de correio IMAP.

(D) um navegador, apenas.

(E) um servidor de correio POP3.

A: Errada, o *webmail* não necessita de nenhum *softwares* específico além do navegador. **B:** Errada, o *webmail* não necessita de nenhum *softwares* específico além do navegador. **C:** Errada, os servidores de correio ficam localizados no provedor de e-mails do usuário. **D:** Correta, para utilizar um webmail basta possuir acesso a um navegador *web*. **E:** Errada, os servidores de correio ficam localizados no provedor de e-mails do usuário.
Gabarito "D".

(Analista – TRE/SP – 2012 – FCC) Sobre *webmail* é INCORRETO afirmar:

(A) É a forma de acessar o correio eletrônico através da *Web*, usando para tal um navegador (*browser*) e um computador conectado à Internet.

(B) Exige validação de acesso, portanto requer nome de usuário e senha.

(C) Via de regra, uma de suas limitações é o espaço em disco reservado para a caixa de correio, que é gerenciado pelo provedor de acesso.

(D) HTTP (Hypertext Transfer Protocol) é o protocolo normalmente utilizado no *webmail*.

(E) É a forma de acessar o correio eletrônico através da *Web*, desde que haja um *software* cliente de *e-mail* instalado no computador.

A: Errada, a afirmativa está correta. **B:** Errada, a afirmativa está correta. **C:** Errada, a afirmativa está correta. **D:** Errada, a afirmativa está correta. **E:** Correta, a afirmativa está errada, não é necessário nenhum tipo de *software* além do navegador para utilizar um *webmail*.
Gabarito "E".

(Analista – TRE/TO – 2011 – FCC) Na Internet, ela é uma rede social que permite comunicar com um grupo de amigos predefinido, aceitando os amigos e restringindo o acesso de estranhos aos seus dados:

(A) Correio Eletrônico.

(B) *Twitter*.

(C) Blog.

(D) *Facebook*.

(E) Weblog.

A: Errada, o correio eletrônico não é uma rede social, apenas um método de comunicação na rede. B: Errada, o *Twitter* é um *microblog* de compartilhamento de informações, não sendo possível restringir o acesso aos seus dados. C: Errada, os *blogs* não são redes sócias, apenas funcionam como um diário virtual. D: Correta, o *Facebook* é uma rede social onde pode se definir grupos de amigos, aceitando seus pedidos de amizade e restringindo o acesso aos dados conforme as configurações de privacidade. E: Errada, o *Weblog* é um sinônimo de blog, que não são redes sociais.

Gabarito "D".

(Analista – TRE/MA – 2009 – CESPE) Com relação às ferramentas de busca na Internet, assinale a opção correta.

(A) O Mozzila é uma ferramenta de busca avançada na Internet que oferece acesso a páginas que não são apresentadas pelo Google.
(B) Na opção de páginas em português do Google, o usuário poderá ter acesso apenas a conteúdos disponíveis no domínio .pt, de Portugal.
(C) O Google é uma ferramenta de busca para acesso a páginas indexadas pelo sítio Wikipedia em qualquer idioma.
(D) As ferramentas de busca disponíveis na Internet evoluíram para permitir o acesso aos arquivos armazenados em máquinas pessoais de todos os usuários que estejam, no momento da busca, conectados à rede.
(E) As opções avançadas de busca do Google permitem a combinação de diversas palavras para formar um nome, seja com todas as palavras informadas no campo de busca, seja com qualquer uma das palavras ou até sem uma palavra específica que se deseja utilizar para filtrar a pesquisa.

A: errada, o *Mozzila* é um navegador, e não uma ferramenta de busca. B: errada, na opção de páginas em português do *Google*, o usuário terá como resposta da busca *websites* em português. C: errada, o *Google* não se limita a pesquisa de páginas do sítio *Wikipedia*. D: errada, não é possível acessar arquivos armazenados em qualquer computador pessoal da internet. E: correta, as opções avançadas de busca do *Google* permitem refinar a busca para qualquer uma das palavras, todas as palavras ou até sem uma certa palavra informada pelo usuário.

Gabarito "E".

(Técnico – INSS – 2016 – CESPE) Com relação a informática, julgue os itens que se seguem.

(1) A infecção de um computador por vírus enviado via correio eletrônico pode se dar quando se abre arquivo infectado que porventura esteja anexado à mensagem eletrônica recebida.
(2) Na Internet, os endereços IP (Internet Protocol) constituem recursos que podem ser utilizados para identificação de microcomputadores que acessam a rede.
(3) Em um texto ou imagem contido em eslaide que esteja em edição no programa Libre Office Impress, é possível, por meio da opção Hyperlink, criar um link que permita o acesso a uma página web.
(4) Para se editar o cabeçalho de um documento no Writer, deve-se clicar o topo da página para abrir o espaço para edição. Por limitações técnicas desse editor de textos, não é possível colar textos ou imagens nesse espaço.
(5) A ferramenta OneDrive do Windows 10 é destinada à navegação em páginas web por meio de um browser interativo.

1: Correta, ao receber um arquivo infectado anexo a uma mensagem eletrônica ela só infectará o computador caso seja executada pelo usuário, por isso é recomendado que a seja desativada a função de auto execução de anexos em seu software gestor de mensagens eletrônicas. **2:** Correta, o endereço IP é usado para identificar um computador ou outro dispositivo em uma rede, seja ela interna, na Internet ou na Intranet. **3:** Correta, tanto nos softwares de edição de slides quanto nos programados editores de texto ou planilha eletrônica do pacote LibreOffice ou Microsoft Office é possível a inserção de links que apontem para páginas web. **4:** Errada, na edição de cabeçalhos é possível a utilização de imagens e textos, tanto no Writer como no MS Word. **5:** Errada, a ferramenta OneDrive é um serviço de armazenamento em nuvem da Microsoft, podendo ser usada para salvar os dados do usuário e sincronizá-los entre diferentes dispositivos.

Gabarito: 1C, 2C, 3C, 4E, 5E

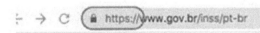

 Ministério do Trabalho e Previdência   Órgãos do Governo

≡ Instituto Nacional do Seguro Social - INSS

Para melhorar a sua experiência na plataforma e prover serviços personalizados, utilizamos *cookies*. Ao aceitar, você terá acesso a todas as funcionalidades do *site*. Se clicar em "Rejeitar *Cookies*", os *cookies* que não forem estritamente necessários serão desativados. Para escolher quais quer autorizar, clique em "Gerenciar *cookies*". Saiba mais em nossa Declaração de *Cookies*.

(Técnico – INSS – 2022 – CEBRASPE) Tendo como base a figura anterior, julgue os seguintes itens.

(1) Os *cookies*, mencionados no texto da figura apresentada, podem salvar configurações dos usuários em um arquivo armazenado nos computadores desses usuários.

(2) De acordo com o trecho destacado na barra de endereço mostrada na figura em apreço (cadeado seguido do trecho https://), é correto afirmar que a página em questão é parte da intranet do INSS, acessível somente por meio de senha, conforme indica o símbolo do cadeado à esquerda do endereço.

1: Correta, cookies são pequenos arquivos de texto que os sites armazenam no seu computador e podem conter informações específicas do site, como preferências de idioma, dados de autenticação ou informações de rastreamento para fins de publicidade. **2:** Errada, a presença do cadeado mencionado e do trecho https:// indicam que a navegação está ocorrendo de forma segura, utilizando protocolos de criptografia para garantir a confidencialidade da troca de informações entre o navegador e o servidor onde o site está hospedado.
Gabarito 1C, 2E

(Técnico – INSS/Guarulhos – 2022 – CEBRASPE) A próxima imagem representa uma mensagem de e-mail gerenciada por meio do Microsoft Outlook 365, no idioma Português (Brasil). A mensagem se encontra na Caixa de Entrada e seu remetente foi omitido.

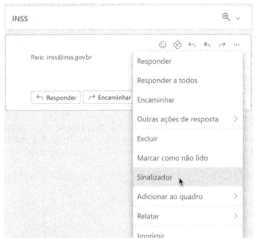

A partir das informações e da imagem anteriores, julgue o item que se segue.

(1) Se o usuário tiver clicado primeiramente no ícone ... e, em seguida, em Sinalizador, a mensagem será enviada para a pasta Lixo Eletrônico, o remetente será bloqueado e quaisquer mensagens futuras desse remetente serão enviadas automaticamente para o Lixo Eletrônico.

1: Errada, a função Sinalizador é usada para criar uma marcação na mensagem para auxiliar na priorização e organização da caixa do usuário, criando um lembrete visual e marcando-a como importante ou para acompanhamento para que seja mais fácil retornar a ela posteriormente. Esta função não tira a mensagem de sua caixa atual e não gera nenhum impacto para as configurações relacionadas ao remetente.
Gabarito 1E

7. SEGURANÇA DA INFORMAÇÃO

(Analista Judiciário – TRE/PE – CESPE – 2017) Os mecanismos que contribuem para a segurança da informação em ambientes computacionais incluem

(A) certificado digital, criptografia e cavalo de troia.
(B) *backdoor*, *firewall* e criptografia.
(C) *rootkits*, arquivos de configuração e becape.
(D) *firewall*, *worm* e *proxy*.
(E) VPN, *honeypot* e senha.

A: Errada, os cavalos de troia são ameaças virtuais que abrem uma porta de conexão do computador para um usuário malicioso. **B:** Errada, o backdook é um recurso usado por ameaças virtuais para manterem o acesso a um sistema infectado. **C:** Errada, o rootkit é um software que tem por objetivo camuflar a existência de outro software ou processo de ferramentas de detecção. **D:** Errada, o worm é um tipo de ameaça virtual capaz de se propagar através de redes de computadores sem a necessidade de um software hospedeiro. **E:** Correta, a VPN é rede privada criada sobre uma rede pública, o honeypot é uma ferramenta que simula falhas de segurança na tentativa de obter informações sobre um invasor e a senha é uma forma de restringir o acesso a informações apenas a pessoas autorizadas.
Gabarito "E".

(Analista Judiciário – TJ/MT – UFMT – 2016) A respeito de segurança na Internet, marque V para as afirmativas verdadeiras e F para as falsas.

( ) Por meio do uso da criptografia, pode-se proteger os dados sigilosos armazenados em um computador, como o arquivo de senhas, por exemplo.
( ) Ao utilizar-se os navegadores, é fundamental que se habilite o uso de cookies, os quais ajudam a manter sua privacidade.
( ) Ao enviar uma mensagem, para proteger os dados e informações enviadas, é recomendado utilizar-se criptografia para assegurar-se de que somente o destinatário poderá lê-la.
( ) A assinatura digital permite comprovar a autenticidade e a integridade de uma informação, ou seja, que ela foi realmente gerada por quem diz ter feito isto e que ela não foi alterada.

Assinale a sequência correta.

(A) V, V, F, F
(B) V, F, V, V
(C) F, F, V, F
(D) F, V, F, V

(I) As técnicas de criptografia permitem proteger arquivos e pastas de um usuário escondendo o seu real conteúdo de terceiros; (II) o uso de cookies através de navegadores não tem como função aumentar a segurança da navegação, mas sim armazenar informações da navegação do usuário para usuário futuro pelo site acessado; (III) as técnicas de criptografia também podem ser aplicadas a mensagens de correio eletrônico durante seu envio para garantir a segurança na transmissão da informação; (IV) por fim, a assinatura digital permite garantir que um documento foi criado pela pessoa que alega ser sua autora e também garantir que seu conteúdo não foi modificado sem autorização. Portanto, apenas a segunda afirmativa está incorreta. A forma correta de preencher as lacunas é V, F, V, V, assim, apenas a alternativa B está correta.
Gabarito "B".

5. INFORMÁTICA 109

(Analista Judiciário – TRT/20 – FCC – 2016) Considere as duas situações em que a proteção e a segurança da informação foram violadas:

I. O número do CPF de um trabalhador foi alterado, deixando seu CPF inválido.

II. Um dado sigiloso de uma causa trabalhista foi acessado por uma pessoa não autorizada.

Nas situações I e II ocorreram, respectivamente, violação da

(A) autenticação e da autorização das informações.

(B) confidencialidade e da integridade das informações.

(C) confidencialidade e da disponibilidade das informações.

(D) identificação e da autorização das informações.

(E) integridade e da confidencialidade das informações.

Na situação I, quando uma informação é alterada de forma que perca suas características originais, ela tem sua integridade violada. Na situação II, quando uma informação é acessada por alguém que não deveria ter acesso a ela, é violada a confidencialidade da informação. Portanto, apenas a alternativa E está correta.

Gabarito "E".

(Analista Judiciário – TRE/PI – CESPE – 2016) A remoção de códigos maliciosos de um computador pode ser feita por meio de

(A) *anti-spyware*.

(B) detecção de intrusão.

(C) *anti-spam*.

(D) *anti-phishing*.

(E) filtro de aplicações.

A: Correta, os softwares do tipo anti-spyware têm por objetivo prevenir a infecção e remover softwares maliciosos do tipo spyware, que monitoram as ações do usuário e as enviam para outra pessoa. **B:** Errada, detecção de intrusão não é um nome que classifique uma categoria de software. **C:** Errada, o anti-spam tem como objetivo prevenir o recebimento de mensagens indesejadas em uma caixa de correio eletrônico. **D:** Errada, o anti-phishing tem como objetivo proteger o usuário contra ataques de phishing, onde mensagens são enviadas para o usuário tentando se passar por uma entidade real para obtenção de dados de acesso do usuário. **E:** Errada, filtro de aplicação não é um nome que classifique uma categoria de software usado para remoção ou prevenção de softwares maliciosos.

Gabarito "A".

(Técnico Judiciário – TRT24 – FCC – 2017) Um Técnico de Informática, ao acessar o *site* da organização para a qual trabalha, encontrou-o totalmente desfigurado, com o conteúdo das páginas alterado. Ao buscar razões para este tipo de ataque que viola a segurança das informações, verificou que um atacante, para desfigurar uma página *web*, pode:

– explorar erros da aplicação web;

– explorar vulnerabilidades do servidor de aplicação web;

– explorar vulnerabilidades da linguagem de programação ou dos pacotes utilizados no desenvolvimento da aplicação web;

– invadir o servidor onde a aplicação web está hospedada e alterar diretamente os arquivos que compõem o site;

– furtar senhas de acesso à interface web usada para administração remota.

O Técnico concluiu, corretamente, que este tipo de ataque é conhecido como

(A) inundação UDP.

(B) engenharia social

(C) *wardriving*.

(D) IP *spoofing*.

(E) *Defacement*.

A: Errada, os ataques deste tipo consistem no envio de uma enorme quantidade de requisição de um servidor visando sobrecarregar seus recursos, indisponibilizando-os. **B:** Errada, os ataques de engenharia social são feitos por indivíduos que se aproveitam de pessoas para obter informações as quais normalmente não teriam acesso. **C:** Errada, *wardriving* corresponde à prática de procurar redes sem fio enquanto se dirige um automóvel. **D:** Errada, ataques de IP *spoofing* consistem em mascarar pacotes IP utilizando-se endereços de remetentes falsificados. **E:** Correta, ataques de *defacement* visam modificar páginas da internet e alterar seu conteúdo.

Gabarito "E".

(Técnico Judiciário – TRT11 – FCC – 2017) Considere que um usuário, embora tenha procurado seguir regras de proteção e segurança da informação, teve seu computador infectado por um *malware*. Dentre as razões abaixo, a que pode ter contribuído para este fato é o

(A) programa *antimalware* ter sido atualizado, incluindo o arquivo de assinaturas.

(B) computador ter um *firewall* pessoal instalado e ativo.

(C) programa leitor de *e-mails* ter a autoexecução de arquivos anexados a mensagens habilitadas.

(D) sistema operacional do computador ter como configuração padrão não ocultar a extensão de tipos de arquivos.

(E) computador estar configurado para solicitar senha na tela inicial.

A: Errada, a atualização de um programa *antimalware* é uma medida que auxilia na proteção e prevenção de infecção por este tipo de ameaça. **B:** Errada, ter um firewall instalado no computador ajuda na proteção contra infecção de ameaças, uma vez que este monitora as portas de comunicação mantendo abertas apenas aquelas confiáveis. **C:** Correta, a autoexecução de arquivos anexos é altamente perigosa uma vez que o envio de ameaças eletrônicas via correio eletrônico na forma de anexos é muito comum. **D:** Errada, a não ocultação da extensão de arquivos e programas ajuda a identificar arquivos executáveis que podem estar disfarçados tentando enganar o usuário. **E:** Errada, a solicitação de senha ao iniciar o Windows é uma medida de segurança que não contribui negativamente, de forma alguma, na infecção de vírus ao computador.

Gabarito "C".

(Técnico Judiciário – TRE/PE – CESPE – 2017) Acerca da realização de cópias de segurança ou becape do Windows, assinale a opção correta.

(A) Para que sejam efetivamente recuperados, os dados do becape são armazenados em outra pasta da mesma unidade de armazenamento dos dados originais.

(B) O becape é uma atividade executada exclusivamente por administradores de redes.

(C) Após a realização da cópia de segurança, gera-se um arquivo em formato .bkf, o qual não pode ser alterado para outra extensão.

(D) Na cópia de segurança, são copiados todos os arquivos existentes no computador.

(E) No becape incremental, são copiados apenas os arquivos novos ou os que foram alterados a partir do último becape.

A: Errada, os dados de backup devem ser mantidos fisicamente separados dos dados originais, pois do contrário, em caso de perda total do equipamento que armazena estes arquivos, seja possível a recuperação das informações. **B:** Errada, o backup pode ser feito por qualquer usuário que deseje manter seus dados em segurança. **C:** Errada, não há uma extensão específica para backups de arquivos, podendo variar de acordo com o método e programa usado para a realização do backup. **D:** Errada, em uma cópia de segurança o usuário pode definir quais arquivos devem sofrer o backup. **E:** Correta, no backup incremental são salvos apenas os novos arquivos ou aqueles que foram alterados desde o ultimo backup, seja ele incremental, completo ou diferencial.
Gabarito "E".

(Técnico Judiciário – TRE/PE – CESPE – 2017) O mecanismo de embaralhamento ou codificação utilizado para proteger a confidencialidade de dados transmitidos ou armazenados denomina-se

(A) assinatura digital.
(B) certificação digital.
(C) biometria.
(D) criptografia.
(E) *proxy*.

A: Errada, a assinatura digital é usada para garantir a autenticidade, integridade e não repudio de um elemento. **B:** Errada, a certificação digital é um elemento que se utiliza da técnica mencionada para garantir autenticidade, integridade e não repúdio à comunicação através de um conjunto de chaves de criptografia. **C:** Errada, a biometria é uma técnica usada para garantir o não repúdio e a autenticidade de um documento, uma vez que garante que alguém é quem realmente alega ser. **D:** Correta, as técnicas de criptografia são usadas para embaralhar o conteúdo de uma mensagem ou arquivo de forma que apenas o destinatário correto da mensagem possa visualizar seu conteúdo, garantindo, assim, confidencialidade da comunicação. **E:** Errada, o proxy é um servidor que age como intermediário na comunicação do computador com a rede, podendo filtrar o conteúdo da navegação ou providenciar anonimato na navegação.
Gabarito "D".

(Técnico – TRT/16ª – 2015 – FCC) Considere a seguinte situação hipotética:

A equipe que administra a rede de computadores do Tribunal Regional do Trabalho da 16ª Região utiliza um programa projetado para monitorar as atividades de um sistema e enviar as informações coletadas. Este programa é usado de forma legítima, pois é instalado nos computadores com o objetivo de verificar se outras pessoas estão utilizando os computadores do Tribunal de modo abusivo ou não autorizado.

Mas, recentemente, o Tribunal foi vítima de um programa de monitoramento deste tipo. Neste caso, foi instalado de forma maliciosa e o malware estava projetado para executar ações que podiam comprometer a privacidade dos funcionários e a segurança dos seus computadores, monitorando e capturando informações referentes à navegação dos usuários.

O tipo de malware instalado de forma ilegítima nos computadores do Tribunal é conhecido como

(A) *Webware*.

(B) *Trojan*.
(C) *Spyware*.
(D) *Rootdoor*.
(E) *Worm*.

A: Errada, *Webware* descreve uma nova gama de aplicativos acessados de forma online através do navegador do usuário. **B:** Errada, o *Trojan* é um tipo de *malware* que se disfarça como um *software* legítimo, porém abre uma porta de conexão para o invasor. **C:** Correta, os *Spywares* são *malwares* que monitoram a atividade do usuário, registrando sites acessados, informações digitadas e outros costumes do usuário, enviando essa informação para o cracker. **D:** Errada, *Rootdoor* não é um termo que designa um tipo de *malware*. **E:** Errada, o *Worm* é um *software* que espalha cópias de si mesmo pela rede de forma autônoma, sem a necessidade de um *software* hospedeiro.
Gabarito "C".

(Técnico – TRT/16ª – 2015 – FCC) O recurso de criptografia é amplamente utilizado nos serviços de comunicação da internet para assegurar a confidencialidade da informação transmitida. O acesso às páginas Web que requerem a identificação por usuário e senha, é feito por meio do protocolo HTTPS, que utiliza o esquema de criptografia de chaves

(A) elípticas.
(B) compartilhadas.
(C) híbridas.
(D) ortogonais.
(E) públicas.

O protocolo HTTPS utiliza uma camada de proteção para garantir a segurança das comunicações entre o servidor e o computador que está requisitando a página. Para isso, o servidor deve estar configurado com um certificado de chave pública que é então assinado por uma autoridade de certificação. Este método é conhecido como criptografia assimétrica ou de chave pública. Portanto, apenas a alternativa E está correta.
Gabarito "E".

(Analista – MPOG – 2009 – FUNRIO) Para trafegar informações pela *Internet* de forma segura, garantindo a integridade e sigilo, devemos fazer uso de:

(A) Criptografia.
(B) *Firewall*.
(C) Antivírus.
(D) *Sniffer*.
(E) *Antispyware*.

A: correta, a criptografia é uma técnica utilizada para mascarar o conteúdo das mensagens sendo trafegadas de forma que apenas o destinatário correto da mensagem saberá seu conteúdo, mantendo assim seu sigilo e integridade; **B:** errada, o *Firewall* é uma ferramenta que controla o fluxo de transmissão de dados de um computador na rede; **C:** errada, o antivírus é uma ferramenta que visa proteger o computador contra programas que contenham código malicioso; **D:** errada, o *Sniffer* é uma ferramenta de rede para análise de pacotes de dados transmitidos na rede; **E:** errada, o *antispyware* é um *software* usado no combate a ameaças do tipo *spyware*.
Gabarito "A".

(Analista – TRF/1ª – 2011 – FCC) Dispositivo que tem por objetivo aplicar uma política de segurança a um determinado ponto de controle da rede de computadores de uma

5. INFORMÁTICA

empresa. Sua função consiste em regular o tráfego de dados entre essa rede e a internet e impedir a transmissão e/ou recepção de acessos nocivos ou não autorizados. Trata-se de

(A) antivírus.

(B) *firewall*.

(C) *mailing*.

(D) *spyware*.

(E) *adware*.

A: Errada, o antivírus tem por função remover ou bloquear vírus que tenha sido instalados ou detectados no computador. **B:** Correta, o *firewall* aplica as políticas de segurança de uma rede ou computador, bloqueando portas ou serviços e garantindo a segurança da rede. **C:** Errada, *mailing* é uma forma de envio de mensagens eletrônicas. **D:** Errada, o *spyware* é um tipo de ameaça de computador. **E:** Errada, o adware é um tipo de ameaça de computador.

Gabarito "B".

(Analista – TRE/CE – 2012 – FCC) São ações para manter o computador protegido, EXCETO:

(A) Evitar o uso de versões de sistemas operacionais ultrapassadas, como *Windows 95* ou 98.

(B) Excluir *spams* recebidos e não comprar nada anunciado através desses *spams*.

(C) Não utilizar *firewall*.

(D) Evitar utilizar perfil de administrador, preferindo sempre utilizar um perfil mais restrito.

(E) Não clicar em *links* não solicitados, pois *links* estranhos muitas vezes são vírus.

A: Errada, a afirmativa está correta, versões ultrapassadas possuem falhas de segurança que foram corrigidas somente em versões posteriores. **B:** Errada, a afirmativa está correta, anúncios de spam podem conter vírus ou outras ameaças de maneira oculta. **C:** Correta, não usar firewall é uma falha de segurança, uma vez que estes são responsáveis pelo monitoramento da entrada e saída de dados do computador. **D:** Errada, a afirmativa está correta, o perfil de administrador possui acesso total à máquina, caso este usuário seja infectado, todo o sistema será comprometido. **E:** Errada, a afirmativa está correta, *links* não solicitados também podem ocultar ameaças à segurança do sistema.

Gabarito "C".

(Analista – TRT/11ª – 2012 – FCC) Quando o cliente de um banco acessa sua conta corrente através da internet, é comum que tenha que digitar a senha em um teclado virtual, cujas teclas mudam de lugar a cada caractere fornecido. Esse procedimento de segurança visa evitar ataques de:"

(A) *spywares* e *adwares*.

(B) *keyloggers* e *adwares*.

(C) *screenloggers* e *adwares*.

(D) *phishing* e *pharming*.

(E) *keyloggers* e *screenloggers*.

Essas ações visam evitar ataques de *keyloggers*, ameaças que gravam as teclas digitadas pelo usuário, e de *screenloggers*, que captam imagens da tela do usuário, portanto apenas a alternativa E está correta.

Gabarito "E".

(Analista – TRT/14ª – 2011 – FCC) É uma forma de fraude eletrônica, caracterizada por tentativas de roubo de identidade. Ocorre de várias maneiras, principalmente por e-mail, mensagem instantânea, SMS, dentre outros, e, geralmente, começa com uma mensagem de e-mail semelhante a um aviso oficial de uma fonte confiável, como um banco, uma empresa de cartão de crédito ou um site de comércio eletrônico. Trata-se de

(A) *Wabbit*.

(B) *Exploits*.

(C) *Hijackers*.

(D) *Phishing*.

(E) *Trojans*.

A: Errada, *Wabbit* é um tipo de programa que apenas se replica na máquina infectada. **B:** Errada, *Exploit* é um pedaço de software ou sequência de comandos que se aproveita de um bug ou falha para causar comportamentos indevidos de um programa ou *hardware*. **C:** Errada, os *Hijackers* são cavalos de tróia que modificam a página inicial do navegador e redirecionam qualquer página visitada para outra escolhida pelo criador da praga. **D:** Correta, o Phishing, junção de *password* (senha) e *fishing* (pescaria) é um tipo de ataque que visa enganar o usuário fazendo-o pensar estar em um site confiável e assim fornecer seus dados confidenciais. **E:** Errada, os *Trojans* são ameaças que possuem um funcionamento normal e outro não desejável, que geralmente danifica o computador, dados ou configurações do sistema.

Gabarito "D".

(Analista – TRT/20ª – 2011 – FCC) Sobre segurança da informação é correto afirmar:

(A) Os usuários de sistemas informatizados, devem ter acesso total aos recursos de informação da organização, sendo desnecessário a utilização de *login* e senha.

(B) As organizações não podem monitorar o conteúdo dos *e-mails* enviados e recebidos pelos seus colaboradores e nem utilizar esses dados para fins de auditoria e/ou investigação.

(C) É possível saber quais páginas foram acessadas por um computador, identificar o perfil do usuário e instalar programas espiões, entretanto, não é possível identificar esse computador na Internet devido ao tamanho e complexidade da rede.

(D) Para criar senhas seguras é indicado utilizar informações fáceis de lembrar, como nome, sobrenome, número de documentos, números de telefone, times de futebol e datas.

(E) Um *firewall*/roteador ajuda a promover uma navegação segura na *web*, pois permite filtrar os endereços e bloquear o tráfego de *sites* perigosos.

A: Errada, a utilização de login e senha é um item de segurança primordial em sistemas informatizados, para ajudar a garantir a integridade do sistema. **B:** Errada, o conteúdo dos e-mails de uma instituição é de sua propriedade e podem ser monitorados. **C:** Errada, em uma rede qualquer computador pode ser identificado por meio de seu endereço IP ou endereço MAC. **D:** Errada, informações fáceis de lembrar são também fáceis de serem descobertas, este tipo de informação deve ser evitado ao máximo no uso de senhas seguras. **E:** Correta, um *firewall* tem como função ajudar a proteger a rede e aumentar a segurança da navegação bloqueando portas e filtrando o tráfego.

Gabarito "E".

(Analista – TRE/TO – 2011 – FCC) Uma das formas de proteger o sigilo da informação que trafega na Internet é

(A) a criptografia.

(B) não fazer os *downloads* em *notebooks*.

(C) não responder *e-mails* que chegam "com cópia oculta".

(D) mandar *e-mails* somente a pessoas da lista pessoal.

(E) não usar a opção "com cópia para" do correio eletrônico.

A: Correta, a criptografia aplica um algoritmo criptográfico na informação a ser enviada, o que dificulta a leitura da mesma por terceiros. **B:** Errada, a realização ou não de downloads não influencia no sigilo da informação trafegada. **C:** Errada, o fato de haverem ou não copias ocultas não influencia no sigilo da informação trafegada, mesmo porque não é possível saber quando existem copias ocultas em uma mensagem. **D:** Errada, mesmo que uma mensagem seja enviada para um remetente confiável ela pode ser interceptada e seu sigilo comprometido. **E:** Errada, o uso de cópias não influencia no sigilo de uma informação.

Gabarito "A".

(Analista – TRE/TO – 2011 – FCC) Arquivos de dados produzidos por suíte de aplicativos para escritório, por ex. *Microsoft Office*, costumam ser alvo predileto de contaminação por

(A) trojans.

(B) worms.

(C) hijackers

(D) vírus de boot.

(E) vírus de macro.

A: Errada, os *trojans* atuam abrindo uma brecha no computador para que ele possa ser controlado por outro usuário ou para coletar dados e enviá-los pela internet ao invasor. **B:** Errada, os *worms* é um vírus que tem como função se espalhar da forma mais abrangente possível. **C:** Errada, os *hijackers* alteram a página inicial do *browser* e impede o usuário de mudá-la. **D:** Errada, o vírus de boot infecta a parte de inicialização do sistema operacional impedindo que o mesmo inicie. **E:** Correta, os vírus de macro vinculam suas macros a modelos de documentos e a outros arquivos de modo que as primeiras instruções executadas serão as do vírus.

Gabarito "E".

(Analista – TRE/MT – 2010 – CESPE) Considerando conceitos de segurança da informação, assinale a opção correta.

(A) A segurança das informações que transitam pela Internet é de total responsabilidade do administrador de rede.

(B) Instalar e utilizar antivírus em um computador é uma ação preventiva que elimina completamente a possibilidade de ataques a arquivos e pastas.

(C) Ao se utilizar firewall é garantido o bloqueio de vírus e worms, pois a sua principal função é identificar e eliminar arquivos corrompidos.

(D) Recursos e instalações de processamento de informações críticas ou sensíveis do negócio devem ser mantidas em áreas seguras, protegidas por um perímetro de segurança definido, com barreiras de segurança apropriadas e controle de acesso.

(E) Os sistemas operacionais modernos possuem mecanismos que evitam a propagação de vírus e cavalos de troia. Tais mecanismos devem ser ativados por meio do gerenciador de arquivos ou pelo gerenciador de aplicativos.

A: Errada, administradores de rede possuem controle dos dados apenas enquanto eles trafegam em seu segmento de rede, após irem para a Internet ele não possui controle sobre eles. **B:** Errada, o antivírus é uma ferramenta reativa, ela funciona após a infecção, para evitá-la deve-se utilizar um *Firewall* e medidas de segurança. **C:** Errada, a principal função do *Firewall* é bloquear o acesso a portas e garantir que a política de segurança da rede seja cumprida. **D:** Correta, toda e qualquer informação crítica dentro do negócio deve estar protegida por barreiras e medidas de segurança a fim de garantirem sua integridade e confiabilidade. **E:** Errada, nem todo sistema operacional possui um sistema de defesa em sua configuração-padrão, estando este a cargo do usuário.

Gabarito "D".

(Analista – INSS – 2016 – CESPE) Cada um dos próximos itens, que abordam procedimentos de informática e conceitos de Internet e intranet, apresenta uma situação hipotética, seguida de uma assertiva a ser julgada.

(1) Ao iniciar seu dia de trabalho, Daniel se deparou com inúmeros aplicativos abertos em seu computador de trabalho, o que deixava sua máquina lenta e sujeita a travamentos frequentes. Ele constatou, ainda, que somente um desses aplicativos era necessário para a execução de suas atividades. Nessa situação, para melhorar o desempenho do seu computador, Daniel deve utilizar um aplicativo de antivírus instalado localmente, para eliminar os aplicativos que estiverem consumindo recursos além do normal.

(2) A área administrativa do INSS informou a todos os servidores públicos lotados nesse órgão que o acesso a determinado sistema de consulta de dados cadastrais seria disponibilizado por meio da Internet, em substituição ao acesso realizado somente por meio da intranet do órgão. Nessa situação, não haverá similaridade entre os sistemas de consulta, porque sistemas voltados para intranet, diferentemente dos voltados para Internet, não são compatíveis com o ambiente web.

1: Errada, os softwares do tipo antivírus têm por função prevenir e eliminar arquivos que estejam infectados e apresentem algum risco ao computador. Para melhorar o desempenho de um computador, em geral, é necessário a adição de mais recursos ao computador, como por exemplo aumentar a memória RAM ou um processador com maior capacidade de processamento ou um disco rígido com tecnologia que permita maior velocidade de leitura e escrita. **2:** Errada, a Internet e a Intranet são construídas sobre as mesmas tecnologias e podem possuir os mesmos recursos totalmente compatíveis, sendo o diferencial entre elas o fato da Internet ser uma rede de acesso público e a Intranet uma rede de acesso privado, em geral limitado a uma instituição ou organização. HS

Gabarito: 1E, 2E

(Técnico – INSS – 2022 – CEBRASPE) Julgue os próximos itens, acerca de Windows 10 e segurança da informação.

(1) *Phishing* é um tipo de invasão mediante o uso de *software* malicioso que torna inacessíveis os dados armazenados no equipamento invadido, geralmente usando criptografia, no qual o agente invasor exige o pagamento de resgate para restabelecer o acesso do usuário aos dados afetados.

(2) O recurso BitLocker, ferramenta de criptografia presente no Windows 10, possibilita que o usuário proteja a privacidade de seus dados.

1: Errada, Phishing é uma técnica que consiste em enviar mensagens via e-mail tentando se passar por entidades confiáveis para fim de obter os dados confidenciais de um usuário, em geral direcionando a vítima para uma página semelhante a de uma entidade oficial na tentativa de induzi-la a fornecer seus dados. 2: Correta, o BitLocker é um recurso disponível no Microsoft Windows a partir da versão 7 e que permite realizar a criptografia do disco rígido, protegendo os documentos e arquivos contra acesso de pessoas não autorizadas.

Gabarito 1E, 2C

8. SISTEMAS OPERACIONAIS

(Analista Judiciário – TRT/24 – FCC – 2017) Um Oficial de Justiça utiliza um computador com o sistema operacional Windows 7 Professional, em português, e deseja criar na área de trabalho um atalho para um documento que necessita abrir e utilizar com frequência. Para isso, clicou no botão Iniciar, na opção Computador e abriu a pasta no HD onde o documento está salvo. Para criar um atalho para esse documento na área de trabalho ele deve clicar

(A) com o botão direito do *mouse* sobre o nome do arquivo, selecionar a opção Enviar para e a opção Área de Trabalho (criar atalho).

(B) no menu Organizar, na opção Criar Atalho e na opção Área de Trabalho.

(C) com o botão direito do *mouse* sobre o nome do arquivo, selecionar a opção Criar Atalho e a opção Área de Trabalho.

(D) no menu Arquivo, na opção Atalho e na opção Criar na área de trabalho.

(E) com o botão esquerdo do *mouse* sobre o nome do arquivo, selecionar a opção Criar atalho e a opção Área de Trabalho.

Para se criar um atalho para um arquivo ou pasta na área de trabalho pode-se clicar com o botão direito do mouse na área de trabalho, seleciona a opção Novo e o item Atalho e indicar o local do arquivo ou clicar com o botão direito do mouse sobre o arquivo desejado, selecionar a opção Enviar e o item Área de trabalho (criar atalho). Portanto, apenas a alternativa A está correta.

Gabarito "A".

(Analista Judiciário – TRT/11 – FCC – 2017) Considerando-se que o Windows 7 Professional, em português, está instalado na unidade C de um computador,

(A) não será permitido salvar arquivos na raiz desta unidade, mas somente em pastas e subpastas criadas a partir da raiz.

(B) clicando-se com o botão direito do *mouse* sobre esta unidade, será possível acessar uma opção para particionar (dividir) o disco.

(C) será permitido formatar esta unidade a partir do Windows, porém, todos os arquivos e pastas serão apagados e não poderão ser recuperados.

(D) se uma pasta que contém 9 MB em documentos for apagada do HD, ela será enviada para a lixeira e poderá ser posteriormente recuperada.

(E) a pasta onde o Windows está instalado ficará oculta e não poderá ser acessada, para evitar que arquivos importantes sejam apagados.

A: Errada, não há restrição quanto a salvar arquivo na raiz de uma unidade de disco. **B:** Errada, o particionamento de um disco só pode ser realizado durante a instalação do sistema operacional ou por programas específicos após a instalação do Windows. **C:** Errada, a formatação do disco onde o Windows se encontra instalado só pode ser feita antes da inicialização do sistema. **D:** Correta, uma pasta ou arquivo que seja excluída pelo usuário será movida para a Lixeira até que seja recuperada ou excluída permanentemente. **E:** Errada, o diretório de instalação do Windows não é oculto por padrão e pode ser acessada pelo usuário.

Gabarito "D".

(Analista Judiciário – TRE/SP – FCC – 2017) No Windows 7 Professional em português foram exibidos arquivos no formato abaixo.

Para mudar a forma de exibição, mostrando além do ícone e do nome dos arquivos a data de modificação, tipo e tamanho, deve-se clicar

(A) com o botão direito do mouse sobre a área de exibição, selecionar a opção Relatório e, em seguida, a opção Analítico.

(B) no menu Exibir e selecionar a opção Propriedades.

(C) com o botão direito do mouse sobre o nome de um dos arquivos e selecionar a opção Exibir Tudo.

(D) no menu Arquivo e selecionar a opção Exibir Detalhes.

(E) com o botão direito do mouse sobre a área de exibição, selecionar a opção Exibir e, em seguida, a opção Detalhes.

No Windows Explorer é possível visualizar o conteúdo de uma pasta de diversas formas. Na figura em questão temos a exibição em Bloco, que exibe apenas o nome e ícone do arquivo. Para exibir informações como data de modificação, tipo de arquivo e seu tamanho, devemos utilizar a visualização de Detalhes, para isso devemos clicar com o botão direito na área de exibição da pasta e selecionar o modo mencionado localizado no item Exibir. Portanto, apenas a alternativa E está correta.

Gabarito "E".

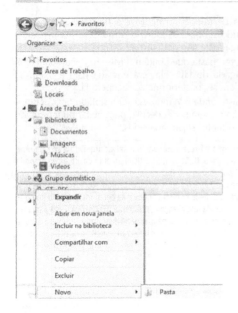

(Analista Judiciário – TRE/PE – CESPE – 2017) Com relação à figura precedente, que mostra parte de uma janela do Windows Explorer, assinale a opção correta.

(A) A pasta **Downloads**, por padrão, armazena os arquivos que o usuário deseje guardar temporariamente antes de enviá-los para uma unidade externa.

(B) A opção **Expandir** permite aumentar a área de armazenamento disponível no computador.

(C) No menu **Novo**, a opção **Pasta** permite a criação de uma nova pasta de arquivos dentro da unidade ou da pasta que tiver sido selecionada.

(D) A área **Locais** é destinada ao compartilhamento de arquivos da máquina com outros usuários.

(E) É possível excluir a **Área de Trabalho** clicando-se com o botão direito na opção **Excluir**.

A: Errada, a pasta Downloads armazena os arquivos baixados pelos navegadores instalados no computador. B: Errada, a opção Expandir fará com que os elementos colapsados sob a opção selecionado sejam exibidos. C: Correta, no menu Novo é possível selecionar a opção Pasta para a criação de um novo diretório dentro da unidade ou pasta selecionada. D: Errada, a área Locais exibirá os locais recentes acessados pelo usuário, como as últimas pastas abertas. E: Errada, a Área de trabalho é um elemento inerente do sistema operacional que não pode ser excluída pelo usuário.
Gabarito "C".

(Escrevente Técnico Judiciário – TJSP – VUNESP – 2017) No sistema operacional Windows 10, em sua configuração padrão, um usuário aciona o Explorador de Arquivos, seleciona um arquivo e pressiona a tecla F3. Em seguida,

(A) o arquivo será deletado e colocado na Lixeira.
(B) o arquivo será deletado definitivamente.
(C) o cursor será colocado no campo de busca da Ferramenta de Pesquisa.
(D) as propriedades do arquivo serão exibidas.
(E) a Ajuda do Windows 10 será ativada.

A: Errada, para que o arquivo seja deletado e colocado na Lixeira deve-se usar a tecla Delete. B: Errada, para que o arquivo seja deletado definitivamente deve-se utilizar o atalho Shift + Delete. C: Correta, dentro do Windows Explorer na versão 10 do Windows o atalho F3 leva o curso de digitação até a caixa de pesquisa. D: Errada, para exibir os detalhes do arquivo deve-se clicar com o botão direito do mouse e selecionar o item Propriedades. E: Errada, para abrir a ajuda do Windows 10 deve-se utilizar o botão F1.
Gabarito "C".

(Escrevente Técnico Judiciário – TJSP – VUNESP – 2017) No sistema operacional Windows 10, em sua configuração padrão, um usuário clicou com o botão direito do *mouse* em um espaço livre da Área de Trabalho, e a seguinte lista de opções surgiu na tela.

Esse usuário deseja criar um atalho para um arquivo na Área de Trabalho, e, para isso, ele deve clicar em

(A) "Novo", em seguida, selecionar "Atalho" na lista de opções que surge na tela, e seguir as orientações na janela "Criar Atalho".
(B) "Exibir", em seguida, digitar o nome do atalho na janela que surge na tela.
(C) "Atualizar", em seguida, selecionar "Atalho" na lista de opções que surge na tela, e seguir as orientações na janela "Criar Atalho".
(D) "Novo", em seguida, digitar o nome do atalho na janela que surge na tela.
(E) "Exibir", em seguida, selecionar "Atalho" na lista de opções que surge na tela, e seguir as orientações na janela "Criar Atalho".

A: Correta, dentro do item Novo há a possibilidade de criar uma série de arquivos assim como atalhos para outros arquivos ou programas, para isso basta selecionar a opção Atalho e indicar qual o arquivo ou programa desejado. B: Errada, o item Exibir contém opções relacionadas à exibição dos ícones da área de trabalho como o tamanho dos ícones e sua organização. C: Errada, a opção atualizar irá apenas atualizar os itens exibidos na área de trabalho. D: Errada, ao selecionar o item novo será exibida uma nova lista de opções que podem ser escolhidas pelo usuário, para a criação de atalho basta selecionar o item "Atalho". E: Errada, não há opção Atalho no item Exibir, que trata da exibição dos ícones da área de trabalho.
Gabarito "A".

(Escrevente Técnico Judiciário – TJSP – VUNESP – 2017) No sistema operacional Windows, em sua configuração padrão, os nomes de arquivos ou pastas seguem algumas regras, sobre as quais é correto afirmar que

(A) os nomes dos arquivos no Windows 10 podem ter até 128 caracteres.

(B) o nome do arquivo no Windows 10 não pode ter caracteres como \ / : * ? " < > |, mas o nome do seu caminho pode incluí-los.

(C) caracteres como \ / : * ? " < > | podem ser utilizados nos nomes no Windows 10.

(D) o tamanho máximo de caracteres que pode ser utilizado no Windows 10 inclui o nome do arquivo e do seu caminho.

(E) o nome do arquivo no Windows 10 não pode ter caracteres como \ / : * ? " < > |, mas a sua extensão pode incluí-los.

A: Errada, arquivos no Windows 10 podem ter nomes com mais de 128 caracteres desde que não atinjam o limite de 260 caracteres para o caminho completo até o arquivo. **B:** Errada, assim como arquivos, pastas não podem conter os caracteres mencionados. **C:** Errada, estes caracteres não podem ser usados em nomes de arquivos ou pastas. **D:** Correta, no Windows 10 há um limite de 260 caracteres para o caminho completo até um arquivo mais seu nome. **E:** Errada, os caracteres mencionados não podem estar presentes no nome de um arquivo ou pasta ou em extensões de arquivos.
Gabarito "D".

(Técnico Judiciário – TRT24 – FCC – 2017) Quando uma pasta ou um arquivo é criado, o Windows 7 em português atribui permissões padrão a esse objeto. Modificar é a permissão mínima necessária para concluir esse procedimento. Para um usuário definir, exibir, alterar ou remover permissões de arquivos e pastas deve-se, inicialmente:

– Clicar com o botão direito do mouse no arquivo ou na pasta para o qual deseja definir permissões, clicar em Propriedades e clicar na guia ....I.....

– Clicar em ...II... para abrir a caixa de diálogo Permissões para <objeto>.

As lacunas I e II são, correta e respectivamente, preenchidas com

(A) Compartilhamento – Compartilhar

(B) Geral – Escolher Arquivo

(C) Segurança – Editar

(D) Geral – Atributos

(E) Compartilhamento – Adicionar

Na janela de propriedades de uma pasta ou arquivo, as opções de permissão podem ser gerenciadas a partir da aba Segurança, que contém a lista de Nomes de grupo ou de usuários e tela de Permissões para <grupo> onde é possível permitir ou negar uma série de ações por parte do grupo em edição, portanto, apenas a alternativa C está correta.
Gabarito "C".

(Técnico Judiciário – TRT20 – FCC – 2016) Um Técnico precisa enviar 80 arquivos que estão na pasta relatórios de um computador com Windows 7 Professional em português, pelo *webmail*. Antes de compactar o conteúdo da pasta, para verificar o tamanho em disco ocupado pelos arquivos, o Técnico deve clicar

(A) no menu Propriedades e selecionar a opção Tamanho.

(B) com o botão direito do *mouse* sobre o nome da pasta e selecionar a opção Propriedades.

(C) no menu Arquivo e na opção Propriedades.

(D) com o botão direito do *mouse* sobre o nome da pasta e selecionar a opção Resumo.

(E) no menu Opções e na opção Propriedades.

Para visualizar o tamanho ocupado em disco pelos arquivos contidos em uma pasta é necessário clicar com o botão direito no mouse sobre o ícone da pasta e selecionar a opção Propriedades, que irá exibir essa informação como Tamanho em disco, portanto, apenas a alternativa B está correta.
Gabarito "B".

(Técnico Judiciário – TRT20 – FCC – 2016) Um usuário está navegando na intranet da organização onde trabalha utilizando um computador com o Windows 7, quando ocorre um erro. Ao entrar em contato com o suporte técnico, foi solicitado a tirar um *print* da tela e enviar por *e-mail* para que o problema seja analisado e resolvido. Para tirar o *print* da tela, o usuário deve

(A) pressionar Ctrl + P e, em seguida, selecionar a opção Enviar por *e-mail*.

(B) clicar no botão Iniciar e, em seguida, na opção Print Screen do menu Acessórios.

(C) pressionar a tecla Print Screen, que pode estar abreviada, dependendo do teclado.

(D) pressionar a tecla Windows, a opção Tela e, em seguida, a opção Fotografar.

(E) clicar no botão Iniciar, na opção Acessórios e, em seguida, na opção Quadro Instantâneo.

O ato de capturar a tela do computador em forma de imagem chamamos de Print Screen. No Windows há algumas formas de realizar essa ação, entre elas temos a Ferramenta de Captura, um programa nativo do Windows que permite selecionar a área da tela que deseja capturar e também o botão do teclado chamado Print Screen, que também pode ser apresentado como "Prt Sc" dependendo do teclado utilizado, que armazena na área de transferência uma imagem da tela sendo exibida. Portanto, apenas a alternativa C está correta.
Gabarito "C".

(Técnico – INSS – 2005 – CESGRANRIO) No Windows 2000 o menu Iniciar da barra de tarefas pode ser aberto a partir do teclado pressionando-se o conjunto de teclas:

(A) Alt + F1

(B) Alt + F4

(C) Ctrl + Esc

(D) Ctrl + Shift

(E) Ctrl + Alt + Del

*O mesmo comportamento vale para as versões mais novas do Windows.
A: errada, o atalho Alt + F1 não possui função específica; **B:** errada, o atalho Alt + F4 é usado para fechar a janela atual; **C:** correta, o atalho Ctrl + Esc faz com que o menu Iniciar seja aberto ou fechado; **D:** errada, o atalho Ctrl + Shift não possui função específica; **E:** errada, o atalho Ctrl + Alt + Del inicia o gerenciador de tarefas.
Gabarito "C".

(Técnico – INSS – 2005 – CESGRANRIO) No Windows Explorer, após selecionar um arquivo e pressionar a tecla F2, obtemos acesso ao comando:

(A) renomear.

(B) excluir.
(C) mover.
(D) recortar.
(E) copiar.

A: correta, a tecla F2 ativa a renomeação do arquivo ou pasta selecionado; B: errada, a exclusão é feita pela tecla Delete; C: errada, para mover um arquivo é usado a função Recortar, cujo atalho é Ctrl + X; D: errada, o atalho para a função Recortar é Ctrl + X; E: errada, o atalho para a função Copiar é Ctrl + C.
Gabarito "A".

(Técnico – INSS – 2005 – CESGRANRIO) No Windows 2000 o ícone Opções Regionais do Painel de Controle permite:

(A) adicionar usuários e configurar senhas.
(B) agendar programas para rodar automaticamente.
(C) configurar a aparência e funcionamento do *mouse*.
(D) configurar padrões para números de moeda e data.
(E) instalar impressoras locais e de rede.

A: errada, estas ações são feitas pela opção Usuários e Senhas; B: errada, o agendamento de tarefas é feita pela opção Tarefas Agendadas; C: errada, a aparência do mouse é alterada pela opção *Mouse*; D: correta, as opções Regionais permite alterar configurações de moeda, data, numeração, entre outros; E: errada, a instalação de impressoras é feita pela opção Impressoras.
Gabarito "D".

(Técnico – INSS – 2005 – CESGRANRIO) Entre as teclas abaixo, assinale aquela que deve estar pressionada para permitir a seleção de mais de um arquivo no Windows Explorer através de cliques do mouse.

(A) Alt
(B) Ctrl
(C) Tab
(D) Insert
(E) Caps Lock

A: errada, a tecla Alt não tem qualquer efeito na seleção de arquivos; B: correta, a tecla Ctrl permite a seleção de arquivos não contíguos; C: errada, a tecla Tab alterna o foco do curso na janela atual; D: errada, a tecla *Insert* não tem qualquer efeito durante a seleção de arquivos; E: errada, a tecla *Caps Lock* apenas faz com que as letras sejam digitadas em caixa alta.
Gabarito "B".

(Agente Administrativo – Ministério da Previdência – 2010 – CESPE) Tendo como referência a figura acima, julgue os próximos itens.

(1) Na figura, observa-se uma janela que é mostrada, no Windows XP, quando um *pendrive* é inserido em uma entrada USB, na qual se encontra opção para abrir esse dispositivo. Caso essa janela não seja mostrada automaticamente, é necessário clicar o botão direito do *mouse* e selecionar a opção Executar *pendrive*.

(2) No Windows XP, quando ocorre problema em um programa em execução, o sistema operacional mostra uma mensagem avisando que aquele programa parou de funcionar. Nesse caso, para finalizar o referido programa, é necessário acionar simultaneamente as teclas Ctrl + Alt + Delete, na janela disponibilizada, selecionar a aba Processos e clicar o botão Finalizar tarefa.

(3) No modo de exibição Detalhes do Windows Explorer, encontra-se o conteúdo da pasta aberta, com informações detalhadas sobre os arquivos, as quais podem ser escolhidas pelo usuário.

1: errada, não existe opção denominada Executar *pendrive* no Windows XP, basta abrir o Windows Explorer para ter acesso ao conteúdo do *pendrive*. 2: errada, na própria tela de aviso há uma opção que permite cancelar a execução do programa em questão. 3: correta, o modo de exibição Detalhes mostra ao usuário uma série de informações sobre o arquivo, como data de criação, modificação, tamanho, entre outros.
Gabarito 1E, 2E, 3C.

(Agente Administrativo – Ministério da Previdência – 2010 – CESPE) A respeito do sistema operacional Linux, julgue o item abaixo.

(1) No Linux, os comandos rm e cp permitem, respectivamente, remover e copiar um ou mais arquivos.

1: correta, o comando rm permite a exclusão de arquivos e o comando cp realiza a cópia de arquivos dentro de um ambiente Linux.
Gabarito 1C.

(Analista – INSS – 2005 – CESGRANRIO) No Windows 2000, o nome dos arquivos não pode conter determinados caracteres. Assim, entre os apresentados a seguir, o único nome válido para um arquivo é:

(A) dezembro_2004.doc
(B) dezembro:2004.doc
(C) dezembro/2004.doc
(D) dezembro"2004".doc
(E) dezembro<2004>.doc

* O mesmo comportamento vale para as versões mais novas do Windows

A: correta, nenhum caractere inválido foi utilizado nesta alternativa; B: errada, nomes de arquivos não podem conter o caractere ':'; C: errada, nomes de arquivos não podem possuir o caractere '/'; D: errada, nomes de arquivos não podem possuir aspas; E: errada, nomes de arquivos não podem possuir os caracteres '<' e '>'.
Gabarito "A".

(Analista – INSS – 2005 – CESGRANRIO) A ferramenta Verificar Disco do Windows 2000 pode ser utilizada para:

(A) compactar arquivos temporários.
(B) corrigir erros do sistema de arquivos.
(C) desfragmentar a unidade de disco rígido.
(D) gerar disco de inicialização do Windows.
(E) realizar o *backup* de uma unidade de disco.

5. INFORMÁTICA — 117

* O mesmo comportamento vale para as versões mais novas do Windows
A: errada, a ferramenta Verificar Disco é usada na correção de erros do sistema de arquivos e não em sua compactação; **B:** correta, a ferramenta mencionada varre o disco em busca de erros e corrigi o sistema de arquivos; **C:** errada, para isso é usado o Desfragmentador de Disco; **D:** errada, para isso é usado uma ferramenta disponível no item Adicionar e Remover Programas, do Painel de Controle; **E:** errada, para isso é usado a ferramenta *Backup* localizada em Ferramentas de sistema, no item Acessórios do menu Iniciar.
Gabarito "B".

(Analista – MPOG – 2009 – FUNRIO) O programa do Windows responsável por reorganizar e otimizar os arquivos que estão no disco, tornando o seu acesso mais eficiente é:

(A) *Scandisk.*

(B) Limpeza de disco.

(C) Windows Explorer.

(D) Chkdisk.

(E) Desfragmentador de disco.

A: errada, o *Scandisk* é uma ferramenta de varredura que busca erros no disco rígido; **B:** errada, a ferramenta de Limpeza de disco apenas busca liberar espaço no disco rígido; **C:** errada, o Windows Explorer é o gerenciador de arquivos do Windows; **D:** errada, o *Chkdisk* não é um programa do Windows; **E:** correta, o Desfragmentador de disco reorganiza os arquivos de forma que eles sejam armazenados contiguamente, melhorando assim a velocidade de acesso às informações.
Gabarito "E".

(Analista – MPOG – 2009 – FUNRIO) Considere as afirmativas sobre o Windows XP:

I. Permite compactar e descompactar arquivos ".ZIP" sem a necessidade de instalar *softwares* de terceiros.

II. Já vem incluído como acessórios os editores de texto "Bloco de Notas" e "Word Pad".

III. Permite ser controlado remotamente, mas é necessária a instalação de *softwares* de terceiros para a assistência remota.

Está(ão) correta(s) apenas

(A) I e III.

(B) II e III.

(C) I.

(D) I e II.

(E) I, II e III.

A, B, C, D e E: Apenas a afirmativa III está incorreta, o Windows possui uma ferramenta própria de acesso remoto, não sendo necessário um *software* de terceiros, portanto apenas a alternativa D está correta.
Gabarito "D".

(Analista – Previc – 2011 – CESPE) A respeito do sistema operacional Windows e de suas ferramentas, julgue o item a seguir.

(1) No Windows XP Professional, a ferramenta de limpeza do disco seleciona automaticamente arquivos que possam ser excluídos com segurança, possibilitando a liberação de espaço no disco rígido do computador.

* O mesmo comportamento vale para as versões mais novas do Windows
1: correta, a ferramenta de Limpeza de disco vasculha o computador por arquivos temporários e outros tipos de arquivos que podem ser excluídos sem causar impacto no funcionamento do sistema, aumentando assim o espaço disponível em disco.
Gabarito 1C.

(Analista – TRF/1º – 2006 – FCC) O *Windows Explorer* em uma única exibição de sua janela mostra normalmente, no quadro à esquerda dela,

(A) a estrutura hierárquica de arquivos, pastas e unidades do computador e, no quadro à direita, os diretórios, pastas e arquivos do item selecionado no quadro à esquerda.

(B) a estrutura hierárquica somente das unidades do computador e, no quadro à direita, uma lista simples de todos os diretórios, pastas e arquivos contidos nos meios de armazenamento.

(C) a estrutura hierárquica somente das unidades do computador e, no quadro à direita, os detalhes de todos os diretórios, pastas e arquivos contidos nos meios de armazenamento.

(D) uma lista simples de todos os diretórios, pastas e arquivos contidos nos meios de armazenamento do computador e, no quadro à direita, os detalhes de todas as pastas e arquivos do quadro à esquerda.

(E) uma lista simples de todos os diretórios, pastas e arquivos contidos nos meios de armazenamento do computador e, no quadro à direita, os detalhes da pasta ou do arquivo selecionado no quadro à esquerda.

A: correta, na janela à esquerda é exibida a estrutura hierárquica de arquivos, pasta e unidades enquanto na direita os diretórios, pastas e arquivos do item selecionado no quadro à esquerda. **B:** errada, também é exibida a estrutura hierárquica de pastas e arquivos do computador. **C:** errada, também é exibida a estrutura hierárquica de pastas e arquivos do computador, e na direita os detalhes do diretório, pastas e arquivos do item selecionado no quadro à esquerda e não todos os meios de armazenamento. **D:** errada, não é exibida uma lista simples, e sim a estrutura hierárquica dos arquivos, pastas e unidades. **E:** errada, errada, não é exibida uma lista simples, e sim a estrutura hierárquica dos arquivos, pastas e unidades.
Gabarito "A".

(Analista – STM – 2011 – CESPE) Acerca do Windows XP, do Microsoft Office, da Internet e de *intranet*, julgue os itens a seguir.

(1) A *intranet* é um tipo de rede de uso restrito a um conjunto de usuários específicos de determinada organização.

(2) O Windows XP possui recurso interativo de ajuda que pode ser acionado a partir de *menus* ou teclas de atalho.

(3) Com os recursos do Microsoft Word 2003 é possível manipular estruturas em forma de tabelas, com linhas e colunas. Todavia, as linhas de grade não podem ser ocultadas.

(4) A Internet não possui recursos que permitam a interligação entre computadores e a consequente disponibilização ou compartilhamento de arquivos entre os usuários.

* O mesmo comportamento vale para as versões mais novas do Windows
1: Correta, as intranets são como uma versão privada da Internet, tendo seu acesso limitado a uma rede ou grupo de usuários. **2:** Correta, todo programa assim como o próprio sistema operacional conta com um recurso de ajuda, geralmente ativado pela tecla F1. **3:** Errada, é possível ocultar as linhas em tabelas do Word. **4:** Errada, a Internet é baseada justamente no conceito de compartilhamento de recursos, arquivos e serviços entre computadores.
Gabarito 1C, 2C, 3E, 4E.

(Analista – TRE/CE – 2012 – FCC) Sobre sistemas operacionais, é INCORRETO afirmar:

(A) O sistema operacional é uma camada de *hardware* que separa as aplicações do *software* que elas acessam e fornece serviços que permitem que cada aplicação seja executada com segurança e efetividade.

(B) Na maioria dos sistemas operacionais um usuário requisita ao computador que execute uma ação (por exemplo, imprimir um documento), e o sistema operacional gerencia o *software* e o *hardware* para produzir o resultado esperado.

(C) Um usuário interage com o sistema operacional via uma ou mais aplicações de usuário e, muitas vezes, por meio de uma aplicação especial denominada *shell* ou interpretador de comandos.

(D) Primordialmente, são gerenciadores de recursos – gerenciam *hardware* como processadores, memória, dispositivos de entrada/saída e dispositivos de comunicação.

(E) O *software* que contém os componentes centrais do sistema operacional chama-se núcleo *(kernel)*.

A: Correta, o sistema operacional não é um item de hardware, mas sim de software. **B:** Errada, a afirmativa está correta. **C:** Errada, a afirmativa está correta. **D:** Errada, a afirmativa está correta. **E:** Errada, a afirmativa está correta.
Gabarito "A".

(Analista – TRE/PR – 2012 – FCC) No *Windows XP*, sempre que um programa, pasta ou um arquivo é aberto, ele aparece na tela em uma caixa ou moldura chamada janela, e um botão associado a essa janela é criado na barra de tarefas. Para selecionar a janela corrente, basta clicar no botão correspondente na barra de tarefas. A alternância entre a última janela aberta e a janela corrente é possível por um atalho de teclado, pressionando-se simultaneamente as teclas

(A) ALT e TAB.

(B) CTRL e ALT.

(C) CTRL e SHIFT.

(D) SHIFT e DEL.

(E) CTRL, ALT e DEL.

* O mesmo comportamento vale para as versões mais novas do Windows
O atalho que, no Windows, permite alternar entre todas as janelas abertas na sessão de uso atual é o Alt + Tab, portanto apenas a alternativa A está correta.
Gabarito "A".

(Analista – TRE/PR – 2012 – FCC) Sobre o *Firewall* do *Windows XP*, considere:

I. É um recurso para ajudar a impedir que *hackers* ou *softwares* mal-intencionados obtenham acesso ao seu computador através de uma rede ou da Internet.

II. Pode impedir, quando corretamente configurada, que o computador envie *software* mal-intencionado para outros computadores.

III. Pode analisar o conteúdo de mensagens enviadas por uma rede local e bloqueá-las, caso partes da mensagem apresentem conteúdo nocivo.

(A) II e III, apenas.

(B) I, II e III.

(C) I e III, apenas.

(D) I e II, apenas.

(E) III, apenas.

* O mesmo comportamento vale para as versões mais novas do Windows
As afirmativas I e II estão corretas, porém o firewall não tem capacidade de verificar o conteúdo de mensagens enviadas, logo a afirmativa III está incorreta e, portanto, apenas a alternativa D está correta.
Gabarito "D".

(Analista – TRE/PR – 2012 – FCC) Sobre o Sistema Operacional *Windows XP*, considere:

I. No *Windows Explorer* é possível criar atalhos para arquivos em sua área de trabalho ao clicar com o botão direito do mouse sobre o arquivo desejado e escolher a opção **Enviar para** e em seguida **Área de Trabalho**.

II. Além de adicionar atalhos à área de trabalho, também é possível adicionar atalhos ao menu Iniciar. Os atalhos para os arquivos favoritos podem aparecer ao lado dos programas.

III. Os atalhos incluem uma imagem chamada de ícone, que pode ajudá-lo a localizar o programa ou arquivo com mais rapidez. Quando você altera o tema do *Windows*, o novo tema pode incluir um conjunto de ícones personalizados que complementam a aparência da nova área de trabalho.

IV. Os atalhos são *links* para programas, documentos, arquivos ou *sites*. Em vez de pesquisar pastas ou a Internet, sempre que você quiser abrir um arquivo ou um *site* em particular, basta criar um atalho.

Está correto o que consta em

(A) I, II e III, apenas.

(B) I, II, III e IV.

(C) I e IV, apenas.

(D) II, III e IV, apenas.

(E) II e III, apenas.

* O mesmo comportamento vale para as versões mais novas do Windows
Todas as afirmativas apresentadas estão corretas, logo temos somente a alternativa B correta.
Gabarito "B".

(Analista – TRE/SP – 2012 – FCC) Em relação à organização de arquivos, é correto afirmar:

(A) Uma pasta pode conter apenas arquivos.

(B) Arquivos e pastas de sistemas podem ser renomeados ou movidos, mas nunca excluídos.

(C) Dois arquivos com o mesmo nome podem coexistir desde que estejam em pastas ou subpastas diferentes.

(D) Arquivos podem ser classificados e exibidos de diversas formas, exceto por data da criação.

(E) Arquivos e pastas de documentos do usuário podem ser renomeados, mas não podem ser movidos.

A: Errada, uma pasta também pode conter outras pastas. **B:** Errada, alguns arquivos de sistema não podem ser renomeados ou movidos ou excluídos de seus locais de origem. **C:** Correta, estando em pastas diferentes podem haver vários arquivos que possuam o mesmo nome. **D:** Errada, os arquivos podem também ser organizados por data de criação. **E:** Errada, arquivos e pastas de documentos do usuário podem ser renomeados, movidos e excluídos livremente.
Gabarito "C".

(Analista – TRT/2ª – 2008 – FCC) O Windows XP possui um componente chamado "restauração do sistema" que atua sobre o *registry*. Esse componente salva periodicamente, além de outros estados de *software*,

(A) os barramentos.

(B) a memória RAM.

(C) o *boot*.

(D) *os hives*.

(E) o HD.

---

* O mesmo comportamento vale para as versões mais novas do Windows **A:** errada, os barramentos são os meios pelos quais as informações trafegam. **B:** errada, a memória RAM não possui conteúdo fixo, ela é utilizada apenas como memória auxiliar da CPU. **C:** errada, o boot é responsável pela inicialização do sistema operacional. **D:** correta, os hives são setores lógicos que armazenam informações referentes ao registro do computador e são salvos pela restauração do sistema. **E:** errada, o HD apenas serve para armazenar dados.

Gabarito "D".

(Analista – TRT/14ª – 2011 – FCC) Em relação a organização e gerenciamento de arquivos e pastas no ambiente *Windows* XP, é correto afirmar:

(A) A renomeação de uma pasta ou arquivo pode ser feita tanto no painel esquerdo quanto no painel direito do *Windows Explorer*.

(B) Usar o mouse para arrastar um arquivo de uma pasta para outra, dentro do mesmo *drive* de disco é uma operação de recortar e colar, sucessivamente.

(C) No *Windows Explorer*, o bloqueio de uma pasta para uso apenas de seu proprietário é indicado pela presença da figura de uma mão integrada ao respectivo ícone.

(D) O uso combinado das teclas *Shift, Alt e Del* serve para apagar um arquivo, sem que ele seja encaminhado para a lixeira.

(E) A organização de pastas e arquivos pode ser feita dentro do painel esquerdo do *Windows Explorer*.

---

* O mesmo comportamento vale para as versões mais novas do Windows **A:** Errada, a renomeação só é acessível a partir do painel direito do Windows Explorer. **B:** Correta, quando um arquivo é arrastado de uma pasta para outro no mesmo drive, ele é retirado da origem e colocado no destino, o mesmo efeito de recortá-lo e colá-lo. **C:** Errada, a presença da figura de uma mão integrada ao respectivo ícone demonstra que a pasta ou arquivo em questão está compartilhada na rede. **D:** Errada, o atalho correto é composto apenas de Shift + Del. **E:** Errada, o painel esquerdo apenas exibe a árvore de pastas, a organização deve ser feita no painel direito.

Gabarito "B".

(Analista – TRT/11ª – 2012 – FCC) No *Windows Vista*

(A) uma janela maximizada só pode ter suas dimensões alteradas através do botão Restaurar, exibido no canto superior direito ou clicando duas vezes, rapidamente, na barra de título.

(B) todas as janelas podem ser maximizadas e redimensionadas.

(C) é possível alternar entre as duas últimas janelas ativadas ou navegar através de todas as janelas abertas, usando conjuntamente as teclas *Alt* e *Tab*.

(D) para fechar uma janela minimizada é necessário torná-la ativa, clicando no seu respectivo botão da barra de tarefas.

(E) é possível, manualmente, organizar as janelas de várias maneiras na área de trabalho. Porém, podem ser organizadas automaticamente pelo *Windows*, apenas nas formas em cascata e lado a lado.

---

* O mesmo comportamento vale para as versões mais novas do Windows **A:** Errada, existem atalhos que também permitem tais ações como o botão Windows e a seta para cima ou para baixo. **B:** Errada, algumas janelas possuem essa opção bloqueada pelo sistema operacional. **C:** Correta, o atalho Alt + Tab permite alternar entre todas as janelas abertas de forma rápida e fácil. **D:** Errada, não é necessário que ela esteja ativa, um simples clique com o botão direito já exibe a opção de fechar a janela. **E:** Errada, existem ainda outras formas de organização.

Gabarito "C".

(Analista – TRE/AC – 2010 – FCC) Ao abrir um menu de um aplicativo do *Windows XP*, a presença de três pontos (...) no final de um item do menu indica que

(A) existem mais itens do menu.

(B) existe um atalho de teclado.

(C) se trata de um recurso ativo.

(D) abrirá uma caixa de diálogo.

(E) abrirá um submenu.

---

* O mesmo comportamento vale para as versões mais novas do Windows **A:** Errada, quando existem mais itens naquele menu, uma seta será a indicação. **B:** Errada, os atalhos de teclado são indicados de forma escrita no item correspondente. **C:** Errada, recursos ativos possuem um símbolo de visto antes de sua descrição. **D:** Correta, itens que possuem três pontos após sua descrição é aberta em uma caixa de diálogo. **E:** Errada, itens que possuem três pontos após sua descrição é aberta em uma caixa de diálogo.

Gabarito "D".

(Analista – TRE/AL – 2010 – FCC) Todas as janelas abertas e exibidas pelo Windows XP podem ser organizadas, em cascata ou lado a lado, clicando-se com o botão direito do mouse a partir

(A) do menu Arquivo.

(B) do menu Exibir.

(C) da Área de trabalho.

(D) da Barra de tarefas.

(E) da Barra de ferramentas.

---

* O mesmo comportamento vale para as versões mais novas do Windows **A:** Errada, o menu Arquivo possui apenas funções relativas ao programa aberto. **B:** Errada, o menu Exibir possui apenas funções relativas a exibição da janela atual. **C:** Errada, as opções obtidas clicando-se com o botão direito na Área de trabalho dizem respeito aos ícones nela presentes. **D:** Correta, a partir da Barra de tarefas pode-se organizar a exibição de todas as janelas abertas. **E:** Errada, as janelas abertas são controladas pela Barra de tarefas e não pela Barra de Ferramentas.

Gabarito "D".

(Analista – TRE/AM – 2010 – FCC) Para copiar um arquivo de uma pasta para outra, dentro da mesma unidade (*drive*), pode-se arrastar o arquivo com o mouse da pasta de origem para a pasta de destino, mantendo pressionada a tecla

(A) Insert.

(B) Shift.

(C) Ctrl.

(D) Tab.

(E) Alt.

A: Errada, o Insert não tem função na cópia ou transferência de arquivos. **B:** Errada, o *Shift* faz com que o arquivo seja movido e não copiado. **C:** Correta, o Ctrl faz com que um arquivo seja copiado quando movido de uma pasta a outra. **D:** Errada, o Tab não tem função na cópia ou transferência de arquivos. **E:** Errada, o Alt cria um *link* para o arquivo em seu local original quando este é arrastado para outra pasta.

Gabarito "C".

(Analista – TRE/AM – 2010 – FCC) A seleção do esquema de energia com as configurações mais adequadas ao computador poderá ser executada no Windows XP por meio da janela Propriedades de Vídeo, na guia

(A) Configurações.

(B) Temas.

(C) Aparência.

(D) Proteção de tela.

(E) Área de trabalho.

* O mesmo comportamento vale para as versões mais novas do Windows **A:** Errada, a guia Configurações define as configurações de resolução e cores do monitor. **B:** Errada, a guia Temas altera o tema do Windows, um conjunto composto por papel de parede, esquema de cores, proteção de tela e outros componentes que personalizam o computador. **C:** Errada, a guia Aparência altera o esquema de cores e estilo de janelas e botões. **D:** Correta, na guia Proteção de tela é possível alterar as configurações do esquema de energia do Windows por meio do botão Energia. **E:** Errada, a guia Área de trabalho altera o fundo de tela e suas propriedades.

Gabarito "D".

(Analista – TRE/AM – 2010 – FCC) Ao digitar a letra de uma unidade e o nome de uma pasta (por exemplo, C:\Arquivos de programas) na barra de Endereços do Internet Explorer e pressionar ENTER,

(A) uma nova janela em branco será aberta.

(B) o conteúdo da pasta será exibido em uma nova janela.

(C) o conteúdo da pasta será exibido na mesma janela.

(D) nada acontecerá porque o comando não é reconhecido.

(E) uma mensagem de erro será exibida.

A: Errada, a pasta digitada será aberta em uma janela do Windows Explorer. **B:** Correta, o conteúdo será exibido a partir de uma nova janela do Windows Explorer. **C:** Errada, o conteúdo da pasta será exibido a partir do Windows Explorer em uma nova janela. **D:** Errada, o comando é válido e abrirá uma nova janela com o conteúdo da pasta digitada. **E:** Errada, não será exibida mensagem de erro, pois o comando digitado é válido.

Gabarito "B".

(Analista – TRE/AP – 2011 – FCC) O mesmo modo de exibição (Listas, Lado a lado, Detalhes etc.) que está sendo apresentado na pasta atual, pode ser aplicado a todas as pastas do *Windows XP*, na janela Meu computador, clicando-se com o *mouse* em

(A) Tarefas do sistema ¨ Modo de exibição.

(B) menu Arquivo ¨ Opções de pastas ¨ Modo de exibição.

(C) menu Ferramentas ¨ Opções de pastas ¨ Modo de exibição.

(D) menu Ferramentas ¨ Mapear opções de pasta ¨ Modo de exibição.

(E) Tarefas do sistema ¨ Mapear opções de pasta ¨ Modo de exibição.

* O mesmo comportamento vale para as versões mais novas do Windows **A:** Errada, a opção Modo de exibição se encontra no menu Ferramentas. **B:** Errada, as opções de pasta onde se encontra o item Modo de exibição está localizada no menu Ferramentas. **C:** Correta, por meio da guia Modo de exibição no item Opções de pastas no menu Ferramentas é possível aplicar o modo de exibição atual para todas as pastas. **D:** Errada, a guia Modo de exibição está localizada no item Opções de Pasta. **E:** Errada, a guia Modo de exibição está localizada no item Opções de Pasta.

Gabarito "C".

(Analista – TRE/BA – 2003 – FCC) Para alternar de um programa em execução para outro, no Windows 98, pode-se selecionar o programa desejado clicando-se

(A) as teclas Alt + Tab ou o botão na barra de tarefas.

(B) as teclas Crtl + Tab ou o botão na barra de tarefas.

(C) as teclas Alt + Tab, somente.

(D) as teclas Crtl + Tab, somente.

(E) o botão na barra de tarefas, somente.

* O mesmo comportamento vale para as versões mais novas do Windows **A:** correta, as teclas Alt + Tab são o atalho do teclado para a navegação entre as janelas abertas; o botão na barra de tarefas também pode ser utilizado para alternar entre as que estiverem abertas. **B:** errada, as teclas Ctrl + Tab não possuem nenhuma função específica. **C:** errada, as teclas Alt + Tab podem ser usadas para essa finalidade, porém não são a única forma de fazê-lo. **D:** errada, as teclas Ctrl + Tab não possuem uma função específica. **E:** errada, o botão na barra de tarefas pode ser usado para esta finalidade, porém não é a única forma de fazê-lo.

Gabarito "A".

(Técnico – TRT/16ª – 2015 – FCC) O sistema operacional Linux, em todas as suas distribuições (versões), utiliza uma estrutura de diretórios (pastas) padronizada, na qual diferentes tipos de arquivos são armazenados em diferentes diretórios. O diretório para a instalação de programas não oficiais da distribuição é o:

(A) /etc

(B) /bin/tmp

(C) /dev

(D) /usr/local

(E) /sbin

A: Errada, o diretório /etc é usado para arquivos de configuração do sistema e de programas instalados. **B:** Errada, não existe diretório /tmp dentro do diretório /bin, que armazena programas usados frequentemente pelos usuários. **C:** Errada, o diretório /dev armazena dispositivos de hardware, sendo um arquivo para cada dispositivo. **D:** Correta, o diretório /usr/local atualmente é usado para armazenar programas de terceiros ou programas auto compilados. **E:** Errada, o diretório /sbin armazena programas utilizados pelo usuário *root* para administração e controle do funcionamento do sistema.

Gabarito "D".

(Analista – TRE/TO – 2011 – FCC) No *Linux*, quando um processo recebe um determinado sinal, via de regra, executa as instruções contidas naquele sinal. O *kill*, que é um comando utilizado para "matar" um processo, pode, também, ser usado para enviar qualquer sinal. Entretanto, se for usado sem o parâmetro de um sinal, ele executará a mesma função do sinal

(A) STOP.

(B) SEGV.

(C) TERM.

(D) CONT.

(E) ILL.

A: Errada, o comando *stop* tem a função de interromper a execução de um processo e só reativá-lo após o recebimento do sinal CONT. **B:** Errada, o comando SEGV informa erros de endereços de memória. **C:** Correta, o comando TERMtem a função de terminar completamente o processo, ou seja, este deixa de existir após a finalização. **D:** Errada, CONT tem a função de instruir a execução de um processo após este ter sido interrompido. **E:** Errada, informa erros de instrução ilegal, por exemplo, quando ocorre divisão por zero.

Gabarito "C".

(Analista – TRE/TO – 2011 – FCC) Usada para desfazer alterações feitas e para retornar as configurações do computador a uma etapa anterior, preservando os trabalhos recentes, sendo um processo totalmente reversível. No *Windows*, trata-se de

(A) Gerenciador de tarefas.

(B) Restauração do sistema.

(C) Painel de controle.

(D) Atualizações automáticas.

(E) Central de segurança.

A: Errada, o Gerenciador de tarefas tem por função controlar os processos em execução no sistema operacional. **B:** Correta, a Restauração do Sistema permite retornar as configurações do Windows para um estado anterior sem afetar os arquivos pessoais do usuário, senda está uma ação reversível. **C:** Errada, o Painel de Controle concentra uma série de opções que são utilizadas para o gerenciamento e manutenção do sistema operacional. **D:** Errada, as Atualizações Automáticas tratam apenas do controle das atualizações do sistema operacional. **E:** Errada, a Central de Segurança tem por função agrupar funções que auxiliam na segurança do sistema, como o firewall e políticas de acesso.

Gabarito "B".

(Analista – TRE/TO – 2011 – FCC) Um arquivo movido para a Lixeira do *Windows*

(A) é recuperável desde que tenha sido excluído mediante o uso combinado das teclas shift + del.

(B) só pode ser restaurado para o local original.

(C) é excluído permanentemente.

(D) pode ser restaurado.

(E) só pode ser recuperado dentro dos três primeiros meses após a movimentação.

A: Errada, a combinação Shift + Del remove um arquivo sem que ele passe pela Lixeira do Windows. **B:** Errada, o arquivo pode ser movido normalmente para qualquer diretório. **C:** Errada, os arquivos movidos para a Lixeira podem ser recuperados normalmente. **D:** Correta, qualquer arquivo na Lixeira do Windows pode ser recuperado. **E:** Errada, não há tempo limite para que o arquivo seja restaurado, basta que esteja presente na Lixeira.

Gabarito "D".

(Analista – TRE/TO – 2011 – FCC) Em relação à restauração de um estado anterior do Windows XP, é correto afirmar:

(A) a restauração somente tem efeito se realizada em tempo de inicialização do *Windows*.

(B) dependendo do problema, a restauração pode ser realizada em tempo de inicialização do sistema operacional ou dentro da própria seção ativa do Windows.

(C) a restauração somente tem efeito se realizada na própria seção ativa do *Windows*.

(D) quando a restauração é realizada em tempo de inicialização do sistema operacional, o CD de instalação sempre será requisitado.

(E) em qualquer situação de restauração, o sistema operacional requisitará o CD de instalação.

---

* O mesmo comportamento vale para as versões mais novas do Windows **A:** Errada, a restauração pode ser feita a qualquer momento. **B:** Correta, a restauração também é possível após o início da seção ativa do Windows. **C:** Errada, ela também tem efeito normal caso feita antes do início da seção ativa. **D:** Errada, o CD de instalação do Windows não é necessário na restauração do sistema. **E:** Errada, o CD de instalação não é necessário na restauração do sistema.

Gabarito "B".

(Analista – TRE/MT – 2010 – CESPE) Considerando os sistemas operacionais Windows XP e Linux, assinale a opção correta.

(A) Gnome é o sistema gerenciador de usuário do Linux.

(B) A opção Meu computador no Windows XP apresenta as características do usuário atual.

(C) No Linux, para se acessar a Internet é suficiente entrar no Windows Explorer.

(D) O Painel de controle do Linux possibilita a criação de arquivos e pastas.

(E) Nautilus é um programa semelhante ao Windows Explorer que permite gerenciar arquivos.

A: Errada, *Gnome* é é um projeto de *software* livre abrangendo o Ambiente de Trabalho GNOME. **B:** Errada, a opção Meu Computador exibe as unidades de armazenamento e outras funções de administração do computador. **C:** Errada, o *Windows Explorer* é um manipulador de arquivos do *Windows*, e não um navegador *web*. **D:** Errada, O Painel de Controle é um componente do *Windows*, e não do *Linux*. **E:** Correta, o *Nautilus* é um gerenciador de arquivos, semelhante ao *Windows Explorer*, para ambientes baseados em *Linux*.

Gabarito "E".

(Analista – TRE/GO – 2008 – CESPE) Acerca do Internet Explorer e do sistema operacional Linux, assinale a opção correta.

(A) Para conectar à Internet um microcomputador que tenha instalado o sistema operacional Linux, é necessária a utilização de uma placa de rede específica.

(B) A conexão, à Internet, de um microcomputador que possui o sistema operacional Linux instalado é mais lenta quando comparada com um que tenha instalado o Windows XP.

(C) Se um *e-mail* for criado a partir de algum aplicativo do sistema operacional Linux, ele não poderá ser lido por destinatário que usa o Windows XP.

(D) Com o Linux é possível acessar a Internet usando uma rede sem fio (*wireless*).

A: correta, para se conectar à internet um microcomputador que possua o sistema Linux necessita de uma placa de rede específica para este fim. **B:** errada, a velocidade da conexão com a internet independe do sistema operacional. **C:** errada, emails não são vinculados ao tipo de sistema operacional de onde se originou, podendo ser lido por qualquer computador. **D:** errada, para utilizar uma rede sem fio (*wireless*) o microcomputador necessita de uma placa de rede específica para isso.

Gabarito "A".

(Analista – TRE/GO – 2008 – CESPE) Assinale a opção correspondente a características do sistema operacional Linux.

(A) multitarefa, multiusuário, *open source*

(B) monotarefa, multiusuário, open *source*

(C) multitarefa, monousuário, gratuito

(D) monotarefa, monousuário, gratuito

O sistema operacional Linux permite que mais de um usuário o utilize de forma simultânea, sendo, portanto, multiusuário e também permite a execução de vários processos ao mesmo tempo, sendo assim multitarefa. Além disso ele é um sistema open source, que pode ser modificado pelo usuário. Portanto, apenas a alternativa A está correta.
Gabarito "A".

(Analista – TRE/MA – 2009 – CESPE) Entre as diferentes distribuições do sistema operacional Linux estão

(A) Debian, Conectiva, Turbo Linux e Slackware.

(B) Fedora, RedHat, Kurumim e Posix.

(C) Conectiva, OpenOffice, StarOffice e Debian.

(D) GNU, Conectiva, Debian e Kernel.

(E) KDE, Blackbox, Debian e Pipe.

A: correta, todos os nomes mencionados são diferentes distribuições do sistema operacional Linux. **B:** errada, Posix refere-se a normas que garantem portabilidade de código. **C:** errada, OpenOffice se refere à suíte de programas de escritório. **D:** errada, Kernel refere-se ao núcleo do sistema operacional. **E:** errada, Pipe refere-se ao redirecionamento da saída padrão de um programa para a entrada padrão de outro.
Gabarito "A".

(Analista – TJ/MA – 2009 – IESES) São distribuições de LINUX todas as seguintes, **EXCETO:**

(A) Ubuntu

(B) SuSE

(C) FreeBSD

(D) Red Hat

A: errada, Ubuntu é uma distribuição de Linux. **B:** errada, SuSE é uma distribuição de Linux. **C:** correta, FreeBSD é um sistema baseado em UNIX, porém não é uma distribuição de Linux. **D:** errada, Red Hat é uma distribuição de Linux.
Gabarito "C".

(Escrevente Técnico – TJSP – 2015 – VUNESP) Em um computador com o sistema operacional Windows 7, em sua configuração padrão, diversos atalhos de teclado estão associados ao uso da Área de Transferência. O atalho de teclado destinado a desfazer a ação anterior é o:

(A) Ctrl+D

(B) Alt+U

(C) Ctrl+Z

(D) Alt+Z

(E) Ctrl+U

A: Errada, o atalho Ctrl + D não está associado a nenhuma função do Windows. **B:** Errada, o atalho Alt + U não está associado a nenhuma função do Windows. **C:** Correta, o atalho Ctrl + Z desfaz a última ação feita pelo usuário em diversos locais, inclusive na Área de Transferência. **D:** Errada, o atalho Alt + Z não está associado a nenhuma função do Windows. **E:** Errada, o atalho Ctrl + U não está associado a nenhuma função do Windows.
Gabarito "C".

(Escrevente Técnico – TJSP – 2015 – VUNESP) Um usuário de um computador com o sistema operacional Windows 7, em sua configuração padrão, deletou um atalho presente na Área de Trabalho. Sobre essa ação, é correto afirmar que

(A) o atalho será colocado na Lixeira e o arquivo associado ao atalho será preservado.

(B) o atalho será destruído, sem ser colocado na Lixeira.

(C) o atalho será retirado da Área de Trabalho e transferido para a pasta na qual se encontra o arquivo associado ao atalho.

(D) tanto o atalho como o arquivo associado ao atalho serão colocados na Lixeira.

(E) tanto o atalho como o arquivo associado ao atalho serão destruídos, sem serem colocados na Lixeira.

A: Correta. Ao ser excluído, um atalho é enviado para a Lixeira como qualquer outro arquivo e, por ser apenas uma referência ao endereço do arquivo original, o mesmo não será afetado. **B:** Errada, apenas são destruídos sem passar pela Lixeira os arquivos provenientes de unidades removíveis e os arquivos apagados a partir do atalho Shift + Delete. **C:** Errada, arquivos removidos vão para a Lixeira até que sejam excluídos permanentemente, mesmo que sejam atalhos. **D:** Errada, a remoção de um atalho não afeta em nada o arquivo original. **E:** Errada, a remoção de um atalho não afeta em nada o arquivo original.
Gabarito "A".

(Escrevente Técnico – TJSP – 2015 – VUNESP) Um usuário de um computador com o sistema operacional Windows 7, em sua configuração padrão, arrastou um arquivo presente em uma pasta da unidade de disco C para uma pasta da unidade de disco D. Sobre essa ação, é correto afirmar que o

(A) arquivo e sua pasta serão movidos para a pasta da unidade de disco D.

(B) arquivo será copiado para a pasta da unidade de disco D.

(C) arquivo será movido para a pasta da unidade de disco D.

(D) arquivo e sua pasta serão copiados para a pasta da unidade de disco D.

(E) comando não terá efeito, pois só se pode arrastar arquivos em uma mesma unidade de disco.

A: Errada, mover um arquivo seja para outra unidade ou para outro local dentro da mesma unidade não afeta a pasta de origem. **B:** Correta, mover um arquivo de uma unidade para outra sem utilizar nenhuma tecla modificadora irá fazer com que seja criada uma cópia do arquivo original no local de destino. **C:** Errada, para que o arquivo seja movido ao ser arrastado de uma unidade para outra é necessário utilizar a tecla Shift antes de soltar o arquivo em seu destino. **D:** Errada, mover um arquivo seja para outra unidade ou para outro local dentro da mesma unidade não afeta a pasta de origem. **E:** Errada, é possível arrastar um arquivo de uma unidade de disco para outra, ação que criará uma cópia do arquivo em seu local de destino.
Gabarito "B".

(Analista – INSS – 2016 – CESPE) Acerca de aplicativos para edição de textos e planilhas e do Windows 10, julgue os próximos itens.

(1) No explorador de arquivos do Windows 10, é possível fixar as pastas favoritas na funcionalidade acesso rápido, que lista, além das pastas fixadas, as usadas com frequência e também os arquivos usados recentemente.

(2) Situação hipotética: Elisa recebeu a tarefa de redigir uma minuta de texto a ser enviada para sua chefia superior, com a condição de que todos os servidores do setor pudessem colaborar com a redação da minuta, ficando Elisa encarregada de consolidar o documento

final. Após digitar a primeira versão do documento, Elisa compartilhou o respectivo arquivo, a partir de sua estação de trabalho. Todos realizaram a edição do texto no mesmo arquivo por meio do LibreOffice Writer com a função Gravar alterações ativada. Assertiva: Nessa situação, quando da revisão final do texto, Elisa terá acesso a diversas informações, tais como: tipo de alteração, data e hora da alteração e autor da alteração.

(3) Situação hipotética: Fábio, servidor do INSS, recebeu a listagem dos cinco últimos rendimentos de um pensionista e, para que fosse calculada a média desses rendimentos, ele inseriu os dados no LibreOffice Calc, conforme planilha mostrada abaixo.

	A
1	R$ 1.896,21
2	R$ 2.345,78
3	R$ 2.145,09
4	R$ 2.777,32
5	R$ 5.945,97
6	
7	

Assertiva: Nessa situação, por meio da fórmula

=MED(A1:A5;5), inserida na célula A6, Fábio poderá determinar corretamente a média desejada.

1: Correta, o item Acesso Rápido permite agrupar as pastas e arquivos mais usados pelo usuário para facilitar seu uso pelo usuário. **2:** Correta, a funcionalidade "Gravar alterações", presente também no MS Word com o nome de "Controlar alterações", permite registrar em um documento o que foi alterado, por quem e quando, facilitando, assim, a identificação de modificações em textos modificados de forma colaborativa. **3:** Errada, no LibreOffice a função para o cálculo da média aritmética de um conjunto de valores é a =MÉDIA(intervalo), onde, neste caso, o intervalo seria da célula A1 até A5, representada na forma de A1:A5, logo, a fórmula deveria ser =MÉDIA(A1:A5). HS

Gabarito: 1C, 2C, 3E

(Técnico – INSS/Guarulhos – 2022 – CEBRASPE) Julgue os próximos itens, relativos a noções de informática.

(1) No Windows 10, a Segurança do Windows verifica continuamente a existência de *malwares* e vírus e inclui um programa antivírus chamado Microsoft Defender Antivírus.

(2) Com a finalidade de proteger os seus arquivos no Windows 10, o usuário pode criptografá-los pelo aplicativo Windows Defender Firewall, no painel Segurança do Windows.

1: Correta, o Microsoft Windows 10, em sua configuração padrão, conta com um software antivírus chamado Microsoft Defender Antivírus, que auxilia o usuário a manter o computador livre de softwares maliciosos através de varreduras constantes no sistema. **2:** Errada, o Windows Defender Firewall é um software do tipo Firewall, que monitora as portas de comunicação do sistema operacional a fim de barrar tentativas invasão ou uso indevido de comunicações, não tendo nenhuma relação com a criptografia de dados.

Gabarito: 1C, 2E

6. MATEMÁTICA E RACIOCÍNIO LÓGICO

André Fioravanti, André Justo e Enildo Garcia*

1. MATEMÁTICA BÁSICA
(numéricas)

(Técnico – INSS/Guarulhos – 2022 – CEBRASPE) Entre os servidores de certa repartição do INSS, sabe-se que 65% gostam de trabalhar com atendimento ao público e, desses, 30% gostam também de trabalhos administrativos.

Com base na situação hipotética descrita, julgue os itens subsequentes.

(1) Se todos os servidores da repartição gostam de pelo menos uma das modalidades de trabalho mencionadas, então mais de 30% deles gostam de trabalhos administrativos.
(2) Entre todos os servidores da repartição, mais de 20% gostam das duas modalidades de trabalho mencionadas.

1: correto. Solução:
Se 65% dos servidores gostam de trabalhar com atendimento ao público, então os outros 35% gostam de trabalhos administrativos pois todos os servidores da repartição gostam de pelo menos uma das modalidades de trabalho.
2: incorreto. Solução:
Seja 100 o número de servidores, Então
65% = 65 deles gostam de trabalhar com atendimento ao público e, desses, 30% =30% de 65 = 19,5% gostam também de trabalhos administrativos, ou seja, 19,9%, menos de 20% gostam das duas modalidades de trabalho mencionadas. **ENG**
Gabarito 1C, 2E

(Técnico – INSS – 2022 – CEBRASPE) Ao realizar um levantamento de informações solicitado por seu chefe, um técnico do seguro social verificou que, entre os segurados que apresentaram suas demandas ao longo da semana anterior, 75% receberam algum atendimento remoto (por telefone, aplicativo ou Internet) e 35% receberam atendimento presencial. Houve casos em que os atendimentos foram iniciados no modo remoto, mas, devido às suas complexidades, precisaram ser concluídos presencialmente.

Com base nessa situação hipotética, julgue os itens seguintes.

(1) Se 20% dos segurados que buscaram atendimento presencial o fizeram para solicitar a reativação do benefício de prestação continuada (BPC), então 10% do total de beneficiários que buscaram atendimento pleiteavam a reativação do BPC.
(2) Se havia somente as duas modalidades de atendimento descritas, é correto concluir que 10% dos segurados passaram pelas duas modalidades de atendimento em suas demandas.

1: incorreto. Solução:
Seja 100 o número de solicitantes. Assim,
se 75% = 75 pediram atendimento remoto, então 25%= 25, solicitaram presencial e desses, 20% = 5 o fizeram para solicitar a reativação do benefício de prestação continuada (BPC).
Como 5 solicitantes representam 5% do total, o item está Errado.
2: correto. Solução:

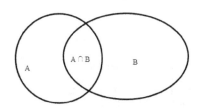

Figura 1
Sendo n(A) o número de elementos do conjunto A e n(A∩B) o número de elementos da interseção de A e B, sabe-se que
n(A∪B) = n(A) + n(B) - n(A∩B)
A = 75: pediram atendimento remoto
B=35: atendimento presencial
100 = 75+ 35 - n(A∩B)
Daí,
n(A∩B) = 110 – 100
n(A∩B) =10→ 10% (passaram pelas duas modalidades de atendimento). **ENG**
Gabarito 1E, 2C

(Analista – TRT/2ª – 2014 – FCC) Efetuando as multiplicações
$2 \times 2, 4 \times 4, 6 \times 6, 8 \times 8, \ldots$,
obtemos uma sequência de números representada a seguir pelos seus quatro primeiros elementos:
$(4, 16, 36, 64, \ldots)$.
Seguindo a mesma lógica, o 1000° elemento dessa sequência será 4.000.000 e o 1001° elemento será 4.008.004. Dessa forma, o 1002° elemento será
(A) 4.016.008.
(B) 4.008.036.
(C) 4.016.036.
(D) 4.008.016.
(E) 4.016.016.

(Sequências numéricas)
Observe que a sequência S = (4, 16, 36, 64, ...) é formada por múltiplos de 4.
Daí, simplificando-a, obtemos 4S = (1, 4, 9, 16, ...), ou seja, 4S é constituída pela sequência dos
quadrados perfeitos $(1, 2^2, 3^2, 4^2, \ldots)$. Conclui-se, então, que o enésimo elemento de S é $4n^2$.

---

* **ENG** questões comentadas por: **Enildo Garcia.**
  As demais questões foram comentadas pelos autores em coautoria

Logo, temos, para n = 1000 o elemento 4x 1000² = 4.000.000 e, para n =1001,
o valor 4x 1001² = 4.008.004.
E, quando n= 1002, o elemento será 4x 1002² = 4.016.016.
2ª Solução
Note que o termo geral da sequência é 4n², para n=1,2,3
....:4x1,4x2²,4x3²,4x4²,...
Assim,
O 1002° elemento da sequência será 4x1002² = 4x1004004 = 4016016. ENG
Gabarito "E".

(Escrevente Técnico – TJSP – 2015 – VUNESP) Um determinado recipiente, com 40% da sua capacidade total preenchida com água, tem massa de 428 g. Quando a água preenche 75% de sua capacidade total, passa a ter massa de 610 g. A massa desse recipiente, quando totalmente vazio, é igual, em gramas, a

(A) 338.
(B) 208.
(C) 200.
(D) 182.
(E) 220.

(Proporções)
Seja r a massa do recipiente e c sua capacidade.
Com 40% de c, a massa total vale r + 0,4c = 428g (i) e
com 75% de c, essa massa total é r + 0,75c = 610g (ii).
Ao subtrair (i) de (ii), temos 0,35c = 182.
Ou seja, c = 182/0,35 = 520.
Substituindo em (i), encontra-se
r + 0,4x520 = 428
r + 208 = 428
r = 220g. ENG
Gabarito "E".

(Escrevente Técnico – TJSP – 2015 – VUNESP) Para a montagem de molduras, três barras de alumínio deverão ser cortadas em pedaços de comprimento igual, sendo este o maior possível, de modo que não reste nenhum pedaço nas barras. Se as barras medem 1,5 m, 2,4 m e 3 m, então o número máximo de molduras quadradas que podem ser montadas com os pedaços obtidos é

(A) 3.
(B) 6.
(C) 4.
(D) 5.
(E) 7.

(Aritmética)
Uma vez que os pedaços devem ser de mesmo comprimento, calcula-se o MDC (máximo divisor comum) dos comprimentos, em cm:

150 240 300 | 3
 50 80 100 | 10 → MDC = 3x10 = 30cm, ou seja, cada pedaço
  5   8 10   terá 30cm.

Com o total de 5+8+10 = 23 pedaços, podem ser montadas 23/4 = 5 molduras quadradas de lado 30cm. ENG
Gabarito "D".

(Escrevente Técnico – TJSP – 2015 – VUNESP) Para fazer 200 unidades do produto P, uma empresa utilizou $\frac{3}{4}$ do estoque inicial (E) do insumo Q. Para fazer mais 300 unidades do produto P, vai utilizar a quantidade que restou do insumo Q e comprar a quantidade adicional necessária para a produção das 300 unidades, de modo que o estoque do insumo Q seja zerado após a produção desse lote. Nessas condições, deverá ser comprada, do insumo Q, uma quantidade que corresponde, do estoque inicial E, a

(A) $\frac{2}{3}$
(B) $\frac{7}{8}$
(C) $\frac{1}{4}$
(D) $\frac{3}{8}$
(E) $\frac{9}{8}$

(Frações)
Seja a regra de três para o produto P:
200 unid- -   (3/4)E
300 unidades- -   x   => x = [300(3/4)E]/200 = 3x3/4)E/2 = 9E/8: quantidade necessária para fazer300 unidades do produto P.
Como já foram gastos 3/4E, sobrou (1/4)E, e precisa-se comprar 9E/8 - (1/4)E = 9E/8 - 2E/8 = 7E/8. ENG
Gabarito "B".

(Escrevente Técnico – TJSP – 2015 – VUNESP) Em um jardim, um canteiro de flores, formado por três retângulos congruentes, foi dividido em cinco regiões pelo segmento AB, conforme mostra a figura.

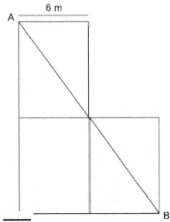

Se $\overline{AB}$ mede 20 m, então a área total desse canteiro é, em m², igual a

(A) 126.
(B) 135.
(C) 144.
(D) 162.
(E) 153.

(Geometria)
Pelo teorema de Pitágoras, tem-se
$AB^2 = AC^2 + BC^2$
$20^2 = AC^2 + 12^2$ => $AC^2 = 400 - 144 = 256$ => $AC = 16$
Como AC é igual a 2 vezes o lado maior do retângulo, esse lado mede, então, 8 m.
Com isso, a área de cada retângulo vale 8x6 = 48 m².
Então o canteiro tem a área total de 3x48 = 144 m². ENG
Gabarito "C".

(Escrevente Técnico – TJSP – 2015 – VUNESP) Observe a sequência de espaços identificados por letras

Cada espaço vazio deverá ser preenchido por um número inteiro e positivo, de modo que a soma dos números de três espaços consecutivos seja sempre igual a 15. Nessas condições, no espaço identificado pela letra g deverá ser escrito o número

(A) 5.
(B) 6.
(C) 4.
(D) 7.
(E) 3.

(Sistema de equações)
Temos:
6+b+c=15 => b+c=9
b+c+d=15 => d=6
c+d+f=15 => c+f=9
d+e+f=15 d=g=6
e + f + g = 15
f + g + h = 15 } e = f
g + h + 6 = 15 ⇒ g + h=9
h + 6 + j = 15 ⇒ h + j=9 } g = j
Resumo
d=6
g=6   =>Letra B
j=6
b=e=f ENG
Gabarito "B".

(Escrevente Técnico – TJSP – 2015 – VUNESP) Levantamento feito pelo CRA-SP questionou qual reforma deve ser priorizada pelo governo. Entre as opções estavam os setores previdenciário, trabalhista, político, tributário e judiciário, sendo que apenas um deles deveria ser apontado. O gráfico mostra a distribuição percentual arredondada dos votos por setor.

QUAL REFORMA DEVE SER PRIORIZADA PELO GOVERNO?

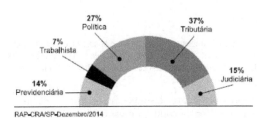

RAP-CRA/SP-Dezembro/2014

Sabendo que o setor político recebeu 87 votos a mais do que o setor judiciário, é correto afirmar que a média aritmética do número de apontamentos por setor foi igual a

(A) 128.
(B) 130.
(C) 137.
(D) 140.
(E) 145.

(Porcentagens)
Seja T o total de votos.

Como foi de 87 a diferença entre os votos do setor político eos do setor judiciário, tem-se
87 = 27%T -15%T
87 = 12%T
Então T = 87/12%
T = 87/0,12
T = 725 votos nos 5 setores
Portanto, a média aritmética do número de apontamentos por setor foi igual a
725/5 = 145 votos/setor. ENG
Gabarito "E".

(Escrevente Técnico – TJSP – 2015 – VUNESP) Dois recipientes (sem tampa), colocados lado a lado, são usados para captar água da chuva. O recipiente A tem o formato de um bloco retangular, com 2 m de comprimento e 80 cm de largura, e o recipiente B tem a forma de um cubo de 1 m de aresta. Após uma chuva, cuja precipitação foi uniforme e constante, constatou-se que a altura do nível da água no recipiente B tinha aumentado 25 cm, sem transbordar.

Desse modo, pode-se concluir que a água captada pelo recipiente A nessa chuva teve volume aproximado, em m³, de

(A) 0,40.
(B) 0,36.
(C) 0,32.
(D) 0,30.
(E) 0,28.

(Áreas e Volumes)
Dadas as condições de precipitação, os dois recipientes captarão água da chuva com a mesma altura de 0,25 m.
O recipiente B, em uma área de 1m² e o recipienteA, na área de 2 x 0,80 = 1,6 m².
Logo, o recipiente A captará 1,6 x 0,25 = 0,40 m³. ENG
Gabarito "A".

(Escrevente Técnico – TJSP – 2015 – VUNESP) Na figura, o trapézio retângulo ABCD é dividido por uma de suas diagonais em dois triângulos retângulos isósceles, de lados

$\overline{AB} \cong \overline{BC}$ e $\overline{AC} \cong \overline{DC}$

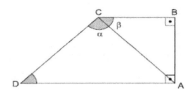

Desse modo, é correto afirmar que a soma das medidas dos ângulos α e β é igual a

(A) 125°.
(B) 115°.
(C) 110°.
(D) 135o.
(E) 130°.

(Geometria)
O ângulo α vale 90° porque ACD é triângulo retângulo.
O ângulo β vale 45° por ABC ser isósceles.
Portanto a soma das medidas dos ângulos α e β b é igual a 90 + 45 = 135°. ENG
Gabarito "D".

(Técnico–TRT/16ª–2015–FCC) A sequência de números a seguir foi criada com um padrão lógico.

1; 2; 2; 3; 3; 3; 4; 4; 4; 4; 5; 5; 5; 5; 5; 6; 6; 6; 6; 6; 6; 7; 7; ...

A soma de uma adição cujas parcelas são o 7º, 11º, 27º e o 29º termos dessa sequência é igual a

(A) 31.

(B) 42.

(C) 24.

(D) 32.

(E) 17.

(Sequências numéricas)
Para mais bem observada, a sequência pode ser assim disposta:
1
2 2
3 3 3
4 4 4 4
5 5 5 5 5
6 6 6 6 6 6
7 7 7 7 7 7 7
8 8 8 8 8 8 8 8
9 9 9 9 9 9 9 9 9   cuja estrutura é, agora, facilmente identificada.
...

Logo, os 7º, 11º, 27º e o 29º termos, assinalados, somam 4 + 5 + 7 +8 = 24. **ENG**
Gabarito "C".

(Escrevente Técnico – TJSP – 2015 – VUNESP) Mantendo-se a regularidade da sequência numérica – 3, 1, – 5, 3, – 7, 5, ..., os dois próximos elementos dessa sequência serão, respectivamente,

(A) – 10 e 6.

(B) – 9 e 7.

(C) – 11 e 5.

(D) – 12 e 4.

(E) – 13 e 3.

(Sequências numéricas)
1ª solução:
Calculando-se as diferenças entre cada dois termos, obtém-se
– 3, 1,– 5, 3, – 7, 5, ...
     +4 -6 +8 -10 +12, ...   - > sequência facilmente identificada
Então, os próximos números serão somados ou subtraídos de 14 e 16
5 -14 = -9) e
-9 +16 = 7   => Letra B
2ª solução:
– 3, 1,– 5, 3, – 7, 5, ...
Nas posições ímpares, temos – 3, – 5, – 7, - > próximo: -9
Nas posições pares, temos 1, 3, 5   - > próximo: 7   => Letra B. **ENG**
Gabarito "B".

(Técnico – INSS – 2005 – CESGRANRIO) Severina foi ao mercado com R$ 3,00 para comprar 2 kg de feijão. Lá chegando, viu o cartaz:

```
      SÓ HOJE! VENDA ESPECIAL.

  FEIJÃO KG -    R$ 1,50    R$ 1,10
  ARROZ KG -     R$ 2,30    R$ 2,00
  BATATA KG -    R$ 1,15    R$ 0,90
  MANDIOCA KG -  R$ 0,90    R$ 0,70
  TOMATE KG -    R$ 1,10    R$ 0,90
```

Como os preços estavam mais baixos, Severina recebeu troco. Com esse troco ela poderia comprar:

(A) 0,5 kg de arroz.

(B) 0,5 kg de batata.

(C) 1,0 kg de batata.

(D) 1,0 kg de tomate.

(E) 1,5 kg de mandioca.

Ao comprar 2kg de feijão, Severina gastou 2 × 1,10 = 2,20 reais, e assim recebeu 3,00 – 2,20 = 0,80 centavos de troco. Como 0,5 kg de arroz custa R$ 1,00, 0,5 kg de batata custa R$ 0,45, 1kg de batata custa R$ 0,90, 1kg de tomate custa R$ 0,90 e 1,5 kg de mandioca custam R$ 1,05, destes itens, o único que Severina pode comprar é o 0,5 kg de batata.
Gabarito "B".

(Técnico – INSS – 2005 – CESGRANRIO) Seu Manuel comprou uma saca que ele pensava conter 100 kg de feijão por R$ 81,00. Depois de empacotar o feijão em sacos de 2,0 kg, Seu Manuel contou apenas 45 sacos, ou seja, havia na saca menos feijão do que ele pensava. Na realidade, quanto Seu Manuel pagou, em reais, por cada quilo de feijão?

(A) 0,81.

(B) 0,83.

(C) 0,85.

(D) 0,87.

(E) 0,90.

Seu Manuel comprou, na realidade, 45 × 2,0 = 90,0 kg de feijão. Portanto, ele pagou por kg de feijão o valor de 81,00 / 90,0 = R$ 0,90.
Gabarito "E".

(Técnico – INSS – 2005 – CESGRANRIO) Um motorista parou em um posto para abastecer seu caminhão com óleo diesel. Ele pagou com uma nota de R$ 100,00 e recebeu R$ 5,75 de troco. Se o litro do óleo diesel custava R$ 1,45, quantos litros ele comprou?

(A) 55.

(B) 58.

(C) 65.

(D) 75.

(E) 78.

O custo total de abastecimento que o motorista pagou foi de 100,00 – 5,75 = R$ 94,25. Portanto, como cada litro de óleo diesel custava R$ 1,45, o motorista comprou 94,25 / 1,45 = 65 litros do combustível.
Gabarito "C".

(Técnico – INSS – 2005 – CESGRANRIO) Seu José produziu 10 litros de licor de cupuaçu e vai encher 12 garrafas de 750 ml para vender na feira. Não havendo desperdício, quantos litros de licor sobrarão depois que ele encher todas as garrafas?

(A) 1,00.

(B) 1,25.

(C) 1,50.

(D) 1,75.

(E) 2,00.

Para encher 12 garrafas de 750ml = 0,75 litros de licor, Seu José precisa de 12 × 0,75 = 9,0 litros do licor. Portanto, como ele produziu 10 litros, irão sobrar 10 – 9 = 1,0 litros do licor.
Gabarito "A".

6. MATEMÁTICA E RACIOCÍNIO LÓGICO   129

(Técnico – INSS – 2005 – CESGRANRIO) A divisão do número de vereadores de determinada cidade é proporcional ao número de votos que cada partido recebe. Na última eleição nesta cidade, concorreram apenas 3 partidos, A, B e C, que receberam a seguinte votação: A teve 10 000 votos, B teve 20 000 e C, 40 000. Se o número de vereadores dessa cidade é 21, quantos deles são do partido B?

(A) 6.

(B) 7.

(C) 8.

(D) 9.

(E) 10.

Os três partidos receberam juntos 10 000 + 20 000 + 40 000 = 70 000 votos. Como o número de vereadores da cidade é 21, foram necessários 70 000 / 21 = 10 000 / 3 = 3 333 votos no partido para eleger um vereador, onde aproximamos o resultado para o número inteiro mais próximo. Como o partido B obteve 20 000 votos, ele elegeu 20 000 / 3 333 = 6 vereadores.
Gabarito "A".

(Técnico – INSS – 2012 – FCC) Em dezembro, uma loja de carros aumentou o preço do veículo A em 10% e o do veículo B em 15%, o que fez com que ambos fossem colocados a venda pelo mesmo preço nesse mês. Em janeiro houve redução de 20% sobre o preço de A e de 10% sobre o preço de B, ambos de dezembro, o que fez com que o preço de B, em janeiro, superasse o de A em

(A) 11,5%.

(B) 12%.

(C) 12,5%.

(D) 13%.

(E) 13,5%.

Em dezembro, temos que $(1 + 0,1) \times A = (1 + 0,15) \times B$, ou seja, $1,1A = 1,15B$. Em janeiro, o preço de A foi para $(1 - 0,2) \times 1,1A = 0,8 \times 1,15B = 0,92B$. Neste mesmo mês, o preço de B foi para $(1 - 0,1) \times 1,15B = 0,9 \times 1,15B = 1,035B$. Portanto, o preço de B supera o preço de A em $(1,035B / 0,92B) - 1 = 1,125 - 1 = 0,125$ ou 12,5%.
Gabarito "C".

(Técnico – INSS – 2012 – FCC) Em uma turma de 100 alunos, 63 sabem escrever apenas com a mão direita, 5 não sabem escrever, 25% dos restantes sabem escrever tanto com a mão direita quanto com a esquerda, e os demais alunos sabem escrever apenas com a mão esquerda.

Dessa turma, a porcentagem de alunos que sabe escrever com apenas uma das duas mãos é de

(A) 86%.

(B) 87%.

(C) 88%.

(D) 89%.

(E) 90%.

Temos que 63+5 = 68 não sabem escrever ou escrevem apenas com a mão direita. Portanto, $0,25 \times (100 - 68) = 0,25 \times 32 = 8$ pessoas são ambidestras, e as demais $100 - 63 - 5 - 8 = 24$ pessoas escrevem apenas com a mão esquerda. Portanto, a porcentagem de alunos que sabe escrever apenas com uma das mãos é de $(63 + 24) / 100 = 87\%$.
Gabarito "B".

(Técnico – INSS – 2005 – CESGRANRIO) Um prêmio em dinheiro foi dividido entre 3 pessoas: a primeira recebeu $\frac{1}{4}$ do

valor do prêmio, a segunda recebeu $\frac{1}{3}$ e a terceira ganhou R$ 1 000,00. Então, o valor desse prêmio, em reais, era de:

(A) 2 400,00.

(B) 2 200,00.

(C) 2 100,00.

(D) 1 800,00.

(E) 1 400,00.

A terceira pessoa recebeu 1 – 1/4 – 1/3 do prêmio, ou seja, $(12 – 3 – 4) / 12 = 5 /12$ deste. Portanto, seja x o valor do prêmio, então $5x / 12 = 1 000,00$, $x = 2 400,00$ reais.
Gabarito "A".

(Técnico – INSS – 2005 – CESGRANRIO) Do total de funcionários da empresa Fios S/A, 20% são da área de Informática e outros 14% ocupam os 21 cargos de chefia. Quantos funcionários dessa empresa NÃO trabalham na área de Informática?

(A) 30.

(B) 99.

(C) 110.

(D) 120.

(E) 150.

Seja y o número de funcionários da empresa. Assim sendo, $(14/100).y = 21$, $y = 150$. Como 20% são da área de informática, 100% - 20% = 80% dos funcionários não são desta área. Portanto, $0,8 \times 150 = 120$ pessoas são de áreas distintas à informática.
Gabarito "D".

(Técnico – INSS – 2005 – CESGRANRIO) A razão entre o número de homens e de mulheres, funcionários da firma W, é $\frac{3}{5}$. Sendo N o número total de funcionários (número de homens mais o número de mulheres), um possível valor para N é:

(A) 46.

(B) 49.

(C) 50.

(D) 54.

(E) 56.

Como, na firma W, existem 3 funcionários homens para cada 5 funcionárias mulheres, então, obrigatoriamente, o número de funcionários desta firma é múltiplo de 3 + 5 = 8. Dos valores apresentados como possíveis respostas, apenas 56 é divisível por 8.
Gabarito "E".

(Técnico – INSS – 2005 – CESGRANRIO) O real perdeu muito do seu poder de compra de 1994 até hoje. Para se ter uma idéia dessa perda, um estudo da Consultoria Global Invest mostrou que, com o dinheiro necessário para comprar 8 pizzas ou 20 entradas de cinema em 1994, hoje o consumidor consegue comprar somente 3 pizzas ou 5 entradas de cinema.

Revista Veja, 11 ago. 2004.

Considerando as proporções apresentadas nesse estudo, quantas pizzas poderiam ser compradas em 1994 com a quantia necessária para comprar, hoje, 20 entradas de cinema?

(A) 12.

(B) 16.

(C) 24.

(D) 32.

(E) 36.

Em 1994 o consumidor era capaz de comprar 20 / 5 = 4 vezes mais entradas de cinema com a mesma quantidade de dinheiro do que hoje. Desta forma, com a quantia necessária para comprar, hoje, 20 entradas de cinema, em 1994 o consumidor compraria 4 × 20 = 80 entradas de cinema. Mas, em 1994, o valor de 20 entradas de cinema permitia comprar 8 pizzas, e, portanto, com o valor de 80 entradas de cinema ele poderia comprar 8 × 80 / 20 = 32 pizzas.

Gabarito "D".

(TRF/1 – 2011 – FCC) Analisando o número de horas dedicadas à consulta a banco de dados nas quatro semanas de certo mês, um Técnico Judiciário verificou que o número de horas referente

– à primeira semana correspondeu a 3/10 do total de horas das quatro semanas;

– à segunda semana correspondeu a 4/5 do referente à terceira semana;

– à quarta semana foi igual a 5.

Se a soma das horas dedicadas a essa tarefa na primeira e na terceira semanas foi igual a 11, então o número de horas referente à segunda semana foi igual a

(A) 3.

(B) 4.

(C) 5.

(D) 6.

(E) 7.

Temos, sendo t o número de horas dedicadas à consulta a banco de dados num certo mês,

primeira semana $\Rightarrow$ 3t/10

segunda semana $\Rightarrow$ 4x/5

terceira semana $\Rightarrow$ x

quarta semana $\Rightarrow$ 5

total $\Rightarrow$ t

Logo, 3t/10 + 4x/5+ x+ 5 =t

9x/5 + 5 = t – 3t/10 =7t/10

18x +50=7t (I)

Mas a soma das horas dedicadas a essa tarefa na primeira e na terceira semanas foi igual a 11, isto é,

3t/10 + x =11 3t+10x=110 (II)

Ao multiplicar I) por 3 e (II) por 7, obtemos

21t -54x = 150 (I')

21t +70x = 770 (II")

E, ao subtrair (I") de (II"), obtemos

124x = 620 $\Rightarrow$ x=5 que, substituído em (I), nos dá

18.5 + 50 = 7t $\Rightarrow$ 7t = 140 $\Rightarrow$ t=20 horas. Verificação: 3t/10 + 4x/5 + x + 5 = t => 6+4+5+5 = 20.

Então o número de horas referente à segunda semana foi igual a 4x/5 = 4 horas.

Gabarito "B".

(TRF/1 – 2011 – FCC) Dois Técnicos Judiciários de um setor do Tribunal Regional Federal –Paulo e João – têm, respectivamente, 30 e 35 anos de idade e seus respectivos tempos de trabalho nesse setor são 6 e 9 anos. Incumbidos de arquivar os documentos de um lote, eles os dividiram entre si em partes diretamente proporcionais aos seus respectivos tempos de serviço nesse setor, cabendo a Paulo 78 documentos. Se a divisão tivesse sido feita em partes inversamente proporcionais às suas respectivas idades, quantos documentos caberiam a João?

(A) 82.

(B) 85.

(C) 87.

(D) 90.

(E) 105.

Temos:

p/j=6/9=2/3 ou j=3p/2

Para p=78 documentos, obtêm-se j=3.78/2=3.39=117 documentos, com um total de 78+117=195.

Inversamente proporcionais às suas respectivas idades:

1/30 – P

1/35 – J $\Rightarrow$ J/30 = P/35 ou J/P=30/35=6/7 ou P=7J/6.

Mas J+P=195. Então,

J+7J/6 = 195

13J/6 = 195

J = 15.6= 90 documentos.

Gabarito "D".

(Técnico – INSS – 2005 – CESGRANRIO) Para ter acesso a um arquivo, um operador de computador precisa digitar uma sequência de 5 símbolos distintos, formada de duas letras e três algarismos. Ele se lembra dos símbolos, mas não da sequência em que aparecem. O maior número de tentativas diferentes que o operador pode fazer para acessar o arquivo é:

(A) 115.

(B) 120.

(C) 150.

(D) 200.

(E) 249.

Como todos os símbolos são distintos, o operador tem 5 opções de escolha para o 1° símbolo, 4 opções para o 2° , 3 para o 3° , 2 para o 4° e 1 para o 5°. Dessa forma, o maior número de tentativas diferentes que o operador pode fazer, supondo que ele não repita nenhuma tentativa, é de 5 × 4 × 3 × 2 × 1 = 120 tentativas.

Gabarito "B".

As informações abaixo devem ser utilizadas para responder as próximas duas questões.

"Existem no País 292 áreas concedidas para minério de ferro. Cerca de 2/3 destas áreas encontram-se paralisadas por motivos diversos, como dificuldade de escoamento, falta de mercado localizado, áreas com pesquisa insuficiente, minério de baixa qualidade, pendências judiciais, restrições ambientais etc. (...) Mas a evolução da produção comercial, no período de 1988 a 2000, mostra um crescimento a uma taxa anual de 3%.

" Balanço mineral brasileiro – 2001, disponível em http://www.dnpm.gov.br

(Técnico – INSS – 2005 – CESGRANRIO) Um terreno de 1 km² será dividido em 5 lotes, todos com a mesma área. A área de cada lote, em m², será de:

(A) 1 000.

(B) 2 000.

(C) 20 000.
(D) 100 000.
(E) 200 000.

Como 1 km = 1 000 metros, então 1km² = 1 000² m², ou seja, 1 000 000 m². Como esse terreno será divido em 5 lotes igual, a área de cada lote será de 1 000 000 / 5 = 200 000 m².
Gabarito "E".

(Analista – TRF/3ª – 2007 – FCC) O esquema abaixo representa a multiplicação de um número natural F por 8, resultando em um número G.

Os círculos representam algarismos que satisfazem às seguintes condições:
– são distintos entre si;
– são diferentes de zero;
– o algarismo das centenas de F é maior do que o algarismo das centenas de G.

Determinando-se corretamente esses cinco algarismos, verifica-se que o algarismo

(A) dos milhares de F é 3.
(B) das centenas de F é 3.
(C) das unidades de F é 8.
(D) das centenas de G é 5.
(E) das unidades de G é 6.

Introduzir o seguinte texto:
Nas multiplicações de números menores ou iguais a 9 por números maiores que 9, procedemos conforme o exemplo abaixo:
```
   25        3 x 5 = 15 'vai' 1
   x3        3 X 2 = 6
  ----
   75       6 + 1 = 7
```
Reescrevendo a equação e denominando os círculos na sequência como : x, y, z, u, t E v
(c) (b) (a)
 x y 1 z
          x 8
----
 u 8 t 2 v
Para determinar z e v, considerar 8 x 1 = b 2 portanto a = 4 e z = 6 e v = 8. E b = 1.
A multiplicação fica:
(c) (1) (4)
 x y 1 6
          x 8
----
 u 8 t 2 8
Para determinar as centenas y e t, temos que o algarismos y é maior do que t (y > t).
Suponhamos que y = 5 e nesse caso t = 1 e c = 4 e a conta fica:
(4) (1) (4)
 x 5 1 6
          x 8
----
 u 8 1 2 8
Vamos supor x = 3 e u = 2. A conta fica:

(4) (1) (4)
 3 5 1 6
          x 8
----
 2 8 1 2 8
Portanto, a resposta correta é a opção A.
Gabarito "A".

(Analista – TRF/3ª – 2007 – FCC) Se o dia 08 de março de um certo ano foi uma terça-feira, então o dia 30 de julho desse mesmo ano foi

(A) uma quarta-feira.
(B) uma quinta-feira.
(C) uma sexta-feira.
(D) um sábado.
(E) um domingo.

Como março tem 31 dias, após o dia 8 ainda faltavam 23 dias para terminar o mês. Somado a isso, temos mais 30 dias em abril, 31 dias em maio, 30 dias em junho e mais 30 dias corridos em julho. Portanto, passaram-se 23+30+31+30+30= 144 dias. Como uma semana tem 7 dias, passaram-se 144/7 = 20 semanas + 4 dias. A cada 7 dias caímos novamente em uma terça-feira. Se tivesse passado um número exato de semanas, o dia 30 de julho seria uma terça-feira, mas, como ainda restam 4 dias, caímos em um sábado.
Gabarito "D".

(Analista – TRF/4ª – 2010 – FCC) Um prêmio em dinheiro é repartido entre 3 pessoas em partes inversamente proporcionais às suas idades, ou seja, 24, 36 e 48 anos. Se a pessoa mais nova recebeu R$ 9.000,00 a mais que a mais velha, então a pessoa que tem 36 anos recebeu

(A) R$ 9.000,00.
(B) R$ 12.000,00.
(C) R$ 15.000,00.
(D) R$ 18.000,00.
(E) R$ 21.000,00.

A pessoa mais nova tem 24 anos, e a pessoa mais velha tem 48 anos, o dobro. Sendo assim, como a divisão do dinheiro foi feita respeitando a razão inversa das idades, a pessoa mais velha receberá metade do dinheiro da mais nova, pois tem o dobro da idade. Como o enunciado nos diz que a mais nova recebeu R$9.000 a mais que a mais velha, concluímos que ela recebeu R$18.000 e a mais velha, R$9.000.
Já para a pessoa de 36 anos, a razão inversa das idades é: =
Portanto, como a pessoa de 24 anos recebeu R$18.000, a de 36 anos recebeu:
. (R$18.000) = R$12.000
Gabarito "B".

(Analista – TRF/4ª – 2010 – FCC) Oito trabalhadores, trabalhando com desempenhos constantes e iguais, são contratados para realizar uma tarefa no prazo estabelecido de 10 dias. Decorridos 6 dias, como apenas 40% da tarefa havia sido concluída, decidiu-se contratar mais trabalhadores a partir do 7º dia, com as mesmas características dos anteriores, para concluir a tarefa no prazo inicialmente estabelecido. A quantidade de trabalhadores contratados a mais, a partir do 7º dia, foi de

(A) 6.   (B) 8.   (C) 10.   (D) 12.   (E) 18.

Esse problema pode ser resolvido por regra de três composta. Sabe-se que 8 trabalhadores fazem 40% do trabalho em 6 dias. Quantos trabalhadores são necessários para fazer os 60% restantes em 4 dias?

TRABALHADORES	Percentagem	Tempo
$\dfrac{8 \text{ trabalhadores}}{x}\uparrow$	$\dfrac{0,4}{0,6}\uparrow$	$\dfrac{6 \text{ dias}}{4 \text{ dias}}\downarrow$

As setas acima significam que, se aumentarmos o número de trabalhadores, aumentaremos a percentagem concluída (diretamente proporcional) e reduziremos o tempo necessário (inversamente proporcional). A variável inversamente proporcional deverá ser colocada invertida na formulação matemática:

$\dfrac{8}{x} = \dfrac{0,4}{0,6} \cdot \dfrac{4}{6}$

$\dfrac{8}{x} = \dfrac{1,6}{3,6}$

X = 18 trabalhadores
Como já tínhamos 8 trabalhadores anteriormente, falta contratar 10 trabalhadores para concluir a tarefa no prazo.

Gabarito "C".

(Analista – TRF/4ª – 2010 – FCC) Em uma empresa, a quantidade de empregados do sexo masculino supera em 100 a quantidade de empregados do sexo feminino. A média dos salários dos homens é igual a R$ 2.000,00 e a das mulheres R$ 1.800,00. Se a média dos salários de todos os empregados é igual a R$ 1.920,00, então a quantidade de empregados do sexo masculino é igual a

(A) 200.
(B) 300.
(C) 400.
(D) 500.
(E) 600.

Seja "x" o número de mulheres e "y" o número de homens. A média dos salários dos empregados (homens e mulheres) é calculada pela fórmula abaixo:

$\dfrac{x \cdot (R\$1.800) + y(R\$2.000)}{x+y}$ = média = R$1.920

Como também sabemos que o número de homens supera em 100 o número de mulheres (y = x +100), temos o seguinte sistema de equações:

$\begin{cases} y = x + 100 & \text{(I)} \\ \dfrac{x.(1.800)+(x+100)(2.000)}{x+y} = 1.920 & \text{(II)} \end{cases}$

$\dfrac{x.(1.800) + y(2.000)}{x+(x+100)} = 1920$

Substituindo (I) em (II):
1.800.x + 2.000.x + 200.000 = 1.920.(2x+100)
3.800.x = 3.840.x + 192.000 – 200.000
40.x = 8.000

$x = \dfrac{8.000}{40}$

x= 200 (número de mulheres)

Substituindo esse valor de "x" em (I):
y = x + 100 = 200 + 100 = 300 (número de homens)

Gabarito "B".

(5) Se A, B e C forem conjuntos quaisquer tais que A, B ⊂ C, então (C \ A) ∩ (A ∪ B) = C ∩ B.

1ª solução (pictoricamente)

Consideremos dois casos:

1) Os conjuntos A e B são disjuntos, ou seja, $A \cap B = \emptyset$.
Desenhemos o esboço dos conjuntos:

1) Os conjuntos A e B não são disjuntos, ou seja, $A \cap B \neq \emptyset$.
Esboço dos conjuntos:

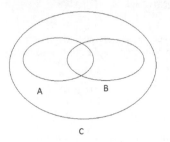

I) C\A:

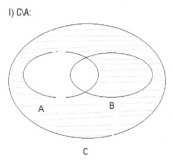

II) $A \cup B$

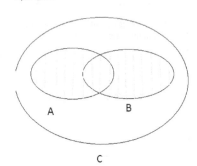

III) $C \cap B$

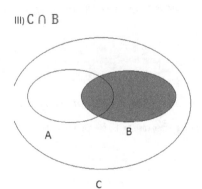

IV) (C \ A) ∩ (A ∪ B)

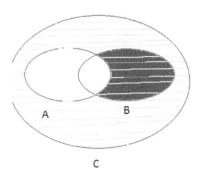

Assim, nota-se que que os subconjuntos encontrados são diferentes, isto é

$(C \setminus A) \cap (A \cup B) \neq C \cap B$
E a resposta está errada. => Errado

2ª solução (por elementos dos conjuntos)

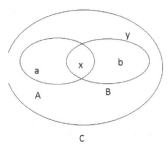

Temos, sendo a, b, x, y elementos quaisquer dos conjuntos da figura:

$C \setminus A = \{b, y\}$

$A \cup B = \{a, x, b\}$

$(C \setminus A) \cap (A \cup B) = \{b, y\}$

$A \cap B = \{x\}$

$C \cap B = \{b, x\}$

Logo,

$(C \setminus A) \cap (A \cup B) = \{b\}$

Ou seja,

$(C \setminus A) \cap (A \cup B) \neq C \cap B$
E a resposta da questão está errada.

3ª solução (pela propriedade da interseção em relação à reunião de conjuntos)
Sabe-se que
$(C \setminus A) \cap (A \cup B) = (C \setminus A) \cap (A) \cup (C \setminus A) \cap (B)$, pela propriedade da interseção em relação
à reunião de conjuntos,
Daí,

$\emptyset \cup (C \setminus A) \cap (B)$

$\emptyset \cup (B) = B$

Por outro lado,
$C \cap B = B$ se, e somente se, os conjuntos não A e B são disjuntos.
Portanto,
$C \setminus A) \cap (A \cup B) = C \cap B$.
E a resposta da questão está correta

Conclusão
A questão afirma que o resultado deve valer para A, B e C conjuntos quaisquer e
na 1ª solução vimos que não é verdade para conjuntos não disjuntos e também está errado, pela 2ª solução.
Assim, a resposta da questão está errada. => Errado

Uma população de 1.000 pessoas acima de 60 anos de idade foi dividida nos seguintes dois grupos:

A: aqueles que já sofreram infarto (totalizando 400 pessoas); e B: aqueles que nunca sofreram infarto (totalizando 600 pessoas).

Cada uma das 400 pessoas do grupo A é ou diabética ou fumante ou ambos (diabética e fumante).

A população do grupo B é constituída por três conjuntos de indivíduos: fumantes, ex-fumantes e pessoas que nunca fumaram (não fumantes).

(Analista – INSS – 2016 – CESPE) Com base nessas informações, julgue os itens subsecutivos.

(1) Se, no grupo B, a quantidade de fumantes for igual a 20% do total de pessoas do grupo e a quantidade de ex-fumantes for igual a 30% da quantidade de pessoas fumantes desse grupo, então, escolhendo-se aleatoriamente um indivíduo desse grupo, a probabilidade de ele não pertencer ao conjunto de fumantes nem ao de ex-fumantes será inferior a 70%.

(2) Se, das pessoas do grupo A, 280 são fumantes e 195 são diabéticas, então 120 pessoas desse grupo são diabéticas e não são fumantes.

Resolução

I) grupo B: 600 nunca sofreram infarto nunca sofreram infarto:
Temos
fumantes 20% do grupo B =20% de 600 = 120
ex-fumantes: 30% da quantidade de pessoas fumantes desse grupo
= 30% de 120 = 36
Logo, não fumantes = 600 − (120 + 36) = 600 − 156 = 444
Pergunta 1
a probabilidade de um indivíduo do grupo B não pertencer ao conjunto de fumantes nem ao de ex-fumantes, ou seja, ele é não fumante, é de, por uma regra de três
600 − 444
100 − x

$x = \dfrac{444 \times 100}{600} = 74\%$. => A resposta está errada.
Ou

Probabilidade $= \dfrac{\text{casos possíveis}}{\text{total de casos}} = \dfrac{444}{600} = 0{,}74 = 74\%$. => A

resposta está errada.
Pergunta 2
No diagrama de Venn, temos
II) grupo A: 400 já sofreram infarto

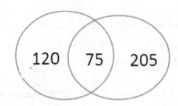

diabéticos   fumantes

O número de diabéticos e fumantes é calculado por
Sendo # a cardinalidade de um conjunto, isto é, o número de seus elementos, temos

#(D ∪ F) = #D + #F - #(D∩F)

400 = 195 + 280 - #(D∩F)
Daí,
#(D∩F) = 475 – 400

#(D∩F) = 75, como está na figura.

Então,
120 pessoas desse grupo são diabéticas e não são fumantes. => Correto

(Analista – INSS – 2016 – CESPE) Com relação a lógica proposicional, julgue os itens subsequentes.

(1) Considerando-se as proposições simples "Cláudio pratica esportes" e "Cláudio tem uma alimentação balanceada", é correto afirmar que a proposição "Cláudio pratica esportes ou ele não pratica esportes e não tem uma alimentação balanceada" é uma tautologia.

(2) Na lógica proposicional, a oração "Antônio fuma 10 cigarros por dia, logo a probabilidade de ele sofrer um infarto é três vezes maior que a de Pedro, que é não fumante" representa uma proposição composta.

(3) Supondo-se que p seja a proposição simples "João é fumante", que q seja a proposição simples "João não é saudável" e que $p \rightarrow q$, então o valor lógico da proposição "João não é fumante, logo ele é saudável" será verdadeiro.

Resolução

1)
Temos as proposições:
p: Cláudio pratica esportes
q: Cláudio tem uma alimentação balanceada
Para a proposição Cláudio pratica esportes ou ele não pratica esportes e não tem uma alimentação balanceada, ou seja, ~p ∧ ~q, temos a tabela-verdade

p	~p	q	~q	~p ∧ ~q
V	F	V	F	F
V	F	F	V	F
F	V	V	F	F
F	V	F	V	V

Para ser uma tautologia, a última coluna de sua tabela-verdade deve ter somente a letra V(verdade), o que não é o caso.
Assim, (~p ∧ ~q) não é uma tautologia. => Errado

2)
Temos as proposições:
p: Antônio fuma 10 cigarros por dia
q: Pedro é não fumante
r: Antônio pode sofrer um infarto
e as condicionais p → r e q → r.
Logo, a probabilidade de p → r é três vezes maior que a de q → r representa uma proposição composta. => Correto

3)
1ª solução
Temos as proposições:
p: João é fumante
q: João não é saudável
e a condicional p → q.
Pede-se o valor lógico da proposição "João não é fumante, logo ele é saudável", isto é,
~p → ~q.
Sabe-se que a condicional p → q e sua recíproca ~p → ~q não são equivalentes, ou seja, não tem as mesmas tabelas-verdade.
Assim, a recíproca não é necessariamente verdadeira. => Errado
Supondo-se que p seja a proposição simples "João é fumante", que q seja a proposição simples "João não é saudável" e que $p \rightarrow q$, então o valor lógico da proposição "João não é fumante, logo ele é saudável" será verdadeiro.

2ª solução
Somente o fato de João não ser fumante, não implica que ele seja saudável, uma vez que pode ter diversas doenças. => Errado.

2. MATEMÁTICA FINANCEIRA

(Escrevente Técnico – TJSP – 2015 – VUNESP) Aluísio e Berilo aplicaram, respectivamente, R$ 4.000,00 e R$ 5.000,00 a uma mesma taxa mensal de juros simples durante quatro meses. Se o valor dos juros recebidos por Berilo foi R$50,00 maior que o valor dos juros recebidos por Aluísio, então a taxa anual de juros simples dessas aplicações foi de

(A) 10,8%.
(B) 12%.
(C) 12,6%.
(D) 14,4%.
(E) 15%.

(Matemática Financeira)
Sejam JA e JB os juros recebidos por Aluísio e Berilo, respectivamente.
Tem-se JB = JA+50
Como J = Cit, com C capital, i taxa de juros e t o tempo em meses, temos
5.000i.4 =4.000i.4 + 50
20.000i = 16.000i + 50
4.000i = 50 ou
i = 50/4.000
i = 1,25/100= 1,25% ao mês
E a taxa anual de juros simples dessas aplicações foi de 112x1,25% = 15%.

6. MATEMÁTICA E RACIOCÍNIO LÓGICO | 135

(Analista – INSS – 2008 – CESPE) Julgue os itens seguintes, acerca de taxas de juros.

(1) Se, em determinado ano, a inflação for igual a 20%, será mais atraente para um investidor fazer suas aplicações à taxa real de 10% do que à taxa aparente de 30%.

1: Correto. Calculando a taxa real de uma aplicação em taxa aparente de 30%, temos que $1 + i_r = (1 + i_a) / (1 + i)$, onde i_r é a taxa real, i_a a taxa aparente, e i a taxa da inflação.
Assim sendo, $i_r = 1,3 / 1,2 - 1 = 0,0833$ ou 8,33%.
Gabarito 1C

(Analista – INSS – 2008 – CESPE) O instituto de previdência privada IPP paga, no início de cada mês, a cada um de seus segurados, um auxílio — que pode ser auxílio-doença ou auxílio-maternidade — no valor de R$ 500,00. Também no início de cada mês, o IPP concede 800 novos auxílios-doença e uma quantidade constante x de auxílios-maternidade. Para o pagamento desses auxílios, o IPP recorre a uma instituição financeira, tomando empréstimos à taxa de juros simples de 2,5% ao mês.

Com referência aos meses de janeiro, fevereiro e março do último ano, o IPP pagou R$ 90.000,00 de juros à instituição financeira por conta dos empréstimos para pagamento desses novos auxílios.

Com base nessa situação hipotética, julgue os itens subsequentes.

(1) A taxa de juros simples anual proporcional à taxa de juros cobrada pela referida instituição financeira é igual a 25%.

1: Errado. como a instituição cobra taxa de juros simples de 2,5% ao mês, a taxa de juros simples anual proporcional é de 12 × 2,5 = 30% de juros ao ano.
Gabarito 1E

(2) Com referência aos 3 meses considerados, a soma dos novos auxílios-doença pagos pelo IPP foi inferior a R$ 2.000.000,00.

2: Errado. No início de cada mês, o IPP concede 800 novos auxílios-doença no valor de R$ 500,00 cada, ou seja, a cada mês, são gastos 800 × 500,00 = R$ 400.000,00. Os novos auxílios-doença pagos no 1º mês considerado receberam este auxílio 3 vezes (no mês inicial e nos dois subsequentes). Os que receberam no 2º mês considerado receberam 2 vezes (no 2º e 3º meses). Finalmente os que receberam no 3º mês, receberam apenas uma vez.
Portanto, o IPP gastou, nos 3 meses considerados, uma quantia de (3 + 2 + 1) × R$ 400.000,00 = R$ 2.400.000,00 com os novos auxílios-doença.
Gabarito 2E

(3) Com referência aos 3 meses considerados, o IPP destinou mais de R$ 1.200.000,00 para pagar os novos auxílios-maternidade.

Considerado correto, apesar de duvidoso. No 1º mês, o IPP emprestou (800 + x) × 500,00 reais da instituição financeira. Portanto, os juros a serem pagos, referente a essa parcela, é J1 = (800 + x) × 500,00 × 0,075. Os juros pagos referente ao segundo mês,
J2 = (800 + x) × 500,00 × 0,05, e com o 3º mês,
J3 = (800 + x) × 500,00 × 0,025. Portanto, J = J1 + J2 + J3 = (800 + x) × 500,00 × (0,075 + 0,05 + 0,025) = (800 + x) × 500,00 × 0,15.
Como J = R$ 90.000,00, temos que 800 + x = 1.200, ou seja, x = 400. Portanto, nos 3 meses considerados, o IPP destinou metade do

que destinou para auxílios-doença com auxílios-maternidade, ou seja 2.400.000,00 / 2 = R$ 1.200.000,00. Dessa forma, o IPP destinou R$ 1.200.000,00 ou mais (e não mais de R$ 1.200.000,00) para pagar esses novos auxílios-maternidade.
Gabarito 3C

(Analista – INSS – 2008 – CESPE) Julgue o item seguinte, acerca de taxas de juros.

(1) A taxa mensal de juros compostos que equivale à taxa semestral de juros compostos de 10% é dada por [1,1 - 1] × 12.

Considerado correto, apesar de errado. A taxa mensal i equivalente a uma taxa semestral de 10% é tal que $(1 + i)^6 = 1,1$, ou seja, $i = 1,1^{1/6}$ – 1 (observe que não há a multiplicação por 12 na resposta correta).
Gabarito 1C

(TRF/1 – 2011 – FCC) Na compra de um computador, um Técnico recebeu um desconto de 10% sobre o preço de M reais. Após certo tempo, comprou um novo computador por R$ 2 370,00 e, para fazer o pagamento, deu o primeiro computador como entrada, com prejuízo de 10% sobre a quantia que havia pago, e mais três parcelas sem juros de R$ 250,00 cada. Nessas condições, M é igual a

(A) 2 000.
(B) 2 050.
(C) 2 100.
(D) 2 105.
(E) 2 110.

O pagamento foi de:
2.370 = (M-M/10) – 10%de(M-M/10) + 3x250
2.370 = 9M/10 -1/10(9M/10) + 750
2.370 = 0,9M – 0,1(0,9M) + 750
0,9M – 0,09M = 2.370 – 750 = 1.620
0,81M = 1.620
M = 1.620/0,81
M = R$ 2.000,00
Gabarito "A".

(Técnico – INSS – 2005 – CESGRANRIO) Um aparelho de som pode ser comprado em 4 prestações de R$ 150,00 ou à vista com 10% de desconto. Quanto será pago, em reais, se a compra for feita à vista?

(A) 480,00.
(B) 500,00.
(C) 520,00.
(D) 540,00.
(E) 560,00.

O custo total das parcelas é de 4 × 150,00 = 600,00 reais. Com 10% de desconto, o preço a vista é de (1 – 0,1) × 600,00 = R$ 540,00.
Gabarito "D".

(Analista – TRF/4ª – 2010 – FCC) Considere uma aplicação referente a um capital no valor de R$ 15.000,00, durante 2 anos, a uma taxa de juros compostos de 10% ao ano. Este mesmo capital aplicado a uma taxa de juros simples de 18% ao ano, durante um certo período, apresenta o mesmo valor de juros que o da primeira aplicação. O tempo de aplicação a que se refere o regime de capitalização simples é de, em meses,

(A) 14.
(B) 15.

(C) 16.

(D) 18.

(E) 20.

Seja "n" o tempo da aplicação, "i" a taxa de juros, "C" o capital inicial e "M" o montante final (capital +juros). O cálculo da aplicação com juros compostos é:

$M = C(1 + i)^n$

$M = R\$15.000.(1+10\%)^2$

$M = R\$15.000.(1,1)^2 = R\$15.000.(1,21)$

$M = R\$18.150$

Para os cálculos da segunda aplicação, é útil transformar a taxa de juros anual em mensal. Como a taxa é de juros simples, basta dividir 18% por 12 meses (=1,5% ao mês=0,015). Sabendo que a segunda aplicação, com juros simples, deve resultar nesse mesmo montante já calculado acima, temos:

$M = C + C.(i).n$

$R\$18.150 = R\$15.000 + R\$15.000(0,015).n$

$n =$

$n = 14$ meses

Gabarito "A".

(Analista – TRF/4ª – 2010 – FCC) Uma duplicata é descontada em um banco 40 dias antes de seu vencimento, segundo uma operação de desconto comercial simples. O valor atual desta duplicata é igual a 97% de seu valor nominal. Considerando a convenção do ano comercial, tem-se que a taxa anual de desconto utilizada foi de

(A) 15%.

(B) 18%.

(C) 21%.

(D) 24%.

(E) 27%.

Foi utilizado um desconto de 3% em um saque 40 dias antes do vencimento, o que é equivalente a 3 ÷ 40= 0,075% ao dia. Sendo assim, a taxa anual de desconto utilizada foi de: 365.(0,075%)= 27%.

Gabarito "E".

Art. 21. A alíquota de contribuição dos segurados contribuinte individual e facultativo será de vinte por cento sobre o respectivo salário de contribuição.

(Técnico – INSS – 2016 – CESPE) Considerando o art. 21 da Lei n. 8.212/1991, acima reproduzido, julgue o item seguinte.

(1) Se o valor da contribuição de um segurado contribuinte individual for superior a R\$ 700,00, então o salário de contribuição desse indivíduo é superior a R\$ 3.500,00.

Resolução

Temos

Contribuição > 700 => 20% do salário de contribuição = 0,20 salário de contribuição

Logo,

Salário de contribuição $> \dfrac{700}{0,2} = \dfrac{7000}{2} = 3.500 =>$ salário

de contribuição > 3.500 => Correto. ENG

Gabarito: 1C

---

3. RACIOCÍNIO LÓGICO

(Técnico – INSS/Guarulhos – 2022 – CEBRASPE) P: "Se me mandou mensagem, meu filho lembrou-se de mim e quer ser lembrado por mim".

Considerando a proposição *P* apresentada, julgue os itens seguintes.

(1) Na proposição *P*, permitindo-se variar, em certo conjunto de pessoas, o sujeito e o objeto de cada verbo de suas proposições simples constituintes, tem-se uma sentença aberta, que também pode ser expressa por **quem mandou mensagem, lembrou-se e quer ser lembrado.**

(2) A tabela-verdade da proposição *P* possui 16 linhas.

(3) A negação da proposição "meu filho lembrou-se de mim e quer ser lembrado por mim" pode ser expressa por **meu filho não se lembrou de mim nem quer ser lembrado por mim.**

1: correto. Solução:

Ao trocar "meu filho" por "quem" cria-se uma sentença aberta, ou seja, podem ser várias outras pessoas e não somente o filho.

2: incorreto. Solução:

Sejam as premissas

.p: mandou mensagem

q: lembrou-se de mim

.r: quer ser lembrado

e a condicional

$p \rightarrow q \wedge r$

Tem-se a Tabela Verdade

p	q	r	$q \wedge r$	$p \rightarrow q \wedge r$
V	V	V	V	V
V	V	F	F	F
V	F	V	F	F
V	F	F	F	F
F	V	V	V	V
F	V	F	F	V
F	F	V	F	V
F	F	V	F	V

Assim, com 3 premissas, a tabela possui 2^3= 8 linhas.

3: errado. Solução:

A negação da proposição (q ∧ r)

é ($\sim$q∨$\sim$r)

seja,

meu filho não se lembrou de mim OU não quer ser lembrado por mim.

ENG

Gabarito 1C, 2E, 3E

(Técnico – INSS – 2022 – CEBRASPE) P: Nos processos de justificações administrativas, quando o segurado apresentar testemunhas com valor de prova, a agência fornecerá um servidor exclusivo para o atendimento.

6. MATEMÁTICA E RACIOCÍNIO LÓGICO — 137

A partir da proposição precedente, julgue os itens a seguir.

(1) A tabela-verdade associada à proposição P possui oito linhas.

(2) Há apenas uma possibilidade de combinação de valores lógicos para as proposições simples que compõem P que a tornam falsa.

1: incorreta. Sejam as premissas

p: segurado apresentar testemunha com valor de prova

q: a agência fornecerá um servidor exclusivo para o atendimento

e a condicional

p → q

Tem-se a Tabela Verdade

p	q	p → q
V	V	V
V	F	F
F	V	V
F	F	V

Assim, com 2 premissas, a tabela possui $2^2 = 4$ linhas.

2: correta. Há apenas uma possibilidade de combinação de valores lógicos para as proposições simples que compõem P que a tornam falsa. Para a condicional ser Falsa somente os valores V(verdadeiro) para a premissa p e F(falso) para a premissa q.

ENG

Gabarito 1E, 2C

(Técnico – INSS – 2016 – CESPE) Julgue os itens a seguir, relativos a raciocínio lógico e operações com conjuntos.

(1) A sentença "Bruna, acesse a Internet e verifique a data da aposentadoria do Sr. Carlos!" é uma proposição composta que pode ser escrita na forma p ∧ q.

Solução

A sentença do enunciado da questão não é uma proposição da Lógica Matemática porque não pode ser valorada como verdadeira ou falsa. => Errado

---

(2) Para quaisquer proposições p e q, com valores lógicos quaisquer, a condicional p → (q → p) será, sempre, uma tautologia.

Solução

Para ser uma tautologia, a última coluna de sua tabela-verdade deve ter somente a letra V(verdade):

q	p	q → p	p → (q → p)
V	V	V	V
V	F	F	V
F	V	V	V
F	F	V	V

Assim, p → (q → p) será, sempre, uma tautologia. => Correto

(3) Caso a proposição simples "Aposentados são idosos" tenha valor lógico falso, então o valor lógico da proposição "Aposentados são idosos, logo eles devem repousar" será falso.

Solução

Sejam as proposições

p: Aposentados são idosos

q: eles devem repousar

e a condicional p → q com a tabela-verdade

p	q	p → q
V	V	V
V	F	F
F	V	V
F	F	V

Observa-se que, para p Falso, a condicional p → q, isto é, "Aposentados são idosos, logo eles devem repousar" será verdadeira. => Errado.

(4) Dadas as proposições simples p: "Sou aposentado" e q: "Nunca faltei ao trabalho", a proposição composta "Se sou aposentado e nunca faltei ao trabalho, então não sou aposentado" deverá ser escrita na forma (p ∧ q) →~p, usando-se os conectivos lógicos.

Solução

Seja a tabela-verdade

p	~p	q	p∧q	(p ∧ q) → ~p
V	F	V	V	F
V	F	F	F	V
F	V	V	F	V
F	V	F	F	V

Observa-se que o antecedente (p ∧ q) leva ao consequente ~p. => Correto

---

(Analista – TRT/2ª – 2014 – FCC) Uma pessoa nasceu em 1º de janeiro do ano 19XY e morreu em 2 de janeiro do ano 19YX, sendo X e Y algarismos diferentes entre si. A idade dessa pessoa quando ela morreu era igual à soma dos algarismos do ano de seu nascimento. Dessa forma, podemos concluir que o ano 19XY está entre

(A) 1960 e 1980.

(B) 1980 e 2000.

(C) 1920 e 1940.

(D) 1900 e 1920.

(E) 1940 e 1960.

Temos que X ≠Y e 9 ≥ X, Y ≥ 0.

As datas podem ser escritas 19XY = 1900 + 10X + Y e 19YX = 1900 + 10Y + X e a idade I será

I = 19YX − 19XY = (1900 + 10Y + X) - (1900 + 10X + Y)

I = 9Y – 9X e I é igual à soma dos algarismos do ano de seu nascimento, isto é, I = 1 + 9 + X + Y.

Então, 9Y - 9X = 10 + X + Y ou 8Y = 10 + 10X.

Ao simplificar, obtém-se 4Y = 5 + 5X =5(X + 1).

Logo, 4| 5(X+ 1), isto é, 4 divide o produto 5(X + 1).

Temos, para X, os valores 3, 7, 11, ...

Quando X = 3, Y será 5 e o ano 19XY = 1935.   =>Letra C

E, para X = 7 e superiores, Y assume valores iguais ou superiores a 10 com mais de um algarismo. ENG

Gabarito "C".

(Analista – TRT/2ª – 2014 – FCC) Considere as três afirmações a seguir, todas verdadeiras, feitas em janeiro de 2013.

I. Se o projeto X for aprovado até maio de 2013, então um químico e um biólogo serão contratados em junho do mesmo ano.

II. Se um biólogo for contratado, então um novo congelador será adquirido.

III. Se for adquirido um novo congelador ou uma nova geladeira, então o chefe comprará sorvete para todos.

Até julho de 2013, nenhum biólogo havia sido contratado. Apenas com estas informações, pode-se concluir que, necessariamente, que

(A) não foi adquirida uma nova geladeira.
(B) o chefe não comprou sorvete para todos.
(C) o projeto X não foi aprovado até maio de 2013.
(D) nenhum químico foi contratado.
(E) não foi adquirido um novo congelador.

(Implicação lógica)
Sejam as afirmações:
p: projeto X foi aprovado até maio de 2013
q: um químico e um biólogo foram contratados em junho do mesmo ano.
r: um novo congelador foi adquirido
s: o chefe comprou sorvete para todos
Temos p → q, q → r e r → s.
No entanto, ocorreu não q (~q) o que implica a ocorrência de não p (~p). ENG
Gabarito "C".

(Analista – TRT/2ª – 2014 – FCC) Uma costureira precisa cortar retalhos retangulares de 15 cm por 9 cm para decorar uma bandeira. Para isso, ela dispõe de uma peça de tecido, também retangular, de 55 cm por 20 cm. Considerando que um retalho não poderá ser feito costurando dois pedaços menores, o número máximo de retalhos que ela poderá obter com essa peça é igual a

(A) 7.
(B) 10.
(C) 8.
(D) 9.
(E) 6.

Com um esboço da bandeira, nota-se que o que 7 é o número máximo de retalhos que ela poderá obter. ENG
Gabarito "A".

(Analista – TRT/2ª – 2014 – FCC) Um dia antes da reunião anual com os responsáveis por todas as franquias de uma cadeia de lanchonetes, o diretor comercial recebeu um relatório contendo a seguinte informação:

Todas as franquias enviaram o balanço anual e nenhuma delas teve prejuízo neste ano.

Minutos antes da reunião, porém, ele recebeu uma mensagem em seu celular enviada pelo gerente que elaborou o relatório, relatando que a informação não estava correta. Dessa forma, o diretor pôde concluir que, necessariamente,

(A) nem todas as franquias enviaram o balanço anual ou todas elas tiveram prejuízo neste ano.
(B) nem todas as franquias enviaram o balanço anual ou pelo menos uma delas teve prejuízo neste ano.
(C) nenhuma franquia enviou o balanço anual e todas elas tiveram prejuízo neste ano.
(D) alguma franquia não enviou o balanço anual e todas elas tiveram prejuízo neste ano.
(E) nenhuma franquia enviou o balanço anual ou pelo menos uma delas teve prejuízo neste ano.

Sejam as afirmações:
p: Todas as franquias enviaram o balanço anual
q: nenhuma delas teve prejuízo neste ano
Como houve a negação de (p ∧ q), isto é, a negação da conjunção, temos
¬ (p ∧ q) = ¬ p ∨ ¬ q, ou seja
¬ p: nem todas as franquias enviaram o balanço anual OU
¬ q: pelo menos uma delas teve prejuízo neste ano. ENG
Gabarito "B".

(Escrevente Técnico – TJSP – 2015 – VUNESP) Em um laboratório, há 40 frascos contendo amostras de drogas distintas. Esses frascos estão numerados de 01 a 40, sendo que os frascos de numeração par estão posicionados na prateleira Q e os de numeração ímpar estão posicionados na prateleira R. Sabe-se que o volume, em cm3, de cada amostra é igual à soma dos algarismos do número de cada frasco.

Nessas condições, é correto afirmar que a quantidade de frascos cujas amostras têm mais de 8 cm3 é

(A) maior na prateleira R do que na Q.
(B) maior na prateleira Q do que na R.
(C) igual em ambas as prateleiras.
(D) igual a 8.
(E) maior que 13.

Os frascos que têm mais de 8cm³ são os de numeração 09, 19, 27, 29, 37 e 39, da prateleira R e
18, 28 e 36, da Q.
Logo, a quantidade de frascos cujas amostras têm mais de 8 cm³ é maior na prateleira R do que na Q. ENG
Gabarito "A".

(Técnico – TRT/16ª – 2015 – FCC) Considere as figuras abaixo:

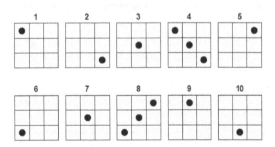

Seguindo o mesmo padrão de formação das dez primeiras figuras dessa sequência, a décima primeira figura é

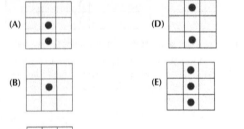

Observando as figuras da sequência, nota-se:
i) uma bola no canto superior esquerdo, uma no canto oposto, uma no centro e três na diagonal correspondente – figuras 1 a 4;
ii) nas figuras 5 a 8, parte-se do superior direito;
iii) nas figuras 9 e 10, tem-se a coluna do meio.
Conclui-se que, seguindo o mesmo padrão de formação das dez primeiras figuras dessa sequência, na décima primeira figura a bolaficará no centro. **ENG**

Gabarito "B".

(Técnico – TRT/16ª – 2015 – FCC) Não gosto de ficar em casa e vou ao cinema todos os dias.

Do ponto de vista lógico, uma afirmação que corresponde a uma negação dessa afirmação é:

(A) Não gosto de sair de casa e não vou ao cinema todos os dias.
(B) Vou ao cinema todos os dias e gosto de ficar em casa.
(C) Não vou ao cinema todos os dias ou não gosto de ficar em casa.
(D) Se não gosto de ficar em casa, então vou ao cinema todos os dias.
(E) Gosto de ficar em casa ou não vou ao cinema todos os dias.

Sejam as afirmações:
p: ficar em casa
q: ir ao cinema todos os dias
No caso temos (¬p ∧ q).
Então, a negação dessa afirmação é
¬(¬p ∧ q) = ¬(¬p ∨ q) = ¬(¬p) ∨ ¬q = p ∨ ¬q
Ou seja,
Gosto de ficar em casa ou não vou ao cinema todos os dias. **ENG**

Gabarito "E".

(Técnico – TRT/16ª – 2015 – FCC) Ou como macarronada ou como arroz e feijão. Se estou com muita fome, então como arroz e feijão. Se não estou com muita fome, então como saladas. Hoje, na hora do almoço, não comi saladas.

A partir dessas informações, pode-se concluir corretamente, que hoje, na hora do almoço,

(A) não estava com muita fome.
(B) não comi arroz e feijão.
(C) comi saladas no jantar.
(D) comi arroz e feijão.
(E) comi macarronada.

Sejam as afirmações:
p: estou com muita fome
q: como macarronada
r: como arroz e feijão
s: como saladas
E as condicionais
p ⇒ r
¬p ⇒ s
No caso ocorreu ¬s
Logo ocorreu p e, consequentemente, ocorreu r: comi arroz e feijão. **ENG**

Gabarito "D".

(Técnico – TRT/16ª – 2015 – FCC) Em uma oficina de automóveis há mecânicos, eletricistas e lanterneiros. São 7 os mecânicos que podem atuar como eletricistas, mas não como lanterneiros. São 4 os mecânicos que podem atuar também nas outras duas funções. Aqueles que atuam apenas como eletricistas e apenas lanterneiros são, respectivamente, 3 e 1 funcionários. Nessa oficina são ao todo 20 pessoas que exercem uma, duas ou três dessas funções. Dessas 20 pessoas, aquelas que não foram descritas anteriormente atuam apenas como mecânicos. Desse modo, o número de funcionários que podem exercer a função de mecânico supera o número daqueles que podem exercer a função de lanterneiro em

(A) 4.
(B) 9.
(C) 2.
(D) 11.
(E) 0.

Colocando os dados no diagrama de Venn, temos

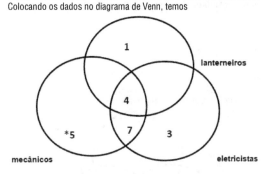

* 5 = 20 - (1 + 4 + 7 + 3)
Número de funcionários que podem exercer a função de mecânico: 5+7+4 = 16 e a de lanterneiro, 4+1 = 5.
Assim, o número de funcionários que podem exercer a função de mecânico supera o número daqueles que podem exercer a função de lanterneiro em
16 – 5 = 11. **ENG**

Gabarito "D".

(Técnico – TRT/19ª – 2015 – FCC) Considere verdadeiras as afirmações:

I. Se Ana for nomeada para um novo cargo, então Marina permanecerá em seu posto.
II. Marina não permanecerá em seu posto ou Juliana será promovida.
III. Se Juliana for promovida então Beatriz fará o concurso.
IV. Beatriz não fez o concurso.
A partir dessas informações, pode-se concluir corretamente que

(A) Beatriz foi nomeada para um novo cargo.
(B) Marina permanecerá em seu posto.
(C) Beatriz não será promovida.
(D) Ana não foi nomeada para um novo cargo.
(E) Juliana foi promovida.

Sejam as afirmações:
p: Ana é nomeada para um novo cargo
q: Marina permanece em seu posto
r: Juliana é promovida
s: Beatriz faz o concurso
e as condicionais
I. p ⇒ q
II. ¬q ∨ r
III. r ⇒ s

IV. ¬s
Como aconteceu IV, isto é, a negação de s, temos que
¬s ⇒ ¬r
E, de II, tem-se que q → r é Falsa e ocorre ~q o que implica em ~p. ENG
Gabarito "D".

(Técnico – TRT/19ª – 2015 – FCC) Dos 46 técnicos que estão aptos para arquivar documentos 15 deles também estão aptos para classificar processos e os demais estão aptos para atender ao público. Há outros 11 técnicos que estão aptos para atender ao público, mas não são capazes de arquivar documentos. Dentre esses últimos técnicos mencionados, 4 deles também são capazes de classificar processos. Sabe-se que aqueles que classificam processos são, ao todo, 27 técnicos. Considerando que todos os técnicos que executam essas três tarefas foram citados anteriormente, eles somam um total de

(A) 58.
(B) 65.
(C) 76.
(D) 53.
(E) 95.

Colocando-se os dados no diagrama de Venn

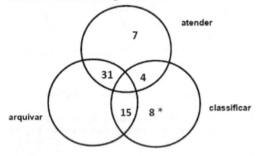

* 8= 27 -(15+4)

Com, isso, temos 7 + 31 + 4 +15 + 8 = 65 técnicos   =>Letra B. ENG
Gabarito "B".

(Técnico – TRT/19ª – 2015 – FCC) Gabriel descobriu pastas antigas arquivadas cronologicamente, organizadas e etiquetadas na seguinte sequência:

07_55A; 07_55B; 08_55A; 09_55A; 09_55B; 09_55C; 09_55D; 09_55E; 10_55A; 10_55B; 11_55A; 12_55A; 12_55B; 12_55C; 01_56A; 01_56B; 02_56A; 02_56B; 03_56A; xx_xxx; yy_yyy; zz_zzz; 04_56B.

Sabendo-se que as etiquetas xx_xxx; yy_yyy; zz_zzz representam que o código foi encoberto, a etiqueta com as letras yy_yyy deveria, para manter o mesmo padrão das demais, conter o código

(A) 03_56C.
(B) 04_57C.
(C) 04_56C.
(D) 03_56B.
(E) 04_56A.

Temos a sequência:
07_55A; 07_55B
08_55A
09_55A; 09_55B; 09_55C; 09_55D; 09_55E
10_55A; 10_55B
11_55A
12_55A; 12_55B; 12_55C
01_56A; 01_56B
02_56A; 02_56B;
03_56A; xx_xxx; yy_yyy;   → 03_56A;03_56B; 03_56C
zz_zzz; 04_56B
Nota-se que yy_yyy corresponde a 03_56C.   =>Letra A. ENG
Gabarito "A".

(Técnico – TRT/19ª – 2015 – FCC) Considere a seguinte afirmação:

Se José estuda com persistência, então ele faz uma boa prova e fica satisfeito.

Uma afirmação que é a negação da afirmação acima é

(A) José estuda com persistência e ele não faz uma boa prova e ele não fica satisfeito.
(B) José não estuda com persistência e ele não faz uma boa prova ou fica satisfeito.
(C) José estuda com persistência ou ele faz uma boa prova ou ele não fica satisfeito.
(D) José estuda com persistência e ele não faz uma boa prova ou ele não fica satisfeito.
(E) Se José fica satisfeito então ele fez uma boa prova e estudou com persistência.

p:José estuda com persistência
q:José faz uma boa prova
r:José fica satisfeito
s : p ⇒ q ∧ r
Pede-se a negação de s, isto é, p Verdadeiro e conclusão Falsa, ou seja, ¬s : p ⇒ ¬(q ∧ r).
Mas ¬(q ∧ r) = ¬q ∨ ¬r
Então, José estuda com persistência e ele não faz uma boa prova ou ele não fica satisfeito. ENG
Gabarito "D".

(Técnico – TRT/19ª – 2015 – FCC) Em uma sala um grupo de 21 pessoas criou um jogo no qual, após um apito, uma das pessoas da sala coloca um chapéu e conta um segredo para outras duas pessoas e sai da sala. Após o segundo apito, cada um daqueles que ouviram o segredo coloca um chapéu e conta o segredo para duas pessoas que estão sem chapéu, e saem da sala. O terceiro apito soa e cada um daqueles que ouviram o segredo coloca um chapéu, conta para duas pessoas e sai da sala. Após o quarto apito o mesmo procedimento acontece. Após o quinto e último apito, o mesmo procedimento acontece e todos haviam ouvido o segredo pelo menos uma vez e, no máximo, duas vezes, exceto a primeira pessoa. O número daqueles que ouviram o segredo duas vezes é igual a

(A) 8.
(B) 10.
(C) 11.
(D) 12.
(E) 9.

Tem-se um grupo de 21 pessoas. e
1º apito: 1ª pessoa → 2ª ,3ª ; 1a sai
2º apito: 2ª → 2 outras → 2ª sai
          3ª → 2 outras → 3ª sai
3º apito: 4ª → 6ª e 7ª → 4ª sai
          5ª → 8ª e 9ª → 5ªsai
4º apito: 6ª → 10ª e 11ª → 6ª sai
          7ª → 12ª e 13ª → 7ª sai
5º apito: 8ª → 10ª e 11ª → 8ª sai

9ª → 12ª e 13ª → 9ª sai
Então saíram 9 e ficaram 12 pessoas.
E dessas 12, as duas últimas ouviram o segredo só uma vez.
Portanto, o número daqueles que ouviram o segredo duas vezes é igual a 10. **ENG**
Gabarito "B".

(Escrevente Técnico – TJSP – 2015 –VUNESP) Se todo estudante de uma disciplina A é também estudante de uma disciplina B e todo estudante de uma disciplina C não é estudante da disciplina B, então é verdade que

(A) algum estudante da disciplina A é estudante da disciplina C.
(B) algum estudante da disciplina B é estudante da disciplina C.
(C) nenhum estudante da disciplina A é estudante da disciplina C.
(D) nenhum estudante da disciplina B é estudante da disciplina A.
(E) nenhum estudante da disciplina A é estudante da disciplina B.

Esquematicamente

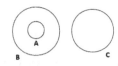

Todo estudante de uma disciplina A é também estudante de uma disciplina B: A está contido em B.
Todo estudante de uma disciplina C não é estudante da disciplina B: B e C são disjuntos.
Logo, nenhum estudante da disciplina A é estudante da disciplina C. **ENG**
Gabarito "C".

(Escrevente Técnico – TJSP – 2015 –VUNESP) Considere verdadeira a seguinte afirmação: "Todos os primos de Mirian são escreventes".
Dessa afirmação, conclui-se corretamente que

(A) se Pâmela não é escrevente, então Pâmela não é prima de Mirian.
(B) se Jair é primo de Mirian, então Jair não é escrevente.
(C) Mirian é escrevente.
(D) Mirian não é escrevente.
(E) se Arnaldo é escrevente, então Arnaldo é primo de Mirian.

Sejam as afirmações:
p: ser primo de Mirian
q: ser escrevente
Tem-se p ⇒ q
Condicional que só é verdadeira se p e q forem ambas verdadeiras ou falsas. =>Letra A. **ENG**
Gabarito "A".

(Escrevente Técnico – TJSP – 2015 –VUNESP) Considere as seguintes figuras de uma sequência de transparências, todas enumeradas:

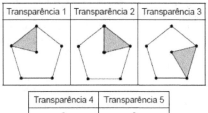

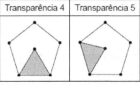

Na referida sequência, a transparência 6 tem a mesma figura da transparência 1, a transparência 7 tem a mesma figura da transparência 2, a transparência 8 tem a mesma figura da transparência 3, e assim por diante, obedecendo sempre essa regularidade.
Dessa forma, sobrepondo-se as transparências 113 e 206, tem-se a figura

(A)

(B)

(C)

(D)

(E)

A figura de uma dada transparência N é a do resto divisão de N por 5, pois a sequência se repete de 5 em 5.
Assim, temos
113= 22x 5 + 3 => 3ª figura
206= 41x5 + 1 => 1ª figura.
Logo, sobrepondo-se as transparências 113 e 206, obtém-se a figura

ENG
Gabarito "E".

(Escrevente Técnico – TJSP – 2015 – VUNESP) Marta confeccionou três cartões em papel cartolina e carimbou figuras em somente uma das faces de cada cartão. Ao encontrar um de seus amigos, Marta informou-lhe que todo cartão de cor amarela tinha carimbada, em uma das faces, uma figura em tinta na cor azul. Após dizer isso, ela mostrou a esse amigo três cartões: o primeiro cartão, de cor amarela, continha uma figura carimbada em tinta na cor azul; o segundo cartão, de cor vermelha, continha uma figura carimbada em tinta na cor preta; o terceiro cartão, na cor branca, continha uma figura carimbada em tinta na cor azul.

Com base no que foi apresentado, pode-se afirmar corretamente que

(A) apenas o terceiro cartão mostrado contradiz a afirmação de Marta.
(B) apenas o segundo cartão mostrado contradiz a afirmação de Marta.
(C) todos os cartões mostrados contradizem a afirmação de Marta.
(D) nenhum dos cartões mostrados contradiz a afirmação de Marta.
(E) apenas o segundo e o terceiro cartões mostrados contradizem a afirmação de Marta.

Sejam as afirmações:
p: o cartão é amarelo
q: contém uma figura em tinta na cor azul.
E $p \Rightarrow q$.
Tabela Verdade da implicação

P	q	p ⇒ q
V	V	V
V	F	F
F	V	F
F	F	V

Tabula-se a apresentação

Cartão apresentado	p	q	contradiz
1º	V	V	não
2º	F	F	não
3º	F	V	não

Então, nenhum dos cartões mostrados contradiz a afirmação de Marta.
=>Letra D. ENG
Gabarito "D".

(Escrevente Técnico – TJSP – 2015 – VUNESP) Uma avaliação com apenas duas questões foi respondida por um grupo composto por X pessoas. Sabendo- se que exatamente 160 pessoas desse grupo acertaram a primeira questão, que exatamente 100 pessoas acertaram as duas questões, que exatamente 250 pessoas acertaram apenas uma das duas questões, e que exatamente 180 pessoas erraram a segunda questão, é possível afirmar, corretamente, que X é igual a

(A) 520.
(B) 420.
(C) 370.
(D) 470.
(E) 610.

Seja **P** o conjunto das pessoas que acertaram só a primeira questão,
S o das que apenas acertaram a segunda,
P∩S, acertaram as duas e
Z as que não acertaram questão alguma.
Então, o grupo composto por X pessoas é:
X = P ∪ S ∪ (P ∩ S) Z.
Sendo P∩S os que acertaram as duas, tem-se que P = 160 – P∩S = 160 – 100 = 60 acertaram só a primeira, errando, portanto, a segunda. Além disso, S = 250 – 60 = 190 acertaram somente a segunda questão. Das 180 que erraram a segunda, subtraem-se as 60 citadas acima, e tem-se que X = 60 + 190 + 100 + 120 =470   => Letra D
Esquematicamente

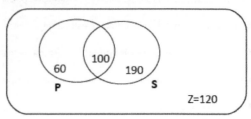

ENG
Gabarito "D".

(Escrevente Técnico – TJSP – 2015 – VUNESP) Para que seja falsa a afirmação "todo escrevente técnico judiciário é alto", é suficiente que

(A) alguma pessoa alta não seja escrevente técnico judiciário.
(B) nenhum escrevente técnico judiciário seja alto.
(C) toda pessoa alta seja escrevente técnico judiciário.
(D) alguma pessoa alta seja escrevente técnico judiciário.
(E) algum escrevente técnico judiciário não seja alto.

A negação do quantificador universal ∀x (todos são altos) é nem todos são altos ou existe algum que não é alto. => Letra E. ENG
Gabarito "E".

(Escrevente Técnico – TJSP – 2015 – VUNESP) Uma equivalente da afirmação "Se eu estudei, então tirei uma boa nota no concurso" está contida na alternativa:

(A) Não estudei e não tirei uma boa nota no concurso.
(B) Se eu não tirei uma boa nota no concurso, então não estudei.
(C) Se eu não estudei, então não tirei uma boa nota no concurso.
(D) Se eu tirei uma boa nota no concurso, então estudei.
(E) Estudei e tirei uma boa nota no concurso.

Sejam as afirmações:
p: estudei
q: tirei uma boa nota no concurso
Sabe-se que
$p \Rightarrow q$
Portanto,
$\neg q \Rightarrow \neg p$
Ou seja, se eu não tirei uma boa nota no concurso, então não estudei.
ENG
Gabarito "B".

6. MATEMÁTICA E RACIOCÍNIO LÓGICO 143

(Escrevente Técnico – TJSP – 2015 – VUNESP) A afirmação "canto e danço" tem, como uma negação, a afirmação contida na alternativa

(A) não canto e não danço.

(B) canto ou não danço.

(C) não danço ou não canto.

(D) danço ou não canto.

(E) danço ou canto.

Sejam as afirmações:
p: eu canto
q: danço
Pede-se a negação de (p ∧ q)
isto é, a negação da conjunção lógica.
Sabe-se que
¬(p ∧ q) = ¬p ∨ ¬q, ou seja,
¬p: não canto OU
¬q: não danço   => Letra C. **ENG**
Gabarito "C".

(Escrevente Técnico – TJSP – 2015 – VUNESP) Se Márcio é dentista, então Rose não é enfermeira.

Débora não é médica ou Marcelo não é professor. Identificado que Marcelo é professor e que Rose é enfermeira, conclui-se corretamente que

(A) Débora não é médica e Márcio não é dentista.

(B) Débora é médica e Márcio é dentista.

(C) Débora é médica e Márcio não é dentista.

(D) Débora não é médica e Márcio é dentista.

(E) Se Débora não é médica, então Márcio é dentista.

Sejam as afirmações:
p: Márcio é dentista
q: Rose é enfermeira
r: Débora é médica
s: Marcelo é professor,
a implicação p ⇒ ¬q.
E, ainda, disjunção (¬r ∨ ¬s), Verdadeira
No entanto, pelo enunciado, s e q são Verdadeiras.
i) Assim, o equivalente de
p ⇒ ¬q é ¬(¬q) ⇒ ¬pouq ⇒ ¬p
Ou seja, se Rose é enfermeira então Márcio não é dentista.
ii) Como (¬r ∨ ¬s) é Verdadeira, mas ocorreu s, então deve-se ter ~r Verdadeira para a disjunção ser válida.
Logo, Débora **não** é médica.   => Letra A. **ENG**
Gabarito "A".

(Técnico – INSS – 2008 – CESPE) Algumas sentenças são chamadas abertas porque são passíveis de interpretação para que possam ser julgadas como verdadeiras (V) ou falsas (F). Se a sentença aberta for uma expressão da forma $\forall x P(x)$, lida como "para todo x, $P(x)$", em que x é um elemento qualquer de um conjunto U, e $P(x)$ é uma propriedade a respeito dos elementos de U, então é preciso explicitar U e P para que seja possível fazer o julgamento como V ou como F.

A partir das definições acima, julgue os itens a seguir.

(1) Se U for o conjunto de todos os funcionários públicos e $P(x)$ for a propriedade "x é funcionário do INSS", então é falsa a sentença $\forall x P(x)$.

Apesar de a questão não deixar explícito se x é elemento de U, se assim considerarmos, então podemos ler a sentença "$x P(x)$" como "todos os funcionários públicos são funcionários do INSS", o que, claramente, é falsa. Observe que a conclusão seria a mesma sem assumir que x é elemento de U, pois podemos ler a sentença como "todos são funcionários do INSS" o que também é falso. **ENG**
Gabarito 1C.

(2) Considere-se que U seja o conjunto dos funcionários do INSS, $P(x)$ seja a propriedade "x é funcionário do INSS" e $Q(x)$ seja a propriedade "x tem mais de 35 anos de idade". Desse modo, é correto afirmar que duas das formas apresentadas na lista abaixo simbolizam a proposição **Todos os funcionários do INSS têm mais de 35 anos de idade**.

(I) $\forall x$(SE $Q(x)$ ENTÃO $P(x)$)

(II) $\forall x(P(x)$ OU $Q(x))$

(III) $\forall x$(SE $P(x)$ ENTÃO $Q(x)$)

Observamos, inicialmente, que a definição do conjunto U mudou em relação ao exercício anterior. Portanto, não considerando que x é elemento de U, podemos traduzir cada uma das expressões dadas por: I. "Para qualquer pessoa, se ela tem mais que 35 anos então ela é funcionária do INSS", que não representa a proposição desejada. II. "Para qualquer pessoa, ou ela é funcionária do INSS ou tem mais que 35 anos", que também não representa a proposição. III. "Para qualquer pessoa, se ela é funcionária do INSS então ela tem mais que 35 anos", o que representa a proposição desejada. Portanto, apenas 1 das 3 formas representa o pedido. As mesmas consequências podem ser obtidas se considerarmos que x é elemento de U. **ENG**
Gabarito 2E.

Leia o texto, para responder a próxima questão:

Uma proposição é uma frase a respeito da qual é possível afirmar se é verdadeira (V) ou se é falsa (F). Por exemplo: "A Terra é plana"; "Fumar faz mal à saúde". As letras maiúsculas A, B, C etc. serão usadas para identificar as proposições, por exemplo:

A: A Terra é plana;

B: Fumar faz mal à saúde.

As proposições podem ser combinadas de modo a representar outras proposições, denominadas proposições compostas. Para essas combinações, usam-se os denominados conectivos lógicos: ∧ significando "e" ∨; significando "ou"→; significando "se ... então"; ↔ significando "se e somente se"; e ¬ significando "não". Por exemplo, com as notações do parágrafo anterior, a proposição "A Terra é plana e fumar faz mal à saúde" pode ser representada, simbolicamente, por A∧B. "A Terra é plana ou fumar faz mal à saúde" pode ser representada, simbolicamente, por A∨B. "Se a Terra é plana, então fumar faz mal à saúde" pode ser representada, simbolicamente, por A→B. "A Terra não é plana" pode ser representada, simbolicamente, por ¬A. Os parênteses são usados para marcar a pertinência dos conectivos, por exemplo: (A∧B) → ¬A, significando que "Se a Terra é plana e fumar faz mal à saúde, então a Terra não é plana".

Na lógica, se duas proposições são tais que uma é a negação de outra, então uma delas é F. Dadas duas proposições em que uma contradiz a outra, então uma delas é V. Para determinar a valoração (V ou F) de uma proposição composta, conhecidas as valorações das proposições simples que as compõem, usam-se as tabelas

144 ANDRÉ FIORAVANTI, ANDRÉ JUSTO E ENILDO GARCIA

abaixo, denominadas tabelas-verdade.

A	¬A	A	B	A∧B	A	B	A∨B	A	B	A→B
V	F	V	V	V	V	V	V	V	V	V
F	V	F	V	F	F	V	V	F	V	V
		V	F	F	V	F	V	V	F	F
		F	F	F	F	F	F	F	F	V

Uma proposição composta que é valorada sempre como V, independentemente das valorações V ou F das proposições simples que a compõem, é denominada tautologia. Por exemplo, a proposição A∨ (¬A) é uma tautologia.

(Agente Administrativo – Ministério da Previdência – 2010 – CESPE) Julgue os itens que se seguem, acerca de tautologia, proposições e operações com conjuntos.

(1) Considerando as proposições P e Q e os símbolos lógicos: ¬(negação); V (ou); ∧ (e); → (se,... então), é correto afirmar que a proposição (¬P) ∧ Q → (¬P)∨Q é uma tautologia.

Podemos construir a tabela-verdade das proposições desejadas lembrando que X **□** Y só é falso quando X for verdadeiro e Y falso

P	Q	(¬P)∧Q	(¬P)∨Q	(¬P)∧Q → (¬P)∨Q
V	V	F	V	V
V	F	F	F	V
F	F	F	V	V
F	V	V	V	V

Portanto, como a última coluna é sempre verdadeira, a expressão é uma tautologia.
Gabarito 1C

(2) Se A for um conjunto não vazio e se o número de elementos do conjunto A∪B for igual ao número de elementos do conjunto A∩B, então o conjunto B terá pelo menos um elemento.

Se A é um conjunto não vazio, então o conjunto A∪B é não vazio também. Portanto, como sabemos que o número de elementos de A∪B é o mesmo de A∩B, então A∩B é não vazio, o que implica que B é não vazio.
Gabarito 2C

(3) A negação da proposição "Pedro não sofreu acidente de trabalho ou Pedro está aposentado" é "Pedro sofreu acidente de trabalho ou Pedro não está aposentado".

Seja P a proposição "Pedro sofreu acidente de trabalho" e Q a proposição "Pedro está aposentado". Dessa forma, "Pedro não sofreu acidente de trabalho ou Pedro está aposentado" pode ser descrita por (¬P)∨Q, com sua negação sendo ¬((¬P)∨Q). A proposição "Pedro sofreu acidente de trabalho ou Pedro não está aposentado" é dada por P∨(¬Q). Construindo a tabela-verdade, vemos

P	Q	(¬P)∨Q	¬((¬P)∨Q)	P∨(¬Q)
V	V	V	F	V
V	F	F	V	V
F	F	V	F	V
F	V	V	F	F

E portanto a negação da proposição desejada e a proposição fornecida não são equivalentes. A negação correta seria "Pedro sofreu acidente de trabalho **e** Pedro não está aposentado"
Gabarito 3E

(Analista – PREVIC – 2011 – CESPE) Considere que P, Q e R sejam proposições simples que possam ser julgadas como verdadeiras (V) ou falsas (F). Com relação às operações lógicas de negação (~), conjunção (∧), disjunção (V) e implicação (→), julgue os itens subsecutivos.

(1) A proposição (P V Q) ⊠→(Q ∧ P) é uma tautologia.

1) Lembrando que X → Y só é falso se X for verdadeiro e Y falso, temos a seguinte tabela-verdade.

P	Q	P V Q	Q ∧ P	(P V Q) → (Q ∧ P)
V	V	V	V	V
V	F	V	F	F
F	F	F	F	V
F	V	V	F	F

Como a última coluna não é totalmente verdadeira, a proposição não é uma tautologia.
Gabarito 1E

(2) O número de linhas da tabela-verdade da proposição (P ∧ Q → R) é inferior a 6.

2) O número de linhas dessa tabela-verdade, dado que ela possui 3 proposições simples, será de $2^3 = 8$ linhas.
Gabarito 2E

(3) Se a proposição P for falsa, então a proposição P → (Q V R) será uma proposição verdadeira.

3) Se P é falso, então independentemente de Q e R, P → (Q V R) é sempre verdadeira.
Gabarito 3C

(TRF/1 – 2011 – FCC) Um anagrama de uma palavra é obtido trocando-se a ordem de suas letras, não importando se o resultado tem ou não significado em nosso idioma. Colocando em ordem alfabética todos os anagramas da palavra PROVA, a posição ocupada pela palavra PROVA é a

(A) 62a.

(B) 63a.

(C) 64a.

(D) 65a.

(E) 66a.

6. MATEMÁTICA E RACIOCÍNIO LÓGICO   145

1ª Solução

Existem 5!=120 anagramas da palavra PROVA que, em ordem alfabética, são

AOPRV

AOPVR

APORV ...

Temos 120/5=24 que começam com A, 24 com O etc.

Os que começam com P estão, portanto, a partir da posição 49:

PAORV, PAOVR, PAROV, PARVO, PAVOR, PAVRO, POARV, POAVR,, PORAV, PORVA, POVAR, POVRA,

PRAOV, PRAVO, PROAV, PROVA,...

Portanto, posição ocupada pela palavra PROVA é a 64a ⟹ letra C.

2ª Solução

6 anagramas começam com

AO AP AR AV, OA OP OR OV, PA PO PR PV, RA RO RP RV, VA VO VP VR

daí,

a palavra PROVA estará a partir da posição 6x10+1=61:

PRAOV, PRAVO, PROVA ⟹ 64a posição

Gabarito "C".

(TRF/1 – 2011 – FCC) Em 2010, três Técnicos Judiciários, Alfredo, Benício e Carlos, viajaram em suas férias, cada um para um local diferente. Sabe-se que: – seus destinos foram: uma praia, uma região montanhosa e uma cidade do interior do Estado; – as acomodações por ele utilizadas foram: uma pousada, um pequeno hotel e uma casa alugada;

– o técnico que foi à praia alojou-se em uma pousada;

– Carlos foi a uma cidade do interior;

– Alfredo não foi à praia;

– quem hospedou-se em um hotel não foi Carlos.

Nessas condições, é verdade que

(A) Alfredo alugou uma casa.

(B) Benício foi às montanhas.

(C) Carlos hospedou-se em uma pousada.

(D) aquele que foi à cidade hospedou-se em uma pousada.

(E) aquele que foi às montanhas hospedou-se em um hotel.

1ª solução

Representemos Alfredo, Benício e Carlos por A, B e C, respectivamente. Em um primeiro esquema temos, a partir das informações dadas. Ver tabela abaixo

	----------------acomod.----------------		
	pousada	hotel	casa
lo- | praia	C,B	B	B
cal | montanha	A	A,B	A
| interior	A,C	A,B	A

2ª solução

Ao verificar as respostas, notamos que

(C) está errada porque quem ficou em uma pousada foi á praia e Carlos foi a uma cidade do interior.

(D) está errada porque aquele que foi à praia é que se hospedou em uma pousada.

Gabarito "E".

4. ESTATÍSTICA

(Analista – INSS – 2008 – CESPE)

distribuição percentual da população brasileira por faixa etária

faixa etária	2007	2050*
0 a 14 anos	27,5	17,7
15 a 24 anos	18,3	12,6
15 a 64 anos	66,1	63,5
60 anos ou mais	9,0	24,7
70 anos ou mais	4,0	13,2
80 anos ou mais	1,2	5,3

*estimativa   Fonte: IBGE

De acordo com dados do IBGE, em 2007, 6,4% da população brasileira tinha 65 anos de idade ou mais e, em 2050, essa parcela, que constitui o grupo de idosos, corresponderá a 18,8% da população. Com base nessas informações e nas apresentadas na tabela acima, julgue os itens seguintes.

(1) Segundo o IBGE, em 2007, para cada idoso com 65 anos de idade ou mais, havia, em média, pelo menos, quatro crianças de 0 a 14 anos de idade. Em 2050, para cada idoso com 65 anos de idade ou mais, haverá, em média, no máximo, uma criança de 0 a 14 anos de idade.

Certo. Como 27,5 / 6,4 = 4.29, em 2007, para idoso de 65 anos ou mais há 4,29 crianças entre 0 e 14 anos de idade. Em 2050, essa relação vai para 17,7/18.8 = 0,94, ou seja, para cada idoso haverá 0,94 criança entre 0 e 14 anos.

Gabarito 1C

(2) Se, em 2050, três pessoas da população brasileira forem escolhidas ao acaso, a probabilidade de todas elas terem até 59 anos de idade é inferior a 0,4.

Errado. Em 2050, a probabilidade de uma pessoa escolhida ao acaso ter até 59 anos de idade é de 100 – 24,7 = 75,3%, ou 0,753. Portanto, escolhendo 3 pessoas ao acaso, a probabilidade das 3 estarem nessa faixa etária é de 0,7533 = 0,427.

Gabarito 2E

(3) Considere-se que, em 2050, serão aleatoriamente selecionados três indivíduos, um após o outro, do grupo de pessoas que compõem a parcela da população brasileira com 15 anos de idade ou mais. Nessa situação, a probabilidade de que apenas o terceiro indivíduo escolhido tenha pelo menos 65 anos de idade será superior a 0,5 e inferior a 0,6.

Considerado correto, apesar de errado. Vamos considerar, para efeitos de cálculos, uma população de 100 pessoas, cujas idades se distribuem exatamente como a tabela em 2050. Dessa forma, 177 têm entre 0 e 14 anos, e 188 têm idade superior a 65 anos. Portanto, a probabilidade de, dentre as pessoas com 15 anos ou mais, se escolher uma pessoa com mais de 65 anos é de 188 / (1000 – 177) = 0,2284. Portanto, escolhendo 3 indivíduos, a chance de apenas o 3º ter esta idade é de (1 – 0,2284) × (1 – 0,2284) × 0,2284 = 0,1360.

Gabarito 3C

(4) Considere-se que os anos de idade estejam distribuídos de forma equiprovável na faixa de 15 a 18 anos. Nessa situação, a média e a mediana das idades nessa faixa serão ambas iguais a 16,5 anos.

Certo. Em uma distribuição uniforme, a média e a mediana se equivalem no valor intermediário dos limites da faixa, ou seja, (15 + 18)/2 = 16,5.
Gabarito 4C

(Técnico – INSS – 2005 – CESGRANRIO) Analisando um lote de 360 peças para computador, o departamento de controle de qualidade de uma fábrica constatou que 40 peças estavam com defeito. Retirando-se uma das 360 peças, ao acaso, a probabilidade de esta peça NÃO ser defeituosa é:

(A) $\dfrac{1}{9}$.

(B) $\dfrac{2}{9}$.

(C) $\dfrac{5}{9}$.

(D) $\dfrac{7}{9}$.

(E) $\dfrac{8}{9}$.

Como 40 das 360 peças estavam com defeito, 360 − 40 = 320 não estavam com problemas. Dessa forma, retirando ao acaso uma peça, a probabilidade dela não ter problemas é de 320 / 360 = 32 / 36 = 8 / 9.
Gabarito "E".

(Analista – PREVIC – 2011 – CESPE) Considerando que, em uma concessionária de veículos, tenha sido verificado que a probabilidade de um comprador adquirir um carro de cor metálica é 1,8 vez maior que a de adquirir um carro de cor sólida e sabendo que, em determinado período, dois carros foram comprados, nessa concessionária, de forma independente, julgue os itens a seguir.

(1) A probabilidade de que ao menos um dos dois carros comprados seja de cor sólida é igual a $\dfrac{460}{784}$.

Certo. Seja p a probabilidade de um comprador adquirir um carro de cor sólida e q dele adquirir um carro de cor metálica. Portanto, q = 1,8p. Porém, p + q = 1, portanto, p + 1,8p = 2,8p = 1; p = 1 / 2,8 = 10/28. Dessa forma, q = 1,8/2,8 = 18/28. A probabilidade de que na venda de 2 carros, pelo menos um deles seja de cor sólida é igual a 1 menos a probabilidade de que os dois carros vendidos sejam de cor metálica, ou seja, 1 − (18/28)² = 1 − 324/784 = 460/784.
Gabarito 1C

(2) A probabilidade de que os dois carros comprados sejam de cor metálica é 3,24 vezes maior que a probabilidade de que eles sejam de cor sólida.

Certo. A probabilidade de que os dois carros comprados sejam de cor metálica é q² = (1,8p)² = 3,24p², onde p² é a probabilidade de que os dois carros comprados sejam de cor sólida.
Gabarito 2C

(3) A probabilidade de que somente um dos dois carros comprados seja de cor metálica é superior a 50%.

Errado. A probabilidade de que apenas um dos dois carros seja da cor metálica é igual a 1 − p² − q² = 1 − (18/28)² − (10/28)² = 460/784 − 100/784 = 360/784 = 0,4592 ou 45,925.
Gabarito 3E

7. DIREITO PREVIDENCIÁRIO

Henrique Subi, Ricardo Quartim de Moraes e Robinson Barreirinhas*

1. PRINCÍPIOS CONSTITUCIONAIS E SEGURIDADE SOCIAL

(Analista Judiciário – STJ – 2018 – CESPE) Tendo como referência a doutrina e a jurisprudência a respeito da organização e dos princípios do sistema de seguridade social brasileiro, julgue os itens a seguir.

(1) O período de implantação da seguridade social foi marcado, entre outros, pelo advento da Lei Eloy Chaves, que instituiu as caixas de aposentadorias e pensões exclusivamente para ferroviários.

(2) O princípio do direito adquirido não se aplica à seara previdenciária, pois, conforme o entendimento do Supremo Tribunal Federal, inexiste direito adquirido a regime jurídico.

1: correta. A Lei Eloy Chaves é tida pela maior parte da doutrina como o marco inicial da previdência social brasileira; **2: incorreta.** O STF reconhece a aplicabilidade do instituto do direito adquirido no âmbito previdenciário. Contudo, para que haja direito adquirido se exige que, no momento de eventual mudança legislativa, o segurado já tenha reunido todos os requisitos para a concessão do benefício, ainda que não o tenha requerido administrativamente, em observância ao art. 6º, §2º, do Decreto-Lei nº 4.657/1942 (AI 810.744 AgR, j. 02/12/2010 e súmula nº 359 do STF). HS

Gabarito 1C, 2E

(Técnico – INSS/Guarulhos – 2022 – CEBRASPE) Acerca das fontes de legislação previdenciária, de sua organização e evolução histórica, julgue os itens que se seguem.

(1) A Constituição Federal é considerada uma fonte formal primária do direito previdenciário brasileiro.

(2) A Constituição outorgada por Getúlio Vargas em 1937, conhecida como Constituição Polaca, é considerada o marco do direito previdenciário brasileiro, pois foi ela que consolidou a legislação previdenciária no Brasil.

(3) Os benefícios e serviços prestados pela seguridade social são exclusivos daqueles que participam do seu custeio.

1: Correta. Fonte primária do direito é aquela capaz de inovar na ordem jurídica, criando direitos e obrigações. Já as fontes secundárias podem apenas aclarar, minudenciar, integrar ou concretizar os comandos advindos das fontes primárias. Assim, em vista do que dispõem o art. 5º, II, e o art. 59, ambos da Constituição Federal, temos que fontes primárias do direito previdenciário são a Constituição, as leis complementares, as leis ordinárias, as leis delegadas, as medidas provisórias, os decretos legislativos e as resoluções do Senado Federal ou do Congresso Nacional (atos do Poder Executivo denominados de 'resolução' não se enquadram no conceito de fonte primária). Fontes secundárias são as normas complementares (decretos do Poder Executivo, atos administrativos das autoridades competentes – portarias, memorandos, instruções normativas, circulares – e as decisões reiteradas do Conselho de Recursos da Previdência Social – "jurisprudência administrativa"), a jurisprudência, os costumes e os princípios gerais de direito. Fonte material do direito diz com sua origem, com a razão de sua produção, e se liga aos fatores político-valorativos que condicionam e determinam o conteúdo das normas. As fontes formais do direito, por sua vez, compreendem o modo de manifestação das normas jurídicas. As leis, decretos etc. são fonte formais estatais que introduzem normas no ordenamento jurídico. Também existem fontes formais não estatais, como o costume e os negócios jurídicos, por exemplo; **2: Incorreta.** A Lei Eloy Chaves é tida pela maior parte da doutrina como o marco inicial da previdência social brasileira. A Constituição de 1937 não consolidou a legislação previdenciária. A questão parece almejar a confundir o candidato, que pode associar o nome de Getúlio Vargas ao termo "Consolidação", pois tal político é conhecido por ter sido o proponente e idealizador da Consolidação das Leis do Trabalho; **3: Incorreta.** A seguridade social é gênero que reúne três espécies de serviço público: saúde, previdência social e assistência social. Dentre eles, apenas a previdência social tem caráter contributivo, de forma que as outras duas esferas da seguridade (saúde e assistência social) serão prestadas independentemente de pagamento de contribuições. RQ

Gabarito 1C, 2E, 3E

(Procurador do Município/Manaus – 2018 – CESPE) Julgue os próximos itens, relativos à organização, aos princípios e ao custeio da seguridade social.

(1) Constitui objetivo da seguridade social manter o caráter democrático e descentralizado da administração, mediante gestão tripartite, com participação dos trabalhadores e empregadores e do Estado.

(2) Por força da regra da contrapartida, os benefícios e serviços da seguridade social somente poderão ser criados, majorados ou estendidos se existente a correspondente fonte de custeio total.

(3) Constitui fonte de financiamento da seguridade social a arrecadação de contribuições sociais do importador de bens ou serviços do exterior.

1: incorreta. A gestão será quadripartite, incluindo um representante dos aposentados (art. 194, parágrafo único, VII, da CF); **2: correta,** nos termos do art. 195, § 5º, da CF; **3: correta,** nos termos do art. 195, IV, da CF, dispositivo esse que também permite a instituição de contribuições sociais em face daqueles que a lei equiparar ao importador de bens e serviços. HS

Gabarito 1E, 2C, 3C

(Técnico – INSS/Guarulhos – 2022 – CEBRASPE) Em relação aos princípios da seguridade social, integração da legislação previdenciária e conceito de seguridade social, julgue os itens a seguir.

(1) O princípio da seguridade social que estabelece que a contribuição social para o custeio do regime geral de previdência social deve ser proporcional à condição financeira dos seus contribuintes denomina-se equidade na forma de participação no custeio.

---

* HS questões comentadas por: **Henrique Subi.**

RB questões comentadas por: **Robinson Barreirinhas.**

RQ questoes comentadas por: **Ricardo Quartim.**

(2) A assistência social integra a seguridade social, cujos programas são coordenados e executados pelas esferas estadual e municipal, com recursos do orçamento da seguridade social, bem como por entidades beneficentes e de assistência social.

(3) Caso haja lacuna na legislação, o intérprete poderá valer-se de analogia, costumes e princípios gerais do direito como instrumentos integrativos para resolver questões referentes a matéria previdenciária.

1: Correta. O princípio da equidade na forma de participação do custeio, previsto no art. 194, parágrafo único, II, da Constituição Federal – CF, busca garantir que o montante exigido dos contribuintes seja proporcional ao seu poder aquisitivo. Se relaciona intimamente com o princípio da capacidade contributiva, ou da capacidade econômica do contribuinte, mencionado pelo art. 145, § 1º, da CF, em relação aos impostos; **2:** Correta. A seguridade social é gênero que reúne três espécies de serviço público: saúde, previdência social e assistência social, como diz o art. 194, *caput*, da CF. Nos termos do art. 204, *caput* e inciso I, da CF, as ações governamentais na área da assistência social serão realizadas com recursos do orçamento da seguridade social, além de outras fontes, e organizadas com base na descentralização político-administrativa, cabendo a coordenação e as normas gerais à esfera federal e a coordenação e a execução dos respectivos programas às esferas estadual e municipal, bem como a entidades beneficentes e de assistência social; **3:** Correta. O art. 4º da Lei de Introdução às normas do Direito Brasileiro afirma que quando a lei for omissa, o juiz decidirá o caso de acordo com a analogia, os costumes e os princípios gerais de direito. **RO**

Gabarito: 1C, 2C, 3C.

(Técnico – INSS/Guarulhos – 2022 – CEBRASPE) A seguridade social compreende um conjunto integrado de ações de iniciativa dos poderes públicos e da sociedade, destinado a assegurar o direito relativo à saúde, à previdência e à assistência social. A esse respeito, julgue os itens a seguir.

(1) São princípios da seguridade social a universalidade da cobertura e do atendimento, a seletividade e distributividade na prestação dos benefícios e serviços e a progressividade na forma de participação no custeio.

(2) O direito à saúde deve ser garantido mediante políticas sociais e econômicas que assegurem o acesso universal e igualitário às ações e aos serviços voltados para sua promoção, proteção e recuperação, promovidos por meio de rede regionalizada e hierarquizada e integrados em sistema único.

(3) A previdência social tem a finalidade de assegurar aos seus contribuintes a proteção em face de eventos como incapacidade, idade avançada, desemprego voluntário e reclusão ou morte daqueles de quem dependam economicamente.

(4) A assistência social será prestada a quem dela necessitar, independentemente de contribuição, a fim de garantir, entre outros objetivos, a proteção à maternidade, à infância e à pessoa com deficiência.

(5) A seguridade social será financiada por toda a sociedade, de forma direta e indireta, mediante recursos provenientes da União, dos estados, do Distrito Federal, dos municípios e de contribuições sociais como as incidentes sobre a receita de concursos de prognósticos.

1: Incorreta. Os princípios que regem a seguridade social estão previstos no parágrafo único do art. 194 da CF, dentre os quais se incluem a equidade na forma de participação do custeio; **2:** Correta, conforme

os artigos 196 e 198 da CF; **3:** Incorreta. Dentre os objetivos da previdência social (art. 201 da CF) estão a proteção ao trabalhador em situação de desemprego involuntário, a concessão de auxílio-reclusão para os dependentes dos segurados de baixa renda e a pensão por morte do segurado, homem ou mulher, ao cônjuge ou companheiro e dependentes; **4:** Correta, na esteira do que preconiza o art. 203 da CF; **5:** Correta, de acordo com o art. 195, *caput* e inciso III, da CF. **RO**

Gabarito: 1E, 2C, 3E, 4C, 5C.

(Técnico – INSS – 2022 – CEBRASPE) No que diz respeito aos princípios constitucionais da seguridade social, julgue os itens a seguir.

(1) O princípio democrático exige a necessidade de envolvimento de diversos segmentos na administração do sistema de seguridade, de forma que sua gestão deve contar com a participação dos trabalhadores, dos empregadores, dos aposentados e do governo.

(2) São garantidas a uniformidade e a equivalência dos benefícios e serviços às populações urbanas e rurais, embora não se objetive a equidade na forma de participação no custeio.

1: Correta. A seguridade social se rege pelo princípio do caráter democrático e descentralizado da administração, mediante gestão quadripartite, com participação dos trabalhadores, dos empregadores, dos aposentados e do Governo nos órgãos colegiados (art. 194, parágrafo único, VII, da CF); **2:** Incorreta. O inciso II do parágrafo único do art. 194 da CF prevê o princípio da uniformidade e equivalência dos benefícios e serviços às populações urbanas e rurais e o inciso V do mesmo dispositivo consagra o princípio da equidade na forma de participação no custeio. **RO**

Gabarito: 1C, 2E.

(Técnico – INSS – 2022 – CEBRASPE) Julgue os itens subsequentes, relativos a aspectos gerais da organização da seguridade social.

(1) As atividades de saúde são de relevância pública e sua organização obedecerá diversos princípios reitores, entre os quais o acesso universal; a descentralização, com direção única em cada esfera; e a participação da iniciativa privada na assistência à saúde, desde que obedecidos os princípios constitucionais.

(2) A assistência social é política que visa atender as necessidades básicas, independentemente de contribuição, e deve ser organizada de forma centralizada.

(3) A finalidade da previdência social é assegurar aos seus beneficiários meios de manutenção em situações adversas, tais como desemprego involuntário e encargos de família, garantida a preservação do valor dos benefícios e a universalidade de participação nos planos, mediante contribuição.

(4) A seguridade social obedecerá a diversos princípios, tais como a vedação à seletividade na prestação dos serviços e à redutibilidade do valor nominal dos benefícios.

(5) As propostas orçamentárias anuais ou plurianuais da seguridade social são elaboradas por comissão formada necessariamente por representantes das áreas da saúde, da previdência social e da assistência social.

1: Correto, nos termos dos arts. 198 e 199 da CF; **2:** Incorreta. A Assistência Social efetivamente visa atender necessidades básicas e qualquer um de seus serviços independe de contribuição. Entretanto, ela se funda na diretriz da descentralização político-administrativa, cabendo a coordenação e as

7. DIREITO PREVIDENCIÁRIO 149

normas gerais à esfera federal e a coordenação e a execução dos respectivos programas às esferas estadual e municipal, bem como a entidades beneficentes e de assistência social (art. 204, I, da CF); **3:** Correta, segundo o gabarito. É verdade que a ideia de seguridade social surge como meio de prestar algum nível de proteção aos trabalhadores de uma sociedade incipientemente industrial em face dos riscos que enfrentavam. Hodiernamente a seguridade social ainda se preocupa com riscos, ou 'eventos', mas a isso não se limita. Nos incisos do art. 201 da CF vemos dentre os objetivos da seguridade a proteção à maternidade, especialmente à gestante e a cobertura do evento idade avançada, os quais não são 'riscos' e tampouco situações adversas e sim momentos distintos de vida. Nessa toada, o art. 25, I, 'b', do RPS não fala mais em aposentadoria 'por tempo de contribuição', 'por tempo de serviço' ou 'por idade', como se a contribuição, o serviço ou a idade fossem riscos e sim em 'aposentadoria programada'; **4:** Incorreta, uma vez que a Seguridade Social se rege pelo princípio da irredutibilidade do valor dos benefícios (art. 194, parágrafo único, IV, da CF); **5:** Correta, de acordo com o art. 8º do PCCS. RQ

Gabarito: 1C, 2E, 3C, 4E, 5C

(Defensor Público/AL – 2017 – CESPE) No que se refere à organização e aos princípios da seguridade social, julgue os itens a seguir.

I. A assistência social integra o conjunto de direitos sociais assegurados aos necessitados e as ações atinentes à seguridade social.

II. A equidade na forma de participação do custeio veda a utilização de alíquotas de contribuições diferenciadas para aqueles que contribuem para o sistema.

III. A universalidade de cobertura preconizada pelo ordenamento jurídico vigente limita a proteção social àqueles que contribuem para o sistema.

IV. A seguridade social é financiada por toda a sociedade, de forma direta e indireta, mediante recursos provenientes das contribuições sociais e dos orçamentos da União, dos estados, do Distrito Federal e dos municípios.

Estão certos apenas os itens

(A) I e III.

(B) I e IV.

(C) II e III.

(D) II e IV.

(E) III e IV.

I: correta, nos termos dos art. 194 e 203 da CF; **II:** incorreta. O art. 195, §9º, da CF, permite que as contribuições patronais tenham alíquotas diferenciadas em razão da atividade econômica, da utilização intensiva de mão de obra, do porte da empresa ou da condição estrutural do mercado de trabalho. Além disso, a contribuição dos trabalhadores e demais segurados pode ter alíquotas progressivas de acordo com o valor do salário de contribuição, nos termos do art. 195, II, da CF, bem como na hipótese das contribuições sociais incidentes sobre a receita ou o faturamento e sobre o lucro, de acordo com a redação dada ao art. 195, §9º, da CF, pela EC 103/2019; **III:** incorreta A Assistência Social, um dos três ramos da Seguridade Social (art. 194, *caput*, da CF), será prestada a quem dela necessitar, independentemente de contribuição à seguridade social, nos termos do art. 203 da CF.; **IV:** correta, nos termos do art. 195 da CF. RQ

Gabarito: "B".

(Procurador do Estado/SE – 2017 – CESPE) O princípio que, norteando a CF quanto à seguridade social, tem extrema relevância para o cumprimento dos objetivos constitucionais de bem-estar e justiça social, por eleger as contingências sociais a serem acobertadas e os requisitos para a garantia da distribuição de renda, é o princípio da

(A) diversidade da base de financiamento.

(B) universalidade da cobertura e do atendimento.

(C) uniformidade e equivalência dos benefícios e serviços prestados às populações urbanas e rurais.

(D) seletividade e distributividade na prestação dos benefícios e serviços.

(E) equidade na forma de participação no custeio.

A questão é passível de críticas. A nosso ver, não há parâmetro jurídico objetivo a permitir a atribuição de maior relevância isolada a um destes princípios, em detrimento dos demais. À interpretação sistemática dos sete princípios elencados no parágrafo único do art. 194 da CF é que se poderia atribuir maior relevância no cumprimento dos objetivos constitucionais de bem-estar e justiça social.. HS/RM

Gabarito "A".

(Analista Jurídico –TCE/PA – 2016 – CESPE) Acerca do regime geral e dos regimes especiais de previdência social, julgue os itens seguintes.

(1) É competência privativa da União legislar sobre previdência social, sendo, portanto, vedado aos estados e ao Distrito Federal legislar sobre essa matéria.

(2) O prefeito municipal que não esteja vinculado a regime próprio de previdência social é segurado obrigatório do regime geral de previdência social.

1: incorreta. A competência legislativa é concorrente (art. 24, XII, da CF), sendo que os Estados e o DF a exercem regulamentando a previdência social de seus servidores públicos efetivos. A União Federal possui competência privativa para legislar sobre Seguridade Social (art. 22, XXIII, da CF), ou seja, sobre o RGPS; **2:** correta, nos termos do art. 40, §13, da CF e do art. 12, I, "j"', da Lei nº 8.212/1991. RM

Gabarito 1E, 2C

(Procurador do Estado/AM – 2016 – CESPE) A respeito do surgimento e da evolução da seguridade social, julgue os itens a seguir.

(1) No Brasil, iniciou-se o regime próprio de previdência dos servidores públicos com o advento da Lei Eloy Chaves, em 1923, que determinou a criação das caixas de aposentadorias e pensões para os ferroviários.

(2) A Constituição Mexicana de 1917 e a Constituição de Weimar de 1919, ao constitucionalizar um conjunto de direitos sociais, colocando-os no mesmo plano dos direitos civis, marcaram o início da fase de consolidação da seguridade social.

1: incorreta. A Lei Eloy Chaves é um marco histórico da Previdência Social no Brasil, mas não trata ela de servidores públicos. Referida lei cria caixas de aposentadoria e pensões no âmbito de cada empresa de estrada de ferro no País, regulando as contribuições e benefícios nelas existentes. Ademais, antes da Lei Eloy Chaves o art. 75 da Constituição de 1891 abordou o tema da aposentadoria dos funcionários públicos. **2:** correta. As duas constituições mencionadas foram efetivamente aquelas que deram início ao modelo de seguridade social criada e mantida pelo Estado. RM

Gabarito 1E, 2C

(Técnico – INSS – 2016 – CESPE) No que se refere à seguridade social no Brasil, julgue os itens seguintes.

(1) A seguridade social é organizada mediante gestão quadripartite, com participação dos trabalhadores, dos empregadores, dos aposentados e do governo nos órgãos colegiados.

(2) A Lei Eloy Chaves, que criou em cada uma das empresas de estradas de ferro existentes no país uma caixa de aposentadoria e pensões para os respectivos empregados, foi o primeiro ato normativo a tratar de seguridade social no Brasil.

(3) A CF define seguridade social como um conjunto integrado de ações de iniciativa dos poderes públicos e da sociedade destinadas a assegurar direitos relativos à saúde, à previdência e à assistência social.

(4) De acordo com o princípio da universalidade da seguridade social, os estrangeiros no Brasil poderão receber atendimento da seguridade social.

1: correta, nos termos do art. 194, parágrafo único, VII, da Constituição Federal; **2:** incorreta. A Lei Eloy Chaves é considerada o marco inicial da previdência social no Brasil, porém, não foi o primeiro ato normativo a tratar do assunto. Antes dela, os montepios, criados no tempo do Império, já cuidavam, ainda que de forma restrita, da seguridade social; **3:** correta, nos termos do art. 194, *caput*, da Constituição Federal; **4:** correta. A ideia de universalidade é justamente priorizar o maior alcance possível dos benefícios e serviços da seguridade social. Com fundamento não só na universalidade, mas também nos princípios da solidariedade e da dignidade humana, o Supremo Tribunal Federal decidiu, em sede de Repercussão Geral (RExt nº 587.970/SP), que os estrangeiros têm direito ao benefício assistencial previsto no art. 203, V, da Constituição Federal. **RO**

Gabarito: 1C, 2E, 3C, 4C

(Técnico – INSS – 2016 – CESPE) Com relação ao conteúdo e à autonomia da legislação previdenciária, julgue o item abaixo.

(1) Lei complementar editada pela União poderá autorizar os estados e o DF a legislar sobre questões específicas relacionadas à seguridade social.

1: correta. O art. 22, XXIII, da Constituição Federal, diz que a União Federal tem competência privativa para legislar sobre Seguridade Social. Entretanto, o parágrafo único deste art. 22 prevê a possibilidade de Lei complementar autorizar os Estados a legislar sobre questões específicas das matérias relacionadas neste artigo. Pertinente ressaltar que enquanto a Seguridade Social se inclui dentre as competências legislativas privativas da União, o art. 24, XII, da Constituição Federal entrega competência concorrente à União, Estados e DF para legislar sobre previdência social, proteção e defesa da saúde. Não há contradição entre os arts. 22, XXIII e 24, XII, da CF. A Seguridade compreende a saúde, a previdência e a assistência social (art. 194 da CF). A competência legislativa privativa da União quanto à previdência social diz respeito ao Regime Geral de Previdência Social, ao passo que a competência concorrente se refere à previdência social dos servidores públicos do respectivo Estado (RExt 356.328 Agr/RS, DJe 25.02.2011). No que pertine à proteção e defesa da saúde, temos que (ADi 6.343 MC-REF, DJe 17.11.2020): *"Em relação à saúde e assistência pública, a Constituição Federal consagra a existência de competência administrativa comum entre União, Estados, Distrito Federal e Municípios (art. 23, II e IX, da CF), bem como prevê competência concorrente entre União e Estados/ Distrito Federal para legislar sobre proteção e defesa da saúde (art. 24, XII, da CF); permitindo aos Municípios suplementar a legislação federal e a estadual no que couber, desde que haja interesse local (art. 30, II, da CF); e prescrevendo ainda a descentralização político-administrativa do Sistema de Saúde (art. 198, CF, e art. 7º da Lei 8.080/1990), com a consequente descentralização da execução de serviços, inclusive no que diz respeito às atividades de vigilância sanitária e epidemiológica (art. 6º, I, da Lei 8.080/1990)".* **RO**

Gabarito: 1C

(Analista – INSS – 2016 – CESPE) Com relação ao RGPS, julgue os itens que se seguem.

(1) O RGPS constitui um gênero do qual são espécies a previdência dos servidores públicos, a dos trabalhadores empregados da iniciativa privada e a dos trabalhadores autônomos.

(2) O RGPS tem como princípio a universalidade de cobertura, o que significa que os segurados vinculados a esse regime e seus dependentes têm direito aos mesmos benefícios e serviços.

1: incorreta. O RGPS é um regime de previdência que acoberta todos aqueles que exerçam atividade remunerada, desde que não sejam participantes de regime próprio previsto para os servidores públicos efetivos (arts. 40 e 201 da Constituição Federal); **2:** incorreta. Universalidade de cobertura significa que as políticas de previdência social devem buscar, dentro do possível e cada vez mais, proteger todas as contingências que possam acometer a capacidade laborativa do trabalhador. Seu conteúdo de modo algum implica na equiparação dos benefícios de segurados e dependentes. **RO**

Gabarito: 1E, 2E

(Analista – INSS – 2014 – FUNRIO) Qual foi a primeira norma legal a instituir a previdência social no Brasil?

(A) A Constituição de 1824.

(B) A Constituição de 1946.

(C) A Lei Áurea.

(D) A Lei Orgânica da Previdência Social de 1960.

(E) O Decreto Legislativo nº 4.682, de 24 de janeiro de 1923, conhecido como Lei Eloy Chaves.

A Lei Eloy Chaves é tida pela maior parte da doutrina como o marco inicial da previdência social brasileira. Referida lei criou caixas de aposentadoria e pensões no âmbito de cada empresa de estrada de ferro no País, regulando as contribuições e benefícios nelas existentes. A Constituição de 1824 não trata da Previdência Social, sendo que os únicos direitos dos cidadãos que se poderia dizer serem "sociais" – apesar de os direitos sociais serem um fenômeno do século XX - são o direito aos socorros públicos (art. 179, XXXI) e o direito à instrução primária gratuita a todos os cidadãos (art. 179, XXXII). **RO**

Gabarito: "E".

(Analista – INSS – 2014 – FUNRIO) Com relação ao Regime da Previdência Social, nos termos da Constituição Federal, é correto afirmar que

(A) serão devidamente atualizados, na forma de portaria ministerial, todos os salários de contribuição considerados para o cálculo de benefício.

(B) será disciplinada por Lei Complementar a cobertura do risco de acidente do trabalho, a ser atendida concorrentemente pelo regime geral de previdência social e pelo setor privado.

(C) é vedada a filiação ao regime geral de previdência social, na qualidade de segurado facultativo, de pessoa participante de regime próprio de previdência.

(D) é assegurada, para efeito de aposentadoria, a contagem recíproca do tempo de contribuição na administração pública e na atividade privada, rural e urbana, hipótese em que os diversos regimes de previdência social se compensarão financeiramente, segundo critérios estabelecidos em portaria ministerial.

7. DIREITO PREVIDENCIÁRIO 151

(E) não serão incorporados ao salário para efeito de contribuição previdenciária os ganhos habituais do empregado, a qualquer título.

A: incorreta. Os salários de contribuição serão atualizados na forma da lei (art. 201, §3º, da CF); **B:** incorreta quando da aplicação do certame. Com efeito, a redação então vigente do art. 201, §1º, da CF, não exigia Lei Complementar para a matéria em questão. Entretanto, com a promulgação da EC nº 103/2019, a cobertura de benefícios não programados, inclusive os decorrentes de acidente do trabalho, a ser atendida concorrentemente pelo Regime Geral de Previdência Social e pelo setor privado, passou a necessitar de Lei Complementar para sua disciplina; **C:** correta, conforme o art. 201, §5º, da Constituição Federal; **D:** incorreta, pois a redação original do art. 201, §9º, da CF, garantia a contagem recíproca segundo critérios estabelecidos em lei. A EC nº 103/2019 alterou a redação do referido dispositivo constitucional, que agora diz: "*Para fins de aposentadoria, será assegurada a contagem recíproca do tempo de contribuição entre o Regime Geral de Previdência Social e os regimes próprios de previdência social, e destes entre si, observada a compensação financeira, de acordo com os critérios estabelecidos em lei*"; **E:** incorreta. Os ganhos habituais do empregado, a qualquer título, serão incorporados ao salário para efeito de contribuição previdenciária e consequente repercussão em benefícios, nos casos e na forma da lei (art. 201, § 11º, da CF). **RO**
Gabarito "C".

(Procurador do Município – São Paulo/SP – 2014 – VUNESP) Considerando-se os princípios e diretrizes que regem a Seguridade Social, é correto afirmar que

(A) os princípios e diretrizes da Saúde se estendem à esfera da Previdência Social.

(B) o direito à saúde é garantido a todos, independentemente da qualidade de contribuintes da previdência social.

(C) a base de financiamento da seguridade social é composta por contribuição dos segurados e, no caso de empregados, dos empregadores.

(D) a seguridade social compreende um conjunto de ações destinado a assegurar o direito da sociedade à saúde e à previdência social.

(E) a universalidade da cobertura e do atendimento garante o direito de toda a população aos benefícios da previdência social.

A: incorreta. A questão é um tanto maldosa, porque induz o candidato a pensar nos **objetivos** da seguridade social previstos no parágrafo único do art. 194 da CF, os quais são aplicáveis às três esferas da seguridade (saúde, previdência social e assistência social). As **diretrizes** da Saúde estão previstas no art. 198 da CF e lhe são próprias, não se estendendo às demais esferas: descentralização, com direção única em cada esfera de governo; atendimento integral, com prioridade para as atividades preventivas, sem prejuízo dos serviços assistenciais; e participação da comunidade; **B:** correta, nos termos do art. 196 da CF, que dispõe que a saúde é direito de **todos,** sem fazer qualquer ressalva; **C:** incorreta. A contribuição social da empresa e entidades a ela equiparadas, incidente sobre a folha de salários, abrange a remuneração paga a qualquer pessoa física que lhe preste serviço, seja ela empregada ou contribuinte individual; **D:** incorreta. Faltou mencionar a assistência social (art. 194 da CF); **E:** incorreta. A universalidade da cobertura e do atendimento, objetivo da seguridade social previsto no art. 194, parágrafo único, I, da CF, deve ser interpretada à luz das regras incidentes sobre cada esfera da seguridade. No caso da previdência social, ela (a universalidade)

---

será garantida a todos aqueles que **contribuírem** para o RGPS, nos termos do art. 201 da CF. **HS**
Gabarito "B".

(Magistratura do Trabalho – 2ª Região – 2014) Em relação ao tratamento constitucional da seguridade e da previdência social, aponte a alternativa **correta:**

(A) A seguridade social se rege pelo princípio democrático, consubstanciado na descentralização de sua administração, mediante gestão tripartite, com participação dos trabalhadores, empregadores e governo nos órgãos colegiados.

(B) A previdência social se constitui no conjunto de ações do Poder Público e da sociedade que assegura os direitos relativos à saúde, à seguridade social e à assistência social.

(C) São princípios da previdência e da seguridade social a universalidade do atendimento, a seletividade e distributividade na prestação dos serviços e a diversidade da base de financiamento.

(D) A seguridade será financiada observando-se o princípio da equidade e abrangerá, entre outros, os lucros, os rendimentos do trabalho pagos ou creditados a qualquer título à pessoa física que preste serviço e aposentadoria concedida pelo regime geral de previdência.

(E) A previdência social atenderá, nos termos da lei e de forma universal, entre outros, os eventos de doença, proteção à maternidade, em especial ao nascituro, invalidez, auxílio reclusão, morte e idade avançada.

A: incorreta. A gestão será **quadripartite.** A assertiva deixou de mencionar a participação dos aposentados (art. 194, parágrafo único, VII, da CF); **B:** incorreta. É necessária extrema atenção nesse caso, porque a alternativa simplesmente inverte o gênero "seguridade social" com a espécie "previdência social" (art. 194 da CF); **C:** correta, nos termos do art. 194, parágrafo único, I, III e VI, respectivamente, da CF; **D:** incorreta. A aposentadoria concedida pelo RGPS é imune a contribuições sociais (art. 195, II, *in fine*, da CF); **E:** incorreta. A previdência social não contempla o nascituro, ao menos não expressamente. O art. 201, II, da CF estabelece a proteção à maternidade, especialmente à **gestante.** Relevante notar que, após a promulgação da EC 103/2019, o inciso I deste art. 201 da CF deixou de mencionar 'doença', 'invalidez' e 'morte' e passou a prever os eventos de 'incapacidade temporária ou permanente'. Ancorado nesta alteração, o Decreto 10.410/2020 modificou o Decreto 3.048/99 (RPS) substituindo a expressão 'auxílio-doença' por 'auxílio por incapacidade temporária' e a expressão 'aposentadoria por invalidez' por 'aposentadoria por incapacidade permanente'. Contudo, a Lei 8.213/91 (PBPS) não foi modificada e continua a prever o auxílio-doença e a aposentadoria por invalidez. **RO**
Gabarito "C".

(Analista Jurídico INSS – 2013 – FUNRIO) Com relação à previdência social, qual das alternativas contém uma afirmação correta?

(A) A Previdência Social, mediante contribuição, tem por fim assegurar aos seus beneficiários meios indispensáveis de manutenção, por motivo de incapacidade, desemprego involuntário, idade avançada, tempo de serviço, encargos familiares e prisão ou morte daqueles de quem dependiam economicamente.

(B) A Previdência Social, mediante contribuição, tem por fim assegurar aos seus beneficiários meios indispensáveis de manutenção, por motivo de incapacidade, desemprego voluntário, idade avançada, tempo de serviço, encargos familiares e prisão ou morte daqueles de quem não dependiam economicamente.

(C) A Previdência Social, independente de contribuição, tem por fim assegurar aos seus beneficiários meios indispensáveis de manutenção, por motivo de incapacidade, desemprego involuntário, idade avançada, tempo de serviço, encargos familiares e prisão ou morte daqueles de quem dependiam economicamente.

(D) A Previdência Social, independente contribuição, tem por fim assegurar aos seus beneficiários meios indispensáveis de manutenção, por motivo de incapacidade, desemprego voluntário, idade, tempo de serviço, encargos familiares e prisão ou morte daqueles de quem dependiam economicamente.

(E) A Previdência Social, mediante contribuição, tem por fim assegurar aos seus beneficiários meios indispensáveis de manutenção, por motivo de incapacidade, desemprego involuntário, idade, tempo de contribuição, encargos familiares e morte daqueles de quem dependiam economicamente.

A: correta, nos termos do art. 201 da CF. A alternativa traz as principais contingências protegidas pelo Regime Geral da Previdência Social, fornecendo ao trabalhador ou aos seus dependentes meios mínimos para sua subsistência; **B:** incorreta. A pensão por morte e o auxílio-reclusão são pagos apenas aos dependentes econômicos do segurado, assim entendidas as pessoas relacionadas no art. 16 da Lei nº 8.213/91; **C:** incorreta. O sistema previdenciário é contributivo (art. 201, *caput*, da CF), ou seja, dele somente participa quem paga as contribuições sociais previstas no art. 195, II, da CF; **D:** incorreta. Além do sistema ser contributivo, a contingência protegida é o desemprego **involuntário** (art. 201, III, da CF); **E:** incorreta. A contingência que se protege é a idade **avançada,** não qualquer idade (art. 201, I, da CF). RB
Gabarito "A".

(Analista Jurídico INSS – 2013 – FUNRIO) Com relação aos objetivos da Previdência Social, nos termos da Constituição, assinale a alternativa coerente.

(A) Redutibilidade do valor dos benefícios.

(B) Não diversidade da base de financiamento.

(C) Uniformidade e equivalência dos benefícios e serviços somente às populações urbanas e rurais.

(D) Diversidade da base de financiamento.

(E) Exclusão da população rural do regime geral de previdência social.

Primeiramente, cumpre consignar que a questão contém uma impropriedade. Conforme previsto no art. 194, parágrafo único, da CF, são objetivos da **seguridade social** (e não apenas da previdência, um de seus pilares): a **irredutibilidade** do valor dos benefícios (inciso IV), a **diversidade** da base de financiamento (inciso VI), a uniformidade e equivalência dos benefícios e serviços às populações urbanas e rurais (o inciso II não traz o termo "somente", o que tornaria a alternativa "C" incorreta – sob nossas veementes críticas, porque, dentro do critério adotado, ou a população é urbana ou é rural; não haveria, portanto, qualquer exclusão). Correta, portanto, a alternativa "D". RB
Gabarito "D".

(Analista Administrativo INSS – 2013 – FUNRIO) Com relação aos princípios que regem a previdência social, está correta a seguinte característica:

(A) redutibilidade do valor dos benefícios desde que autorizada por Lei Complementar.

(B) distinção dos benefícios e serviços às populações urbanas e rurais.

(C) cálculo dos benefícios considerando-se a quantidade de salários mínimos contribuídos corrigidos monetariamente.

(D) caráter democrático e centralizado da gestão administrativa, com a participação do governo federal, estaduais e da comunidade, em especial de trabalhadores em atividade, empregadores e aposentados.

(E) seletividade e distributividade na prestação dos benefícios.

Primeiramente, cumpre consignar que a questão contém uma impropriedade. Conforme previsto no art. 194, parágrafo único, da CF, são objetivos da seguridade social (e não apenas da previdência, um de seus pilares). **A:** incorreta. O art. 194, parágrafo único, IV, da CF prevê *a irredutibilidade do valor dos benefícios;* **B:** incorreta. O art. 194, parágrafo único, II, da CF prevê, a **uniformidade** e **equivalência** dos benefícios e serviços às populações urbanas e rurais; **C:** incorreta. Além de tal item não estar listado como um objetivo da seguridade social, o valor do benefício não é encontrado com base no salário mínimo (até porque é vedada sua vinculação para qualquer fim – art. 7º, IV, da CF), mas sim por meio de cálculo específico previsto na Lei nº 8.213/91 e no art. 26 da EC 103/2019 que se lastreia no valor do salário de contribuição do segurado; **D:** incorreta. O art. 194, parágrafo único, VII, da CF prevê o caráter democrático e **descentralizado** da gestão administrativa e não prevê a participação dos governos estaduais; **E:** correta, pois a previdência, parte essencial da seguridade social, sujeita-se ao princípio da seletividade e distributividade. Esta é a melhor alternativa, por exclusão das demais, apesar de, como comentado inicialmente, o art. 194, parágrafo único, da CF referir-se à seguridade social. RQ
Gabarito "E".

(TÉCNICO – INSS – 2012 – FCC) No tocante à Previdência Social, é correto afirmar que

(A) é organizada sob a forma de regime especial e observa critérios que preservem o equilíbrio financeiro.

(B) é descentralizada, de caráter facultativo.

(C) tem caráter complementar e autônomo.

(D) baseia-se na constituição de reservas que garantam o benefício contratado.

(E) é contributiva, de caráter obrigatório.

A: incorreta. A Previdência Social é construída com base em um regime geral, aplicável a todos os trabalhadores, com exceção dos servidores públicos ocupantes de cargos efetivos, que possuem um regime próprio (art. 201 da CF); **B:** incorreta. A Previdência Social é administrada de forma descentralizada (o INSS é uma autarquia, integrante da Administração Pública Federal Indireta) e sua filiação tem caráter obrigatório (art. 201 da CF); **C:** incorreta. Essas características pertencem aos planos de previdência privada (art. 202 da CF); **D:** incorreta. A Previdência deve observar critérios que preservem seu equilíbrio financeiro e atuarial, mas a contribuição dos segurados não está vinculada a cada um deles. A constituição de reservas que garantam o benefício contratado é característica do regime de previdência privada (art. 202 da CF). O sistema de financiamento da Previdência Social no Brasil é o da repartição simples, marcado por uma lógica de solidariedade intergeracional segundo a qual as verbas arrecadadas dos contribuintes da Previdência Social são utilizadas para pagar os benefícios dos segurados de hoje. No futuro, quando os atuais contribuintes forem gozar de seus benefícios, serão eles mantidos pelos contribuintes do futuro. Já na Previdência Privada vigora o sistema de capitalização, pelo qual cabe ao próprio segurado verter reservas monetárias que garantam seu benefício futuro; **E:** correta, nos exatos termos do art. 201 da CF. RQ
Gabarito "E".

(Magistratura Federal - 4ª Região – 2010) Dadas as assertivas abaixo acerca dos princípios informadores da Seguridade Social e da Previdência Social, assinale a alternativa correta.

I. Em razão do princípio da uniformidade e da equivalência dos benefícios e serviços, é totalmente vedada a adoção de requisitos e critérios diferenciados para a concessão de aposentadoria aos beneficiários do Regime Geral de Previdência Social.

II. Em razão de princípio consagrado na Constituição Federal, é assegurado o reajustamento dos benefícios para preservar-lhes, em caráter permanente, o valor real, conforme critérios definidos em decreto do Presidente da República, após proposta do Conselho Nacional de Previdência Social.

III. Por força de princípio constitucional, há a possibilidade de instituição de regime de previdência privada facultativo, de caráter complementar e organizado de forma autônoma em relação ao Regime Geral de Previdência Social, baseado na constituição de reservas que garantam o benefício contratado, e regulado por lei complementar.

IV. O princípio da universalidade garante o acesso à Previdência Social, independentemente de qualquer condição, a todas as pessoas residentes no país, inclusive estrangeiros.

V. Os princípios previstos na Constituição Federal acerca da Seguridade Social estabelecem, dentre outras coisas, equidade na forma de participação no custeio, diversidade da base de financiamento e caráter democrático e descentralizado da administração, mediante gestão quadripartite, com participação dos trabalhadores, dos empregadores, dos aposentados e do Governo nos órgãos colegiados.

(A) Está correta apenas a assertiva III.

(B) Estão corretas apenas as assertivas I e IV.

(C) Estão corretas apenas as assertivas III e V.

(D) Estão corretas apenas as assertivas IV e V.

(E) Nenhuma assertiva está correta.

I: incorreta, pois a própria Constituição admite a adoção de requisitos e critérios diferenciados nos casos de atividades exercidas sob condições especiais que prejudiquem a saúde ou a integridade física e quando se tratar de segurados portadores de deficiência, nos termos definidos em lei complementar – art. 201, § 1º, da CF e também o art. 194, II, da CF; **II:** assertiva incorreta, pois os critérios para o reajustamento dos benefícios devem ser definidos em **lei** – art. 201, § 4º, da CF; **III:** correta, pois reflete exatamente o disposto no art. 202, *caput*, da CF; **IV:** incorreta, pois, embora a universalidade seja princípio que rege a seguridade social (previdência, assistência e saúde) – art. 194, parágrafo único, I, da CF, a previdência social, especificamente, é organizada sob a forma de regime geral de caráter *contributivo*, ou seja, abrange aqueles que contribuem, na condição de segurados, e seus dependentes – art. 201, *caput*, da CF; **V:** assertiva correta, nos termos do art. 194, parágrafo único, da CF. **HS**
Gabarito "C".

2. LEGISLAÇÃO PREVIDENCIÁRIA

(Técnico – INSS – 2012 – FCC) Em relação às fontes do direito previdenciário:

(A) o memorando é fonte primária.

(B) a orientação normativa é fonte primária.

(C) a instrução normativa é fonte secundária.

(D) a lei delegada é fonte secundária.

(E) a medida provisória é fonte secundária.

Fonte primária do direito é aquela capaz de inovar na ordem jurídica, criando direitos e obrigações. Já as fontes secundárias podem apenas aclarar, minudenciar, integrar ou concretizar os comandos advindos das fontes primárias. Assim, em vista do que dispõem o art. 5º, II, e o art. 59, ambos da Constituição Federal, temos que fontes primárias do direito previdenciário são a Constituição, as leis complementares, as leis ordinárias, as leis delegadas, as medidas provisórias, os decretos legislativos e as resoluções do Senado Federal ou do Congresso Nacional (atos administrativos denominados de 'resolução' não se enquadram no conceito de fonte primária). Fontes secundárias são as normas complementares (decretos do Poder Executivo, atos administrativos das autoridades competentes – portarias, memorandos, instruções normativas, circulares – e as decisões reiteradas do Conselho de Recursos da Previdência Social – "jurisprudência administrativa"), a jurisprudência, os costumes e os princípios gerais de direito. **RO**
Gabarito "C".

(Técnico – INSS – 2012 – FCC) A interpretação da legislação previdenciária deve observar

(A) o costume, quando mais favorável ao segurado.

(B) a Jurisprudência do Juizado Especial Federal.

(C) a analogia, quando mais favorável ao segurado.

(D) os princípios gerais de direito, na omissão legislativa.

(E) o princípio do *in dubio pro societate* em qualquer situação.

Em rigor, a questão apresenta uma incongruência: todas as alternativas apresentam formas de *integração* da legislação previdenciária (instrumentos para suprir as lacunas legislativas) e não de *interpretação* da legislação previdenciária. Enfim, analisemos as alternativas. **A, C e E:** incorretas. O critério para utilização das formas de integração não é a melhor ou pior situação do segurado e seu uso não é irrestrito. Elas nunca podem contradizer o que dispõe a lei, apenas complementá-la; **B:** incorreta. A jurisprudência apta a ser usada como fundamento para a integração do direito não se restringe àquela advinda dos Juizados Especiais Federais. Aliás, a jurisprudência usualmente mais relevante é aquela advinda dos Tribunais Superiores (STF e STJ); **D:** correta. Não havendo lei a respeito do tema a ser analisado (necessidade de integração), os princípios gerais de direito surgem como fonte secundária para resolver essa lacuna (art. 4º do Decreto-Lei nº 4.657/1942). **RO**
Gabarito "D".

(Técnico – INSS – 2022 – CEBRASPE) Julgue os itens que seguem, a respeito da aplicação das normas previdenciárias.

(1) O princípio da territorialidade vige no âmbito do direito previdenciário, razão por que é vedada a aplicação da norma brasileira desse ramo do direito fora do território nacional.

(2) No direito previdenciário, a lei nova não surte efeitos pretéritos, salvo se em benefício de infratores de norma de custeio.

1: Incorreta. São segurados obrigatórios do RGPS o brasileiro ou o estrangeiro domiciliado e contratado no Brasil para trabalhar como empregado em sucursal ou agência de empresa nacional no exterior (art. 11, I, 'c', do PBPS), o brasileiro civil que trabalha para a União, no exterior, em organismos oficiais brasileiros ou internacionais dos quais o Brasil seja membro efetivo, ainda que lá domiciliado e contratado, salvo se segurado na forma da legislação vigente do país do domicílio (art. 11, I, 'e', do PBPS) e o brasileiro ou estrangeiro domiciliado e contratado no Brasil para trabalhar como empregado em empresa domiciliada no exterior, cuja maioria do capital votante pertença a empresa brasileira de capital nacional (art. 11, I, 'f', do PBPS). Além disso, os tratados, convenções e outros acordos internacionais de que Estado estrangeiro ou organismo internacional e o Brasil sejam partes, e que versem sobre matéria previdenciária, serão interpretados como lei especial (art. 382 do RPS); **2:** Anulada. A regra de direito intertemporal consagrada pela jurisprudência quanto ao Direito Previdenciário é a do *tempus regit actum*. Na seara dos benefícios, isso significa, por exemplo, que 'a lei que rege o tempo de serviço é aquela vigente no momento da prestação do labor' (AINTAREsp 1.431.396, DJe 08.11.2019), que 'a lei aplicável à concessão de pensão previdenciária por morte é aquela vigente na data do óbito do segurado' (súmula 340 do STJ) ou que os requisitos para a concessão do benefício de auxílio-reclusão devem ser verificados no momento do recolhimento à prisão (REsp 1.759.338, DJe 04.02.2019). No âmbito do custeio, a criação ou a modificação de contribuições sociais só é exigível após decorridos noventa dias da data da publicação da respectiva lei (art. 195, § 6º, CF). Todavia, o art. 106 do Código Tributário Nacional determina a aplicação de lei nova a ato pretérito caso se trate de norma expressamente interpretativa, ou, em relação a ato não definitivamente julgado, de norma que de deixe de defini-lo como infração, que deixe de tratá-lo como contrário a qualquer exigência de ação ou omissão, desde que não tenha sido fraudulento e não tenha implicado em falta de pagamento de tributo ou que comine penalidade menos severa que a prevista na lei vigente ao tempo da sua prática. Apesar de amplas, as hipóteses de retroação da norma tributário mais benéficas não abrangem todos os casos. Notadamente, a diminuição de alíquota ou a retirada de determinados atos da hipótese material de incidência da norma que prevê contribuição social não retroagem (art. 105 do CTN). RO

Gabarito 1E, 2Anulada

3. SEGURADOS

(Técnico – INSS – 2016 – CESPE) Com base no disposto no Decreto n. 3.048/1999, que aprovou o regulamento da previdência social, julgue os itens subsecutivos.

(1) A dona de casa e o estudante podem filiar-se facultativamente ao RGPS mediante contribuição, desde que não estejam exercendo atividade remunerada que os enquadre como segurados obrigatórios da previdência social.

(2) A universalidade da cobertura e do atendimento inclui-se entre os princípios que regem as ações dos poderes públicos e da sociedade destinadas a assegurar o direito relativo à saúde, à previdência e à assistência social.

(3) Aquele que presta serviço de natureza contínua, mediante remuneração, a pessoa ou família, no âmbito residencial desta, em atividade sem fins lucrativos, é considerado contribuinte individual, segurado obrigatório da previdência social.

1: correta, nos termos do art. 11, § 1º, I e III, do Regulamento da Previdência Social - RPS. O Decreto nº 10.410/2020 alterou a redação do inciso I, do §1º, do art. 11, do RPS, retirando a expressão 'dona de casa" e inserindo a seguinte definição: *"aquele que se dedique exclusivamente ao trabalho doméstico no âmbito de sua residência"*; **2:** correta, nos termos do art. 1º, parágrafo único, I, do RPS; **3:** incorreta. Este é o conceito de empregado doméstico (art. 9º, II, do RPS), categoria de segurado distinta do contribuinte individual. RO

Gabarito 1C, 2C, 3E

(Técnico – INSS – 2016 – CESPE) Com base no disposto na Lei n. 8.213/1991, julgue os itens a seguir, acerca dos segurados do RGPS.

(1) Situação hipotética: Pedro trabalha como professor remunerado de uma escola particular e, concomitantemente, explora atividade econômica agropecuária em regime de economia familiar em uma chácara de dois módulos fiscais. Assertiva: Nessa situação, Pedro é segurado obrigatório do RGPS em relação a cada uma das atividades realizadas.

(2) Brasileiro contratado pela Organização das Nações Unidas, da qual o Brasil faz parte como membro efetivo, é considerado segurado obrigatório do RGPS, mesmo que domiciliado e contratado no exterior, salvo se estiver coberto por regime próprio de previdência social.

(3) Pastor evangélico que atue exclusivamente em sua atividade religiosa é considerado segurado facultativo do RGPS.

(4) É considerado segurado obrigatório do RGPS na qualidade de contribuinte individual o associado eleito para cargo de direção em cooperativa, associação ou entidade de qualquer natureza, mesmo que não receba remuneração.

(5) Síndica do condomínio predial em que resida e que receba como pró-labore a quantia equivalente a um salário mínimo será considerada segurada obrigatória do RGPS na qualidade de empregada.

(6) O pescador que exerça essa atividade como principal meio de vida é considerado segurado especial mesmo que tenha empregados permanentes.

1: incorreta. Como Pedro exerce outra atividade remunerada (professor), ele não é considerado segurado especial (art. 11, § 10, I, "b", do PBPS). Descaracterizada sua filiação como segurado especial, resta apenas a filiação como empregado (art. 11, I, 'a', do PBPS); **2:** correta, nos termos do art. 11, I, "e", do PBPS; **3:** incorreta. É contribuinte individual, espécie de segurado obrigatório do RGPS (art. 11, V, "c", do PBPS); **4:** incorreta. Somente será contribuinte individual se receber remuneração (art. 11, V, "f", do PBPS). Não havendo esta, ele será considerado segurado facultativo; **5:** incorreta. O síndico remunerado é classificado como contribuinte individual (art. 11, V, "f", do PBPS); **6:** incorreta. É condição para a caracterização do segurado especial que ele não atue com empregados permanentes (art. 11, § 1º, do PBPS). RO

Gabarito 1E, 2C, 3E, 4E, 5E, 6E

(Técnico – INSS – 2016 – CESPE) Com relação ao segurado especial e ao segurado facultativo, julgue os próximos itens à luz do Decreto n. 3.048/1999.

(1) Situação hipotética: Maria, com vinte e dois anos de idade, recebe bolsa de estudos para se dedicar em tempo integral a trabalho de pesquisa, não possuindo qualquer vinculação a regime de previdência. Assertiva: Nessa situação, Maria poderá filiar-se facultativamente ao RGPS.

(2) O recebimento de dinheiro decorrente de programa assistencial oficial do governo federal descaracteriza a condição de segurado especial.

1: correta, nos termos do art. 11, § 1º, VIII, do RPS; **2:** incorreta. Tal verba é exceção à regra de que o segurado especial não pode ter outra fonte de renda (art. 9º, § 18, IV, do RPS). RO

Gabarito 1C, 2E

(Técnico – INSS – 2016 – CESPE) A respeito da inscrição e da filiação dos segurados obrigatórios e facultativos na forma do Decreto n. 3.048/1999, julgue os itens a seguir.

7. DIREITO PREVIDENCIÁRIO   155

(1) A filiação do segurado obrigatório ao RGPS decorre automaticamente do exercício da atividade remunerada.

(2) Desde que presentes os demais pressupostos da filiação, admite-se a inscrição *post mortem* do segurado especial.

(3) A filiação ao RGPS na qualidade de segurado facultativo pode retroagir, permitindo-se o recolhimento das contribuições relativas a competências anteriores à data da inscrição.

(4) Os dados constantes dos cadastros informatizados da previdência social, como o Cadastro Nacional de Informações Sociais (CNIS), valem como prova da filiação à previdência social, do tempo de contribuição e dos salários de contribuição, desde que acompanhados de outras provas documentais.

1: correta, nos termos do art. 20, § 1º, do RPS. A filiação é o vínculo jurídico que liga o cidadão, agora segurado, ao RGPS, e seu surgimento se dá com o mero exercício de atividade remunerada. Não confunda filiação com inscrição previdenciária. Esta última é o ato pelo qual o segurado é cadastrado no RGPS mediante a apresentação de determinados documentos; **2:** correta, nos termos do art. 18, § 5º, do RPS. O Decreto nº 10.410/2020 incluiu um § 5º-B no art. 18 do RPS, vedando expressamente a inscrição *post mortem* de segurado contribuinte individual e de segurado facultativo; **3:** incorreta O art. 18, § 5º, do RPS, admite a inscrição *post mortem* do segurado especial, desde que presentes os pressupostos da filiação. Tal norma excepcional deve ser interpretada restritivamente, e, tendo em vista que filiação e inscrição são institutos diferentes, não se pode admitir filiação de segurado especial já falecido.; **4:** incorreta. O art. 19 do RPS garante a força probatória do CNIS, independentemente da apresentação de outros documentos. `RO`
Gabarito: 1C, 2C, 3E, 4E

(Técnico – INSS – 2016 – CESPE) Julgue os itens seguintes à luz do Decreto n. 3.048/1999 e da CF.

(1) O indivíduo que, não sendo detentor de cargo efetivo, for nomeado para um cargo em comissão no âmbito da União não será segurado obrigatório do RGPS.

(2) Situação hipotética: João exerce atividade econômica com finalidade lucrativa na sua própria residência. Recentemente, ele contratou Maria para fazer a limpeza de sua residência, de forma habitual e remunerada, e, inclusive, atender clientes. Assertiva: Nessa situação, João será considerado empregador doméstico com relação aos serviços prestados por Maria.

(3) Equiparar-se-á a empresa, para os fins do RGPS, a pessoa física que, para fazer uma reforma na própria casa, contratar um mestre de obras e um ajudante.

1: incorreta. Como o servidor em questão ocupa exclusivamente cargo em comissão, será considerado segurado obrigatório do RGPS na qualidade de empregado (art. 9º, I, "i", do RPS e art. 40, § 13º, da CF); **2:** incorreta. Como João se vale dos serviços de Maria para o exercício de sua atividade remunerada (atender clientes), fica desnaturada a relação de emprego doméstico, pois uma das características do trabalho doméstico é que a atividade não tenha fins lucrativos (art. 9º, II, do RPS); **3:** correta, nos termos do art. 12, parágrafo único, IV, do RPS. `RO`
Gabarito: 1E, 2E, 3C

(Técnico – INSS – 2022 – CEBRASPE) Com relação ao Cadastro Nacional de Informações Sociais (CNIS), julgue os itens que se seguem.

(1) Informações inseridas extemporaneamente no CNIS, excetuadas aquelas que forem retificadoras de dados anteriormente informados, somente serão aceitas se corroboradas por documentos que comprovem a sua regularidade.

(2) Não é prescindível a expedição de ato administrativo fundamentado para que as informações constantes na carteira profissional ou carteira de trabalho e previdência social sejam desconsideradas.

(3) O INSS deverá solicitar ao filiado a apresentação de documentos comprobatórios de informações que não constarem no CNIS, inclusive aqueles expedidos por órgãos públicos ou certidões, vedada a sua obtenção diretamente do órgão ou da entidade responsável pela base de dados oficial.

1: Incorreto, pois não condiz com o disposto no art. 29-A, § 3º, do PBPS: "a aceitação de informações relativas a vínculos e remunerações inseridas extemporaneamente no CNIS, *inclusive* retificações de informações anteriormente inseridas, fica condicionada à comprovação dos dados ou das divergências apontadas, conforme critérios definidos em regulamento"; **2:** Correto. O valor probatório das anotações presentes em uma CTPS se reveste de presunção relativa, ou seja, não é absoluto e admite prova em contrário (súmula 225 do STF). Havendo presunção relativa de veracidade e, dado o dever do INSS de motivar suas decisões administrativas sobre requerimento de benefícios ou de averbação de tempo de serviço (art. 574 da Instrução Normativa 128/2022), não pode a Administração Pública ignorar ou desconsiderar imotivadamente anotações constantes em carteira de trabalho e previdência social – CTPS. A esse respeito, a súmula 75 da TNU afirma o seguinte: "*A Carteira de Trabalho e Previdência Social (CTPS) em relação à qual não se aponta defeito formal que lhe comprometa a fidedignidade goza de presunção relativa de veracidade, formando prova suficiente de tempo de serviço para fins previdenciários, ainda que a anotação de vínculo de emprego não conste no Cadastro Nacional de Informações Sociais (CNIS)*"; **3:** Incorreto. Somente serão exigidas certidões ou documentos expedidos por órgãos públicos quando não for possível a sua obtenção pelo INSS diretamente do órgão ou da entidade responsável pela base de dados oficial (art. 19-B, § 6º, do RPS). `RO`
Gabarito: 1E, 2C, 3E

(Técnico – INSS/Guarulhos – 2022 – CEBRASPE) No que se refere à filiação e à inscrição no regime geral de previdência social (RGPS), julgue os itens subsequentes.

(1) O dependente do segurado do regime geral de previdência social (RGPS) pode, nessa condição, efetuar a sua inscrição junto ao INSS no momento em que este tiver de se habilitar ao recebimento do benefício a que faz jus.

(2) Presentes os pressupostos da filiação, é admitida a inscrição *post mortem* de segurado contribuinte individual e de segurado facultativo, mas não é admitida a inscrição *post mortem* de segurado especial.

(3) Suponha que um estudante de quinze anos de idade pretenda se inscrever no regime geral de previdência social (RGPS) na condição de segurado facultativo. Nessa situação, a inscrição não será possível em decorrência da idade do estudante.

1: Correta. A filiação é o vínculo jurídico que liga o cidadão, agora segurado, ao RGPS, e seu surgimento se dá com o mero exercício de atividade remunerada. Não confunda filiação com inscrição previdenciária. Esta última é o ato pelo qual o segurado é cadastrado no RGPS mediante a apresentação de determinados documentos (art. 18 do Decreto 3.048/99 – RPS). Isso posto, o art. 17, § 1º, da

Lei 8.213/91 – PBPS, afirma que incumbe ao dependente promover a sua inscrição quando do requerimento do benefício a que estiver habilitado; **2:** Incorreta. Leitura do art. 18, §§5º e 5º-B, do RPS, revela que, ao contrário do enunciado, presentes os pressupostos da filiação, admite-se a inscrição *post mortem* do segurado especial, mas não será admitida a inscrição *post mortem* de segurado contribuinte individual e nem de segurado facultativo; **3:** Resposta dada como correta pelo gabarito. O enunciado é problemático. O PBPS (Lei) afirma em seu art. 13 ser segurado facultativo o maior de 14 (quatorze) anos que se filiar ao RGPS, desde que não seja segurado obrigatório. Por sua vez, o RPS (Decreto) diz em seu art. 11 ser segurado facultativo o maior de 16 (dezesseis) anos que se filiar ao RGPS, desde que não seja segurado obrigatório. O fundamento da dissociação entre Lei e Decreto é o art. 7º, XXXIII, da CF, que não admite qualquer trabalho a menores de dezesseis anos, salvo na condição de aprendiz, a partir de quatorze anos. A essência da categoria do segurado facultativo é contribuir para o RGPS apesar de não exercer atividade remunerada que gere filiação como segurado obrigatório. Ou seja, o segurado facultativo possui a escolha de se filiar ou não justamente porque não trabalha. Todavia, na prática o INSS segue a norma do RPS. O candidato deve procurar responder questionamentos como esse com foco no cargo para o qual se destina a prova. RQ

Gabarito 1C, 2E, 3C

(Técnico – INSS/Guarulhos – 2022 – CEBRASPE) No que se refere à aplicação da norma previdenciária, à seguridade social e ao empregador doméstico, julgue os próximos itens.

(1) Suponha que o Executivo federal tenha editado um decreto para regular matéria referente à criação de um novo benefício previdenciário e ao aumento da contribuição para arcar com o custeio do benefício criado. Nesse caso, tanto o segurado pode exigir a imediata concessão do benefício instituído quanto a previdência pode exigir o imediato pagamento da alíquota majorada.

(2) Suponha que um servidor público de carreira do Poder Judiciário de determinada unidade da Federação tenha sido nomeado para exercer um cargo em comissão junto a uma fundação pública federal, momento em que tenha optado por continuar recebendo remuneração do órgão em que exerça cargo efetivo. Nessa situação hipotética, em decorrência do cargo que passou a exercer na fundação pública, o referido servidor passa a integrar a condição de segurado obrigatório do RGPS.

(3) Suponha que o proprietário de uma fazenda de produção de leite e gado de corte para o comércio local tenha contratado um indivíduo para exercer as funções de caseiro e gestor da fazenda. Nesse caso hipotético, para efeito previdenciário, o referido contratante é considerado empregador doméstico.

1: Incorreta. A seguridade social é matéria reservada à lei (art. 22, XXIII, e 194, parágrafo único, da CF). Decreto não pode criar benefício previdenciário, apenas regulamentar benefício já previsto em lei. Com efeito, ao julgar o Tema nº 503 de Repercussão Geral (DJe 14.12.2020), o STF deixou claro que: "*No âmbito do Regime Geral de Previdência Social – RGPS, somente lei pode criar benefícios e vantagens previdenciárias*". Do mesmo modo, apenas a Lei pode criar fontes destinadas a garantir a manutenção ou expansão da seguridade social, como deixa claro o art. 195, § 4º, da CF; **2:** Incorreta. O art. 40, § 13, da CF, determina aplicar-se o RGPS ao agente público ocupante, exclusivamente, de cargo em comissão declarado em lei de livre nomeação e exoneração, de outro cargo temporário, inclusive mandato eletivo, ou de emprego público. Na hipótese, o servidor não ocupa exclusivamente cargo em

comissão, pois é servidor de carreira do Poder Judiciário. **3:** Incorreta. Empregado doméstico é aquele que presta serviço de natureza contínua a pessoa ou família, no âmbito residencial desta, em atividades sem fins lucrativos (art. 11, II, do PBPS). Um caseiro se enquadra como empregado doméstico desde que não atue em atividades que gerem lucro ao seu empregador. Já o gestor de uma fazenda que produz leite e gado de corte para fins de comercialização está trabalhando em atividade com fins lucrativos, de modo que não pode ser considerado empregado doméstico, e sim empregado, nos termos do art. 11, I, 'a', do PBPS. RQ

Gabarito 1E, 2E, 3E

(Técnico – INSS/Guarulhos – 2022 – CEBRASPE) A respeito do contribuinte individual, do segurado especial e do segurado facultativo, julgue os itens seguintes.

(1) Suponha-se que, para complementar a renda familiar, Flávio, servidor público federal, exerça eventualmente atividade como motorista de aplicativo. Nessa situação hipotética, na condição de motorista de aplicativo, Flávio é considerado segurado obrigatório do RGPS.

(2) Suponha-se que Pedro, após ter trabalhado como empregado contratado em determinada empresa privada por cerca de 20 anos, tenha deixado de exercer atividade remunerada e passado a se dedicar exclusivamente ao lar e a seus filhos, em razão de seu companheiro possuir renda para arcar com as despesas da família. Nesse caso hipotético, Pedro poderá manter o vínculo com o RGPS após o período de graça, desde que proceda à sua filiação na condição de segurado facultativo.

(3) Suponha que Matilde, moradora no interior da Amazônia, utilizando-se de embarcação de pequeno porte, faça da pesca artesanal seu principal meio de vida. Nesse caso hipotético, para se filiar ao RGPS, Matilde poderá fazer a sua inscrição como segurada facultativa.

1: Correta. Apesar de Flávio ser filiado a Regime Próprio de Previdência Social – RPPS em razão de ser servidor público federal, o exercício de atividade econômica de natureza urbana o enquadra como segurado obrigatório, na categoria de contribuinte individual (art. 11, V, 'h', e 12, § 1º, ambos do PBPS). O § 15 do art. 9º do RPS deixa claro que aquele que trabalha como condutor autônomo de veículo rodoviário, inclusive como taxista ou motorista de transporte remunerado privado individual de passageiros, sem vínculo empregatício, deve ser considerado contribuinte individual; **2:** Correta. Pedro deixou de exercer atividade remunerada. Esgotado seu período de graça (art. 15 do PBPS), ele não mais será segurado do RGPS. Todavia, ao optar por contribuir como segurado facultativo – aquele que se filia ao RGPS não sendo filiado como segurado obrigatório – Pedro manteve o vínculo, a cobertura previdenciária, com o RGPS. A esse respeito, o art. 11, § 1º, I, do RPS, diz se enquadrar como segurado facultativo aquele que se dedique exclusivamente ao trabalho doméstico no âmbito de sua residência; **3:** Incorreta. É segurado especial o pescador artesanal ou a este assemelhado que faça da pesca profissão habitual ou principal meio de vida (art. 11, VII, 'b', do PBPS). Sendo segurada obrigatória, Matilda não pode se filiar como segurada facultativa. Há um detalhe importante sobre o tema. A súmula 272 do STJ aduz que: "*O trabalhador rural, na condição de segurado especial, sujeito à contribuição obrigatória sobre a produção rural comercializada, somente faz jus à aposentadoria por tempo de serviço, se recolher contribuições facultativas.*" O fundamento legal para o enunciado sumular se encontra nos incisos I e II do art. 39 do PBPS. Note que nesse caso não se trata de segurado especial filiado, também, como segurado facultativo. A filiação ao RGPS ocorreu como segurado especial. O que se permite é que o segurado especial

7. DIREITO PREVIDENCIÁRIO   157

contribua também como segurado facultativo para ampliar seu leque de proteção previdenciária, como consta do art. 200, § 2º, do RPS. **RO**

(Técnico – INSS/Guarulhos – 2022 – CEBRASPE) Quanto ao Regime Geral de Previdência Social (RGPS), seus segurados e respectivos dependentes, julgue os próximos itens.

(1) São segurados obrigatórios da previdência social o servidor público ocupante de cargo em comissão, sem vínculo efetivo com a União, com autarquias, inclusive em regime especial, e com fundações públicas federais, e a pessoa física que exerce, por conta própria, com finalidade de lucro, atividade econômica de natureza urbana.

(2) É vedada a filiação ao RGPS, na qualidade de segurado facultativo, de pessoa participante de regime próprio de previdência social, salvo na hipótese de afastamento sem vencimento e desde que não permitida, nesta condição, contribuição ao respectivo regime próprio.

(3) É beneficiário do RGPS, na condição de dependente do segurado, o filho não emancipado, de qualquer condição, menor de 24 anos de idade, desde que esteja matriculado em curso de ensino superior ou de escola técnica.

(4) O enteado, o menor sob guarda e o menor tutelado equiparam-se a filho do segurado, mediante declaração deste, desde que comprovada a dependência econômica.

1: Correta. O agente público ocupante, exclusivamente, de cargo em comissão declarado em lei de livre nomeação e exoneração (art. 40, § 13, da CF) e a pessoa física que exerce, por conta própria, atividade econômica de natureza urbana, com fins lucrativos ou não (art. 11, V, 'h', do PBPS), são segurados obrigatórios da previdência social; **2:** Correta, de acordo com o art. 11, § 2º, do RPS; **3:** Incorreta, uma vez que é dependente o filho não emancipado, de qualquer condição, menor de 21 (vinte e um) anos ou inválido ou que tenha deficiência intelectual ou mental ou deficiência grave. A propósito, a Súmula 37 da TNU e a jurisprudência do STJ – Resp. nº 1.369.832/SP, DJe 07.08.2013 – afastaram a pretensão do filho universitário de receber pensão por morte até os 24 anos de idade; **4:** Incorreta. O enteado e o menor tutelado equiparam-se a filho mediante declaração do segurado e desde que comprovada a dependência econômica (art. 16, § 2º, do PBPS). O menor sob guarda não é considerado dependente após o início de vigência da EC 103/2019. Com efeito, após a modificação introduzida no PBPS pela Lei nº 9.528/1997, o STJ consolidou o entendimento de que o menor sob guarda não pode ser considerado dependente para fins previdenciários (REsp 720706/SE, DJ 09.08.2011). Tal jurisprudência sofreu uma reviravolta no julgamento do EREsp nº 1141788, DJe 16/12/2016, no qual prevaleceu a tese de que o benefício seria devido, pois o art. 33 da Lei nº 8.069/1990 prevaleceria sobre a modificação feita pela Lei nº 9.528/1997. Contudo, posteriormente sobreveio o art. 23, § 6º, da Emenda Constitucional nº 103/2019 segundo o qual, no âmbito do RGPS, equiparam-se a filho, para fins de recebimento da pensão por morte, exclusivamente o enteado e o menor tutelado, desde que comprovada a dependência econômica. Ao julgar as ADIs nº 4.878 e 5.083 (DJe 06.08.2021) o STF conferiu interpretação conforme à Constituição ao § 2º do art. 16, do PBPS, para contemplar, em seu âmbito de proteção, o menor sob guarda, na categoria de dependentes do Regime Geral de Previdência Social, em consonância com o princípio da proteção integral e da prioridade absoluta, nos termos do art. 227 da CF, desde que comprovada a dependência econômica, nos termos em que exige a legislação previdenciária. Após, em sede de embargos de declaração (DJe 23.02.2022), a Corte Suprema esclareceu que tal

julgamento não contemplou a redação do art. 23 da EC nº 103/2019, razão pela qual não se procedeu à verificação da constitucionalidade do mencionado dispositivo. **RO**

(Técnico – INSS – 2022 – CEBRASPE) A respeito de Plano de Benefícios da Previdência Social, beneficiários, espécies de prestações, períodos de carência, salário de benefício e renda mensal do benefício, julgue os itens que se seguem.

(1) O servidor público estadual efetivo vinculado a RPPS poderá se filiar ao RGPS na condição de segurado facultativo, ainda que não esteja afastado sem vencimentos.

(2) O indivíduo segurado do RGPS que obtiver a guarda judicial de uma criança de cinco anos de idade para fins de adoção terá direito ao benefício do salário--maternidade, o qual será pago diretamente pelo INSS.

(3) Situação hipotética: Maria, que contribui para o RGPS na condição de empregada doméstica há dezessete anos ininterruptos, recentemente completou sessenta e dois anos de idade. Assertiva: Nessa situação, Maria tem direito ao benefício da aposentadoria, cujo valor do benefício será equivalente a 100% da média aritmética simples das últimas trinta e seis contribuições mensais efetivamente recolhidas.

(4) Situação hipotética: Cláudio contribuiu para o RGPS pelo período de sete anos e seis meses, quando então ficou incapacitado para o trabalho e entrou em gozo do benefício de auxílio por incapacidade temporária, condição na qual ele permaneceu por dois anos e dez meses. Assertiva: Nessa situação, devido ao tempo que ficou sem contribuir para o INSS em decorrência do benefício, Cláudio perdeu a sua qualidade de segurado, mas poderá recuperá-la após doze contribuições mensais ininterruptas.

1: Incorreta. É vedada a filiação ao Regime Geral de Previdência Social, na qualidade de segurado facultativo, de pessoa participante de regime próprio de previdência social, salvo na hipótese de afastamento sem vencimento e desde que não permitida, nesta condição, contribuição ao respectivo regime próprio (art. 11, § 2º, do RPS); **2:** Correta, nos termos do art. 71-A, *caput* e § 1º, do PBPS. Pertinente notar que até o advento da Lei 12.873/2013, a duração do salário-maternidade variava de acordo com a idade da criança adotada. Após a vigência da referida Lei o salário-maternidade em razão de adoção de criança, pago diretamente pelo INSS, terá sempre duração de 120 dias; **3:** Incorreta. A EC 103/2019 previu diversas normas de transição para a concessão de aposentadorias e uma segurada com 62 anos de idade e 17 anos de contribuição se enquadraria em mais de uma delas. Dito isso, ao formular esta questão o examinador não está exigindo memorização de todas essas regras de transição e sim atenção à forma de cálculo do benefício. Desde a promulgação do PBPS, no ano de 1991, os benefícios não são mais calculados com base apenas nas 36 últimas contribuições do segurado, o que geraria um valor de benefício maior do que o alcançado pela regra atual. Segundo o art. 26 da EC 103/2019, até que lei discipline o cálculo dos benefícios, será utilizada a média aritmética simples dos salários de contribuição e das remunerações adotados como base para contribuições, atualizados monetariamente, correspondentes a 100% (cem por cento) do período contributivo desde a competência julho de 1994 ou desde o início da contribuição, se posterior àquela competência; **4:** Incorreta. A qualidade de segurado se mantém sem limite de prazo para quem está em gozo de benefício, exceto o auxílio-acidente (art. 15, I, do PBPS). **RO**

(Técnico – INSS – 2022 – CEBRASPE) Com relação ao regime geral de previdência social (RGPS), julgue os itens subsequentes.

(1) Será segurado obrigatório, na qualidade de contribuinte individual, o brasileiro contratado no Brasil para trabalhar como empregado em empresa domiciliada no exterior, cuja maioria do capital votante pertença a empresa brasileira de capital nacional.

(2) Situação hipotética: Daniel, pessoa física residente em imóvel rural, desenvolve, como produtor e de forma individual, atividade agropecuária em área de três módulos fiscais, com exploração de atividade turística na propriedade rural durante 90 dias por ano. Assertiva: Nessa situação, a exploração da atividade turística na propriedade rural não descaracteriza a condição de segurado especial de Daniel.

(3) São segurados facultativos: o ministro de confissão religiosa e o membro de instituto de vida consagrada, de congregação ou de ordem religiosa.

(4) Para fins previdenciários, considera-se empresa a firma individual ou sociedade que assume risco de atividade econômica, a ela equiparando-se a cooperativa e a missão diplomática.

(5) A filiação de um segurado obrigatório à previdência social se concretiza com o pagamento da primeira contribuição previdenciária desse segurado.

(6) É considerado segurado obrigatório o exercente de mandato eletivo federal, estadual ou municipal, desde que não vinculado a regime próprio de previdência social (RPPS).

1: Incorreta, pois o segurado que se encontrar nesta situação será segurado obrigatório na qualidade de segurado empregado, a rigor do art. 11, I, 'f', do PBPS; **2:** Correta. A exploração da atividade turística da propriedade rural, inclusive com hospedagem, por não mais de 120 (cento e vinte) dias ao ano, não descaracteriza a condição de segurado especial (art. 11, § 8°, II, do PBPS); **3:** Incorreta. São contribuintes individuais, como deixa claro o art. 11, V, 'c', do PBPS; **4:** Correta. Para os fins do PBPS se equiparam à empresa o contribuinte individual e a pessoa física na condição de proprietário ou dono de obra de construção civil, em relação a segurado que lhe presta serviço, bem como a cooperativa, a associação ou entidade de qualquer natureza ou finalidade, a missão diplomática e a repartição consular de carreira estrangeiras (art. 14, parágrafo único, do PBPS); **5:** Incorreta. A filiação é o vínculo jurídico que liga o cidadão, agora segurado, ao RGPS, e seu surgimento se dá com o mero exercício de atividade remunerada (art. 9°, § 12, do RPS); **6:** Correta, nos termos do art. 11, I, 'h', do PBPS. **RO**
Gabarito 1E, 2C, 3E, 4C, 5E, 6C

(Técnico Judiciário – TRF2 – Consulplan – 2017) "Sandra conseguiu o seu primeiro emprego na empresa Calçados Perfeitos Ltda., lá permanecendo por dois anos, vindo a ser dispensada por justa causa porque praticou ato de improbidade. Quando da dispensa, Sandra encontrava-se grávida de dois meses. Sete meses depois Sandra teve o seu bebê." Considerando a situação retratada e a legislação previdenciária em vigor, assinale a alternativa correta.

(A) Não se cogitará de salário-maternidade no caso concreto porque o período de graça é de seis meses e já havia escoado quando ocorreu o parto.

(B) Diante da falta grave praticada pela segurada, que conduziu à dispensa por justa causa do seu emprego, ela não fará jus ao salário-maternidade.

(C) Sandra não poderia ser dispensada porque estava grávida; assim, será reintegrada pelo INSS, cabendo ao empregador conceder a licença-maternidade.

(D) Sandra receberá salário-maternidade, pago diretamente pela Previdência Social, pois encontra-se no denominado período de graça.

A: incorreta. O período de graça, nesse caso, é de 12 meses, nos termos do art. 15, II, da Lei 8.213/91; **B:** incorreta. A dispensa por justa causa não obsta o recebimento do benefício; **C:** incorreta. A estabilidade não protege o trabalhador da demissão por justa causa e não há hipótese de concessão de benefício previdenciário por qualquer outro órgão ou pessoa que não o INSS; **D:** correta, nos termos do comentário à alternativa "A" e do teor do parágrafo único do art. 97 do PBS, segundo o qual durante o período de graça a segurada desempregada fará jus ao recebimento do salário-maternidade, situação em que o benefício será pago diretamente pela previdência social. **RO**
Gabarito "D"

(Técnico Judiciário – TRF2 – Consulplan – 2017) "Reinaldo é aposentado por idade e nesta condição recebe do INSS 2,5 salários mínimos mensais. Porém, Reinaldo continua trabalhando e recebe do seu empregador 1,5 salário mínimo por mês. Em dezembro de 2016, Reinaldo foi acometido por uma doença grave, que o impossibilitou de trabalhar por 50 dias." Diante da situação retratada e da legislação previdenciária em vigor, assinale a alternativa correta.

(A) A Previdência Social pagará 100% do salário de benefício a partir do 30° dia de afastamento.

(B) Não haverá pagamento de auxílio-doença porque Reinaldo já é aposentado.

(C) O INSS pagará auxílio-doença a partir do 15° dia de afastamento, na razão de 91% do salário de benefício.

(D) Considerando que o período de doença foi inferior a 60 dias, não se cogita do pagamento de benefício previdenciário.

A: incorreta. A renda mensal inicial do auxílio-doença equivale a 91% do salário de benefício e é pago a partir do 16° dia de afastamento (arts. 59 e 61 da Lei 8.213/9191); **B:** correta, nos termos do art. 124, I, da Lei 8.213/1991; **C:** incorreta. O pagamento é feito pelo INSS a partir do 16° dia de afastamento (art. 60 da Lei 8.213/1991); **D:** incorreta. O auxílio-doença é devido quando a impossibilidade para as ocupações habituais superar 15 dias (art. 59 da Lei 8.213/1991). **HS**
Gabarito "B"

(Defensor/PA – 2015 – FMP) De acordo com a Lei 8.212/1991, poderá contribuir facultativamente à Previdência Social, além de contribuir obrigatoriamente à Seguridade Social, o:

(A) exercente de mandato eletivo federal, estadual ou municipal, desde que não vinculado a regime próprio de previdência social.

(B) ministro de confissão religiosa e o membro de instituto de vida consagrada, de congregação ou de ordem religiosa.

(C) segurado que presta serviço de natureza urbana ou rural, em caráter eventual, a uma ou mais empresas, sem relação de emprego.

(D) brasileiro civil que trabalha no exterior para organismo oficial internacional do qual o Brasil é membro efetivo, ainda que lá domiciliado e contratado, salvo quando coberto por regime próprio de previdência social.

(E) segurado especial.

7. DIREITO PREVIDENCIÁRIO

O art. 12 da Lei 8.212/1991 (Plano de Custeio da Seguridade Social – PCSS) afasta a possibilidade de o segurado obrigatório contribuir também como facultativo para o RGPS. A única exceção nesses casos é o segurado especial, que pode fazer as duas contribuições (obrigatória e facultativa), nos termos do art. 25, §1º, do PCSS, norma essa que fundamenta a Súmula 272 do STJ. **RO**

Gabarito "E".

(Defensoria/DF – 2013 – CESPE) Acerca do RGPS, julgue os itens a seguir.

(1) Considere a seguinte situação hipotética. Em julho de 2011, depois de pagar ininterruptamente por mais de dez anos contribuições mensais a previdência social, Maria foi demitida da empresa onde trabalhava como balconista e, desde então, ela não recolheu contribuições para a previdência social. Em face dessa situação hipotética, é correto afirmar que, em marco de 2013, Maria ainda mantinha a qualidade de segurada.

(2) De acordo com o disposto na Lei 8.213/1991, filho maior de vinte e um anos de idade não portador de invalidez ou qualquer deficiência mantém a condição de dependente do segurado do RGPS até completar vinte e quatro anos, desde que seja estudante universitário.

(3) É presumida a dependência econômica do filho com mais de dezoito anos e menos de vinte e um anos de idade em relação ao segurado da previdência social, não sendo necessária a comprovação dessa dependência para que ele se torne do RGPS na condição de dependente do segurado.

(4) É segurado obrigatório da previdência social o estrangeiro domiciliado e contratado no Brasil para trabalhar como empregado em sucursal de empresa nacional no exterior.

(5) Aquele que exerça, concomitantemente, duas atividades remuneradas sujeitas ao RGPS e obrigatoriamente filiado ao referido regime em relação a cada uma delas.

1: correta. Caso o segurado já tenha contribuído com mais de 120 contribuições mensais para o RGPS, seu período de graça, durante o qual mantém a qualidade de segurado independentemente do pagamento da contribuição, será de 24 meses (art. 15, § 1º, da Lei 8.213/1991); **2:** incorreta. Além de tal direito não encontrar previsão legal, a jurisprudência do STJ é uníssona em recusar o pagamento do benefício nessas condições, ratificando que o benefício se extingue quando o filho não inválido atingir 21 anos de idade, nos termos do art. 16, I, da Lei 8.213/1991; **3:** correta, nos termos do art. 16, § 4º, da Lei 8.213/1991 e do Enunciado nº 5 da I Jornada de Direito Civil do Conselho da Justiça Federal; 4: correta. É considerado segurado empregado (art. 11, I, "c", da Lei 8.213/1991); 5: correta, nos termos o art. 11, § 2º, da Lei 8.213/1991. **RO**

Gabarito 1C, 2E, 3C, 4C, 5C.

(Analista Administrativo INSS – 2013 – FUNRIO) Com relação aos segurados do Regime Geral de Previdência, está correta a seguinte identificação:

(A) aquele que, contratado por empresa de trabalho, exceto na condição de temporário.

(B) o brasileiro, não o estrangeiro domiciliado e contratado no Brasil, para trabalhar como empregado em sucursal ou agência de empresa nacional no exterior.

(C) o brasileiro que presta serviço no Brasil a missão diplomática ou a repartição consular de carreira estrangeira

e a órgãos a elas subordinados, ou a membros dessas missões e repartições, excluídos o não brasileiro com residência permanente no Brasil e o brasileiro amparado pela legislação previdenciária do país da respectiva missão diplomática ou repartição consular.

(D) aquele que presta serviço de natureza urbana ou rural à empresa, em caráter não eventual, sob sua subordinação e mediante remuneração, inclusive como diretor empregado.

(E) o servidor público, exceto o ocupante de cargo em comissão, sem vínculo efetivo com a União, Autarquias, inclusive em regime especial, e Fundações Públicas Federais.

A: incorreta. O contratado por empresa de trabalho temporário é segurado obrigatório na condição de empregado (art. 12, I, "b", da Lei nº 8.212/91); **B:** incorreta. Também o estrangeiro contratado nessas condições é segurado obrigatório na condição de empregado, desde que não esteja amparado por regime próprio de previdência (art. 12, I, "c", da Lei nº 8.212/91); **C:** incorreta. É segurado obrigatório na condição de empregado tanto o brasileiro quanto o estrangeiro contratado nessas condições (art. 12, I, "d", da Lei nº 8.212/91); **D:** correta, nos termos do art. 12, I, "a", da Lei nº 8.212/91. Trata-se de segurado obrigatório na qualidade de empregado; **E:** incorreta. A definição está invertida: é segurado obrigatório na condição de empregado o servidor público **desde que** ocupe cargo exclusivamente em comissão, sem vínculo efetivo com a União, Autarquias, inclusive em regime especial, e Fundações Públicas Federais (art. 12, I, "g", da Lei nº 8.212/91). **RB**

Gabarito "D".

(Analista Administrativo INSS – 2013 – FUNRIO) Com relação à manutenção da qualidade de segurado, independentemente de contribuições, está correta a seguinte condição:

(A) até 12 (doze) meses após a cessação das contribuições, o segurado que deixar de exercer atividade remunerada abrangida pela Previdência Social ou estiver suspenso ou licenciado sem remuneração;

(B) até 18 (dezoito) meses após cessar a segregação, o segurado acometido de doença de segregação compulsória;

(C) até 24 (vinte e quatro) meses após o livramento, o segurado retido ou recluso;

(D) até 6 (seis) meses após o licenciamento, o segurado incorporado às Forças Armadas para prestar serviço militar;

(E) até 9 (nove) meses após a cessação das contribuições, o segurado facultativo.

A: correta, nos termos do art. 15, II, da Lei nº 8.213/91; **B:** incorreta. Nesse caso, o período de graça é de 12 meses (art. 15, III, da Lei nº 8.213/91); **C:** incorreta. Nesse caso, o período de graça é de 12 meses (art. 15, IV, da Lei nº 8.213/91); **D:** incorreta. Nesse caso, o período de graça é de 3 meses (art. 15, V, da Lei nº 8.213/91); **E:** incorreta. Nesse caso, o período de graça é de 6 meses (art. 15, VI, da Lei nº 8.213/91). **RB**

Gabarito "A".

(Técnico – INSS – 2012 – FCC) Maria trabalhou de 02 de janeiro de 1990 até 02 de fevereiro de 2005 como empregada de uma empresa, desligando-se do emprego para montar um salão de beleza. Apesar de ter passado à categoria de contribuinte individual, deixou de recolher contribuições para a Previdência Social durante dois anos, até fevereiro de 2007. Nessa situação, o período de graça de Maria é de

(A) 12 (doze) meses.

(B) 24 (vinte e quatro) meses.

(C) 36 (trinta e seis) meses.

(D) 48 (quarenta e oito) meses.

(E) 60 (sessenta) meses.

Período de graça é o prazo durante o qual a pessoa é considerada segurada do RGPS mesmo sem recolher as contribuições mensais devidas. Como Maria já havia efetuado mais de 120 contribuições mensais, seu período de graça é estendido em 12 meses, totalizando 24 meses (art. 15, § 1º, do PBPS). RO

Gabarito "B".

(Técnico – INSS – 2012 – FCC) Márcio é administrador não empregado na sociedade por cotas de responsabilidade limitada XYZ e recebe remuneração mensal pelos serviços prestados. Nessa situação, Márcio

(A) não é segurado obrigatório da previdência social.

(B) é segurado facultativo da previdência social.

(C) é segurado especial da previdência social.

(D) é contribuinte individual da previdência social.

(E) é segurado eventual da previdência social.

Se não há relação de emprego, é correto dizer que Márcio presta serviços de administração à sociedade limitada XYZ. Logo, como prestador de serviços, é enquadrado na categoria dos contribuintes individuais (art. 11, V, "g", do PBPS). RO

Gabarito "D".

(Magistratura Federal – 2ª Região – 2011 – CESPE) Em relação aos segurados do RGPS e aos seus dependentes, assinale a opção correta.

(A) É devida a contribuição previdenciária sobre os valores recebidos a título de bolsa de estudo pelos médicos-residentes, dado que prestam serviço autônomo remunerado e enquadram-se, portanto, na qualidade de trabalhadores avulsos.

(B) Para que o cônjuge separado judicialmente faça jus à pensão por morte, não é necessária a comprovação da dependência econômica entre o requerente e o falecido.

(C) Não se exige início de prova material para comprovação da dependência econômica de mãe para com o filho, para o fim de percepção da pensão por morte.

(D) Por expressa previsão na lei de benefícios previdenciários, o menor sob guarda é dependente de segurado do RGPS.

(E) O tempo de estudante como aluno-aprendiz em escola técnica pode ser computado para fins de complementação de aposentadoria, independentemente de remuneração e da existência do vínculo empregatício.

A: incorreta. Os médicos-residentes são segurados obrigatórios na qualidade de contribuintes individuais do RGPS (art. 9º, § 15, X, do RPS); **B:** incorreta. Uma vez ocorrida a separação judicial, não há mais presunção de dependência econômica entre os cônjuges, razão pela qual ela deve ser comprovada para fins de pagamento da pensão por morte, principalmente por intermédio do recebimento de pensão alimentícia (art. 17, I, do RPS); **C:** correta, nos termos do art. 16, § 4º, do PBPS; **D:** incorreta. A questão foi bastante controversa. Deste modo, o menor sob guarda era segurado da previdência social até o advento da EC 103/2019, ocasião na qual perdeu tal condição; **E:** incorreta. Para a contagem do tempo de serviço, imprescindível a

existência de remuneração e de vínculo empregatício (STJ, AR 1480/AL, *DJ* 05.02.2009). RO

Gabarito "C".

(Magistratura Federal – 5ª Região – 2011) Com relação aos segurados da previdência social e a seus dependentes, assinale a opção correta.

(A) É segurado obrigatório da previdência social na qualidade de empregado aquele que presta serviço no Brasil a missão diplomática ou a repartição consular de carreira estrangeira e a órgãos a ela subordinados ou a membros dessas missões e repartições, ainda que o prestador desse tipo de serviço seja estrangeiro sem residência permanente no Brasil.

(B) No que se refere à concessão de benefícios previdenciários, a condição de dependente é autônoma em relação à de segurado, de forma que, tendo o falecido, na data do óbito, perdido a condição de segurado e não tendo cumprido os requisitos necessários para a aposentadoria, seus dependentes farão jus à pensão por morte, em valor proporcional ao tempo de contribuição do instituidor do benefício.

(C) Para a caracterização de segurado especial, considera-se regime de economia familiar a atividade laboral dos membros de uma família e, ainda, que a referida atividade seja indispensável à subsistência e ao desenvolvimento socioeconômico do núcleo familiar e exercida em condições de mútua dependência e colaboração, sem a utilização de empregados permanentes. O exercício de atividade remunerada por um membro da família, ainda que urbana, não descaracteriza a condição de segurado especial.

(D) Entre os requisitos da condição de segurado obrigatório do RGPS, incluem-se o de ser o segurado pessoa física – sendo legalmente inaceitável a existência de segurado pessoa jurídica – e o de ele exercer atividade laboral, lícita ou ilícita, pois as contribuições ao sistema previdenciário são, de acordo com a jurisprudência do STF, espécies do gênero tributo.

(E) Tratando-se de trabalhador rural informal, a exigência de início de prova material para a comprovação do exercício da atividade agrícola deve ser interpretada com temperamento, mas não pode ser dispensada, ainda que em casos extremos, sob pena de se contrariar o princípio do equilíbrio financeiro atuarial do sistema previdenciário.

A: incorreta, pois o estrangeiro sem residência permanente no Brasil, que preste serviço no país a missão diplomática ou a repartição consular, não é segurado obrigatório na qualidade de empregado – art. 12, I, *d*, do PCSS; **B:** incorreta, pois o dependente é apenas aquele vinculado ao segurado – arts. 16 e 74 do PBPS. A perda da qualidade de segurado implica caducidade dos direitos inerentes – art. 102, *caput*, do PBPS. Seria possível a concessão da pensão apenas se o falecido tivesse preenchido os requisitos para o benefício antes de perder a condição de segurado – art. 102, § 2º, do PBPS; **C:** assertiva correta, conforme a definição de regime de economia familiar dada pelo art. 12, § 1º, do PCSS. O membro da família que exerce atividade remunerada não será, em princípio, considerado contribuinte especial – art. 12, § 10, do PCSS; **D:** discutível. Somente pessoas físicas são seguradas do RGPS e, de fato, as contribuições previdenciárias têm natureza tributária. Quanto à ilicitude, parece-nos possível, por exemplo, que um comerciante autônomo irregular (camelô sem registro), ainda que atue ilicitamente (contra as normas que regem a atividade empresarial), seja considerado

7. DIREITO PREVIDENCIÁRIO 161

contribuinte individual – art. 12, V, *h*, do PCSS. Entretanto, ainda que se defenda essa posição, o enquadramento como segurado obrigatório, nesse caso, não decorre da natureza da contribuição previdenciária, mas sim da universalidade da seguridade social – art. 194, parágrafo único, I, da CF; **E:** incorreta, pois, embora o início de prova material seja, em princípio, essencial (ver Súmula 149 do STJ), pode ser dispensada na ocorrência de motivo de força maior ou caso fortuito, conforme disposto no regulamento – art. 55, § 3º, do PBPS. **RB**
Gabarito "C".

(Magistratura Federal – 4ª Região – 2010) Dadas as assertivas abaixo, assinale a alternativa correta.

Os beneficiários do Regime Geral de Previdência Social classificam-se como segurados e dependentes. Sobre os segurados pode-se afirmar que:

I. O servidor público ocupante de cargo em comissão, sem vínculo efetivo com a União, Autarquias, inclusive em regime especial, e Fundações Públicas Federais, pode se filiar ao Regime Geral de Previdência Social como segurado facultativo.

II. É segurado especial o trabalhador que, individualmente ou em regime de economia familiar, ainda que com o auxílio eventual de terceiros, desempenhe atividade na condição de pescador artesanal ou a esta assemelhada e que faça da pesca profissão habitual ou principal meio de vida.

III. É segurado obrigatório da Previdência Social como empregado a pessoa física maior de 12 (doze) anos que presta serviço de natureza urbana ou rural à empresa, em caráter não eventual, sob sua subordina-

ção e mediante remuneração, inclusive como diretor empregado.

IV. É segurado como trabalhador avulso aquele que presta, a diversas empresas, sem vínculo empregatício, serviço de natureza urbana ou rural definidos no Regulamento de Benefícios.

V. Entende-se como regime de economia familiar para fins de qualificação como segurado especial a atividade em que o trabalho dos membros da família é indispensável à própria subsistência e ao desenvolvimento socioeconômico do núcleo familiar e é exercido em condições de mútua dependência e colaboração, sem a utilização de empregados permanentes.

(A) Estão corretas apenas as assertivas I e II.

(B) Estão corretas apenas as assertivas I e V.

(C) Estão corretas apenas as assertivas II, IV e V.

(D) Estão corretas apenas as assertivas III, IV e V.

(E) Estão corretas apenas as assertivas I, II, III e IV.

I: incorreta, pois se trata de segurado obrigatório, na condição de empregado – art. 12, I, *g*, do PCSS; **II:** correta, conforme o art. 12, VII, *b*, do PCSS; **III:** assertiva incorreta, já que a idade mínima para o trabalho e, portanto, para a inscrição no RGPS, é de 16 anos, admitindo--se excepcionalmente o aprendiz, a partir dos 14 anos de idade – art. 7º, XXXIII, da CF e art. 13 do PBPS; **IV:** assertiva correta, nos termos do art. 12, VI, do PCSS; **V:** correta, conforme a definição de regime de economia familiar dada pelo art. 12, § 1º, do PCSS. **RB**
Gabarito "C".

Veja as seguintes tabelas, com os segurados obrigatórios do RGPS e os dependentes:

Segurados obrigatórios do RGPS – art. 11 do PBPS	
Empregado	– aquele que presta serviço de natureza urbana ou rural à empresa, em caráter não eventual, sob sua subordinação e mediante remuneração, inclusive como diretor empregado; – aquele que, contratado por empresa de trabalho temporário, definida em legislação específica, presta serviço para atender a necessidade transitória de substituição de pessoal regular e permanente ou a acréscimo extraordinário de serviços de outras empresas; – o brasileiro ou o estrangeiro domiciliado e contratado no Brasil para trabalhar como empregado em sucursal ou agência de empresa nacional no exterior; – aquele que presta serviço no Brasil a missão diplomática ou a repartição consular de carreira estrangeira e a órgãos a elas subordinados, ou a membros dessas missões e repartições, excluídos o não brasileiro sem residência permanente no Brasil e o brasileiro amparado pela legislação previdenciária do país da respectiva missão diplomática ou repartição consular; – o brasileiro civil que trabalha para a União, no exterior, em organismos oficiais brasileiros ou internacionais dos quais o Brasil seja membro efetivo, ainda que lá domiciliado e contratado, salvo se segurado na forma da legislação vigente do país do domicílio; – o brasileiro ou estrangeiro domiciliado e contratado no Brasil para trabalhar como empregado em empresa domiciliada no exterior, cuja maioria do capital votante pertença a empresa brasileira de capital nacional; – o servidor público ocupante de cargo em comissão, sem vínculo efetivo com a União, Autarquias, inclusive em regime especial, e Fundações Públicas Federais; – o exercente de mandato eletivo federal, estadual ou municipal, desde que não vinculado a regime próprio de previdência social; – o empregado de organismo oficial internacional ou estrangeiro em funcionamento no Brasil, salvo quando coberto por regime próprio de previdência social;
Empregado doméstico	– aquele que presta serviço de natureza contínua a pessoa ou família, no âmbito residencial desta, em atividades sem fins lucrativos;

Contribuinte individual	– a pessoa física, proprietária ou não, que explora atividade agropecuária, a qualquer título, em caráter permanente ou temporário, em área superior a 4 (quatro) módulos fiscais; ou, quando em área igual ou inferior a 4 (quatro) módulos fiscais ou atividade pesqueira, com auxílio de empregados ou por intermédio de prepostos; ou ainda nas hipóteses dos §§ 9º e 10 deste artigo; – a pessoa física, proprietária ou não, que explora atividade de extração mineral – garimpo, em caráter permanente ou temporário, diretamente ou por intermédio de prepostos, com ou sem o auxílio de empregados, utilizados a qualquer título, ainda que de forma não contínua; – o ministro de confissão religiosa e o membro de instituto de vida consagrada, de congregação ou de ordem religiosa; – o brasileiro civil que trabalha no exterior para organismo oficial internacional do qual o Brasil é membro efetivo, ainda que lá domiciliado e contratado, salvo quando coberto por regime próprio de previdência social; – o titular de firma individual urbana ou rural, o diretor não empregado e o membro de conselho de administração de sociedade anônima, o sócio solidário, o sócio de indústria, o sócio gerente e o sócio cotista que recebam remuneração decorrente de seu trabalho em empresa urbana ou rural, e o associado eleito para cargo de direção em cooperativa, associação ou entidade de qualquer natureza ou finalidade, bem como o síndico ou administrador eleito para exercer atividade de direção condominial, desde que recebam remuneração; – quem presta serviço de natureza urbana ou rural, em caráter eventual, a uma ou mais empresas, sem relação de emprego; – a pessoa física que exerce, por conta própria, atividade econômica de natureza urbana, com fins lucrativos ou não;
Trabalhador avulso	– quem presta, a diversas empresas, sem vínculo empregatício, serviço de natureza urbana ou rural definidos no Regulamento;
Segurado especial	– como segurado especial: a pessoa física residente no imóvel rural ou em aglomerado urbano ou rural próximo a ele que, individualmente ou em regime de economia familiar, ainda que com o auxílio eventual de terceiros, exerça as atividades de produtor ou pescador, ou seja cônjuge, companheiro, filho ou equiparado, conforme o art. 11, VII, do PBPS.

Dependentes no RGPS – art. 16 do PBPS – a primeira classe com dependente exclui as seguintes
– o cônjuge, a companheira, o companheiro e o filho não emancipado, de qualquer condição, menor de 21 (vinte e um) anos ou inválido ou que tenha deficiência intelectual ou mental ou deficiência grave. A dependência econômica nesses casos é presumida, a dos demais deve ser comprovada – § 4º. O enteado e o menor tutelado equiparam-se a filho, mediante declaração do segurado, e desde que comprovada a dependência econômica – § 2º; – os pais; – o irmão não emancipado, de qualquer condição, menor de 21 (vinte e um) anos ou inválido ou que tenha deficiência intelectual ou mental ou deficiência grave.

(Magistratura Federal - 4ª Região – 2010) João trabalhou como empregado de Armarinhos Silva Ltda., vinculado ao Regime Geral de Previdência Social, por nove anos ininterruptos até 15 de janeiro de 2006 e depois ficou desempregado, passando a receber regularmente o seguro-desemprego pelo prazo legal.

Cessado o pagamento do seguro-desemprego, ele não conseguiu imediatamente recolocação no mercado de trabalho nem sequer providenciou o recolhimento de contribuições como facultativo. Em 20 de fevereiro de 2008, João conseguiu emprego novamente junto a Açougue Sabor da Carne Ltda. e trabalhou até 10 de maio de 2008, quando, em razão de problema de saúde, ficou incapacitado para o trabalho e requereu auxílio-doença ao INSS. Analise a situação acima à luz da legislação de regência e assinale a alternativa correta.

(A) Quando João voltou a trabalhar, em 20 de fevereiro de 2008, ele não detinha mais a condição de segurado, mas, ainda assim, quando ficou doente, tinha direito ao auxílio-doença.

(B) Mesmo que João houvesse perdido a condição de segurado após deixar o emprego junto à empresa Armarinhos Silva Ltda., o que não ocorreu, teria ele direito à concessão de auxílio-doença em maio de 2008, pois cumprida a carência exigida.

(C) João ainda detinha a condição de segurado em 20 de fevereiro de 2008, quando voltou a trabalhar, mas não tinha direito à concessão de auxílio-doença quando ficou doente, pois não preenchia a carência exigida pela Lei 8.213/91.

(D) João somente faria jus à concessão do auxílio-doença requerido no caso de ter sofrido acidente de qualquer natureza ou causa ou de ter sido acometido de doença profissional ou do trabalho ou de alguma das doenças e afecções especificadas em lista elaborada pelos Ministérios da Saúde e do Trabalho e da Previdência Social, de acordo com os critérios de estigma, deformação, mutilação, deficiência ou outro fator que lhe confira especificidade e gravidade que mereçam tratamento particularizado.

(E) Quando João voltou a trabalhar, em 20 de fevereiro de 2008, ele ainda detinha a condição de segurado, isso em razão do número de contribuições que recolheu até 15 de janeiro de 2006 sem interrupção que acarretasse a perda dessa condição, o que viabilizava a concessão de auxílio-doença, pois cumprida carência exigida.

7. DIREITO PREVIDENCIÁRIO

A: incorreta, pois João ainda era segurado em fevereiro de 2008, pois perderia essa qualidade, nos termos do art. 15, § 4º, do PBPS, somente em 16 de março de 2008; **B:** correta. Caso tivesse perdido a qualidade de segurado, o que efetivamente não ocorreu, João cumpriu a carência exigida com base no art. 24, parágrafo único, do PBPS ao pagar um terço das contribuições exigidas para o benefício (como João efetivamente trabalhou em fevereiro e maio, haverá contribuição relativa a esses meses – logo, efetuou 04 contribuições mensais, que equivalem a um terço das 12 exigidas para o auxílio-doença). Note que após a vigência da Lei 13.846/2019, o art. 27-A do PBPS passou a exigir o cumprimento de metade da carência na hipótese de perda da qualidade de segurado e não mais um terço. Mais ainda, tal possibilidade ficou restrita aos benefícios de auxílio-doença, de aposentadoria por invalidez, de salário-maternidade e de auxílio-reclusão; **C:** incorreta, nos termos do comentário à alternativa anterior; **D:** incorreta, conforme comentários anteriores; **E:** incorreta. João não ostentava ainda a qualidade de segurado por conta do número de contribuições que recolheu até 15 de janeiro de 2006, porque contribuiu, nesse período, por 09 anos, sendo que o art. 15, § 1º, do PBPS aumenta em 12 meses o período de graça caso o segurado já tenha efetivado 120 contribuições mensais – ou seja, 10 anos. João ainda mantinha sua qualidade de segurado pelos 12 meses adicionais de período de graça que recebeu pela comprovação de sua situação de desemprego (art. 15, § 2º, do PBPS), a qual podemos deduzir por ter ele usufruído do seguro-desemprego. **RO**

Gabarito "B".

4. DEPENDENTES

Jorge, na qualidade de contribuinte individual, vinha contribuindo até o início do cumprimento de pena de reclusão pela prática do crime de homicídio qualificado, não tendo feito mais contribuições.

(Procurador do Município – Campo Grande/MS – 2019 – CESPE/CEBRASPE) Com referência a essa situação hipotética, julgue os seguintes itens.

(1) Jorge manterá a qualidade de segurado, independentemente de contribuições, até doze meses após o livramento.

(2) O reconhecimento da perda da qualidade de segurado de Jorge ocorrerá no dia seguinte ao do vencimento da contribuição de contribuinte individual relativa ao mês imediatamente posterior ao término do prazo de doze meses após o livramento.

1: correta, nos termos do art. 15, IV, da Lei 8.213/1991; **2:** correta, nos termos do art. 15, §4º, da Lei º 8.213/1991. **HS**

Gabarito: 1C, 2C

(Analista – INSS – 2016 – CESPE) Aldo e Sandra são casados e pais de três crianças. Sandra é servidora pública efetiva de determinada fundação pública vinculada ao governo federal, e Aldo, que não é concursado, ocupa um cargo em comissão em um órgão público federal.

A partir dessa situação hipotética, julgue os itens a seguir, referentes à seguridade social do servidor público.

(1) Os filhos de Aldo e Sandra, como dependentes de servidor público, têm direito aos seguintes benefícios do plano de seguridade social: pensão, auxílio-funeral, auxílio-reclusão e assistência à saúde.

(2) Com base na universalidade da cobertura e do atendimento da seguridade social, Aldo terá direito aos mesmos benefícios de plano de seguridade social e de assistência à saúde garantidos a Sandra.

1: correta, nos termos do art. 185, II, da Lei 8.112/1990; **2:** incorreta. Aldo não é segurado de Regime Próprio de Previdência Social por força do art. 40, § 13º, da Constituição Federal. Ele é segurado do RGPS, que possui regras próprias de previdência social previstas na Lei nº 8.213/91. Os dois regimes são incomunicáveis em termos de acesso a benefícios e serviços. **RO**

Gabarito: 1C, 2E

(Defensor/PA – 2015 – FMP) Entre as pessoas abaixo indicadas, a Lei **8.213/1991** presume a dependência econômica:

(A) do companheiro ou companheira que mantenha união estável com o segurado.

(B) dos pais do segurado que com ele residam e que tenham mais de 70 anos de idade e não recebam benefício previdenciário de qualquer regime.

(C) do enteado e do menor tutelado que residam com o segurado.

(D) dos irmãos do segurado que com ele residam, não emancipados, menores de 21 anos ou inválidos.

(E) de qualquer pessoa inválida que resida com o segurado e que seja por ele mantida.

A dependência econômica é presumida para os dependentes de 1ª classe, assim denominadas as pessoas previstas no art. 16, I, da Lei 8.213/1991 (Plano de Benefícios da Previdência Social – PBPS): o cônjuge, a companheira, o companheiro e o filho não emancipado, de qualquer condição, menor de 21 anos ou inválido ou que tenha deficiência intelectual ou mental ou deficiência grave. Todos os demais dependentes devem comprovar sua dependência econômica em relação ao segurado (art. 16, § 4º, do PBPS). **RO**

Gabarito "A".

(Analista – TRT/2ª – 2014 – FCC) São beneficiários dos segurados no regime geral, na condição de dependentes,

(A) o fundo de amparo ao trabalhador, se não houver nenhum herdeiro necessário.

(B) o cônjuge, a companheira, o companheiro e o filho não emancipado menor de 21 anos ou inválido.

(C) os pais e avós do segurado, como ascendentes.

(D) as pessoas designadas pelo segurado, desde que não haja cônjuges ou filhos.

(E) os tios e primos de sangue do segurado, se forem pessoas com deficiência.

A: incorreta. Não há qualquer previsão legal nesse sentido; **B:** correta, nos termos do art. 16, I, do PBPS, acrescentando-se o filho de qualquer idade que tenha deficiência intelectual ou mental ou deficiência grave; **C:** incorreta. Apenas os pais são considerados dependentes (art. 16, II, do PBPS); **D:** incorreta. Não há qualquer previsão legal nesse sentido, pois a Lei nº 9.032/95 revogou a possibilidade do chamado 'dependente por designação'; **E:** incorreta. Os únicos parentes colaterais previstos como dependentes são os irmãos, desde que menores de 21 anos ou inválido ou que tenha deficiência intelectual ou mental ou deficiência grave (art. 16, III, do PBPS). **RO**

Gabarito "B".

(Técnico – INSS – 2012 – FCC) João fora casado com Maria, com quem teve dois filhos, Artur e Lia de 6 e 8 anos respectivamente, na data do óbito de João, ocorrido em 2011. Maria já fora casada com Márcio, de quem teve uma filha, Rosa, de 10 anos, que era mantida por João, porque Márcio não tivera condições de prover seu sustento. O falecido ajudava financeiramente, também, sua mãe,

Sebastiana e seu irmão, Antônio que era inválido. Nessa situação, a pensão por morte de João será concedida a:

(A) Artur, Lia, Maria e Rosa.

(B) Artur, Lia, Maria, Rosa e Sebastiana.

(C) Artur, Lia, Rosa e Sebastiana.

(D) Artur, Lia e Sebastiana.

(E) Artur, Lia, Sebastiana e Antônio.

> Maria (cônjuge), Artur e Lia (filhos menores de 21 anos) e Rosa (enteada menor de 21 anos dependente economicamente do segurado, conforme art. 16, § 2º, do PBPS) são dependentes de primeira classe. Por essa razão, excluem o direito à pensão por morte dos dependentes menos privilegiados, no caso Sebastiana (ascendente – 2ª classe) e Antônio (irmão inválido – 3ª classe). Assim, somente Maria, Artur, Lia e Rosa têm direito ao benefício, devendo este ser rateado igualmente entre todos (art. 16, § 1º, do PBPS). **RQ**
> Gabarito "A".

(Técnico – INSS – 2012 – FCC) João fora casado com Maria, com quem teve três filhos, João Junior, de 22 anos e universitário; Marília, com 18 anos e Renato com 16 anos, na data do óbito de João, ocorrido em dezembro de 2011. João se divorciara de Maria que renunciou ao direito a alimentos para si. Posteriormente, João veio a contrair novas núpcias com Norma, com quem manteve união estável até a data de seu óbito. Norma possui uma filha, Miriam, que mora com a mãe e foi por João sustentada. Nessa situação, são dependentes de João, segundo a legislação previdenciária:

(A) João Junior, Marília e Renato.

(B) João Junior, Maria, Marília, Renato e Norma.

(C) Marília, Renato, Miriam e Norma.

(D) Maria, João Junior, Marília, Renato e Norma.

(E) João Junior, Marília, Renato, Maria, Norma e Miriam.

> Observe o destaque dado à expressão "legislação previdenciária": com ele, o examinador pretende deixar claro que está cobrando conhecimento da lei e não de eventual tendência jurisprudencial (ao fim e ao cabo, a Súmula 37 da TNU e a jurisprudência do STJ – Resp. nº 1.369.832/SP, DJe 07.08.20–3 - afastaram a pretensão do filho universitário de receber pensão por morte até os 24 anos de idade). Isso posto, João Júnior, mesmo universitário, não é mais dependente, por contar 22 anos de idade. Os demais filhos de João, que contam menos de 21 anos, são seus dependentes (Marília e Renato) – art. 16, I, do PBPS. Miriam, enteada, é equiparada a filho, porque demonstrada a dependência econômica (há um problema no enunciado, que não indica a idade de Miriam, mas note que a presença de João Júnior em todas as alternativas possível encontrar a resposta por exclusão) – art. 16, § 1º, do PBPS. Por fim, Maria, a ex-mulher, não é sua dependente porque renunciou o direito a alimentos – art. 17, I, do RPS, mas Norma o é, porque a união estável estava constituída no momento do óbito – art. 16, I, do PBPS. **RQ**
> Gabarito "C".

(Magistratura Federal - 4ª Região – VIII) Os dependentes do segurado têm direito ao:

(A) salário-família;

(B) salário-maternidade;(C) auxílio-doença;

(D) auxílio-reclusão.

> Conforme o art. 18, II, *b*, do PBPS, é benefício devido aos dependentes o auxílio-reclusão. Todas as demais alternativas apresentam benefícios previdenciários pagos aos segurados. **RB**
> Gabarito "D".

5. CUSTEIO DA SEGURIDADE SOCIAL

5.1. Fontes de custeio

(Analista Judiciário – STJ – 2018 – CESPE) Acerca do custeio da seguridade social, julgue o próximo item.

(1) O salário de contribuição de segurado empregado deverá corresponder à integralidade de uma remuneração auferida durante o mês de trabalho.

> **1:** incorreta. Salário de contribuição do segurado empregado é a remuneração auferida em uma ou mais empresas, assim entendida a totalidade dos rendimentos pagos, devidos ou creditados a qualquer título, durante o mês, destinados a retribuir o trabalho, qualquer que seja a sua forma, inclusive as gorjetas, os ganhos habituais sob a forma de utilidades e os adiantamentos decorrentes de reajuste salarial, quer pelos serviços efetivamente prestados, quer pelo tempo à disposição do empregador ou tomador de serviços nos termos da lei ou do contrato ou, ainda, de convenção ou acordo coletivo de trabalho ou sentença normativa (art. 28, I, do PCSS). Há, contudo, diversas verbas que não integram o salário de contribuição elencadas no art. 28, §9º, do PCCS. **HS**
> Gabarito 1E.

(Procurador do Estado/SE – 2017 – CESPE) O sistema de custeio da seguridade social é

(A) composto pela contribuição sobre a receita de concursos de prognósticos, mas não pela remuneração recebida por serviços de arrecadação prestados a terceiros.

(B) composto, no âmbito da União, por recursos adicionais do orçamento fiscal fixados obrigatoriamente na lei orçamentária anual.

(C) assegurado pela contribuição empresária, que é calculada, entre outras, sobre as remunerações pagas aos trabalhadores avulsos prestadores de serviços, deles excluídos os segurados contribuintes individuais.

(D) composto, na esfera federal, somente por receitas da União e das contribuições sociais.

(E) assegurado também pela participação do empregado, cujo salário de contribuição é reajustado anualmente pelos mesmos índices do salário mínimo vigente no país.

> **A:** correta. Realmente estão previstas contribuições sobre concursos de prognósticos (art. 195, III, da CF), mas não sobre serviços de arrecadação prestados a terceiros. A remuneração por tais serviços compõe as "outras receitas da Seguridade Social", como se vê do art. 27, II, do PCCS; **B:** incorreta. Não são recursos adicionais. O orçamento da seguridade social integra o orçamento da União, Estados, DF e Municípios (art. 195, *caput*, da CF); **C:** incorreta. Também os segurados contribuintes individuais que prestem serviços a empresas são incluídos na contribuição sobre a folha de pagamento (art. 195, I, "a", da CF e art. 22, I e III, do PCSS); **D:** incorreta. Há também as receitas previstas no art. 195 da CF; **E:** incorreta. Não há previsão de reajuste anual do salário de contribuição, mas sim do valor dos benefícios (art. 201, § 4º, da CF). **RQ**
> Gabarito "A".

(Procurador do Estado/AM – 2016 – CESPE) Acerca do custeio da seguridade social, julgue o item que se segue.

(1) O fato gerador das contribuições destinadas ao custeio da seguridade social, calculadas com base na

remuneração, ocorre na data do pagamento dessas contribuições.

1: incorreta. O fato gerador é a prestação do trabalho, independentemente do efetivo pagamento da remuneração. Em outras palavras, se a pessoa física prestou o serviço, deverá ser recolhida a contribuição respectiva, ainda que, por qualquer razão, ela não venha a receber. Note a redação, por exemplo, do art. 22, I, da Lei 8.212/1991: "(...) total das remunerações pagas, devidas ou creditadas a qualquer título (...)". **HS**
Gabarito 1E

(Técnico – INSS – 2016 – CESPE) Com relação ao financiamento da seguridade social, julgue os seguintes itens.

(1) Em caso de eventuais insuficiências financeiras decorrentes do pagamento de benefícios de prestação continuada, a previdência social poderá elevar alíquotas das contribuições sociais de empregados e empregadores até o limite do débito apurado.

(2) Além da contribuição proveniente de empregados e empregadores, são fontes de custeio da seguridade social, de forma direta e indireta, os recursos oriundos dos orçamentos da União, dos estados, do DF e dos municípios.

1: incorreta. As contribuições sociais são tributos e, como tais, somente podem ter suas alíquotas elevadas por meio de lei (art. 150, I, da Constituição Federal). Ademais, a contribuição extraordinária prevista no art. 149, § 1º-B, da Constituição Federal, se aplica apenas aos servidores ativos e inativos da União; **2:** correta, nos termos do art. 195 da Constituição Federal. **RO**
Gabarito: 1E, 2C

(Técnico – INSS – 2016 – CESPE) A respeito do custeio da seguridade social, julgue os itens que se seguem.

(1) Constitui fonte de receita da seguridade social um percentual incidente sobre os valores arrecadados com os resultados dos leilões de bens apreendidos pela Receita Federal do Brasil.

(2) Parte dos valores arrecadados com concurso de prognósticos promovidos por órgãos do poder público ou por sociedades comerciais ou civis dentro do território nacional é destinada ao custeio da seguridade social.

1: correta, nos termos do art. 27, VII, do PCSS; **2:** correta, nos termos do art. 26 do PCSS. A redação dada ao art. 26 do PCSS pela Lei nº 8.436/1992 afirmava que a receita da seguridade social correspondia à renda líquida dos concursos de prognósticos, excetuando-se os valores destinados ao Programa de Crédito Educativo. Contudo, a partir da vigência da Lei nº 13.756/2018, a Seguridade Social passou a dividir o produto da arrecadação dos concursos de prognósticos com diversos outros órgãos públicos e entidades **RO**
Gabarito: 1C, 2C

(Técnico – INSS/Guarulhos – 2022 – CEBRASPE) A respeito do financiamento da seguridade social, julgue os itens subsequentes.

(1) A licença-prêmio indenizada integra o salário de contribuição, nos termos da legislação.

(2) As igrejas e os templos de qualquer culto são isentos de contribuições para a seguridade social.

(3) Os devedores da previdência social não podem receber benefícios ou incentivos fiscais ou creditícios do Estado.

(4) Os contribuintes individual e facultativo podem optar pela alíquota de 11% incidente sobre o salário de con-

tribuição caso renunciem ao direito à aposentadoria por tempo de contribuição.

(5) O percentual incidente sobre o resultado dos leilões dos bens apreendidos pelo Departamento da Receita Federal é fonte de receita da seguridade social, segundo a legislação.

1: Incorreta. O § 9º do art. 28 da Lei 8.212/91 – PCCS, elenca as verbas que não integram o salário de contribuição. Dentre elas, na alínea 'e', item 8, figura a licença-prêmio indenizada; **2:** Incorreta. Não existe norma que isente, genericamente, as igrejas e templos de qualquer culto de contribuições para a seguridade social. O art. 150, VI, 'b', da CF, prevê imunidade, aos templos de qualquer culto, da instituição de impostos. Lembremos que o gênero dos tributos compreende tanto impostos como contribuições sociais, além de outras espécies. A norma imunizante foi expressa ao mencionar apenas impostos, ao contrário do que fez, por exemplo, no inciso III deste mesmo art. 150 da CF, que fala em tributos. Em síntese, o art. 150, VI, 'b', da CF, abrange, exclusivamente, os impostos, não se estendendo às contribuições sociais (RExt 177.308, DJe 02.05.2012). Serão imunes de contribuições para a seguridade social as igrejas e os templos de qualquer culto que se enquadrarem como entidades beneficentes de assistência social que atendam às exigências estabelecidas em lei, nos termos do art. 195, § 7º, da CF. Note que apesar de tal dispositivo constitucional falar expressamente em 'isenção', ele é unanimemente considerado como imunidade, visto que tem estatura constitucional; **3:** Correta. O art. 195, § 3º, da CF, afirma que a pessoa jurídica em débito com o sistema da seguridade social, como estabelecido em lei, não poderá contratar com o Poder Público nem dele receber benefícios ou incentivos fiscais ou creditícios; **4:** Anulada. O tema é tratado no art. 21, § 2º, do PCCS. Tal dispositivo prevê opção pela exclusão do benefício de aposentadoria por tempo de contribuição, hipótese na qual a contribuição social incidirá sobre 'o limite mínimo mensal do salário de contribuição' e não sobre o salário de contribuição, como afirmou o enunciado. Mas tal opção de alíquota de 11% só foi concedida ao segurado contribuinte individual que trabalhe por conta própria, sem relação de trabalho com empresa ou equiparado e ao segurado facultativo. Já o microempreendedor individual, de que trata o art. 18-A da Lei Complementar 123/2006 e o segurado facultativo sem renda própria que se dedique exclusivamente ao trabalho doméstico no âmbito de sua residência, desde que pertencente à família de baixa renda, terão alíquota de 5% e não de 11%; **5:** Correta, nos termos do art. 27, VII, do PCCS. **RO**
Gabarito: 1E, 2E, 3C, 4Anulada, 5C

(DPE/PE – 2015 – CESPE) Rita foi contratada para trabalhar na residência de Zuleica, em atividade sem fins lucrativos, mediante o recebimento de um salário mínimo por mês.

Nessa situação hipotética, a contribuição destinada à seguridade social a cargo de

(1) Rita será de 8% sobre o valor de um salário mínimo.

(2) Zuleica será de 20% sobre o total das remunerações pagas, devidas ou creditadas, a qualquer título, no decorrer do mês, à segurada.

1: correta. Rita é emprega doméstica, portanto à sua contribuição se aplica a mesma tabela de alíquotas do segurado empregado (8%, 9% ou 11%). Perceba que a questão não exigiu que o candidato soubesse exatamente os patamares de cada alíquota, pois disse que Rita foi contratada por um salário mínimo. Logo, sua contribuição só pode ser de 8% sobre o salário de contribuição (art. 20 do PCSS); **2:** incorreta. A alíquota total da contribuição do empregador doméstico é 8,8% (art. 24 do PCSS). **RO**
Gabarito 1C, 2E

(Analista – TRT/2ª – 2014 – FCC) Segundo a chamada regra constitucional da contrapartida:

(A) nenhuma contribuição previdenciária é devida sem que tenha havido efetiva prestação de trabalho pelo segurado.

(B) nenhuma contribuição patronal é devida sem que o segurado tenha trazido regular prova de sua documentação pessoal ao empregador.

(C) nenhum benefício ou serviço da seguridade social pode ser criado, majorado ou estendido sem a correspondente fonte de custeio total.

(D) nenhuma contribuição de seguridade social pode ser exigida antes de 90 dias da data de publicação da lei que a houver instituído ou diminuído.

(E) nenhum benefício previdenciário ou assistencial pode ser deferido sem que tenha havido prova das contribuições previdenciárias exigidas a título de carência.

A doutrina denomina "regra da contrapartida" a obrigação de que nenhum benefício previdenciário seja criado, aumentado ou estendido sem a previsão da respectiva fonte de custeio total (art. 195, § 5º, da CF). **HS**
Gabarito "C".

(Procurador do Município – Cuiabá/MT – 2014 – FCC) É INCORRETO afirmar em relação ao Plano de Custeio da Seguridade Social:

(A) A contribuição a cargo da empresa, destinada à Seguridade Social é de 20% (vinte por cento) sobre o total das remunerações pagas, devidas ou creditadas a qualquer título, durante o mês, aos segurados empregados e trabalhadores avulsos que lhe prestem serviços normativa.

(B) A contribuição do empregado doméstico destinada à Seguridade Social é de 9% (nove por cento) calculada mediante a aplicação da correspondente alíquota sobre o seu salário de contribuição mensal.

(C) A contribuição do empregador doméstico é de 12% (doze por cento) do salário de contribuição do empregado doméstico a seu serviço.

(D) Caberá à entidade promotora do espetáculo a responsabilidade de efetuar o desconto de 5% (cinco por cento) da receita bruta decorrente dos espetáculos desportivos e o respectivo recolhimento, no prazo de até dois dias úteis após a realização do evento.

(E) A alíquota de contribuição dos segurados contribuinte individual e facultativo será de 20% (vinte por cento) sobre o respectivo salário de contribuição.

A: assertiva correta, nos termos do art. 22, I, da Lei 8.212/1991; **B:** assertiva incorreta, devendo ser assinalada. A alíquota da contribuição do empregado doméstico é progressiva, nos mesmos moldes do segurado empregado (8%, 9% ou 11%, a depender do salário de contribuição), conforme dispõe o art. 20 da Lei 8.212/1991; **C:** assertiva correta na data do certame, nos termos do art. 24 da Lei 8.212/1991. Após o início de vigência da Lei 13.202/2015 a alíquota total devida pelo empregador doméstico passou a ser de 8,8% **D:** assertiva correta, nos termos do art. 22, § 7º, da Lei 8.212/1991; **E:** assertiva correta, nos termos do art. 21 da Lei 8.212/1991. **RO**
Gabarito "B".

(Defensoria/DF – 2013 – CESPE) Relativamente às fontes de custeio da seguridade social, julgue o item abaixo.

(1) A seguridade social tem como únicas fontes de custeio, além dos recursos advindos dos orçamentos da União, dos estados, do DF e dos municípios, as contribuições do empregador e do trabalhador.

1: incorreta. O art. 195 da CF prevê também o custeio advindo das receitas dos concursos de prognósticos e do importador de bens ou serviços ou de quem a lei a ele equiparar (incisos III e IV). **HS**
Gabarito 1E.

(Magistratura do Trabalho – 3ª Região – 2014) A partir da disposição literal do art. 28 da Lei 8.212/1991, é correto afirmar que não integram o salário de contribuição, EXCETO:

(A) As parcelas recebidas a título de incentivo à demissão.

(B) Os valores recebidos em decorrência da cessão de direitos autorais.

(C) As diárias para viagens, desde que não excedam a 50% da remuneração mensal.

(D) O aviso prévio indenizado.

(E) As ajudas de custo e o adicional mensal recebidos pelo aeronauta nos termos da Lei n. 5.929, de 30 de outubro de 1973.

A, B, C e E: assertivas corretas, nos termos do art. 28, § 9º, "e" – item 5, "v", "h" e "b", respectivamente, da Lei 8.212/1991; D: incorreta, devendo ser assinalada. Com efeito, o aviso prévio indenizado não era considerado salário de contribuição. Isso mudou com a edição do Dec. 6.727/2009, que revogou a exclusão prevista no art. 214, § 9º, V, "f", do RPS (Dec. 3.048/1999). A partir de então, mesmo sob fortes críticas doutrinárias, o aviso prévio indenizado passou a ser considerado salário de contribuição e incide sobre seu valor, portanto, a contribuição previdenciária do segurado. **HS**
Gabarito "D".

(Técnico – INSS – 2012 – FCC) Entre as fontes de financiamento da Seguridade Social encontra-se

(A) o imposto de renda.

(B) o imposto sobre circulação de mercadorias.

(C) a contribuição do Fundo de Garantia do Tempo de Serviço.

(D) a contribuição social sobre a folha de salários.

(E) a contribuição de melhoria.

A e B: incorretas. O imposto de renda (IR) e o imposto sobre circulação de mercadorias (ICMS) não podem ter suas receitas vinculadas a nenhum gasto público específico (art. 167, IV, da CF). Não são, portanto, diretamente considerados receitas da Seguridade Social; C: incorreta. O FGTS é um fundo vinculado a determinado trabalhador para que dele resgate o dinheiro nas hipóteses elencadas no art. 20 da Lei nº 8.036/1990. A Jurisprudência do STF entende que as contribuições feitas ao FGTS não têm natureza tributária nem tampouco previdenciária (Tema de Repercussão Geral nº 608. Veja, ainda, a súmula 353 do STJ); D: correta. A contribuição social sobre a folha de salários está prevista no art. 195, I, "a", da CF como receita específica da Seguridade; E: incorreta. Contribuição de melhoria é um tributo cobrado para custear uma obra pública da qual resulte valorização imobiliária para o contribuinte. **RO**
Gabarito "D".

(Magistratura Federal - 1ª Região – 2011 – CESPE) Assinale a opção correta com referência ao financiamento da seguridade social.

(A) Aplica-se à tributação da pessoa jurídica, para as contribuições destinadas ao custeio da seguridade social, calculadas com base na remuneração, o regime de competência, de forma que o tributo incide no momento em que surge a obrigação legal de pagamento, não importando se este vai ocorrer em oportunidade posterior.

7. DIREITO PREVIDENCIÁRIO   167

(B) A CF autoriza a utilização dos recursos provenientes das contribuições sociais incidentes sobre a folha de salários e demais rendimentos dos segurados para custear as despesas com pessoal e administração geral do Instituto Nacional do Seguro Social.

(C) Para fins de cálculo do salário de contribuição do segurado empregado, não se admite fracionamento, razão pela qual, quando a admissão, a dispensa, o afastamento ou a falta do segurado empregado ocorrer no curso do mês, o salário de contribuição será calculado considerando-se o número total de dias do mês.

(D) Conforme previsão constitucional, nenhum benefício ou serviço da seguridade social ou de previdência privada poderá ser criado, majorado ou estendido sem a correspondente fonte de custeio total.

(E) Integram a produção, para os efeitos de contribuição do empregador rural pessoa física, os produtos de origem vegetal submetidos a processos de beneficiamento ou industrialização rudimentar, excetuando-se os processos de lavagem, limpeza, descaroçamento, pilagem, descascamento, lenhamento, pasteurização, resfriamento, secagem, fermentação, embalagem, cristalização e fundição.

A: correta, nos termos do art. 225, § 13, I, do RPS (Regulamento da Previdência Social – Decreto 3.048/1999); **B:** incorreta. A receita oriunda de tais contribuições pode ser usada somente para o pagamento de benefícios previdenciários do RGPS (art. 167, IX, da CF); **C:** incorreta. Nesses casos, deve ser calculado proporcionalmente ao salário de contribuição de acordo com o número de dias efetivamente trabalhados (art. 28, §1º, da Lei 8.212/1991 - Plano de Custeio da Seguridade Social - PCSS); **D:** incorreta. A regra de necessidade de previsão de custeio não se aplica às entidades de previdência privada (art. 195, § 5º, da CF e Agr. no RExt 596.637, DJe 02.10.2009); **E:** incorreta. O art. 200, § 5º, do RPS, expressamente inclui essas atividades entre aquelas que integram a produção para fins de cálculo da contribuição do produtor rural pessoa física e do segurado especial. 🔲
Gabarito "A".

(Magistratura Federal – 2ª Região – 2011 – CESPE) Em referência ao custeio da seguridade social, assinale a opção correta.

(A) O grau de risco — leve, médio ou grave — para a determinação da contribuição para o custeio da aposentadoria especial, partindo-se da atividade preponderante da empresa, deve ser definido por lei, sendo ilegítima a definição por mero decreto.

(B) Para o contribuinte individual, estipula-se como salário de contribuição a remuneração auferida durante o mês em uma ou mais empresas ou pelo exercício de sua atividade por conta própria, sem limite nesse último caso.

(C) O salário-maternidade não tem natureza remuneratória, mas indenizatória, razão pela qual não integra a base de cálculo da contribuição previdenciária devida pela segurada empregada.

(D) O abono recebido em parcela única e sem habitualidade pelo segurado empregado, previsto em convenção coletiva de trabalho, não integra a base de cálculo do salário de contribuição.

(E) Constitui receita da seguridade social a renda bruta dos concursos de prognósticos, excetuando-se os valores destinados ao programa de crédito educativo.

A: incorreta. A catalogação do grau de riscos das atividades é feita pelo Anexo V do RPS; **B:** incorreta. O salário de contribuição sempre respeitará o limite máximo estabelecido pelo Ministério da Previdência e Assistência Social (art. 28, III, do PCSS); **C:** incorreta à época da aplicação da prova. Preponderava, então, posição segundo a qual o salário-maternidade seria exceção à regra de que os benefícios previdenciários não são considerados como salário de contribuição. Assim, sobre ele incidia normalmente a contribuição previdenciária devida pela segurada (art. 28, § 2º, do PCSS). Entretanto, ao julgar o RE nº 576.967, DJe 21/10/2020, o STF declarou a inconstitucionalidade da incidência de contribuição previdenciária sobre o salário maternidade; **D:** correta, nos termos do julgamento proferido pelo STJ no AgRg no REsp 1.235.356/RS, DJ 22.03.2011; **E:** incorreta. Devem ser descontados, também, os tributos incidentes, os prêmios pagos e as despesas com administração (art. 26, *caput* e § 2º, do PCSS). 🔲
Gabarito "D".

(Magistratura Federal-5ª Região – 2011) Com relação a custeio da previdência social e a benefícios previdenciários, assinale a opção correta.

(A) O contrato de locação de automóveis firmado entre empregador e seus empregados configura salário-utilidade, não integrando, por conseguinte, para fins de incidência de contribuição tributária, o conceito de salário de contribuição, ainda que não caracterizada a gratuidade do benefício aos empregados.

(B) Com fundamento no princípio do equilíbrio financeiro-atuarial, a jurisprudência do STJ firmou-se no sentido de que incide contribuição previdenciária sobre o terço constitucional de férias, a despeito de tal verba não se incorporar à remuneração para fins de aposentadoria.

(C) O salário-maternidade tem natureza salarial, motivo pelo qual integra a base de cálculo da contribuição previdenciária; por outro lado, não tem natureza remuneratória a quantia paga a título de auxílio-doença e auxílio-acidente nos quinze primeiros dias do benefício.

(D) De acordo com o entendimento do STJ, com fundamento no princípio da especialidade, os juros moratórios, na repetição do indébito tributário, são devidos a partir do trânsito em julgado da sentença, regime não aplicável à repetição de indébito de contribuições previdenciárias.

(E) O valor do benefício de prestação continuada, exceto o regido por norma especial e o decorrente de acidente do trabalho, deve ser calculado com base no salário de benefício.

A: incorreta, pois o salário de contribuição para o empregado inclui apenas os rendimentos destinados a retribuir o trabalho, não o ressarcimento pela utilização de veículo do empregado – art. 28, I, e § 9º, s, do Plano de Custeio da Seguridade Social – PCSS (Lei 8.212/1991); **B:** incorreta, pois a jurisprudência do STJ é pacífica no sentido de que não incide contribuição previdenciária sobre o terço constitucional de férias – ver AgRg no AREsp 16.759/RS; **C:** assertiva correta à época da aplicação da prova. Preponderava, então, posição segundo a qual o salário-maternidade seria exceção à regra de que os benefícios previdenciários não são considerados como salário de contribuição. Assim, sobre ele incidia normalmente a contribuição previdenciária devida pela segurada (art. 28, § 2º, do PCSS). Entretanto, ao julgar o RE nº 576.967, DJe 21/10/2020, o STF declarou a inconstitucionalidade da incidência de contribuição previdenciária sobre o salário maternidade. A jurisprudência do STJ em relação aos 15 primeiros dias do auxílio-doença e auxílio-acidente está de acordo com o enunciado – ver AgRg no Ag 1.409.054/DF e REsp 1.217.686/PE; **D:** incorreta, pois o disposto na Súmula 188 do STJ (juros moratórios a partir do trânsito) aplica-se às contribuições previdenciárias, que têm natureza tributária – ver REsp 1.089.241/MG; **E:** incorreta, pois o valor do benefício de prestação continuada, *inclusive* o regido por norma especial e o decorrente de acidente do trabalho, exceto o salário-família e o salário-maternidade, será calculado com base no salário de benefício – art. 28 do PBPS. **Gabarito "C".**

(Magistratura Federal – 3ª Região – XIII) Assinale a alternativa incorreta:

(A) A Seguridade Social é financiada por toda a sociedade, de forma direta e indireta, mediante recursos provenientes dos orçamentos da União, Estados, Municípios e contribuições sociais;

(B) Também constituem receita da Seguridade Social, os valores recebidos a título de multa, correção monetária e juros moratórios;

(C) Constituem contribuições sociais, as das empresas, incidentes sobre a remuneração paga, devida ou creditada aos segurados e demais pessoas físicas a seu serviço, desde que com vínculo empregatício;

(D) Também constituem contribuições sociais, as das empresas, incidentes sobre a receita ou o faturamento e o lucro.

A: incorreta, nos termos do art. 195, *caput*, da CF; **B:** incorreta, pois as multas e os acréscimos relativos às contribuições sociais constituem receita da Seguridade Social; **C:** correta. A ausência de vínculo empregatício não afasta a incidência da contribuição social sobre remunerações – art. 195, I, *a, in fine*, da CF; **D:** incorreta. Ver art. 195, I, *b e c*, da CF. **Gabarito "C".**

5.2. Salário de contribuição

• Ana, servidora aposentada por RPPS, recebe R$ 6.500,00 de aposentadoria.

• Bruno, portador de doença incapacitante devidamente comprovada por perícia médica, é pensionista da União e percebe um benefício de R$ 10.000,00.

• Caio aposentou-se recentemente pelo RGPS e recebe o teto do salário de benefício.

(Analista – INSS – 2016 – CESPE) Com relação a essas situações hipotéticas, e considerando que o teto do salário de benefício corresponda a R$ 5.189,82, julgue os itens que se seguem com base na CF.

(1) Empregado aposentado pelo RGPS, Caio deve, assim como os servidores públicos inativos, contribuir para o custeio da seguridade social.

(2) Bruno não precisa contribuir com a previdência, pois portadores de doença incapacitante comprovada por perícia médica contribuem apenas sobre as parcelas de proventos de aposentadoria e de pensão que superem o dobro do limite máximo estabelecido para os benefícios do RGPS.

(3) De acordo com a CF, incide contribuição previdenciária de 11% sobre o valor total da aposentadoria de Ana, pois seus proventos superam o teto do salário de benefício.

1: incorreta. Apenas os membros de regime próprio de previdência social, quando aposentados, devem continuar contribuindo para o custeio dos respectivos Regimes Próprios de Previdência (art. 40, § 18 e 195, II, ambos da Constituição Federal); **2:** correta quando da aplicação do certame, nos termos do que então dizia o art. 40, § 21, da Constituição Federal. A EC nº 103/2019 revogou o art. 40, § 21, da Constituição Federal; **3:** incorreta. A incidência da contribuição previdenciária se dá somente sobre a parcela que ultrapassar o teto do RGPS (art. 40, § 18, da CF). Ou seja, no caso proposto a base de cálculo da contribuição equivale a R$ 1.310,78. **Gabarito: 1E, 2C, 3E.**

(Analista – INSS – 2016 – CESPE) Julgue o próximo item, relativo ao custeio da seguridade social.

(1) A contribuição do segurado empregado e a do trabalhador doméstico recaem sobre o valor dos seus salários de contribuição, até um teto máximo fixado por lei.

1: correta, nos termos do art. 20 do PCSS. **Gabarito: 1C.**

(Analista Jurídico INSS – 2013 – FUNRIO) Com relação ao salário de contribuição, na forma da Lei n. 8212/91, seguem quatro indicações:

I. para o empregado e trabalhador avulso: a remuneração auferida em uma ou mais empresas, assim entendida a totalidade dos rendimentos pagos, devidos ou creditados a qualquer título, durante o mês, destinados a retribuir o trabalho, qualquer que seja a sua forma, exceto no que se refere às gorjetas, aos ganhos habituais sob a forma de utilidades e os adiantamentos decorrentes de reajuste salarial, quer pelos serviços efetivamente prestados, quer pelo tempo à disposição do empregador ou tomador de serviços nos termos da lei ou do contrato ou, ainda, de convenção ou acordo coletivo de trabalho ou sentença normativa;

II. para o empregado doméstico: a remuneração registrada na Carteira de Trabalho e Previdência Social, observadas as normas a serem estabelecidas em regulamento para comprovação do vínculo empregatício e do valor da remuneração;

III. para o contribuinte individual: a remuneração auferida em uma ou mais empresas ou pelo exercício de sua atividade por conta própria, durante o mês, observado o limite máximo fixado em Lei;

IV. para o segurado facultativo: o valor por ele declarado, observado o limite máximo fixado em Lei.

Quais dessas indicações estão corretas?

(A) Apenas a primeira e a terceira estão corretas.

(B) Apenas a segunda e a quarta estão corretas.

(C) Todas estão corretas.

(D) Nenhuma delas está correta.

(E) Apenas três delas estão corretas.

I: incorreta. As gorjetas e os ganhos habituais sob a forma de utilidades integram o salário de contribuição do empregado e do avulso, nos termos do art. 28, I, da Lei nº 8.212/91; **II:** correta, nos termos do art. 28, II, da Lei nº 8.212/91; **III:** correta, nos termos do art. 28, III, da Lei nº 8.212/91; **IV:** correta, nos termos do art. 28, IV, da Lei nº 8.212/91. **Gabarito "E".**

7. DIREITO PREVIDENCIÁRIO 169

(Técnico – INSS – 2012 – FCC) José exerce a atividade de garçom, na qualidade de empregado do Restaurante X, e recebeu no mês de dezembro, além do salário mensal, o décimo terceiro salário, gorjetas, vale-refeição, de acordo com o programa do Ministério do Trabalho, horas extras, vale-transporte, na forma da legislação própria, férias indenizadas e respectivo adicional constitucional. Nessa situação, integram o salário de contribuição de José

(A) o salário mensal, o décimo terceiro salário, as gorjetas e as horas extras.

(B) o salário mensal, o vale-transporte, o décimo terceiro salário e o vale-refeição.

(C) o salário mensal, as férias indenizadas e respectivo adicional e o vale-refeição.

(D) o salário mensal, o décimo terceiro salário, as gorjetas e o vale-refeição.

(E) o décimo terceiro salário, as gorjetas, o vale-refeição, as férias indenizadas e o respectivo adicional.

Como regra, todas as parcelas da remuneração do empregado integram seu salário de contribuição (art. 28, I, do PCSS), com exceção daquelas previstas no art. 28, § 9º, do PCSS, dentre as quais se encontram o vale-refeição pago de acordo com as normas do Ministério do Trabalho e Emprego (alínea "c"), o vale-transporte pago de acordo com a legislação própria (alínea "f") e as férias indenizadas e seu respectivo adicional constitucional (alínea "d"). RO
Gabarito: "A".

(Técnico – INSS – 2022 – CEBRASPE) Julgue os itens subsequentes, relativos ao salário de contribuição.

(1) Salário de contribuição é o valor que serve de base de incidência das alíquotas das contribuições previdenciárias dos segurados, à exceção do segurado especial.

(2) Para o trabalhador, os valores relativos ao salário de contribuição que forem sonegados não serão computados para fins de cálculo de benefícios como aposentadoria, auxílio-doença, salário-maternidade ou mesmo pensão por morte.

(3) Em regra, o limite mínimo do salário de contribuição corresponde, para os segurados facultativos, ao piso salarial legal ou normativo da categoria.

(4) Quando a remuneração do trabalhador avulso, em determinado mês, não alcançar o salário mínimo, ele poderá complementar a sua contribuição visando o cômputo da competência desse mês como tempo de contribuição.

(5) O limite máximo do salário de contribuição será atualizado sempre que ocorrer alteração do valor dos benefícios previdenciários.

(6) Respeitados os direitos adquiridos, nenhum benefício previdenciário reajustado poderá exceder o limite máximo do salário de benefício na data do reajustamento.

1: Correta. Em nosso direito positivo, as definições de salário de contribuição se encontram nos incisos do *caput* do art. 28 do PCSS e em seus §§ 10, 11, dentre as quais não se contempla o segurado especial. Isso porque o elemento unificador do salário de contribuição é a remuneração auferida como retribuição pelo trabalho. Entretanto, o segurado especial é a pessoa física que exerce atividade de agricultor, seringueiro, pescador artesanal etc., individualmente ou em regime de economia familiar, ainda que com o auxílio eventual de terceiros. O segurado especial não trabalha para outrem. Por isso mesmo, o art.

25, I, do PCCS define a base de cálculo da contribuição do segurado especial do mesmo modo que a do empregador rural pessoa física, isto é, como a 'receita bruta proveniente da comercialização da sua produção'; **2:** Anulada. A responsabilidade pelo recolhimento da contribuição social é do empregador (art. 30, I, a, da Lei nº 8.212/91), não podendo o segurado ser penalizado pela ausência de informações acerca das contribuições no CNIS (AC 592.241, TRF5; AC 270.064, TRF5; EResp 685.635, STJ). Com efeito, por todas as redações pela qual passou, o art. 34 do PBPS sempre afirmou que no cálculo do valor da renda mensal do benefício do segurado empregado serão contados os salários de contribuição referentes aos meses de contribuições devidas, ainda que não recolhidas pela empresa, sem prejuízo da respectiva cobrança e da aplicação das penalidades cabíveis; **3:** Incorreta. O limite mínimo do salário de contribuição para os segurados contribuinte individual e facultativo corresponde ao salário-mínimo, tomado no seu valor mensal; **4:** Correta, nos termos do art. 29, I, da EC 103/2019 c.c. art. 195, § 14, da CF; **5:** Correta, na esteira do art. 28, § 5º, do PCSS; **6:** Anulada. O enunciado da questão está de acordo com o § 1º do art. 41-A do PBPS. Isso posto, ao julgar a ADI 1.946 (29.04.1999) o STF declarou inconstitucional a incidência do limite máximo para o valor dos benefícios do RGPS, previsto no art. 14 da EC 20/1998, ao benefício de salário-maternidade. Ou seja, o salário-maternidade pode exceder o limite máximo do salário de benefício na data do reajustamento. RO
Gabarito: 1C, 2Anulada, 3E, 4C, 5C, 6Anulada

5.3. Contribuições em espécie

(Técnico – INSS – 2016 – CESPE) Julgue os próximos itens, relativos às contribuições dos segurados empregados, dos empregados domésticos e dos segurados facultativos.

(1) A alíquota de contribuição, para custeio da seguridade social, dos segurados facultativos e dos segurados empregados é a mesma e varia segundo o salário de contribuição.

(2) A alíquota de contribuição do empregado doméstico para o custeio da seguridade social é inferior à alíquota aplicável aos demais empregados.

1: incorreta. A alíquota dos segurados facultativos e dos contribuintes individuais é, em regra, de 20%. Caso o contribuinte individual ou o segurado facultativo optem pela exclusão do direito ao benefício de aposentadoria por tempo de contribuição e trabalhem por conta própria, sem relação de trabalho com empresa ou equiparado, a alíquota será de 11%. Por fim, o segurado facultativo sem renda própria que se dedique exclusivamente ao trabalho doméstico no âmbito de sua residência, desde que pertencente à família de baixa renda, e o microempreendedor individual, de que trata o art. 18-A da Lei Complementar nº 123, de 14 de dezembro de 2006, têm direito à alíquota de 5% (art. 21, *caput*, §§ 2º e 3º, do PCSS). Note que nas hipóteses anteriores a alíquota não varia conforme o salário de contribuição. Já o empregado paga 8%, 9% ou 11%, agora sim conforme seu salário de contribuição (art. 20 do PCSS); **2:** incorreta. A alíquota do empregado doméstico é a mesma do empregado e do trabalhador avulso (art. 20 do PCSS e art. 34 da Lei Complementar nº 150/2015). RO
Gabarito: 1E, 2E

(Técnico – INSS – 2016 – CESPE) No que se refere à contribuição de empresas e empregadores domésticos para o financiamento da seguridade social, julgue os itens subsequentes.

(1) A contribuição do empregador doméstico é de 20% e incide sobre o salário-mínimo.

(2) A contribuição empresarial de associação desportiva que mantenha equipe de futebol profissional distingue-se da contribuição exigida de outras empresas.

1: incorreta. A contribuição é de 8,8% e incide sobre o salário de contribuição do empregado doméstico (art. 24 do PCSS); **2:** correta. Trata-se de contribuição específica que substitui a contribuição sobre a folha de pagamento e incide sobre a receita bruta decorrente dos espetáculos desportivos de que a equipe participe em todo território nacional em qualquer modalidade desportiva, inclusive jogos internacionais, e de qualquer forma de patrocínio, licenciamento de uso de marcas e símbolos, publicidade, propaganda e de transmissão de espetáculos desportivos (art. 22, § 6º, do PCSS). **RQ**

Gabarito: 1E, 2C

(Analista Administrativo INSS – 2013 – FUNRIO) A contribuição da União é constituída de recursos adicionais, nos termos da Lei nº 8212/91, sendo fixada pelo seguinte instrumento legal:

(A) Medida Provisória.

(B) Lei Complementar.

(C) Decreto Legislativo.

(D) Portaria.

(E) Lei Orçamentária Anual.

A contribuição da União para o financiamento da seguridade social deve constar obrigatoriamente da Lei Orçamentária Anual (art. 16, *caput*, da Lei nº 8.212/91), que tem *status* de lei ordinária. **RB**

Gabarito: E.

(Técnico – INSS – 2012 – FCC) João montou seu próprio negócio em 2010, obteve receita bruta, no ano-calendário anterior, de R$ 30.000,00 (trinta mil reais) e é optante do Simples Nacional. João não pretende receber aposentadoria por tempo de contribuição. Nessa situação, a contribuição previdenciária a ser recolhida por João é de

(A) 20% (vinte por cento) do limite mínimo do salário de contribuição.

(B) 11% (onze por cento) do limite mínimo do salário de contribuição.

(C) 8% (oito por cento) do limite mínimo do salário de contribuição.

(D) 9% (nove por cento) do limite mínimo do salário de contribuição.

(E) 5% (cinco por cento) do limite mínimo do salário de contribuição.

João é caracterizado como microempreendedor individual (MEI), nos termos do art. 18-A da Lei Complementar nº 123/2006, pois sua receita bruta é inferior a $ 81.000,00 (oitenta e um mil reais) e é optante do Simples Nacional. Note que a Lei Complementar nº 188/2021 ampliou o conceito de microempreendedor individual, motivo pelo sugerimos atenção à redação atual do art. 18-A, § 1º, da Lei Complementar nº 123/2006. Dito isso, descartado o benefício de aposentadoria por tempo de contribuição João tem direito de pagar, a título de contribuição previdenciária, a alíquota de 5% do limite mínimo do salário de contribuição (art. 21, § 2º, II, "a", da Lei 8.212/1991 – PCSS). Vale lembrar que, para ter direito à aposentadoria por tempo de contribuição, o MEI deve contribuir na mesma escala do contribuinte individual, ou seja, 20% sobre a remuneração auferida no mês. **RQ**

Gabarito: E.

5.4. Obrigações acessórias (fiscalização e arrecadação)

(Técnico – INSS – 2016 – CESPE) Com referência a arrecadação e recolhimento das contribuições destinadas à seguridade social, julgue os itens que se seguem.

(1) As empresas são obrigadas a arrecadar a contribuição do segurado contribuinte individual a seu serviço, descontando-a da respectiva remuneração.

(2) A isenção de contribuição previdenciária concedida às pessoas jurídicas de direito privado estende-se aos seus empregados e aos trabalhadores avulsos a seu serviço.

(3) Compete à Receita Federal do Brasil arrecadar e fiscalizar o recolhimento das contribuições sociais previstas na CF.

1: correta, nos termos do art. 30, I, "a", do PCSS; **2:** incorreta. Trata-se de contribuintes distintos, de modo que a isenção para os empregados e trabalhadores avulsos depende de expressa previsão legal nesse sentido. O art. 111, II, do Código Tributário Nacional, determina a interpretação literal sobre regra que outorgue isenção tributária, motivo pelo qual se revela impossível interpretação ampliativa do texto da norma que concedeu isenção (veja, ainda, o art. 150, § 6º, da CF); **3:** correta, nos termos do art. 33 do PCSS. **RQ**

Gabarito: 1C, 2E, 3C

(Técnico – INSS – 2016 – CESPE) A respeito do recolhimento de contribuição previdenciária fora do prazo, julgue os itens subsequentes.

(1) As contribuições devidas à seguridade social já descontadas dos segurados empregados e não recolhidas até seu vencimento poderão ser objeto de acordo para pagamento parcelado.

(2) As contribuições sociais incluídas ou não em notificação fiscal de lançamento ou inscritas em dívida ativa que forem pagas com atraso estarão sujeitas a atualização monetária, juros de mora e multa, a qual varia entre 8% e 20% sobre o crédito devido.

1: incorreta. O art. 244, § 1º, do RPS proibia a concessão de descontos ou parcelamento nesses casos. Ocorre que o art. 244 do RPS foi integralmente revogado pelo Decreto nº 10.410/2020. Além do mais, o fundamento legal para a previsão então contida no art. 244 do Decreto nº 3.048/1999 era o art. 38, § 1º, do Plano de Custeio da Seguridade Social - PCSS (Lei nº 8.212./91), o qual foi revogado pela Lei nº 11.941/2009. Inobstante, o parcelamento de débitos como os descritos na questão continua proibido por força do art. 14, III, da Lei nº 10.522/2002; **2:** incorreta. Na sistemática anterior à Lei nº 11.941/2009, o valor da multa era diferente se a contribuição em atraso estivesse ou não incluída em notificação fiscal de lançamento de débito (NFLD) ou em dívida ativa: se não estivesse em NFLD, variava entre 8% e 20%; se estivesse em NFLD, variava entre 24% e 50%; se estivesse em Dívida Ativa, variava entre 60% e 100%. Após a Lei nº 11.941/2009, as multas de mora aplicáveis às contribuições sociais passaram a ser aquelas previstas no art. 61 da Lei nº 9.430/1995, por força do art. 35 do PCSS. O § 2º, do art. 61, da Lei nº 9.430/1995, limita o percentual da multa a 20%. **RQ**

Gabarito: 1E, 2E

(Técnico – INSS – 2012 – FCC) Em relação às contribuições previdenciárias devidas pelos contribuintes da Previdência Social, é correto afirmar que

(A) o segurado especial está dispensado de recolhê-las.

(B) presume-se o recolhimento das contribuições do empregado.

(C) presume-se o recolhimento das contribuições do trabalhador eventual.

(D) o prazo de vencimento da contribuição das empresas é no dia 10 de cada mês.

(E) o empregado doméstico deve recolher sua contribuição até o dia 10 de cada mês.

A: incorreta. A contribuição do segurado especial é calculada sobre a receita bruta obtida com a venda de sua produção (art. 25 do PCSS); **B:** correta, nos termos do art. 216, § 5º, do RPS; **C:** incorreta, nos termos do art. 216, § 5º, do RPS; **D:** incorreta. O prazo de vencimento é o dia 20 de cada mês (art. 30, I, "b", do PCSS); **E:** incorreta. Quem desconta e recolhe a contribuição do empregado doméstico é seu empregador. No momento da aplicação do certame o prazo para recolhimento era até o dia 7 do mês seguinte ao da competência (art. 30, V, do PCSS). Contudo a Lei 14.438/2022 alterou tal prazo para até o dia 20 do mês seguinte ao da competência. 🔲

Gabarito "B".

(Técnico – INSS – 2012 – FCC) Entre as obrigações previdenciárias da empresa, assinale a alternativa INCORRETA.

(A) Declarar à Secretaria da Receita Federal do Brasil e ao Conselho Curador do FGTS dados relacionados aos fatos geradores das contribuições previdenciárias.

(B) Arrecadar as contribuições dos empregados que lhe prestam serviços.

(C) Efetuar a retenção de 11% (onze por cento) sobre o valor bruto da nota fiscal quando contratar serviços a serem executados com cessão de mão de obra.

(D) Preparar as folhas de pagamento das remunerações pagas ou creditadas a todos os segurados a serviço da empresa de acordo com as normas estabelecidas pelo órgão competente.

(E) Repassar aos empregados os valores devidos a título de contribuição previdenciária para fins de recolhimento.

A: correta, nos termos do art. 32, IV, do PCSS. Em sua redação atual, tal dispositivo afirma ser obrigação da empresa declarar à Secretaria da Receita Federal do Brasil e ao Conselho Curador do Fundo de Garantia do Tempo de Serviço – FGTS, na forma, prazo e condições estabelecidos por esses órgãos, dados relacionados a fatos geradores, base de cálculo e valores devidos da contribuição previdenciária e outras informações de interesse do INSS ou do Conselho Curador do FGTS; B: correta, nos termos do art. 30, I, "b", do PCSS; C: correta, nos termos do art. 219 do RPS; D: correta, nos termos do art. 32, I, do PCSS; E: incorreta, devendo ser assinalada. Na verdade, a obrigação da empresa é de descontar da remuneração dos empregados o valor por eles devido ao INSS a título de contribuição previdenciária e repassá-lo à autarquia. 🔲

Gabarito "E".

(Técnico – INSS – 2003 – CESPE) A Associação para Ajuda Juvenil (AAJ) – sociedade civil que presta serviços a seus sócios, sem finalidade lucrativa – remunera, pelos serviços prestados como empregados, uma atendente, um digitador, um zelador e uma cozinheira e, eventualmente, utiliza-se dos serviços de uma faxineira. Em face dessa situação hipotética, julgue os itens de 1 a 4, relativos à AAJ do ponto de vista da previdência social.

(1) Não é empresa, pois não possui fins lucrativos.

(2) Deverá descontar contribuições da remuneração da atendente e do digitador como segurados empregados.

(3) Está obrigada a calcular e recolher as contribuições do zelador e da cozinheira na categoria de empregados domésticos, em razão da ausência da finalidade lucrativa.

(4) Não possui obrigações previdenciárias em relação à faxineira, pois não está configurada a existência, entre esta e a AAJ, de vínculo empregatício.

1: incorreta. Para fins previdenciários, equipara-se a empresa a associação ou entidade de qualquer natureza ou finalidade, ainda que não tenha fins lucrativos (art. 15 do PCSS); **2:** correta, nos termos do art. 30, I, "a", do PCSS; **3:** incorreta. Por ser equiparada a empresa, não pode a associação civil contratar empregados domésticos, que prestam serviço no âmbito residencial de pessoa ou família (art. 12, II, do PCSS); **4:** incorreta. A faxineira, por prestar serviços eventuais, sem vínculo empregatício, é considerada contribuinte individual. Ainda assim, compete à empresa que contrata seus serviços descontar de sua remuneração a contribuição previdenciária devida pela trabalhadora, nos termos do art. 216, I, "a", do RPS. 🔲

Gabarito 1E, 2C, 3E, 4E.

(Magistratura Federal – 4.ª Região – VII) Verificando a fiscalização do INSS que uma revendedora de automóveis tinha a seu serviço três vendedores, que a empresa considerava autônomos comissionados e sobre cujos pagamentos não retinha as contribuições previdenciárias correspondentes, entendeu de autuá-la por falta do recolhimento das contribuições decorrentes da relação de emprego que considerou existente. Assinale a alternativa correta:

(A) não cabe à fiscalização, nem mesmo para efeito de exigência de contribuição previdenciária, assentar a existência de relação de emprego porque essa definição só pode ser expedida jurisdicionalmente pela Justiça do Trabalho.

(B) Não pode a fiscalização desconsiderar as informações prestadas pela contribuinte, exceto se comprovadamente fraudulentas ou eivadas de má-fé.

(C) Pode a fiscalização considerar, como existentes, fatos aos quais lhe cabe, no uso de suas atribuições específicas, dar definição jurídico-tributária à luz de regência.

(D) Pode a fiscalização, considerar, como existentes, fatos aos quais lhe cabe, no uso de suas atribuições específicas, dar definição jurídico-tributária à luz da lei de regência, desde que garanta à contribuinte contraditório prévio e oportunidade de defesa antes da autuação.

O TRF da 4ª Região, que elaborou essa questão, tem jurisprudência específica no sentido de que é possível à fiscalização do INSS desconsiderar a modalidade de contratação alegada pela empresa se presentes os requisitos legais formadores da relação de emprego (AC 62534-9/RS, *DJ* 10.03.1999). O STJ tem seguido a mesma linha (AIEDAREsp nº 1.335.592, DJe 09.12.2019), cabendo notar que, segundo o parágrafo único do art. 116 do CTN, a autoridade administrativa poderá desconsiderar atos ou negócios jurídicos praticados com a finalidade de dissimular a ocorrência do fato gerador do tributo ou a natureza dos elementos constitutivos da obrigação tributária, observados os procedimentos a serem estabelecidos em lei ordinária. 🔲

Gabarito "C".

(Técnico – INSS/Guarulhos – 2022 – CEBRASPE) Acerca do recolhimento e do reajustamento de benefícios, bem como das competências do INSS e da Secretaria da Receita Federal do Brasil, julgue os itens a seguir.

(1) Os trabalhadores avulsos que prestam serviços a empresas e os contribuintes individual e facultativo devem recolher as contribuições à previdência social por conta própria.

(2) Compete ao INSS planejar, executar, acompanhar e avaliar as atividades relativas à tributação, à fiscalização, à arrecadação, à cobrança e ao recolhimento das contribuições previdenciárias.

(3) Os valores do salário de contribuição equivalem à renda mensal dos benefícios previdenciários.

(4) Os valores do salário de contribuição e dos benefícios de prestação continuada da previdência social são reajustados na mesma época e nos mesmos índices.

1: Incorreta. A empresa é obrigada a arrecadar as contribuições dos segurados empregados e trabalhadores avulsos a seu serviço, descontando-as da respectiva remuneração, e a recolher os valores ao fisco (art. 30, I, alíneas 'a' e 'b', do PCCS); **2:** Incorreta. O INSS detinha tal competência até o advento da Lei 11.941/2009, após o que a competência passou a ser da Secretaria da Receita Federal do Brasil, como consta do art. 33 do PCCS; **3:** Errada. Salário de contribuição é a base de cálculo das contribuições sociais devidas pelos contribuintes do RGPS. O valor da Renda Mensal Inicial dos benefícios pagos pelo RGPS é calculado com base no salário de benefício, a rigor do art. 28 da Lei nº 8.213/91, salvo algumas exceções. Pondo de lado, aqui, o fator previdenciário, o salário de benefício nada mais é do que a média aritmética simples de determinado grupo de salários de contribuição, como afirmam tanto o art. 29 da Lei nº 8.213/91 como o art. 26 da EC nº 103/2019. Noutras palavras, para calcular o valor de um benefício previdenciário somamos alguns ou todos os salários de contribuição de um segurado e desse valor extraímos uma média aritmética simples. Essa média aritmética simples dos salários de contribuição corresponde ao salário de benefício. Nem todo benefício previdenciário tem renda mensal de 100% do salário de benefício. Por exemplo, a renda do auxílio-doença é de 91% do salário de benefício e a do auxílio-acidente é de 50%. Em síntese, a renda mensal de um benefício previdenciário é calculada a partir dos salários de contribuição, mas os valores não se equivalem; **4:** Correta, nos termos dos arts. 20, § 1º, e 28, § 5º da Lei 8.212/1991

Gabarito: 1E, 2E, 3E, 4C

(Técnico – INSS – 2022 – CEBRASPE) Acerca do conceito previdenciário de empresa e de empregador doméstico e do financiamento da seguridade social, julgue os itens que se seguem.

(1) Do ponto de vista previdenciário, considera-se empresa a firma individual ou sociedade que assume o risco de atividade econômica urbana ou rural, com fins lucrativos, excluídos os órgãos e entidades da administração pública direta, indireta ou fundacional.

(2) Em razão do princípio da pessoalidade, considera-se empregador doméstico exclusivamente a pessoa física ou a família que admite a seu serviço, sem finalidade lucrativa, empregado doméstico.

(3) Constituem contribuições sociais, entre outras, as receitas das empresas, incidentes sobre a remuneração paga ou creditada aos segurados a seu serviço.

(4) As multas e os juros moratórios constituem outras receitas da seguridade social, nas quais não se inclui a atualização monetária.

(5) É obrigação das companhias seguradoras que mantêm o seguro obrigatório de danos pessoais causados por veículos automotores de vias terrestres o repasse à seguridade social de 50% do valor total do prêmio recolhido e destinado ao Sistema Único de Saúde para custeio da assistência médico-hospitalar dos segurados vitimados em acidentes de trânsito.

(6) A contribuição empresarial destinada à seguridade social de associação desportiva que mantém equipe de futebol profissional corresponde a 20% da receita

bruta decorrente dos espetáculos desportivos de que participe em todo território nacional, em qualquer modalidade desportiva, inclusive jogos internacionais, e de 5% da receita de qualquer forma de patrocínio, licenciamento de uso de marcas e símbolos, publicidade, propaganda e de transmissão de espetáculos desportivos.

1: Incorreta, dado que os órgãos e entidades da administração pública direta, indireta ou fundacional se enquadram no conceito de empresa posto no art. 14, I, do PBPS; **2:** Correta, segundo o art. 11, II, do PBPS; **3:** Correta, nos termos do art. 22, I, do PCCS; **4:** Incorreta. As multas, a atualização monetária e os juros moratórios constituem outras receitas da Seguridade Social, na esteira do art. 27, I, do PCCS; **5:** Anulada. O parágrafo único do art. 27 do PCCS reflete o enunciado da questão. Todavia, o art. 78 da Lei 9.503/97 determina o repasse mensal de dez por cento do total dos valores arrecadados destinados à Previdência Social, do Prêmio do Seguro Obrigatório DPVAT, de que trata a Lei nº 6.194/74 ao Coordenador do Sistema Nacional de Trânsito. Ou seja, o repasse feito à Seguridade Social não é efetivamente de 50%, mas sim de 45%; **6:** Incorreta. A contribuição empresarial da associação desportiva que mantém equipe de futebol profissional destinada à Seguridade Social corresponde a 5% (cinco por cento) da receita bruta, decorrente dos espetáculos desportivos de que participem em todo território nacional em qualquer modalidade desportiva, inclusive jogos internacionais, e de qualquer forma de patrocínio, licenciamento de uso de marcas e símbolos, publicidade, propaganda e de transmissão de espetáculos desportivos (art. 22, § 6º, do PCCS).

Gabarito: 1E, 2C, 3C, 4E, 5Anulada, 6E

(Técnico – INSS – 2022 – CEBRASPE) Acerca de aspectos relacionados à arrecadação e ao recolhimento das contribuições destinadas à seguridade social, julgue os itens a seguir.

(1) Cabe ao INSS acompanhar a arrecadação das contribuições sociais e das contribuições instituídas a título de substituição.

(2) A multa incidente sobre os débitos de contribuições previdenciárias não pagas nos prazos previstos na legislação específica será calculada diariamente e não poderá extrapolar o percentual de 20%.

(3) Os segurados facultativos devem recolher a contribuição relativa a determinado mês, por iniciativa própria, até o dia 15 do mês subsequente àquele a que se refira a contribuição, inexistindo outra forma de efetuar esse recolhimento.

1: Incorreta. O INSS detinha tal competência até o advento da Lei 11.941/2009, após o que a competência passou a ser da Secretaria da Receita Federal do Brasil, como consta do art. 33 do PCCS; **2:** Anulada. Segundo o art. 35 do PCCS, a falta de pagamento das contribuições sociais das empresas, incidentes sobre a remuneração paga ou creditada aos segurados a seu serviço, dos empregadores domésticos e dos trabalhadores, incidentes sobre o seu salário de- contribuição, serão crescidos de multa de mora e juros de mora, nos termos do art. 61 da Lei nº 9.430/1996, ou seja, multa de mora, calculada à taxa de trinta e três centésimos por cento, por dia de atraso, limitada a 20%. Todavia, essa sistemática não se aplica às contribuições das empresas, incidentes sobre faturamento e lucro e à contribuição incidente sobre a receita de concursos de prognósticos, pois o art. 35 do PCCS a elas não se refere; **3:** Errada. Diz o inciso II do art. 30 do PCCS que os segurados contribuinte individual e facultativo estão obrigados a recolher sua contribuição por iniciativa própria, até o dia quinze do mês seguinte ao da competência. Mas o § 15 do art. 216 do RPS prevê uma alternativa, facultando aos segurados contribuinte individual e facultativo, cujos salários de contribuição sejam iguais ao valor de um salário mínimo, optarem pelo recolhimento trimestral das contribuições

7. DIREITO PREVIDENCIÁRIO 173

previdenciárias, com vencimento no dia quinze do mês seguinte ao de cada trimestre civil. RO

Gabarito: 1E, 2Anulada, 3E

5.5. Contagem recíproca de tempo de contribuição

(Analista – INSS – 2014 – FUNRIO) Com relação à contagem recíproca de tempo de serviço, na forma da Lei n. 8213/91, assinale a alternativa que contém uma afirmação correta.

(A) Para efeito dos benefícios previstos no Regime Geral de Previdência Social ou no serviço público não é assegurada a contagem recíproca do tempo de contribuição na atividade privada, rural e urbana, e do tempo de contribuição ou de serviço na administração pública, hipótese em que os diferentes sistemas de previdência social se compensarão financeiramente.

(B) O tempo de contribuição ou de serviço será contado de acordo com a legislação pertinente, sendo admitida a contagem em dobro ou em outras condições especiais.

(C) O tempo de contribuição ou de serviço será contado de acordo com a legislação pertinente, sendo contado por um sistema o tempo de serviço utilizado para concessão de aposentadoria pelo outro.

(D) O tempo de serviço anterior ou posterior à obrigatoriedade de filiação à Previdência Social só será contado mediante indenização da contribuição correspondente ao período respectivo, com acréscimo de juros moratórios de um por cento ao mês e multa de doze por cento.

(E) Para efeito dos benefícios previstos no Regime Geral de Previdência Social ou no serviço público é assegurada a contagem recíproca do tempo de contribuição na atividade privada, rural e urbana, e do tempo de contribuição ou de serviço na administração pública, hipótese em que os diferentes sistemas de previdência social se compensarão financeiramente.

A: incorreta. A contagem recíproca de tempo de contribuição é assegurada pelo PBPS e pela CF (art. 201, §9°); **B:** incorreta. O art. 96, I, do PBPS, não admite a contagem em dobro ou em outras condições especiais; **C:** incorreta. O art. 96, III, do PBPS, não permite a contagem, por um sistema, do tempo de serviço utilizado para concessão de aposentadoria pelo outro sistema; **D:** incorreta. Nos termos do art. 96, IV, do PBPS, o tempo de serviço anterior ou posterior à obrigatoriedade de filiação à Previdência Social só será contado mediante indenização da contribuição correspondente ao período respectivo, com acréscimo de juros moratórios de zero vírgula cinco por cento ao mês, capitalizados anualmente, e multa de dez por cento. Pertinente assinalar, contudo, que a jurisprudência do STJ se orienta no sentido de que a exigência de juros e multa somente tem lugar quando o período a ser indenizado é posterior à edição da Medida provisória n. 1.523/1996 (Ag. no REsp. 1.413.730/SC, DJe 09.12.2013); **E:** correta, nos termos do art. 94, *caput*, do PBPS. RO

Gabarito "E".

(Técnico – INSS – 2012 – FCC) Joana trabalhou como empregada rural de janeiro de 1978 a dezembro de 1979. Ela foi, também, escrevente do Poder Judiciário do Estado de São Paulo de janeiro de 1980 a janeiro de 1982, com regime próprio de previdência social. De janeiro de 1983 até janeiro de 2011 trabalhou no serviço público federal ao mesmo tempo em que ministrava aulas como professora

em faculdade particular, regida pela CLT. Joana completou 60 anos em janeiro de 2011. Nessa situação, Joana

(A) poderá computar no Regime Geral de Previdência Social tanto o período exercido como professora como o do serviço público federal.

(B) não poderá computar o tempo de serviço como escrevente do Poder Judiciário do Estado de São Paulo.

(C) não poderá receber aposentadoria por dois regimes previdenciários.

(D) poderá receber aposentadoria por idade no Regime Geral de Previdência Social e aposentadoria por outro regime previdenciário.

(E) não poderá computar o tempo de contribuição como empregada rural.

A: incorreta. Como as duas atividades foram exercidas de forma concomitante, não é possível somar o tempo de contribuição de ambas para fins previdenciários (art. 96, II, do PBPS); **B:** incorreta. Nos termos do art. 96 do PBPS, é possível a contagem recíproca de tempo de contribuição entre o RGPS e os regimes próprios, devendo cada uma das entidades gestoras compensarem-se mutuamente; **C:** incorreta. Se cumprir os requisitos para a aposentadoria em ambos os regimes previdenciários (RGPS e regime próprio dos servidores públicos federais), os benefícios serão plenamente cumuláveis desde que o tempo de serviço utilizado para obter aposentadoria em um regime não seja também computado no outro regime; **D:** correta, conforme destacado no comentário à alternativa anterior; **E:** incorreta. A atividade rural é contada para fins de tempo de contribuição, mesmo que anterior ao advento do PCSS, desde que comprovado o recolhimento das respectivas contribuições, conforme o art. 96, IV, do PBPS, o art. 123 do RPS e jurisprudência do STJ (Tema Repetitivo n° 609). RO

Gabarito "D".

(Analista – INSS – 2005 – CESGRANRIO) Quanto à contagem recíproca do tempo de contribuição na administração pública e na atividade privada, rural e urbana, assinale a afirmativa **INCORRETA**.

(A) É vedada a contagem de tempo de contribuição no serviço público com o de contribuição na atividade privada, quando concomitantes.

(B) Será admitida a contagem em dobro ou em outras condições especiais, previstas em lei.

(C) Não será contado por um regime o tempo de contribuição utilizado para concessão de aposentadoria por outro regime.

(D) A certidão de tempo de contribuição, para fins de averbação do tempo em outros regimes de previdência, somente será expedida pelo INSS após a comprovação da quitação de todos os valores devidos, inclusive de eventuais parcelamentos de débito.

(E) O benefício concedido com contagem recíproca de tempo de contribuição, na forma do enunciado, será concedido e pago pelo regime a que o interessado estiver vinculado ao requerê-lo, e calculado na forma da respectiva legislação.

A: correta, nos termos do art. 127, II, do RPS; **B:** incorreta, devendo ser assinalada O art. 96, I, do PBPS, veda expressamente a contagem em dobro ou em outras condições especiais para fins de contagem recíproca; **C:** correta, nos termos do art. 96, III, do PBPS; **D:** correta, nos termos do art. 128, § 1°, do RPS; **E:** correta, nos termos do art. 134 do RPS e do art. 94, § 1°, do PBPS. RO

Gabarito "B".

(Técnico – INSS/Guarulhos – 2022 – CEBRASPE) Em relação à certidão de tempo de contribuição, à contagem recíproca e à compensação previdenciária, julgue os itens a seguir.

(1) É vedada a emissão de certidão de tempo de contribuição referente a períodos de contribuição posteriores à data da aposentadoria no RGPS.

(2) A compensação financeira entre os regimes de previdência será realizada exclusivamente na contagem recíproca de tempo de contribuição não concomitante utilizado na concessão da aposentadoria.

1: Incorreta. Não existe vedação neste sentido. O inciso III do art. 96 do PBPS proíbe que o tempo de serviço utilizado por um regime de previdência seja utilizado, também, para concessão de aposentadoria pelo outro. Isso de modo algum significa que um segurado aposentado que continue trabalhando e, portanto, filiado ao RGPS (art. 18, § 2º, do PBPS), não possa utilizar deste período de contribuição para se aposentar por outro regime previdenciário (art. 40, § 6º, da CF); **2:** Correta. O inciso II do art. 96 do PBPS veda a contagem de tempo de serviço público com o de atividade privada, quando concomitantes. Uma vez vedada a contagem recíproca, é corolário lógico que não haverá compensação financeira entre os regimes quando o tempo de contribuição for concomitante. Dito de outro modo, só pode haver contagem recíproca e, portanto, compensação financeira entre regimes de previdência, se o tempo de contribuição em questão for não concomitante. **RO**

Gabarito 1E, 2C

(Técnico – INSS – 2022 – CEBRASPE) A respeito do RPPS, em especial das regras sobre contagem recíproca e compensação previdenciária, julgue os itens seguintes.

(1) O tempo de atividade rural reconhecido pelo INSS por intermédio de certidão de tempo de serviço é reconhecido para fins de compensação financeira previdenciária entre o RGPS e o RPPS, independentemente de indenização a cargo do servidor.

(2) O tempo de contribuição concomitante não gera direito adquirido à compensação financeira para efeito de aposentadoria.

(3) Situação hipotética: Carlos contribuiu durante quinze anos para o RGPS, mas se aposentou como servidor vinculado ao RPPS da União. Assertiva: Nessa situação, o RGPS e o RPPS são considerados, respectivamente, como regime de origem e regime instituidor.

(4) Veda-se a contagem de tempo de contribuição fictício, mas se permite a acumulação de tempo de contribuição municipal ou distrital com tempo de contribuição estadual ou federal.

1: Incorreta, pois, ao menos na visão do INSS, o trabalhador rural não contribuía para a Seguridade Social antes de novembro de 1991, de modo que tempo rural anterior à tal data, mesmo que reconhecido pelo INSS, deve ser objeto de indenização para que conste de certidão de tempo de serviço (art. 128, § 3º, do RPS); **2:** Correta, de acordo com o art. 96, II, do PBPS; **3:** Correta. Segundo a Lei 9.796/99, regime de origem é o regime previdenciário ao qual o segurado ou servidor público esteve vinculado sem que dele receba aposentadoria ou tenha gerado pensão para seus dependentes. Já regime instituidor é o regime previdenciário responsável pela concessão e pagamento de benefício de aposentadoria ou pensão dela decorrente a segurado ou servidor público ou a seus dependentes com cômputo de tempo de contribuição no âmbito do regime de origem; **4:** Correta, segundo o art. 125, § 1º, III, do RPS. **RO**

Gabarito 1E, 2C, 3C, 4C

6. BENEFÍCIOS DA PREVIDÊNCIA SOCIAL

6.1. Salário de benefício e renda mensal inicial

(Delegado de Polícia Federal – 2021 – CESPE) Considerando que determinado servidor público, ocupante de cargo em comissão, esteja preparando-se para o concurso de delegado da Polícia Federal, julgue os itens a seguir.

(1) É correto afirmar que, atualmente, o servidor em questão é segurado facultativo da previdência social.

(2) Caso venha a ser aprovado no concurso almejado, esse servidor poderá requerer a contagem recíproca do tempo de contribuição.

1: Errado. Ao agente público ocupante, exclusivamente, de cargo em comissão declarado em lei de livre nomeação e–exoneração, se aplica o Regime Geral de Previdência Social - RGPS (art. 40, § 13, da CF). Sua filiação ao RGPS se dá como segurado obrigatório, nos termos do art. 11, I, 'g', da Lei 8.213/91. Por outro lado, segurado facultativo é aquele que, maior e 14 (quatorze) anos de idade, não se encontra em nenhuma situação que o vincule obrigatoriamente ao RGPS, ou seja, não se enquadra em nenhuma das hipóteses elencadas nos incisos do caput do art. 11 da Lei 8.213/91 (vide art. 14 da Lei 8.213/1991 e REsp 1.493.738, 2ª T., Rel. Min. Humberto Martins, DJe 25.08.2015). **2:** Certo. Para fins de aposentadoria, será assegurada a contagem recíproca do tempo de contribuição entre o Regime Geral de Previdência Social e os regimes próprios de previdência social, e destes entre si, observada a compensação financeira, de acordo com os critérios estabelecidos em lei (art. 201, § 9º, da CF). A regulamentação do instituto da contagem recíproca do tempo de contribuição no âmbito do RGPS se encontra nos arts. 94 a 99 da Lei 8.213/91. Ademais, a Lei 9.796/99 disciplina "a compensação financeira entre o Regime Geral de Previdência Social e os regimes de previdência dos servidores da União, dos Estados, do Distrito Federal e dos Municípios, nos casos de contagem recíproca de tempo de contribuição para efeito de aposentadoria " e regulamenta a forma pela qual os regimes previdenciários públicos (RGPS e RPPS) realizarão o acerto financeiro quando o segurado se utiliza de tempo de contribuição vinculado a outro regime que não aquele que ficará responsável pelo pagamento da prestação previdenciária. **RO**

Gabarito 1E, 2C

(Procurador do Município – Campo Grande/MS – 2019 – CESPE/CEBRASPE) Acerca dos benefícios previdenciários, julgue os itens subsequentes.

(1) Será automaticamente cessada, a partir da data do retorno, a aposentadoria do aposentado por invalidez que retornar voluntariamente à atividade.

(2) O salário-família será pago mensalmente ao segurado empregado, ao empregado doméstico e ao trabalhador avulso, por filho ou equiparado de qualquer condição até catorze anos de idade, ou inválido de qualquer idade. O segurado só fará jus ao benefício se tiver como salário de contribuição valor até certo teto, definido em portaria, periodicamente.

(3) Ao segurado ou à segurada da previdência social que adotar ou obtiver guarda judicial para fins de adoção de criança é devido salário-maternidade pelo período de cento e vinte dias.

(4) Perde o direito à pensão por morte o pretenso beneficiário que, após o trânsito em julgado, tenha sido condenado pela prática de crime de que tenha dolosamente ou mesmo culposamente resultado a morte do segurado.

7. DIREITO PREVIDENCIÁRIO   175

1: correta, nos termos do art. 46 da Lei 8.213/1991; **2:** correta, nos termos dos arts. 65 e 66 da Lei 8.213/1991 e do art. 27 da EC 103/2019; **3:** correta, nos termos do art. 71-A da Lei 8.213/1991; **4:** incorreta. Não há perda do direito à pensão por morte em caso de crime culposo ou preterdoloso. A partir da vigência da Lei nº 13.846/2019 a perda do direito à pensão por morte se aplica apenas ao condenado criminalmente por sentença com trânsito em julgado, como autor, coautor ou partícipe de homicídio doloso, ou de tentativa desse crime, cometido contra a pessoa do segurado, ressalvados os absolutamente incapazes e os inimputáveis. (art. 74, § 1º, da Lei 8.213/1991). **RO**
Gabarito: 1C, 2C, 3C, 4E

(Procurador do Município/Manaus – 2018 – CESPE) Considerando a legislação aplicável e a jurisprudência dos tribunais superiores acerca do RGPS, julgue os itens que se seguem.

(1) Os benefícios de aposentadoria por invalidez e auxílio-doença independem de carência quando originários de causa acidentária de qualquer natureza.

(2) Para efeito da concessão de benefício previdenciário ao trabalhador rural, é suficiente a prova exclusivamente testemunhal.

1: correta, nos termos do art. 26, II, do PBPS; **2:** incorreta. Sempre foi necessário ao menos um início de prova documental, sendo vedada a comprovação exclusivamente por testemunhas (art. 55, § 3º, do PBPS e súmula 149 do STJ). A partir da vigência da Lei nº 13.846/2019 se passou a exigir início de prova material contemporânea dos fatos, não admitida a prova exclusivamente testemunhal, exceto na ocorrência de motivo de força maior ou caso fortuito, na forma prevista no regulamento. **HS/RM**
Gabarito: 1C, 2E

(Procurador do Município/Manaus – 2018 – CESPE) Márcio, com cinquenta e cinco anos de idade e trinta e cinco anos de contribuição como empresário, compareceu a uma agência da previdência social para requerer sua aposentadoria. Após análise, o INSS indeferiu a concessão do benefício sob os fundamentos de que ele já era beneficiário de pensão por morte e que não tinha atingido a idade mínima para a aposentadoria por tempo de contribuição.

A respeito da situação hipotética apresentada e de aspectos legais a ela relacionados, julgue os itens subsequentes.

(1) A decisão da autarquia previdenciária está parcialmente correta porque, embora Márcio tenha atendido aos requisitos concessórios do benefício, ele não pode acumular a aposentadoria por tempo de contribuição com a pensão por morte.

(2) O direito de Márcio não está sujeito ao prazo decadencial decenal, pois este é aplicável somente nas hipóteses de pedido revisional de benefício previamente concedido.

(3) Caso, posteriormente, o INSS conceda o benefício, judicial ou administrativamente, no cálculo da renda mensal inicial devida a Márcio deverá ser desprezada a incidência do fator previdenciário.

1: incorreta. Nada obsta a cumulação de aposentadoria e pensão por morte (art. 124 do PBPS). Apesar de a EC 103/2019 não ter proibido a cumulação dos benefícios de aposentadoria e pensão, seu art. 24, §2º, não mais permite a percepção do valor integral de ambos; **2:** correta, nos termos do art. 103 do PBPS. Vale notar que a Lei nº 13.846/2019 deu nova redação ao art. 103 do PBPS, sujeitando ao prazo decadencial a revisão do ato de concessão, indeferimento, cancelamento ou cessação de benefício e o ato de deferimento, indeferimento ou não concessão de revisão de benefício. Porém, o STF declarou a inconstitucionalidade de

tal alteração na ADIN nº 6.096, DJe 26/11/2020; **3:** incorreta. Haveria incidência do fator previdenciário (art. 29, I, do PBPS). A propósito, a EC 103/2019 extinguiu a distinção entre aposentadoria por idade e aposentadoria por tempo de contribuição. Assim, ressalvados direitos adquiridos, existe agora apenas a aposentadoria programada, cujo deferimento exige tanto idade mínima como tempo de contribuição. O cálculo do salário-de-benefício da aposentadoria programada não inclui a utilização do fator previdenciário. Não se pode, contudo, afirmar que o fator previdenciário foi totalmente excluído de nosso ordenamento jurídico, pois ele ainda incide no caso da regra de transição prevista no art. 17 da EC 103/2019, como expressamente diz o parágrafo único de tal dispositivo. Na mesma seara, por força do art. 22 da EC nº 103/2019, a aposentadoria da pessoa com deficiência continuará sendo regida pela Lei Complementar 142/2013 até que lei discipline o art. 201, § 1º, I, da CF. Ora, o art. 9º, I, da LC 142/2013, afirma que o fator previdenciário incide nas aposentadorias de pessoas com deficiência, se resultar em renda mensal de valor mais elevado **HS/RM**
Gabarito: 1E, 2C, 3E

(Delegado Federal – 2018 – CESPE) Roberto é empregado da empresa XYZ ME há trinta anos e pretende requerer ao INSS, em 1.º/10/2018, a concessão de aposentadoria por tempo de contribuição.

Com referência a essa situação hipotética, julgue os itens a seguir.

(1) Na situação descrita, o recolhimento mensal à seguridade social relativo ao empregado Roberto é composto pela parte arcada pelo empregado e pela parte arcada pelo empregador, sendo esta última correspondente a 20% do total das remunerações pagas, devidas ou creditadas a Roberto durante o mês.

(2) As informações fornecidas são suficientes para se concluir que Roberto tem direito ao percebimento de aposentadoria por tempo de contribuição, por haver cumprido integralmente os requisitos para o gozo do benefício.

(3) O salário de contribuição de Roberto corresponde ao valor de sua remuneração, respeitados os limites mínimo e máximo desse salário.

1: correta, nos termos do art. 22, I, do PCSS; **2:** incorreta. Antes das alterações promovidas pela EC 103/2019 a concessão de aposentadoria por tempo de contribuição exigia 35 anos de contribuição. Dessa forma, para ter acesso ao benefício, Roberto precisaria ter averbado outros períodos de contribuição, informação que não consta do enunciado; **3:** correta, nos termos do art. 28, I e §3º, do PCSS.. **HS/RM**
Gabarito: 1C, 2E, 3C

(Defensor Público/AL – 2017 – CESPE) O auxílio-acidente é um benefício devido ao segurado que se encontra na condição de

(A) aposentado em razão de acidente e que necessite de assistência permanente de outra pessoa.

(B) vítima de acidente de trabalho que fique incapacitado por período inferior a quinze dias.

(C) incapacitado para o exercício de suas atividades habituais e que não disponha de tempo suficiente para o recebimento da aposentadoria por invalidez.

(D) vítima de acidente que, após consolidadas as lesões decorrentes do acidente e o retorno às suas atividades laborais, sofra redução na capacidade para o trabalho que habitualmente exercia.

(E) vítima de acidente e que esteja incapacitado para o trabalho por tempo indeterminado.

A: incorreta. A alternativa se refere ao adicional de 25% devido aos beneficiários de aposentadoria que necessitem do apoio permanente de outra pessoa; **B:** incorreta. Não há limite máximo para o período de incapacidade que gera direito à percepção de auxílio-acidente.; **C:** incorreta. A concessão de auxílio-acidente depende apenas que da consolidação das lesões decorrentes de acidente de qualquer natureza, resultem sequelas que impliquem redução da capacidade para o trabalho que habitualmente exercia; **D:** correta, nos termos do art. 86 do PBPS; **E:** incorreta. A alternativa se refere à aposentadoria por invalidez. **HS/RM**

Gabarito "D".

(Defensor Público/AL – 2017 – CESPE) Se uma pessoa que tenha sido contribuinte individual por trinta anos se aposentar pelo registro geral de previdência social (RGPS) e, após essa primeira aposentadoria, passar a contribuir para o RGPS como segurada-empregada, ela poderá acumular essa aposentadoria por tempo de contribuição com

(A) o salário-maternidade proveniente de adoção.

(B) a aposentadoria por idade.

(C) a aposentadoria especial.

(D) a aposentadoria por invalidez.

(E) o auxílio-doença.

Nos termos do art. 124 do PBPS, não são cumuláveis duas ou mais aposentadorias ou aposentadoria com auxílio-doença. Logo, dentre as opções listadas na questão a pessoa terá direito apenas ao salário-maternidade. **RO**

Gabarito "A".

(Defensor Público/AL – 2017 – CESPE) O valor da renda mensal poderá superar o teto máximo do RGPS se se tratar dos seguintes benefícios:

(A) aposentadoria por tempo de contribuição e aposentadoria por idade.

(B) salário-família e auxílio-reclusão.

(C) aposentadoria por idade e pensão por morte.

(D) salário-maternidade e aposentadoria por invalidez, caso o segurado dependa da assistência permanente de outra pessoa.

(E) aposentadoria especial e auxílio-doença.

As únicas exceções ao teto dos benefícios previdenciários são o salário-maternidade, que é igual à remuneração da segurada qualquer que seja ela, e a aposentadoria por invalidez com adicional de assistência, mas note que apenas o adicional poderá superar o teto (o valor do benefício em si é calculado com o limite máximo e a esse é adicionado 25%). **HS**

Gabarito "D".

(Defensor Público/AL – 2017 – CESPE) A respeito contagem recíproca do tempo de serviço, julgue os itens a seguir.

I. A contagem recíproca do tempo de serviço é admissível sempre que o segurado migrar do regime público de previdência social para o RGPS, e vice-versa.

II. Para que a contagem recíproca do tempo de serviço seja admitida, o trabalhador deve indenizar o órgão previdenciário para o qual migrou.

III. É vedada a contagem de tempo exercida concomitantemente no serviço público e na atividade privada.

IV. A aposentadoria resultante da contagem recíproca do tempo de serviço deve ser rateada de forma proporcional por ambos os sistemas previdenciários para o quais o segurado tenha contribuído.

Estão certos apenas os itens

(A) I e II.

(B) I e III.

(C) II e III.

(D) II e IV.

(E) III e IV.

I: correta, nos termos do art. 94 do PBPS; **II:** incorreta. Os órgãos previdenciários se compensarão financeiramente (art. 94 do PBPS); **III:** correta, nos termos do art. 96, II, do PBPS; **IV:** incorreta. O benefício será pago pelo regime previdenciário para o qual o segurado migrou, garantida a compensação financeira com o regime anterior (art. 94, § 1°, do PBPS). **RO**

Gabarito "B".

(Procurador do Estado/SE – 2017 – CESPE) Se um empregado de determinada empresa, filiado ao RGPS há dois anos, sofrer acidente de trânsito que o incapacite temporariamente para o exercício de atividade laboral, a ele será assegurado o direito

(A) a aposentadoria por invalidez, que, por sua natureza, independerá de carência, e cujo valor será acrescido de 50% no caso de necessidade de assistência permanente.

(B) ao auxílio-doença, que consiste em uma renda mensal correspondente a 91% do salário de benefício.

(C) ao recebimento de auxílio-doença, desde o primeiro dia de afastamento da atividade e pelo período que durar a sua incapacidade.

(D) ao benefício do auxílio-acidente, de caráter vitalício, caso o acidente tenha ocorrido em horário de trabalho.

(E) a receber benefício durante a licença pela incapacidade temporária, sendo esse período descontado do tempo de contribuição.

A: incorreta. A aposentadoria por invalidez é destinada a casos de incapacidade total e permanente para o exercício de qualquer atividade laborativa (art. 42 do PBPS); **B:** considerada correta pelo gabarito oficial, porém passível de críticas. O auxílio-doença, que realmente tem como renda mensal inicial o equivalente a 91% do salário de benefício (art. 61 do PBPS), somente é devido ao segurado empregado se o afastamento for superior a 15 dias (art. 59 do PBPS), informação essa que não consta do enunciado; **C:** incorreta, conforme comentário à alternativa anterior; **D:** incorreta. Apesar de ter sofrido um acidente, trata-se de auxílio-doença. O auxílio-acidente é pago em caso de consolidação de lesões que reduzam permanentemente a capacidade laborativa do segurado, sem incapacitá-lo (art. 86 do PBPS); **E:** incorreta. O período em que o segurado está em gozo de benefício é considerado como tempo de contribuição (art. 55, II, do PBPS). **RO**

Gabarito "B".

(Juiz – TRF5 – 2017 – CESPE) Assinale a opção que apresenta requisito(s) para o pagamento vitalício de pensão por morte à companheira de segurado do regime geral de previdência social falecido.

(A) não exercício, pela companheira, na data do óbito, de atividade remunerada e comprovação de sua dependência econômica do segurado falecido

(B) convivência sob o mesmo teto por mais de dois anos e existência de filhos em comum

(C) invalidez da companheira e comprovação de sua dependência do segurado, independentemente do tempo de contribuição do segurado e da união estável

(D) mais de dezoito contribuições mensais, pelo segurado, na data do óbito, pelo menos dois anos de união estável, e idade mínima de quarenta e quatro anos para a companheira

(E) falecimento do segurado em decorrência de acidente de trabalho, independentemente do tempo de contribuição e do tempo de união estável

---

Desde a edição da Lei 13.135/2015, a pensão por morte somente será vitalícia se, cumulativamente, o segurado já houver contribuído com 18 prestações mensais, o casamento ou união estável tiver mais de 2 anos e o cônjuge/companheiro supérstite contar 44 anos de idade ou mais. HS

Gabarito "D".

(Procurador do Estado/AM – 2016 – CESPE) No tocante às recentes alterações impostas aos benefícios previdenciários, julgue os itens seguintes.

(1) Constatada — em processo judicial em que tenham sido assegurados o contraditório e a ampla defesa — simulação ou fraude no casamento ou na união estável com a finalidade de obter benefício previdenciário, o cônjuge, ou o(a) companheiro(a) supérstite, perderá o direito à pensão por morte.

(2) O segurado que preencher as condições para a percepção da aposentadoria por tempo de contribuição integral poderá optar pela não incidência do fator previdenciário no cálculo da renda mensal inicial se o total resultante da soma de sua idade e de seu tempo de contribuição alcançar os limites mínimos indicados em lei.

(3) O auxílio-doença será devido ao segurado empregado a partir do trigésimo dia de seu afastamento da atividade laboral.

1: correta, nos termos do art. 74, §2º, da Lei 8.213/1991; **2:** correta, nos termos do art. 29-C da Lei 8.213/1991. A partir da vigência da EC 103/2019 o sistema de pontos criado pela introdução do art. 29-C no PBPS foi alterado. Na mesma toada, a EC 103/2019 extinguiu a distinção entre aposentadoria por idade e aposentadoria por tempo de contribuição. Assim, ressalvados direitos adquiridos, existe agora apenas a aposentadoria programada, cujo deferimento exige tanto idade mínima como tempo de contribuição. O cálculo do salário de benefício da aposentadoria programada não inclui a utilização do fator previdenciário. Não se pode, contudo, afirmar que o fator previdenciário foi totalmente excluído de nosso ordenamento jurídico, pois ele ainda incide no caso da regra de transição prevista no art. 17 da EC 103/2019, como expressamente diz o parágrafo único de tal dispositivo. Na mesma seara, por força do art. 22 da EC nº 103/2019, a aposentadoria da pessoa com deficiência continuará sendo regida pela Lei Complementar 142/2013 até que lei discipline o art. 201, § 1º, I, da CF. Ora, o art. 9º, I, da LC 142/2013, afirma que o fator previdenciário incide nas aposentadorias de pessoas com deficiência, se resultar em renda mensal de valor mais elevado; **3:** incorreta. O auxílio-doença é devido ao segurado empregado a partir do 16º dia de afastamento. Nos primeiros 15 dias, cabe à empresa pagar a remuneração do segurado (art. 60 da Lei 8.213/1991). RO

Gabarito 1C, 2C, 3E

(Analista – INSS – 2014 – FUNRIO) Quanto ao cálculo do valor do benefício da Lei n. 8213/91, é correto afirmar que

(A) Será calculado com base no salário de benefício o valor do benefício de prestação continuada, inclusive o regido por norma especial e o decorrente de acidente do trabalho, exceto o salário-família e o salário-maternidade.

(B) Será calculado com base no salário de benefício o valor do benefício de prestação continuada, inclusive

o regido por norma especial, exceto o salário-família e o salário-maternidade.

(C) Será considerado, para o cálculo do salário de benefício, o aumento dos salários de contribuição que exceder o limite legal, inclusive o voluntariamente concedido nos 36 (trinta e seis) meses imediatamente anteriores ao início do benefício, salvo se homologado pela Justiça do Trabalho.

(D) Serão considerados para cálculo do salário de benefício os ganhos habituais do segurado empregado, a qualquer título, sob forma de moeda corrente ou de utilidades, sobre os quais tenha incidido contribuições previdenciárias, incluindo o décimo-terceiro salário (gratificação natalina).

(E) Será contada a duração se, no período básico de cálculo, o segurado tiver recebido benefícios por incapacidade, considerando-se como salário de contribuição, no período, o salário de benefício que serviu de base para o cálculo da renda mensal, reajustado nas mesmas épocas e bases dos benefícios em geral, podendo ser inferior ao valor de 1 (um) salário mínimo.

O art. 28 do PBPS afirma que o valor do benefício de prestação continuada, inclusive o regido por norma especial e o decorrente de acidente do trabalho, exceto o salário-família e o salário-maternidade, será calculado com base no salário-de-benefício. A alternativa **C** é contrária ao art. 29, § 4º, do PBPS. A alternativa **D** é contrária ao art. 29, § 3º, do PBPS, no que diz respeito à gratificação natalina e a alternativa **E** é contrária ao art. 29, § 5º, do PBPS. RO

Gabarito "A".

(Analista Jurídico INSS – 2013 – FUNRIO) Qual o menor valor pago mensal a título de benefício previdenciário, na forma como estipulado pela Lei 8.212/91?

(A) Não existe valor mínimo fixado em Lei.

(B) Salário mínimo, desde que comprovada a condição de segurado por período mínimo de 5 anos.

(C) Salário mínimo sendo que se aplica o salário mínimo estadual, se for o caso.

(D) Salário mínimo profissional por categoria, segundo Lei Estadual.

(E) Salário mínimo.

A questão carece de uma informação importante. Nos termos do art. 3º, parágrafo único, "b", da Lei nº 8.212/91 e do art. 201, §2º, da CF, o valor mínimo do benefício previdenciário é o salário mínimo, desde que se trate de benefício que **substitua** a remuneração do segurado. O salário-família, por exemplo, tem valor menor que o salário mínimo, porque é pago como uma complementação do salário do segurado. RO

Gabarito "E".

(Técnico – INSS – 2012 – FCC) Para fins de cálculo do salário de benefício, é correto afirmar que

(A) o trabalhador doméstico está dispensado de provar os recolhimentos à Previdência Social.

(B) poderão ser utilizados os salários de contribuição constantes do CNIS - Cadastro Nacional de Informações Sociais para os segurados em geral.

(C) o empregado deve apresentar os recibos de pagamento para fins de cálculo do valor do benefício.

(D) o contribuinte individual não poderá valer-se das informações constantes do CNIS - Cadastro Nacional de Informações Sociais.

(E) o segurado especial deverá comprovar o recolhimento das contribuições para fins de cálculo do salário de benefício.

A, C e E: incorretas quando da aplicação do certame. Estavam dispensados de comprovar o efetivo recolhimento das contribuições apenas os segurados empregados e trabalhadores avulsos, porque só para essas categorias de segurado existia presunção de que as fontes pagadoras descontaram-nas de suas remunerações e repassaram ao INSS o respectivo valor (art. 39, § 1º, do RPS), bem como o segurado especial, porquanto seus benefícios são fixados em um salário mínimo, cumprindo-lhe comprovar apenas o efetivo exercício da atividade rural. Posteriormente, o art. 35, do PBPS, passou a afirmar que ao segurado empregado, inclusive o doméstico, e ao trabalhador avulso que tenham cumprido todas as condições para a concessão do benefício pleiteado, mas não possam comprovar o valor de seus salários de contribuição no período básico de cálculo, será concedido o benefício de valor mínimo, devendo esta renda ser recalculada quando da apresentação de prova dos salários de contribuição; **B**: correta, nos termos do art. 29-A do PBPS; **D**: incorreta. Os dados constantes do CNIS são usados para os segurados em geral (art. 29-A do PBPS). RO
Gabarito "B".

(Analista – TRT/2ª – 2014 – FCC) A renda mensal inicial do auxílio-doença, no regime geral, consistirá num percentual, aplicado sobre o salário de benefício do segurado, correspondente a

(A) 80%.

(B) 50%.

(C) 100%, menos o valor da alíquota cabível de contribuição previdenciária.

(D) 91%.

(E) 70%, mais 1% a cada grupo de 12 contribuições vertidas ao sistema, limitado a 100%.

A renda mensal inicial do auxílio-doença é 91% do salário de benefício (art. 61 do PBPS). HS
Gabarito "D".

(Técnico – INSS – 2012 – FCC) Em relação ao valor da renda mensal dos benefícios, é correto afirmar que

(A) o auxílio-doença corresponde a 100% (cem por cento) do salário de benefício.

(B) a aposentadoria por invalidez corresponde a 91% (noventa e um) por cento do salário de benefício.

(C) a aposentadoria por idade corresponde a 70% (setenta por cento) do salário de benefício.

(D) a renda mensal da aposentadoria especial não está sujeita ao fator previdenciário.

(E) a renda mensal da aposentadoria por tempo de contribuição não está sujeita ao fator previdenciário.

A: incorreta. A renda mensal inicial (RMI) do auxílio-doença é de 91% do salário de benefício (art. 61 do PBPS); **B**: incorreta. A RMI da aposentadoria por invalidez é de 100% do salário de benefício (art. 44 do PBPS); **C**: incorreta. A RMI da aposentadoria por idade é de 70% do salário de benefício mais 1% para cada grupo de 12 contribuições (art. 50 do PBPS); **D**: correta, nos termos do art. 29, II, do PBPS; **E**: incorreta. O fator previdenciário incide obrigatoriamente no cálculo da aposentadoria por tempo de contribuição (art. 29, I, do PBPS). A EC nº 103/2019 extinguiu a distinção entre aposentadoria por idade e aposentadoria por tempo de contribuição. Assim, ressalvados direitos adquiridos, existe agora apenas a aposentadoria programada, cujo deferimento exige tanto idade mínima como tempo de contribuição. O cálculo do salário-de-benefício da aposentadoria programada não inclui

a utilização do fator previdenciário. Não se pode, contudo, afirmar que o fator previdenciário foi totalmente excluído de nosso ordenamento jurídico, pois ele ainda incide no caso da regra de transição prevista no art. 17 da EC nº 103/2019, como expressamente diz o parágrafo único de tal dispositivo. Na mesma seara, por força do art. 22 da EC nº 103/2019, a aposentadoria da pessoa com deficiência continuará sendo regida pela Lei Complementar nº 142/2013 até que lei discipline o art. 201, § 1º, I, da CF. Ora, o art. 9º, I, da LC 142/2013, afirma que o fator previdenciário incide nas aposentadorias de pessoas com deficiência, se resultar em renda mensal de valor mais elevado. RO
Gabarito "D".

(Técnico – INSS – 2012 – FCC) O salário de benefício serve de base de cálculo da renda mensal do benefício. Para os segurados inscritos na Previdência Social, até 28.11.1999, calcula-se

(A) o auxílio-doença, pela média aritmética simples dos maiores salários de contribuição, corrigidos mês a mês, correspondentes a oitenta por cento do período contributivo decorrido desde julho de 1994, multiplicada pelo fator previdenciário.

(B) a aposentadoria especial, pela média aritmética simples dos maiores salários de contribuição, corrigidos mês a mês, correspondentes a oitenta por cento do período contributivo decorrido desde julho de 1994, multiplicada pelo fator previdenciário.

(C) a aposentadoria por tempo de contribuição, pela média aritmética simples dos oitenta por cento maiores salários de contribuição, corrigidos mês a mês, de todo o período contributivo, decorrido desde julho de 1994, multiplicada pelo fator previdenciário.

(D) as aposentadorias por idade e tempo de contribuição, inclusive de professor, pela média aritmética simples dos oitenta por cento maiores salários de contribuição, corrigidos mês a mês, de todo o período contributivo, decorrido desde julho de 1994.

(E) o auxílio-doença, aposentadoria por invalidez, pela média aritmética simples dos maiores salários de contribuição corrigidos mês a mês, correspondentes a cem por cento do período contributivo, decorrido desde julho de 1994, multiplicada pelo fator previdenciário.

O fator previdenciário, instituído pela Lei 9.876/1999, era aplicado apenas no cálculo do salário de benefício da aposentadoria por tempo de contribuição, obrigatoriamente, e da aposentadoria por idade, facultativamente (ou seja, será usado apenas se for mais benéfico para o segurado). No mais, para todos os benefícios, o salário de benefício consiste na média aritmética simples dos 80% maiores salários de contribuição desde julho de 1994, corrigidos de acordo com os índices oficiais de correção monetária. Há dois pontos relevantes sobre essa temática que foram bastante alterados pela EC nº 103/2019. O primeiro é que com a promulgação da Emenda Constitucional nº 103/2019, o salário de benefício passou a ser composto pela média aritmética simples dos salários de contribuição e das remunerações adotados como base para contribuições a regime próprio de previdência social e ao Regime Geral de Previdência Social, atualizados monetariamente, correspondentes a 100% (cem por cento) do período contributivo desde a competência julho de 1994 ou desde o início da contribuição, se posterior àquela competência. A limitação dos salários-de-contribuição incluídos no salário-de-benefício à competência de julho de 1994 é objeto de relevante discussão no Supremo Tribunal Federal (RExt nº 1.276.977), sob a alcunha de "revisão da vida toda". O segundo ponto diz respeito ao fator previdenciário. A EC nº 103/2019 extinguiu a distinção entre aposentadoria por idade e aposentadoria por tempo de contribuição. Assim, ressalvados direitos adquiridos, existe agora apenas a aposentadoria

7. DIREITO PREVIDENCIÁRIO

programada, cujo deferimento exige tanto idade mínima como tempo de contribuição. O cálculo do salário-de-benefício da aposentadoria programada não inclui a utilização do fator previdenciário. Não se pode, contudo, afirmar que o fator previdenciário foi totalmente excluído de nosso ordenamento jurídico, pois ele ainda incide no caso da regra de transição prevista no art. 17 da EC nº 103/2019, como expressamente diz o parágrafo único de tal dispositivo. Na mesma seara, por força do art. 22 da EC nº 103/2019, a aposentadoria da pessoa com deficiência continuará sendo regida pela Lei Complementar nº 142/2013 até que lei discipline o art. 201, § 1º, I, da CF. Ora, o art. 9º, I, da LC 142/2013, afirma que o fator previdenciário incide nas aposentadorias de pessoas com deficiência, se–resultar em renda mensal de valor mais elevado. **RO**

Gabarito "C".

(Magistratura Federal - 2ª Região – 2011 – CESPE) Assinale a opção correta relativamente ao cálculo do valor dos benefícios previdenciários.

(A) À segurada especial é garantida a concessão do salário-maternidade no valor de um salário mínimo, desde que se comprove o exercício de atividade rural de forma contínua, nos nove meses imediatamente anteriores ao do início do benefício.

(B) O valor do benefício de prestação continuada, incluindo-se o regido por norma especial e o decorrente de acidente do trabalho e excetuando-se o salário-família e o salário-maternidade, será calculado com base no salário de benefício.

(C) Serão considerados para cálculo do salário de benefício os ganhos habituais do segurado empregado, a qualquer título, sob forma de moeda corrente ou de utilidades, sobre os quais incidam contribuições previdenciárias, incluindo-se a gratificação natalina.

(D) O valor mensal do auxílio-acidente não integra o salário de contribuição, para cálculo do salário de benefício de qualquer aposentadoria paga pelo RGPS.

(E) Ao segurado contribuinte individual que, satisfazendo as condições exigidas para a concessão do benefício requerido, não comprovar o efetivo recolhimento das contribuições devidas será concedido o benefício de valor mínimo, devendo sua renda ser recalculada quando da apresentação da prova do recolhimento das contribuições.

A: incorreta. A atividade rural pode ser descontínua e deve ser realizada por, no mínimo, dez meses, que é o período de carência padrão do salário-maternidade (art. 93, § 2º, do RPS); **B:** correta, nos exatos termos do art. 28 do PBPS; **C:** incorreta. A gratificação natalina (13º salário) é considerada salário de contribuição, porém não integra o cálculo do salário de benefício (art. 29, § 3º, do PBPS); **D:** incorreta. O auxílio-acidente integra o salário de contribuição (art. 31 do PBPS); **E:** incorreta. A regra estipulada vale apenas para o empregado, o avulso e o empregado doméstico (arts. 35 e 36 do PBPS). **RO**

Gabarito "B".

(Magistratura Federal-4ª Região – 2010) Dadas as assertivas abaixo sobre cálculo da renda mensal inicial e manutenção e reajustamento da renda mensal dos benefícios previdenciários do Regime Geral de Previdência Social, assinale a alternativa correta.

I. O valor do benefício de prestação continuada, inclusive o regido por norma especial e o decorrente de acidente do trabalho, exceto o salário-família e o salário-maternidade, será sempre calculado com base no salário de benefício consistente na média aritmé-

tica simples dos maiores salários de contribuição correspondentes a oitenta por cento de todo o período contributivo, multiplicada pelo fator previdenciário.

II. O salário de benefício do segurado que contribuir em razão de atividades concomitantes será calculado com base na média dos salários de contribuição da atividade principal, assim considerada a de maior renda, acrescida de 75% (setenta e cinco por cento) da média da atividade secundária.

III. Em nenhuma hipótese a renda mensal do benefício de prestação continuada que substituir o salário de contribuição ou o rendimento do trabalho do segurado terá valor inferior ao do salário mínimo nem superior ao do limite máximo do salário de contribuição.

IV. Nas hipóteses estabelecidas atualmente na Lei 8.213/91 em que é possível a cumulação de auxílio-acidente e aposentadoria por tempo de contribuição, a renda mensal daquele não integra o salário de contribuição desta para fins de cálculo do salário de benefício.

V. O valor dos benefícios em manutenção será reajustado, anualmente, na mesma data do reajuste do salário mínimo, aplicada a todos os benefícios a variação integral do Índice Nacional de Preços ao Consumidor – INPC/IBGE acumulada a partir da data do reajuste anterior.

(A) Está correta apenas a assertiva II.

(B) Estão corretas apenas as assertivas I e V.

(C) Estão corretas apenas as assertivas II, III e IV.

(D) Estão corretas todas as assertivas.

(E) Nenhuma das assertivas está correta.

I: incorreta, pois o fator previdenciário era aplicado apenas no caso de aposentadorias por idade (facultativamente) e por tempo de contribuição (obrigatoriamente) – art. 29, I, do PBPS, além das pensões que venham a substituir essas aposentadorias – art. 75 do PBPS; II: incorreta, pois o salário de benefício do segurado que contribuir em razão de atividades concomitantes será calculado com base na soma dos salários de contribuição das atividades exercidas na data do requerimento ou do óbito, ou no período básico de cálculo, nos termos do art. 32 do PBPS; III: incorreta, pois essa regra do art. 33 do PBPS é afastada no caso de aposentadoria por invalidez do segurado que necessitar da assistência permanente de outra pessoa, em que o valor do benefício é acrescido de 25% – art. 45 c/c art. 33 do PBPS. **RO**

Gabarito "E".

(Magistratura Federal – 3ª Região – 2010) O professor e a professora poderão se aposentar por tempo de serviço:

(A) Após 30 (trinta) anos o professor e após 25 (vinte e cinco) anos a professora, de efetivo exercício em função de magistério, com renda mensal correspondente a 100% (cem por cento) do salário de benefício;

(B) Após 30 (trinta) anos o professor e após 25 (vinte e cinco) anos a professora, de efetivo exercício em função de magistério, com renda mensal correspondente a 80% (oitenta por cento) do salário de benefício;

(C) Após 30 (trinta) anos o professor e a professora, de efetivo exercício em funções de magistério, com renda mensal correspondente a 100% (cem por cento) do salário de benefício;

(D) Após 25 (vinte e cinco) anos o professor e 20 (vinte) anos a professora, de efetivo exercício de magistério, com renda mensal correspondente a 100% (cem por cento) do salário de benefício.

O professor que comprove exclusivamente tempo de efetivo exercício das funções de magistério na educação infantil e no ensino fundamental e médio poderá se aposentar com 30 anos de contribuição (homem) ou 25 anos de contribuição (mulher), com renda mensal correspondente a 100% do salário de benefício – art. 201, § 7º, I, e § 8º, da CF e art. 56 do PBPS. Após a promulgação da EC 103/2019, o professor se aposentará com 60 (sessenta) anos de idade, se homem, e com 57 anos de idade, se mulher, desde que cumprido tempo mínimo de contribuição. **RQ**

Gabarito "A".

(Analista – TRT/16ª – 2014 – FCC) Airton, filiado ao Regime Geral de Previdência Social, recebeu durante o ano auxílio-reclusão. Dessa forma, a ele o abono anual

(A) é devido, calculado, no que couber, da mesma forma que o Descanso Semanal Remunerado dos trabalhadores, tendo por base o valor médio da renda mensal do benefício do mês de dezembro do referido ano.

(B) não é devido, pois o mesmo cabe apenas a quem recebeu, durante o ano, auxílio-doença e aposentadoria.

(C) é devido, calculado, no que couber, da mesma forma que o Descanso Semanal Remunerado dos trabalhadores, tendo por base o valor da hora mensal trabalhada.

(D) não é devido, pois o mesmo cabe apenas a quem recebeu, durante o ano, aposentadoria.

(E) é devido, calculado, no que couber, da mesma forma que a Gratificação de Natal dos trabalhadores, tendo por base o valor da renda mensal do benefício do mês de dezembro do referido ano.

O abono anual (que é o nome técnico do "13º salário" daqueles que se encontram no gozo de benefícios previdenciários) é devido àquele que recebeu auxílio-reclusão ao longo do ano, nos termos do art. 40, *caput* e parágrafo único, do PBPS. **HS**

Gabarito "E".

6.2. Carência

(DPE/PE – 2015 – CESPE) Pedro mantém vínculo com o Regime Geral da Previdência Social (RGPS) há doze anos e quatro meses, em função do exercício de atividade laboral na condição de empregado de empresa privada urbana. Pedro é viúvo e mora em companhia de seu único filho, Jorge, de dezenove anos de idade.

Com referência a essa situação hipotética, julgue os seguintes itens.

(1) Se Pedro vier a falecer no presente mês, seu filho Jorge terá direito a pensão por morte, que consiste em renda mensal correspondente a 91% da média aritmética simples dos maiores salários de contribuição de Pedro.

(2) Caso, no mês em curso, Pedro complete sessenta e cinco anos de idade, então, a partir do próximo mês ele terá direito ao benefício da aposentadoria por idade, cujo valor da renda mensal deverá ser de 100% do valor do salário de benefício.

1: incorreta. A renda mensal inicial da pensão por morte equivale a 100% do valor que o segurado teria direito se estivesse aposentado por invalidez da data do falecimento, o que equivale a 100% do salário de benefício (art. 75 do PBPS); 2: incorreta. Ainda que complete 65 anos de idade, Pedro não terá atingido o período de carência para este benefício, que é de 180 contribuições mensais (15 anos – art. 25, II, do PBPS). **RQ**

Gabarito 1E, 2E.

(Analista – INSS – 2014 – FUNRIO) A concessão das prestações pecuniárias do Regime Geral de Previdência Social depende de que períodos de carência?

(A) Aposentadoria por idade, aposentadoria por tempo de serviço, aposentadoria especial e abono de permanência em serviço: 180 (cento e oitenta) contribuições mensais;

(B) Aposentadoria por idade, aposentadoria por tempo de serviço e aposentadoria especial: 120 contribuições mensais;

(C) Auxílio-doença e aposentadoria por invalidez: 24 (vinte e quatro) contribuições mensais;

(D) Auxílio-doença e aposentadoria por invalidez: 12 (doze) contribuições mensais;

(E) Aposentadoria por idade, aposentadoria por tempo de serviço, aposentadoria especial e abono de permanência em serviço: 150 (cento e cinquenta) contribuições mensais.

Nos termos do art. 25 do PBPS, a carência dos benefícios de auxílio-doença e de aposentadoria por invalidez é de 12 contribuições mensais. É verdade que, na sistemática anterior à EC 103/2019, a carência dos benefícios de aposentadoria por idade, aposentadoria por tempo de serviço e de aposentadoria especial é de 180 contribuições mensais e que a carência do benefício de abono de permanência em serviço era de 180 contribuições mensais (art. 25, II, do PBPS, em sua redação original). Todavia, o benefício de abono de permanência em serviço foi extinto pela Lei nº 8.870/1994. **RQ**

Gabarito "D".

(Analista – TRT/16ª – 2014 – FCC) Paulo, após filiar-se ao Regime Geral de Previdência Social, foi acometido de doença especificada em lista elaborada pelos Ministérios da Saúde e do Trabalho e da Previdência Social, de acordo com os critérios de deformação. Paulo, então, requereu à Previdência, o auxílio-doença. Referido benefício será concedido

(A) respeitada a carência de 10 (dez) contribuições mensais.

(B) respeitada a carência de 12 (doze) contribuições mensais.

(C) respeitada a carência de 180 (cento e oitenta) contribuições mensais.

(D) independente de carência.

(E) respeitado o período de carência correspondente ao número de contribuições realizadas a partir do momento em que a doença foi adquirida.

Caso a doença determinante do afastamento esteja prevista na lista mencionada, a concessão do auxílio-doença e da aposentadoria por invalidez independerá de carência (art. 26, II, do PBPS). Anote-se o equívoco do enunciado ao mencionar o Ministério do Trabalho como coautor da lista: nos termos do dispositivo legal citado, ela é elaborada pelos Ministérios da Saúde e da Previdência e Assistência Social. **HS**

Gabarito "D".

(Analista Jurídico INSS – 2013 – FUNRIO) (Adaptada) Independe de carência a concessão das seguintes prestações previdenciárias, nos termos da Lei 8213/91:

(A) auxílio-doença e aposentadoria por invalidez nos casos de acidente de qualquer natureza ou causa e de doença profissional ou do trabalho, bem como nos casos de segurado que, após filiar-se ao Regime Geral de Previdência Social, for acometido de alguma das doenças e afecções especificadas em lista elaborada pelos Ministérios da Saúde e da Previdência Social a cada três anos, de acordo com os critérios de estigma, deformação, mutilação, deficiência, ou outro fator que lhe confira especificidade e gravidade que mereçam tratamento particularizado.

(B) Aposentadoria por invalidez.

(C) Aposentadoria por tempo de serviço, desde que o segurado já tenha sido filiado ao Regime Geral de Previdência Social e não tenha requerido ou usufruído benefício relativo a auxílio-doença, licença maternidade, respeitada a idade mínima de 70 anos para homens e 60 anos para mulheres, após comprovação de incapacidade laboral, a ser comprovada por laudo dos Ministérios da Saúde e do Trabalho, no caso de empregado e do Ministério do Desenvolvimento, Indústria e Comércio Exterior, no caso de profissional liberal.

(D) auxílio-doença e aposentadoria por invalidez nos casos de acidente de qualquer natureza ou causa e de doença profissional ou do trabalho, bem como nos casos de segurado que, após filiar-se ao Regime Geral de Previdência Social, for acometido de alguma das doenças e afecções especificadas em lista elaborada pelos Ministérios da Saúde e da Previdência Social a cada dois anos, de acordo com os critérios de estigma, deformação, mutilação, deficiência, ou outro fator que lhe confira especificidade e gravidade que mereçam tratamento particularizado.

(E) Inexiste benefício cuja concessão independa de prestações previdenciárias.

A: correta, nos termos do art. 26, II, da Lei nº 8.213/91; **B:** incorreta. A aposentadoria por invalidez, em regra, possui carência de 12 contribuições mensais (art. 25, I, da Lei nº 8.213/91). Apenas excepcionalmente ela será dispensada, conforme previsto no art. 26, II, da Lei nº 8.213/91; **C:** incorreta. A aposentadoria por tempo de contribuição possui carência de 180 contribuições mensais (art. 25, II, da Lei nº 8.213/91); **D:** incorreta. A lista de doenças que dispensam a carência desses benefícios deve ser publicada a cada **três anos** (art. 26, II, da Lei nº 8.213/91); **E:** incorreta. Além do auxílio-doença e da aposentadoria por invalidez nas hipóteses já tratadas, também não possuem carência o salário-família, o auxílio-acidente e a pensão por morte (art. 26, I, da Lei nº 8.213/91), os benefícios no valor de um salário mínimo pagos aos segurados especiais (art. 26, III, da Lei nº 8.213/91) e o salário-maternidade para a segurada empregada, doméstica e avulsa (art. 26, VI, da Lei nº 8.213/91). Vale destacar que os serviços previdenciários (serviço social e reabilitação profissional) também independem de carência (art. 26, IV e V, da Lei nº 8.213/91). [RO]

Gabarito "A".

(Técnico – INSS – 2012 – FCC) Maria trabalhou de 02 de janeiro de 2006 a 02 de julho de 2006 como empregada de uma empresa, vindo a contrair moléstia não relacionada ao trabalho, com prejuízo do exercício de suas atividades habituais. Nessa situação, Maria

(A) não terá direito ao recebimento do auxílio-doença, por ausência do cumprimento da carência.

(B) terá direito à aposentadoria por invalidez, que independe do cumprimento de carência.

(C) terá direito ao auxílio-acidente, que não exige carência.

(D) terá direito ao auxílio-doença, que independe de carência.

(E) poderá receber aposentadoria por invalidez, se recolher mais duas contribuições.

O auxílio-doença, em regra, depende do cumprimento de 12 contribuições mensais como carência. Para a dispensa desse requisito, nos termos do art. 26, I, do PBPS, é necessário que o segurado seja acometido por doença profissional ou do trabalho, o que, segundo o enunciado, não ocorreu. Portanto, Maria não terá direito a qualquer benefício. Não há que se falar em aposentadoria por invalidez, porque Maria teve prejudicado apenas o exercício de suas atividades habituais e não para todo e qualquer trabalho. Não se trata, também, de auxílio-acidente, porque não há notícia da consolidação das lesões. [RO]

Gabarito "A".

(Magistratura Federal – 4ª Região – 2010) Um dos requisitos exigidos para a concessão de benefícios previdenciários no Regime al de Previdência Social é a carência. Dadas as assertivas abaixo sobre carência, assinale a alternativa correta.

I. Período de carência é o número mínimo de contribuições mensais indispensáveis para que o beneficiário faça jus ao benefício, consideradas a partir do transcurso do primeiro dia dos meses subsequentes às suas respectivas competências.

II. Independe de carência a concessão de auxílio-doença e aposentadoria por invalidez nos casos de acidente de qualquer natureza ou causa e de doença profissional ou do trabalho, bem como nos casos de segurado que, após filiar-se ao Regime Geral de Previdência Social, for acometido de alguma das doenças e afecções especificadas em lista elaborada pelos Ministérios competentes, de acordo com os critérios de estigma, deformação, mutilação, deficiência ou outro fator que lhe confira especificidade e gravidade que mereçam tratamento particularizado.

III. A perda da qualidade de segurado importa em caducidade dos direitos inerentes a essa qualidade, não havendo possibilidade de concessão de pensão por morte aos dependentes do segurado que falecer após a perda dessa qualidade.

IV. A despeito da preocupação social que inspira o regime previdenciário público brasileiro, ele é eminentemente contributivo, de modo que, a partir do advento da Lei 8.213/91, deixou de existir qualquer possibilidade de concessão de benefício previdenciário sem recolhimento de contribuições no período equivalente à carência exigida.

V. Nos casos do segurado empregado e do trabalhador avulso, serão consideradas, para cômputo do período de carência, as contribuições referentes ao período a partir da data da inscrição no Regime Geral de Previdência Social.

(A) Está correta apenas a assertiva II.

(B) Estão corretas apenas as assertivas II e V.

(C) Estão corretas apenas as assertivas I, III e V.

(D) Estão corretas todas as assertivas.

(E) Nenhuma assertiva está correta.

I: incorreta, pois, para contagem do prazo de carência, as contribuições são consideradas a partir do transcurso do primeiro dia dos meses de suas competências (não dos meses subsequentes, como consta da assertiva) – art. 24, *caput*, do PBPS; **II:** assertiva correta, pois não há carência nessas hipóteses, conforme o art. 26, II, do PBPS, que teve sua redação ligeiramente alterada pela Lei 13.135/2015; **III:** incorreta, pois, embora a perda da qualidade de segurado importe caducidade dos direitos respectivos, ela não prejudica o direito à pensão por morte em favor dos dependentes, se os requisitos para sua concessão já tiverem sido preenchidos anteriormente, conforme a legislação então vigente (antes da perda da condição de segurado, o falecido já havia preenchido os requisitos para a concessão da pensão) – art. 102, § 2º, do PBPS; **IV:** incorreta, pois, embora a previdência social tenha caráter contributivo (art. 201 da CF), há determinados benefícios que independem de carência – art. 26 do PBPS; **V:** assertiva incorreta, pois a lei se refere à data de *filiação* (não de inscrição) no RGPS – art. 27, I, do PBPS. [RO]

Gabarito "A".

(Magistratura Federal – 3ª Região – 2010) Assinale a alternativa correta:

(A) A aposentadoria por idade será devida ao segurado que completar 65 (sessenta e cinco) anos, se homem, e 60 (sessenta) anos se mulher, independentemente de cumprimento de período de carência;

(B) A aposentadoria por idade, cumprida a carência exigida na Lei 8.213/91, será devida ao segurado que completar 63 (sessenta e três) anos, se homem, e 57 (cinquenta e sete) anos, se mulher;

(C) A aposentaria por idade, cumprida a carência exigida na Lei 8.213/91, será devida ao segurado que completar 65 (sessenta e cinco) anos, se homem, e 60 (sessenta) anos, se mulher;

(D) A concessão do benefício de aposentadoria por idade não depende de período de carência.

A, B e D: incorretas, pois a aposentadoria por idade, 65 anos para homens e 60 para mulheres, dependia do cumprimento do prazo de carência de 180 contribuições mensais – art. 48, *caput*, c/c art. 25, II, do Plano de Benefícios da Previdência Social – PBPS (Lei 8.213/1991); **C:** correta, conforme comentários anteriores. [RB]

Gabarito "C".

6.3. Benefícios em espécie e outras questões relativas a benefícios

(Técnico – INSS – 2016 – CESPE) Em fevereiro de 2016, Valdemar, que era empregado pelo regime celetista e recebia um salário mínimo de sua empregadora, foi demitido e, 30 dias depois, condenado à pena de prisão em regime fechado. Ele é casado com Idalina, com quem tem dois filhos menores. Considerando essa situação hipotética, julgue os itens que se seguem, com base nos regramentos previdenciários acerca do auxílio-reclusão.

(1) Como Valdemar é segurado de baixa renda da previdência social, ele e seus dependentes fazem jus ao recebimento do valor correspondente ao auxílio-reclusão, que é de um salário mínimo, a ser rateado entre eles.

(2) Assim que terminar de cumprir a pena, Valdemar deixará de ser segurado da previdência social.

1: incorreta. O auxílio-reclusão é pago exclusivamente aos dependentes, não ao segurado, nos termos dos arts. 18, II, "b", e 80 do PBPS. Após o advento da Lei nº 13.846/2019, que incluiu um § 4º, no art. 80, do PBPS, a aferição da renda mensal bruta para enquadramento do segurado como de baixa renda ocorrerá pela média dos salários de contribuição apurados no período de 12 (doze) meses anteriores ao mês do recolhimento à prisão; 2: incorreta. Nos termos do art. 15,

IV, do PBPS, o segurado preso mantém sua qualidade por 12 meses após o livramento. [RO]

Gabarito: 1E, 2E.

(Analista – INSS – 2016 – CESPE) Roberto, empregado na empresa Silva & Silva Ltda. há mais de um ano e oito meses, da qual recebe salário mensal equivalente a um salário-mínimo, deverá afastar-se do trabalho por quatro meses em função de um problema cardíaco atestado em perícia do INSS.

Nessa situação hipotética

(1) caso, após seu afastamento do trabalho, Roberto não recupere a saúde, e se comprove a sua incapacidade absoluta para o trabalho, o INSS poderá conceder-lhe aposentadoria por invalidez.

(2) durante o período de quatro meses de afastamento, Roberto fará jus ao recebimento de auxílio-acidente.

1: correta, nos termos do art. 42 do PBPS; **2:** incorreta. O auxílio-acidente se destina a indenizar o trabalhador que teve sua capacidade de trabalho reduzida parcial e permanentemente. Em caso de incapacidade total e temporária para o trabalho, até que se conclua pela sua impossibilidade de recuperação, o segurado faz jus ao auxílio-doença (art. 59 e seguintes do PBPS). É juridicamente impossível acumular o recebimento de auxílio-doença e de auxílio-acidente se o fato gerador de ambos – o evento causador da incapacidade – é o mesmo (art. 78 do RPS e AgRg. no AREsp 384.935/SP, j8.04.2017) [RO]

Gabarito: 1C, 2E.

(Procurador do Município – Cuiabá/MT – 2014 – FCC) Considere os seguintes itens:

I. doença degenerativa;

II. doença inerente a grupo etário;

III. doença que não produz incapacidade laborativa;

IV. doença comum adquirida por segurado habitante de região em que ela se desenvolve, salvo comprovação de que é resultante de exposição ou contato direto determinado pela natureza do trabalho.

NÃO são consideradas como doença do trabalho, APENAS

(A) I e IV.

(B) I e II.

(C) I, II e III.

(D) II e III.

(E) II, III e IV.

I, II e III: não são consideradas doença do trabalho por força do art. 20, § 1º, "a", "b" e "c", da Lei 8.213/1991; **IV:** é considerada doença do trabalho. O art. 20, § 1º, "d", da Lei 8.213/1991 exclui apenas a doença **endêmica** nas condições narradas. [HS]

Gabarito "C".

(Magistratura do Trabalho – 3ª Região – 2014) As doenças ou eventos abaixo relacionados são considerados acidente de trabalho ou são a ele equiparados, nos termos dos arts. 20 e 21 da Lei 8.213/1991, EXCETO:

(A) A doença profissional, assim entendida a produzida ou desencadeada pelo exercício do trabalho peculiar a determinada atividade e constante da respectiva relação elaborada pelo Ministério do Trabalho e da Previdência Social.

(B) A doença proveniente de contaminação acidental do empregado no exercício de sua atividade.

(C) A doença do trabalho, assim entendida a adquirida ou desencadeada em função de condições especiais em que o trabalho é realizado e com ele se relacione diretamente, constante da respectiva relação elaborada pelo Ministério do Trabalho e da Previdência Social.

(D) O acidente sofrido pelo segurado no local e no horário do trabalho, em consequência de ato de pessoa privada do uso da razão.

(E) A doença endêmica adquirida por segurado habitante de região em que ela se desenvolva.

A, B, C e D: assertivas corretas, nos termos dos arts. 20, I, art. 21, III, arts. 20, II, e art. 21, II, "d", respectivamente, da Lei nº 8.213/1991; E: assertiva incorreta, devendo ser assinalada. A doença endêmica contraída nessas condições não é considerada acidente de trabalho por exclusão expressa prevista no art. 20, § 1º, "d", da Lei 8.213/1991. `HS`

Gabarito "E".

(Analista Jurídico INSS – 2013 – FUNRIO) Com relação às prestações devidas compreendidas pelo Regime Geral da Previdência Social, observando-se tratar de benefícios devidos a todas as pessoas indicadas e não alternativamente, incluem-se:

I. – quanto ao segurado: aposentadoria por invalidez, aposentadoria especial e pensão por morte;

II. – quanto ao dependente: auxílio reclusão, serviço social e reabilitação profissional;

III. – quanto ao segurado e dependente: reabilitação profissional, auxílio reclusão e salário maternidade;

IV. – quanto ao segurado: salário maternidade, salário família e pensão por morte;

V. – quanto ao dependente: aposentadoria especial, serviço social e pensão por morte.

Quais dos itens acima estão corretos?

(A) Somente o primeiro e o quarto estão corretos.

(B) Somente o terceiro e o quinto estão corretos.

(C) Somente o quarto está correto.

(D) Nenhum deles está correto.

(E) Somente o segundo está correto.

I: incorreta. O benefício da pensão por morte é devido ao dependente (art. 18, II, "a", da Lei nº 8.213/91); II: correta. Auxílio-reclusão é devido ao dependente (art. 18, II, "b", da Lei nº 8.213/91) e o serviço social e a reabilitação profissional são serviços prestados tanto ao segurado quanto ao dependente (art. 18, III, "b" e "c", da Lei nº 8.213/91); III: incorreta. Apenas a reabilitação profissional é serviço prestado tanto ao segurado quanto ao dependente (art. 18, III, "c", da Lei nº 8.213/91). O auxílio-reclusão é pago somente ao dependente (art. 18, II, "b", da Lei nº 8.213/91) e o salário-maternidade é benefício da pensão por morte é devido ao dependente (art. 18, I, "g", da Lei nº 8.213/91); IV: incorreta. O benefício da pensão por morte é devido ao dependente (art. 18, II, "a", da Lei nº 8.213/91); V: incorreta. Aposentadoria especial é benefício pago ao segurado (art. 18, I, "d", da Lei nº 8.213/91). `RB`

Gabarito "E".

(Analista Administrativo INSS – 2013 – FUNRIO) Entre as prestações devidas pelo Regime Geral de Previdência Social, expressas em benefícios e serviços, inclui-se

(A) o abono-permanência em serviço.

(B) a aposentadoria por tempo de serviço.

(C) o auxílio-doença.

(D) o auxílio-reclusão somente para o dependente incapaz do segurado.

(E) nenhum benefício destinado ao dependente do segurado.

A: incorreta. O abono de permanência em serviço foi revogado pela Lei nº 8.870/94; B: incorreta. Desde a Lei Complementar nº 123/06 o nome do benefício passou a ser aposentadoria por tempo de contribuição (art. 18, I, "c", da Lei nº 8.213/91); C: correta, nos termos do art. 18, I, "e", da Lei nº 8.213/91; D: incorreta. O auxílio-reclusão é pago a qualquer dependente do segurado (art. 18, II, "b", da Lei nº 8.213/91); E: incorreta. A previdência prevê como benefícios pagos aos dependentes do segurado a pensão por morte e o auxílio-reclusão (art. 18, II, "a" e "b", da Lei nº 8.213/91). `RB`

Gabarito "C".

(Técnico – INSS – 2012 – FCC) José trabalhou como empregado na empresa São João Ltda., no período de 01.09.2004 a 01.09.2007, quando pediu demissão do emprego. Voltou a trabalhar em julho de 2010 e no terceiro mês de trabalho, outubro de 2010, foi acometido de apendicite que o impedia de exercer suas atividades habituais. Nessa situação, José

(A) terá direito ao auxílio-doença.

(B) terá direito à aposentadoria por invalidez.

(C) terá direito ao auxílio-acidente.

(D) não terá direito à aposentadoria por invalidez.

(E) não terá direito ao auxílio-doença.

A questão cinge-se ao direito de José receber o auxílio-doença. Não se trata de aposentadoria por invalidez, porque a incapacidade é para o exercício de suas atividades habituais apenas, nem de auxílio-acidente, porque não há referência à consolidação das lesões. O auxílio-doença, regra geral, depende do cumprimento do período de carência de 12 contribuições mensais (art. 25, I, do PBPS) e, no caso em exame, ela não pode ser dispensada porque não estamos diante de doença ou acidente de trabalho ou de acidente de qualquer natureza nem de moléstia grave constante da lista interministerial. Vê-se que, quando trabalhava na empresa São João Ltda., José cumpriu a carência exigida. Porém, no período em que esteve desempregado (entre setembro de 2007 e julho de 2010), José perdeu a qualidade de segurado. Com isso, para que o tempo de contribuição anterior seja computado na carência a partir da reaquisição da qualidade de segurado, era necessário que o beneficiário cumprisse, no mínimo, um terço das contribuições mensais exigidas como carência para o benefício (ou seja, 04 prestações, que é um terço de 12), nos termos do então vigente parágrafo único do art. 24 do PBPS. Como José, no novo emprego, tinha contribuído por apenas três meses, não terá direito ao auxílio-doença. Com a revogação do art. 24, parágrafo único, do PBPS, o tema passa a ser regido pelo art. 27-A, do PBPS, segundo o qual na hipótese de perda da qualidade de segurado, para fins da concessão dos benefícios de auxílio-doença, de aposentadoria por invalidez, de salário-maternidade e de auxílio-reclusão, o segurado deverá contar, a partir da data da nova filiação à Previdência Social, com metade dos períodos previstos nos incisos I, III e IV do caput do art. 25 desta Lei. `RQ`

Gabarito "E".

(Técnico – INSS – 2012 – FCC) Em relação ao salário-maternidade e ao salário-família pagos às seguradas empregadas, é correto afirmar que são

(A) pagos pela empresa que poderá compensá-los com as contribuições incidentes sobre a folha de salários.

(B) pagos pelo INSS.

(C) pagos pelas empresas sem direito à compensação.

(D) pagos pela Assistência Social.

(E) indevidos às seguradas autônomas.

Nos termos dos arts. 68 e 72, § 1°, do PBPS, o salário-maternidade e o salário-família das seguradas empregadas serão pagos pela própria empresa empregadora, que terá direito de compensação dos valores com aqueles devidos a título de contribuição da pessoa jurídica. Será pago diretamente pela Previdência social o salário-maternidade devido: (i) ao segurado ou segurada da Previdência Social que adotar ou obtiver guarda judicial para fins de adoção de criança; (ii) ao cônjuge ou companheiro sobrevivente que tenha a qualidade de segurado durante o período entre a data do óbito e o último dia do término do salário-maternidade originário; (iii) à trabalhadora avulsa e à empregada do microempreendedor individual de que trata o art. 18-A da Lei Complementar n° 123, de 14 de dezembro de 2006; (iv) à segurada empregada doméstica, à segurada especial e; (v) à segurada desempregada, desde que mantida a qualidade de segurada. A Assistência Social não é responsável pelo pagamento de salário-maternidade e o benefício é devido às seguradas contribuintes individuais (autônomas) desde a promulgação da Lei 9.876/99. 🔲

Gabarito "A".

(Técnico – INSS – 2012 – FCC) Em relação ao auxílio-acidente, assinale a resposta INCORRETA.

(A) Tem caráter indenizatório.

(B) Cessa com o advento de qualquer aposentadoria.

(C) Corresponde a 50% (cinquenta por cento) do salário de benefício.

(D) Somente é devido após a consolidação das lesões decorrentes de acidente.

(E) É devido se não houver a concessão do auxílio-doença previamente.

A: correta. O auxílio-acidente é devido em caso de consolidação de lesões que diminuam a capacidade laborativa do segurado, a título de indenização pelos danos sofridos; **B:** correta, nos termos do art. 86, § 3°, do PBPS; **C:** correta, nos termos do art. 86, § 1°, do PBPS e da Súmula n° 507 do STJ; **D:** correta, nos termos do art. 86, *caput*, do PBPS; **E:** incorreta, devendo ser assinalada. Leitura literal da norma concluirá que a concessão do auxílio-acidente depende do pagamento anterior de auxílio-doença (art. 86, § 2°, do PBPS). Note, contudo, que a jurisprudência do STJ não tende a exigir a prévia concessão de auxílio-doença para o deferimento de auxílio-acidente (AgRg no AREsp 145.255/RJ, DJe 04.12.2012). 🔲

Gabarito "E".

(Técnico – INSS – 2012 – FCC) Luciana possuía em dezembro de 1998, 21 (vinte e um) anos de contribuição para a Previdência Social, e continuou trabalhando até julho de 2005, quando completou 48 (quarenta e oito) anos de idade. Nessa situação, Luciana terá direito a

(A) aposentadoria integral por tempo de contribuição.

(B) aposentadoria especial.

(C) aposentadoria por idade.

(D) aposentadoria proporcional por tempo de contribuição.

(E) aposentadoria por invalidez.

Nos termos do art. 9°, § 1°, da EC 20/1998 – expressamente revogado pela EC n° 103/2019, mas vigente quando da aplicação do certame - o segurado terá direito à aposentadoria por tempo de contribuição com proventos proporcionais atendidos os seguintes requisitos: já ser segurado em 16.12.1998, data da publicação da citada Emenda; contar 48 anos de idade, se mulher; contar 25 anos de contribuição mais 40% do período que faltava para somar tal montante na data da publicação da Emenda. No caso em exame, em dezembro de 1998, Luciana contava 21 anos de contribuição, ou seja, deveria contribuir mais 20 meses (40%

de 4 anos) para ter direito à aposentadoria proporcional. Quando ela completou a idade mínima de 48 anos, em julho de 2005, tal período já havia sido cumprido. 🔲

Gabarito "D".

(Técnico – INSS – 2012 – FCC) José foi segurado da Previdência Social até janeiro de 2010 e recebia a título de auxílio-doença R$ 580,00 (quinhentos e oitenta reais). Nessa ocasião, envolveu-se com drogas e foi recolhido à prisão em regime fechado, fugindo em julho de 2011. Ele foi casado com Lídia com quem teve dois filhos, menores de 21 anos, na data do recolhimento à prisão. Posteriormente à prisão, Lídia separou- se de José e casou-se com João, em janeiro de 2011.

Nessa situação,

(A) Lídia não poderá receber auxílio-reclusão.

(B) nenhum dependente poderá receber o auxílio-reclusão.

(C) o auxílio-reclusão será devido a todos os dependentes, da data do recolhimento à prisão até a data da fuga.

(D) o auxílio-reclusão será devido à Lídia, desde a data da prisão até suas novas núpcias.

(E) o auxílio-reclusão será devido aos filhos de José, desde o recolhimento à prisão até que completem 21 anos.

A: incorreta. Lídia, cônjuge de José, é sua dependente, nos termos do art. 16, I, do PBPS; **B:** incorreta. No momento da prisão, havendo dependentes e mantendo a qualidade de segurado, aqueles terão direito ao auxílio-reclusão (art. 80 do PBPS); **C:** correta. A fuga suspende o pagamento do benefício, nos termos do art. 80, § 1°, do PBPS e do art. 117, § 2°, do RPS; **D** e **E:** incorretas. O benefício será pago a todos os dependentes, inclusive o cônjuge. A propósito do segurado que recebe benefício por incapacidade e é recolhido à prisão, o art. 80, § 6°, do PBPS, incluído pela Lei n° 13.846/2019, afirma que se o segurado tiver recebido benefícios por incapacidade no período de 12 (doze) meses anteriores ao mês do recolhimento à prisão, sua duração será contada considerando-se como salário de contribuição no período o salário de benefício que serviu de base para o cálculo da renda mensal, reajustado na mesma época e com a mesma base dos benefícios em geral, não podendo ser inferior ao valor de 1 (um) salário mínimo. 🔲

Gabarito "C".

(Técnico – INSS – 2012 – FCC) José exerceu atividade rural em regime de parceria com João, não tinha empregados, contava com a ajuda de seus familiares para o cultivo de subsistência e pretende aposentar-se por idade, em 2011, no valor mínimo. Nessa situação, José deve

(A) comprovar o exercício de atividade rural no período de 36 meses que antecedem o requerimento do benefício.

(B) comprovar o exercício de atividade rural por contrato de parceria firmado em 2011, por seu parceiro, João.

(C) comprovar o exercício de atividade rural no período de 180 meses que antecedem o benefício, por prova testemunhal.

(D) requerer o processamento de justificação administrativa, acompanhada de início de prova documental.

(E) apresentar declaração de duas testemunhas com firma reconhecida em cartório.

A: incorreta. A carência da aposentadoria por idade é de 180 contribuições mensais, as quais, no caso do segurado especial, são consideradas por meio da comprovação da atividade rural pelo mesmo período (art. 39, I, do PBPS); **B:** incorreta. A prova para fins de comprovação do exercício

7. DIREITO PREVIDENCIÁRIO — 185

da atividade rural, deve ser contemporânea e envolver todo o período alegado. A redação dada ao art. 55, § 3º, do PBPS, pela Lei nº 13.846/2019, exige que a comprovação do tempo de serviço seja baseada em início de prova material contemporânea dos fatos, não admitida a prova exclusivamente testemunhal, exceto na ocorrência de motivo de força maior ou caso fortuito, na forma prevista no regulamento (art. 19-D, §§ 10, 11 e 12, do RPS); C: incorreta. Não se admite, para esse fim, a prova exclusivamente testemunhal (art. 55, § 3º, do PBPS); D: correta. Poderíamos chegar a essa alternativa por exclusão, mas é certo que o enunciado deveria informar se há ou não documentos comprobatórios da atividade rural. Não os havendo, realmente a comprovação da atividade deve ser feita mediante justificação administrativa ou judicial, que deve ser acompanhada de início de prova documental (art. 108 do PBPS e art. 143 do RPS); E: incorreta. Não se admite, para esse fim, a prova exclusivamente testemunhal (art. 55, § 3º, do PBPS). RO

Gabarito "D".

(Técnico – INSS – 2012 – FCC) José recebe aposentadoria especial no Regime Geral de Previdência Social. Nessa situação, José

(A) não poderá retornar ao mercado de trabalho.

(B) não poderá retornar à função que ocupava anteriormente à aposentadoria.

(C) gozará de isenção da contribuição previdenciária se retornar ao mercado de trabalho.

(D) está inválido para o exercício da atividade laborativa.

(E) deve provar o nexo de causalidade entre o agente nocivo e o trabalho desempenhado.

O beneficiário de aposentadoria especial que retornar à atividade perigosa ou insalubre que antes desempenhava terá sua aposentadoria cassada, nos termos do art. 57, § 8º, do PBPS (o STF declarou a constitucionalidade de tal dispositivo ao julgar o tema de repercussão geral nº 709). Ademais, o retorno do aposentado a qualquer atividade remunerada sujeita-o à filiação obrigatória no RGPS, devendo recolher a contribuição respectiva (art. 11, § 3º, do PBPS). RO

Gabarito "B".

(Técnico – INSS – 2012 – FCC) Maria é advogada, empregada de uma empresa desde 1990 e, a caminho do Fórum, bateu seu automóvel por cruzar o farol vermelho, sofrendo ferimentos que se agravaram em razão de Maria ser portadora de diabetes e a incapacitaram para suas atividades habituais, por mais de 30 (trinta) dias. Nessa situação, Maria

(A) não terá direito a receber benefício acidentário, em razão de o acidente não ter ocorrido no local de trabalho.

(B) não terá direito a benefício acidentário em razão de a incapacidade decorrer da diabetes.

(C) receberá aposentadoria por invalidez acidentária.

(D) não receberá benefício acidentário por estar dirigindo veículo próprio e não da empresa.

(E) receberá auxílio-doença acidentário.

Nos termos do art. 21, IV, "d", do PBPS, equipara-se ao acidente de trabalho aquele ocorrido no percurso da residência para o local de trabalho ou deste para aquela, qualquer que seja o meio de locomoção, inclusive veículo de propriedade do segurado. Portanto, terá direito ao auxílio-doença (art. 59 do PBPS). RO

Gabarito "E".

(Técnico – INSS – 2012 – FCC) João trabalhou na lavoura em sua pequena propriedade, sem o auxílio de terceiros, salvo de sua família, no período de janeiro de 1975 a 1990, sem contribuição, ocasião em que mudou-se para a cidade e

passou a exercer a função de pedreiro, como empregado de uma construtora, até completar 60 anos, em janeiro de 2011. Nessa situação, João

(A) terá direito a aposentar-se por idade em 2011.

(B) terá direito a aposentar-se por tempo de contribuição em 2011.

(C) terá direito à aposentadoria especial em 2011.

(D) não terá direito a aposentar-se por idade em 2011.

(E) não possui a carência exigida para aposentar-se por idade em 2011.

A: incorreta. O pressuposto da aposentadoria por idade é de 65 anos de idade para os homens, reduzido para 60 anos no caso dos rurícolas que tenham exercido *exclusivamente* atividades no campo, que não é o caso do enunciado; **B:** incorreta. O segurado especial, situação de João na primeira parte do enunciado, somente tem direito de contar tempo de contribuição para fins de aposentadoria se, além das contribuições obrigatórias típicas dessa categoria, também contribuir como segurado facultativo (art. 25, §§ 1º e 2º, do PCSS e Súmula nº 272 do STJ); **C:** incorreta. A aposentadoria especial é destinada aos trabalhadores que exerceram suas atividades sujeitos a condições especiais que prejudiquem sua saúde ou integridade física (art. 57 do PBPS); **D:** correta, conforme comentado na alternativa "A"; **E:** incorreta. A carência da aposentadoria por idade é de 180 contribuições mensais, ou seja, quinze anos (art. 25 do PBPS). João, portanto, cumpriu-a. RO

Gabarito "D".

(Técnico – INSS – 2012 – FCC) Cláudio exerceu atividade de caldeireiro na fábrica X de 01 de janeiro de 2009 a 01 de julho de 2009 e sofreu acidente de trabalho que acarretou a perda de dois dedos da mão. Nessa situação, Cláudio

(A) não terá direito a receber benefício previdenciário por ausência do cumprimento do período de carência.

(B) receberá auxílio-doença e após a consolidação da perda dos dedos, auxílio-acidente.

(C) terá direito à reabilitação profissional e aposentadoria por invalidez.

(D) não terá direito a benefício.

(E) terá direito a auxílio-acidente e aposentadoria por invalidez, após a consolidação da perda dos dedos.

O auxílio-doença, em regra, depende do cumprimento de 12 contribuições mensais como carência. Ocorre que, em caso de acidente de qualquer natureza, esse requisito é dispensado (art. 26, II, do PBPS). Portanto, Cláudio tem direito ao recebimento do benefício enquanto estiver afastado do trabalho e do auxílio-acidente (que nunca depende de carência) quando retornar, vez que é patente a redução de sua incapacidade laborativa pela perda de dois dedos da mão. Como o enunciado não indica a incapacidade de Cláudio para seu trabalho após a perda dos dedos, não podemos concluir pela reabilitação profissional ou pela aposentadoria por invalidez. RO

Gabarito "B".

(Técnico – INSS – 2012 – FCC) Silvia trabalhou na empresa X, de janeiro de 2009 a janeiro de 2010, como digitadora, quando foi acometida de tendinite, por 60 dias, que a impedia de exercer suas atividades habituais. Submetida a tratamento médico, recuperou- se para suas atividades. Nessa situação, Silvia teve direito a receber

(A) auxílio-acidente.

(B) aposentadoria por invalidez.

(C) auxílio-doença.

(D) reabilitação profissional.

(E) tratamento médico fornecido pelo INSS.

A: incorreta. O auxílio-acidente é devido ao segurado que tenha reduzida sua capacidade laborativa por força da consolidação de lesões resultantes de moléstia ou acidente (art. 86 do PBPS); **B:** incorreta. A aposentadoria por invalidez é paga ao segurado acometido de incapacidade total e permanente para o exercício de qualquer atividade laborativa (art. 42 do PBPS); **C:** correta. Por conta da incapacidade para suas atividades habituais, que excedeu a 15 dias, Silvia tem direito ao auxílio-doença, nos termos do art. 59 do PBPS; **D:** incorreta. O serviço de reabilitação profissional é destinado aos segurados e dependentes que necessitem aprender uma nova profissão para serem recolocados no mercado de trabalho após uma lesão decorrente de doença ou acidente (art. 89 do PBPS). No caso em exame, Silvia retornou às mesmas atividades que exercia antes; **E:** incorreta. Compete ao SUS e não ao INSS o fornecimento de tratamento médico. RO

Gabarito "C".

(Técnico – INSS – 2012 – FCC) João é carpinteiro, exerce atividade como empregado da empresa Carpintaria São José desde dezembro de 2010. Ele sofreu acidente não relacionado ao trabalho, ocasião em que teve limitada a flexão de seu membro superior direito, lesão esta já consolidada. João passou por reabilitação profissional e foi treinado para outra profissão e não se recolocou ainda no mercado de trabalho. Nessa situação, João tem direito a

(A) auxílio-doença seguido de auxílio-acidente.

(B) aposentadoria especial.

(C) aposentadoria por invalidez.

(D) aposentadoria especial.

(E) aposentadoria por invalidez seguida de auxílio-acidente.

A: correta. Durante o período que ficou afastado do trabalho por conta de seu acidente, tratando-se e realizando a reabilitação profissional, João tem direito ao auxílio-doença (art. 59 da Lei 8.213/1991 – PBPS). Com a consolidação das lesões e recuperando, com isso, parte de sua capacidade laborativa, João passa a usufruir do auxílio-acidente (art. 86 do PBPS); **B e D:** incorretas. A aposentadoria especial é destinada aos trabalhadores que exerceram suas atividades sujeitos a condições especiais que prejudiquem sua saúde ou integridade física (art. 57 do PBPS); **C e E:** incorretas. A aposentadoria por invalidez é paga ao segurado acometido de incapacidade total e permanente para o exercício de qualquer atividade laborativa (art. 42 do PBPS). RO

Gabarito "A".

(Técnico – INSS – 2012 – FCC) Lúcia exerce a atividade de professora do ensino fundamental desde dezembro de 1986, tem 56 anos de idade e pretende obter benefício previdenciário em dezembro de 2011. Nessa situação, segundo o INSS, Lúcia tem direito a

(A) aposentadoria por idade.

(B) auxílio-doença.

(C) aposentadoria especial.

(D) aposentadoria por invalidez.

(E) aposentadoria por tempo de contribuição.

A: incorreta. A aposentadoria por idade será conferida à mulher a partir dos 60 anos de idade; **B:** incorreta. O auxílio-doença é pago somente em caso de incapacidade total e temporária para o exercício do trabalho, o que não é o caso de Lúcia segundo o enunciado; **C:** incorreta. A aposentadoria especial é destinada aos trabalhadores que exerceram suas atividades sujeitos a condições especiais que prejudiquem sua saúde ou integridade física, do que também não se tem notícia no enunciado; **D:** incorreta. A aposentadoria por invalidez é

paga ao segurado acometido de incapacidade total e permanente para o exercício de qualquer atividade laborativa; **E:** correta. Por já contar com 25 anos de contribuição, e lembrando que a aposentadoria dos professores pode ocorrer com cinco anos a menos de contribuição (art. 201, § 8°, da CF), Lúcia atendia aos requisitos da aposentadoria por tempo de contribuição. Com o advento da EC nº 103/2019 Lúcia teria de comprovar tanto idade mínima como tempo de contribuição para se aposentar, seja pela regra de transição prevista no art. 15, § 3°, ou pela regra de transição prevista no art. 16, § 2°, ambos da EC nº 103/2019. Se desconsiderarmos as regras de transição, notamos que a nova redação dada ao art. 201, § 8°, da CF, pela EC nº 103/2019, exige 60 anos de idade para o homem e 57 anos de idade para a mulher que comprove tempo de efetivo exercício das funções de magistério na educação infantil e no ensino fundamental e médio fixado em lei complementar, observado tempo mínimo de contribuição. RO

Gabarito "E".

(Técnico – INSS/Guarulhos – 2022 – CEBRASPE) Acerca dos benefícios decorrentes de legislações especiais e do seguro defeso, julgue os próximos itens.

(1) A pensão especial concedida às pessoas com deficiência física conhecida como síndrome da talidomida, ressalvado o direito à opção, é acumulável com rendimento ou remuneração que, a qualquer título, venha a ser pago pela União a seus beneficiários, salvo a indenização por dano moral concedida por lei específica.

(2) Os seringueiros que trabalharam nos seringais da região amazônica durante a Segunda Guerra Mundial, ainda que possuam meios para a sua subsistência e a da sua família, têm direito ao pagamento de pensão mensal vitalícia correspondente ao valor de dois salários mínimos vigentes no país.

(3) A pensão especial devida aos ex-combatentes da Segunda Guerra Mundial e a seus dependentes corresponde à pensão militar deixada por segundo-tenente das Forças Armadas.

(4) A pensão especial concedida às vítimas de hemodiálise de Caruaru não será transmitida aos seus sucessores.

(5) A pensão especial concedida às vítimas do acidente nuclear ocorrido em Goiânia – GO é transmissível ao cônjuge sobrevivente ou aos herdeiros, em caso de morte do beneficiário.

(6) O regime do anistiado político compreende, entre outros, o direito à reparação econômica, de caráter indenizatório, em prestação única ou mensal, permanente e continuada, sendo vedadas a readmissão e a promoção na inatividade.

(7) A pensão especial concedida às pessoas atingidas pela hanseníase, ressalvado o direito à opção, não é acumulável com indenizações que a União venha a pagar em decorrência de responsabilização civil sobre os mesmos fatos, bem como não impede a fruição de qualquer benefício previdenciário.

(8) A pensão especial destinada às crianças com síndrome congênita do zika vírus nascidas entre 1.° de janeiro de 2015 e 31 de dezembro de 2019 e beneficiárias do benefício de prestação continuada é mensal, vitalícia e intransferível, tendo o valor de um salário mínimo.

(9) O seguro-desemprego concedido, durante o período de defeso, ao pescador profissional que exerce a atividade pesqueira de forma artesanal é transferível a outrem.

1: Incorreta. A pensão especial aos portadores da síndrome da Talidomida não é acumulável com rendimento ou indenização que, a qualquer título, venha a ser pago pela União a seus beneficiários, salvo a indenização por dano moral concedida por lei específica (art. 3º da Lei 7.070/82); **2:** Incorreta. Aos seringueiros que trabalharam nos seringais da região amazônica durante a Segunda Guerra Mundial e que não possuam meios para a sua subsistência e da sua família, é assegurado o pagamento de pensão mensal vitalícia correspondente ao valor de 2 (dois) salários-mínimos vigentes no País (art. 1º da Lei 7.986/89); **3:** Correta, segundo o art. 3º da Lei 8.059/90; **4:** Correta, conforme art. 4º da Lei 9.422/96; **5:** Incorreta. Tal pensão é personalíssima e intransmissível (art. 1º, parágrafo único, da Lei 9.425/96); **6:** Incorreta. O Regime do Anistiado Político compreende reparação econômica, de caráter indenizatório, em prestação única ou em prestação mensal, permanente e continuada, asseguradas a readmissão ou a promoção na inatividade, nas condições estabelecidas no *caput* e nos §§ 1º e 5º do art. 8º do ADCT; **7:** Correta, nos termos do art. 3º, *caput* e parágrafo único, da Lei 11.520/2007. Note que esta pensão também é personalíssima, não sendo transmissível a dependentes e herdeiros; **8:** Correta. Trata-se pensão especial instituída pela Lei 13.985/2020 destinada a crianças com Síndrome Congênita do Zika Vírus, nascidas entre 1º de janeiro de 2015 e 31 de dezembro de 2019, beneficiárias do Benefício de Prestação Continuada (BPC) de que trata o art. 20 da Lei nº 8.742/93. A pensão especial é mensal, vitalícia e intransferível e terá o valor de um salário mínimo, sendo que seu deferimento ficará condicionado à desistência de ação judicial que tenha por objeto pedido idêntico sobre o qual versa o processo administrativo; **9:** Incorreta, pois o benefício em questão (conhecido como 'seguro-defeso') é pessoal e intransferível, como diz o art. 1º, § 7º, da Lei 10.779/2003. RO

Gabarito: 1E, 2E, 3C, 4C, 5E, 6E, 7C, 8C, 9E

(Técnico – INSS – 2022 – CEBRASPE) Com referência a pensões especiais, julgue os itens que se seguem.

(1) O anistiado político que, durante algum tempo, ficou exilado no exterior em decorrência de ameaça de punição por motivo exclusivamente político poderá usar o tempo do exílio como tempo de serviço para efeito de aposentadoria, independentemente do recolhimento da contribuição previdenciária referente ao tempo do exílio.

(2) Situação hipotética: Francisco, que recebe pensão especial por ter participado de operações bélicas durante a Segunda Guerra Mundial, foi convidado para assumir a secretaria de segurança pública de determinado estado da Federação. Assertiva: Nessa situação, Francisco não poderá cumular a pensão especial de ex-combatente com os rendimentos decorrentes do cargo de secretário, mas poderá optar por um ou outro rendimento.

(3) As crianças vítimas de sequelas neurológicas decorrentes da síndrome congênita do zika vírus têm direito ao recebimento de uma pensão especial mensal e vitalícia que será devida pela secretaria de assistência social dos municípios em que elas residam, e que será paga com recursos orçamentários provenientes da União.

(4) Situação hipotética: Paulo, que era portador de deficiência física decorrente da síndrome da talidomida e que, por esse motivo, recebia pensão especial há mais de quinze anos, faleceu recentemente em decorrência de complicações decorrentes dessa enfermidade. Até então, Paulo convivia em companhia da sua mãe e a pensão por ele recebida era a única fonte de renda familiar. Assertiva: nessa situação, a mãe de Paulo tem

direito de receber pensão previdenciária decorrente da morte de seu filho Paulo.

(5) O filho do seringueiro cujo pai tenha sido recrutado para trabalhar na produção de borracha nos seringais da região amazônica durante a Segunda Guerra Mundial e que comprovar o seu estado de carência econômica terá direito a receber o pagamento de pensão mensal vitalícia, cumulativo com o benefício concedido a seu pai.

1: Correta. A Lei nº 10.559/02 afirma, no inciso III de seu art. 1º, que o regime do anistiado político compreende o direito de contagem, para todos os efeitos, do tempo em que o anistiado político esteve compelido ao afastamento de suas atividades profissionais, em virtude de punição ou de fundada ameaça de punição, por motivo exclusivamente político, vedada a exigência de recolhimento de quaisquer contribuições previdenciárias; **2:** Correta, conforme os §§ 1º e 2º do art. 4º da Lei 8.059/90 e o art. 53, II, do ADCT; **3:** Incorreta. O requerimento de pensão especial destinada a crianças com Síndrome Congênita do Zika Vírus deve ser feito perante o INSS, sendo que as despesas correrão à conta da programação orçamentária Indenizações e Pensões Especiais de Responsabilidade da União; **4:** Incorreta, pois o benefício de pensão especial aos portadores da deficiência física conhecida como Síndrome da Talidomida é indenizatório (art. 3º, § 1º, da Lei 7.070/82) e, regra geral, a morte do pensionista implica na extinção de sua cota individual de uma pensão (art. 77, § 2º, I, do PBBS), motivo pelo qual o art. 484, da Instrução Normativa INSS 128/2022, afirma que a pensão destinada aos portadores de Síndrome da Talidomida é vitalícia e intransferível, não gerando pensão a qualquer eventual dependente ou resíduo de pagamento a seus familiares; **5:** Incorreta. A pensão mensal vitalícia dos seringueiros realmente é transferível aos dependentes reconhecidamente carentes (art. 54, § 2º, do ADCT). Isso posto, a transferência do benefício significa que o filho terá direito a receber a pensão nos moldes daquela recebida pelo falecido, não que o primeiro poderá cumular uma pensão para si com outra, idêntica, então recebida por seu pai. RO

Gabarito: 1C, 2C, 3E, 4E, 5E

(Técnico – INSS – 2022 – CEBRASPE) Determinada região, sob a vigência de período de defeso de camarão e de lagosta fixado pelo IBAMA, conta, entre outros, com os seguintes segurados:

I. Manoel, pescador artesanal de camarão;
II. José, pescador artesanal de crustáceo e músico empregado;
III. Flávio, pescador profissional de tainha;
IV. Maria, pescadora artesanal e beneficiária de pensão por morte.

Nessa situação hipotética, durante o período em apreço,

(1) Manoel está habilitado para usufruir o seguro-desemprego.

(2) José, ainda que empregado, tem direito ao seguro-desemprego.

(3) Maria, ainda que beneficiária de pensão por morte, tem direito ao seguro-desemprego.

(4) Manoel, José e Maria, ao pleitearem o seguro-desemprego, deverão solicitá-lo ao IBAMA, ao passo que Flávio deverá solicitá-lo ao INSS.

(5) Flávio poderá usufruir o seguro-desemprego se o IBAMA declarar o defeso da tainha.

O benefício de seguro-desemprego é concedido ao pescador artesanal enquadrado como segurado especial que exerça sua atividade profissional ininterruptamente, de forma artesanal e individualmente ou em regime de economia familiar. Considera-se profissão habitual ou principal meio de vida a atividade exercida durante o período compreendido entre o defeso anterior e o em curso, ou nos 12 (doze) meses imediatamente anteriores ao do defeso em curso, o que for menor. O § 4º do art. 1º da Lei 10.779/2003 afirma que somente terá direito ao seguro-desemprego o segurado especial pescador artesanal que não disponha de outra fonte de renda diversa da decorrente da atividade pesqueira. O pescador artesanal que exerce tal atividade profissionalmente faz jus ao benefício. Ao revés, o pescador profissional não artesanal não tem direito à prestação. A competência para processar os requerimentos e habilitar os beneficiários é do INSS, cabendo ao IBAMA apenas a fixação dos períodos de defeso em relação à espécie marinha, fluvial ou lacustre a cuja captura o pescador se dedique. É digno de nota ter a Lei 14.601, de 19.06.2023, alterado o art. 2º, § 1º, da Lei 10.779/2003, que trata da impossibilidade de cumulação do seguro-defeso com outras prestações. Diz a nova redação que para fazer jus ao benefício, o pescador não poderá estar em gozo de nenhum benefício decorrente de benefício previdenciário ou assistencial de natureza continuada, exceto pensão por morte, auxílio-acidente e transferências de renda de que tratam o parágrafo único do art. 6º e o inciso VI do *caput* do art. 203 da CF e o *caput* e o § 1º do art. 1º da Lei nº 10.835/2004. **RO**

Gabarito 1C, 2E, 3C, 4E, 5E

(Técnico – INSS/Guarulhos – 2022 – CEBRASPE) Em relação aos serviços previdenciários, julgue os itens seguintes.

(1) Ao serviço social compete esclarecer aos beneficiários seus direitos sociais e os meios de exercê-los, bem como estabelecer, juntamente com eles, o processo de solução dos problemas que emergirem da sua relação com a previdência social, no âmbito interno da instituição e na dinâmica da sociedade.

(2) Na hipótese de habilitação e reabilitação profissional, é vedada a concessão de auxílio para tratamento ou exame fora do domicílio do beneficiário.

1: Correta, nos termos do art. 88 do PBPS; **2:** Incorreta. O art. 91 do PBPS garante, no caso de habilitação e reabilitação profissional, auxílio para tratamento ou exame fora do domicílio do beneficiário, conforme dispuser o Regulamento.**RO**

Gabarito 1C, 2E

(Técnico – INSS/Guarulhos – 2022 – CEBRASPE) No que diz respeito ao plano de benefícios da previdência social, julgue os itens a seguir.

(1) Não faz jus à pensão por morte o pretenso beneficiário que tenha sido condenado criminalmente, por sentença transitada em julgado, pela prática de crime que tenha dolosamente causado a morte do segurado.

(2) É constitucional o reconhecimento do direito previdenciário à pensão por morte para a pessoa que tenha mantido, durante longo período e com aparência familiar, união com pessoa casada, porquanto o concubinato se equipara, para fins de proteção estatal, às uniões afetivas resultantes do casamento e da união estável.

(3) Para fins de concessão dos benefícios previdenciários e de contagem recíproca, é admitida a contagem de tempo de contribuição fictício.

(4) O valor do salário de benefício não pode ser inferior ao de um salário mínimo nem superior ao do limite máximo do salário de contribuição na data de início do benefício.

(5) O período de carência visa resguardar o equilíbrio financeiro e atuarial do sistema previdenciário.

(6) O salário de benefício do segurado que contribui em razão de atividades concomitantes é calculado com base na soma dos salários de contribuição das atividades exercidas na data do requerimento ou do óbito, ou no período básico de cálculo.

1: Correta. Perde o direito à pensão por morte o condenado criminalmente por sentença com trânsito em julgado, como autor, coautor ou partícipe de homicídio doloso, ou de tentativa desse crime, cometido contra a pessoa do segurado, ressalvados os absolutamente incapazes e os inimputáveis, consoante o art. 74, § 1º, do PBPS; **2:** Incorreta. Segundo o STF a proteção do Estado à união estável alcança apenas as situações legítimas e nestas não se inclui o concubinato (RExt 397.762-8, DJe 12.09.2008 e tema de repercussão geral nº 526); **3:** Incorreta, nos termos do art. 125, § 1º, III, do RPS; **4:** Correta, nos termos do art. 33 do PBPS, mas vale ressaltar que apenas os benefícios que substituam o salário de contribuição não podem ter valores inferiores ao do salário mínimo (art. 201, § 2º, da CF); **5:** Correta. O art. 201 da CF determina que o RGPS deve observar critérios que preservem o equilíbrio financeiro e atuarial. Nessa toada, o art. 24 do PBPS afirma que carência é o número mínimo de contribuições mensais indispensáveis para que o beneficiário faça jus ao benefício. A ciência atuarial é voltada a mensurar e administrar riscos. No âmbito previdenciário isso significa aferir e manter o equilíbrio entre entradas e saídas do orçamento da Seguridade Social de modo a preservar sua existência; **6:** Correta, nos termos do art. 32 do PBPS.**RO**

Gabarito 1C, 2E, 3E, 4C, 5C, 6C

(Técnico – INSS – 2022 – CEBRASPE) No tocante à aposentadoria da pessoa com deficiência segurada do RGPS julgue os seguintes itens.

(1) Considera-se pessoa com deficiência aquela que tem impedimentos de longo prazo de diversas naturezas, inclusive sensorial, os quais, em interação com diversas barreiras, podem obstruir sua participação plena e efetiva na sociedade em igualdade de condições com as demais pessoas.

(2) É assegurada a concessão de aposentadoria pelo RGPS ao segurado com deficiência aos 29 anos de tempo de contribuição, se homem, e aos 24 anos de tempo de contribuição, se mulher, no caso de segurado com deficiência leve.

(3) É garantida a concessão de aposentadoria pelo RGPS à segurada com deficiência com 55 anos de idade, desde que cumprido tempo mínimo de contribuição de quinze anos e comprovada deficiência durante igual período.

(4) O grau de deficiência para fins de concessão de aposentadoria poderá ser comprovado por diferentes meios, inclusive o testemunhal.

(5) A renda mensal da aposentadoria por idade devida ao segurado com deficiência é calculada, em qualquer situação, aplicando-se, sobre o salário de benefício, o percentual de 100%.

1: Correta, nos precisos termos do § 2º do art. 20 da LOAS; **2:** Incorreta. Em caso de deficiência leve, é assegurada a concessão de aposentadoria pelo RGPS aos 33 (trinta e três) anos de tempo de contribuição, se homem, e 28 (vinte e oito) anos, se mulher (art. 3º, III, da Lei Complementar 142/2013). O enunciado descreve as idades no caso de deficiência moderada; **3:** Correta, como se vê do inciso IV do art. 3º da LC 142/2013; **4:** Incorreta. O grau de deficiência será atestado por perícia própria do INSS, por meio de instrumentos desenvolvidos para esse fim (art. 5º da LC 142/2013), sendo que regulamento do Poder

7. DIREITO PREVIDENCIÁRIO — 189

Executivo definirá as deficiências grave, moderada e leve para os fins da LC 142/2013; **5:** Incorreta, segundo o art. 8°, II, da LC 142/2013. :RO

Gabarito 1C, 2E, 3C, 4E, 5E

(Técnico – INSS – 2008 – CESPE) Julgue a assertiva que se segue a cada uma das situações hipotéticas referentes ao salário-família apresentadas em cada um dos itens subsequentes.

(1) Rubens e sua esposa Amélia têm, juntos, dois filhos, trabalham e são segurados do regime geral da previdência social, além de serem considerados trabalhadores de baixa renda. Nessa situação, o salário-família somente será pago a um dos cônjuges.

(2) Dalila, que é empregada doméstica e segurada do regime geral da previdência social, tem três filhos, mas não recebe salário-família. Nessa situação, apesar de ser considerada trabalhadora de baixa renda, Dalila não tem o direito de receber esse benefício.

1: incorreta. A avaliação dos requisitos para o direito à percepção do salário-família é feita individualmente, em relação a cada trabalhador (art. 82, § 3°, do RPS). Assim, ainda que a soma das remunerações ultrapasse o limite disposto para a concessão do benefício, cada trabalhador receberá, separadamente, o salário-família, exceto se forem separados ou divorciados. Nessa última situação, o pagamento será realizado somente àquele que detiver a guarda do filho (art. 87 do RPS); **2:** correta quando da aplicação do certame. A redação original do art. 65 do PBPS afirmava que "*O salário-família será devido, mensalmente, ao segurado empregado, exceto ao doméstico, e ao segurado trabalhador avulso (...)*". Os empregados domésticos somente passaram a fazer jus ao salário-família após a promulgação da EC n° 72/2013–e da Lei Complementar n° 150/2015, a qual expressamente incluiu as empregadas domésticas na nova redação do art. 65 do PBPS. :RO

Gabarito 1E, 2C

(Magistratura Federal - 1ª Região – 2011 – CESPE) Com relação a questões previdenciárias diversas no âmbito dos juizados especiais federais, assinale a opção correta.

(A) Tratando-se de aposentadoria de trabalhador rurícola por idade, o tempo de serviço rural fica descaracterizado pelo exercício de atividade urbana, ainda que por curtos períodos e de forma intercalada com a atividade rural, dentro do período de carência.

(B) Para a concessão do benefício de auxílio-doença, exige-se a impossibilidade total do segurado para qualquer atividade laborativa, não sendo suficiente que o trabalhador esteja temporariamente incapacitado para o exercício de sua atividade habitual por mais de 30 dias consecutivos.

(C) Para a concessão de aposentadoria por idade, o tempo em gozo de auxílio-doença sempre pode ser computado para fins de carência, mas o tempo em gozo de aposentadoria por invalidez somente pode ser computado se intercalado com atividade.

(D) Tratando-se de restabelecimento de benefício por incapacidade e sendo a incapacidade decorrente da mesma doença que tenha justificado a concessão do benefício cancelado, não há presunção de continuidade do estado incapacitante, devendo a data de início do benefício ser fixada a partir do requerimento administrativo.

(E) Para fins de instrução do pedido de averbação de tempo de serviço rural, admite-se a apresentação de documentação pertinente e contemporânea à data

dos fatos, desde que em nome do segurado, não se admitindo documentos em nome de terceiros.

A: incorreta. O art. 39, I, do PBPS garante o direito à aposentadoria por idade e por invalidez mesmo que a atividade rural tenha sido exercida de forma descontínua; **B:** incorreta. O auxílio-doença é pago ao segurado que estiver total e temporariamente incapacitado para o exercício de suas atividades habituais por mais de 15 dias consecutivos (art. 59 do PBPS); **C:** correta, nos termos da decisão proferida no processo 2009.72.66.001857-1 da Turma Nacional de Uniformização dos Juizados Especiais Federais; **D:** incorreta. A situação importa presumir a continuidade do estado incapacitante, a qual determina o restabelecimento do pagamento desde a data do cancelamento indevido (Processo 2007.72.57.003683-6 da Turma Nacional de Uniformização dos Juizados Especiais Federais); **E:** incorreta. Documentos em nome de terceiros podem ser considerados como início de prova material de atividade rural (Processo 2005.70.95.014733-3 e Processo 2005.70.95.014733-3 da Turma Regional de Uniformização do TRF 4). :RO

Gabarito C.

(Magistratura Federal - 1ª Região – 2011 – CESPE) A respeito da renda mensal dos benefícios do RGPS, assinale a opção correta.

(A) Ao segurado trabalhador avulso que tenha cumprido todas as condições para a concessão do benefício pleiteado, mas não possa comprovar o valor dos seus salários de contribuição no período básico de cálculo, será concedido o benefício de valor mínimo, devendo esta renda ser recalculada quando da apresentação de prova dos salários de contribuição.

(B) No cálculo do valor da renda mensal do benefício, com exceção do decorrente de acidente do trabalho, serão computados, para o segurado empregado e empregado doméstico, os salários de contribuição referentes aos meses de contribuições devidas, ainda que não recolhidas pelo empregador, sem prejuízo da respectiva cobrança e da aplicação das penalidades cabíveis.

(C) A CF, em dispositivo dotado de autoaplicabilidade, inovou no ordenamento jurídico ao assegurar, para os benefícios concedidos após a sua vigência, a correção monetária de todos os salários de contribuição considerados no cálculo da renda mensal inicial.

(D) É devida a inclusão de expurgos inflacionários na correção monetária dos salários de contribuição, quando do cômputo da renda mensal inicial dos benefícios de prestação continuada concedidos pela previdência social após a promulgação da CF.

(E) É devido abono anual ao segurado que, durante o ano, tenha recebido auxílio-doença, auxílio-acidente ou aposentadoria, pensão por morte, auxílio-reclusão ou salário-família, devendo o abono ser calculado pela média dos proventos pagos durante o ano ao segurado.

A: correta, nos termos do art. 35 do PBPS; **B:** incorreta. A regra enunciada aplica-se também aos benefícios decorrentes de acidente de trabalho (art. 34, I, do PBPS); **C:** incorreta. O art. 194, parágrafo único, IV, da CF assegura a irredutibilidade do valor dos benefícios, o que abrange tanto a irredutibilidade nominal (valor expresso em moeda corrente) e a irredutibilidade real (conferida pela correção monetária para afastar os efeitos da inflação). Ocorre que a regra não é autoaplicável, na medida em que o próprio dispositivo enuncia que tal garantia se dará "nos termos da lei"; **D:** incorreta. A jurisprudência do STJ é uníssona em afirmar que é impossível a inclusão dos expurgos inflacionários na correção monetária dos salários de contribuição (EREsp 213.164/SC, *DJ* 12.02.2010); **E:** incorreta. O valor do abono anual, também conhecido como "13º salário dos aposentados", é calculado sobre a renda do benefício relativa ao mês de dezembro de cada ano (art. 40, parágrafo único, do PBPS). RB

Gabarito "A".

(Magistratura Federal – 3ª Região – 2010) Assinale a alternativa correta:

(A) O abono anual é devido ao segurado e ao dependente da Previdência Social que, durante o ano, recebe o benefício da assistência social constitucional;

(B) O abono anual é devido ao segurado e ao dependente da Previdência Social que recebeu o benefício do auxílio-doença, auxílio-acidente ou aposentadoria, pensão por morte e auxílio-reclusão;

(C) O abono anual será calculado pela média dos valores do benefício recebido pelo segurado durante o ano;

(D) O abono anual não se confunde e não tem qualquer relação com a gratificação de natal dos trabalhadores.

Nos termos do art. 120 do RPS, é devido abono anual, tal qual o 13º salário, ao segurado e ao dependente da Previdência Social que, durante o ano, recebeu auxílio-doença, auxílio-acidente, aposentadoria, salário-maternidade, pensão por morte ou auxílio-reclusão. Segundo o parágrafo único do art. 40 do PBPS, o abono anual será calculado, no que couber, da mesma forma que a Gratificação de Natal dos trabalhadores, tendo por base o valor da renda mensal do benefício do mês de dezembro de cada ano. RO

Gabarito "B".

(Magistratura Federal – 3ª Região – 2010) Assinale a alternativa correta:

(A) O benefício de aposentadoria por invalidez corresponde a 85% (oitenta e cinco por cento) do salário de benefício;

(B) O benefício de aposentadoria por invalidez pode ser concedido ao segurado insuscetível de reabilitação para o exercício de atividade que lhe garanta a subsistência, sendo-lhe pago por tempo indeterminado;

(C) Em nenhuma hipótese, o benefício da aposentadoria por invalidez será pago ao segurado portador de doença ou lesão de que já era portador ao filiar-se ao Regime Geral da Previdência Social;

(D) O valor da aposentadoria por invalidez do segurado que necessitar da assistência permanente de outra pessoa será acrescido de 25% (vinte e cinco por cento)

A: incorreta, pois a aposentadoria por invalidez consistirá em renda mensal correspondente a 100% do salário de benefício – art. 44 do PBPS; **B:** incorreta, pois o benefício de aposentadoria será pago enquanto o segurado permanecer na condição (incapaz e insuscetível de reabilitação) – art. 42 do PBPS; **C:** incorreta, pois, excepcionalmente, haverá direito à aposentadoria por invalidez quando a incapacidade sobrevier por motivo de progressão ou agravamento da doença ou lesão anteriormente existente – art. 42, § 2º, *in fine*, do PBPS; **D:** assertiva correta, pois reflete o disposto no art. 45 do PBPS. RB

Gabarito "D".

6.4. Cumulação de benefícios

(Técnico – INSS – 2008 – CESPE) Em cada um dos itens subsequentes, é apresentada uma situação hipotética que trata de cumulação de benefícios, seguida de uma assertiva a ser julgada.

(1) Tereza encontra-se afastada de suas atividades laborais e recebe o auxílio-doença. Nessa situação,

caso engravide e tenha um filho, Tereza não poderá receber, ao mesmo tempo, o auxílio-doença e o salário-maternidade.

(2) Sofia, pensionista da previdência social em decorrência da morte de seu primeiro marido, João, resolveu casar-se com Eduardo, segurado empregado. Seis meses após o casamento, Eduardo faleceu em trágico acidente. Nessa situação, Sofia poderá acumular as duas pensões, caso o total recebido não ultrapasse o teto determinado pela previdência social.

(3) Pedro recebe auxílio-acidente decorrente da consolidação de lesões que o deixaram com sequelas definitivas. Nessa condição, Pedro não poderá cumular o benefício que atualmente recebe com o de aposentadoria por invalidez que eventualmente venha a receber.

(4) Fábio recebe auxílio-acidente decorrente da consolidação de lesões que o deixaram com sequelas definitivas. Nessa situação, Fábio poderá cumular o benefício que atualmente recebe com o auxílio-doença decorrente de outro evento.

1: correta, nos termos do art. 124, IV, do PBPS; **2:** incorreta. Não é permitido cumular duas pensões por morte deixada por cônjuge ou companheiro, devendo Sofia optar pela mais vantajosa (art. 124, VI, do PBPS); **3:** correta, nos termos do art. 86, § 2º, do PBPS e da Súmula nº 507 do STJ; **4:** correta. Nada obsta o recebimento do auxílio-acidente concomitantemente ao auxílio-doença decorrente de outro evento (art. 86, § 3º, do PBPS). RO

Gabarito 1C, 2E, 3C, 4C.

(Analista – INSS – 2008 – CESPE) Cada um dos itens que se seguem apresenta uma situação hipotética, seguida de uma assertiva a ser julgada, acerca da legislação previdenciária brasileira.

(1) Sérgio, segurado aposentado do regime geral, voltou à atividade depois de conseguir um emprego de vendedor, tendo passado a recolher novamente para a previdência. Nessa situação, caso sofra acidente de qualquer natureza e fique afastado do trabalho, Sérgio deverá receber auxílio-doença.

(2) Antônio, segurado aposentado do regime geral, retornou ao trabalho, visto que pretendia aumentar seus rendimentos mensais. Trabalhando como vendedor, passou a recolher novamente para a previdência. Nessa situação, caso seja demitido injustamente do novo emprego, Antônio fará jus ao recebimento do seguro-desemprego cumulativamente à sua aposentadoria.

1: incorreta. Não são cumuláveis os benefícios de aposentadoria e auxílio-doença (art. 124, I, do PBPS); **2:** incorreta. Não são cumuláveis a aposentadoria e o seguro-desemprego (art. 124, parágrafo único, do PBPS). RO

Gabarito 1E, 2E.

(Magistratura Federal – 4ª Região – VII) João, aposentado rural, ficando viúvo de Maria, aposentada urbana, de quem passa a ser pensionista ainda antes do advento da legislação previdenciária moderna (Lei nº 8213):

(A) não pode, a partir daí, continuar acumulando os dois benefícios;

(B) pode continuar acumulando os dois benefícios, exceto se maior de 65 anos de idade;

7. DIREITO PREVIDENCIÁRIO

(C) pode optar por perceber os valores do benefício mais vantajoso com renúncia expressa aos do outro;

(D) pode, sem restrição alguma, continuar acumulando os dois benefícios.

O art. 124 do PBPS proíbe a acumulação de determinados benefícios, porém garante a proteção aos direitos adquiridos. Com isso, João poderá continuar a acumular seus proventos normalmente. RB
Gabarito "D".

7. SERVIDORES PÚBLICOS

(Analista Jurídico –TCE/PA – 2016 – CESPE) Em cada um dos itens a seguir é apresentada uma situação hipotética seguida de uma assertiva a ser julgada a respeito do regime próprio de previdência social dos servidores públicos.

(1) Situação hipotética: Cássia, que nunca tinha contribuído para qualquer regime de previdência social, ingressou, em janeiro de 2016, no serviço público do estado do Pará por meio de concurso público, aos sessenta anos de idade. **Assertiva:** Nessa situação, ao completar setenta anos de idade, Cássia deverá aposentar-se compulsoriamente pelo regime de previdência social dos servidores do estado do Pará, com vencimentos proporcionais ao tempo de serviço.

(2) Situação hipotética: Artur ingressou no serviço público federal, por meio de concurso público, para o exercício de cargo técnico que lhe exigia quarenta horas de dedicação semanal. Após a aprovação em outro concurso público federal para o exercício do magistério, Artur passou a exercer os dois cargos públicos concomitantemente, sem que um interferisse no outro. **Assertiva:** Nessa situação, Artur terá direito ao recebimento de duas aposentadorias por tempo de contribuição concedidas pelo regime próprio de previdência social dos servidores públicos federais.

1: incorreta. A aposentadoria compulsória passou a ser aos 75 anos de idade a partir da Lei Complementar 152/2015, com exceção dos Ministros de Tribunais Superiores, em relação aos quais a alteração decorreu diretamente da Emenda Constitucional 88/2015. A Lei Complementar 152/2015 foi declarada constitucional pelo STF (ADI 5430, DJe 06.06.2023); 2: correta. Como os cargos são cumuláveis na atividade (art. 37, XVI, "b", da CF), os proventos de aposentadoria também o são (art. 40, § 6º, da CF). RO
Gabarito 1E, 2C

(Analista Jurídico –TCE/PA – 2016 – CESPE) Com relação ao regime próprio de previdência social dos servidores públicos, julgue o item subsequente.

(1) A aposentadoria por invalidez permanente é devida ao conjunto de beneficiários do regime próprio de previdência social, incluídos os dependentes do segurado, que forem considerados definitivamente incapacitados para o desempenho de função ou cargo público, por deficiência física, mental ou fisiológica.

1: incorreta. A aposentadoria por invalidez, assim como qualquer outra aposentadoria, é concedida somente ao segurado, não aos seus dependentes. HS
Gabarito 1E

(Analista Jurídico – TCE/PR – 2016 – CESPE) O regime próprio de previdência social (RPPS) é o regime de previdência estabelecido para os servidores de cargo efetivo no âmbito da União, dos estados, do Distrito Federal e dos municípios. A respeito do RPPS, assinale a opção correta.

(A) Se determinado município deixa de instituir o seu RPPS, seus servidores efetivos vinculam-se ao RPPS do estado.

(B) Impôs o STF que o julgamento, pelo Tribunal de Contas, da ilegalidade de aposentadoria pelo RPPS importa a devolução dos valores recebidos, ainda que configurada a boa-fé.

(C) Conforme o entendimento do STF, a vedação constitucional à percepção de mais de uma aposentadoria à conta do RPPS não se estende à percepção de duas pensões por morte em favor dos dependentes do servidor falecido.

(D) A Constituição Federal de 1988 admite a incidência de contribuição previdenciária sobre a totalidade do benefício percebido por aposentado por invalidez pelo RPPS.

(E) Pode-se instituir contribuição previdenciária sobre aposentadorias e pensões por meio de lei estadual, independentemente de previsão na Constituição do estado.

A: incorreta. Se inexistente o regime próprio em determinada unidade da federação, os servidores serão vinculados ao RGPS (art. 9º, I, "j", do Decreto 3.048/1999, art. 40, § 22, da CF e art. 34 da EC nº 103/2019); **B:** incorreta. A devolução será determinada somente se comprovada a má-fé do segurado (STF, MS 26.085/DF e súmula 106 do TCU); **C:** incorreta. A jurisprudência do STF equipara, para fins da citada vedação, os benefícios de aposentadoria e pensão por morte (STF, RE 584.388/SC). O art. 24 da EC 103/2019 passou a proibir a acumulação de mais de uma pensão por morte deixada por cônjuge ou companheiro, no âmbito do mesmo regime de previdência social, ressalvadas as pensões do mesmo instituidor decorrentes do exercício de cargos acumuláveis; **D:** incorreta. Incidirá contribuição previdenciária sobre o benefício pago pelo RPPS somente naquilo que exceder o teto do regime geral (art. 40, § 18, da CF); **E:** correta, porque tal autorização decorre dos arts. 24, XII, e 149, § 1º, da CF. A partir da redação dada ao art. 149, § 1º, da CF, pela EC 103/2019, a instituição de contribuição previdenciária cobrada de ativos, aposentados e pensionistas deixou de ser uma possibilidade dos entes federados e passou a ser um dever, pois a nova redação suprimiu a expressão "poderão" e a substituiu por "instituirão". RO
Gabarito "E".

(Analista Jurídico – TCE/PR – 2016 – CESPE) O § 9.º do art. 201 da Constituição Federal de 1988, que estabelece um sistema geral de compensação, deve ser interpretado à luz dos princípios da solidariedade e da contributividade, que regem o atual sistema previdenciário brasileiro. Acerca da contagem recíproca de tempo de contribuição e compensação financeira, assinale a opção correta.

(A) Lei estadual que assegure, para fins de aposentadoria, a contagem recíproca do tempo de contribuição na administração pública e na atividade privada pode restringir a contagem do tempo de serviço privado ao limite de dez anos, nos termos do entendimento do STF.

(B) Conforme o STF, admite-se, para fins de aposentadoria no serviço público, a contagem recíproca do tempo de serviço rural, ainda que não tenham sido recolhidas as contribuições previdenciárias correspondentes, por se tratar de atividade de natureza especial.

(C) O benefício resultante da contagem recíproca de tempo de contribuição será concedido e pago pelo regime de previdência com o qual o segurado tenha contribuído o maior número de vezes.

(D) A compensação financeira visa auxiliar o regime instituidor do benefício e é devida pelo regime de origem, que compartilha a obrigação de manutenção do benefício, considerando-se o tempo de contribuição do segurado para o referido regime.

(E) No caso de servidor egresso do RGPS pretender aposentar-se pelo RPPS, atendidas as normas legais vigentes, só será considerado, para fins de cálculo da compensação financeira devida ao RGPS, o valor da renda mensal que o servidor faria jus no RPPS, multiplicado pelo percentual correspondente ao tempo de contribuição ao RGPS no tempo total de contribuição.

A: incorreta. Tal restrição ofende o art. 201, §9º, da Carta Magna (STF, ADI 1798/BA); B: incorreta. Para que seja considerado o período de atividade rural na hipótese é necessário que se comprove o efetivo recolhimento das contribuições (STF, MS 33.482 AgR/DF e súmula 10 da TNU); C: incorreta. O benefício é pago pelo regime instituidor, assim entendido aquele no qual o segurado tenha obtido o direito à aposentadoria ou pensão dela decorrente (art. 2º, II, da Lei 9.796/1999); D: correta, nos termos do art. 3º e seus parágrafos da Lei 9.796/1999; E: incorreta. O valor da compensação será a renda mensal inicial no RPPS ou o valor do benefício caso fosse pago pelo RGPS, o que for menor (art. 4º, §3º, da Lei 9.796/1999). RM

Gabarito "D".

(DPE/PE – 2015 – CESPE) Julgue o item abaixo, relativo a regimes previdenciários.

(1) Segundo a legislação, é vedado ao segurado receber mais de uma aposentadoria do RGPS. Entretanto, não há impedimento a que o segurado receba aposentadoria por idade desse regime e aposentadoria por tempo de contribuição do serviço público.

1: correta. A cumulação de benefícios oriundos de fontes previdenciárias diferentes (RGPS, regime próprio dos servidores públicos ou previdência privada) é permitida, nos termos do art. 40, § 6º, da CF (RExt 1.152.174, DJe 17.10.2019). RQ

Gabarito 1C

(Defensor/PA – 2015 – FMP) Aos servidores públicos vinculados a Regime Próprio de Previdência Social até 31.12.2003, a Emenda Constitucional 70, de 29 de março de 2012, assegurou o direito à:

(A) aposentadoria por invalidez permanente, independente da causa da invalidez, com proventos integrais e reajustes na mesma proporção e na mesma data, sempre que se modificar a remuneração dos servidores em atividade.

(B) aposentadoria por invalidez permanente, independente da causa da invalidez, com proventos integrais e reajustes de forma a preservar-lhes, em caráter permanente, o valor real conforme critérios estabelecidos em lei.

(C) aposentadoria por invalidez permanente, com proventos apurados de acordo com a média aritmética simples dos maiores salários de contribuição correspondentes a 80% (oitenta por cento) de todo o período contributivo, e reajustes na mesma proporção e na mesma data, sempre que se modificar a remuneração dos servidores em atividade.

(D) aposentadoria por invalidez permanente, quando decorrente de acidente em serviço, moléstia profissional ou doença grave, contagiosa ou incurável, na forma da lei, com proventos integrais e reajustes na mesma proporção e na mesma data, sempre que se modificar a remuneração dos servidores em atividade.

(E) aposentadoria compulsória e à aposentadoria por invalidez permanente, quando decorrente de acidente em serviço, moléstia profissional ou doença grave, contagiosa ou incurável, na forma da lei, com proventos integrais e reajustes na mesma proporção e na mesma data, sempre que se modificar a remuneração dos servidores em atividade.

A Emenda Constitucional 70/2012 inseriu o art. 6º-A na Emenda Constitucional 41/2003 para assegurar ao servidor público que já tivesse ingressado no serviço público até a data da publicação desta última Emenda (dia 31.12.2003) o direito à aposentadoria por invalidez permanente em caso de acidente em serviço, moléstia profissional ou doença grave, contagiosa ou incurável, com o chamado "benefício da paridade" – o reajuste do valor do benefício deve seguir os mesmos índices e nas mesmas datas em que se alterem os vencimentos dos servidores em atividade no mesmo cargo em que se deu a aposentadoria. HS

Gabarito "D".

(Analista – TRT/2ª – 2014 – FCC) Uma vez criados por lei do ente federativo, vinculam-se aos regimes próprios de previdência social os servidores

(A) requisitados para o serviço eleitoral pela Justiça respectiva.

(B) empregados temporários na Administração direta e indireta da União.

(C) ocupantes exclusivamente de cargos comissionados da União, Estados e Municípios da Administração direta.

(D) ocupantes de cargos efetivos de autarquias da União, Estados e Municípios.

(E) empregados de empresas públicas da União, Estados e Municípios.

Os regimes próprios de previdência social são exclusivos dos servidores públicos ocupantes de cargos efetivos da Administração Direta e das autarquias e fundações das três esferas de governo (art. 40 da CF). Os demais agentes públicos vinculam-se ao RGPS na condição de empregados (art. 12, I, do PCSS). HS

Gabarito "D".

(Analista – TRT/2ª – 2014 – FCC) Sobre os proventos de aposentadoria e pensão dos servidores públicos vinculados a regimes próprios de previdência social,

(A) incidem contribuições previdenciárias, independentemente de quaisquer valores de referência do regime geral.

(B) incide ordinariamente contribuição sobre o valor que supere o teto do regime geral, em percentual igual ao que incide sobre a remuneração dos servidores em atividade.

(C) não podem incidir contribuições sociais.

(D) incide ordinariamente contribuição sobre o valor que supere o dobro do teto do regime geral.

(E) incide contribuição sobre o valor que supere o teto do regime geral, quando o beneficiário for portador de doença incapacitante.

O art. 40, § 18, da CF determina a incidência de contribuição previdenciária sobre os benefícios pagos pelos regimes próprios de previdência social sobre a parcela que exceder o valor do teto do RGPS pela mesma alíquota aplicável aos servidores em atividade. Registre-se que a exceção prevista no § 21 do mesmo artigo, que aumentava para o dobro do teto do RGPS a não incidência da contribuição para pessoas portadoras de doenças incapacitantes, foi revogada pela EC 103/2019. **RO**
Gabarito "B".

(Técnico – INSS – 2022 – CEBRASPE) A respeito das inovações trazidas pela Emenda Constitucional (EC) n.º 103/2019, julgue os itens a seguir.

(1) Os proventos de aposentadoria e as pensões estão limitados à remuneração do respectivo servidor no cargo efetivo em que se deu a aposentadoria ou que serviu de referência para a concessão da pensão.

(2) Desde a promulgação da referida EC, passou a ser obrigatória a instituição de RPPS por todos os entes federativos.

1: A redação do enunciado em tela reflete o teor do § 2° do art. 40 da CF antes de sua alteração pela EC 103/2019. Uma vez vigente a referida emenda constitucional e o dispositivo passou a afirmar que: *"Os proventos de aposentadoria não poderão ser inferiores ao valor mínimo a que se refere o § 2° do art. 201 ou superiores ao limite máximo estabelecido para o Regime Geral de Previdência Social, observado o disposto nos §§ 14 a 16."*; **2:** Incorreta. Pelo contrário, o § 22 do art. 40 da CF, incluído pela EC 103/2019, passou a vedar a instituição de novos regimes próprios de previdência social. **RO**
Gabarito 1Anulada, 2E.

(Analista – TRT/2ª – 2014 – FCC) Para efeito de aposentadoria perante o regime próprio, o tempo de contribuição regularmente feito pelo segurado no regime geral

(A) não poderá ser computado, senão mediante aplicação do chamado fator previdenciário.

(B) não poderá ser computado, a menos que haja reciprocidade prevista, facultativamente, na legislação do respectivo ente político.

(C) poderá ser computado, hipótese em que os diversos regimes previdenciários se compensarão financeiramente.

(D) poderá ser computado, mediante pedido de restituição, pelo segurado, das contribuições vertidas e posterior recolhimento indenizatório perante o regime instituidor do benefício.

(E) estará assegurado apenas perante o regime dos servidores públicos da União, por se tratar de contribuições recolhidas a uma autarquia federal.

O art. 40, § 9°, da CF determina que seja computado o tempo de contribuição ao RGPS do segurado de regime próprio, hipótese em que os regimes previdenciários se compensarão financeiramente. **HS**
Gabarito "C".

(Magistratura Federal – 3ª Região – 2011 – CESPE) Considerando o regime próprio de previdência social dos servidores públicos estatutários, assinale a opção correta.

(A) O cômputo do tempo de atividade rural anterior a 1991, para fins de contagem recíproca com o período prestado na administração pública sob regime estatutário, visando à aposentadoria estatutária, só pode ser feito mediante o recolhimento das contribuições previdenciárias relativas ao tempo de atividade rural.

(B) O pensionista portador de doença incapacitante é isento da contribuição sobre os proventos de pensão recebida no âmbito do regime próprio de previdência dos servidores públicos estatutários, ainda que os proventos superem o dobro do limite máximo estabelecido para os benefícios do RGPS.

(C) O regime próprio de previdência social dos servidores públicos estatutários observa, assim como o RGPS, critérios que preservem o equilíbrio financeiro e atuarial, mas, por expressa disposição constitucional, não admite a aplicação subsidiária das normas do regime geral.

(D) Suponha que João, procurador aposentado da fazenda nacional, seja convidado a ocupar o cargo em comissão de diretor de secretaria da Vara Federal de Execuções Fiscais do Estado de São Paulo e aceite a proposta. Nessa situação, em relação à atividade de diretor de secretaria, João estará vinculado ao regime próprio de previdência dos servidores públicos federais.

(E) O servidor público ex-celetista que tenha exercido atividade especial e passado para o regime estatutário por força da CF não tem direito a contar o tempo de serviço com o acréscimo legal, dada a vedação constitucional da contagem de tempo de serviço fictício, para fins de aposentadoria estatutária.

A: correta, nos termos do quando decidido pelo STJ no julgamento do AR 3.215/MG, *DJ* 28.06.2006; **B:** incorreta. Superado o dobro do limite máximo estabelecido para os benefícios do RGPS e haveria a incidência de contribuição previdenciária, conforme disposição constitucional vigente quando da aplicação do certame (art. 40, § 21, da CF). Revogada tal dispositivo pela EC 103/2019 e aos portadores de doença incapacitante se aplica a regra geral do § 18 do art. 40 da CF; **C:** incorreta. Não há qualquer disposição constitucional expressa nesse sentido. Pelo contrário, o § 6° do art. 40 da CF, com a redação dada pela EC 103/2019, prevê hipótese de aplicação subsidiária de normas do RGPS ao RPPS; **D:** incorreta. O servidor ocupante exclusivamente de cargo em comissão é segurado obrigatório do RGPS na qualidade de empregado (art. 11, I, *g*, do PBPS); **E:** incorreta. Esse caso não trata de tempo de serviço fictício, mas sim de contagem recíproca de tempo de contribuição, hipótese em que os respectivos órgãos previdenciários se compensarão mutuamente (art. 94 do PBPS). **RO**
Gabarito "A".

8. AÇÕES PREVIDENCIÁRIAS

(Técnico – INSS – 2016 – CESPE) Com relação a contribuições sociais dos segurados e(ou) a decadência e prescrição relativamente a benefícios previdenciários, cada um dos próximos itens apresenta uma situação hipotética, seguida de uma assertiva a ser julgada.

(1) Dagoberto obteve aposentadoria por tempo de contribuição concedida pelo INSS em junho de 2012. Entretanto, o INSS não efetuou o pagamento do abono anual proporcional do ano de 2012 nem o do ano de 2013. Nessa situação, atualmente, Dagoberto não mais tem direito a exigir o pagamento dos abonos anuais referentes aos anos de 2012 e 2013, visto que está prescrito o direito ao percebimento das referidas prestações.

(2) Ronaldo, segurado contribuinte individual da previdência social, optou pela contribuição de alíquota

reduzida, de 11%, que exclui o direito ao benefício de aposentadoria por tempo de contribuição. Nessa situação, caso pretenda obter aposentadoria por tempo de contribuição, Ronaldo poderá fazer a complementação da diferença entre o percentual pago e o percentual devido, acrescida de juros moratórios.

1: incorreta. Prescrevem em 5 anos, contados da data em que deveriam ter sido pagas, as ações para cobrar prestações vencidas junto à Previdência Social (art. 103, parágrafo único, do PBPS). Considerando que a prova em comento foi realizada em 2016, não se poderiam ainda considerar prescritas as pretensões; **2:** correta, nos termos do art. 21, § 3º, do PCSS. RO

Gabarito: 1E, 2C

(Técnico – INSS/Guarulhos – 2022 – CEBRASPE) Paulo aposentou-se por invalidez em 5 de dezembro de 2015.

Joaquim obteve, fraudulentamente, benefício previdenciário em 5 de dezembro de 2015.

Matias sofreu acidente de trabalho em 5 de dezembro de 2015.

Jonas encontra-se impossibilitado de trabalhar por haver adquirido doença incapacitante.

Considerando esses dados hipotéticos, julgue os itens que se seguem.

(1) Paulo pode solicitar a revisão de sua aposentadoria até o dia 1.º de janeiro de 2026.

(2) Jonas deve solicitar o benefício previdenciário em até cinco anos, contados da data em que ele foi acometido pela doença incapacitante.

(3) A previdência social pode cassar o benefício de Joaquim até o dia 5 de dezembro de 2025.

(4) Matias pôde solicitar o benefício acidentário até o dia 5 de dezembro de 2020.

1: Correta, uma vez que, nos termos do art. 103 do PBPS, o prazo de decadência do direito ou da ação do segurado ou beneficiário para a revisão do ato de concessão do benefício é de dez anos, contado do dia primeiro do mês seguinte ao do recebimento da primeira prestação ou, quando for o caso, do dia em que tomar conhecimento da decisão indeferitória definitiva no âmbito administrativo. Importante notar que a redação dada ao art. 103 do PBPS pela Lei 13.846/2019 foi declarada inconstitucional pelo STF na ADI 6.096; **2:** Incorreta. O prazo de 5 anos previsto no parágrafo único do art. 103 do PBPS é prescricional e atinge as parcelas vencidas a mais de 5 anos, deixando incólumes as parcelas vencidas a menos de 5 anos, nos termos da súmula 81 da TNU. O 'fundo de direito' – no caso a concessão de benefício previdenciário – não está sujeito à prescrição ou à decadência, como se extrai da já mencionada súmula 81 da TNU e da decisão do STF na ADIN nº 6.096; **3:** Incorreta. O prazo decadencial de dez anos para que a Previdência Social anule os atos administrativos de que decorram efeitos favoráveis para os seus beneficiários é excepcionada na hipótese de comprovada má-fé (fraude), como diz o art. 103-A do PBPS; **4:** Correta, segundo o gabarito. Como dito acima, o 'fundo de direito', ou seja, a concessão em si de benefício previdenciário, não está sujeito à prescrição ou à decadência. Prescrevem as parcelas vencidas a mais de 5 anos e decai o direito de revisão do benefício previdenciário após 10 anos. O fato de o art. 104 do PBPS mencionar a prescrição das ações referentes à prestação por acidente do trabalho não afasta tal conclusão, até porque tal norma faz expressa referência ao art. 103 do mesmo diploma legal. Ao fim e ao cabo, a finalidade do art. 104 do PBPS é apenas de explicitar os diferentes termos iniciais da contagem de prescrição quinquenal previstos em seus dois incisos. Assim sendo, Matias não está sob qualquer prazo

fatal após o qual não poderá solicitar o benefício previdenciário (ADI 6.096). Mas para não ter qualquer parcela de seu benefício prescrita, deve fazer a solicitação em até 5 anos contados da data do acidente (Art. 104, I, do PBPS). Ao que parece, o enunciado interpretou o art. 104 do PBPS de modo literal e isolado. RO

Gabarito: 1C, 2E, 3E, 4C

(Técnico – INSS – 2022 – CEBRASPE) Acerca da prescrição e dos recursos administrativos previdenciários, julgue os itens subsequentes.

(1) Situação hipotética: Flávio formalizou pedido de pensão por morte em decorrência do óbito do seu companheiro Rodrigo. Após a análise da documentação apresentada, o INSS indeferiu o pedido sob o argumento de que Flávio não era dependente economicamente de Rodrigo. Assertiva: Nessa situação, contra a decisão de indeferimento caberá recurso ordinário na via administrativa, recurso este que deverá ser julgado pela Junta de Recursos do Conselho de Recursos da Previdência Social.

(2) Situação hipotética: Haroldo se aposentou por tempo de contribuição em abril de 2018 e somente em setembro de 2022 constatou-se que o valor do seu benefício previdenciário estava sendo pago a menor desde a data da sua implantação. Assertiva: Nessa situação, não está prescrito o direito de Haroldo requerer a revisão do valor do seu benefício nem tampouco o pagamento das diferenças devidas a partir da sua implantação.

1: Correta. As Juntas de Recursos – um dos órgãos do Conselho de Recursos da Previdência Social – têm competência para julgar os recursos das decisões proferidas pelo INSS nos processos de interesse de seus beneficiários, na esteira do art. 303, § 1º, I, 'a', do RPS; **2:** Correta. A prescrição, que atingiria apenas parcelas vencidas e não o 'fundo de direito', incide apenas após 5 anos da data em que a prestação deveria ter sido paga (art. 103, parágrafo único, do PBPS). A decadência, e não prescrição, do direito de Haroldo requerer a revisão de seu benefício ocorreria 10 anos contados do dia primeiro do mês subsequente ao do recebimento da primeira prestação do benefício (art. 103, I, do PBPS). RO

Gabarito: 1C, 2C

(Magistratura do Trabalho – 3ª Região – 2014) Nos exatos termos do art. 43, §§ 1º e 2º, da Lei 8.212/1991, com a redação dada pela da Lei 11.941/2009, é correto afirmar que o recolhimento das contribuições previdenciárias decorrentes de condenação pela Justiça do Trabalho se opera:

(A) Pelo regime de caixa, levando em conta a data do pagamento das parcelas da condenação.

(B) Pelo regime de competência, levando em conta a data da prestação de serviços.

(C) Por sistema modulado, ou seja, pelo regime de caixa até a data de vigência da lei supracitada e pelo regime de competência a partir de então.

(D) Por sistema modulado, ou seja, pelo regime de competência até a data de vigência da lei supracitada e pelo regime de caixa a partir de então.

(E) Pelo regime híbrido, observando-se o regime de competência quanto às contribuições referentes ao período de vigência do contrato de trabalho e o regime de caixa quanto às contribuições incidentes sobre as parcelas da condenação.

7. DIREITO PREVIDENCIÁRIO

O § 3º do art. 43 da Lei 8.212/1991, que não está mencionado no enunciado, determina que a contribuição seja apurada mês a mês tendo como referência o período da prestação do serviço. O § 2º do mesmo dispositivo assevera que o fato gerador da contribuição é a data da prestação do serviço. Isso significa que os tributos decorrentes de sentença trabalhista serão recolhidos pelo regime de competência, ou seja, apura-se o valor devido com base nas regras vigentes no mês em que se prestou o serviço, ainda que tenham sido alteradas posteriormente. **HS**

Gabarito "B".

(Magistratura Federal – 1ª Região – 2011 – CESPE) Assinale a opção correta acerca das ações previdenciárias.

(A) O cálculo da verba de honorários advocatícios nas ações previdenciárias incide apenas sobre as prestações vencidas até a prolação da sentença que julgar total ou parcialmente procedente o pedido, excluindo-se, assim, as vincendas.

(B) Compete à justiça federal da capital do estado processar e julgar os litígios decorrentes de acidente do trabalho envolvendo segurado residente em município que não seja sede de vara federal.

(C) O cômputo do prazo prescricional de um ano para o ajuizamento da ação, objetivando o recebimento de indenização securitária em favor do segurado, tem início a partir do requerimento em que se tenha pleiteado administrativamente a aposentadoria por invalidez.

(D) O MP não tem legitimidade para propor ação civil pública que veicule pretensões relativas a benefícios previdenciários.

(E) Compete à justiça federal julgar ação de complementação de aposentadoria em que se objetive a complementação de benefício previdenciário, caso o pedido e a causa de pedir decorram de pacto firmado com instituição de previdência privada.

A: correta, nos termos da Súmula 111 do STJ, que continua válida após a vigência do CPC/15, como decidido no tema 1.105 de recursos repetitivos; **B:** incorreta. A competência para julgamento de ações acidentárias é da Justiça Estadual (STJ, CC 47.811/SP, *DJ* 27.04.2005 e art. 109, I, da CF); **C:** incorreta. O prazo prescricional de um ano nas lides oriundas de contratos de seguro é contado da data do sinistro (art. 206, § 1º, II, *b*, do Código Civil). Ademais, tal prazo está previsto no Código Civil e se aplica apenas a contratos de seguro de natureza privada. No âmbito do RGPS o tema é regido pelo parágrafo único do art. 103 do PBPS; **D:** incorreta. A legitimidade do MP foi atestada pelo STJ no REsp 1142630/PR, *DJ* 01/02/2011. Ver, no mesmo sentido, STF, AgRg no AI 516.419/PR, *DJ* 30.11.2010; **E:** incorreta. A competência, nesse caso, é da Justiça Estadual, conforme restou decidido pelo STJ no REsp 1281690/RS, *DJ* 26/09/2012. **RO**

Gabarito "A".

(Magistratura Federal – 3ª Região – 2011 – CESPE) Assinale a opção correta a respeito de ações previdenciárias no juizado especial federal.

(A) O prévio requerimento administrativo de prorrogação de auxílio-doença é requisito para o ajuizamento de ação em que se pleiteie o restabelecimento do benefício previdenciário, importando sua ausência na extinção do processo sem resolução de mérito.

(B) A relativização do formalismo processual nas ações previdenciárias, que têm nítido caráter social, permite que o segurado interponha recurso perante o juizado especial federal sem estar representado por advogado.

(C) Em ação previdenciária no juizado especial federal, na qual o autor não seja beneficiário da justiça gratuita e haja necessidade de prova pericial médica, os honorários do perito nomeado pelo juiz serão antecipados à conta de verba orçamentária do respectivo tribunal.

(D) Os valores de benefício previdenciário recebidos pelo segurado em razão de antecipação de tutela que, por ocasião da sentença, tenha sido cassada por improcedência do pedido, são considerados indevidos e, por isso, devem ser restituídos.

(E) O MP federal deve intervir obrigatoriamente nas ações previdenciárias que envolvam interesse de menores incapazes ou de idosos, sob pena de nulidade da sentença proferida no juizado especial federal.

A: incorreta à época do certame, quando vigorava o entendimento de que não se pode exigir o prévio requerimento administrativo da prorrogação para o ajuizamento da ação (processo 2009.72.64.002377-9 da Turma Nacional de Unificação dos Juizados Especiais Federais – TNU). Entretanto, ao julgar o tema representativo nº 277 (DJe 17.03.2022), a TNU concluiu que o direito à continuidade do benefício por incapacidade temporária com estimativa de DCB (alta programada) pressupõe, por parte do segurado, pedido de prorrogação (§ 9º, art. 60 da Lei n. 8.213/91), recurso administrativo ou pedido de reconsideração, quando previstos normativamente, sem o que não se configura interesse de agir em juízo; **B:** incorreta. Nos termos do art. 41, § 2º, da Lei 9.099/1995, aplicável por analogia aos Juizados Especiais Federais nos termos do art. 1º da Lei 10.259/2001, a interposição de recursos nos Juizados deverá ser feita, obrigatoriamente, por advogado, ainda que esse não tenha patrocinado a causa em primeira instância; **C:** correta, nos termos do art. 12 da Lei 10.259/2001; **D:** incorreta quando da aplicação do certame, ocasião na qual preponderava entendimento segundo o qual os valores dos benefícios previdenciários eram considerados verbas de natureza alimentar e, portanto, irrepetíveis (processo 2007.72.51.001076-4 da Turma Nacional de Uniformização dos Juizados Especiais Federais). Atualmente prevalece a posição fixada pelo STJ no recurso repetitivo nº 1.401.560/MT, segundo a qual a reforma da decisão que antecipa a tutela obriga o autor da ação a devolver os benefícios previdenciários indevidamente recebidos. A partir da vigência da Lei 13.846/2019, o art. 115, II, do PBPS, passou a permitir o desconto, diretamente do benefício pago ao segurado, de pagamento administrativo ou judicial de benefício previdenciário ou assistencial indevido, ou além do devido, inclusive na hipótese de cessação do benefício pela revogação de decisão judicial, em valor que não exceda 30% (trinta por cento) da sua importância, nos termos do regulamento; **E:** incorreta. O art. 178, II, do CPC, determina que o Ministério Público deve ser intimado para intervir como fiscal da lei nos processos que envolvem interesse de incapaz e o art. 279 comina nulidade à falta de intimação. Na mesma esteira, o art. 75 da Lei 10.741/2003 impõe a intimação do Ministério Público para atuar como fiscal da lei em processos envolvendo idosos e seu art. 77 prevê nulidade do processo na hipótese de ausência de intimação. Entretanto, a nulidade não é consequência imediata, pois depende de requerimento do MP e de prejuízo (art. 279, § 2º, do CPC). Ressalte-se que (AIREsp 1.496.689, DJe 19.11.2018): "*1. Ambas as Turmas de Direito Público do STJ se posicionaram no sentido de que a declaração de nulidade, nos casos de ausência intimação do Ministério Público nas ações em que se busca a concessão de benefício assistencial, depende da demonstração do efetivo prejuízo, o que não se atinge pela simples improcedência da ação, ainda mais quando afirma o Tribunal de origem, como no caso concreto, que o postulante não preenche os requisitos legais à concessão do benefício. 2. Considera-se sanada a nulidade decorrente da falta de intervenção, em Primeiro grau, do Ministério Público, se posteriormente o Parquet intervém no feito em Segundo grau de jurisdição*" **RO**

Gabarito "C".

(Magistratura Federal-4ª Região – 2010) Há em tramitação no Judiciário brasileiro um número muito expressivo de ações de natureza previdenciária, o que deu origem a orientações seguras na jurisprudência acerca de várias questões. Dadas as assertivas, analisando-as à luz do entendimento jurisprudencial predominante no âmbito do Tribunal Regional Federal da 4ª Região e dos Tribunais Superiores, assinale a alternativa correta.

I. Subsiste no novo texto constitucional a opção do segurado para ajuizar ações contra a Previdência Social no foro estadual do seu domicílio ou no do Juízo Federal, devendo a ação, nesse último caso, ser ajuizada necessariamente perante o Juízo Federal do seu domicílio.

II. As parcelas devidas pelo INSS em ações previdenciárias devem ser acrescidas de correção monetária. Os juros, quando cabíveis, também devem ser acrescidos ao montante principal, incidentes a partir da data do ajuizamento da ação.

III. Os honorários advocatícios, nas ações previdenciárias, devem incidir somente sobre as parcelas vencidas até a data da sentença de procedência ou do acórdão que reforme a sentença de improcedência.

IV. A prova exclusivamente testemunhal não basta à comprovação da atividade rurícola, para efeito de obtenção de benefício previdenciário, mas admitem-se como início de prova material do efetivo exercício de atividade rural, em regime de economia familiar, documentos em nome de terceiros, membros do grupo parental.

V. Em matéria de direito intertemporal, a lei aplicável ao pleito de concessão de pensão previdenciária por morte é aquela vigente na data do óbito do segurado.

(A) Estão corretas apenas as assertivas I, III e IV.

(B) Estão corretas apenas as assertivas II, III e V.

(C) Estão corretas apenas as assertivas III, IV e V.

(D) Estão corretas apenas as assertivas I, III, IV e V.

(E) Estão corretas todas as assertivas.

I: incorreta. A questão visa aferir se o candidato conhece o teor da súmula nº 04 do TRF4, segundo a qual: *"Subsiste no novo texto constitucional a opção do segurado para ajuizar ações contra a previdência social no foro estadual do seu domicílio ou no do juízo federal"*. Dado que o enunciado acrescenta ao texto da súmula a necessidade de a ação ser ajuizada necessariamente perante o foro do Juízo Federal seu domicílio, está incorreta. Não só por isso, mas também porque a súmula 689 do STF expressamente permite que o segurado ajuíze ação contra a instituição previdenciária perante o juízo federal do seu domicílio ou nas varas federais da Capital do Estado-Membro. Vale notar, ainda, que após a promulgação da Lei 13.876/2019 a competência delegada da Justiça Estadual só existirá quando a Comarca de domicílio do segurado estiver localizada a mais de 70 km (setenta quilômetros) de Município sede de Vara Federal.; II: incorreta, pois os juros moratórios são devidos a partir da citação válida, não do ajuizamento da ação (como consta da assertiva) – Súmula 204 do STJ; III: assertiva correta, conforme a Súmula 111 do STJ, que continua válida, conforme tema de recurso repetitivo nº 1.105 do STJ; IV: assertiva correta, conforme a súmula 340 do STJ. RO
Gabarito "C".

(Magistratura Federal – 3ª Região – 2010) Assinale a alternativa correta:

(A) O prazo de decadência para que o segurado ou beneficiário exerça o direito de revisão do ato de concessão de benefício será contado do primeiro dia do mês seguinte ao do recebimento da primeira prestação, ou, quando for o caso, do dia que tomar conhecimento da decisão indeferitória definitiva no âmbito administrativo;

(B) Os prazos de decadência e prescrição serão de 5 (cinco) anos para a revisão de todo e qualquer direito previdenciário;

(C) O prazo de prescrição de toda e qualquer ação para haver prestações vencidas ou quaisquer restituições ou diferenças devidas pela Previdência Social será de 10 (dez) anos, salvo o direito dos menores, incapazes e ausentes, na forma do Código Civil;

(D) O direito de revisão e o de haver prestações vencidas ou restituições, ainda que dentro dos respectivos prazos, somente poderá ser exercido judicialmente após o indeferimento na via administrativa.

A: assertiva correta, pois descreve o termo inicial do prazo decadencial de 10 anos para todo e qualquer direito de ação do segurado ou beneficiado para a revisão do ato de concessão do benefício – art. 103 do PBPS; **B:** incorreta, conforme o comentário à alternativa "A"; **C:** incorreta, pois é de 5 anos o prazo prescricional para pleitear judicialmente prestações vencidas ou quaisquer restituições ou diferenças devidas pela Previdência, salvo o direito dos menores, incapazes e ausentes – art. 103, parágrafo único, do PBPS; **D:** incorreta, pois não se exige o esgotamento da via administrativa para que seja exercido o direito de ação. RB
Gabarito "A".

9. SAÚDE E ASSISTÊNCIA SOCIAL

(Analista - INSS - 2016 – CESPE) Com referência à avaliação para a concessão do BPC e da aposentadoria da pessoa com deficiência, julgue os próximos itens.

(1) A avaliação para a concessão do BPC às pessoas com deficiência deve orientar-se pelos princípios da Classificação Internacional de Doenças, da Organização Mundial de Saúde.

(2) A concessão de benefícios destinados às pessoas com deficiência está condicionada a avaliação prévia. No caso de aposentadorias, essa avaliação restringe-se à perícia médica e, no caso do BPC, à avaliação pelo assistente social.

1: incorreta. Nos termos do art. 16 do Decreto nº 6.214/2007, a concessão do benefício à pessoa com deficiência ficará sujeita à avaliação da deficiência e do grau de impedimento, com base nos princípios da Classificação Internacional de Funcionalidades, Incapacidade e Saúde – CIF, estabelecida pela Resolução da Organização Mundial da Saúde nº 54.21, aprovada pela 54ª Assembleia Mundial da Saúde, em 22 de maio de 2001; 2: incorreta. A avaliação para a concessão de aposentadoria à pessoa portadora de deficiência será médica e funcional (art. 4º da Lei Complementar nº 142/2013). Segundo o art. 70-A do PBS, trata-se de avaliação biopsicossocial realizada por equipe multiprofissional e interdisciplinar. Por sua vez, a avaliação para a concessão de BPC inclui tanto avaliação social como avaliação médica (art. 20, § 6º, da Lei nº 8.742/1993 e art. 16, §§ 1º a 5º, do Decreto nº 6.214/2007). RO
Gabarito 1E, 2E

(Técnico – INSS – 2016 – CESPE) Julgue os itens seguintes à luz do Decreto n. 6.214/2007, que regulamenta o BPC da assistência social devido à pessoa com deficiência e ao idoso.

(1) Um dos critérios para o idoso habilitar-se à concessão do BPC é não possuir outro benefício da seguridade

7. DIREITO PREVIDENCIÁRIO   197

social, excetuados o de assistência médica e a pensão especial de natureza indenizatória.

(2) O valor a ser pago ao beneficiário do BPC é de um salário mínimo mensal.

(3) É permitido ao beneficiário do BPC acumular o recebimento desse benefício com o do seguro-desemprego.

(4) O BPC do idoso que se encontre na condição de acolhimento de longa permanência em hospital será suspenso até a data da sua alta.

(5) A idade mínima para que um indivíduo passe a ter direito ao BPC do idoso é de sessenta anos.

(6) No caso de morte do beneficiário do BPC, seus familiares são obrigados a informar tal fato ao INSS, situação em que o pagamento do benefício cessará.

1: correta, nos termos do art. 5º do Decreto 6.214/2007; **2:** correta, nos termos do art. 1º do Decreto 6.214/2007; **3:** incorreta. É vedado o acúmulo do benefício com o seguro-desemprego, conforme o art. 5º do Decreto 6.214/2007; **4:** incorreta. O acolhimento não prejudica o direito do idoso à percepção do BPC (art. 6º do Decreto 6.214/2007); **5:** incorreta. O BPC é garantido somente aos idosos com 65 anos ou mais (art. 4º, I, do Decreto 6.214/2007); **6:** correta, nos termos do art. 48, I e § 1º, do Decreto 6.214/2007. RQ

Gabarito: 1C, 2C, 3E, 4E, 5E, 6C

(Técnico – INSS – 2016 – CESPE) Julgue os próximos itens com base na Lei n. 8.742/1993, que dispõe sobre a organização da assistência social.

(1) O centro de referência de assistência social (CRAS) é uma unidade de base estadual e tem por finalidade atender a população de baixa renda e as pessoas que estejam submetidas ao cumprimento de pena de reclusão.

(2) O centro de referência especializado de assistência social (CREAS) constitui unidade que presta serviços a indivíduos e famílias que se encontrem em situação de risco pessoal ou social decorrente de violação de direitos.

(3) A política de assistência social tem como objetivos, entre outros, a promoção da integração do cidadão ao mercado de trabalho e o amparo às crianças e aos adolescentes carentes.

(4) A assistência social organiza-se por meio de um conjunto de serviços e programas que são estratificados em ações de proteção social básica, ações de proteção social secundária e ações de proteção social terciária, sendo essa última direcionada para pessoas em situação de violência.

1: incorreta. O CRAS é uma unidade pública municipal destinada à articulação dos serviços socioassistenciais no seu território de abrangência e à prestação de serviços, programas e projetos socioassistenciais de proteção social básica às famílias (art. 6º-C, § 1º, da Lei 8.742/1993); **2:** correta, nos termos do art. 6º-C, § 2º, da Lei 8.742/1993, segundo o qual o CREAS é a unidade pública de abrangência e gestão municipal, estadual ou regional, destinada à prestação de serviços a indivíduos e famílias que se encontram em situação de risco pessoal ou social, por violação de direitos ou contingência, que demandam intervenções especializadas da proteção social especial; **3:** correta, nos termos do art. 2º, I, "c", da Lei 8.742/1993; **4:** incorreta. Nos termos do art. 6º-A, da Lei 8.742/1993, a assistência social se divide em proteção social básica e proteção social especial. RQ

Gabarito: 1E, 2C, 3C, 4E

(Técnico – INSS – 2016 – CESPE) Em relação às instâncias deliberativas do SUAS, julgue os itens a seguir à luz da Lei n. 8.742/1993.

(1) Situação hipotética: O CNAS, por decisão da maioria simples de seus membros, aprovou a proposição, ao Ministério do Planejamento, Orçamento e Gestão, de alteração dos limites de repasse mensal dos benefícios previstos em lei. Assertiva: Nessa situação, a aprovação da proposição ocorreu em conformidade com o que estabelece a Lei n. 8.742/1993.

(2) Os conselhos estaduais de assistência social e os conselhos municipais de assistência social, instâncias deliberativas do SUAS, têm caráter permanente e composição paritária entre governo e sociedade civil.

(3) O CNAS, instância responsável pela coordenação da PNAS, é presidido alternadamente pelo(a) ministro(a) da previdência social e por um representante eleito da sociedade civil, sendo de dois anos o mandato do seu presidente, permitida a recondução.

(4) O CNAS tem caráter paritário: metade dos seus membros são representantes governamentais e a outra metade é composta por representantes da sociedade civil.

(5) Compete ao CNAS aprovar a PNAS, assim como convocar, ordinariamente, a cada quatro anos, a conferência nacional de assistência social, que terá a atribuição de avaliar a situação da assistência social e propor diretrizes para o aperfeiçoamento do sistema.

1: incorreta. É necessária maioria absoluta dos membros do CNAS para aprovação desta proposição (art. 39 da Lei 8.742/1993), bem como observância ao orçamento da seguridade social e à disponibilidade do Fundo Nacional de Assistência Social (FNAS); **2:** correta, nos termos do art. 16, II e IV, da Lei 8.742/1993; **3:** incorreta. O CNAS é presidido por qualquer de seus integrantes, eleito dentre seus membros, para mandato de 1 ano, permitida uma recondução (art. 17, § 2º, da Lei 8.742/1993); **4:** correta. São 18 membros, sendo 9 representantes governamentais e 9 representantes da sociedade civil (art. 17, *caput*, § 1º, I e II, da Lei 8.742/1993); **5:** correta, nos termos do art. 18, I e VI, da Lei 8.742/1993. RQ

Gabarito: 1E, 2C, 3E, 4C, 5C

(Analista – INSS – 2016 – CESPE) Julgue o item abaixo à luz da Lei n. 8.742/1993 (LOAS) e do Decreto n. 6.214/2007, que regulamenta o BPC da assistência social devido à pessoa com deficiência e ao idoso.

(1) Caso uma pessoa com deficiência que receba BPC passe a exercer atividade remunerada na qualidade de microempreendedor individual, o órgão concedente desse benefício deverá suspendê-lo.

1: correta, nos termos do art. 21-A da Lei n. 8.742/1993. RQ

Gabarito: 1C

(Técnico – INSS/Guarulhos – 2022 – CEBRASPE) No que diz respeito ao benefício de prestação continuada e ao auxílio-inclusão conforme as disposições da Lei Orgânica da Assistência Social (LOAS), julgue os itens subsecutivos.

(1) A assistência social é regida pelo princípio da supremacia das exigências de rentabilidade econômica sobre o atendimento às necessidades sociais.

(2) Observados os demais critérios de elegibilidade definidos na LOAS, terão direito ao benefício de prestação continuada a pessoa com deficiência ou a pessoa idosa com renda familiar mensal *per capita* igual ou inferior a um quarto do salário mínimo.

(3) O pagamento do auxílio-inclusão não será acumulado com o pagamento do benefício de prestação continuada.

(4) Compete ao INSS a operacionalização do benefício de prestação continuada.

1: Incorreta, por óbvio. A assistência social é serviço prestado a quem dele necessitar, independentemente de contribuição à seguridade social e tem dentre seus objetivos a redução da vulnerabilidade socioeconômica de famílias em situação de pobreza ou de extrema pobreza (art. 203 da CF); **2:** Correta, segundo o art. 20, § 3º, da LOAS. Isso dito, é preciso esclarecer que o critério da renda mensal para fins de concessão de benefício assistencial foi modificado pela Lei nº 14.176/2021. A pessoa com deficiência ou a pessoa idosa com renda familiar mensal *per capita* igual ou inferior a 1/4 (um quarto) do salário-mínimo tem direito ao benefício assistencial sem maiores considerações. Contudo, desde a promulgação da Lei 13.146/2015, o § 11, do art. 20, da LOAS, afirma que para a concessão de tal benefício poderão ser utilizados outros elementos probatórios da condição de miserabilidade do grupo familiar e da situação de vulnerabilidade, conforme regulamento. Ou seja, o direito positivo não mais limita a aferição da miserabilidade exclusivamente ao critério da renda mensal renda familiar mensal *per capita* igual ou inferior a 1/4 (um quarto) do salário-mínimo. Indo mais além, a Lei 14.176/2021 inclui um § 11-A, neste mesmo art. 20 da LOAS, segundo o qual o regulamento poderá ampliar o limite de renda mensal familiar per capita previsto no § 3º deste artigo para até 1/2 (meio) salário-mínimo, observado o disposto no art. 20-B da mesma Lei. Este último dispositivo elenca os aspectos para ampliação do critério de aferição da renda familiar mensal per capita. São eles: i) o grau da deficiência; ii) a dependência de terceiros para o desempenho de atividades básicas da vida diária e; iii) o comprometimento do orçamento do núcleo familiar de que trata o § 3º do art. 20 da LOAS exclusivamente com gastos médicos, com tratamentos de saúde, com fraldas, com alimentos especiais e com medicamentos do idoso ou da pessoa com deficiência não disponibilizados gratuitamente pelo SUS, ou com serviços não prestados pelo SUAS, desde que comprovadamente necessários à preservação do saúde e da vida; **3:** Correta, pois o benefício assistencial não pode ser acumulado pelo beneficiário com qualquer outro no âmbito da seguridade social ou de outro regime, salvo os da assistência médica e da pensão especial de natureza indenizatória (art. 20, § 4º, da LOAS); **4:** Correta, nos termos do art. 3º do regulamento anexo ao Decreto 6.214/2007. **RQ**

Gabarito 1E, 2C, 3C, 4C

(Técnico – INSS – 2022 – CEBRASPE) Julgue os próximos itens, referentes à organização da assistência social.

(1) A proteção social especial é um tipo de proteção que, entre outros objetivos, visa contribuir para a reconstrução de vínculos familiares e comunitários e a proteção de famílias e indivíduos para o enfrentamento de situações de violação de direitos.

(2) Terá direito ao auxílio-inclusão a pessoa com deficiência física moderada ou grave, qualificada como segurado obrigatório do RGPS ou filiado a RPPS, que receba o BPC e passe a exercer atividade com remuneração limitada a dois salários mínimos.

(3) No âmbito do Sistema Único de Assistência Social, compete à União efetuar o pagamento dos auxílios natalidade e funeral.

(4) Situação hipotética: Carlos, estrangeiro, idoso maior de 65 anos, residente no país, é comprovadamente incapaz de prover a própria subsistência e não tem família no Brasil. Assertiva: Nessa situação, o fato de Carlos ser estrangeiro impede-lhe o direito ao BPC.

(5) Situação hipotética: Jorge, com 65 anos de idade, e Márcia, também com 65 anos de idade, vivem em coabitação. Ela recebe benefício previdenciário cujo montante ultrapassa um quarto do salário mínimo. Assertiva: Nessa situação, o fato de Márcia receber benefício previdenciário no referido montante não retira de Jorge o direito ao BPC.

(6) O critério de aferição da percepção da renda familiar é considerado suficiente pela lei para a concessão do BPC.

1: Correta, nos termos do art. 6º-A, II, da LOAS; **2:** Correta, conforme o art. 94 da Lei 13.146/2015 c.c. art. 26-A, I 'a', da LOAS; **3:** Incorreta, posto que a competência para pagamento dos auxílios natalidade e funeral é dos municípios (art. 14, II, da LOAS); **4:** Incorreta. O art. 7º do regulamento anexo ao Decreto 6.214/2007 realmente restringe a concessão de benefício assistencial ao brasileiro, nato ou naturalizado, e às pessoas de nacionalidade portuguesa, em consonância com o disposto no Decreto nº 7.999/2013, desde que comprovem, em qualquer dos casos, residência no Brasil e atendam a todos os demais critérios. Todavia, no ano de 2017 o STF decidiu, em sede de Repercussão Geral (RExt 587.970), que os estrangeiros residentes no país são beneficiários da assistência social prevista no artigo 203, inciso V, da Constituição Federal, uma vez atendidos os requisitos constitucionais e legais; **5:** Anulada. A questão de saber quais benefícios assistenciais ou previdenciários entram ou não no cálculo da renda familiar *per capita* para fins de concessão de benefício assistencial foi objeto de longa discussão doutrinária e jurisprudencial a partir da edição do Estatuto do Idoso, cujo art. 34, parágrafo único, afirma que o benefício assistencial ao idoso já concedido a qualquer membro da família não será computado para os fins do cálculo da renda familiar *per capita* a que se refere a LOAS. O INSS fazia uma interpretação literal do dispositivo, excluindo apenas o benefício assistencial ao idoso do cálculo, ao passo que a jurisprudência foi paulatinamente estendendo a *ratio* do dispositivo a benefícios assistenciais à pessoa portadora de deficiência e mesmo benefícios previdenciários no valor do salário-mínimo. Ao julgar o tema de Repercussão Geral nº 312, o STF assentou ser inconstitucional, por omissão parcial, o parágrafo único do art. 34 da Lei 10.741/2003 (Estatuto do Idoso). Daí ter sido incluído um § 14 no art. 20 da LOAS pela Lei 13.982/2020, afirmando que o benefício de prestação continuada ou o benefício previdenciário no valor de até 1 (um) salário-mínimo concedido ao idoso acima de 65 anos de idade ou pessoa com deficiência não será computado, para fins de concessão do benefício de prestação continuada a outro idoso ou pessoa com deficiência da mesma família, no cálculo da renda a que se refere o § 3º deste artigo; **6:** Incorreta. O benefício assistencial (BPC) é concedido a quem comprove renda familiar mensal *per capita* igual ou inferior a 1/4 (um quarto) do salário-mínimo e, cumulativamente, seja pessoa com deficiência ou idoso com 65 anos de idade ou mais. **RQ**

Gabarito 1C, 2C, 3E, 4E, 5Anulada, 6E

10. ESTRUTURA DA SEGURIDADE SOCIAL

(Técnico – INSS – 2012 – FCC) Maria requereu aposentadoria especial e teve seu pedido indeferido pela Agência da Previdência Social. Nessa situação, Maria poderá interpor recurso para:

(A) Câmara de Julgamento.

(B) Ministério da Previdência Social.

(C) Junta de Recursos da Previdência Social.

(D) Gerência Executiva.

(E) Juizado Especial Federal.

7. DIREITO PREVIDENCIÁRIO

Nos termos do art. 303, § 1º, I, do RPS, compete às Juntas de Recursos da Previdência Social julgar, em primeira instância, os recursos interpostos contra as decisões prolatadas pelos órgãos regionais do INSS em matéria de interesse de seus beneficiários. As Câmaras de Julgamento, todas com sede em Brasília/DF, tem competência para julgar os recursos interpostos contra as decisões proferidas pelas Juntas de Recursos. RO

Gabarito "C".

(Técnico – INSS – 2012 – FCC) É correto afirmar que a Seguridade Social compreende

(A) a Assistência Social, a Saúde e a Previdência Social.

(B) a Assistência Social, o Trabalho e a Saúde.

(C) o Sistema Tributário, o Lazer e a Previdência Social.

(D) a Educação, a Previdência Social e a Assistência Social.

(E) a Cultura, a Previdência Social e a Saúde.

A Seguridade Social compreende o "tripé" formado pela Saúde, Previdência Social e Assistência Social (art. 194 da CF). Segundo o STF (RExt 636.941/RS, j. 13.02.2014): "*A seguridade social prevista no art. 194, CF/88, compreende a previdência, a saúde e a assistência social, destacando-se que as duas últimas não estão vinculadas a qualquer tipo de contraprestação por parte dos seus usuários, a teor dos artigos 196 e 203, ambos da CF/88. Característica esta que distingue a previdência social das demais subespécies da seguridade social, consoante a jurisprudência desta Suprema Corte no sentido de que seu caráter é contributivo e de filiação obrigatória, com espeque no art. 201, todos da CF/88*". RO

Gabarito "A".

(Técnico – INSS – 2012 – FCC) O INSS, autarquia federal, resultou da fusão das seguintes autarquias:

(A) INAMPS e SINPAS.

(B) IAPAS e INPS.

(C) FUNABEM e CEME.

(D) DATAPREV e LBA.

(E) IAPAS e INAMPS.

Nos termos do art. 17 da Lei 8.029/1990, o INSS resultou da fusão do Instituto de Administração da Previdência e Assistência Social – IAPAS – e do Instituto Nacional da Previdência Social – INPS. O Instituto Nacional de Assistência Médica da Previdência Social – INAMPS foi uma autarquia federal que possuía competência para prestar assistência médica aos segurados. Extinto pela Lei nº 8.689/1993, suas funções foram transferidas ao SUS. RO

Gabarito "B".

(Técnico – INSS – 2008 – CESPE) Em relação ao Instituto Nacional do Seguro Social, a seu histórico e estrutura, julgue os itens a seguir.

(1) A fusão da Secretaria da Receita Federal com a Secretaria da Receita Previdenciária centralizou em apenas um órgão a arrecadação da maioria dos tributos federais. Contudo, a fiscalização e a arrecadação das contribuições sociais destinadas aos chamados terceiros – SESC, SENAC, SESI, SENAI e outros – permanecem a cargo do INSS.

(2) O Instituto Nacional do Seguro Social, autarquia federal atualmente vinculada ao Ministério da Previdência Social, surgiu, em 1990, como resultado da fusão do Instituto Nacional de Assistência Médica da Previdência Social (INAMPS) e o Instituto de Administração Financeira da Previdência e Assistência Social (IAPAS).

(3) As gerências executivas são órgãos descentralizados da estrutura administrativa do INSS; entretanto a escolha e a nomeação dos gerentes executivos são feitas diretamente pelo ministro da Previdência Social sem necessidade de observação a critérios especiais de seleção.

1: incorreta. Após a criação da Secretaria da Receita Federal do Brasil, restaram ao INSS somente as competências elencadas no art. 5º da Lei 11.457/2007, quais sejam: emitir certidão relativa a tempo de contribuição; gerir o Fundo do Regime Geral da Previdência Social; e calcular o montante das contribuições previdenciárias e emitir o correspondente documento de arrecadação, com vistas ao atendimento conclusivo para concessão ou revisão de benefício requerido. Não lhe sobraram, como se vê, funções arrecadatórias; **2:** incorreta. Na verdade, nos termos do art. 17 da Lei 8.029/1990, o INSS resultou da fusão do Instituto de Administração da Previdência e Assistência Social – IAPAS – e do Instituto Nacional da Previdência Social – INPS; **3:** incorreta. Os gerentes executivos são nomeados pelo Ministro da Previdência Social com base em lista quíntupla elaborada pelo Presidente do INSS, ou seja, não é uma livre escolha do Ministro. RO

Gabarito 1E, 2E, 3E

(Técnico – INSS/Guarulhos – 2022 – CEBRASPE) Com relação aos recursos das decisões administrativas no âmbito do procedimento previdenciário, julgue os itens subsequentes.

(1) Compete ao Conselho de Recursos da Previdência Social julgar os recursos de ofício interpostos contra decisões que tenham anulado lançamento de crédito previdenciário.

(2) Compete ao Conselho de Recursos da Previdência Social julgar os recursos interpostos contra decisões proferidas em processos de supervisão e de fiscalização de regimes próprios de previdência social.

(3) Se o recorrente propuser ação com objeto idêntico ao do recurso interposto por ele perante o Conselho de Recursos da Previdência Social, será automática a sua desistência do recurso.

1: Incorreta. Após o advento da Lei 11.941/2009 a fiscalização e a arrecadação de contribuições previdenciárias passaram a ser competência da Secretaria da Receita Federal do Brasil. Cabe ao Conselho Administrativo de Recursos Fiscais conhecer do recurso de ofício cabível em face da decisão que exonerar o sujeito passivo do pagamento de tributo e encargos de multa de valor total (lançamento principal e decorrentes), conforme o art. 34, I, e 37, ambos do Decreto 70.235/1972; **2:** Correta, nos termos do art. 126, IV, do PBPS; **3:** Correta, conforme o art. 126, § 3º, do PBPS. RO

Gabarito: 1E, 2C, 3C

11. REVIDÊNCIA PRIVADA COMPLEMENTAR

(Analista Judiciário – STJ – 2018 – CESPE) Acerca dos regimes próprios e complementares de previdência social, julgue os itens seguintes.

(1) Aos abrangidos pelos regimes próprios de previdência social é vedada a adoção de requisitos e critérios diferenciados para a concessão de aposentadoria, ressalvados somente os servidores públicos deficientes.

(2) Os planos de benefícios de entidades fechadas de previdência complementar devem prever os institutos do benefício proporcional diferido, da portabilidade, do resgate e do autopatrocínio.

1: incorreta. Há outras exceções: servidores em atividade de risco ou insalubres (art. 40, § 4º, da CF); **2:** correta, nos termos do art. 14 da Lei Complementar 109/2001. HS

Gabarito 1E, 2C

(Procurador do Município/Manaus – 2018 – CESPE) Lúcia, servidora da PGM/Manaus desde 1.º/1/1998, requereu a averbação dos períodos em que trabalhou em um escritório de advocacia – de 1.º/1/1992 a 31/12/1996 – e que exerceu a docência em rede de ensino privada — de 1.º/1/2002 a 31/12/2005 –, a fim de aumentar seu tempo de contribuição.

Considerando essa situação hipotética, julgue o item a seguir, relativo à contagem recíproca do tempo de contribuição.

(1) É possível que o requerimento de Lúcia seja indeferido por completo sob o fundamento de inadmissibilidade, nas condições narradas, de contagem recíproca.

1: incorreta. Será indeferida a averbação apenas do período entre 2002 e 2005, diante da vedação de contagem de períodos de trabalho concomitantes (art. 96, II, do PBPS). O período anterior, de 1992 a 1996, deve ser deferido, nos termos do art. 96, *caput*, do PBPS. HS

Gabarito 1E

(Procurador do Município/Manaus – 2018 – CESPE) Em relação aos regimes próprios de previdência dos servidores públicos e à previdência complementar, julgue os itens seguintes.

(1) Para a aposentadoria voluntária por idade de servidor, são exigidos idade mínima e tempo mínimo de efetivo exercício no serviço público e no cargo efetivo em que se dará a aposentadoria, hipótese em que os proventos serão proporcionais ao tempo de contribuição.

(2) Os entes federados possuem autorização constitucional para instituir regime de previdência complementar para seus respectivos servidores efetivos, por intermédio de entidades fechadas, de natureza pública, e mediante adesão facultativa.

1: correta, nos termos do art. 40, § 1º, III, "b", da CF, na redação anterior à EC nº 103/;2019); **2:** correta, nos termos do art. 40, §§ 14 e 16, da CF, na redação anterior à EC nº 103/2019. A partir da vigência de tal Emenda Constitucional a instituição de regime de previdência complementar deixou de ser "autorizada" e passou a ser obrigatória. HS/RM

Gabarito 1C, 2C

(Procurador do Município/Manaus – 2018 – CESPE) Em relação aos regimes próprios de previdência dos servidores públicos e à previdência complementar, julgue os itens seguintes.

(1) Para a aposentadoria voluntária por idade de servidor, são exigidos idade mínima e tempo mínimo de efetivo exercício no serviço público e no cargo efetivo em que se dará a aposentadoria, hipótese em que os proventos serão proporcionais ao tempo de contribuição.

(2) Os entes federados possuem autorização constitucional para instituir regime de previdência complementar para seus respectivos servidores efetivos, por intermédio de entidades fechadas, de natureza pública, e mediante adesão facultativa.

1: correta, nos termos do art. 40, § 1º, III, "b", da CF; **2:** correta, nos termos do art. 40, §§ 14 e 16, da CF, na redação anterior à EC 103/2019. Após a promulgação da aludida emenda constitucional, a instituição de regime de previdência complementar deixou de ser "autorizada" e passou a ser obrigatória. Além disso, o regime de previdência comple-

mentar para os servidores passou a poder ser efetivado por intermédio de entidade fechada de previdência complementar ou de entidade aberta de previdência complementar (ver Lei 12.618/2012, acerca do regime de previdência complementar dos servidores públicos federais). RO

Gabarito 1C, 2C

(Procurador do Estado/AM – 2016 – CESPE) No que se refere à previdência complementar, julgue o próximo item.

(1) A previdência complementar privada é de caráter facultativo, possui natureza jurídica contratual *sui generis* e é organizada de forma autônoma relativamente ao regime geral de previdência social.

1: correta. A assertiva aponta com perfeição as características doutrinárias da previdência complementar. A natureza *sui generis* do contrato de previdência complementar restou assentada no voto-vista vencedor proferido no REsp Repetitivo nº 1.435.837/RS, DJe 07/05/2019. HS/RM

Gabarito 1C

(Advogado União – AGU – CESPE – 2015) Julgue os itens a seguir, relativos à previdência privada e às EFPCs.

Situação hipotética: A Fundação Previx, caracterizada como EFPC, é patrocinada por empresa pública. O patrimônio dessa fundação é segregado do patrimônio da referida empresa pública, de modo que o custeio dos planos de benefícios ofertados pela fundação constitui responsabilidade da patrocinadora e dos participantes, incluindo os assistidos.

(1) Assertiva: Nessa situação, os resultados deficitários deverão ser equacionados por participantes e assistidos, porque se veda à patrocinadora pública qualquer contribuição para o custeio distinta da contribuição ordinária.

(2) Na relação de previdência complementar administrada por uma EFPC, incide o princípio da paridade contributiva. Nesse sentido, a contribuição de empresa patrocinadora deve ser idêntica à contribuição dos participantes — regra do meio-a-meio.

Situação hipotética: Determinado empregado aderiu ao plano de benefícios de previdência privada ofertado pela empresa pública Alfa e administrado pela entidade fechada Previbeta. Após dez anos de contribuições, esse empregado resolveu deixar de contribuir para a previdência privada.

(3) Assertiva: Nessa situação, conforme entendimento do STF, embora seja constitucionalmente garantido o direito de esse empregado optar por aderir a plano de previdência privada, após o ingresso nesse sistema, não há possibilidade de ele se desvincular sem o consentimento das demais partes envolvidas — participantes e patrocinadores —, estando, ainda, a retirada de patrocínio condicionada a autorização do órgão fiscalizador.

(4) Cabe ao Conselho Nacional de Previdência Complementar regular o regime de previdência complementar operado pelas entidades fechadas de previdência complementar, ao passo que compete à Superintendência Nacional de Previdência Complementar fiscalizar e supervisionar as atividades desenvolvidas por essas mesmas entidades.

(5) As normas para concessão de benefícios pelo regime de previdência privada, independentemente de a gestão do plano de benefícios ser realizada por enti-

7. DIREITO PREVIDENCIÁRIO — 201

dade fechada ou aberta, impõem a necessidade de vinculação ao RGPS.

1: Incorreta. O art. 21 da Lei Complementar 109/2001 determina que o resultado deficitário seja equacionado por patrocinadores, participantes e assistidos. **2**: Incorreta. Não há obrigação de que a contribuição do patrocinador seja idêntica à do participante. O que o art. 6º da Lei Complementar 108/2001 determina é que ela nunca será maior – ou seja, é um limite máximo, não uma obrigação. **3**: Incorreta. O STF tem entendimento consolidado no sentido de que é garantido ao segurado o direito de desvinculação do regime de previdência privada (RE 482.207 AgR). **4**: Correta, nos termos dos arts. 1º e 13 da Lei 12.154/2009. **5**: Incorreta. O regime de previdência privada é autônomo (art. 202 da CF), de forma que os benefícios por ele criados e pagos não se vinculam ao RGPS. HS

Gabarito 1E, 2E, 3E, 4C, 5E

12. ACIDENTES E DOENÇAS DO TRABALHO

(Procurador do Estado/AM – 2016 – CESPE) A respeito do acidente de trabalho e das ações judiciais em matéria previdenciária, julgue os itens subsequentes.

(1) De acordo com a jurisprudência do STJ, a posterior reforma de decisão judicial que, tendo antecipado a tutela pleiteada, tiver possibilitado o imediato gozo do benefício previdenciário obrigará o autor da ação a devolver os valores indevidamente recebidos.

(2) Nos casos de acidente de trabalho, competirá à justiça comum estadual a apreciação das ações regressivas propostas pelo INSS contra as empresas negligentes.

(3) Nos termos do entendimento do STJ, nas demandas ajuizadas pelo INSS contra o empregador do segurado falecido em acidente laboral nas quais se vise o ressarcimento dos valores decorrentes do pagamento da pensão por morte, o termo *a quo* da prescrição quinquenal será a data do acidente.

1: correta. Tal tese foi sedimentada no REsp 1.401.560/MT, julgado pelo rito dos recursos repetitivos. A partir da vigência da Lei 13.846/2019, o art. 115, II, do PBPS, passou a permitir o desconto, diretamente do benefício pago ao segurado, de pagamento administrativo ou judicial de benefício previdenciário ou assistencial indevido, ou além do devido, inclusive na hipótese de cessação do benefício pela revogação de decisão judicial, em valor que não exceda 30% (trinta por cento) da sua importância, nos termos do regulamento; **2**: incorreta. A competência é da Justiça Federal diante da presença de autarquia federal no polo ativo da ação (art. 109, I, da CF); **3**: incorreta. O termo inicial da prescrição é a data do pagamento do benefício previdenciário (STJ, REsp 1.499.511/RN). 3E, 3E

Gabarito 1C, 2E, 3E

(Analista – INSS – 2014 – FUNRIO) Equipara-se a acidente de trabalho, para fins da Lei n. 6367/76

(A) o ocorrido em viagem a serviço da empresa, seja qual for o meio de locomoção utilizado, exceto veículo de propriedade do empregado;

(B) o acidente sofrido pelo empregado ainda que fora do local e horário de trabalho;

(C) a doença profissional ou do trabalho, assim entendida a inerente ou peculiar a determinado ramo de atividade e constante de relação organizada pelo Ministério do Trabalho e Emprego;

(D) o acidente somente ligado ao trabalho que tenha tido causa única, haja contribuído diretamente para

a morte, perda ou redução da capacidade para o trabalho;

(E) o ocorrido nos períodos destinados a refeição ou descanso, ou por ocasião da satisfação de outras necessidades fisiológicas, no local do trabalho ou durante este, quando o empregado não será considerado a serviço da empresa.

A Lei nº 6.367/1976 tratava do seguro de acidentes do trabalho a cargo do então INPS. A Lei nº 8.213/91 passou a tratar inteiramente da matéria, de modo que a Lei nº 6.367/1976 não se encontra mais vigente (REsp nº 89.566/SP, j. 09.12.1997). Isso posto, as duas leis em comento consideram o acidente sofrido pelo empregado, ainda que fora do local e horário de trabalho, como sendo acidente do trabalho (art. 2º, § 1º, V, da Lei nº 6.367/1976 e art. 21, IV, do PBPS). RO

Gabarito "B".

(Técnico – INSS – 2022 – CEBRASPE) Julgue os próximos itens, relativos a reabilitação profissional.

(1) O segurado do RGPS vítima de acidente de trabalho poderá exigir do INSS, além dos benefícios decorrentes do acidente de trabalho, o transporte do acidentado para tratamento fora do seu domicílio, quando necessário, assim como o fornecimento de instrumentos de auxílio para a sua locomoção quando a perda ou redução da capacidade funcional do segurado puder ser atenuada pelo seu uso.

(2) Terá direito ao serviço de reabilitação profissional prestado pelo INSS, que tenha por objetivo proporcionar o reingresso ao mercado de trabalho, o segurado que ficar incapacitado parcial ou totalmente para o trabalho, independentemente do cumprimento do tempo de carência.

1: Correta, segundo o art. 89, parágrafo único, 'a' e o art. 91, ambos do PBPS; **2**: Correta. Fazem jus à habilitação e à reabilitação profissional e social o beneficiário incapacitado parcial ou totalmente para o trabalho e as pessoas portadoras de deficiência (art. 89 do PBPS), independentemente de carência (art. 26, V, do PBPS). RO

Gabarito 1C, 2C

13. ASSISTÊNCIA SOCIAL E SAÚDE

(Juiz – TRF5 – 2017 – CESPE) O benefício de prestação continuada concedido a pessoa com deficiência será suspenso no caso de o beneficiário

(A) receber a título de herança patrimônio capaz de prover sua manutenção.

(B) ser acolhido por instituição assistencial pública ou particular, como, por exemplo, abrigo ou instituição congênere.

(C) receber imóvel para fixação de residência, mediante doação de programa social concedido pelo poder público.

(D) completar dois anos de recebimento do benefício.

(E) passar a exercer atividade remunerada na condição de aprendiz.

A: correta. Um dos requisitos do benefício de prestação continuada é a ausência de meios de prover a própria subsistência (art. 20 da Lei 8.742/1993), de sorte que a obtenção de patrimônio que altere essa condição faz cessar o benefício; **B**: incorreta, por contrariar o disposto no art. 20, § 5º, da Lei 8.742/1993; **C**: incorreta. O fato de ter imóvel próprio, por si, não afasta o direito ao benefício; **D**: incorreta. O benefício será pago enquanto perdurarem as condições que autorizaram seu pagamento, revisadas essas a cada dois anos (art. 21 da Lei 8.742/1993); **E:** incorreta. Os proventos decorrentes de programa de aprendizagem não são contabilizados no cálculo da renda familiar *per capita* (art. 20, § 9º, da Lei 8.742/1993). HS

Gabarito "A".

(Defensor Público – DPE/RN – 2016 – CESPE) Em consonância com o entendimento do STJ, assinale a opção correta no que concerne à LOAS.

(A) A aposentadoria no valor de um salário-mínimo percebida por idoso integrante do grupo familiar deve ser incluída no cálculo da renda familiar per capita, para fins de apuração da condição de miserabilidade, a qual constitui requisito para a concessão do benefício assistencial previsto na LOAS.

(B) O direito à concessão do benefício assistencial da LOAS pode ser exercido a qualquer tempo, não havendo prescrição do fundo de direito quando a autarquia previdenciária nega a concessão do benefício na via administrativa.

(C) Caso questione em juízo o cancelamento unilateral de benefício previdenciário de pessoa hipossuficiente, a DP não agirá em consonância com a jurisprudência sobre o tema, pois, constatada a irregularidade na concessão do benefício, a autarquia previdenciária não estará obrigada a conceder a oportunidade para o exercício do contraditório e da ampla defesa.

(D) A DP, ao questionar judicialmente o indeferimento da concessão do benefício de prestação continuada a pessoa com deficiência hipossuficiente, deve comprovar, por outros meios, que essa pessoa não tem condições de prover a própria manutenção, já que a comprovação da renda per capita inferior a um quarto do salário mínimo não é suficiente para presumir a miserabilidade.

(E) Caso o salário de contribuição de um segurado supere o valor legalmente fixado como critério de baixa renda, eventual ação judicial movida pela DP para a obtenção do auxílio-reclusão não terá êxito, pois a jurisprudência não admite, para a concessão do referido benefício, que o julgador flexibilize o critério econômico para o deferimento do benefício.

A: incorreta. A jurisprudência, tanto do STJ (REsp 1.226.027/PR), quanto do STF (RE 580.963/MT), sedimentou-se no sentido oposto – ou seja, o benefício previdenciário nestas condições não deve ser considerado para apuração da miserabilidade. A Lei nº 13.982/2020 incorporou esse posicionamento jurisprudencial ao 14, do art. 20, da Lei nº 8.742/1993; **B:** correta, nos termos do quanto assentado no julgado do AgRg no AREsp 336.322/PE (veja também a súmula 81 do TNU); **C:** incorreta. O INSS está obrigado a observar o contraditório, a ampla defesa e o devido processo legal no âmbito administrativo antes de cancelar o benefício (REsp 1.429.976/CE, j. 18/02/2014 e art. 11 da Lei nº 10.666/2003); **D:** incorreta. A presunção de miserabilidade em caso de renda familiar *per capita* inferior a um quarto do salário mínimo é absoluta, conforme assentado no REsp 1.112.557/MG, j. 20/11/2009). É muito importante anotar que o critério da renda mensal para fins de concessão de benefício assistencial foi modificado pela Lei nº 14.176/2021. A pessoa com deficiência ou a pessoa idosa com renda familiar mensal per capita **igual ou inferior a 1/4 (um quarto) do salário-mínimo** tem direito ao benefício assistencial sem maiores considerações. Contudo, desde a promulgação da Lei 13.146/2015, o § 11, do art. 20, da LOAS, afirma que para a concessão de tal benefício poderão ser utilizados outros elementos probatórios da condição de

miserabilidade do grupo familiar e da situação de vulnerabilidade, conforme regulamento. Ou seja, o direito positivo não mais limita a aferição da miserabilidade exclusivamente ao critério da renda mensal renda familiar mensal per capita igual ou inferior a 1/4 (um quarto) do salário-mínimo. Indo mais além, a Lei 14.176/2021 inclui um § 11-A, neste mesmo art. 20 da LOAS, segundo o qual o regulamento poderá ampliar o limite de renda mensal familiar per capita previsto no § 3º deste artigo para até **1/2 (meio) salário-mínimo**, observado o disposto no art. 20-B da mesma Lei. Este último dispositivo elenca os aspectos para ampliação do critério de aferição da renda familiar mensal per capita. São eles: i) o grau da deficiência; ii) a dependência de terceiros para o desempenho de atividades básicas da vida diária e; iii) o comprometimento do orçamento do núcleo familiar de que trata o § 3º do art. 20 da LOAS exclusivamente com gastos médicos, com tratamentos de saúde, com fraldas, com alimentos especiais e com medicamentos do idoso ou da pessoa com deficiência não disponibilizados gratuitamente pelo SUS, ou com serviços não prestados pelo SUAS, desde que comprovadamente necessários à preservação da saúde e da vida; **E:** incorreta. Em determinados casos a jurisprudência do STJ admite a flexibilização do critério econômico para o auxílio-reclusão. Veja-se o trecho a seguir: "À semelhança do entendimento firmado por esta Corte, no julgamento do Recurso Especial 1.112.557/MG, Representativo da Controvérsia, onde se reconheceu a possibilidade de flexibilização do critério econômico definido legalmente para a concessão do Benefício Assistencial de Prestação Continuada, previsto na LOAS, é possível a concessão do auxílio-reclusão quando o caso concreto revela a necessidade de proteção social, permitindo ao Julgador a flexibilização do critério econômico para deferimento do benefício, ainda que o salário de contribuição do segurado supere o valor legalmente fixado como critério de baixa renda." (STJ, AgRg no REsp 1.523.797/RS, j. 01/10/2015). RO

Gabarito "B".

14. QUESTÕES COMBINADAS E OUTROS TEMAS

(Analista – INSS – 2016 – CESPE) Com referência à CF e às políticas de seguridade, julgue os itens subsecutivos.

(1) Os princípios que orientam as ações e os serviços públicos de saúde e serviços privados contratados ou conveniados que integram o SUS incluem a universalidade de acesso, a integralidade de assistência e a descentralização político-administrativa.

(2) A humanização como política pública transversal às diferentes ações e instâncias gestoras do SUS sugere trocas solidárias e comprometidas com a dupla tarefa de produção de saúde e produção de sujeitos.

(3) O artigo da CF que prevê os direitos sociais, em consonância com a Declaração Universal dos Direitos Humanos, de 1948, ainda que represente uma conquista, deixou de contemplar o direito básico à moradia ao cidadão brasileiro.

(4) Na organização da seguridade social, o objetivo da universalidade da cobertura e do atendimento diz respeito, mais diretamente, à política de previdência social, dada a superação de sua lógica securitária.

(5) O direito à pensão por morte é assegurado ao cônjuge ou companheiro(a) somente se, no momento do óbito, houver casamento ou união estável por, no mínimo, cinco anos.

1: correta. O princípio da universalidade de acesso foi positivado no art. 196, da Constituição Federal, e os princípios da integralidade de assistência e da descentralização se encontram nos incisos II e I, do art. 198, da Constituição Federal, respectivamente; **2:** correta. A

7. DIREITO PREVIDENCIÁRIO

humanização enquanto política do SUS decorre da Política Nacional de Humanização do Ministério da Saúde, lançada em 2003; **3:** incorreta. A partir da promulgação da Emenda Constitucional nº 26/2000, o art. 6º, da Constituição Federal, prevê expressamente o direito à moradia; **4:** incorreta. A universalidade da cobertura e do atendimento se aplicam com a mesma intensidade à Assistência Social e à Saúde, âmbitos aos quais não subjaz qualquer lógica atuarial, ao contrário do que ocorre com a Previdência Social (arts. 196, 201, *caput*, e 203, *caput*, da Constituição Federal); **5:** incorreta. O art. 16, I e § 3º, do PBPS, não exige tempo mínimo de casamento ou união estável para o reconhecimento da condição de dependente do cônjuge ou do companheiro. A Lei nº 8.971/1994 exigia o prazo de 05 anos de duração para a configuração de união estável, mas tal norma foi tacitamente revogada pelo Código Civil de 2002 (REsp nº 1.761.887, j. 06.08.2019). Vale notar que se o casamento ou a união estável tiverem durado menos de 02 anos antes do óbito do segurado, a cota individual de pensão por morte cessará em 04 meses (art. 77, § 2º, V, 'b', do PBPS). RO

Gabarito: 1C, 2C, 3E, 4E, 5E

(**Delegado de Polícia Federal – 2021 – CESPE**) Luzia é segurada da previdência social na categoria empregada e é beneficiária de auxílio-acidente. No ano de 2015, ao atingir a idade mínima para a aposentadoria, ela requereu o benefício ao INSS e, em razão do indeferimento, ajuizou, nesse mesmo ano, ação previdenciária. Na instrução processual, ficou comprovado que alguns períodos de contribuição constantes no sistema do INSS eram falsos, tendo sido dolosamente inseridos no sistema, de forma indevida, para que Luzia obtivesse a vantagem de majoração do tempo de contribuição.

Tendo como referência essa situação hipotética, julgue os itens a seguir.

(**1**) Caso a aposentadoria de Luzia seja futuramente deferida, será possível a acumulação desse benefício com o auxílio-acidente.

(**2**) Se for comprovado o ilícito criminal, Luzia poderá responder pela prática do crime de apropriação indébita previdenciária.

(**3**) O crime configurado na situação narrada é crime próprio, de modo que Luzia só poderá ser penalizada na esfera criminal se ficar comprovada sua coautoria ou coparticipação no referido crime.

(**4**) O limite de prazo para que Luzia ajuizasse a ação contra o indeferimento administrativo era, de fato, o ano de 2015, já que, por exemplo, se ela tivesse postergado para o ano de 2021, haveria decadência do direito.

1: Errado. A Lei 9.528/1997 vedou a cumulação de auxílio-acidente com qualquer aposentadoria paga pelo RGPS, como se vê de seu art. 86, § 2º. A cumulação em tela será permitida apenas aos segurados que tenham adquirido tal direito antes da alteração promovida pela Lei 9.528/1997. Ou seja, a acumulação de auxílio-acidente com aposentadoria pressupõe que a lesão incapacitante e a aposentadoria sejam anteriores a 11/11/1997 (data da promulgação da Lei 9.528/1997), conforma a Súmula 507 do STJ. **2:** Errado. O Código Penal reserva o *nomen iuris* 'apropriação indébita previdenciária' à conduta prevista em seu art. 168-A, consistente em: "Deixar de repassar à previdência social as contribuições recolhidas dos contribuintes, no prazo e forma legal ou convencional". O § 1º de tal artigo prevê três figuras equiparadas. Duas delas dizem respeito a diferentes formas de omissão no recolhimento de contribuições previdenciárias e a terceira pune a omissão em pagar benefício a segurado quando as respectivas cotas ou valores já tiverem sido reembolsados à empresa pela previdência social. A inserção indevida de períodos de contribuição no sistema não se amolda à

conduta omissiva de deixar de repassar contribuições recolhidas de contribuintes ou a qualquer de suas figuras equiparadas. Os fatos descritos no enunciado melhor se amoldam ao tipo penal previsto no art. 313-A do Código penal. Segundo tal dispositivo, é punível a conduta de: "*Inserir ou facilitar, o funcionário autorizado, a inserção de dados falsos, alterar ou excluir indevidamente dados corretos nos sistemas informatizados ou bancos de dados da Administração Pública com o fim de obter vantagem indevida para si ou para outrem ou para causar dano*". Trata-se de crime próprio do "funcionário autorizado". Mesmo assim, Luísa pode responder pelo crime em conjunto com o funcionário autorizado que praticou a ação se restar demonstrado que ela sabia de sua condição funcional (vide os arts. 30 e 31 do Código Penal, o AGAREsp 1.185.141, 6ª T., Rel. Min. Sebastião Reis Junior, DJe 05 abr. 2019 e o HC 90337000281581, 1ª T., Rel. Min. Carlos Britto, j. 19 jun. 2007). **3:** Anulada. Como visto, o tipo penal no qual a conduta descrita se adequa é aquele previsto no art. 313-A, do Código Penal. Trata-se de crime próprio, pois dentre as circunstâncias elementares de tal tipo penal está a condição de caráter pessoal consistente em ser o agente funcionário público autorizado. Inobstante, se admite o concurso de agentes entre funcionários públicos (ou equiparados, nos termos do art. 327, § 1º, do Código Penal) e terceiros, desde que esses últimos tenham ciência da condição pessoal daqueles, pois referida condição é elementar do crime em tela (artigo 30 do Código Penal (RHC 112.074, 5ª T., Rel. Min. Ribeiro Dantas, DJe 20 ago. 2019). Desta maneira, a assertiva estaria correta caso Luísa tivesse ciência da condição de funcionário público autorizado da pessoa que promoveu a inserção de dados falsos no sistema e tivesse concorrido para a realização da conduta. Todavia, a questão foi anulada porque: "*A situação hipotética não foi clara ao afirmar que os dados falsos foram inseridos por funcionário público autorizado, sendo possível, dessa forma, interpretar que poderia ter sido feito por terceiros que não fossem servidores públicos, o que, de fato, prejudica o julgamento objetivo do item.*" **4:** Errado. Em matéria previdenciária, a partir da promulgação da Lei 9.528/1997 é de dez anos o prazo de decadência de todo e qualquer direito ou ação do segurado ou beneficiário para a revisão do ato de concessão de benefício, a contar do dia primeiro do mês seguinte ao do recebimento da primeira prestação ou, quando for o caso, do dia em que tomar conhecimento da decisão indeferitória definitiva no âmbito administrativo, nos termos do caput do art. 103 da Lei 8.213/91. A Lei 13.846/2019 deu nova redação ao art. 103 da Lei 8.213/91, sujeitando ao prazo decadencial tanto a revisão do ato de concessão, como o indeferimento, cancelamento ou cessação de benefício e o ato de deferimento, indeferimento ou não concessão de revisão de benefício. Porém, o STF declarou a inconstitucionalidade de tal alteração na ADIN 6.096, DJe 26 nov. 2020, pois "*(...) admitir a incidência do instituto para o caso de indeferimento, cancelamento ou cessação importa ofensa à Constituição da República e ao que assentou esta Corte em momento anterior, porquanto, não preservado o fundo de direito na hipótese em que negado o benefício, caso inviabilizada pelo decurso do tempo a rediscussão da negativa, é comprometido o exercício do direito material à sua obtenção.*" Por sua vez, a prescrição do direito previdenciário atinge apenas as parcelas vencidas antes do quinquênio anterior à propositura da ação, nos termos da Súmula 85 do STJ e do art. 103, parágrafo único, da Lei 8.213/91. Assim, caso Luísa ajuizasse ação previdenciária no ano de 2021, estariam prescritas apenas as parcelas vencidas anteriormente ao quinquênio que precedeu a propositura da demanda, não ocorrendo a decadência de seu direito. RO

Gabarito: 1E, 2E, 3Anulada, 4E

(**Delegado de Polícia Federal – 2021 – CESPE**) No que se refere ao financiamento da seguridade social, julgue os itens subsequentes.

(**1**) As contribuições sociais do empregador compõem o financiamento da seguridade social e são incidentes sobre a folha de salários, o faturamento e o lucro.

(2) Para a execução do orçamento da seguridade social, o tesouro nacional deve repassar mensalmente os recursos referentes às contribuições sociais incidentes sobre a receita de concursos de prognósticos.

1: Certo. Uma das principais funções da Constituição Federal no âmbito tributário é separar os múltiplos fatos passíveis de tributação e atribuir a competência para tributar cada um destes fatos à União, aos Estados aos Municípios e ao Distrito Federal. Nesse enfoque, o art. 195, inciso I, alíneas 'b' e 'c', da Constituição Federal, fixam a folha de salários, a receita ou o faturamento e, ainda, o lucro, como aspectos materiais passíveis de tributação no âmbito da Seguridade Social. A redação original da alínea 'b' do dispositivo constitucional acima mencionado previa apenas a possibilidade de incidência de contribuições sociais sobre o faturamento. Contudo, o caput do art. 3º, da Lei 9.718/98, o qual trata das contribuições para o PIS/PASEP e a COFINS, devidas pelas pessoas jurídicas de direito privado, definia faturamento como sendo a receita bruta da pessoa jurídica. Já seu § 1º conceituava receita bruta como sendo a totalidade das receitas auferidas, independentemente da atividade exercida pela pessoa jurídica e da classificação contábil das receitas. Logo após a promulgação da Lei 9.718/98, a Emenda Constitucional 20/98 alterou a redação do art. 195, inciso I, alínea 'b', da Constituição Federal, de modo a permitir a incidência de contribuições sociais sobre o faturamento ou sobre a receita. Todavia, o Supremo Tribunal Federal declarou inconstitucional o § 1º do art. 3º, da Lei 9.718/98 e assentou a impossibilidade de se reconhecer a figura da constitucionalidade superveniente em nosso ordenamento jurídico RExt 390.840-5, Rel. Min. Marco Aurélio, Pleno, DJ 15 ago. 2006. É dizer, a promulgação da emenda constitucional 20/98 não torna constitucional o disposto no art. 3º, § 1º, da Lei 9.718/98. O referido §1º foi revogado pela Lei 11.941/2009 e o caput do art. 3º teve sua redação alterada pela Lei 12.973/2014. Note, portanto, que a assertiva da questão seria incorreta caso mencionasse a receita e o faturamento. **2: Certo.** A Secretária do Tesouro Nacional é o órgão central do Sistema de Administração Financeira Federal (Lei 10.180/2001). Todos os recursos que transitam pelo órgão central de administração financeira devem ser objeto de programação financeira. Daí o art. 19, da Lei 8.212/1991, afirmar que o Tesouro Nacional repassará mensalmente os recursos referentes às contribuições das empresas, incidentes sobre faturamento e lucro e os recursos aferidos por meio das contribuições incidentes sobre a receita de concursos de prognósticos, destinados à execução do Orçamento da Seguridade Social. O produto da arrecadação da contribuição social sobre a receita de concursos de prognósticos deve ser destinado ao financiamento da Seguridade Social, nos termos do art. 195, III, da Constituição Federal e do art. 26, § 4º, da Lei 8.212/1991. RQ
Gabarito 1C, 2C

Os irmãos Fátima e Ronaldo, plenamente capazes e sem nenhuma deficiência física, intelectual ou mental, possuem as seguintes características: ambos se enquadram em famílias de baixa renda; Fátima tem trinta anos de idade e Ronaldo, trinta e cinco anos de idade; Fátima não tem renda própria, dedica-se exclusivamente ao trabalho doméstico no âmbito de sua residência e contribui para a previdência social na qualidade de segurada facultativa; Ronaldo contribui como segurado trabalhador avulso.

(Procurador do Município – Campo Grande/MS – 2019 – CESPE/CEBRASPE) A partir dessa situação hipotética, julgue os itens seguintes.

(1) Ronaldo poderá contribuir para a previdência social com a alíquota de 5% sobre o limite mínimo mensal do salário de contribuição.

(2) Fátima e Ronaldo não preenchem os requisitos para serem dependentes previdenciários um do outro.

1: incorreta. A alíquota do trabalhador avulso é a mesma do empregado e do empregado doméstico, ou seja, de 7,5% a 14%, nos termos da EC 103/2019. A alíquota de 5% é reservada ao microempreendedor individual e ao segurado facultativo sem renda própria e pertencente à família de baixa renda que se dedique exclusivamente ao trabalho doméstico no âmbito de sua residência, desde que, em ambos os casos, haja renúncia à aposentadoria por tempo de contribuição (art. 21, §2º, II, do PCCS e art. 199-A, §1º, do RPS).; **2: correta,** pois apenas os irmãos menores de 21 anos ou incapazes para o trabalho, e desde que comprovada a dependência econômica, podem se enquadrar como dependentes (art. 16, III, da Lei 8.213/1991). HS/RM
Gabarito 1E, 2C

(Analista Judiciário – STJ – 2018 – CESPE) A respeito do regime geral da previdência social (RGPS), julgue os itens que se seguem, considerando a jurisprudência dos tribunais superiores.

(1) Os genitores de segurado do RGPS serão seus dependentes independentemente de comprovação da dependência econômica.

(2) Situação hipotética: Lúcia, que por doze meses foi contribuinte da previdência social e que era casada, há quatro anos, com Mário, de quarenta e cinco anos idade, faleceu após complicações de saúde decorrentes de uma cirurgia estética. Assertiva: Nessa situação, Mário terá direito ao benefício de pensão por morte em caráter vitalício.

1: incorreta. Os pais, para serem considerados dependentes, devem comprovar a dependência econômica em relação ao segurado (art. 16, § 4º, do PBPS). **2: incorreta.** No caso em comento, o benefício será pago apenas por quatro meses, porque a segurada ainda não tinha completado o período de 18 contribuições mensais (art. 77, § 2º, V, "b", do PBPS). HS
Gabarito 1E, 2E

(Delegado Federal – 2018 – CESPE) Um segurado da previdência social, filiado em 1.º/3/2010, sofreu acidente de trabalho em 1.º/4/2010. Em 1.º/5/2010, lhe foi concedido, pelo INSS, auxílio-doença, contabilizado desde a data do seu acidente até o dia 1.º/4/2011. Em 1.º/8/2018, o INSS revisou o ato administrativo de concessão desse benefício.

Considerando essa situação hipotética, julgue os itens subsequente.

(1) Na revisão, o INSS não poderia anular o referido ato administrativo, salvo se tivesse comprovado má-fé, dada a ocorrência da decadência, uma vez que havia transcorrido mais de cinco anos desde a concessão do benefício.

(2) Considere que o INSS, após a revisão do ato administrativo, tenha decidido pela sua anulação, sob o fundamento de que o segurado não haveria cumprido carência. Nessa situação, o fundamento utilizado pelo INSS não é procedente, pois o auxílio-doença independe de carência.

1: incorreta. No caso de ato administrativo do qual decorram efeitos patrimoniais contínuos, como a concessão de benefício previdenciário, o prazo decadencial de 10 anos é contado da percepção do primeiro pagamento (art. 103-A, § 1º, do PBPS); **2: correta,** nos termos do art. 26, II, do PBPS. HS
Gabarito 1E, 2C

7. DIREITO PREVIDENCIÁRIO 205

(**Delegado Federal – 2018 – CESPE**) Pedro é o responsável pelo adimplemento das contribuições previdenciárias de uma empresa de médio porte. Nos meses de janeiro a junho de 2018, a empresa entregou a Pedro o numerário correspondente ao valor das contribuições previdenciárias de seus empregados, mas Pedro, com dolo, deixou de repassá-lo à previdência social. Pedro é primário e de bons antecedentes.

Nessa situação hipotética,

(1) Pedro praticou o crime de sonegação de contribuição previdenciária.

(2) a punibilidade de Pedro será extinta se, antes do início da ação fiscal, ele declarar, confessar e efetuar o recolhimento das prestações previdenciárias, espontaneamente e na forma do regulamento do INSS.

(3) caso o repasse das contribuições previdenciárias ocorra após o início da ação fiscal e antes do oferecimento da denúncia, o juiz poderá deixar de aplicar a pena ou aplicar apenas a multa.

1: incorreta. O crime se chama apropriação indébita previdenciária (art. 168-A do Código Penal); **2:** correta, nos termos do art. 168-A, § 2º, do Código Penal. Em face das Leis 10.684/2003, 11.941/2009 e 12.382/2011, a jurisprudência do STF (RHC 128.245/SP, DJe 21/10/2016) e do STJ (HC 362.478/SP, DJe 20/09/2017) tem se orientado no sentido de que se tratando de apropriação indébita previdenciária, o pagamento integral do débito tributário, ainda que após o trânsito em julgado da condenação, é causa de extinção da punibilidade do agente; **3:** correta, nos termos do art. 168-A, § 3º, I, do Código Penal. ⬛ Gabarito 1E, 2C, 3C

(**Analista Jurídico – TCE/PR – 2016 – CESPE**) Com relação ao regime geral de previdência social (RGPS), assinale a opção correta, de acordo com a jurisprudência dos tribunais superiores.

(A) Conforme entendimento do STF, aquele que, embora exerça atividades laborais consideradas nocivas à saúde, utilize equipamento de proteção que anula completamente a nocividade durante o desempenho de tais atividades não fará jus à percepção de aposentadoria especial.

(B) Servidora pública ocupante de cargo efetivo no estado do Paraná pode filiar-se ao RGPS como segurado facultativo.

(C) Aquele que preenche os requisitos legais para a concessão de benefício previdenciário adquire um direito fundamental, inexistindo prazo decadencial para a concessão ou a revisão de benefícios.

(D) Para a concessão do benefício de auxílio-reclusão, deve-se considerar a renda da unidade familiar, já que o destinatário do benefício são os dependentes do segurado recluso.

(E) Nos termos da jurisprudência do STJ, não tem direito à percepção de benefício de pensão por morte ao cônjuge do falecido que, apesar de possuir os requisitos para aposentadoria antes do óbito, tenha perdido a qualidade de segurado.

A: correta, nos termos do ARE 664.335/SC, donde se extrai a tese consagrada: "o direito à aposentadoria especial pressupõe a efetiva exposição do trabalhador a agente nocivo à sua saúde, de modo que, se o EPI for realmente capaz de neutralizar a nocividade, não haverá respaldo constitucional à aposentadoria especial". É preciso ressaltar, contudo,

que nos termos da súmula 87 da TNU: "*A eficácia do EPI não obsta o reconhecimento de atividade especial exercida antes de 03/12/1998, data de início da vigência da MP 1.729/98, convertida na Lei n. 9.732/98.*"; **B:** incorreta. É vedada a filiação ao RGPS como segurado facultativo de pessoa integrante de regime próprio de previdência (art. 201, §5º, da CF); **C:** incorreta. Realmente não há prazo para a concessão do benefício, que pode ser pedido a qualquer tempo a partir da obtenção do direito, mas há prazo decadencial de 10 anos para solicitar a revisão do benefício (art. 103 da Lei 8.213/1991); **D:** incorreta. A despeito de realmente ser um benefício pago aos dependentes (art. 18, II, "b", da Lei 8.213/1991), a análise do requisito da "baixa renda" envolve somente o segurado, não importando o total da renda familiar (art. 116 do Decreto 3.048/1999). Nos termos do art. 80, §4º, do PBPS, incluído pela Lei 13.846/2019, a aferição da renda mensal bruta para enquadramento do segurado como de baixa renda ocorrerá pela média dos salários de contribuição apurados no período de 12 (doze) meses anteriores ao mês do recolhimento à prisão; **E:** incorreta. A jurisprudência do STJ se firmou em sentido contrário, ou seja, caso completos os requisitos para aposentadoria do segurado, ainda que venha a perder essa qualidade, seus dependentes farão jus à pensão por morte (art. 102, §2º, do PBPS e Súmula 416 do STJ). ⬛ Gabarito "A".

(**Advogado União – AGU – CESPE – 2015**) No que diz respeito à seguridade social, julgue os itens a seguir.

(1) As diretrizes que fundamentam a organização da assistência social são a descentralização político-administrativa para os estados, o Distrito Federal e os municípios, e comando único em cada esfera de governo; a participação da população, mediante organizações representativas, na formulação das políticas e no controle das ações; e a prevalência da responsabilidade do Estado na condução da política de assistência social.

(2) De acordo com a CF, a gestão administrativa da seguridade social deve ser tripartite, ou seja, formada por trabalhadores, empregadores e governo.

(3) Conforme a jurisprudência do STF, a irredutibilidade do valor dos benefícios é garantida constitucionalmente, seja para assegurar o valor nominal, seja para assegurar o valor real dos benefícios, independentemente dos critérios de reajuste fixados pelo legislador ordinário.

(4) De acordo com entendimento do STF, o princípio da preexistência do custeio em relação ao benefício ou serviço aplica-se à seguridade social financiada por toda sociedade, estendendo-se às entidades de previdência privada.

1: Correta, nos termos do art. 5º da Lei 8.742/1993. **2:** Incorreta. A gestão da seguridade social será quadripartite, garantida também a participação dos aposentados (art. 194, parágrafo único, VII, da CF). **3:** Incorreta. Segundo o STF, a irredutibilidade do valor dos benefícios aplica-se unicamente ao seu valor nominal. O que assegura a preservação do valor real é o princípio insculpido no art. 201, § 4º, da CF. Além disso, o reajuste seguirá critérios definidos em lei ordinária (STF, RE 263.252/PR). **4:** Incorreta. O STF tem jurisprudência consolidada no sentido de que o princípio da previsão do custeio dos benefícios e serviços da seguridade social não se aplica à previdência privada (RE 583.687 AgR). ⬛ Gabarito 1C, 2E, 3E, 4E

(**Advogado União – AGU – CESPE – 2015**) Acerca do RGPS, julgue os itens subsequentes.

(1) Conforme entendimento do STJ, síndico de condomínio que receber remuneração pelo exercício dessa atividade será enquadrado como contribuinte individual do RGPS, ao passo que o síndico isento da taxa condominial, por não ser remunerado diretamente, não será considerado contribuinte do RGPS.

(2) De acordo com jurisprudência do STF, devido ao fato de os serviços de registros públicos, cartorários ou notariais serem exercidos em caráter privado, os oficiais de registro de imóveis, para os fins do RGPS, devem ser classificados na categoria de contribuinte individual.

(3) Desde que tenha sido intercalado com o exercício de atividade laborativa, o período em que o segurado se beneficiar de auxílio-doença deverá ser considerado para fins de cômputo de carência e para o cálculo do tempo de contribuição na concessão de aposentadoria por invalidez, conforme entendimento do STF.

Situação hipotética: Ricardo, segurado facultativo do RGPS, havia recolhido dez contribuições mensais quando, devido a problemas financeiros, teve de deixar de recolher novas contribuições durante nove meses. Após se restabelecer financeiramente, Ricardo voltou a contribuir, mas, após quatro meses de contribuição, ele foi acometido por uma doença que o incapacitou para o trabalho durante vinte dias.

(4) Assertiva: Nessa situação, embora a doença de Ricardo exija carência para o gozo do benefício de auxílio-doença, este perceberá o referido auxílio devido ao fato de ter readquirido a qualidade de segurado a partir do recolhimento de um terço do número de contribuições exigidas para o gozo do auxílio-doença.

(5) Conforme entendimento do STF, não há incidência de contribuição previdenciária nos benefícios do RGPS, incluído o salário-maternidade.

Situação hipotética: Howard, cidadão norte-americano, domiciliado no Brasil, foi aqui contratado pela empresa brasileira X, para trabalhar, por tempo indeterminado, em sua filial situada no Canadá. A maior parte do capital votante dessa filial canadense é da empresa X, constituída sob as leis brasileiras e com sede e administração no Brasil.

(6) Assertiva: Nessa situação, Howard deverá estar, necessariamente, vinculado ao RGPS como segurado empregado.

1: Incorreta. O STJ firmou entendimento de que a remuneração indireta do síndico, mediante a isenção da taxa condominial, coloca-o como segurado obrigatório da previdência social (REsp 411.832/RS). **2:** Correta, conforme julgado pelo STF no AI 667.424 ED. **3:** Correta, conforme julgado pelo STF no RE 583.834 e súmula 73 da TNU **4:** Incorreta. Realmente, ao contribuir por mais 4 meses depois de perder a qualidade de segurado, período que equivale a um terço dos 12 meses exigidos como carência do auxílio-doença, Ricardo teria direito ao benefício. Contudo, o benefício é devido ao segurado que ficar incapacitado para seu trabalho habitual por mais 15 dias consecutivos. A ausência deste adjetivo torna errada a assertiva, porque ela diz apenas "vinte dias", não especificando se foram consecutivos. A partir da Lei nº 13.846/2019 só é possível readquirir a qualidade de segurado caso se trate de benefícios de auxílio-doença, de aposentadoria por invalidez, de salário-maternidade e de auxílio-reclusão e, mesmo assim, o segurado deverá contar, a partir da data da nova filiação à Previdência Social, com metade dos respectivos períodos de carência, não mais 1/3 **5.** incorreta à época da aplicação da prova. Preponderava, então, posição segundo a qual o salário-maternidade é exceção à regra de que os benefícios previdenciários não são considerados como salário de contribuição.

Assim, sobre ele incidia normalmente a contribuição previdenciária devida pela segurada (art. 28, § 2º, do PCSS). Entretanto, ao julgar o RE nº 576.967, DJe 21/10/2020, o STF declarou a inconstitucionalidade da incidência de contribuição previdenciária sobre o salário maternidade; **6:** Correta, nos termos do art. 11, I, c, da PBPS. HS/RM

Gabarito: 1E, 2C, 3C, 4E, 5E, 6C

(Técnico – INSS – 2016 – CESPE) Com base no disposto na Lei n. 8.213/1991, que trata dos planos de benefícios da previdência social e dá outras providências, julgue os itens seguintes.

(1) Não é considerada doença do trabalho a doença endêmica adquirida por segurado habitante de região em que ela se desenvolva, mesmo que essa doença seja resultante de contato direto determinado pela natureza do trabalho.

(2) Equipara-se ao acidente do trabalho o acidente sofrido pelo segurado, no local e no horário do trabalho, em consequência de desabamento, inundação, incêndio e outros casos fortuitos ou decorrentes de força maior.

(3) Em regra, o período de carência para a concessão do benefício de auxílio-doença é de doze contribuições mensais.

(4) Os princípios que regem a previdência social incluem a uniformidade e a equivalência dos benefícios e serviços prestados às populações urbanas e rurais.

(5) Compõem o Conselho Nacional de Previdência Social representantes do governo federal e da sociedade civil, a qual é representada por aposentados e pensionistas, trabalhadores em atividade e empregadores.

1: incorreta. O art. 20, § 1º, "d", do PBPS, realmente exclui do conceito de doença do trabalho a doença endêmica adquirida por segurado habitante de região em que ela se desenvolva. Mas o mesmo dispositivo legal excepciona tal exclusão se restar comprovado que a doença é resultante de exposição ou contato direto determinado pela natureza do trabalho; **2:** correta, nos termos do art. 21, II, "e", do PBPS; **3:** correta, nos termos do art. 25, I, do PBPS. O auxílio-doença independe de carência nas hipóteses listadas no art. 26, II, do PBPS e no caso do segurado especial, nos termos do inciso III, do art. 26, do PBPS; **4:** correta, nos termos do art. 194, parágrafo único, II, da Constituição Federal; **5:** correta, nos termos do art. 3º do PBPS. RQ

Gabarito: 1E, 2C, 3C, 4C, 5C

(Técnico – INSS – 2016 – CESPE) Em cada um dos próximos itens, é apresentada uma situação hipotética acerca de salário de contribuição, seguida de uma assertiva a ser julgada.

(1) Bruna, empregada da empresa Vargas & Vargas Cia. Ltda., entrou em gozo de licença-maternidade. Nessa situação, haverá incidência da contribuição previdenciária sobre o valor recebido por Bruna a título de salário-maternidade.

(2) Gustavo inscreveu-se na previdência social na condição de segurado facultativo. Nessa situação, o salário de contribuição de Gustavo deverá variar entre um salário mínimo e o teto máximo fixado em portaria interministerial.

(3) Zilda mantém vínculo empregatício com a empresa Y e com a empresa Z, das quais recebe remuneração mensal equivalente a dois e três salários mínimos, respectivamente. Nessa situação, a contribuição previdenciária de Zilda deverá incidir sobre os valores recebidos de ambos os empregos.

7. DIREITO PREVIDENCIÁRIO

(4) O contrato de trabalho de Carlos, empregado da empresa L & M Ltda., foi rescindido antes que ele pudesse usufruir de férias vencidas. Nessa situação, haverá a incidência de contribuição previdenciária sobre a importância paga a título de indenização das férias vencidas e sobre o respectivo adicional constitucional.

1: assertiva correta à época da aplicação da prova. Na esteira do disposto no art. 28, § 2º, do PCSS, o salário-maternidade era exceção à regra de que os benefícios previdenciários não são considerados como salário de contribuição. Assim, sobre ele incidia normalmente a contribuição previdenciária devida pela segurada. Entretanto, ao julgar o RE nº 576.967, DJe 21/10/2020, o STF declarou a inconstitucionalidade da incidência de contribuição previdenciária sobre o salário maternidade.; **2:** correta, nos termos do art. 28, IV, do PCSS; **3:** correta, nos termos do art. 28, I, do PCSS; **4:** incorreta. As férias indenizadas não integram o salário de contribuição (art. 28, § 9º, "d", do PCSS). **RO**

Gabarito: 1C, 2C, 3C, 4E

(Técnico – INSS – 2016 – CESPE) Maria, proprietária de uma sorveteria situada em uma cidade litorânea, adquiriu, de forma financiada, dois novos freezers para seu estabelecimento comercial. Em razão do período de baixa temporada, ocorreu considerável queda nas vendas da sorveteria, e o seu faturamento tornou-se insuficiente para arcar com todas as despesas. Diante dessa situação e visando honrar com o pagamento das prestações dos freezers, Maria deixou de repassar à previdência social as contribuições previdenciárias recolhidas dos cinco funcionários do estabelecimento, no prazo e na forma legal, tendo incorrido em crime contra seguridade social.

Tendo como referência essa situação hipotética e com base nas disposições legais a respeito dos crimes contra a seguridade social, julgue os próximos itens.

(1) Iniciada ação fiscal em desfavor de Maria, o juiz responsável pelo processo não poderá deixar de aplicar pena, ainda que Maria efetue os pagamentos devidos, seja ré primária e goze de bons antecedentes.

(2) A conduta de Maria configura crime de apropriação indébita previdenciária, para o qual a pena prevista é reclusão e multa.

1: incorreta. O art. 168-A, § 3º, I, do Código Penal faculta ao juiz deixar de aplicar a pena nessas hipóteses; **2:** correta, nos termos do art. 168-A, *caput*, do Código Penal. **RO**

Gabarito: 1E, 2C

(Técnico – INSS/Guarulhos – 2022 – CEBRASPE) A empresa W descontou a contribuição previdenciária devida pelos trabalhadores e não a repassou à previdência social.

A empresa X deixou de recolher as contribuições previdenciárias devidas, por estar passando por dificuldades financeiras.

A empresa Y declarou salário de trabalhador inferior ao efetivamente pago, para reduzir contribuição previdenciária devida.

A empresa Z pagou quantia anteriormente devida e subtraída à previdência social antes da prolação de sentença de primeiro grau.

No que se refere a essas situações hipotéticas, julgue os seguintes itens.

(1) A empresa W cometeu apropriação indébita previdenciária.

(2) A empresa X praticou o delito de sonegação previdenciária.

(3) A empresa Y cometeu o delito de sonegação previdenciária.

(4) A empresa Z tem direito à extinção da punibilidade, pelo pagamento da quantia anteriormente subtraída à previdência social.

Apropriação indébita previdenciária é o crime previsto no art. 168-A do Código Penal. A conduta descrita no *caput* de tal dispositivo é: "deixar de repassar à previdência social as contribuições recolhidas dos contribuintes, no prazo e forma legal ou convencional". Os incisos do § 1º deste art. 168-A preveem 3 condutas equiparadas. As duas primeiras são relacionadas a uma conduta omissiva envolvendo o não recolhimento à previdência social de contribuição ou outra importância, sejam elas descontadas de pagamentos devidos ou constantes de despesas contábeis ou custos relativos à venda de produtos ou à prestação de serviços. Já a terceira conduta omissiva é a de não pagar benefício devido a segurado, quando as respectivas cotas ou valores já tiverem sido reembolsados à empresa pela previdência social (como o salário maternidade, por exemplo). A sonegação previdenciária, por sua vez, se encontra tipificada no art. 337-A do Código Penal. Sua descrição típica não contém o elemento especial consistente em recolher valor de terceiro destinado à previdência social e não entregar o valor a esta última ou de não entregar ao segurado o valor de benefício previdenciário já reembolsado à empresa pelo INSS. O tipo se realiza pela supressão ou redução de contribuição social previdenciária e qualquer acessório, mediante as seguintes condutas: I – omitir de folha de pagamento da empresa ou de documento de informações previsto pela legislação previdenciária segurados empregado, empresário, trabalhador avulso ou trabalhador autônomo ou a este equiparado que lhe prestem serviços; II – deixar de lançar mensalmente nos títulos próprios da contabilidade da empresa as quantias descontadas dos segurados ou as devidas pelo empregador ou pelo tomador de serviços; III – omitir, total ou parcialmente, receitas ou lucros auferidos, remunerações pagas ou creditadas e demais fatos geradores de contribuições sociais previdenciárias. Isso posto, o enunciado da questão não está bem formulado. É fácil ver que funcionário, contador ou gestor da **empresa W** (e não a própria empresa, pois não há responsabilidade penal da pessoa jurídica na hipótese) praticou apropriação indébita previdenciária, pois descontou a contribuição previdenciária devida pelos trabalhadores e não a repassou à previdência social. Por outro lado, o funcionário, contador ou gestor da **empresa X** simplesmente não recolheu contribuições previdenciárias. O enunciado não afirma que o sujeito ativo realizou alguma das três condutas que perfectibilizam o crime de sonegação previdenciária. Sem uma das omissões previstas nos incisos do art. 337-A não há ilícito penal, mas sim mera inadimplência de obrigação tributária. Prosseguindo, o funcionário, contador ou gestor da **empresa Y** praticou sim o crime de sonegação previdenciária, pois ao declarar a menor o valor de salário pago ele omitiu parcialmente remunerações pagas ou creditadas, que constitui fato gerador de contribuições sociais previdenciárias. A respeito da **empresa Z**, é certo que tanto o art. 168-A, § 2º, como o art. 337-A, § 1º, do Código Penal, preveem extinção da punibilidade se o agente, espontaneamente, declara, confessa e efetua o pagamento das contribuições, importâncias ou valores e presta as informações devidas à previdência social, na forma definida em lei ou regulamento, antes do início da ação fiscal. O examinador busca saber se o candidato conhece tais normas. Todavia, em face das Leis 10.684/2003, 11.941/2009 e 12.382/2011, a jurisprudência do STF (RHC 128.245/SP, DJe 21/10/2016) e do STJ (HC 362.478/SP, DJe 20/09/2017) tem se orientado no sentido de que o pagamento integral do débito tributário, ainda que após o trânsito em julgado da condenação, é causa de extinção da punibilidade do agente que tenha praticado apropriação indébita previdenciária ou sonegação de contribuição previdenciária. **RO**

Gabarito: 1C, 2C, 3E, 4E

(Técnico – INSS – 2022 – CEBRASPE) Julgue os itens seguintes, relativos aos crimes contra a seguridade social.

(1) Situação hipotética: Mário, contador da empresa Silva & Silva Ltda., deixou de lançar mensalmente nos títulos próprios da contabilidade da empresa as quantias descontadas dos seus segurados, configurando com isso o crime de sonegação de contribuição previdenciária tipificado em artigo do Código Penal, razão por que contra ele foi movida ação judicial. Assertiva: Nessa situação, se Mário confessar espontaneamente o delito antes de proferida a sentença pertinente e recolher integralmente o valor sonegado, a sua pena será reduzida pela metade.

(2) O crime de apropriação indébita previdenciária é crime comissivo comum, tendo em vista que qualquer pessoa pode deixar de repassar à previdência social as contribuições recolhidas dos contribuintes, no prazo e na forma legal ou convencional.

1: Incorreta. O art. 337-A, II, do Código Penal, pune como sonegação de contribuição previdenciária a supressão ou redução de contribuição social previdenciária e qualquer acessório mediante a conduta de deixar de lançar mensalmente nos títulos próprios da contabilidade da empresa as quantias descontadas dos segurados ou as devidas pelo empregador ou pelo tomador de serviços. O § 1º do artigo citado determina a extinção de punibilidade do agente se ele, espontaneamente, declara e confessa as contribuições, importâncias ou valores e presta as informações devidas à previdência social, na forma definida em lei ou regulamento, antes do início da ação fiscal. Note que a confissão espontânea do agente antes do início da ação fiscal é suficiente, sendo desnecessário o pagamento. Porém, em face das Leis 10.684/2003, 11.941/2009 e 12.382/2011, a jurisprudência do STF (RHC 128.245/SP, DJe 21/10/2016) e do STJ (HC 362.478/SP, DJe 20/09/2017) tem se orientado no sentido de que o pagamento integral do débito tributário, ainda que após o trânsito em julgado da condenação, é causa de extinção da punibilidade do agente que tenha praticado apropriação indébita previdenciária ou sonegação de contribuição previdenciária. Aqui o pagamento não precisa ser feito até a sentença e seu efeito é a extinção da punibilidade e não a redução da pena; **2: Incorreta.** O crime não é comissivo comum e sim de conduta mista, pois requer uma ação prévia (recolher contribuições dos contribuintes) e uma omissão subsequente (deixar de repassar). Ademais, o núcleo da ação típica descrita nesse crime só pode ser praticado pelo responsável tributário, o empregador (ou um de seus representantes). *Gabarito 1E, 2E.*

(Técnico – INSS – 2016 – CESPE) Mateus requereu ao órgão regional do INSS a conversão de auxílio-doença em aposentadoria por invalidez. O INSS indeferiu o pedido de Mateus por considerar que a doença que o acometera era curável, e que, por isso, ele era suscetível de reabilitação.

Acerca dessa situação hipotética e dos recursos nos processos administrativos de competência do INSS, julgue os itens que se seguem.

(1) Caso seja interposto recurso contra a decisão que indeferiu o pedido de Mateus, o órgão regional do INSS que proferiu a decisão não poderá reformá-la, devendo encaminhar o recurso à instância competente.

(2) Contra a decisão do INSS pelo indeferimento, Mateus poderá interpor recurso administrativo, que será julgado, em primeira instância, pela Câmara de Julgamento da Previdência Social.

1: incorreta. É possível a reforma pelo próprio órgão, nos termos do art. 305, § 3º, do RPS; **2:** incorreta. A competência para julgamento do recurso em primeira instância é da Junta de Recursos (art. 303, § 1º, I, do RPS). As Câmaras de Julgamento julgam os recursos contra as decisões das Juntas de Recursos. **RO** *Gabarito 1E, 2E.*

(Analista – INSS – 2016 – CESPE) Cada um dos próximos itens apresenta uma situação hipotética, seguida de uma assertiva a ser julgada, com referência à manutenção da qualidade de segurado e à justificação administrativa.

(1) Raimunda, segurada da previdência social, conviveu em regime de união estável com Cláudio por doze anos, até falecer. Raimunda não inscreveu Cláudio como seu dependente previdenciário. Nessa situação, caso o INSS exija prova da união estável para a concessão de benefício, Cláudio poderá utilizar-se da justificação administrativa.

(2) Flávia contribuiu para o RGPS durante seis anos, após os quais deixou de contribuir e perdeu a qualidade de segurada. Nessa situação, caso volte a contribuir para o RGPS, Flávia não poderá computar esses seis anos para efeito de aposentadoria por tempo de contribuição.

1: correta, nos termos do art. 108 do PBPS; **2:** incorreta. O art. 3º, *caput*, da Lei nº 10.666/03, prevê que a perda da qualidade de segurado não será considerada para a concessão das aposentadorias por tempo de contribuição e especial. **RO** *Gabarito 1C, 2E.*

(Técnico – INSS/Guarulhos – 2022 – CEBRASPE) Quanto à manutenção, à perda e ao restabelecimento da qualidade de segurado, julgue os itens que se seguem.

(1) Aquele que esteja em gozo de benefício, exceto do auxílio-acidente, perde a qualidade de segurado, independentemente de contribuições, sem limite de prazo.

(2) O segurado facultativo mantém essa qualidade por, no máximo, três meses após a cessação das contribuições.

(3) Durante o período de graça, o segurado conserva todos os direitos perante a previdência social.

1: Incorreta. Quem está em gozo de benefício, exceto do auxílio-acidente, mantém sua qualidade de segurado sem limite de prazo (art. 15, I, do PBPS); **2: Incorreta.** O segurado facultativo mantém sua qualidade de segurado por 6 (seis) meses após a cessação das contribuições (art. 15, VI, do PBPS); **3: Correta.** No período de graça o indivíduo continua sendo segurado da Previdência Social, com todos os direitos inerentes (art. 15, § 3º, do PBPS). **RO** *Gabarito 1E, 2E, 3C.*

(Defensor/PA – 2015 – FMP) A Lei Orgânica da Assistência Social (Lei 8.742/1993) estabelece, entre outros, como princípio:

(A) a universalidade de participação nos planos previdenciários.

(B) a igualdade de direitos no acesso ao atendimento, sem discriminação de qualquer natureza, garantindo-se equivalência às populações urbanas e rurais.

(C) a uniformidade e equivalência dos benefícios e serviços às populações urbanas e rurais;

(D) a seletividade e distributividade na prestação dos benefícios.

7. DIREITO PREVIDENCIÁRIO · 209

(E) o caráter democrático e descentralizado da gestão administrativa, com a participação do governo e da comunidade.

Os princípios da assistência social estão previstos no art. 4º da Lei 8.742/1993: supremacia do atendimento às necessidades sociais sobre as exigências da rentabilidade econômica; universalização dos direitos sociais, a fim de tornar o destinatário da ação assistencial alcançável pelas demais políticas públicas; respeito à dignidade do cidadão, à sua autonomia e ao seu direito a benefícios e serviços de qualidade, bem como à convivência familiar e comunitária, vedando-se qualquer comprovação vexatória de necessidade; igualdade de direitos no acesso ao atendimento, sem discriminação de qualquer natureza, garantindo-se equivalência às populações urbanas e rurais; e divulgação ampla dos benefícios, serviços, programas e projetos assistenciais, bem como dos recursos oferecidos pelo Poder Público e dos critérios para sua concessão. Correta, portanto, a alternativa "B". As demais referem-se a princípios e objetivos da previdência social, e não da assistência social. HS
Gabarito "B".

(Analista – TRT/2ª – 2014 – FCC) As ações e serviços públicos de saúde constituem um sistema único, organizado de acordo com diretrizes determinadas. Dentre elas, está

(A) o caráter contributivo e de filiação obrigatória.

(B) a promoção da integração ao mercado de trabalho.

(C) a centralização, com direção única no Governo Federal.

(D) a observância de critérios que preservem o equilíbrio financeiro e atuarial.

(E) o atendimento integral, com prioridade para as atividades preventivas.

A: incorreta. Essas são características da Previdência Social (art. 201 da CF); **B:** incorreta. É diretriz da Assistência Social (art. 203, III, da CF); **C:** incorreta. O Sistema Único de Saúde é descentralizado, com direção única em cada esfera de governo (art. 198, I, da CF); **D:** incorreta. É diretriz da Previdência Social (art. 201 da CF); **E:** correta, nos termos do art. 198, II, da CF. HS
Gabarito "E".

(Analista – TRT/16ª – 2014 – FCC) Terá direito ao recebimento de um salário mínimo mensal, conforme dispuser a lei,

(A) a pessoa com deficiência e o idoso que comprovem não possuir meios de prover à própria manutenção ou de tê-la provida por sua família, desde que contribuam à seguridade social.

(B) a pessoa com deficiência e o idoso que comprovem não possuir meios de prover à própria manutenção ou de tê-la provida por sua família, independentemente de contribuição à seguridade social.

(C) apenas a pessoa com deficiência, que comprove não possuir meios de prover à própria manutenção ou de tê-la provida por sua família, desde que contribua à seguridade social.

(D) apenas o idoso, que comprove não possuir meios de prover à própria manutenção ou de tê-la provida por sua família, desde que contribua à seguridade social.

(E) apenas a pessoa com deficiência, que comprove não possuir meios de prover à própria manutenção, mesmo que sua família possa provê-la, independentemente de contribuição à seguridade social.

A questão trata do chamado "benefício de prestação continuada", ou BPC, previsto no art. 20 da Lei 8.742/1993 (Lei Orgânica da Assistência

Social). Ele é garantido à pessoa com deficiência ou idoso com mais de 65 anos que não tenha condições de prover a própria subsistência ou de tê-la provida por sua família, independentemente de contribuições à seguridade social (porque se trata de benefício da **assistência e não da previdência social**). Na época desta prova considera-se incapaz de prover a própria subsistência a pessoa cuja renda mensal familiar *per capita* seja inferior a um quarto do salário mínimo. É muito importante anotar que o critério da renda mensal para fins de concessão de benefício assistencial foi modificado pela Lei nº 14.176/2021. A pessoa com deficiência ou a pessoa idosa com renda familiar mensal per capita **igual ou inferior a 1/4 (um quarto) do salário-mínimo** tem direito ao benefício assistencial sem maiores considerações. Contudo, desde a promulgação da Lei 13.146/2015, o § 11, do art. 20, da LOAS, afirma que para a concessão de tal benefício poderão ser utilizados outros elementos probatórios da condição de miserabilidade do grupo familiar e da situação de vulnerabilidade, conforme regulamento. Ou seja, o direito positivo não mais limita a aferição da miserabilidade exclusivamente ao critério da renda mensal familiar mensal per capita igual ou inferior a 1/4 (um quarto) do salário-mínimo. Indo mais além, a Lei 14.176/2021 inclui um §11-A, neste mesmo art. 20 da LOAS, segundo o qual o regulamento poderá ampliar o limite de renda mensal familiar per capita previsto no § 3º deste artigo para até **1/2 (meio) salário-mínimo**, observado o disposto no art. 20-B da mesma Lei. Este último dispositivo elenca os aspectos para ampliação do critério de aferição da renda familiar mensal per capita. São eles: i) o grau da deficiência; ii) a dependência de terceiros para o desempenho de atividades básicas da vida diária e; iii) o comprometimento do orçamento do núcleo familiar de que trata o § 3º do art. 20 da LOAS exclusivamente com gastos médicos, com tratamentos de saúde, com fraldas, com alimentos especiais e com medicamentos do idoso ou da pessoa com deficiência não disponibilizados gratuitamente pelo SUS, ou com serviços não prestados pelo SUAS, desde que comprovadamente necessários à preservação da saúde e da vida. RO
Gabarito "B".

(Defensoria/DF – 2013 – CESPE) Julgue os itens a seguir, relativos a seguridade social e a acidente do trabalho.

(1) Entre os objetivos em que se baseia a organização da seguridade social no Brasil inclui-se o caráter democrático e descentralizado da administração, mediante gestão tripartite, com participação dos trabalhadores, dos empregadores e do governo nos órgãos colegiados.

(2) De acordo com a Lei 8.213/1991, que dispõe sobre os planos de benefícios da previdência social, equipara-se ao acidente do trabalho o acidente sofrido pelo segurado do RGPS no local e no horário do trabalho, em consequência de ato de agressão praticado por terceiro.

(3) Caso um segurado do RGPS, conduzindo veículo de sua propriedade, sofra acidente de trânsito ao deslocar-se de sua residência para seu local de trabalho, esse acidente não se equiparara a acidente do trabalho.

(4) Nos termos da CF, a seguridade social compreende um conjunto integrado de ações de iniciativa dos poderes públicos e da sociedade destinadas a assegurar, exclusivamente, os direitos relativos a previdência e a assistência social.

1: incorreta. A gestão será **quadripartite**. A assertiva deixou de mencionar a participação dos aposentados (art. 194, parágrafo único, VII, da CF); **2:** correta, nos termos do art. 21, II, "a", da Lei 8.213/1991; **3:** incorreta. Tal acidente equipara-se ao do trabalho por força do art. 21, IV, "d", da Lei 8.213/1991; **4:** incorreta. Faltou mencionar a saúde (art. 194 da CF). HS
Gabarito 1E, 2C, 3E, 4E

(Magistratura do Trabalho – 2ª Região – 2014) Quanto ao seguro desemprego, aponte a alternativa **correta:**

(A) Tem por objetivos a assistência temporária do trabalhador desempregado, a qualificação profissional e a preservação do emprego.

(B) O trabalhador comprovadamente resgatado de regime forçado ou da condição análoga à escravidão terá direito a 6 (seis) parcelas de seguro-desemprego, no valor de 1 (um) salário mínimo, sendo vedado o recebimento do mesmo benefício, em situação similar, nos 12 (doze) meses seguintes à percepção da última parcela.

(C) O Fundo de Amparo ao Trabalhador (FAT) é destinado ao custeio do seguro desemprego, do abono salarial e de programas de qualificação profissional, sendo gerido por Conselho Deliberativo composto por membros indicados pelos Ministérios do Trabalho e Emprego, Previdência Social e Desenvolvimento Social e Combate à Fome.

(D) É assegurado o recebimento de abono salarial ao trabalhador que receba até 2 (dois) salários mínimos médios de remuneração mensal e que tenham exercido atividade remunerada no período mínimo de 3 (três) meses no ano base de empregador que contribua para o Programa de Integração Social (PIS).

(E) O trabalhador empregado poderá receber bolsa de qualificação profissional, desde que tenha o contrato suspenso para participação em curso previsto em Acordo ou Convenção Coletiva com essa finalidade.

A: incorreta. Nos termos do art. 2º da Lei 7.998/1990, o seguro-desemprego tem por finalidade: I – prover assistência financeira temporária ao trabalhador desempregado em virtude de dispensa sem justa causa, inclusive a indireta, e ao trabalhador comprovadamente resgatado de regime de trabalho forçado ou da condição análoga à de escravo; e II – auxiliar os trabalhadores na busca ou preservação do emprego, promovendo, para tanto, ações integradas de orientação, recolocação e qualificação profissional; **B:** incorreta. O trabalhador resgatado dessas condições tem direito a **três** parcelas do seguro-desemprego (art. 2º-C da Lei 7.998/1990); **C:** incorreta. Além de contar com representantes dos trabalhadores e empregadores, na época do certame o CODEFAT era composto por representantes dos Ministérios do Trabalho, Fazenda, Previdência Social, Agricultura, Desenvolvimento Agrário e do BNDES (art. 1º do Decreto 6.827/2009). Atualmente, o art. 29 do Decreto 11.496/2023 afirma que o CODEFAT será composto por seis representantes do Governo Federal, seis representantes dos trabalhadores e seis representantes dos empregadores; **D:** incorreta. O abono salarial é garantido àqueles que exerceram atividade remunerada por pelo menos **30 dias** no ano-base (art. 9º, I, da Lei 7.998/1990); **E:** correta, nos termos do art. 2º-A, da Lei 7.998/1990. RQ

Gabarito "E".

(Analista Administrativo INSS – 2013 – FUNRIO) É correto afirmar que as propostas orçamentárias anuais ou plurianuais da Seguridade Social serão elaboradas por Comissão integrada por três representantes, sendo

(A) 2 (dois) da área da saúde e 1 (um) da área de assistência social.

(B) 2 (dois) da área da previdência social e 1 (um) da área de assistência social.

(C) 1 (um) da área da saúde, 1 (um) da área da previdência social e 1 (um) da área de assistência social.

(D) 1 (um) da área da saúde e 2 (dois) da área de assistência social.

(E) 2 (dois) da área da saúde, 1 (um) da área da previdência social e 1 (um) da área de assistência social.

Nos termos do art. 8º da Lei n° 8.212/91, a comissão é integrada por um representante da área da saúde, um da previdência social e um da assistência social. RB

Gabarito "C".

(Analista Jurídico INSS – 2013 – FUNRIO) Com relação ao reajuste do valor dos benefícios, na forma como determinado pela Lei 8213/91, está correta a seguinte afirmação:

(A) O valor dos benefícios em manutenção será reajustado, anualmente, na mesma data do reajuste do salário mínimo, pro rata, de acordo com suas respectivas datas de início ou do último reajustamento, com base no Índice Nacional de Preços ao Consumidor – INPC, apurado pela Fundação Instituto Brasileiro de Geografia e Estatística – IBGE.

(B) O valor dos benefícios em manutenção será reajustado, semestralmente, na mesma data do reajuste do salário mínimo, pro rata, de acordo com suas respectivas datas de início ou do último reajustamento, com base no Índice Nacional de Preços ao Consumidor – INPC, apurado pela Fundação Instituto Brasileiro de Geografia e Estatística – IBGE.

(C) O valor dos benefícios em manutenção será reajustado, anualmente, em data diversa do reajuste do salário mínimo, pro rata, de acordo com suas respectivas datas de início ou do último reajustamento, com base no Índice Nacional de Preços ao Consumidor – INPC, apurado pela Fundação Instituto Brasileiro de Geografia e Estatística – IBGE.

(D) O valor dos benefícios em manutenção será reajustado, semestralmente, em data diversa do reajuste do salário mínimo, pro rata, de acordo com suas respectivas datas de início ou do último reajustamento, com base no Índice Geral de Preços – IGP, apurado pela Fundação Instituto Brasileiro de Geografia e Estatística – IBGE.

(E) O valor dos benefícios em manutenção será reajustado, anualmente, na mesma data do reajuste do salário mínimo, pro rata, de acordo com suas respectivas datas de início ou do último reajustamento, com base no Índice Geral de Preços – IGP, apurado pela Fundação Instituto Brasileiro de Geografia e Estatística – IBGE.

Diz o art. 41-A da Lei n° 8.213/91 que "*O valor dos benefícios em manutenção será reajustado, anualmente, na mesma data do reajuste do salário mínimo, pro rata, de acordo com suas respectivas datas de início ou do último reajustamento, com base no Índice Nacional de Preços ao Consumidor - INPC, apurado pela Fundação Instituto Brasileiro de Geografia e Estatística – IBGE*" (destaque nosso). Correta, portanto a alternativa "A". RB

Gabarito "A".

(Analista Jurídico INSS – 2013 – FUNRIO) O Art. 24 da Lei Complementar 101, de 4 de Maio de 2000, estabelece que "nenhum benefício ou serviço relativo à seguridade social poderá ser criado, majorado ou estendido sem a indicação da fonte de custeio total, nos termos do § 5º do art. 195 da Constituição, atendidas as exigências do art. 17, da mesma Lei, que trata das despesas obrigatórias e caráter continuado". Seu § 1º estabelece que fica dispensado da compensação do art. 17 o aumento de despesas decorrentes de:

I. concessão de benefício a quem satisfaça as condições de habilitação prevista na legislação pertinente;
II. observância do disposto no inciso X do art. 167 da Constituição;
III. expansão quantitativa do atendimento e dos serviços prestados;
IV. reajustamento de valor do benefício ou serviço, a fim de preservar o seu valor real;
V. cumprimento dos limites constitucionais relativos à saúde e à educação.

Apenas três dessas condições são, de fato, citadas na Lei. Identifique-as.

(A) I, III e V.
(B) I, III e IV.
(C) I, IV e V.
(D) II, III e V.
(E) II, IV e V.

A Lei Complementar nº 101/2000, também conhecida como Lei de Responsabilidade Fiscal (LRF), determina que a criação de despesas obrigatórias de caráter continuado (ou seja, despesas públicas criadas por lei ou atos normativos que fixem uma obrigação financeira para o ente público por um período superior a dois exercícios) depende de compensação pelo aumento permanente da receita ou redução permanente da despesa (art. 17, § 2º, da LRF). Nos termos do art. 24, § 1º, da LRF, fica dispensada essa compensação o aumento da despesa com a seguridade social decorrente de *concessão de benefício a quem satisfaça as condições de habilitação prevista na legislação pertinente* (por força do direito adquirido); *expansão quantitativa do atendimento e dos serviços prestados* (o serviço já existe, ele apenas passou a abranger um número maior de pessoas); e *reajustamento de valor do benefício ou serviço, a fim de preservar o seu valor real* (por se tratar de obrigação constitucional). RB

Gabarito "B".

(**Técnico – INSS – 2012 – FCC**) José pleiteou aposentadoria por tempo de contribuição perante o INSS, que foi deferida pela autarquia e pretende a revisão do ato de concessão do benefício para alterar o valor da renda mensal inicial. O prazo decadencial para o pedido de José é de

(A) dez anos contados a partir do primeiro dia do mês seguinte ao do recebimento da primeira prestação.
(B) cinco anos contados a partir do primeiro dia do mês seguinte ao do recebimento da primeira prestação.
(C) três anos contados a partir do primeiro dia do mês seguinte ao do recebimento da primeira prestação.
(D) cinco anos contados da ciência da decisão que deferiu o benefício.
(E) dez anos contados da ciência da decisão que deferiu o benefício.

Conforme o art. 103 do PBPS, o prazo decadencial para revisão do benefício é de 10 anos contados do primeiro dia do mês seguinte ao do recebimento da primeira prestação. RO

Gabarito "A".

(**Técnico – INSS – 2012 – FCC**) Como regra, o beneficiário deve receber diretamente o benefício devido pelo INSS. Porém, admite-se a constituição de procurador. Nessa situação,

(A) a procuração tem validade de 6 (seis) meses, podendo ser revalidada ou renovada pelo INSS.
(B) a procuração poderá ser outorgada a parente de servidores públicos civis ativos até o terceiro grau.
(C) pode ser outorgada procuração coletiva nos casos de representantes de asilos.
(D) a procuração tem validade de 12 (doze) meses, não se admitindo a renovação.
(E) pode ser outorgada procuração aos militares ativos, sem grau de parentesco com o beneficiário.

A: incorreta. A procuração não pode ter prazo superior a 12 meses (art. 109 do PBPS); **B:** incorreta. Não se admitirá como procurador servidor público civil ativo, salvo se parentes do beneficiário até 2º grau (art. 160, I, do RPS); **C:** correta, nos termos do art. 159 do RPS; **D:** incorreta. A procuração pode ser renovada (art. 109 do PBPS); **E:** incorreta. Não se admitirá como procurador o militar ativo, salvo ser parente até 2º grau do beneficiário (art. 160, I, do RPS). RO

Gabarito "C".

ANOTAÇÕES